LABOR ECONOMICS

노동경제학 제8판

Labor Economics, 8th Edition

Korean Language Edition Copyright © 2021 by McGraw-Hill Education Korea, Ltd., and Sigma Press Inc. All rights reserved. No part of this publication may be reproduced or distributed in any form or by any means, or stored in a database or retrieval system, without prior written permission of the publisher.

5 6 7 8 9 10 SP 20 23

Original: Labor Economics, 8th Edition © 2020
        By George J. Borjas
        ISBN 978-1-26-000472-4

This authorized Korean translation edition is jointly published by McGraw-Hill Education Korea, Ltd., and Sigma Press Inc. This edition is authorized for sale in the Republic of Korea.

This book is exclusively distributed by Sigma Press Inc.

When ordering this title, please use ISBN 979-11-6226-293-1

Printed in Korea

LABOR ECONOMICS

노동경제학 ^{제8판}

George J. Borjas 지음
송헌재, 강창희, 박철성 옮김

McGraw Hill

Σ 시그마프레스

노동경제학, 제8판

발행일 | 2021년 1월 5일 1쇄 발행
2021년 7월 20일 2쇄 발행
2022년 1월 20일 3쇄 발행
2022년 7월 5일 4쇄 발행
2024년 1월 5일 5쇄 발행

저   자 | George J. Borjas
역   자 | 송헌재, 강창희, 박철성
발행인 | 강학경
발행처 | ㈜시그마프레스
디자인 | 고유진
편   집 | 이호선

등록번호 | 제10-2642호
주소 | 서울특별시 영등포구 양평로 22길 21 선유도코오롱디지털타워 A401~402호
전자우편 | sigma@spress.co.kr
홈페이지 | http://www.sigmapress.co.kr
전화 | (02)323-4845, (02)2062-5184~8
팩스 | (02)323-4197

ISBN | 979-11-6226-293-1

* 책값은 뒤표지에 있습니다.

역자 서문

지난 20세기 후반부에 학문으로서의 경제학이 발전한 정도는 괄목할 만한 수준이었다. 경제학의 여러 분야 중에서도 특별히 노동경제학 분야는 그 변화와 발전 속도가 유난히 빨랐다. 1950년대와 1960년대 미국을 비롯한 구미 선진국들에서 개인에 대한 임금 자료가 구축되기 시작하면서 임금 방정식을 통계적인 방법을 이용해 추정하는 분석이 가능해졌다. 이와 같은 계량분석들로부터 도출된 추정치를 정확히 이해하고 해석하기 위해서는 자료가 생성되는 근본 원리를 설명하는 경제이론이 필요했다. 게리 베커, 제이콥 민서, 시어도어 슐츠 등은 인적자본 이론을 통해 우리가 노동시장에서 관측하는 통계치와 추정치들에 이론적인 의미를 부여하였다. 이들의 공헌에 힘입어 노동경제학은 경제학 이론과 통계학 실증 분석을 유기적으로 결합함으로써, 좁게는 노동시장 현상을, 넓게는 인간의 행동방식을 연구하는 대표적인 경제학 분야로서 자리 잡았다.

21세기 현대 노동경제학은 그 연구의 초점이 노동수요, 노동공급, 노동시장, 고용, 임금, 노동조합 등 노동시장에서 관측되는 현상들에만 머물러 있지 않다. 오늘날 노동경제학자들이 연구하는 주제에는 교육, 보건, 여성, 인구, 복지, 차별, 부정부패, 범죄, 선거 등 실로 인간 사회의 거의 모든 측면이 포함되어 있다. 지난 50여 년 동안 노동경제학의 연구 범위가 엄청나게 확대되어 왔음에도 불구하고, 노동경제학의 기본적인 연구 방법은 예나 지금이나 대동소이하다. 즉, 우리가 현실에서 관측하는 현상을 통계분석을 이용해 엄밀하게 밝혀 규정하고, 그 현상을 설명할 수 있는 경제학 이론을 탐구하는 것이다. 내용 없는 사상의 공허함과 개념 없는 직관의 맹목성을 극복하기 위해 노동경제학자들은 부단히 노력해왔다고 평가할 수 있다.

조지 보하스의 노동경제학은 현대 노동경제학 연구가 지향하는 근본적인 패러다임을 충실히 반영하면서 지난 수십 년 동안 노동경제학자들이 연구하고 정리해 온 이슈들을 일목요연하고 간결하게 정리하고 있다. 현대 노동경제학 이론들은 다른 분야의 경제이론과 마찬가지로 수학 용어를 매우 빈번히 빌려 쓰기 때문에 그 내용을 직관적으로 설명하는 일이 그리 쉽지 않다. 현대 노동경제학 실증연구들 역시 최신 통계학의 주요 기법들을 연구에 활용하기 때문에 그 핵심 내용을 간결하게 전달하는 일 또한 간단한 일이 아니다. 보하스는 이론적 측면과 실증적 측면의 어려움 모두를 잘 극복하면서 현대 노동경제학의 진정한 면모를 드러내 주고 있다. 노동경제학의 저자 서문에서 그는 이 책을 공부한 학생들이 학교를 떠나 10~20년이 지난 후에도 노동경제학 연구의 핵심 방법과 내용을 기억할 수 있도록 노동경제학을 정리하고자 하였다고 말한다. 우리가 보기에 그러한 저자의 의도는 이 책에 대단히 잘 반영되어 있다.

노동경제학 제8판은 이론을 더욱 분명히 설명하려는 저자의 의도와 노력이 고스란히 담겨 있다. 번역 과정에서 여러 장에 흩어져 있던 유사한 내용을 하나로 정리하였을 뿐만 아니라 다수의 새로운 예를 포함했다. 특히, 우리나라에서도 많은 논쟁이 되고 있는 최저임금 문제를 다양한 측면에서 다루고 있는데, 정부 정책이 노동시장과 연구 동향에 미치는 영향에 관해 학생들이 고민해볼 수 있는 좋은 기회가 될 것으로 기대된다.

우리는 이 번역본을 준비하면서 많은 이의 도움을 받았다. 먼저 제7판의 번역본을 사용하며 발견한 번역 오류를 지적해 주시고 개선점을 제시해 주신 학계의 선후배 동료 여러분과 학생들에게 감사한다. 역자들의 서투른 문장을 일일이 다듬어 준 (주)시그마프레스의 편집부 여러분에게도 감사의 마음을 전한다. 마지막으로 지난 수년 동안 우리들의 노동경제학 강의를 들으면서 강의와 연구의 발전에 자극을 준 서울시립대학교, 중앙대학교, 한양대학교 학생들에게도 이 지면을 빌려서 심심한 감사를 표한다.

역자 일동

수년에 걸쳐 학부생에게 노동경제학을 가르치면서 '노동경제학'을 저술하겠다는 마음이 자라났다. 시중에 있는 여러 권의 노동경제학 교과서를 가지고 가르치면서 학생들이 노동경제학의 핵심적인 본질(노동시장이 어떻게 작동하는가)을 이해하기 어렵겠다는 생각이 들었다. 결과적으로 학생들이 어떤 사람은 일을 하기로 선택하고 어떤 사람은 노동시장에서 빠져나오는지, 어떤 기업은 근로자를 해고하고 있는데 어떤 기업은 왜 채용을 늘리고 있는지, 소득이 불평등하게 분포되어 있는 이유는 무엇인지에 대해 잘 이해하지 못한다는 느낌을 받았다.

노동경제학과 다른 교과서의 핵심적인 차이는 철학에 있다. 나는 노동시장이 어떻게 작동하는지 이해하는 것이 결국에는 노동시장을 설명하는 훌륭한 모형을 만드는 기술을 자랑하거나 어떤 특정 시점의 노동시장의 조건과 환경을 설명하는 수백 가지의 통계와 제도를 암기하는 것보다 중요하다고 믿는다.

나는 많은 학생이 학교를 떠나 10~20년이 지난 후에 노동공급곡선을 유도하는 기계적인 방법이나 대공황이 절정에 이르렀을 때의 실업률은 얼마였는지 기억할 것이라고 (또는 기억해야 한다고) 생각하지 않는다. 그러나 학생들이 노동시장이 움직이는 방식을 설명하는 이야기를 기억할 수 있다면, 특히 근로자와 기업이 노동공급과 노동수요에 영향을 미치는 유인체계가 변하는 경우 어떻게 반응하게 되는지를 기억할 수 있다면, 복지급여 수급자가 일할 것을 요구하는 근로복지 프로그램이나 국민건강보험 재정을 마련하기 위하여 고용주에게 급여세를 부과하는 프로그램, 혹은 수만의 해외 숙련 근로자에게 입국비자를 수여하는 정책과 같이 노동시장의 기회에 상당한 영향을 미칠 수 있는 정부의 정책에 대하여 이러한 프로그램을 이해하고 합리적인 의견을 제시할 수 있을 것이다. 그래서 이 책의 설명은 노동경제학자가 노동시장의 작동원리를 이해하는 데 이용하는 아이디어를 강조한다.

이 책은 노동시장 관련 통계를 광범위하게 사용하였고 수많은 연구결과로부터 밝혀진 증거도 전하고 있다. 통계자료는 노동시장을 설명하는 좋은 이론이 설명할 수 있어야 하는 중요 사실을 잘 요약한다. 이 책의 주된 목적은 이론과 실제를 모두 강조하는 노동경제학이라는 학문분야를 개관하는 데 있다. 이 책은 다른 노동경제학 교과서와 비교하여 경제학적으로 생각하는 방법에 크게 의존하고 있다. 나는 이러한 접근이 경제이론에 대한 설명을 최소화하거나 무시하는 접근방법보다 노동경제학을 훨씬 더 잘 이해할 수 있는 방법이라고 믿는다.

선결 요건

이 책은 전반에 걸쳐 경제학적 분석을 활용한다. 이론적인 분석도구는 모두 본문에 설명되어 있기 때문에 이 책을 공부하기 위한 유일한 전제조건은 학생들이 미시경제학의 기본적인 내용, 특히 수요곡선과 공급곡선을 잘 이해하고 있어야 한다는 정도이다. 경제원론 수준에서 배운 지식이면 이 조건을 충분히 충족한다. 무차별곡선, 예산선, 생산함수, 등량곡선 등의 다른 개념은 책에 등장하는 과정에서 그 필요성과 정의를 설명하였다. 이 책은 고등학교 수학시간에 배운 내용(특히 기울기의 개념)을 뛰어넘는 수학은 사용하지 않는다.

　노동경제학자는 연구과정에서 계량경제학적 분석을 많이 사용한다. 이 책의 논의를 위해 계량경제학적 지식이 필요하지는 않지만 학생 입장에서 노동경제학자가 결론에 도달하기 위하여 자료를 어떻게 처리하는지에 대한 약간의 지식이 있다면 연구결과에 대해서 보다 편하게 느낄 수 있을 것이다. 제1장의 부록에서 계량경제학을 간략하게 소개함으로써 노동경제학자가 추론하는 과정을 학생들이 시각적으로 이해할 수 있도록 하였다. 예를 들어, 계량경제 분석을 활용하여 복권 당첨이 어떻게 노동공급을 감소시킨다고 추론하는지 이해하는 데 도움이 될 수 있을 것이다. 노동경제학에서 널리 사용되는 추가적인 계량경제학인 개념(이중차분추정량 혹은 도구변수와 같은)은 교재 전반에 걸쳐 정책 관련 사례가 등장할 때 소개하였다.

제8판에서 개정된 내용

제8판은 이전 판들과 확연히 다르게 개정되어 작성되었다. 교재의 개정판은 대개 직전판에 일부 내용을 덧붙이거나 일부를 삭제하는 방식으로 수정한다. 그런데 이런 과정이 거듭되면 책의 내용이 애초에 저자가 의도했던 것으로부터 점점 멀어지는 느낌을 받는다. 이러한 느낌이 지속되면 개정판을 계속 출간해야 한다는 부담에서 벗어나 한발 뒤로 물러서서 책 전체를 다시 살펴보고 새로운 연구 결과들을 수용하면서도 기존의 내용과 조화롭게 구조화할 수 있는 효과적인 방법을 고려해야 할 시기가 도래한다. 나는 직전 판이 출간된 시점인 약 3년 전에 이러한 시기가 왔다는 느낌을 받았다. 그래서 그때 제8판에서는 마치 노동경제학 교재를 처음 쓰는 것처럼 새롭게 써야겠다고 결심했다.

독자들은 제8판 교재의 많은 부분이 이전 판과 다르게 완전히 새롭게 쓰여졌고 간소화되었음을 발견하게 될 것이다. 이번 판에서도 여전히 여러 정책들에 대한 자세한 토론을 하였고 현대 노동경제학이 광범위하게 활용되는 것을 설명하기 위하여 최신 연구의 실증적 증거를 사용하였다. 본문에서는 이중차분추정과 도구변수와 같은 계량경제학적 방법론 — 현대 노동경제학 연구에서 핵심적인 역할을 하고 있는 방법론 — 을 자주 언급하고 있다. 그리고 제8판에서는 합성통제방법을 소개하여 방법론에 대한 설명을 추가했다.

그러나 독자들의 가독성을 높이기 위해 방법론에 대한 설명은 더욱 간결하게 작성했다. 그러면서도 지난 20년간 이러한 계량경제학 방법론이 현대 노동경제학을 어떻게 혁신적으로 바꾸었는지 처음부터 강조했다. 실증 분석은 두 경제 변수의 상관관계를 계산하는 것 이상으로 훨씬 더 중요한 역할을 해야 한다. 노동시장에 지속적으로 영향을 미치는 다양한 외부 충격의 직접적인 결과를 식별할 수 있는 면밀한 전략을 갖추어야 한다.

제8판에 포함된 구체적인 변화를 보면 다음과 같다.

1. 제2장의 가구생산모형과 제6장의 교육생산함수와 같은 새로운 이론에 대한 설명이 추가됐다. 또한 고등학교 학력 검정고시의 가치에 대한 신호발송과 '긱 이코노미(임시직 선호 경제)'에서 남녀 임금격차와 같은 실증 분석에 대한 자세한 논의도 추가됐다.

2. 실증 노동경제학이 상관관계를 추정하는 것과 특정한 외부 충격이 노동시장에 미치는 영향을 식별하는 것을 엄밀하게 구별하고 있다는 점을 교재 처음부터 강조했다. 특히 제2장에서 복권 당첨이 노동공급에 미치는 영향을 분석한 선행연구와 택시기사가 어떻게 보상을 받는지 분석한 선행연구의 맥락에서 상관관계와 인과관계의 오랜 논쟁에 대한 논의를 설명하는 절을 추가했다.

3. 최저임금의 고용효과를 다룬 절에서 시애틀의 최저임금 영향을 분석한 연구를 자세히 소개했다. 이 예를 이용하여 정치적으로 이견이 있는 이슈를 언급할 때 노동경제학의 실증분석이 어떻게 매우 상반되는 결론을 도출할 수 있는지 자세하게 설명했다.

4. 제6장과 제7장에서 인적자본에 대한 이론적 논의를 재편성했다. 교육경제학의 방대한 연구결과를 반영하기 위해 교육에 대한 결정과 교육투자수익률 추정방법에 대해 제6장에서 자세하게 논의했다. 제7장에서는 학교를 졸업한 이후의 인적자본투자, 인적자본과 임금분포 간의 관계, 임금 불평등을 높이는 결정요인 등을 강조하면서 인적자본 모형에 대한 논의를 이어갔다. 이러한 논의는 임금구조를 연구한 선행연구에서 고숙련 근로자와 저숙련 근로자 사이의 상대적인 노동수요곡선을 도출하기 위해 일정한 대체탄력성을 갖는 생산함수를 이용한 전형적인 방법론을 소

개했다. 수학 부록에는 고숙련 근로자와 저숙련 근로자 간의 대체탄력성을 추정하기 위해 사용된 모형이 어떻게 도출되었는지 자세하게 설명했다.

5. 이전 판을 읽은 독자들이 이민이 임금에 미치는 영향과 이민으로 인한 효율성 증가 간의 밀접한 관계를 반영할 수 있도록 이민 잉여에 대한 논의를 임금 효과에 대한 설명 직후에 하는 것이 좋겠다는 제안을 받아들여 이민과 관련된 논의를 신중하게 재구성했다. 근로자의 지역 간 이동을 설명한 절에서는 이민자의 자기선택과 이민자를 받아들인 노동시장에서 나타나는 이민자들의 동조성이라는 두 가지 이슈에 집중했다.

책의 구성

완전히 새롭게 쓰여진 제8판을 읽어보면 노동경제학을 가르치는 교수들은 다른 노동경제학 교과서에 비해 이 책의 분량이 많지 않다는 사실을 깨닫게 될 것이다. 이 책은 12개 장으로 구성된 노동경제학의 실질적인 내용을 포함하고 있다. 만일 전형적인 대학의 학기제 수업에서 모든 내용을 다루고자 한다면 각 장은 일주일 강의를 위한 기초자료로 활용할 수 있다. 책의 간결성에도 불구하고 교수들은 노동경제학의 핵심 개념이 체계적으로 모두 포함되어 있다는 것을 알 수 있을 것이다. 핵심적인 주제를 벗어나지 않을 뿐더러 중요한 주제라도 열 페이지 이상 길게 서술하지 않기 위해 최대한 노력하였다.

제1장은 학생들에게 노동공급, 노동수요, 균형의 개념을 간략하게 소개한다. 여기서는 이러한 개념을 소개하기 위하여 송유관 건설기간 동안의 알래스카 노동시장의 실례를 들고 있다. 이에 더하여 노동경제학이 이론과 실증을 어떻게 대비하는지 보이고, 이론과 자료가 제공하는 직관적인 통찰의 한계점을 논의한다. 학생들에게 회귀분석을 소개하기 위하여 사용된 예는 실제자료에서 가져온 것이다. 직업별 평균임금의 차이와 근로자 교육연수 차이의 관계 및 직업별 평균임금의 차이와 직업의 여성성 정도와의 관계 또한 살펴보았다.

노동시장에 대한 자세한 분석은 노동공급과 노동수요의 분석으로 시작한다. 제2장은 개인의 노동시장 참여가 근로시간을 결정하는 요인들을 검토한다. 반면 제3장은 기업이 원하는 고용수준을 결정하는 요인들을 검토한다. 제4장은 근로자의 노동공급결정과 기업의 노동수요결정을 함께 결합하여 노동시장이 두 집단의 상반된 이해관계를 어떻게 균형에 이르게 하는지 보여준다.

이 책의 나머지 부문은 기본적인 수요-공급모형을 확장하고 일반화한다. 제5장은 일자리마다 특성이 다르다는 점을 강조하여 위험한 작업환경의 일자리의 경우 근로자를 유인하기 위하여 고임금을 제안해야만 할 수도 있음을 설명한다. 제6장은 근로자들이 획득한 교육수준이 달라서 이질적이라는 점을 강조한 반면에 제7장에서는 또한 사내훈련(on-the-job training)의 양이 다르기 때문에 근로자들 사이에 차이점이 존재한다는 점을 주목한다. 이러한 인적자본 투자는 임금분포의 형태를 결정하는 데 도움을 준다. 제8장은 노동시장이 근로자와 기업의 이해관계를 조정하도록 만드는 핵심적인 메커니즘을 설명한다.

이 책의 마지막 부분에서는 노동시장에서 나타나는 다양한 왜곡과 불완전성을 토론한다. 제9장은 노동시장의 차별이 소수의 근로자 및 여성의 고용기회와 근로소득에 어떤 영향을 미치는 분석한다. 제10장은 노동조합이 기업과 근로자 사이의 관계에 어떻게 영향을 끼치는지 논의한다. 제11장은 고용주가 근로자의 행동을 감독하는 데 어려움을 겪기 때문에 근로자들이 일을 태만히 하고 싶어 한다는 점에 주목한다. 제11장은 다양한 형태의 유인급여 제도가 근로자의 태업을 어떻게 방지하도록 하는지 논의한다. 마지막으로 제12장은 노동시장에 실업이 발생하고 지속되는 이유를 토론한다.

본문에서는 학생들의 노동경제학에 대한 이해의 폭을 넓혀 주기 위해 다양한 교육학적 장치를 사용하였다. 하나의 장은 대부분 흑인과 백인 사이의 임금차이 또는 남성과 여성 사이의 임금차이와 같이 노동시장에 많이 알려진 양식화된 사실을 기술하는 것으로 시작한다. 그다음에 이러한 현상이 노동시장에서 관찰되는 이유를 이해하기 위하여 노동경제학자들이 개발한 이론을 설명한다. 마지막으로 이론을 이와 관련된 노동시장의 현상에 적용하여 확장한다. 각각의 장은 보통 하나 이상의 정책에 대한 응용 사례를 서술하였으며 '이론의 현장 적용'에서도 다양한 예를 제시하여 이해를 돕도록 하였다.

장의 끝부분에는 학생들에게 유용한 도구를 포함하였다. 각 장의 핵심적인 학습내용을 간략하게 기술하는 요약이 포함되어 있다. '핵심용어'에서는 그 장에서 소개된 주요 용어를 목록화하여 보여준다. 어떤 핵심용어가 그 장에서 처음 소개되었을 경우에는 색을 주어 표시하였다. 각 장은 학생들이 중요한 이론적 문제와 실증적 이슈를 복습하는 데 활용할 수 있도록 학생들의 학습내용 이해를 점검하는 '복습문제'와 '연습문제'를 새롭게 구성하여 포함한다. '읽을거리'는 보다 관심이 많은 학생에게 특정 연구분야의 기준이 되는 중요한 연구를 소개한다.

요약 차례

차례

제3장 노동수요

제4장 노동시장 균형

제 **5** 장   **보상적 임금격차**

제 8 장 노동 이동

제 9 장 노동시장 차별

제 12 장 실업

수학 부록 노동경제학의 표준적인 모형

chapter 01

노동경제학이란

현실에 대한 관찰은 항상 이론을 동반한다.

− Edwin Hubble

大부분의 사람은 노동시장에서 시간의 상당 부분을 보낸다. 우리가 노동시장에서 얼마나 열심히 일하는지 여부는 우리의 재산, 우리가 소비할 수 있는 재화, 우리가 어울리는 사람들의 수준에 영향을 미치게 된다. 그뿐만 아니라 어디로 휴가를 가게 될지, 자녀가 어느 학교에 다니게 될지, 심지어 누가 우리를 매력적이라고 생각하게 될지의 여부까지 영향을 준다. 그 결과, 우리 모두는 노동시장이 어떻게 작동하는지 배우고 싶어 한다. 노동경제학(labor economics)은 바로 노동시장이 어떻게 작동하는지 연구한다.

그러나 노동경제학에 대한 우리의 관심이 개인적인 이유 때문만은 아니다. 사회 정책 이슈들 중 많은 내용이 특정한 근로자 집단의 노동시장 경험 혹은 근로자와 기업 사이의 고용관계에 포함된 다양한 측면에 대해 관심을 가진다. 현대 노동경제학이 다루고 있는 정책 이슈들은 다음과 같은 내용을 포함한다.

1. 복지프로그램이 근로의욕을 저하시키는가?
2. 해외이민자들이 본국에서 태어난 근로자들의 임금에 미치는 영향은 무엇인가?
3. 최저임금은 미숙련 근로자들의 실업을 증가시키는가?
4. 직업의 안전과 건강에 대한 규제가 고용과 소득에 미치는 영향은 무엇인가?
5. 인적자본 투자에 대한 정부의 보조금 지급이 과연 사회경제적으로 혜택받지 못한 가난한 사람들의 경제적인 행복을 증진시키는가?
6. 1980년 이후 미국의 임금 불평등도가 왜 그렇게 급격하게 상승했는가?
7. 적극적인 차별철폐정책이 여성과 소수민족의 근로소득과 일자리 수에 미친 영향은 무엇인가?

8. 노동조합이 조합원과 경제 전반에 미친 영향은 무엇인가?

9. 선생님들에게 성과급을 지급하면 학생들의 학업성취도가 향상되는가?

10. 보다 관대한 실업보험 혜택이 실업자들의 실업기간을 더 길게 만드는가?

이렇듯 광범위한 목록의 질문이 왜 노동시장을 연구하는 것이 버터시장을 연구하는 것보다 본질적으로 더욱 중요하고 흥미로운지 분명하게 설명하고 있다(만일 버터산업에 종사하고 있지 않다면!). 노동경제학은 현대 사회가 직면하고 있는 사회경제적 문제들의 많은 부분을 이해하고 해결하는 데 도움을 주는 학문이다.

1-1 노동시장 이야기

이 책은 노동시장이 어떻게 작동하는지 이야기한다. 노동시장 이야기를 말하는 것은 단지 노동법의 역사와 세부사항을 상세하게 설명하고 노동시장 상황을 요약하는 많은 양의 통계수치를 제시하는 것보다 훨씬 더 많은 것을 포함한다. 결국에 좋은 이야기란 테마, 캐릭터가 있는 등장인물, 해결해야 할 갈등구조, 허용되는 행동을 정하는 규칙, 등장인물들 사이의 상호작용으로 필연적으로 발생하는 사건 등을 포함해야 한다.

우리가 노동시장에 대해 할 이야기는 이런 모든 특성을 다 갖추고 있다. 노동경제학은 이야기의 주제를 노동시장에 있는 다양한 배우들에게 할당한다. 예를 들면, 근로자는 최상의 직업을 찾고자 노력하고, 기업은 수입을 얻기 위해 노력한다. 따라서 근로자와 기업은 상충되는 목적을 가지고 노동시장에 들어온다. 근로자는 최고 가격에 그들의 노동 서비스를 판매하기 위해 노력하고 기업은 최저 가격에 노동 서비스를 구매하기 위해 노력한다.

근로자와 기업 간의 거래는 정부의 노동시장 규제에 의해 제한된다. 이러한 정부의 규제가 변하게 되면 다른 결과를 가져오게 될 것이 분명하다. 예를 들어, 최저임금법은 시간당 얼마 이하로 노동 서비스를 구매하거나 판매하는 행위를 금지한다. 직업 안전에 대한 규제는 기업이 근로자의 선강에 매우 위험한 근로조건을 제시하는 것을 금지한다.

결국 근로자와 기업 간에 이루어지는 거래가 기업이 제안하는 일자리의 유형, 근로자가 획득하는 기술, 노동 이동의 정도, 실업의 구조 그리고 근로소득의 분포를 결정한다. 따라서 노동시장 이야기는 노동시장의 광범위한 결과들을 이해하고 분석하고 예측하는 틀인 노동시장 이론을 설명한다.

이 책은 현대 경제학이 노동시장의 작동원리를 설명하는 데 있어서 유용한 이야기를 제공한다고 전제한다. 근로자와 기업의 행동에 대한 가정 및 노동시장 참가자들이 거래를 할 때 적용되는 규칙에 대한 가정이 예측하는 결과들은 때때로 실제 노동시장에서 관찰되는 사실에 의해 입증된다.

이 책의 논의는 노동시장의 작동원리를 배우는 것이 노동시장에 대한 기초적인 사실을 아는 것만큼 중요하다는 견해를 바탕으로 진행된다. 이론을 배제하고 사실만을 공부하는 것은 사실을 배제하고 이론만을 공부하는 것만큼이나 무의미하다. 노동시장 작동원리에 대한 이해가 없다면, 즉 근로자와 기업이 어떤 고용관계는 선호하고 어떤 고용관계는 피하고자 하는지 설명하는 이론을 갖고 있지 않은 상태라면, 정부의 노동시장 정책의 변화나, 근로자 집단의 인구구조 변화가 노동시장에 미치게 될 영향을 예측하는 것은 매우 어려울 것이다.

종종 생각과 사실 중에 더욱 중요한 것이 무엇인지 묻곤 한다. 이 책에서 이루어지는 분석은 사실에 대한 생각이 가장 중요하다는 점을 강조한다. 우리는 고상한 노동시장이론을 새로 개발하기 위해서 또는 공식적인 실업률을 계산하는 방법과 1993년 실업률이 6.9%였다는 사실을 잘 기억하기 위해서 노동경제학을 공부하는 것이 아니다. 노동경제학을 공부하는 이유는 어느 수준의 실업률이 관찰되었을 때 그 정도의 실업률이 나타나는 경제사회적 요인이 무엇인지 식별하기 위해서이다.

이 책의 가장 중요한 목적은 이론과 사실을 모두 강조하는 노동경제학이라는 분야를 개괄하는 데 있다. 이론은 사실이 발생하는 원리를 이해하는 데 도움을 주고, 사실은 노동시장이 작동하는 방법에 대한 생각의 틀을 잡는 데 도움을 준다.

1-2 노동시장의 배우들

이 책에는 근로자와 기업 그리고 정부라는 중요한 세 명의 배우가 등장한다.[1]

노동시장 이야기에서 최고의 주연배우는 근로자이다. 근로자가 없다면 결국에 노동시장에서 '노동'이라는 것이 있을 수 없기 때문이다. 근로자는 일을 할지 말지, 얼마나 많은 시간을 일할지, 얼마나 많은 노력을 일에 투입할지, 어떤 기술을 습득할지, 언제 일을 그만둘지, 어떤 직업을 가질지, 노동조합에 가입할지 등의 여부를 결정한다.

각각의 결정은 **최적화**, 즉 매우 광범위한 선택 가능한 옵션으로부터 최선의 선택이라는 동기에 의해 이루어진다. 따라서 노동시장 이야기에서 근로자는 항상 그들의 행복을 극대화하는 방식으로 행동한다. 일자리를 찾는 수백만 사람들의 결정이 모두 더해져서 총근로자 수와 이들의 숙련도 측면에서 경제 전체의 노동공급이 정해진다. 자신의 행복을 극대화하고자 하는 사람은 더 높은 보수를 주는 행동에 더 많은 시간과 노력을 투입하는 경

---

1 어떤 나라에서는 노동조합이라는 네 번째 배우가 등장하기도 한다. 노동조합은 총 노동인구의 상당 부분을 조직화하여 고용인과의 협상에서 근로자의 이익을 대변할 뿐만 아니라 정치적인 영향력을 행사하기도 한다. 그러나 미국의 경우 노동조합은 수십 년간 감소하고 있다. 2016년 기준으로 민간 부문에 있는 근로자 중에 오직 6.4%만이 노동조합에 가입하였다.

향이 있다(이 내용은 앞으로 이 책에서 자주 보게 될 것이다). 따라서 노동공급곡선(labor supply curve)은 [그림 1-1]에서 보이듯이 우상향한다.

[그림 1-1]에 그려진 가상의 노동공급곡선은 각각의 임금수준에서 노동시장에 진입하는 엔지니어의 숫자를 표시한다. 예를 들어, 만일 엔지니어의 임금이 연간 4만 달러 수준이면 2만 명의 엔지니어가 노동 서비스를 제공할 것이다. 만일 이들의 임금이 5만 달러로 상승한다면 3만 명의 근로자가 엔지니어가 되기를 선택할 것이다. 다시 말하면, 엔지니어의 임금이 올라갈수록 더욱더 많은 사람이 엔지니어라는 직업을 추구하는 것이 매력적이라고 생각하고 이 직업을 택할 것이다. 더 일반적으로 말하면, 노동공급곡선은 근로자들이 공급하는 노동시간을 그들에게 제안되는 임금수준과 연결시킨 것이다. 임금수준이 높을수록 더 많은 노동이 공급된다.

기업은 노동시장 이야기에서 공동 주연 배우 역할을 한다. 개별 기업은 어떤 유형의 근로자를 얼마나 많이 채용하거나 해고할지, 일주일당 근로시간을 얼마로 정할지, 얼마나 많은 자본을 투입할지, 근로자에게 안전한 근로환경을 제공할지 또는 위험한 근로환경을 제공할지 여부를 결정한다. 기업 또한 특별한 동기를 갖고 있다. 우리는 기업이 이윤을 극대화하기를 원한다고 가정한다. 기업 입장에서는 바로 고객이 왕이다. 기업은 고객의 요구를 가장 잘 충족시킬 수 있도록 생산에 대한 결정 — 따라서 생산요소를 고용하거나 해고하는 결정 — 을 함으로써 이윤을 극대화할 것이다. 사실상 기업의 노동수요는 고객의 욕구로부터 파생된 파생수요(derived demand)이다.

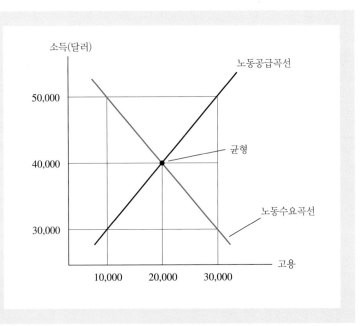

그림 1-1

엔지니어 노동시장의 공급과 수요

노동공급곡선은 각각의 임금 수준에서 노동시장에 진입하는 엔지니어의 숫자를 표시한다. 노동수요곡선은 그 임금 수준에서 기업이 채용하고자 하는 엔지니어의 숫자를 표시한다. 노동시장의 균형은 공급이 수요와 일치하는 수준에서 발생한다. 즉, 4만 달러의 임금에서 2만 명의 엔지니어가 고용되는 것으로 결정된다.

수백만 고용인의 채용과 해고에 대한 결정이 더해져서 경제 전체의 노동수요가 정해진다. 기업이 이윤을 극대화하고자 한다는 가정은 노동 서비스가 저렴할 때 많은 근로자를 채용하고, 노동 서비스가 비싸지면 채용을 억제한다는 것을 시사한다. 노동의 가격과 기업이 채용하고자 하는 근로자 수의 관계는 우하향하는 노동수요곡선(labor demand curve)에 의해 잘 설명된다. 노동수요곡선은 임금이 4만 달러일 때 총 2만 명의 엔지니어링 산업에 있는 엔지니어를 채용하기를 원하지만, 임금이 5만 달러로 상승하면 오직 1만 명의 엔지니어를 채용하고 싶어 한다는 것을 말해준다.

따라서 근로자와 기업은 노동시장에서 서로 상충되는 이해관계를 갖고 있다. 임금이 높을 때에는 많은 근로자가 노동 서비스를 제공하려고 하는 반면에 소수의 기업만이 그들을 채용하고자 한다. 그와 반대로, 임금이 낮으면 소수의 근로자만이 노동 서비스를 제공하려고 하는 반면에 많은 기업이 근로자를 채용하고자 한다. 근로자가 일자리를 탐색하고, 기업이 근로자를 탐색하는 과정에서 이러한 상충되는 욕구들이 서로 상쇄되어 가면서 노동시장이 균형에 도달한다. 자유시장경제에서 균형(equilibrium)은 공급과 수요가 일치할 때 달성된다.

[그림 1-1]에서 노동시장의 균형은 임금이 4만 달러이고 2만 명의 엔지니어가 고용된 상태이다. 이 임금과 고용의 조합은 근로자와 기업의 상충되는 욕구를 상쇄시키기 때문에 균형이 된다. 예를 들어, 임금이 균형수준을 넘는 5만 달러라고 가정해보자. 3만 명의 엔지니어가 일자리를 찾게 되지만 기업은 1만 명의 엔지니어만을 채용하기를 원하게 된다. 너무 많은 수의 지원자가 소수의 일자리를 놓고 경쟁하면서 요구하는 임금을 낮추게 될 것이다. 대신에 임금이 3만 달러였다면 어떻게 될까? 기업 입장에서는 엔지니어를 저렴한 비용으로 채용할 수 있기 때문에 3만 명을 고용하기 원하지만 그 임금수준에서는 오직 1만 명의 엔지니어만이 일을 하려고 할 것이다. 따라서 여러 기업이 소수의 엔지니어를 놓고 경쟁하는 가운데 임금이 상승하게 된다.

노동시장에는 정부라는 한 명의 주연배우가 또 있다. 정부는 근로자의 소득에 과세할 수 있고, 엔지니어 훈련과정에 보조금을 지급할 수도 있으며, 기업에게 급여세(payroll tax)를 부과하거나, 기업에게 엔지니어들의 성별과 인종 구성이 전체 인구 구조를 정확하게 반영하도록 채용할 것을 요구할 수도 있다. 또한 정부는 연간 5만 달러 미만으로 엔지니어를 고용하는 노동시장의 거래를 불법으로 규정하는 법률을 제정할 수도 있고, 해외 엔지니어의 이민을 장려하여 엔지니어 공급을 증가시킬 수 있다. 이러한 정부의 행동은 노동시장에서 달성되는 균형을 변화시킨다.

트랜스-알래스카 송유관

1968년 1월에 알래스카주 먼 북쪽에 있는 프루도만에서 석유가 발견되었다. 석유 매장량

은 100억 배럴을 넘는 것으로 추정되었다. 이는 북미에서 가장 큰 발견이었다.[2]

이 발견에는 한 가지 문제가 있었다. 이 석유가 발견된 곳이 대부분의 소비자들이 살고 있는 곳과 아주 먼 알래스카의 매우 추운 지역이었다. 이 석유를 소비자들에게 수송하는 어려운 문제를 해결하기 위해서 석유회사들은 북부 알래스카에서부터 남부에 얼음이 얼지 않는 발데스 항구까지 789마일에 걸쳐 48인치 송유관을 건설할 것을 제안했다. 송유관이 건설되면 발데스 항구에서 석유가 초대형 유조선에 옮겨지고 이 배들이 석유를 미국 전역과 해외 소비자에게 운반할 수 있다.

석유회사들은 알리에스카 파이프라인 프로젝트를 발족시켰다. 1973년 석유금수조치에 뒤이어 의회가 프로젝트 승인을 한 1974년 봄에 프로젝트가 시작되었다. 송유관 건설은 3년 동안 지속되었고 1977년에 완성되었다. 알리에스카는 1974년 여름부터 1977년까지 2만 5,000명의 근로자를 고용했고, 알리에스카의 하청업체들도 2만 5,000명의 근로자를 추가로 고용했다. 송유관이 건설된 이후 알리에스카는 송유관과 관련된 고용을 소수의 정비요원 수준으로 축소했다.

알리에스카와 하청업체들에 의해 고용되었던 많은 근로자는 전 세계에서 송유관을 건설했던 엔지니어였는데 그중에서 매우 소수만이 알래스카 원주민이었다. 나머지 근로자는 트럭기사 또는 굴착기사와 같이 상대적으로 숙련도가 낮은 노동자로 구성되었다.

공급곡선과 수요곡선에 의해서 요약되는 이론을 적용하면 트랜스-알래스카 송유관 건설

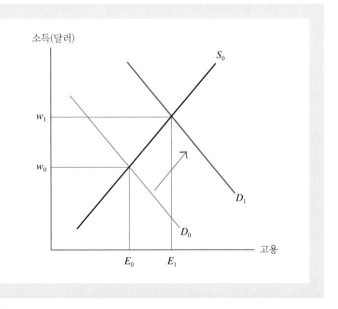

그림 1-2

알래스카 노동시장과 송유관 건설

송유관 건설은 알래스카에서 노동수요를 D_0에서 D_1으로 변화시켰다. 그 결과, 임금과 고용이 증가하였다. 송유관 건설이 완공된 이후에는 노동수요가 원래의 수준으로 되돌아가서 임금과 고용이 하락하였다.

2 이 논의는 William J. Carrington, "The Alaskan Labor Market during the Pipeline Era," *Journal of Political Economy* 104 (February 1996): 186-218을 바탕으로 한다.

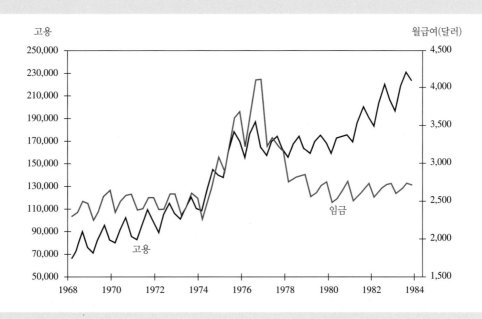

의 결과로서 알래스카에서 발생했어야 하는 이동을 이해하는 데 도움이 된다. [그림 1-2]가 보여주는 것처럼 노동시장은 애초에 수요곡선 D_0와 공급곡선 S_0의 교차점으로 나타나는 균형에 있었다. 최초의 균형점에서 총 E_0의 알래스카 사람이 w_0의 임금을 받고 고용되어 있었다.

송유관 건설 프로젝트는 상당히 큰 수준의 노동수요 증가를 야기했다. [그림 1-2]는 수요곡선을 D_0에서 D_1으로 이동시킴으로써 이러한 변화를 보여준다. 수요곡선의 우측 이동은 주어진 임금수준에서 알래스카의 여러 기업이 더 많은 근로자를 찾고 있었음을 시사한다.

수요곡선의 이동은 알래스카의 노동시장을 새로운 수요곡선과 기존의 공급곡선이 교차하는 새로운 균형으로 이동시켰다. 새로운 균형점에서 총 E_1의 근로자가 w_1의 임금에서 고용되었다. 그러므로 이론은 송유관 건설 프로젝트가 임금과 고용을 모두 증가시킬 것이라고 예측한다. 그러나 프로젝트가 완성되자마자 건설 근로자에 대한 추가적인 수요가 사라졌고, 수요곡선은 원래의 위치인 D_0로 돌아가게 될 것이다. 결국에 임금은 w_0의 수준으로 되돌아가고, E_0의 근로자만이 고용됐어야 한다. 요약하면 송유관 건설 프로젝트는 건설기간 동안에만 임금과 고용을 모두 일시적으로 증가시켰어야 한다.

[그림 1-3]은 1968년과 1983년 사이에 알래스카주에서 실제로 발생했던 고용과 임

그림 1-3 알래스카 노동시장의 임금과 고용, 1968~1984

출처 : William J. Carrington, "The Alaskan Labor Market during the Pipeline Era," *Journal of Political Economy* 104 (February 1996) : 199

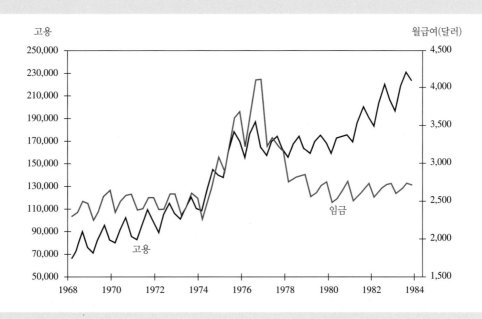

금의 흐름을 보여준다. 알래스카의 인구도 수십 년에 걸쳐 지속적으로 증가했기 때문에 프루도만에서 석유가 발견되기 이전에도 고용은 꾸준히 상승했다. 그러나 1975, 1976, 1977년에 고용이 급증했다가 그 이후 장기적인 추세로 돌아왔음을 보이고 있다. 알래스카 근로자의 소득 또한 그 기간 동안 상당히 높은 수준으로 상승했다. 물가상승을 감안하면 알래스카 근로자의 월평균소득이 1973년 3분기에 2,468달러에서 1976년 3분기에 4,140달러로 56% 증가했다. 1979년에 이르러서 알래스카 근로자의 실질소득은 송유관 건설 프로젝트가 시작되기 이전 수준으로 되돌아갔다.

노동공급의 일시적인 증가는 두 가지 중요한 이유 때문에 발생했다. 첫째, 임금이 상승했을 때 알래스카 인구의 많은 사람들이 일을 하려고 했다. 1973년 여름에는 알래스카 인구의 39%가 일을 하고 있었다. 1975년과 1976년 여름에는 50%의 인구가 일을 했다. 둘째, 48개 주에 거주하는 사람들이 혹독하게 추운 기후환경에도 불구하고 보다 나은 경제적 기회를 얻기 위해 알래스카로 이주한 결과 알래스카 인구증가율이 1974년과 1976년 사이에 급격하게 상승했다. 그러나 인구증가율의 상승은 일시적이었다. 인구증가는 송유관 건설 프로젝트가 완료된 이후에 곧바로 원래의 장기추세로 회귀했다.

1-3 왜 이론이 필요한가

우리는 트랜스-알래스카 송유관 시스템이 노동시장에 어떻게 영향을 미쳤는지 간략하게 이야기했다. 이 이야기는 노동시장의 배우들이 어떤 역할을 했는지 설명하고 있다. 정부는 환경에 위험이 될 수도 있는 프로젝트를 승인했다. 기업은 송유관 건설이 이윤을 얻을 수 있는 기회라고 판단하여 노동수요를 증가시켰다. 그리고 근로자는 이러한 노동수요의 변화에 노동공급량을 증가시킴으로써 대응했다.

우리는 알래스카 노동시장을 설명하는 간단한 이론 또는 모형(model)을 세웠다. 이 모형은 우상향하는 노동공급곡선, 우하향하는 노동수요곡선, 궁극적으로 근로자와 기업 간의 갈등을 해결하는 균형이 달성된다는 가정으로 특징지을 수 있다. 이 모형은 송유관 건설이 알래스카 노동시장에서 일시적인 고용과 임금의 상승을 가져올 것이라고 예측한다. 더욱이 이는 검증할 수 있는 예측이다. 즉, 임금과 고용에 대한 예측은 실제로 발생했던 결과와 비교할 수 있기 때문이다. 수요-공급모형은 이 테스트를 통과한 것으로 나타났다. 실제 자료가 이론의 예측과 일치했다.

[그림 1-2]에 그려진 노동시장 모형이 알래스카 노동시장의 복잡한 모든 면을 다 설명하지 못한다는 점을 군이 말할 필요는 없다. 이 단순한 모형이 무시하고 있지만 우리 예측을 변화시킬 수 있는 중요한 변수들을 생각하는 것은 그리 어려운 일이 아니다. 예를 들어, 근로자가 노동공급에 대한 결정을 할 때 임금 이상의 그 무엇을 고려할 수도 있다. 트

랜스-알래스카 송유관 프로젝트와 같은 보다 도전적이고 최첨단의 프로젝트에 참여할 수 있는 기회는 혹독한 작업환경에도 불구하고, 또한 따분한 프로젝트를 수행하는 기업이 제시하는 임금보다 낮은 임금에도 불구하고 엔지니어들에게 매력적으로 다가올 수 있다. 이 프로젝트가 낮은 임금수준에서도 많은 근로자를 유치할 수 있다고 하면 송유관 건설이 임금을 올릴 것이라는 이론적인 예측이 부정확할 수도 있다.

이론에서 누락된 요소들이 알래스카 노동시장이 어떻게 운영되는지 이해하는 데 중요한 역할을 한다면 임금과 고용이 상승할 것이라는 우리의 예측은 잘못된 것일 수 있다. 그러나 만일 이러한 요소들이 사소한 항목들이라면 이 모형이 알래스카 노동시장에서 일어나는 일들의 본질을 포착하고 있기 때문에 우리의 예측은 여전히 유효하다.

우리는 생략된 요소를 모두 포함하는 복잡한 모형을 구축할 수도 있다. 물론 이것이 매우 어려운 일이 될 것이지만 말이다! 사실을 완벽하게 설명하는 모형은 수백만의 근로자와 기업이 어떻게 상호작용을 하고 그러한 상호작용이 노동시장에서 어떻게 작동하는지 설명할 수 있어야 한다. 우리가 이 어려운 작업을 할 수 있다고 하더라도 상상할 수 있는 모든 것을 다 포함하는 이러한 방식은 이론을 추구하고자 하는 목적을 무의미하게 만든다. 실제로 알래스카 노동시장에서 발생한 현상을 매우 상세한 수준까지 반영하는 이론은 모든 사실을 설명할 수 있을지 모르지만 현실만큼이나 복잡하고 거추장스러우며 두서가 없어서 알래스카 노동시장이 어떻게 작동했는지 이해하는 데에는 전혀 도움을 주지 못한다.

어떤 이론이 가정의 현실성에 의해 평가받아야 하는지 또는 노동시장 현상을 이해하고 예측하는 데 도움을 주는 정도에 따라 평가받아야 하는지에 대해 오랜 논쟁이 있어 왔다. 보다 현실적인 가정을 사용하면 분명히 정확하게 예측하는 데 도움이 될 것이다. 그러나 거울을 사물에 바짝 갖다 대듯이 이론이 현실을 너무나 가깝게 투영한다면 **정말로** 중요한 것을 구별해내지 못한다. 노동경제학의 묘미는 어느 정도 상세한 수준까지 설명하는 것이 이야기 전개에 필수적인지 선택하는 데 있다. 현실성과 단순화 사이에는 서로 상충되는 관계가 존재하기 때문에 이를 절묘하게 조절하여 정곡을 찌를 수 있을 때 좋은 경제학이라는 소리를 들을 수 있다.

[그림 1-1]의 수요-공급모형은 노동시장에서 활동하는 다양한 배우에게 동기를 부여하는 중요한 요인들을 끄집어낸다. 수요-공급모형은 노동시장이 어떻게 작동하는지에 대한 우리의 생각을 체계화할 수 있는 유용한 방법을 제공한다. 이 모형은 또한 더욱 복잡하고 현실적인 노동시장 모형을 구축하는 데 있어서 단단한 토대를 제공한다. 무엇보다도 가장 중요한 사실은 이 모형이 실제로 작동한다는 데 있다. 이 단순한 모형의 예측은 많은 경우 실제 현실에서 관측되는 사실과 일치한다.

수요-공급모형은 알래스카 송유관의 건설이 일시적으로 알래스카 노동시장의 고용과 임금수준을 올릴 것이라고 예측한다. 이러한 예측은 실증경제학(positive economics)의 하나의 사례이다. 실증경제학은 예를 들어 "프루도만에서 석유의 발견과 송유관의 건설이 알래스카 노동시장에 미치는 영향은 무엇인가?"와 같이 상대적으로 좁은 범위를 가진 '무엇인가'에 대한 질문을 다룬다.

실증경제학은 그래서 원칙적으로 어떤 특정한 결과가 바람직하거나 혹은 유해하거나 하는 가치판단 없이 경제학 개념을 적용하여 대답할 수 있는 질문을 주로 이야기한다. 이 책은 많은 부분은 "최저임금이 실업에 미치는 영향은 무엇인가?", "해외이주자의 유입이 원주민의 소득에 미치는 영향은 무엇인가?", "등록금 보조 정책이 대학 등록률에 미치는 영향은 무엇인가?", "실업보험이 실업기간에 미치는 영향은 무엇인가?" 등과 같은 실증적인 질문을 분석하는 데 할애하고 있다.

이러한 실증적 질문은 그러나 많은 중요한 문제들을 간과한다. 어떤 사람은 가장 중요한 문제인 "송유관이 건설되어야 하는가?", "정부는 대학등록금을 보조해야 하는가?", "미국은 해외이민자들을 받아들여야 하는가?", "실업보험은 더욱 관용적으로 운영되어야 하는가?" 등과 같은 질문에 대한 답을 하지 못한다고 말할지 모른다.

이러한 주제는 규범경제학(normative economics)의 영역에 속한다. 규범경제학은 "어떻게 해야 하는가?"와 같은 보다 광범위한 질문에 대해 이야기한다. 규범적 질문에 대한 대답은 가치판단을 요구한다. 우리 모두는 각자 다른 가치를 가지고 있기 때문에 규범적 질문에 대한 답은 송유관의 경제적 효과, 최저임금의 고용효과, 해외이주 근로자가 원주민의 경제적 후생에 미치는 효과에 대해 경제이론이나 사실이 설명하는 것과는 무관하게 서로 다를 수 있다.

규범경제학은 우리가 살고 싶은 사회에 대한 가치판단을 하도록 만든다. 예를 들어, 해외근로자의 유입이 미치는 영향을 생각해보자. 수요-공급모형은 해외이민자 수의 증가가 이들과 경쟁하는 자국 국민 근로자의 임금은 하락시키지만 이들을 고용하는 기업의 이익을 더 크게 증가시킨다고 예측한다. 따라서 순효과를 따지면 해외이민을 받아들이는 국가가 이득을 본다. 게다가 대부분의 경우 이민은 자발적인 결정이기 때문에 이민자도 경제적으로 보다 나은 결과를 가져온다.

이민을 받아들인 어떤 국가를 살펴본 결과 모형의 예측과 일치하는 증거들이 발견되었다고 가정해보자. 1,000만 명의 이민자의 경제적 지위가 이민을 하지 않았을 경우와 비교하여 향상되었고, 매년 원주민 근로자의 소득을 250억 달러 감소시켰으며, 본국 자본가의 소득을 400억 달러 증가시켰다고 가정하자. 이 국가는 추가적으로 1,000만 명의 해외이민을 더 받아들여야 하는가?

이 질문은 이론이나 사실에 근거해서 대답할 수 없다. 본국의 총소득이 150억 달러 증가했으나 부의 재분배가 발생했다. 어떤 사람은 이전보다 경제적 상황이 나빠졌고, 어떤 사람은 더욱 좋아졌다.

"이 국가가 해외이민을 계속 받아들여야 하는가?"라는 질문에 대답하기 위해서는 경제적 상황이 향상된 해외이민자, 후생수준이 떨어진 본국의 근로자, 이전보다 후생이 향상된 고용주 가운데 누구의 경제적 후생에 더욱 관심을 가져야 하는가를 먼저 결정해야 한다. 누군가는 이민을 나가는 사람 때문에 본국에 남아 있으면서 일정한 영향을 받는 사람의 후생까지도 고려해야 한다고 말할지 모른다. 이 질문에 답을 하기 위해서는 '국익'의 관점에서 이들 중에서 누가 더욱 중요한지 국가 차원의 선호에 대한 가정이 선행되어야 한다.

규범적인 질문을 만났을 때 많은 경제학자는 종종 한 걸음 물러서는 입장을 취한다. 1,000만 명 해외근로자의 이주가 이 나라의 총소득을 150억 달러 증가시키기 때문에 이 소득을 재분배하면 이민을 받는 국가의 모든 사람이 이전보다 부유해지도록 소득을 재분배하는 것이 가능하다. 그 나라 모든 사람의 경제적 후생을 향상시킬 수 있는 정책을 '효율적'이라고 말한다. 이러한 정책은 국가경제 파이의 크기를 증대시킨다. 그러나 문제는 그러한 형태의 소득재분배가 실제로는 거의 발생하지 않는다는 데 있다. 대개의 경우 이득을 보는 사람과 손해를 보는 사람의 처지가 바뀌지 않는다. 따라서 규범적 질문에 답하기 위해서는 효율성과 소득재분배라는 상충관계에 대한 판단을 해야 한다.

수요-공급모형이 예측하는 두 번째 예로서 노동조합의 결성이 기업으로부터 근로자에게 부를 이전하지만 경제 전체 파이의 크기는 줄어들게 만든다는 것을 들 수 있다. 노동조합이 근로자의 총소득을 400억 달러 증가시키지만 경제 전체의 총소득은 200억 달러 감소시킨다고 가정해보자. 과연 정부는 근로자가 노동조합을 결성하지 못하게 하는 정책을 추구해야 하는가? 이 역시 규범적 질문에 해당한다.

이 질문에 대한 대답은 노동조합에 가입한 근로자에게 발생한 소득의 증가와 높은 임금 및 인상된 가격을 지불해야 하는 기업과 소비자에게 발생한 손실 사이에서 어떻게 균형을 맞출 것인가에 달려 있다.

이러한 논의가 주는 교훈은 분명하다. 이득을 보는 사람과 손해를 보는 사람이 함께 발생하는 대부분의 정부정책은 불가피하게 그 여파를 남기게 된다. 어떤 특정 정책이 바람직한지 여부를 묻는 규범적 질문에 대해 경제모형의 이론적인 함의나 현실에서 관찰되는 사실 모두 충분한 답을 제공하지 않는다.

많은 사람이 '매우 중요한 문제'라고 생각하는 질문들에 대해 경제학자가 답을 못하는 것이 사실이지만 그럼에도 실증적 질문의 의미를 이해하고 대답하는 것은 정책을 논의하는 데 있어서 매우 중요하다. 실증경제학자는 정부의 어떤 정책이 사회의 여러 다른 부문에 어떻게 영향을 미치는지 이야기한다. 즉, 누가 얼마나 이득을 보고 누가 얼마나 손해를 보는지 분석한다.

결국 어떤 정책에 대해 논의하기 위해서는 특정 선택을 했을 때 우리가 지불해야 하는 대가를 온전히 이해하고 있어야 한다. 규범적 질문에 대한 결론은 정책이 가져올 편익과 비용의 크기에 의해 영향을 받는 것이 당연하다. 예를 들어, 만일 노동조합이 경제 전체 파이의 크기를 감소시키는 정도가 작다면 노동조합이 재분배에 미치는 영향(기업으로부터 근로자에게로 소득이전)은 규범적 논의의 주제가 될 수 있다. 그러나 경제 전체 파이를 상당히 큰 폭으로 감소시킨다면 분배에 미치는 영향은 그다지 중요하지 않을 것이다.

요약

- 노동경제학은 노동시장의 작동원리를 연구한다. 노동경제학에서 다루는 주제에는 소득 분배의 결정, 노동조합의 경제적 영향, 근로자의 근로시간 결정, 기업의 채용과 해고, 노동시장 차별, 실업의 결정요인 그리고 근로자의 인적자본 투자결정 등이 포함된다.
- 노동경제학의 경제모형은 근로자, 기업, 정부의 세 명의 주연배우를 포함한다. 일반적으로 근로자는 경제적 후생(효용)을 극대화하고, 기업은 이윤을 극대화한다고 가정한다. 정부는 세금을 부과하고, 보조금을 지급하거나 노동시장에서의 근로자와 기업 간의 게임의 규칙을 제정함으로써 이들의 의사결정에 영향을 미친다.
- 노동시장을 설명하는 좋은 이론이 되기 위해서는 현실적인 가정을 포함해야 한다. 그러나 어설프거나 너무 복잡해서는 안 되고, 실제 자료를 가지고 검증할 수 있는 실증적인 의미를 제공해야 한다.
- 경제학은 실증적인 질문을 대답하는 데 유용하다. 그러나 규범적인 질문에 대답하기 위해서는 특정한 경제적 결과가 바람직한지에 대한 가치판단이 필요하다.

부록

회귀분석에 대한 간략한 소개

노동경제학은 실증과학이다. 노동경제학에서는 경제변수들 간의 관계를 연구하기 위해 통계적 기법을 적용하는 계량경제학(econometrics)을 매우 광범위하게 활용하고 있다. 다음과 같은 질문이 이에 해당한다.

1. 실업급여의 수준을 높여주면 실업기간이 늘어나는가?
2. 복지급여의 수준을 높여주면 근로유인이 줄어드는가?

3. 학교를 1년 더 다니면 근로자의 임금이 상승하는가?

이 세 가지 질문에 대한 대답은 궁극적으로 경제변수들 간의 상관관계 — 실업급여와 실업기간의 관계, 복지급여와 노동공급의 관계, 학력과 임금의 관계 — 에 의존한다. 우리는 또한 상관관계의 **부호**뿐만 아니라 그 **크기**에도 관심이 있다. 다시 말해 "실업급여를 50달러 인상하면 실업기간이 얼마나 증가할 것인가?, 복지급여를 매달 200달러 인상하면 근로자의 노동시간이 얼마나 줄어들 것인가?, 대학 학위를 획득하면 임금이 얼마나 오르게 될 것인가?" 등을 알고 싶어 한다.

이 책의 대부분의 논의에서 계량경제학의 상세한 기법을 활용한 분석을 하고 있지 않지만, 노동경제학자가 자료를 어떻게 이용하는지 알게 되면 실증연구의 유용성과 한계 모두를 보다 잘 이해할 수 있다. 노동경제학자가 주로 사용하는 통계적 기법이 바로 회귀분석 (regression analysis)이다.

예제

직업군에 따라 임금수준은 매우 다른 편이다. 사람들은 어떤 직업이 다른 직업보다 높은 임금을 받는 이유가 무엇인지에 대해 궁금해 한다. 어느 직업에서의 평균 임금수준을 결정하는 하나의 분명한 요소는 그 직업군에서 일하는 근로자의 평균 교육수준이다.

노동경제학에서는 임금수준보다 임금의 로그값을 사용하여 임금에 대한 실증연구를 하는 것이 보편적이다. 이렇게 하는 이론적이고 실증적인 이유가 있으며 이에 대해서는 나중에 설명할 것이다. 어떤 직업의 평균 로그임금(log w)과 근로자의 평균 교육연수(s) 간에 선형의 관계식이 존재한다고 가정하고 다음의 식 (1-1)로 표현하자.

$$\log w = \alpha + \beta s \tag{1-1}$$

이 식의 좌변의 변수(직업의 평균 로그임금)는 종속변수(dependent variable)라고 부른다. 우변의 변수(직업 근로자의 평균 교육연수)는 독립변수(independent variable)라고 부른다. 회귀분석의 목적은 여러 직업군의 평균 로그임금과 근로자의 평균 교육연수에 대한 실제 자료를 이용하여 α와 β에 대한 추정치를 얻는 데 있다. 이렇게 구한 회귀계수 (regression coefficients)를 어떻게 해석할 것인지 알아보자.

식 (1-1)은 [그림 1-4]에 그려진 절편 α와 기울기 β를 갖는 선을 표시한다. 이 회귀선은 β가 양일 것이라는 합리적인 가정하에 그려졌다. 즉, 근로자의 교육수준이 높을수록 그 직업의 임금이 높아진다. 절편 α는 교육을 전혀 받지 않은 근로자가 일하는 직업군에서 관찰되는 로그임금을 의미한다. 기초 수학에서 우리는 직선의 기울기가 수직축에 있는 변수의 변화를 수평축에 있는 변수의 변화로 나누어서 구할 수 있다는 것을 배웠다.

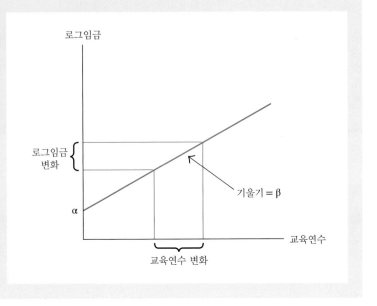

그림 1-4 회귀선

회귀선은 직업군에 걸쳐 근로자의 평균 로그임금률과 평균 교육연수와의 관계식을 생성한다. 회귀선의 기울기는 교육연수 1년의 증가로부터 발생하는 로그임금의 변화분을 의미한다. 절편은 전혀 교육을 받지 않은 근로자가 일하는 직업군에서 관찰되는 로그임금을 의미한다.

$$\beta = \frac{\text{로그임금의 변화}}{\text{교육연수의 변화}} \tag{1-2}$$

이를 해석해보면 기울기 β는 평균 교육연수가 1년 늘어날 때 발생하는 로그임금의 변화분을 의미한다. 로그임금의 작은 변화는 임금의 퍼센트 변화와 대략적으로 같다. 예를 들어 보자. 두 직업 간에 평균 로그임금이 0.051만큼의 차이가 난다면 우리는 이 두 직업 사이에 약 5.1%의 임금차이가 존재한다고 해석할 수 있다. 이러한 특성이 노동경제학자가 임금의 로그값을 사용하여 임금에 대한 분석을 수행하는 이유 중 하나이다. 로그임금의 변화를 임금률의 변화로 해석할 수 있기 때문이다. 로그의 이러한 수학적인 특성 때문에 추정계수 β는 교육연수가 1년 상승할 때 나타나는 임금의 퍼센트 변화율로 해석할 수 있다.

α와 β를 추정하기 위해서 먼저 직업별로 근로자의 평균 로그임금과 평균 교육연수 자료가 있어야 한다. 이 자료는 미국의 Annual Demographic Supplement of the Current Population Surveys를 이용해 쉽게 계산할 수 있다. 미국의 노동통계국이 매년 3월에 조사하는 이 자료는 수백만 근로자의 고용조건과 임금을 보고한다. 이 자료를 이용하면 45개 직업군에서 일하는 남성 근로자의 평균 시간당 로그임금과 평균 교육연수를 계산할 수 있다. 이를 계산한 결과가 〈표 1-1〉에 있는데 직업이 엔지니어인 남성 근로자를 보면 로그임금이 3.37이고 교육연수는 15.8년임을 알 수 있다. 그러나 건설 근로자의 경우 이와 대조적으로 2.44의 로그임금과 10.5년의 교육연수를 갖고 있음을 보이고 있다.

표 1-1 직업별 특성, 2001

직업	남성 근로자의 평균 로그임금	남성 근로자의 평균 교육연수	여성 근로자의 비율(%)
관리자 및 공무원, 공공행정	3.24	15.7	52.4
임원, 관리자 및 매니저	3.29	14.9	42.0
관리 관련 직종	3.16	15.4	59.4
엔지니어	3.37	15.8	10.7
수학 및 컴퓨터 과학자	3.36	15.6	32.2
자연 과학자	3.22	17.4	34.2
건강 진단	3.91	19.8	31.2
건강 평가 및 치료	3.23	16.2	86.2
교사(전문대 및 대학)	3.17	18.8	44.7
교사(전문대 및 대학 제외)	2.92	16.5	75.8
변호사, 판사	3.72	19.7	29.3
다른 전문 직종	2.90	15.9	54.0
건강과학 기술자 및 기술자	2.76	14.2	83.1
공학 및 과학 기술자	2.97	13.8	26.0
기술자(건강, 공학, 과학 제외)	3.30	15.4	48.5
사업주, 판매 직종	2.96	13.9	37.6
영업 담당자(금융 및 비즈니스 서비스)	3.39	15.1	44.7
영업 담당자(소매 제외한 상품)	3.14	14.4	25.4
판매원, 소매 및 개인 서비스	2.61	13.4	64.0
판매 관련 직업	2.93	14.8	72.4
감독자, 행정 지원	2.94	13.8	61.2
컴퓨터 장비 운영자	2.91	13.8	57.1
비서, 속기사 및 타이피스트	2.75	13.8	98.0
재무 기록, 처리 직종	2.67	14.2	92.9
메일과 메시지 배포	2.87	13.2	41.9
행정 지원 직종(목사 포함)	2.66	13.4	79.2
개인 가정 서비스 직종	2.46	10.6	96.0
보호 서비스 직종	2.80	13.6	18.7
음식 서비스 직종	2.23	11.4	60.0
의료 서비스 직종	2.38	13.2	89.1
청소 및 건물 서비스 직종	2.37	11.2	48.2
개인 서비스 직종	2.55	13.4	80.4
자동차 정비사, 수리공	2.81	12.6	5.2
건설 거래	2.74	11.9	2.4
기타 정밀생산 직종	2.82	12.3	22.5
기계조작원(정밀기계 제외)	2.62	11.8	35.2
조립, 검사 및 샘플러	2.65	12.0	36.2
자동차 운영	2.59	12.1	12.7
기타 운송직업 및 자재 이동	2.68	11.8	6.3
건설 노동자	2.44	10.5	3.9
화물 운송, 재고, 재료 처리기	2.44	12.0	30.4

(계속)

표 1-1　직업별 특성, 2001(계속)

직업	남성 근로자의 평균 로그임금	남성 근로자의 평균 교육연수	여성 근로자의 비율(%)
설비 청소 및 노동자	2.42	11.3	28.0
농장 운영자 및 매니저	2.52	12.9	20.5
농장 노동자 및 관련 직종	2.29	9.9	18.5
임업 및 어업 직종	2.70	12.0	3.7

출처 : Annual Demographic Files of the Current Population Survey, 2002.

[그림 1-5]에 제시된 바와 같이 자료를 점들로 표시한 그림을 산포도(scatter diagram)라고 부른다. 이 그림은 현실에서 관측되는 평균 로그임금과 평균 교육연수의 관계를 설명하고 있다. 두 변수 간의 관계는 직선이 아닌 점들을 모아놓은 것처럼 보인다. 그러나 이 점들을 살펴보면 우상향하는 모양을 이루며 흩어져 있다. 따라서 원자료는 임금과 교육연수가 양의 기울기를 갖는 직선과 같이 단순한 관계는 아니지만 두 변수 간에 양의 상관관계가 있음을 시사한다.

그림 1-5　직업별 교육연수와 로그임금 간의 산포도, 2001

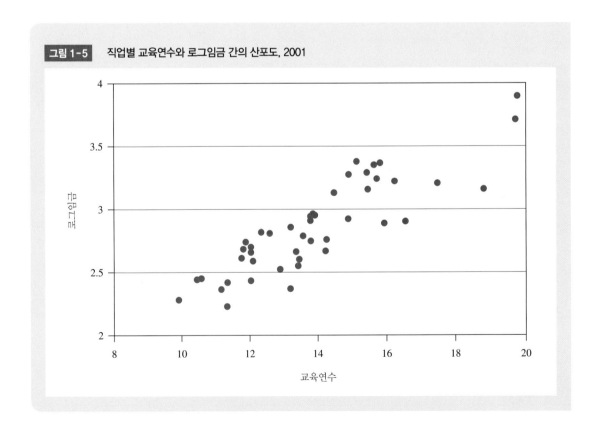

그러나 우리는 교육이 어떤 직업의 평균임금을 결정하는 유일한 변수는 아니라는 사실을 인식해야 한다. 근로자들이 노동통계국에 자신들의 급여를 보고하는 과정에서도 상당한 오류가 포함될 것이다. 이러한 오류는 정확한 자료를 반영한다고 생각되는 어떤 직선으로부터 산포도상의 점들을 더욱 멀어지게 한다. 또한 근로자의 연령이나 직업의 여성성 정도와 같이 직업의 평균소득에 영향을 미치는 다른 요소들도 존재한다. 예를 들어 용접공의 경우에서처럼 주로 남성이 종사하는 직업이 유치원 선생님처럼 여성이 많이 종사하는 직업보다 급여수준이 높은 경향이 있다. 이 모든 요인들이 산포도상의 점들을 직선으로부터 멀리 떨어지게 만든다.

회귀분석의 목적은 산포도를 관통하는 최적의 직선을 찾는 데 있다. [그림 1-6]에는 산포도에 그릴 수 있는 수많은 직선 중 몇 개가 그려져 있다. 직선 A는 전반적인 경향을 올바르게 대표하지 못한다. 원자료는 두 변수 간에 양의 상관관계를 제시하는데, 직선 A는 음의 기울기를 가지고 있기 때문이다. 직선 B와 직선 C는 모두 양의 기울기를 갖는다. 그러나 직선 B는 산포도상의 모든 점보다 위에 그려져 있고, 직선 C는 너무 오른쪽에 있다.

그림 1-6 **자료의 추세를 나타내는 선들 가운데 선택하기**

산포도를 통과하는 수많은 선을 그릴 수 있다. A, B, C는 이 중 세 가지 예를 보여준다. 그러나 이 선들은 산포도에 나타난 자료의 추세를 적합하게 표현하고 있지 않다.

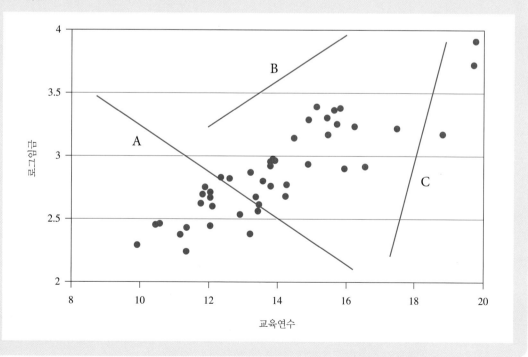

회귀선(regression line)은 자료를 가장 잘 요약하는 직선이다.[3] 회귀선을 구하는 공식은 거의 모든 통계학 교과서와 통계패키지 프로그램에 포함되어 있다. 이 공식을 우리의 예에 적용하면 다음과 같은 회귀선을 얻게 된다.

$$\log w = 0.869 + 0.143s \tag{1-3}$$

[그림 1-7]에는 위와 같이 추정된 회귀선이 산포도에 추가되어 있다. 식 (1-3)의 회귀선은 다음과 같이 해석된다. 먼저 추정된 기울기가 양의 값을 갖는다는 것은 평균 로그임금이 실제로 근로자의 교육수준이 높은 직업에서 더욱 높다는 것을 가리킨다. 다음으로 0.143의 기울기는 근로자의 평균 교육연수가 1년 늘어날 때마다 임금이 약 14.3% 정도 오른다는 것을 의미한다.

식 (1-3)의 절편값은 평균 교육연수가 0인 직업에 속한 근로자의 로그임금이 0.869라는 의미이다. 그러나 우리는 이 결과를 사용할 때 매우 신중해야 한다. 평균 교육연수가 0인 직업군은 존재하지 않는다. 평균 교육연수의 최소값은 9.9년이다. 즉, 절편은 회귀선

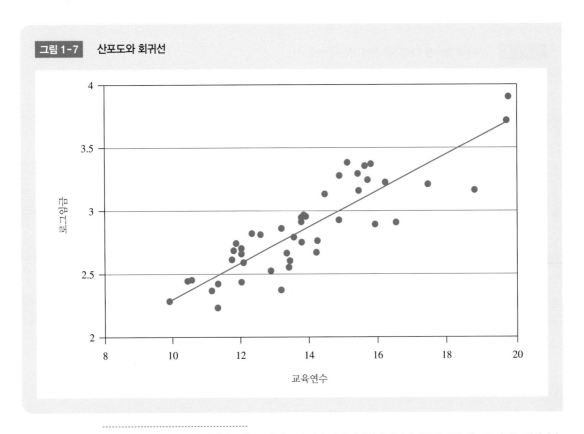

그림 1-7 산포도와 회귀선

---

3 보다 정확하게 말하면 회귀선은 산포도상의 모든 점과 직선 사이의 수직거리 제곱의 합을 최소로 만드는 직선이다. 이러한 방식으로 회귀선을 추정하는 방법을 최소자승법이라고 부른다.

을 y축까지 확장했을 때 얻는 결과이다. 다시 말하면 회귀선을 실제 표본을 넘는 범위에서 예측하는 데 활용한 것이다. 이런 방식으로 추정결과를 해석하게 되면 엉뚱한 결과를 얻기 쉽다. 어떤 직업에서 전형적인 근로자가 교육을 전혀 받지 않았다고 말하는 것이 무슨 의미가 있겠는가? 이와 마찬가지로 우리가 만일 근로자의 평균 교육연수가 25년이라면 이들의 임금이 얼마나 될까 예측하는 데 이 방식을 적용하면 똑같은 실수를 범하기 쉽다. 이를 다시 간단하게 얘기하면 자료의 범위를 벗어나는 구역에 대한 결과를 예측하는 것은 문제가 있다.

오차범위와 통계적 유의성

〈표 1-1〉의 자료를 통계프로그램에 대입하면 회귀직선의 절편과 기울기 이외에도 여러 숫자를 보여준다. 통계프로그램은 추정계수의 통계적 정확성을 측정하는 표준오차(standard errors)를 제공한다. 예를 들어 신문이나 TV에 52%의 국민이 토마토가 더 크고 붉은 빛깔을 띠어야 한다고 믿는다는 여론조사 결과가 발표되는 경우 이때 여론조사 결과의 오차범위는 ±3%라고 함께 발표된다. 회귀식 추정계수의 오차범위를 계산할 때 표준오차를 이용한다.

〈표 1-1〉의 자료를 이용하여 회귀식을 추정하면 절편 α의 표준오차 0.172와 기울기 β의 표준오차 0.012를 얻게 된다. 계량경제학적인 접근에서 일반적으로 허용되는 오차범위는 표준오차의 두 배 정도 된다. 따라서 평균 교육연수가 1년 증가하면 로그임금이 0.143±0.024(표준오차의 두 배) 증가한다고 해석할 수 있다. 다시 말하면, 교육연수가 1년 증가하면 어떤 직업군의 평균임금이 작게는 11.9%, 크게는 16.7%까지 증가한다는 뜻이다. 통계이론적 해석은 교육연수 1년 증가의 진정한 영향이 95%의 확률로 이 범위 내에 있다는 것을 의미한다.

회귀분석을 수행하는 통계프로그램은 또한 각각의 추정계수에 대한 t-통계량(t statistic)을 함께 제공한다. t-통계량은 추정계수의 통계적 유의성(statistical significance)을 평가하는 척도가 되는데, 다음의 식으로 구할 수 있다.

$$t\text{-통계량} = \frac{\text{추정계수의 절댓값}}{\text{추정계수의 표준오차}} \tag{1-4}$$

회귀식 추정계수의 t-통계량이 2값을 넘는 경우 통계적으로 0과 다른 값을 갖는다고 말한다. 즉, 추정계수의 진정한 값이 0이 아닐 가능성이 매우 높기 때문에 우리가 관심을 가지는 두 변수 사이에 어떤 관계가 있다는 의미를 갖는다. t-통계량이 2보다 작으면 통계적으로 0과 다르지 않다고 말한다. 이러한 경우에는 두 변수 간에 어떤 관계가 있다고 결론지을 수 없다.

〈표 1-1〉의 자료를 가지고 추정한 회귀식 기울기의 t-통계량은 11.9(=0.143÷0.012)이므로 2보다 매우 큰 값을 갖기 때문에 통계적으로 0과 다르다고 볼 수 있다. 평균 로그임금과 근로자의 평균 교육연수 사이에는 양의 상관관계가 있을 확률이 매우 높다.

통계프로그램은 또한 결정계수(R-squared)라고 불리는 통계량을 제시한다. 이 통계량은 종속변수의 전체 분산 중에 독립변수의 분산이 설명하는 비중을 의미한다. 회귀식 (1-3)의 결정계수 값은 0.762로 구해지는데, 이는 여러 직업군 사이에서 평균 로그임금의 분산 중 76.2%는 직업군 간의 평균 교육연수의 분산에 의해 설명될 수 있다는 의미이다. 이를 달리 표현하면 간단한 회귀모형만으로도 왜 엔지니어가 건설 근로자보다 높은 임금을 받는지 잘 설명한다고 볼 수 있다. 엔지니어의 평균 교육연수가 건설현장 근로자의 평균 교육연수보다 훨씬 더 길기 때문이다.

다변량 회귀분석

지금까지는 오직 하나의 독립변수만이 포함된 회귀모형을 설명했다. 앞서도 언급했듯이 어떤 직업을 갖고 있는 남성의 평균 로그임금은 다른 요인들에도 영향을 받을 것이다. 회귀식 (1-3)이 의미하는 임금과 교육연수와의 관계는 이러한 다른 요인들의 영향도 함께 포함된 관계일 수 있다. 로그임금과 교육연수만의 관계를 분리시키기 위해서는 (누락변수 편의를 제거하기 위해) 직업군 간에 임금의 차이를 야기하는 특성들을 통제하는 것이 중요하다.

교육연수가 주어진 경우 남성이 주로 취업하는 직업의 임금이 여성이 주로 취업하는 직업군의 임금보다 높은 경향이 있다고 가정해보자. 우리는 회귀모형을 다음과 같이 확장할 수 있다.

$$\log w = \alpha + \beta s + \gamma p \tag{1-5}$$

여기에서 p 변수는 어떤 직업에서 여성 근로자가 차지하는 비율을 의미한다.

우리는 이제 다변량 회귀분석(multiple regression, 하나 이상의 독립변수를 포함하는 회귀모형)의 회귀계수를 해석하고자 한다. 다변량 회귀분석에 포함된 각각의 추정계수는 다른 변수는 일정하게 **통제한 상태에서** 특정 변수가 로그임금에 미치는 영향을 측정한다. 예를 들면, 회귀계수 β는 어떤 특정한 직업군에서 여성 근로자의 수를 일정한 상태로 유지시킨 상태에서 평균 교육연수가 1년 증가할 때 로그임금의 변화분을 의미한다. 같은 방식으로 회귀계수 γ는 평균 교육연수를 일정하게 유지한 상태에서 여성 근로자의 비율이 1%p 증가함에 따라 발생하는 임금의 변화분을 의미한다. 마지막으로 절편 α는 모든 근로자가 남성으로 구성되어 있고 평균 교육연수가 0인 가상의 직업에서의 로그임금값을 나타낸다.

〈표 1-1〉의 마지막 열에는 각 직업군별로 여성 근로자의 비율(p)이 표시되어 있다. 여성 근로자의 비율이 직업군에 따라 매우 다양하게 분포되어 있음을 확인할 수 있다. 초중고 교사의 경우 75.8%가 여성으로 구성되어 있는 반면에 자동차 정비사와 수리공 중에는 오직 5.2%의 여성들만이 활동하고 있다.

이번에는 2개의 독립변수를 포함했기 때문에 3차원의 산포도를 그릴 수 있다. 이제 회귀선은 분석자료를 3차원 공간에서 가장 적합하게 표현한 2차원 평면이 된다. 〈표 1-1〉의 자료를 컴퓨터의 통계프로그램에 입력하여 회귀방정식 (1-5)를 추정하면 다음과 같은 회귀식을 추정하게 된다.

$$\log w = 0.924 + 0.150s - 0.003p \qquad R\text{-squared} = 0.816$$
$$\qquad\quad (0.154) \ (0.011) \ \ (0.001) \tag{1-6}$$

각각의 추정계수의 아래 괄호에 있는 숫자는 추정계수의 표준오차를 나타낸다.

평균 교육연수가 1년 증가하면 주당임금이 15.0% 증가한다. 이를 달리 해석하면 다음과 같다. 여성 근로자의 비율이 똑같은 2개의 직업군이 있다고 하자. 만일 한 직업의 평균 교육연수가 1년 높다고 하면 교육연수가 높은 직종에 종사하는 근로자의 임금이 15% 높다는 것을 의미한다.

이와 더불어 여성 근로자 비율변수가 로그임금에 통계적으로 유의한 수준에서 음의 영향을 미치고 있음을 알 수 있다. 즉, 주로 여성이 많이 일하는 직업에 종사하는 남성 근로자의 경우 남성 근로자가 대다수인 직업에서 일하는 남성 근로자에 비하여 이들의 평균 교육수준에 차이가 없다고 할지라도 낮은 임금을 받고 있는 것이다. 추정계수는 어떤 직업에서 여성 근로자의 비율이 10%p 증가하면 그 직업의 평균임금이 3.0% 하락함을 의미한다.

다변량 회귀분석은 더 많은 독립변수를 포함하는 모형으로 확장할 수 있다. 이 책 전반에 걸쳐 살펴보겠지만 노동경제학자들은 다른 모든 관련 요인들을 통제한 이후 두 변수 간의 관계를 분리하여 추정하기 위해 상당한 노력을 기울인다. 그러나 얼마나 많은 수의 독립변수를 회귀모형에 포함했든지 모든 회귀모형은 동일한 방식으로 추정된다. 회귀선은 주어진 자료를 나타난 추세를 가장 잘 요약하여 보여준다.

핵심용어

결정계수	산포도
계량경제학	실증경제학
규범경제학	종속변수
균형	통계적 유의성
노동경제학	파생수요
노동공급곡선	표준오차
노동수요곡선	회귀계수
다변량 회귀분석	회귀분석
독립변수	회귀선
모형	t-통계량

복습문제

1. 노동경제학이란 무엇인가? 노동경제학은 어떤 종류의 질문을 분석하는가?
2. 노동경제학에서 주연배우는 누구인가? 경제학자가 근로자와 기업의 경제행위를 설명하기 위해 일반적으로 가정하는 것은 무엇인가?
3. 실제 노동시장의 문제를 이해하기 위해 이론이 왜 필요한가?
4. 실증경제학과 규범경제학의 차이는 무엇인가? 왜 실증적인 질문이 규범적인 질문보다 대답하기 쉽다고 여겨지는가?

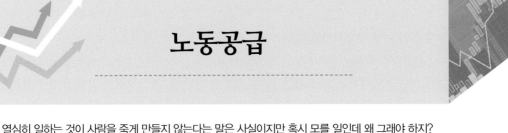

chapter 02

노동공급

> 열심히 일하는 것이 사람을 죽게 만들지 않는다는 말은 사실이지만 혹시 모를 일인데 왜 그래야 하지?
> *— Ronald Reagan*

모든 사람은 일을 할지 말지 여부를 결정해야 한다. 또한 만일 고용이 된다면 얼마나 많은 시간 동안 일을 할지도 결정해야 한다. 어느 시점에서도 경제의 총노동공급은 전체 인구에 속한 각각의 개인이 결정한 노동의 양을 모두 합하여 결정된다.

이와 같은 결정의 경제사회적 결과는 시간에 따라 급격하게 변동한다. 1948년에는 16세 이상의 미국 전체 인구 중 남성인구의 84%와 여성인구의 31%가 일을 했다. 2017년에 이르러 일을 하는 남성인구는 66%로 줄어든 반면에 일을 하는 여성인구는 55%까지 증가했다. 지난 세기에 제조업의 주당 평균 근로시간은 55시간에서 42시간으로 하락했다.[1] 이러한 노동공급 추세는 미국 가족의 생활방식을 변화시켰을 뿐만 아니라 경제 전반의 생산능력에도 상당한 영향을 미쳤다.

이 장에서는 경제학자가 노동공급 의사결정을 연구하는 데 사용하는 모형을 공부한다. 이 모형 안에서 개인은 재화와 여가를 소비하여 효용을 극대화하고자 한다. 재화는 시장에서 구매되어야 한다. 대부분의 사람은 혼자서 생활을 영위할 수 있을 만큼 부유하지 않기 때문에 재화를 구매하는 데 필요한 돈을 벌기 위해 일을 해야만 한다. 여기에서 서로 상충하는 관계가 성립한다. 일을 하지 않으면 충분한 여가를 누릴 수 있지만 삶을 더욱 풍요롭게 하는 재화와 서비스를 소비할 수 없다. 일을 한다면 재화와 서비스를 충분히 구매할 수 있지만 소중한 여가를 포기해야만 한다.

노동과 여가 선택 경제모형은 개인의 임금률과 소득을 핵심적인 변수로 설정한다. 이

---

1 이러한 통계자료는 미국 노동통계국(U.S. Bureau of Labor Statistics)의 웹사이트(www.bls.gov/data/home.htm)에 나와 있다.

두 변수는 개인의 시간을 노동시장과 여가활동으로 배분하는 안내자 역할을 한다. 이번 장에서는 먼저 주어진 시간 동안 개인의 노동공급에 영향을 미치는 '정적인' 노동공급 의 사결정을 분석하는 모형을 공부한다. 다음으로 기본모형을 확장하여 근로활동이 개인의 일생 동안 어떻게 변화하는지 분석한다.

제2장에서 배우는 경제모형은 여성의 노동시장 참가율이 상승한 이유와 근로시간이 하락한 이유를 이해하는 데 도움을 준다. 그뿐만 아니라 "복지정책이 일할 유인을 감소시키는가?", "소득세율의 하락이 근로시간을 증가시키는가?" 등과 같은 노동시장 관련 주요 정책과 그에 따른 사회적 현상을 이해하는 데에도 유용하게 사용될 수 있다.

2-1 경제활동인구 측정

매월 첫째 날에 미국 노동통계국은 전월의 실업률 추정치를 발표한다. 실업률 통계는 미국 경제가 얼마나 건강한지 나타내는 지표로 간주된다. 여론 매체는 종종 일시적인 실업률의 상승현상을 두고 경제 전반의 대대적인 수술이 필요하다고 호들갑스럽게 발표하곤 한다.

실업률은 노동통계국이 매월 실시하는 상시인구조사(current population survey, CPS)의 결과로부터 작성된다. CPS는 약 6만 가구를 대상으로 매월 어떤 특정한 주간 동안의 근로활동을 조사한다. 미국 경제활동인구의 추세에 대해 우리가 알고 있는 대부분의 내용은 CPS의 결과로부터 얻은 결과이다. CPS는 자료의 조사방법이 다른 나라의 유사한 노동관련 조사 개발에 영향을 미치고 있을 만큼 중요한 조사이다. 이제 노동통계국에서 사용하는 경제활동인구에 대한 다양한 정의를 검토해보자.

CPS는 16세 이상의 모든 개인을 취업자, 실업자, 비경제활동인구의 세 가지 범주로 구분한다. 어떤 사람이 취업자로 분류되기 위해서는 최소한 1시간 이상 유급으로 일을 하는 일자리가 있거나 무급 가족 종사자로서 최소한 15시간 이상 일을 해야 한다. 그리고 일시적으로 일자리에서 해고되었거나 최소한 4주 이상 적극적으로 일자리를 찾은 사람이 실업자에 해당한다.

E를 전체 취업자라고 하고 U를 전체 실업자라고 하자. 만일 어떤 개인이 취업자이거나 실업자라면 그 사람은 경제활동인구에 포함된다. 따라서 경제활동인구(labor force, LF)는 다음과 같이 주어진다.

$$LF = E + U \qquad (2-1)$$

대부분의 취업자는 실제로 일한 시간과 상관없이 경제활동인구로 분류된다. 따라서 경제활동인구의 크기를 계산할 때 근로의 강도는 전혀 고려하지 않는다.

경제활동 참가율(labor force participation rate)은 전체 인구 대비 경제활동인구의 비율을 의미한다.

$$경제활동\ 참가율 = \frac{LF}{P} \qquad (2-2)$$

고용률(employment rate)은 전체 인구 대비 취업자 수의 비율이다.

$$고용률 = \frac{E}{P} \qquad (2-3)$$

마지막으로, 실업률(unemployment rate)은 경제활동인구 대비 실업자 수의 비율이다.

$$실업률 = \frac{U}{LF} \qquad (2-4)$$

비경제활동인구는 공식적인 실업률 계산에 아무런 역할을 하지 않는다는 중요한 사실을 기억하도록 하자.

숨겨진 실업자

노동통계국은 실업자에 대한 주관적인 측정치에 근거한 실업률을 계산한다. 어떤 개인이 실업자로 분류되기 위해서는 일시적인 해고상태에 있거나 지난 4주 동안 일자리를 찾기 위해 적극적으로 노력했다고 응답해야 한다. 일자리 찾기를 포기했거나 그만둔 경우에는 실업자로 간주되지 않고 비경제활동인구로 분류된다. 한편으로는 어떤 사람의 경우 현재 일할 의욕이 별로 없음에도 불구하고 실업급여 혜택을 누리기 위해 적극적으로 일자리를 찾고 있다고 주장할 가능성도 존재한다.

따라서 실업률 통계는 다른 방식으로 해석될 수 있다. 예를 들어, 2009년에 시작된 경기침체 기간 동안 노동통계국이 발표한 공식적인 실업률 통계가 경기하락 국면을 과소평가하고 있다는 주장이 대두되었다. 일자리를 찾는 것이 매우 어렵기 때문에 상당수의 해고된 근로자들이 일자리 탐색활동을 단념하고 노동시장을 이탈하여 더 이상 실업자로 간주되지 않는 현상이 관찰된다. 그런데 숨겨진 실업자(hidden unemployed)군을 실업률 계산에 포함하는 것이 바람직할지도 모른다. 그렇게 되면 실업률 통계가 노동통계국의 발표수치보다 훨씬 높게 나타날 것이다. 만일 실업자 풀에 '실망 실업자들'과 '간신히 노동시장에 남아있는 근로자들'을 모두 포함한다면 2011년 3월의 실업률은 8.8%가 아니라 15.7%가 되었을 것이다.

어떤 학자들은 총경제활동에 대한 객관적인 지표는 고용률이라고 주장한다. 고용률은 단순히 전체 인구 중에 일자리를 갖고 있는 사람들의 비율을 나타낸다. 그러나 고용률은 스스로 실업자라고 생각하는 사람들과 비경제활동인구를 구분하지 않고 함께 묶어서 생각하는 단점이 있다. 비록 비경제활동인구 중에는 숨겨진 실업자들이 포함되어 있기는 하지만 은퇴자 집단, 어린 아이를 양육하는 여성, 현재 학교에 등록한 학생 등 일할 의도가 거의 없는 대다수의 사람들이 여기에 속해 있다.

　고용률의 하락은 실업률이 증가한 결과일 수도 있고, 이와는 상관없이 출산율이 증가하거나 학교 등록률이 증가한 결과일 수도 있다. 따라서 고용률이 경제활동의 변동을 측정하는 데 실업률보다 더 좋은 지표라는 주장은 받아들이기 어렵다. 노동통계국의 경제활동인구 통계의 해석에 있어서의 모호함이 야기하는 문제점들에 대해서는 제12장에서 다시 논의하기로 한다.

2-2　노동공급에 대한 기초적 사실

지난 수십 년간 노동공급에 대한 연구결과로부터 알려진 미국 노동공급의 주요 경향을 요약하면 다음과 같다.[2] 〈표 2-1〉은 남성인구의 경제활동 참가율의 추세를 보여준다. 남성의 경제활동 참가율은 1900년에 80%에서 2010년에는 71%로 약간 감소하는 추세를 보였다. 이러한 감소추세는 특히 65세 이상 인구에서 두드러지게 나타났는데 은퇴연령이 빨라진 탓에 기인한다. 1950년과 2010년 사이에 45~64세 남성의 경제활동 참가율은 12%p 줄어든 반면 65세 이상 남성의 경우 46%에서 22%로 하락했다. 가장 활발한 경제활동시기를 보내는 25~44세 남성들의 경우에도 같은 기간 동안 경제활동 참가율이 97%에서 91%로 떨어졌다. 그러나 은퇴연령에 속한 남성들의 경제활동 참가율은 지난 20년 동안 안정적으로 유지되다가 다시 증가하는 추세를 보였다.

　반면 〈표 2-2〉가 보여주는 것처럼 여성인구의 경제활동 참가율은 상당한 증가추세가 관찰되었다. 20세기에 들어서는 시점에서는 21%의 여성만이 경제활동에 참여했다. 두 번의 세계대전과 대공황으로 야기된 사회경제적 붕괴 이후에도 1950년에 이르기까지 여성의 경제활동 참가율은 29% 수준에 머물렀다. 그러나 지난 50년 동안 여성인구의 경제활동 참가율은 급격하게 증가하여 2010년에는 거의 60%의 여성이 경제활동에 참여했다. 여성 경제활동 참가율의 증가가 특히 기혼여성들 사이에서 이루어진 사실은 주목할 필요가 있다. 기혼여성의 경제활동 참가율은 1960년 32%에서 2010년에는 61%로 거의 두 배 가까이 증가했다.

　경제활동 참가율에 있어서의 이러한 급격한 변화에는 상당한 수준의 주당 평균 근로시간의 감소가 수반되었다. [그림 2-1]은 전형적인 생산직 근로자의 주당 근로시간이 1900년에는 평균 55시간이었다가 1940년에는 40시간으로, 2010년에는 34시간 미만으로 줄어들었음을 보여준다.

2　미국과 다른 나라들의 노동공급 주요 경향에 대한 자세한 설명은 다음을 참조하라. John H. Pencavel, "Labor Supply of Men: A Survey," in Orley C. Ashenfelter and Richard Layard, editors, *Handbook of Labor Economics*, vol. 1, Armsterdam: Elsvier, 1986, pp.3-102, Mark R. Killingsworth and James J. Heckman, "Female Labor Supply: A Survey," in ibid., pp. 103-204.

| 표 2-1 | 남성의 경제활동 참가율, 1900~2010 |

연도	전체 남성	25~44세 남성	45~64세 남성	65세 이상 남성
1900	80.0	94.7	90.3	63.1
1920	78.2	95.6	90.7	55.6
1930	76.2	95.8	91.0	54.0
1940	79.0	94.9	88.7	41.8
1950	86.8	97.1	92.0	45.8
1960	84.0	97.7	92.0	33.1
1970	80.6	96.8	89.3	26.8
1980	77.4	93.0	80.8	19.0
1990	76.4	93.3	79.8	16.3
2000	74.8	93.1	78.3	17.5
2010	71.2	90.6	78.4	22.1

출처 : U.S. Bureau of the Census, *Historical Statistics of the United States, Colonial Years to 1970*, Washington, DC: Government Printing Office, 1975; U.S. Bureau of the Census, *Statistical Abstract of the United States*, Washington, DC: Government Printing Office, various issues.

| 표 2-2 | 여성의 경제활동 참가율, 1900~2010 |

연도	전체 여성	미혼 여성	기혼 여성	사별, 이혼, 별거 여성
1900	20.6	43.5	5.6	32.5
1910	25.4	51.1	10.7	34.1
1930	24.8	50.5	11.7	34.4
1940	25.8	45.5	15.6	30.2
1950	29.0	46.3	23.0	32.7
1960	34.5	42.9	31.7	36.1
1970	41.6	50.9	40.2	36.8
1980	51.5	64.4	49.9	43.6
1990	57.5	66.7	58.4	47.2
2000	59.9	68.9	61.1	49.0
2010	58.6	63.3	61.0	48.8

출처 : U.S. Bureau of the Census, *Historical Statistics of the United States, Colonial Years to 1970*, Washington, DC: Government Printing Office, 1975. p. 133; U.S. Department of Commerce, *Statistical Abstract of the United States*, 2011 Washington, DC: Government Printing Office, 2011 Table 596

어떤 특정 시점에서는 노동공급의 다양한 관점에서 인구통계학적 그룹에 따라 상당한 차이가 존재한다. 〈표 2-3〉이 보이듯이 남성은 여성보다 높은 참가율을 보일 뿐만 아니라 시간제 일자리에 고용되는 비율이 낮다. 오직 4%의 남성 근로자들만이 시간제 일자리에서 일하고 있어서 13%의 여성이 시간제 일자리를 가지고 있는 사실과 대비된다. 이 표는 또한 남성과 여성 모두 노동공급과 학력의 강한 상관관계를 보여주고 있다. 2017년에

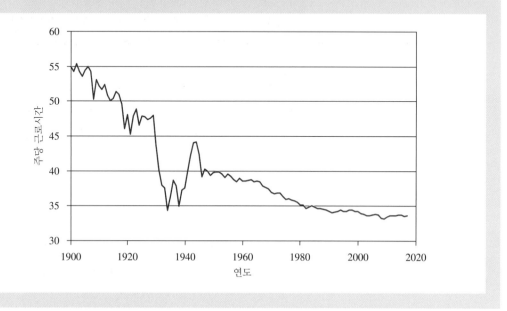

그림 2-1 / 생산직 근로자들의 주당 평균 근로시간, 1900~2013

출처 : 1947년 이전의 자료는 Ethel Jones, "New Estimates of Hours of Work per Week and Hourly Earnings, 1900-1957." *Review of Economics and Statistics* 45 (November 1963) : 374-395를 인용하였으며, 1947년 이후의 자료는 미국의 노동통계국의 *Employment, Hours, and Earnings from the Current Employment Statistics Survey*, "Table B-7. Average Weekly Hours of Production or Nonsupervisory Workers on Private Nonfarm Payrolls by Industry Sector and Selected Industry Detail" 자료를 인용하였다.

대졸 남성 90%와 대졸 여성 81%가 노동시장에 참여하고 있는 반면 고등학교 중퇴 학력의 경우 각각 72%의 남성과 46%의 여성만이 참여했다. 인종 간의 차이도 관찰된다. 백인과 소수인종 사이뿐만 아니라 소수인종 내에서도 차이가 관찰된다. 표를 보면 흑인 남성의 참여율이 가장 낮고 아시아인의 참여율이 가장 높은 경향이 있음을 알 수 있다.

2-3 근로자의 선호

경제학자들이 근로자의 노동공급 행위를 분석하기 위해 전형적으로 사용하는 모형을 **노동-여가 선택모형**(neoclassical model of labor-leisure choice)이라고 부른다. 이 모형은 어떤 개인이 일을 할지 여부와, 일을 하기로 했다면 몇 시간 동안 일을 할 것인지를 결정하는 주요 요인들을 분리하여 분석한다. 또한 개인의 노동공급에 관한 중요한 결정요인들을 분리해냄으로써 앞에서 논의된 노동시장의 특성들을 이해하고 설명할 수 있다. 더욱 중요한 것은 이러한 이론적인 분석을 이용하여 경제적 환경 또는 정부의 정책이 변화했을 때 근로의욕에 미치는 영향을 예측할 수 있도록 한다는 점이다.

표 2-3	미국의 노동공급, 2017(25~64세 인구)					
	경제활동 참가율		연간 근로시간		시간제 일자리 근로자 비율	
	남성	여성	남성	여성	남성	여성
모든 인구	83.1	71.4	2,170	1,933	4.3	12.9
교육연수 :						
12년 미만	72.1	45.6	2,033	1,753	5.4	19.7
12년	79.1	63.3	2,124	1,875	4.7	14.1
13~15년	82.5	73.5	2,166	1,906	4.8	13.4
16년 이상	90.4	80.5	2,235	2,000	3.4	11.2
연령 :						
25~34세	87.1	75.6	2,101	1,904	5.7	12.0
35~44세	89.2	75.1	2,201	1,928	2.7	13.0
45~54세	85.3	74.7	2,221	1,978	2.9	12.0
55~64세	70.5	60.0	2,160	1,922	6.2	15.2
인종 :						
백인	83.8	73.1	2,208	1,933	4.1	13.8
흑인	74.9	72.0	2,096	1,963	6.0	9.6
히스패닉	85.6	64.7	2,086	1,882	4.0	12.7
아시안	87.5	68.2	2,121	1,961	3.1	11.3

출처 : U.S. Bureau of Labor Statistics, *Current Population Survey*, Annual Social and Economic Supplement, March 2017. 연간 근로시간은 근로자 표본을 이용하여 계산하였다. 시간제 일자리 근로자 비율은 주당 30시간 미만 일한 근로자의 비율을 의미한다.

우리 모형에서 분석대상이 되는 대표적인 개인은 일정한 시기에 재화의 소비(C)와 여가의 소비(L)로부터 효용을 얻는다. 이 사람은 매우 다양한 형태의 재화와 서비스를 소비할 것이다. 그러나 분석을 단순화하기 위해 이 사람이 그 기간에 구매하여 소비하는 모든 재화의 화폐 가치를 모두 합하여 C라고 정의하기로 한다. 예를 들어, 이 사람이 매주 식비와 주거비, 자동차 할부금, 영화티켓 등을 구입하기 위해 1,000달러를 쓴다고 하면 소비변수 C는 1,000달러의 가치를 갖는다. 여가를 나타내는 변수 L은 이 사람이 같은 기간 동안에 소비하는 총여가시간을 의미한다.

효용과 무차별곡선

개인이 재화와 여가의 소비로부터 만족을 얻는다는 개념은 다음과 같은 **효용함수**(utility function)로 요약할 수 있다.

$$U = f(C, L) \tag{2-5}$$

이 효용함수는 어떤 사람이 재화와 여가를 소비하면서 느끼는 만족도 또는 행복감을 측정하는 지수(U)를 표현한다. 이 지수를 **효용**이라고 부른다. 효용지수가 높을수록 이 사람은 더 큰 만족감을 느낀다. 우리는 더욱 많은 재화를 소비하든지 혹은 더욱 많은 여가시간을 갖게 될 때 이 사람의 효용이 증가한다고 가정한다. 경제학 용어로 C와 L은 비재화(bads)가 아니라 재화(goods)로 분류된다.

어떤 사람이 매주 500달러 상당의 상품을 소비하고 100시간의 여가를 누린다고 가정해보자(그림 2-2의 Y). 이러한 소비와 여가의 선택에서 이 사람이 2만 5,000 효용을 누린다고 하자. 이 사람은 재화와 여가시간의 다양한 조합으로부터 동일한 효용수준을 누릴 수 있음을 쉽게 상상할 수 있다. 예를 들어, 이 사람은 500달러를 소비하고 100시간의 여가를 누리는 것과 400달러를 소비하는 대신 125시간의 여가를 누리는 것에 전혀 차이를 느끼지 못한다고 얘기할 수도 있다. [그림 2-2]는 특정 수준의 효용을 주는 소비(C)와 여가(L)의 여러 조합을 그림으로 표현하고 있다. 이러한 점들의 궤적을 무차별곡선(indifference curve)이라고 부른다. Y점을 지나는 무차별곡선상의 모든 점은 모두 2만 5,000 효용수준을 갖는다.

만일 이 사람이 450달러 상당의 소비를 하고 150시간의 여가를 누린다고 가정해보자(그림 2-2의 Z). 소비와 여가의 이러한 조합은 이 사람을 더 행복하게 만들고 원점에서 더 멀리 있는, 4만 효용을 주는 무차별곡선상에 있도록 한다. 우리는 Z를 지나는 무차별

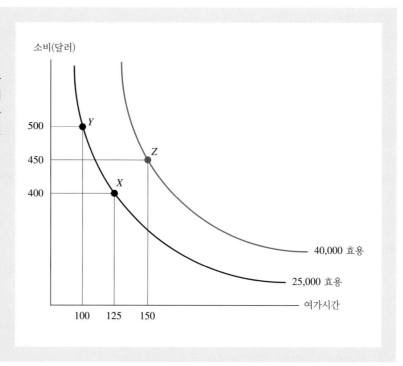

그림 2-2

무차별곡선

X와 Y는 2만 5,000의 효용을 주는 동일한 무차별곡선 위에 놓여있다. 반면에 Z는 이보다 높은 효용을 주는 무차별곡선 위에 놓여 있다.

곡선을 그릴 수 있다. 같은 방식으로 모든 효용수준을 대표하는 무차별곡선을 그릴 수 있는데, 이러한 무차별곡선의 집합을 무차별지도라고 한다.

무차별곡선은 다음 네 가지의 특징을 보인다.

1. **무차별곡선은 우하향한다.** 우리는 사람들이 소비와 여가 모두 더 많은 수준을 선호한다고 가정했다. 만약 무차별곡선이 우상향한다면 더 많은 소비와 더 많은 여가로 구성된 조합이 이보다 적은 소비와 적은 여가로 구성된 조합과 동일한 수준의 효용을 줄 수 있다. 이는 개인이 더 많은 소비와 더 많은 여가를 선호한다는 가정과 모순되는 결과를 낳는다. 어떤 사람에게 약간의 여가를 더 제공하면서도 효용을 동일하게 유지하도록 하는 유일한 방법은 이 사람의 소비의 일부를 줄이도록 하는 것이다.

2. **원점으로부터 멀리 떨어진 무차별곡선이 더 높은 수준의 효율을 의미한다.** 4만의 효용을 주는 무차별곡선상의 소비와 여가의 조합은 2만 5,000 효용을 주는 무차별곡선상의 소비와 여가의 조합보다 선호된다. [그림 2-2]의 Z가 Y보다 더 큰 효용을 주는 이유는 Z에서 더 많은 재화를 소비하고 더 많은 여가를 누릴 수 있기 때문이다.

3. **무차별곡선은 서로 교차하지 않는다.** 이를 확인하기 위해 무차별곡선이 교차하도록 그려진 [그림 2-3]을 보자. X와 Y가 같은 무차별곡선상에 놓여 있기 때문에 이러한 선호를 가진 개인은 X와 Y로 표현된 소비와 여가의 조합에 차이를 느끼지 않는다. 마찬가지로 Y와 Z가 동일한 무차별곡선상의 점이기 때문에 이 사람은 Y와 Z의 조

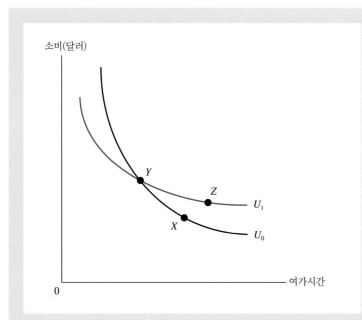

그림 2-3

무차별곡선은 서로 교차하지 않는다

X와 Y는 하나의 무차별곡선 위에 놓여 있기 때문에 동일한 효용을 준다. Y와 Z 또한 동일한 효용을 주어야 한다. 그러나 명백하게도 Z는 X보다 선호된다.

합에 대해서도 효용수준의 차이가 없다. 즉, 이 사람은 효용에 있어서 X와 Y가 무차별하고, Y와 Z도 무차별하다. 그렇다면 X와 Z에 대해서도 무차별해야 한다. 그러나 Z는 X보다 선호된다. 왜냐하면 Z에서 X보다 더 많은 재화를 소비하고 더 많은 여가를 누릴 수 있기 때문이다. 따라서 무차별곡선이 교차하게 되면 사람들이 더 많은 재화를 소비하고 더 많은 여가를 누리고 싶어 한다는 우리의 가정과 모순된다.

4. **무차별곡선은 원점에 대해 볼록하다.** 무차별곡선의 정의와 볼록성은 아무런 관련성이 없다. 볼록성 가정이 소비와 여가가 모두 재화라는 가정으로부터 도출된 것도 아니다. 무차별곡선의 볼록성은 효용함수의 형태에 대한 가정을 반영한 결과이다. 동일한 기간에 일과 여가활동에 시간을 배분하는 개인을 관찰하게 되면 우리는 무차별곡선이 원점에 대해 볼록해야만 한다는 결과를 얻게 된다(이 장의 연습문제 2-1 참조).

무차별곡선의 기울기

만일 누군가가 한 시간의 여가를 더 즐기거나 또는 1달러의 가치에 해당하는 재화를 구매하여 소비한다면 이 사람의 효용은 어떻게 변화할까? 여가의 **한계효용**(marginal utility)은 재화의 소비를 그대로 유지한 채 여가를 1시간 더 소비함으로써 얻는 효용의 변화로서 정의된다. 여가의 한계효용을 MU_L이라고 표시하기로 한다. 이와 유사한 방식으로 여가시간을 유지한 채로 재화의 소비를 1달러 더 하는 경우 발생하는 효용의 변화로 소비의 한계효용으로 정의한다. 소비의 한계효용은 MU_C라고 표시하자. 우리는 여가와 소비 모두 효용을 주는 바람직한 활동이라고 가정했기 때문에 여가와 소비의 한계효용은 모두 양수여야 한다.

[그림 2-2]의 X에서 Y로 무차별곡선을 따라 이동함에 따라 무차별곡선의 기울기는 효용수준을 그대로 유지한 상태에서 소비를 한 단위 더 하기 위해 여가시간을 얼마나 포기할 의향이 있는지를 측정한다. 이를 달리 표현하면 기울기는 여가시간을 포기하도록 하기 위해 이 사람에게 보상해주어야 하는 소비재의 가치가 얼마나 되는지 설명해준다. 무차별곡선의 기울기는 다음의 식과 같음을 보일 수 있다.[3]

---

3 무차별곡선의 기울기가 한계효용의 비율과 같다는 것을 보이기 위해 [그림 2-2]의 X와 Y가 매우 가깝게 위치하고 있다고 가정하자. X에서 Y로 움직여 가면서 이 사람은 ΔL의 여가시간을 포기한다. 이 사람이 포기하는 여가의 매 시간은 MU_L의 한계효용을 갖는다. X에서 Y로의 이동으로 인하여 $\Delta L \times MU_L$의 효용을 잃어버린다. 그러나 근로자는 ΔC달러만큼의 소비를 추가적으로 더 할 수 있기 때문에 단지 여가시간을 포기하고 있는 것만은 아니다. 1달러의 추가소비는 소비의 한계효용을 MU_C만큼 증가시킨다. 따라서 총효용의 증가분은 $\Delta C \times MU_L$이다. 무차별곡선상에 있는 모든 점은 동일한 효용을 제공한다. 이는 X에서 Y로의 이동하면서 발생하는 효용의 감소가 효용의 증가로 정확히 상쇄되어야 한다는 것을 의미한다. 즉, $(\Delta L \times MU_L) + (\Delta C \times MU_L) = 0$이 성립해야 한다. 식 (2-6)은 이로부터 유도된 결과이다.

$$\frac{\Delta C}{\Delta L} = -\frac{MU_L}{MU_C}$$
(2-6)

무차별곡선 기울기의 절댓값은 한계효용의 비율을 의미하는 것으로서 소비의 한계대체율[marginal rate of substitution(MRS) in consumption]이라고 불린다.

무차별곡선이 원점에 대해 볼록하다는 가정은 본질적으로 무차별곡선상에서 움직임에 따라 한계대체율이 어떻게 변화하는지에 대한 가정이다. 볼록성 가정은 근로자가 상당한 양의 재화를 소비하고 여가는 매우 조금만 누리고 있는 경우에 무차별곡선의 기울기가 더욱 가파르고, 반대로 소비는 매우 적게 하고 여가를 많이 누리고 있을 때는 그 기울기가 평평하다는 것을 의미한다. 결과적으로 무차별곡선 기울기의 절댓값은 곡선 위에서 아래로 내려갈수록 감소한다. 따라서 볼록성에 대한 가정은 한계대체율 체감의 가정과 같다.

근로자 사이에서 선호의 차이

[그림 2-2]의 무차별지도는 어떤 특정한 근로자의 관점에서 여가와 소비 사이의 상충관계를 그린 것이다. 근로자마다 이 관계는 상이할 수 있다. 다시 말하면, 어떤 사람은 많은 시간과 노력을 일에 투입하는 것을 선호할 수 있는 반면에 다른 사람의 경우 대부분의 시간을 여가를 보내는 데 활용하고 싶을 수도 있다. 이러한 선호의 차이는 무차별곡선의 모양이 사람에 따라 달라질 수 있음을 의미한다.

[그림 2-4]는 두 명의 근로자 신디와 민디의 무차별곡선을 보여준다. 신디의 무차별곡선의 기울기는 매우 가파른데, 이는 그녀가 느끼는 한계대체율이 매우 크다는 것을 의미한다(그림 2-4*a* 참조). 즉, 신디에게 한 시간의 여가를 포기하도록 하기 위해서는 상당한 정도의 소비를 추가로 할 수 있을 만큼 금전적인 보상을 해야만 한다. 신디는 명백하게 여가를 매우 좋아하는 사람이다. 이와는 반대로 민디의 무차별곡선의 기울기는 평평한 편인데 이것은 그녀의 한계대체율의 크기가 작은 수준임을 의미한다(그림 2-4*b* 참조). 따라서 민디의 경우 한 시간의 여가를 포기하도록 하기 위해 많은 보상을 할 필요가 없다.

'일에 대한 선호'의 차이는 노동공급의 차이를 가져오는 중요한 결정요인이다. 대부분의 경우 경제모형은 사람들의 선호의 차이를 깊이 있게 다루지 않는다. 왜냐하면 선호의 차이는 매우 중요함에도 불구하고 관찰하고 측정하는 것이 어렵기 때문이다. 근로자들의 무차별곡선의 차이를 측정하기 위해 설문조사를 하는 것은 불가능한 정도는 아닐지 몰라도 매우 어려운 일이다. 한편으로는 사람들이 서로 다르게 행동하는 이유에 대해 사람들의 선호가 서로 다르기 때문이라고 아주 쉽게 대답하고 넘어갈 수도 있다. 결국, 누군가가 두 명의 근로자 A와 B가 서로 다른 행동을 보이는 이유가 근로자 A가 근로자 B보다 여가를 더 좋아하기 때문이라고 주장할 경우 이 주장의 진위 여부를 판단할 수 있는 방법은 존재하지 않는다.

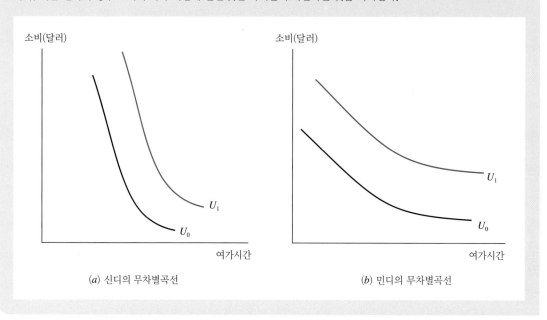

그림 2-4 근로자 사이에서 선호의 차이

(*a*) 신디의 무차별곡선은 비교적 가파르다. 이는 신디에게 한 시간의 여가를 포기하도록 하기 위해서는 상당한 정도의 소비를 추가로 할 수 있을 만큼 금전적인 보상을 해야만 한다는 것을 의미한다. (*b*) 민디의 무차별곡선은 비교적 편평하다. 이는 민디의 경우 그녀의 여가 시간에 훨씬 낮은 가치를 부여한다는 것을 의미한다.

(*a*) 신디의 무차별곡선

(*b*) 민디의 무차별곡선

대신 경제모형은 임금이나 소득과 같이 쉽게 관측할 수 있는 변수들이 노동공급 의사결정에 미치는 영향을 강조한다. 이러한 변수들은 관측이 가능하기 때문에 어떤 선호를 가진 사람이 일을 더 많이 할 것인지에 대한 모형의 예측을 자료를 가지고 검증할 수 있다.

2-4 예산제약

재화와 여가의 소비는 그 사람의 소득과 하루가 24시간이라는 사실에 의해 제약을 받는다. 재산소득, 배당소득, 복권당첨소득 등과 같이 개인 소득의 일부는 노동시간과는 관계없이 독립적으로 결정된다. 우리는 이러한 소득을 '비근로소득' V라고 부르기로 한다. 이제 h를 주어진 기간에 노동시장에 할당한 시간으로, w를 이 사람의 시간당 임금률이라고 생각해보자. 이 사람이 처한 예산제약(budget constraint)선은 다음과 같이 나타낼 수 있다.

$$C = wh + V \qquad (2-7)$$

식 (2-7)은 재화(C) 소비를 위해 지출한 비용이 임금소득(wh)과 비근로소득(V)의 합과

일치해야 함을 뜻한다.[4]

임금률은 노동공급 결정과정에서 중요한 역할을 한다. 처음에는 어떤 특정 개인의 임금률이 일정하다고 가정한다. 즉, 이 사람의 근로시간에 상관없이 시간당 임금률이 동일한 상태에서 분석을 진행하고자 한다. 일반적으로 한계임금률(마지막으로 한 시간 일을 더하는 경우 받게 되는 임금률)은 근로시간에 의존한다. 주당 40시간 이상을 근무하는 경우 초과근로수당을 받기 때문에 대개의 경우 시간제 근로자의 임금률은 전일제 근로자의 임금률보다 낮은 경향이 있다.[5] 지금 단계에서는 근로자의 한계임금률이 근로시간에 따라 변할 수 있는 가능성을 무시하고 분석하기로 한다.

개인의 예산제약선은 쉽게 그림으로 나타낼 수 있다. 이 사람은 자신의 시간을 일을 하거나 여가를 즐기거나 두 가지 방법으로 사용할 수 있다. 두 가지 활동에 배분할 수 있는 총시간은 일주일 동안 사용할 수 있는 총시간 T와 같다. 즉, $T = h + L$이 성립한다. 그러면 예산제약식을 다음과 같이 다시 쓸 수 있다.

$$C = w(T - L) + V \tag{2-8}$$

또는

$$C = (wT + V) - wL$$

두 번째 식은 기울기가 마이너스 임금률($-w$)인 직선의 형태를 가진다.[6] [그림 2-5]에 이 사람의 예산선(budget line)이 그려져 있다. 그래프상의 E는 이 사람이 일을 하지 않고 주어진 T시간을 모두 여가에 활용하기로 결정한 경우에도 V달러만큼의 재화를 소비할 수 있음을 설명하고 있다. E를 초기부존점(endowment point)이라고 부른다. 만일 이 사람이 기꺼이 한 시간의 여가를 포기한다면 예산선을 따라 위로 이동하여 w달러어치의 재화를 추가로 구매할 수 있다. 실제로 이 사람이 한 시간의 여가를 포기할 때마다 w달러어치의 재화를 추가로 살 수 있다. 즉, 여가 한 시간은 임금률에 해당하는 가격이 매겨진다. 만약 이 사람이 여가활동을 아예 포기한다면 예산선의 절편에 해당하는 $(wT + V)$달러에 해당하는 재화를 구매하여 소비할 수 있다.

근로자는 예산선 아래에 해당하는 모든 여가와 소비의 조합을 선택할 수 있다. 그러나 예산선 위의 조합은 선택할 수 없다. 따라서 예산선은 근로자의 기회집합(opportunity set, 구매할 수 있는 상품 묶음의 집합)의 경계선을 그린 것이다.

---

4 식 (2-7)로 표현된 예산제약식은 근로자가 저축을 하지 않는 모형을 가정하고 있다. 즉, 이번 기간에 모든 소득을 소비를 위해 지출하는 모형을 의미한다.

5 Shelly Lundberg, "Tied Wage-Hours Offers and The Endogeneity of Wages," *Review of Economics and Statistics* 67 (August 1985): 405-410.

6 두 변수 y와 x의 관계식을 나타내는 직선의 방정식은 $y = a + bx$로 표현된다. 여기서 a는 절편을, b는 기울기를 의미한다.

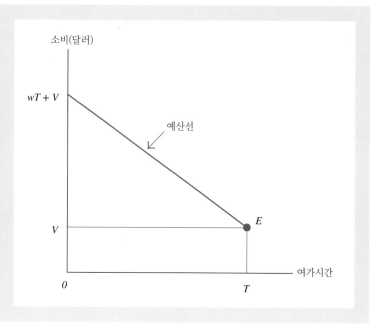

그림 2-5

예산선은 근로자 기회집합의 경계선을 나타낸다

E는 이 사람이 전혀 일하지 않을 경우 얼만큼의 재화를 소비할 수 있는지를 설명하는 초기부존점에 해당한다. 이 사람이 소비를 위해 여가시간을 포기하면 예산제약선을 따라 위로 이동한다. 예산제약선 기울기의 절댓값이 바로 임금률이다.

2-5 근로시간의 결정

우리는 개인의 행태에 대한 하나의 중요한 가정, 즉 이 사람이 효용을 극대화하는 재화와 여가의 조합을 선택한다는 가정을 한다. 이 가정은 예산제약하에서 도달할 수 있는 가장 높은 수준의 효용지수 U를 주는 소비와 여가수준을 선택할 것임을 의미한다.

[그림 2-6]은 이 문제의 해답을 그림으로 표현하고 있다. 예산선 FE는 일주일에 100달러의 비근로소득이 있고 시간당 10달러의 임금을 받을 수 있으며 (매일 8시간의 수면시간을 갖는다고 가정해) 110시간을 근로와 여가활동에 배분할 수 있는 어떤 근로자가 처한 기회집합의 경계선을 그리고 있다.

P는 효용극대화를 추구하는 이 근로자가 선택한 재화와 여가시간의 최적조합을 의미한다. 이 근로자는 P에서 달성 가능한 가장 높은 수준의 무차별곡선상에 있으며, 이때 U^*의 효용을 얻는다. 효용극대화 점에서 매주 70시간의 여가를 즐기며 40시간을 일하고 500달러어치의 재화를 소비한다. 이 근로자는 틀림없이 더 높은 효용을 주는 U_1의 무차별곡선상의 점을 선택하는 것을 선호할 것이다. 예를 들어, 40시간을 일하고 1,100달러어치의 재화를 구매할 수 있는 Y를 더 선호할 것이다. 그러나 주어진 임금률과 비근로소득으로는 이 점을 선택할 수 없다. 반면에 예산선 안쪽에 위치한 A를 선택할 수도 있으나 그렇게 하지 않을 것이다. 왜냐하면 A는 P보다 낮은 효용을 주기 때문이다.

그림 2-6 근로시간 – 여가시간 결정의 내부해

효용극대화를 추구하는 근로자는 무차별곡선이 예산선과 접하는 P에서 소비-여가의 조합을 선택한다.

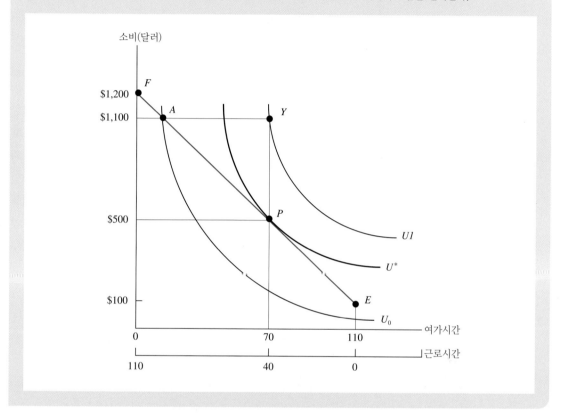

따라서 최적의 소비와 여가는 예산선이 무차별곡선과 접하는 점에서 달성된다. 이러한 형태의 최적해는 기회집합의 양 끝단(여가시간이 0인 F 또는 근로시간이 0인 E)에 있지 않고 중간에 있다는 의미에서 내부해라고 부른다.

예산선과 무차별곡선이 접하는 조건의 해석

최적해 P에서 예산선은 무차별곡선에 접한다. 즉, 이를 수식으로 표현하면 다음과 같다.[7]

$$\frac{MU_L}{MU_C} = w \tag{2-9}$$

---

[7] 무차별곡선의 기울기와 예산선의 기울기가 모두 음의 값을 가지고 있지만 두 값을 서로 같도록 일치시키면 마이너스 부호는 상쇄된다. 식 (2-9)는 이를 고려하여 표현된 식이다.

소비와 여가의 최적선택점에서 한계대체율(추가적인 소비를 위해 기꺼이 포기하고자 하는 여가의 비율)이 임금률(노동시장에서 이 근로자가 여가 한 시간을 포기하는 경우 받을 수 있는 금액)과 일치한다.

식 (2-9)를 식 (2-10)으로 재정리하면 이 조건에 숨겨진 경제적 직관을 쉽게 이해할 수 있다.

$$\frac{MU_L}{w} = MU_C \tag{2-10}$$

한계효용 MU_L은 여가를 한 시간 더 즐겼을 때 얻을 수 있는 효용의 증가분을 의미한다. 여가 한 시간을 누리기 위해서는 w의 비용을 지불해야 한다. 따라서 식 (2-10)의 좌변은 1달러를 여가에 소비할 때 얻는 효용의 양을 나타낸다. C는 소비재 구매를 위해 지불한 달러 가치로 정의했기 때문에 MU_C는 1달러 상당의 재화를 구입하여 소비했을 때 얻는 효용의 증가분이 된다. P에서 무차별곡선과 예산선이 접한다는 것은 마지막 1달러를 여가를 위해 소비한 경우나 재화구입을 위해 소비한 경우나 효용의 증가분은 같다는 것을 의미한다. 만일 이러한 등식관계가 성립하지 않는다면(예 : 마지막 1달러를 재화를 구입하여 소비했을 때 얻는 효용이 여가를 소비하여 얻는 효용보다 크다면) 이 근로자는 효용극대화를 달성하지 못한 상태에 머물러 있게 된다. 이 경우 마지막 1달러를 재화구입에 사용한다면 더 높은 효용을 달성할 수 있다.

비근로소득이 달라질 경우 근로시간은 어떻게 될까

만일 근로자의 비근로소득 V가 증가한다면 근로자의 노동공급은 어떻게 변화할까? 비근로소득의 증가는 근로자가 보유한 주식의 배당금이 인상된다든지 또는 먼 친척이 유산을 남겨준 경우 발생할 수 있다.

[그림 2-7]은 근로자의 **임금률은 변하지 않은** 상태에서 비근로소득이 늘어났을 때 근로시간에 어떤 변화가 나타나는지 보여준다. 어떤 근로자의 비근로소득이 애초에 E_0로 표현되는 주당 100달러라고 하자. 주어진 임금률에서 예산선은 F_0E_0가 된다. 이 근로자는 P_0를 선택함으로써 효용극대화를 달성한다. P_0에서 근로자는 70시간의 여가를 누리고 40시간을 일한다.

비근로소득이 200달러로 증가하면 이 사람의 비근로소득을 나타내는 점은 E_0에서 E_1으로 이동하고 새로운 예산선은 F_1E_1으로 주어진다. 근로자의 임금률에는 변화가 없기 때문에 예산선의 기울기는 E_0를 지나는 예산선의 기울기와 같다. 임금률을 고정시킨 상태에서 비근로소득이 증가하면 예산선이 평행 이동하여 근로자의 예산집합이 확장된다.

비근로소득의 증가는 근로자가 [그림 2-7]의 P_1처럼 더 높은 무차별곡선상의 조합을 선택할 수 있도록 한다. 이렇듯 비근로소득의 증가는 반드시 근로자의 효용을 증가시킨다.

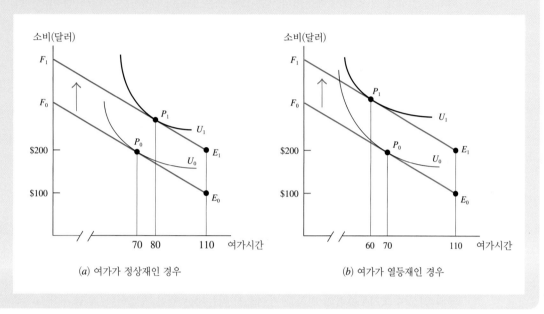

그림 2-7   비근로소득의 변화가 근로시간에 미치는 영향

비근로소득의 증가는 예산선을 위쪽으로 평행이동하게 만든다. 따라서 근로자는 P_0에서 P_1으로 이동한다. (a) 여가가 정상재라면 근로시간은 하락한다. (b) 여가가 열등재라면 근로시간은 증가한다.

(a) 여가가 정상재인 경우

(b) 여가가 열등재인 경우

기회집합의 확대는 근로자가 새롭게 선택할 수 있는 소비와 여가 조합의 가능성을 열어 준다. [그림 2-7a]는 추가적인 비근로소득이 재화의 소비와 여가시간 모두를 증가시키는 것으로 P_1을 그리고 있다. 이 결과 주당 근로시간은 30시간으로 떨어졌다. [그림 2-7b]는 비근로소득의 증가가 여가시간에 대한 수요를 감소시켜 근로시간이 50시간으로 증가하도록 P_1을 그리고 있다. (임금률이 고정된 상태에서) 비근로소득의 증가가 근로시간에 미치는 영향을 소득효과(income effect)라고 부른다.

[그림 2-7a]와 [그림 2-7b]에서 보여주는 무차별곡선은 모두 앞에서 설명한 무차별곡선의 특징을 가지고 있다. 우하향하는 기울기를 가지고 있으며, 서로 교차하지 않고, 원점에 대해서 볼록하다. 그러므로 무차별곡선의 모양에 대해 추가적인 가정을 하지 않는 한 비근로소득의 증가가 근로시간에 미치는 효과를 예측할 수 없어 보인다. 이를 위해 우리는 여가가 ('열등재'가 아닌) '정상재'라는 가정을 추가했다.

모든 재화의 가격이 불변인 상태에서 소득이 증가할 때 소비가 늘어나는 상품을 정상재라고 정의한다. 반대로 가격에 변화가 없는 상태에서 소득이 늘어날 때 소비가 줄어드는 상품은 열등재이다. 예를 들어, 저가의 소형차는 전형적인 열등재로 생각되는 반면에 BMW는 전형적인 정상재로 간주된다. 즉, 비근로소득이 증가함에 따라 저가의 소형차에 대한 수요는 감소하고, BMW에 대한 수요는 증가할 것이라고 기대한다.

여가가 정상재인지 열등재인지 곰곰이 생각해보면 대부분의 사람들은 아마도 여가가 정상재라는 결론에 도달하게 될 것이다. 현재보다 더욱 부유해진다면 지금보다 더 많은 여가를 원하게 될 것이기 때문이다. 즉, 12월에는 콜로라도에 있는 애스펀에 가고, 2월에는 브라질의 리오에 갈 수 있으며, 여름에는 남태평양의 이국적인 해변에 가서 즐거움을 누릴 수 있을 것이기 때문이다.

여가가 정상재라고 가정하는 것이 합리적으로 여겨질 뿐만 아니라 이 가정을 뒷받침하는 증거도 존재하기 때문에 우리의 논의는 이 가정에 집중하여 진행하고자 한다. 여가가 정상재라는 가정은 [그림 2-7]의 왼쪽에 있는 패널 (a)를 지지하는 것으로 두 패널 간의 상충관계를 해결한다. 그러므로 소득효과는 임금률이 불변인 채로 비근로소득이 증가하면 근로자들이 근로시간을 감소시킨다는 것을 의미한다.

임금률이 달라질 경우 근로시간은 어떻게 될까

비근로소득 V는 불변인 채로 시간당 임금이 10달러에서 20달러로 인상된 경우를 생각해보자. [그림 2-8]에 그려진 것처럼 임금률의 상승은 초기부존점을 중심으로 예산선을 오른쪽으로 회전시킨다. 예산선의 이동으로 기회집합은 FE에서 GE로 변하게 된다. 임금률의 인상이 초기부존점의 변화를 가져오지 않는다는 것은 자명하다. 임금률이 10달러든 20달러든 상관없이 일을 하지 않을 때 소비할 수 있는 재화의 가치는 동일하다.

[그림 2-8]의 2개의 패널은 임금률의 인상이 근로시간에 미칠 수 있는 가능한 효과를 그리고 있다. [그림 2-8a]에는 임금률의 인상이 최적 소비조합을 P에서 R로 이동시킨 결과를 보여준다. 새로운 균형에서 근로자는 여가를 더욱 많이 소비하여(70시간에 75시간으로) 근로시간은 40시간에서 35시간으로 줄어들었다.

그러나 [그림 2-8b]는 반대의 결과를 보여준다. 임금률의 인상이 근로자를 더 높은 무차별곡선으로 이동시켜 최적 소비조합이 P에서 R로 이동했지만 여가시간을 감소시켜(70시간에서 65시간으로) 오히려 근로시간은 40시간에서 45시간으로 늘어난 결과를 보인다. 따라서 새로운 가정을 하지 않는 한 임금률의 인상이 근로시간에 미치게 될 영향에 대한 명확한 답을 할 수 없는 것처럼 여겨진다.

근로시간과 임금률의 관계가 모호한 이유는 매우 중요하다. 이로부터 모든 경제학에서 중추적인 역할을 하는 분석 도구와 아이디어를 선보이게 된다. [그림 2-8]의 2개의 패널은 근로시간의 변화와 상관없이 근로자의 기회집합이 확대되었음을 보이고 있다. 즉, 근로자는 시간당 10달러를 벌 때보다 시간당 20달러를 벌 때 더 많은 기회를 갖는다. 우리는 소득의 증가가 여가를 포함한 모든 정상재의 수요를 증가시킨다는 것을 알고 있다. 따라서 임금률의 증가는 여가에 대한 수요를 증가시켜서 근로시간을 줄어들게 만든다.

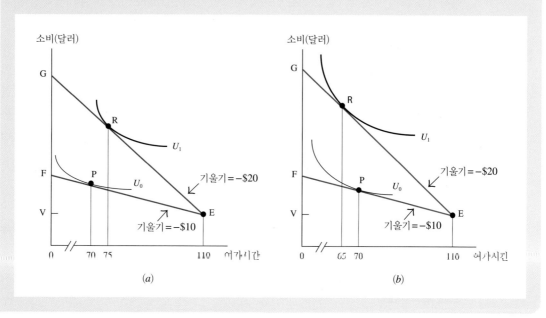

그림 2-8 임금률의 변화가 근로시간에 미치는 영향

임금률의 변화는 초기부존점 E를 중심으로 예산선을 회전시킨다. 임금의 인상은 근로자를 P에서 R로 이동시키는데, 근로시간은 감소할 수도 있고 증가할 수도 있다.

그러나 이게 전부는 아니다. 임금률의 상승은 또한 여가를 더욱 비싸게 만드는 작용을 한다. 근로자가 시간당 20달러를 벌 때는 일을 쉬는 한 시간마다 20달러를 포기하게 된다. 여가시간은 고임금 근로자에게는 매우 비싼 상품이고 저임금 근로자에게는 상대적으로 저렴한 상품이 되므로 고임금 근로자는 여가활동을 줄이고자 하는 강한 유인을 갖게된다. 따라서 임금률 인상은 여가에 대한 수요를 줄이고 근로시간을 증가시킨다.

이러한 논의가 근로시간과 임금률 사이에 모호한 관계가 발생하는 원인을 강조하여 설명한다. 고임금 근로자는 높은 소득을 가지고 더 많은 여가를 즐기고 싶어 한다. 그러나 동시에 여가의 가격이 매우 비싸다는 것을 깨닫고 쉽게 근로시간을 단축하지 못한다.

이렇듯 서로 상충되는 힘이 [그림 2-9a]에 잘 표현되어 있다. 초기 임금은 시간당 10달러라고 가정하자. 근로자는 일주일에 70시간의 여가를 소비하고 40시간을 일하는 P에서 효용극대화를 달성한다. 이제 임금률이 20달러로 인상되었다고 하자. 이미 살펴보았듯이 예산선이 회전하고 재화와 여가 소비의 새로운 최적조합은 R이 된다. 이제 근로자는 75시간의 여가를 소비하고 35시간을 일한다. 이 사람의 경우 인상된 임금률에서 근로시간을 줄이는 결정을 하고 있다.

P에서 R로의 이동을 두 단계로 나누어서 생각하면 이해하는 데 도움이 된다. 두 단계

로 구분하는 것은 임금률 인상이 가져오는 두 가지 효과를 차례로 설명하는 것과 같다. 즉, 임금인상은 근로자의 소득을 증가시키고 여가의 가격을 올린다. 소득효과를 분리하기 위해 원래의 예산선(기울기가 10달러인 예산선)과 평행하면서 무차별곡선 U_1과 접하는 예산선을 그려 보자. [그림 2-9a]에 이렇게 그린 예산선(DD)이 있으며 무차별곡선 U_1과 의 접점 Q를 볼 수 있다.

P로부터 R로의 이동은 먼저 P에서 Q로의 첫 번째 이동과 Q에서 R로의 두 번째 이동으로 분해할 수 있다. P에서 Q로의 이동은 임금률을 고정시킨 상태에서 근로자의 소득이 변한 결과이므로 소득효과임을 쉽게 알 수 있다. 소득효과는 임금률의 상승으로 발생한 추가소득이 가져온 변화를 분리한 것이다. 여가와 재화 모두 정상재이므로 Q는 P의 북동쪽에(여가와 재화 소비 모두 증가하는 방향으로) 놓여 있어야 한다. 소득효과는 여가에 대한 수요를 증가시켜서 (70시간에서 85시간으로) 근로시간을 15시간 단축시키는 작용을 했다.

두 번째 단계인 Q에서 R로의 이동은 대체효과(substitution effect)라고 부르는데, 근로자의 효용을 불변으로 유지한 상태에서 임금률이 인상됨에 따라 근로자의 여가와 재화소

그림 2-9 소득효과와 대체효과

임금률의 변화는 소득효과와 대체효과를 함께 가져온다. 소득효과(P에서 Q로 이동)는 근로시간을 감소시킨다. 대체효과(Q에서 R로 이동)는 근로시간을 증가시킨다.

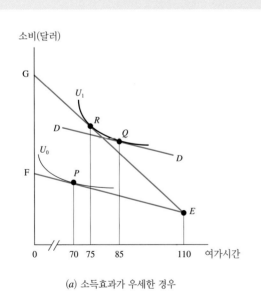

(a) 소득효과가 우세한 경우

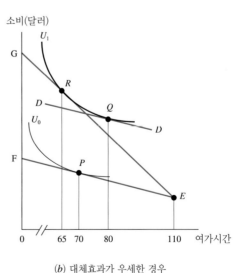

(b) 대체효과가 우세한 경우

비의 최적조합이 어떻게 달라지는지 설명한다. 무차별곡선상에서 이동하면 근로자의 효용 또는 '실질소득'은 고정된다. 그러므로 대체효과는 실질소득을 불변인 채로 유지한 상태에서 여가가격 인상이 근로시간에 미치는 영향을 분리해낸다.

Q에서 R로의 이동은 상대적으로 비싸진 여가의 소비를 줄이고 재화의 소비로 대체하는 과정을 보여준다. 즉, 임금이 인상됨에 따라 근로자는 비싸진 여가활동시간을 줄이고 (85시간에서 75시간으로) 재화의 소비를 늘리는 방향으로 움직인다. 결과적으로 대체효과는 근로시간을 10시간 증가시키도록 했다. 즉, 대체효과는 실질소득을 그대로 유지한 상태에서 임금률의 상승이 근로시간을 증가시키는 작용을 한다는 것을 의미한다.

[그림 2-9a]에서는 소득효과로부터 발생한 근로시간 감소의 효과(15시간)가 대체효과로부터 발생한 근로시간 증가의 효과(10시간)보다 큰 경우를 그림으로 나타냈다. 소득효과가 더욱 강하게 작용한 결과 근로시간과 임금률 사이에 음(−)의 관계를 이끌어냈다. [그림 2-9b]에서 소득효과(다시 P점에서 Q점까지 이동)는 근로시간을 10시간까지 감소시킨다. 반면 대체효과(Q에서 R까지의 이동)는 근로시간을 15시간까지 증가시킨다. 대체효과가 우세하게 작용하기 때문에 근로시간과 임금률 사이에는 양(+)의 관계가 있다.

이제 근로시간과 임금률 사이에 모호한 관계가 나타나는 이유가 명백하게 설명되었다.

이론의 현장 적용 현금과 꿈

여가시간에 대한 수요가 여가의 가격에 반응한다는 사실이 아주 놀라운 것은 아니다. 임금률이 매우 높을 때 우리는 소중한 시간을 최소한으로 사용하는 방법을 찾을 것이다. 콘서트 티켓을 액면 가격으로 사기 위해서 티켓 오피스 앞에서 몇 시간 동안 긴 줄을 서서 기다리는 대신에 티켓 판매를 중계하는 판매자를 찾아 액면가보다 높은 가격으로 사려고 할 것이다. 일을 그만두는 대신에 유모를 고용하거나 아이들을 보육시설에 보내려고 할 것이다. 또한 음식을 준비하기 위해 긴 시간을 소비하는 대신에 피자나 중국요리를 주문하거나 간편 요리를 찾을 것이다.

얼마나 자야 할지 결정할 때 잠에 대한 대체재를 쉽게 얻을 수 없는 경우에서조차 우리는 경제적 유인에 반응하여 시간을 배분한다. 수면은 우리의 삶에서 다른 모든 활동보다 많은 시간을 차지한다. 인간은 평균적으로 일주일에 57시간 잠을 잔다. 우리 대부분은 사람들의 수면시간이 생물학적으로

(그리고 심지어 문화적으로) 결정된다고 믿고 있지만, 수면시간이 경제적인 유인에 반응하는 하나의 활동으로 간주될 수 있음을 보인 연구가 있다. 생물학적으로 규정되는 최소한의 수면시간만 확보된다면 수면시간에 대한 수요는 시간의 가격이 변함에 따라 반응하는 것 같다.

특히 개인의 소득창출 능력과 수면시간 사이에는 음(−)의 상관관계가 있다. 교육을 더 많이 받은 사람일수록 잠을 적게 잔다. (교육연수가 4년 늘어나면 매주 약 1시간 정도 수면시간이 줄어든다.) 마찬가지로 임금이 20% 인상되면 수면시간을 1% 또는 일주일에 34분 줄이는 것으로 나타났다. 그러므로 시간가치가 매우 높을 때는 외딴 한적한 섬에서 긴 여름 휴가를 꿈꾸는 것이 매우 비싼 상상이 된다.

출처 : Jeff E. Biddle and Daniel S. Hamermesh, "Sleep and The Allocation of Time," *Journal of Political Economy* 98 (October 1990) : 922–943.

임금률이 상승하면 근로자는 확장된 기회집합을 갖게 되고 이로부터 발생하는 소득효과가 여가에 대한 수요를 증가시켜 근로시간을 줄이도록 만든다. 그러나 임금률의 상승이 여가를 더욱 비싸게 만들어 이로부터 발생하는 대체효과는 비싸진 여가를 대신하여 재화소비를 늘리도록 하는 유인을 제공한다. 이 결과 여가시간을 줄이고 근로시간을 늘리게 된다.

근로시간과 임금률의 관계를 다음과 같이 요약할 수 있다.

- 대체효과의 크기가 소득효과의 크기보다 우세하면 임금률의 인상은 근로시간을 증가시킨다.
- 소득효과의 크기가 대체효과의 크기보다 우세하면 임금률의 인상은 근로시간을 감소시킨다.

2-6 일을 할 것인가 하지 않을 것인가

비근로소득과 임금률 및 근로시간 사이의 관계에 대한 분석을 하면서 우리는 비근로소득 혹은 임금의 변화가 있기 전과 후 모두 일을 하는 개인을 가정했다. 따라서 근로시간은 기회집합의 변화에 따라 조정되었다. 그렇다면 이에 앞서 어떤 개인이 노동시장에 진입하도록 만드는 요인은 무엇일까?

노동시장 참가결정에 있어서 본질적인 내용을 설명하기 위해 [그림 2-10]을 살펴보자. 이 그림에서 초기부존점을 통과하는 무차별곡선으로부터 일을 하지 않는 여성이 받는 효용수준이 U_0임을 알 수 있다. 그러나 이 사람은 더 많은 재화를 소비하고자 여가시간을 소득과 교환하기 위해 노동시장에 진입하는 선택을 할 수 있다. 일을 할지 여부에 대한 결정은 하나의 간단한 질문으로 귀결된다. 교환조건(재화와 교환할 수 있는 여가의 비율)이 이 사람을 노동시장에 들어오게 할 만큼 충분히 매력적인가?

애초에 이 여성의 임금률이 w_{low}여서 GE의 예산선을 갖고 있다고 하자. 이 예산선상에 어떤 점도 이 사람에게 U_0 이상의 효용을 줄 수 없다. w_{low}의 낮은 임금률에서는 이 사람이 선택할 수 있는 기회집합의 크기가 상당히 작다. 이 여성이 초기부존점 E에서부터 GE의 예산선 위에 있는 어떤 점으로 이동하든지 더 낮은 수준의 무차별곡선으로 이동하게 되어 이전보다 더 나빠지게 된다. 예를 들어, X로 이동한다면 오직 U_G의 효용을 얻게 될 뿐이다. 따라서 w_{low}의 임금률에서는 일을 하지 않기로 선택할 것이다.

반대로 임금률이 w_{high}로 주어졌다면 이 여성은 기울기가 보다 가파른 HE의 예산선에 직면하여 예산선상의 어느 점으로 이동하더라도 더 높은 효용을 얻을 수 있음을 쉽게 볼 수 있다. 예를 들어, Y로 이동한다면 U_H의 효용을 얻는다. 따라서 w_{high}의 임금률에서는 일을 하는 것이 훨씬 나은 선택이다.

그림 2-10 유보임금

어떤 개인이 일을 하지 않기로 선택한다면 이 사람은 초기부존점 E에 머물러서 U_0의 효용을 얻을 수 있다. 낮은 임금 (w_{low}) 수준에서 이 사람은 일을 하지 않는 것이 더 나은 선택이다. 그러나 높은 임금(w_{high}) 수준에서는 일을 할 때 더 큰 효용을 얻는다. 유보임금 w^*는 초기부존점에서 무차별곡선의 기울기로 주어진다.

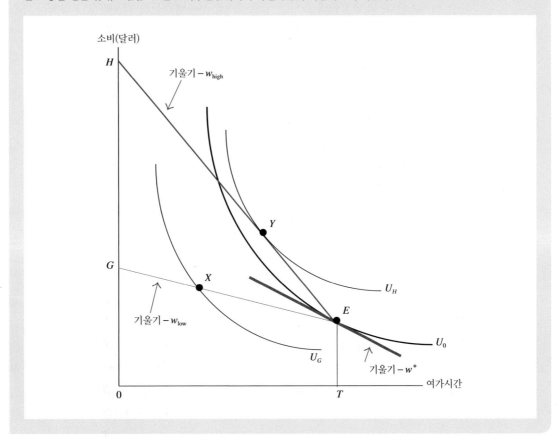

요약하면 [그림 2-10]은 이 여성이 w_{low}와 같은 낮은 임금률에서는 일을 하지 않지만 w_{high}와 같이 높은 임금률에서는 일을 한다는 것을 설명한다. 예산선을 w_{low}에서부터 w_{high}의 방향으로 회전하게 되면 일을 하거나 하지 않거나 무차별하게 만드는 임금률 w를 만나게 되는데 이 임금률(w^*)을 유보임금(reservation wage)이라고 부른다. 즉, 유보임금은 처음 한 시간 일을 하거나 혹은 초기부존점 E에 머물러 있거나 아무런 차이를 느끼지 못하도록 만드는 임금률을 의미한다. 이 사람의 유보임금은 E에서 무차별곡선에 접하는 접선의 기울기의 절댓값으로 주어진다.

유보임금의 정의로부터 어떤 사람의 시장임금이 유보임금보다 낮을 경우 이 사람은 일을 하지 않을 것이고, 반면에 시장임금이 유보임금보다 높다면 일을 할 것이라고 말할 수 있다. 그러므로 어떤 개인의 노동시장 참가결정은 고용주가 이 사람의 한 시간 근로에 대해 얼마나 지불할 것인지를 의미하는 시장임금과 이 사람이 처음 한 시간 노동에 대해 요구하는 유보임금을 비교하여 이루어진다.

이와 같은 이론적 설명은 유보임금이 매우 높은 사람의 경우 일을 하지 않는 경향이 높다고 이야기한다. 유보임금의 크기는 일반적으로 무차별곡선의 기울기를 결정하는 개인의 일에 대한 선호와 다른 여러 요인들에 의존한다. 일례로, 여가가 정상재라는 가정으로부터 비근로소득이 증가할수록 유보임금이 상승하게 된다는 것을 알 수 있다.[8] 왜냐하면 근로자들은 비근로소득이 증가함에 따라 더 많은 여가소비를 원하기 때문이다. 즉, 부유한 사람을 노동시장으로 이끌기 위해서는 매우 높은 수준의 보상이 필요하다.

이론은 또한 유보임금에 변화가 없다면 임금률이 높은 사람의 경우 일할 확률이 높아지게 됨을 예측한다. 따라서 임금률의 상승은 근로자의 노동시장 참가율을 증가시킨다. 임금률과 노동시장 참가율 간의 양(+)의 상관관계는 20세기에 미국과 다른 여러 나라에서 관찰된 여성의 노동시장 참가율의 급격한 상승을 설명하는 데 도움을 준다.[9]

요약하자면 이론은 개인의 임금률과 노동시장 참가확률 사이에 양의 관계가 있음을 예측한다. 이러한 분석 결과와 앞서 논의한 임금률의 상승이 소득효과와 대체효과의 상대적 크기에 따라 근로시간에 모호한 영향을 미친다는 분석 결과를 대비하는 것은 매우 흥미로운 일이다.

이러한 불일치가 발생하는 이유는 임금인상으로 인한 소득효과의 경우 이미 일을 하고 있는 사람에게만 나타나기 때문이다. 일주일에 40시간을 일하는 근로자의 경우 시간당 임금이 10달러에서 20달러 인상되면 여가의 가격이 올라서 일을 더 하고 싶어지는 동시에 이전보다 부유해져서 근로시간을 줄이고 싶어진다. 반대로 어떤 사람이 현재 전혀 일을 하고 있지 않다면 임금률의 인상이 이 사람의 실질소득에는 아무런 영향을 끼치지 못한다. 일을 하지 않는 사람이 구매할 수 있는 재화의 양은 그 사람의 잠재임금이 10달러든 20달러든 전혀 상관이 없다. 그러므로 이 사람에게 잠재적인 임금률의 상승은 아무런 소득효과를 가져오지 않고 단순히 여가를 더욱 비싸게 만들어 이 사람을 노동시장으로 이끄는 작용을 할 것이다.

----

8 [그림 2-6]의 무차별곡선들을 지나는 수직선을 그려서 이를 증명해 보자. 무차별곡선이 원점에 대해 볼록하기 때문에 더 높은 무차별곡선에서 무차별곡선의 기울기가 더 가파르게 되는 것을 볼 수 있을 것이다

9 경제학 모형을 적용한 노동시장 참가결정 분석은 Jacob Mincer의 다음의 연구가 시초가 되었다. "Labor Force Participation of Married Women," in H. Gregg Lewis, editor, *Aspects of Labor Economics*, Princeton, NJ: Princeton University Press, 1962, pp.63-97. 유보임금과 시장임금의 비교를 강조한 중요한 연구로 James J. Heckman "Shadow Price, Market Wages and Labor Supply," *Econometrica 42* (July 1974): 679-694를 들 수 있다.

2-7 노동공급곡선

근로시간과 임금률 사이에 예측된 관계를 노동공급곡선(labor supply curve)이라고 부른다. [그림 2-11]은 어떤 개인의 노동공급곡선이 우리가 앞서 풀었던 효용극대화 문제로부터 어떻게 도출될 수 있는지 그림으로 설명하고 있다.

그림의 왼쪽에 있는 패널은 다양한 임금률에서 이 사람이 선택한 여가와 재화의 최적 소비점들을 보여준다. 그림에서 보여주듯이 일을 하거나 하지 않거나 차이를 느끼지 않는 임금수준인 유보임금은 10달러이다. 따라서 이 사람은 임금률이 10달러 이하이면 노동시간이 0이 된다. 그러나 임금률이 10달러를 넘어서면서부터 몇 시간씩 일할 것을 선택한다. 예를 들어, 임금률이 13달러일 때는 20시간 일을 하고, 20달러일 때는 40시간, 25달러일 때는 30시간 일한다. 이 그림 속의 사람의 경우 낮은 임금에서는 대체효과가 우세하

그림 2-11 근로자의 노동공급곡선 도출

노동공급곡선은 임금률과 근로시간 사이의 관계를 추적한 것이다. 이 사람은 유보임금(10달러) 미만의 임금률에서는 일을 하지 않는다. 임금률이 10달러 이상이 되면 노동시장에 진입한다. 노동공급곡선이 우상향하는 기울기를 갖는 영역은 초기에 대체효과가 강하게 작동하고 있음을 의미한다. 후방굴절 영역은 결국에 소득효과가 우세하게 작용하게 되는 것을 의미한다.

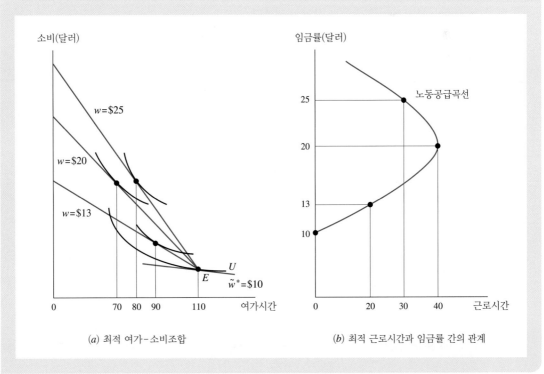

(a) 최적 여가-소비조합

(b) 최적 근로시간과 임금률 간의 관계

고 높은 임금에서는 소득효과가 우세한 것에 주목해보자.

[그림 2-11]의 오른쪽에 있는 패널은 노동공급곡선, 즉 임금률과 근로시간 사이의 관계를 그리고 있다. 초기에는 근로시간과 임금률이 같은 방향으로 움직인다. 그러나 임금률이 20달러를 넘어서면 소득효과가 대체효과를 압도하여 임금이 올라감에 따라 노동공급곡선이 음의 기울기를 갖는 영역이 나타난다. [그림 2-11b]에 그려진 이러한 형태의 노동공급곡선을 후방굴절 노동공급곡선이라고 부른다. 왜냐하면 결국에는 노동공급곡선이 휘어져서 음의 기울기를 갖기 때문이다.

우리는 효용극대화모형을 이용하여 경제활동을 하는 각각의 개인의 노동공급곡선을 도출할 수 있으며, 주어진 임금률에서 이들의 노동공급곡선을 모두 합하여 경제 전체의 총노동공급곡선을 구할 수 있다. [그림 2-12]는 두 사람의 근로자 앨리스와 브렌다만으로 구성된 경제에서 이들의 노동공급곡선이 어떻게 더해지는지 그림으로 설명하고 있다. 앨리스의 유보임금은 15달러이고, 브렌다의 유보임금은 20달러이다. 임금이 15달러보다 낮으면 두 사람 모두 일을 하지 않을 것임에 틀림없다. 만일 임금이 15달러와 20달러 사이에 있으면 오직 앨리스만이 일을 할 것이다. 20달러보다 높은 임금에서 시장노동공급은 앨리스와 브렌다의 근로시간을 합한 $h_A + h_B$로 주어진다. 시장노동공급곡선은 따라서 모든 근로자의 노동공급곡선을 수평으로 더하여 얻어진다.

임금률의 변화에 따른 근로시간의 변화를 측정하기 위해 우리는 노동공급탄력성(labor supply elasticity)을 다음과 같이 정의한다.

그림 2-12   **시장노동공급곡선의 도출**

시장노동공급곡선은 개별 근로자들의 노동공급곡선을 수평으로 더하여 도출된다. 임금률이 15달러보다 낮으면 아무도 일을 하지 않는다. 15달러의 임금률에서 앨리스가 노동시장에 진입한다. 임금률이 20달러 이상으로 오르면 브렌다 또한 노동시장에 진입한다.

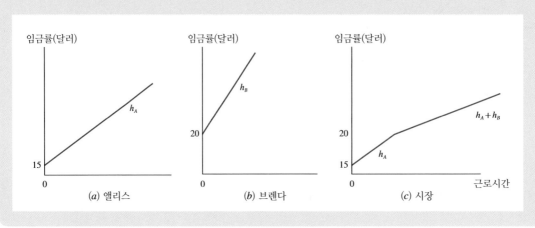

$$\sigma = \frac{\Delta h / h}{\Delta w / w} = \frac{\Delta h}{\Delta w} \cdot \frac{w}{h} \qquad (2\text{-}11)$$

노동공급탄력성은 임금률이 1% 변할 때 근로시간이 몇 퍼센트(%) 변하는지 측정한다. 노동공급곡선탄력성의 부호는 노동공급곡선이 우상향하는 기울기를 갖는지($\Delta h/\Delta w > 0$) 또는 우하향하는 기울기를 갖는지($\Delta h/\Delta w < 0$)에 따라 달라진다. 따라서 대체효과가 소득효과보다 우세하면 양의 값을 갖고, 소득효과가 대체효과보다 우세하면 음의 값을 갖는다. 근로시간은 노동공급탄력성의 절댓값이 커질수록 임금률의 변화에 더욱 민감하게 반응한다.

노동공급탄력성을 어떻게 계산할 수 있는지 보기 위해 다음의 예를 살펴보자. 임금이 초기에는 시간당 10달러이고 1년에 1,900시간 일하는 근로자를 가정해보자. 이 근로자의 임금이 20달러로 올라서 1년에 2,090시간을 일하기로 결정했다면 이 근로자의 노동공급 탄력성은 다음과 같이 계산할 수 있다.

$$\sigma = \frac{\% \, \Delta h}{\% \, \Delta w} = \frac{10\%}{100\%} = 0.1 \qquad (2\text{-}12)$$

노동공급탄력성 절댓값의 크기가 1보다 작은 경우에는 노동공급곡선이 비탄력적이라고 말한다. 다시 말해서 임금률의 변화에 비하여 근로시간의 변화가 상대적으로 작다는 것을 의미한다. 노동공급탄력성의 절댓값이 1보다 크면 근로시간이 임금률의 변화에 크게 영향을 받는다는 의미에서 노동공급곡선이 탄력적이라고 말한다. 식 (2-12)는 노동공급이 비탄력적인 경우의 예를 보여주고 있다. 노동공급탄력성이 0.1이어서 임금이 두 배로 올랐음에도(100% 증가) 근로시간은 오직 10%만 증가했다.

2-8 노동공급탄력성 추정

근로시간과 임금의 실증적 관계에 대한 연구만큼 철저할 정도로 분석된 연구를 찾기는 쉽지 않다. 먼저 남성의 노동공급탄력성 추정에 초점을 맞추어 연구결과들을 살펴보자. 전형적인 실증연구에서는 특정 개인의 근로시간을 그 사람의 임금 및 비근로소득과 연관시키기 위해 남성 근로자 표본을 사용한다. 이러한 연구들에서 적용되는 일반적인 회귀모형은 다음과 같다.

$$h_i = \beta w_i + \gamma V_i + \text{다른 변수들} \qquad (2\text{-}13)$$

여기서 h_i는 남성 근로자 i의 근로시간을, w_i와 V_i는 그 사람의 임금률과 비근로소득을 각각 의미한다. 추정계수 β는 비근로소득을 통제한 상태에서 임금이 1달러 올랐을 때 근로시간에 미치는 영향을 측정한다. 추정계수 γ는 임금을 통제한 상태에서 비근로소득이 1달러 증가했을 때 근로시간에 미치는 영향을 측정한다. 추정계수 β의 부호는 소득효과와 대체효과의 상대적 크기에 따라 달라지는데, 소득효과가 우세하면 음의 부호를 갖고 대체효과가 우세하면 양의 부호를 갖는다. β의 추정치는 식 (2-11)에서 정의한 노동공급탄력성을 계산하는 과정에 사용될 수 있다. 여가가 정상재라고 가정하면 이론은 γ의 부호가 음이 될 것을 예측한다. 비근로소득이 늘어날수록 여가 소비가 늘어날 것이기 때문이다.

노동공급탄력성을 추정한 무수히 많은 선행연구의 결과를 살펴보면 추정치의 편차가 매우 크다. 어떤 연구들은 0의 탄력성을 보고했고 다른 연구들에서는 매우 큰 수의 음의 탄력성을 보고하기도 했다. 물론 매우 큰 수의 양의 탄력성을 보고한 연구들도 있다. 심지어 어떤 추정치가 가장 신뢰할 만한 것인지 결정하기 위한 연구도 존재한다.[10] 이 연구들은 남성 근로자의 노동공급탄력성이 대략 -0.1 근방에 있다고 추론했다. 달리 말하면 임금의 10% 상승이 평균적으로 남성 근로자들의 근로시간을 1% 정도 줄이는 결과를 가져온다고 해석했다. 소득효과와 대체효과를 분해해보면 대체효과는 임금의 10% 인상이 근로시간을 1% 증가시키고 소득효과는 근로시간을 2% 감소시킨다는 것이 통설로 받아들여지고 있다. 이론이 예측한 것처럼 대체효과는 근로시간을 증가시키는 것으로 나타났다.

남성의 노동공급탄력성이 -0.1로 추정된 결과로부터 세 가지 중요한 사항을 생각해볼 수 있다. 첫째, 노동공급탄력성이 음의 값을 갖는다는 것은 소득효과가 대체효과를 압도하고 있다는 것을 의미한다. 소득효과의 우세현상은 1900년부터 2000년 사이에 남성의 근로시간 감소현상을 설명하는 데 사용될 수 있다. 한 세기에 걸친 근로시간의 감소를 실질임금의 상승으로 인한 소득효과에 기인한 결과라고 생각할 수 있다.[11] 둘째, 노동공급곡선이 비탄력적이다. 남성의 근로시간은 임금의 변화에 그다지 크게 반응하지 않는 것처럼 보인다. 근로연령대에 있는 대부분의 남성이 전일제로 일을 하고 있으므로 남성의 노동공급탄력성이 실제로는 0이라고 주장한다고 해도 현실을 크게 과장하는 것은 아니다.[12] 셋째, 노동공급탄력성은 남성과 여성이 매우 다르고 젊은 근로자와 나이 든 근로자 사이에

----

10 Richard Blundell and Thomas MaCurdy, "Labor Supply: A Review of Alternative Approaches," in Orley C. Ashenfelter and David Card, editors, *Handbook of Labor Economics*, vol. 3A, Amsterdam: Elsevier, 1999, pp.1559 -1695. 노동공급탄력성 추정치의 편차가 크게 존재하는 이유로서 연구에 적용된 노동공급탄력성 개념이 연구에 따라 다르기 때문이라는 주장도 있다. Raj Chetty, John N. Friedman, Tore Olsen, and Luigi Pistaferri, "Adjustment Costs, Firm Responses, and Micro vs. Macro Labor Supply Elasticities: Evidence from Danish Tax Records," *Quarterly Journal of Economics* 126 (May 2011): 749-804를 참조하라.

11 Thomas J. Kniesner, "The Full-Time Workweek in the United States: 1990-1970," *Industrial and Labor Relations Review* 30 (October 1976): 3-15; and John Pencavel, "A Cohort Analysis of the Association between Work Hours and Wages among Men," *Journal of Human Resources* 37 (Spring 2002): 251-274를 보라. 최근에는 고학력·고임금 남성들의 근로시간이 증가하기 시작했다. 이러한 증가현상은 실질임금의 급격한 상승으로 인한 강한 대체효과가 작용한 결과일 수 있다. Peter Kuhn and Fernando Lizano, "The Expanding Workweek? Understanding Trends in Long Work Hours among U.S. Men, 1979-2006," *Journal of Labor Economics* 26 (April 2008): 311-343을 보라.

12 그러나 20세기에 걸쳐 남성의 경제활동 참가율은 하락했다. Chinhui Juhn, "The Decline of Male Labor Market Participation: The Role of Market Opportunities," *Quarterly Journal of Economics* 107 (February 1992): 79-121을 참조하라.

서도 상당한 차이가 있다는 점을 기억할 필요가 있다.

탄력성 추정치에 대한 문제

기존의 많은 실증분석 연구들이 수많은 통계적 문제와 측정오차 문제를 갖고 있는 것으로 알려져 있다. 사실상 노동공급모형을 추정하는 데 있어서 가장 중요한 세 가지 변수인 근로자의 근로시간, 임금률, 비근로소득 변수가 추정과정에서 어려운 문제점들을 야기한다.

근로시간

노동공급곡선을 추정하면서 근로시간을 얘기할 때 우리는 과연 이를 얼마나 정확한 의미에서 정의할까? 근로시간은 하루의 근로시간일 수도 있고 일주일, 아니면 1년의 근로시간이 될 수도 있다. 아주 정교한 모형에서조차 어느 정도 기간의 근로시간을 사용해야 하는지 말하고 있지 않다. 임금변화에 대한 근로시간의 반응 정도가 관찰하는 기간(하루, 일주일, 1년)에 크게 의존한다는 점은 그리 놀라운 일이 아니다. 근로시간 변수를 정의하는 기간이 길어질수록 노동공급곡선이 탄력적이 된다. 주당 근로시간을 분석한다면 노동공급곡선이 거의 완전 비탄력적인 모습을 보이지만 연간 근로시간을 분석한다면 이보다는 탄력적인 반응을 보인다. 노동공급탄력성이 −0.1이라는 것은 남성 근로자들의 연간 근로시간을 관찰하여 추정한 결과로부터 얻은 결론이다.

일반적인 설문조사 자료에 보고된 근로시간 변수에는 또한 상당한 정도의 측정오차가 포함되어 있다.[13] 시간당 임금을 받는 근로자들은 지난주에 몇 시간을 일했는지 잘 알고 있다. 그들이 받는 소득이 근로시간에 의존하기 때문이다. 그러나 우리들 대부분은 연봉기준으로 급여를 받기 때문에 어떤 특정 주간에 정확히 몇 시간 근무했는지 기억하기 위한 노력을 기울이지 않는다. 따라서 몇 시간 일을 하는지 물어보면 대부분 쉬운 정답으로 인식되는 40시간이라고 대답할 것이다. 그러나 급여를 받는 많은 근로자의 실제 근로시간은 40시간과 상당한 차이가 있을 것이다. 이러한 측정오차가 노동공급탄력성 추정에 편의를 가져온다.

임금률

일반적인 근로자는 실제로 얼마나 많은 시간을 직무에 투입했는지와 상관없이 연봉을 받기 때문에 설문조사 자료에는 시간당 임금률 정보가 포함되어 있지 않다. 급여를 받는 근로자의 임금률은 관례적으로 1년간의 총근로소득을 1년간의 총근로시간으로 나눈 평균임금으로 정의한다. 이러한 방법은 보고된 근로시간에 포함된 측정오차를 그대로 시간당 임

---

13 John Bound, Charles Brown, Greg Duncan, and Willard Rogers, "Evidence on the Validity of Cross-Sectional and Longitudinal Labor Market Data," *Journal of Labor Economics* 12 (July 1994): 345–368을 보라.

금률 계산에 전염시킨다.

측정오차로 인해 발생하는 문제를 설명하기 위해 어떤 근로자가 본인의 근로시간을 실제보다 크게 보고했다고 가정해보자. 임금률이 계산되는 식에서 분모가 커져서 인위적으로 낮은 임금률을 계산하게 된다. 잘못 보고된 높은 근로시간은 낮은 임금률을 계산하여 근로시간과 평균임금 사이에 실제와 다르게 음의 관계를 가져오는 결과를 초래한다. 이번에는 근로시간을 축소해서 보고한 경우를 생각해보자. 이때는 임금률이 실제보다 높은 것으로 계산되어 마찬가지로 근로시간과 임금 사이에 잘못된 음의 관계를 가져온다. 측정오차는 소득효과의 중요성을 과장하는 문제를 야기한다.[14]

측정오차가 없는 경우에도 연간 근로소득을 연간 근로시간으로 나누어서 시간당 임금률을 정의하는 것에는 중요한 개념상의 문제가 있다. 노동-여가 선택모형에서 여가의 정확한 가격은 한계임금이다. 즉, 추가적인 한 시간의 근로와 연계된 소득의 증가분을 의미한다. 급여 근로자의 경우 이에 해당하는 한계임금은 평균임금과는 별 관계가 없다.

마지막으로 식 (2-13)의 노동공급 추정을 시도하는 그 누구의 연구자도 일을 하지 않는 사람들의 경우 그들의 임금률을 관찰할 수 없다는 중요한 문제와 부딪힌다. 어떤 사람이 일을 하고 있지 않다고 해서 그 사람의 임금률이 0은 아니다. 우리가 알고 있는 전부는 이 사람의 시장임금이 유보임금보다 낮다는 사실이다. 많은 연구에서 이 문제를 피하고자 비근로자들을 표본에서 제외하는 방식을 취했다.

그러나 이러한 방식은 근본적인 취약점을 갖는다. 일을 할지 여부에 대한 결정은 시장임금과 유보임금의 비교에 의존한다. 일을 하지 않는 사람들은 시장임금이 매우 낮거나 유보임금이 매우 높은 사람들이다. 따라서 근로자만으로 구성된 표본은 전체 인구를 대표하는 무작위 표본이 아니다. 대부분의 계량경제학적 기법과 통계적 검정은 분석대상 표본이 무작위 표본이라고 가정하고 있다. 따라서 이러한 방법론은 오직 근로자만을 포함하는 표본의 노동공급 행태를 검증하는 데에도 사용될 수 없다. 결과적으로 이렇게 추정된 노동공급탄력성은 정확한 결과를 제시하지 못한다. 이러한 문제를 '선택 편의'라고 이야기한다.[15]

비근로소득

우리는 V가 근로자의 근로시간과는 전혀 무관한 소득을 나타내기를 원한다. 그러나 대부분의 사람들에게 현재의 비근로소득 수준은 부분적으로 과거의 저축과 투자의 수익을 나타낸다. 어떤 근로자가 일하기를 매우 좋아한다고 가정해보자. 이 사람은 더 많은 시간을

---

14 George J. Borjas, "The Relationship between Wages and Weekly Hours of Work: The Role of Division Bias," *Journal of Human Resources* 15 (Summer 1980): 409-423을 보라.

15 선택편의 문제를 심도 있게 공부하고 싶은 독자는 James J. Heckman, "Sample Selection Bias as a Specification Error," *Econometrica* 47 (January 1979): 153-162를 읽어보라.

일해서 소득이 높았을 것이다. 따라서 과거에 소득의 많은 부분을 저축하고 투자할 수 있었을 것이다. 이와 같은 사람이 바로 오늘 높은 수준의 비근로소득을 갖고 있는 근로자이다. 근로자의 일에 대한 선호가 시간이 흘러도 크게 변하지 않는 한 이 사람은 현재에도 근로시간이 긴 경향을 보일 것이다. 그렇다면 비근로소득과 근로시간이 양의 상관관계를 보이게 되는데, 이는 단지 비근로소득이 많은 사람이 더욱 많은 시간 일을 했기 때문에 나타나는 현상이다. 비근로소득이 많은 근로자가 더 많은 시간 동안 일을 했다는 연구결과를 볼 수 있는데 이는 그리 놀라운 일이 아니다. 이러한 발견은 여가가 열등재라는 것을 의미하거나, 혹은 일에 대한 선호와 비근로소득 간의 양의 상관관계가 추정된 소득효과의 부호를 바꿀 정도로 강하다는 것을 의미한다. 비근로소득이 순수하게 외생적인 충격에 의해 발생할 경우에는 소득효과가 음이라는 사실을 곧 살펴보게 될 것이다.

2-9 가구생산

전통적인 노동–여가 선택모형은 근로자가 본인의 시간을 노동시장에서 일을 하거나 여가활동을 하는 것에만 배분할 수 있다고 가정한다. 그러나 우리는 많은 시간을 노동시장 밖에서 여가활동 이외에 자녀양육이라든지, 요리, 청소 등의 활동을 포함하여 다른 종류의 일을 하는 데 사용한다. 이러한 활동을 가구생산이라고 표현하자. 남성과 여성이 노동시장과 가구생산 및 여가활동에 시간을 배분하는 행태는 매우 다르다. 여성들이 가구생산 영역에 더 많은 시간을 배분한다. 2013년 남성은 주당 33.8시간을 노동시장에 사용하고 오직 11.8시간만 가사와 양육 활동에 사용했다. 반면 여성은 23.9시간을 노동시장에 배분했고 24.3시간을 가사와 양육 활동을 위해 사용했다.[16]

노동시장에서 일한 시간과 달리 가구에서 일한 시간은 소득을 높여주지 않는다. 품행이 바른 자녀라든가 근사한 식사와 같은 가구생산의 최종생산물은 시장에서 거래되지 않는다. 대신에 우리가 집에서 소비하는 상품을 생산하여 우리의 삶을 더욱 풍요롭게 한다.[17] 가구 내 여러 가구원들이 다양한 목적을 위해 시간을 어떻게 배분하는지 살펴봄으로써 우리는 여러 질문에 대해 설명할 수 있다. 가장 중요한 질문은 왜 어떤 가구원은 노동시장에 전문화하고 다른 가구원은 가구생산에 전문화하는가가 될 것이다.

----

[16] Kim Parker and Wendy Wang, *Modern Parenthood: Roles of Moms and Dads Converge as They Balance Work and Family, Washington*, DC: Pew Research Center, 2013을 보라.

[17] Gary S. Becker, "A Theory of the Allocation of Time," *Economic Journal* 75(September 1965): 493–517은 사람들이 시간을 다양한 부문에 어떻게 배분하는지를 연구한 고전적인 논문이다. 이와 관련하여 다음의 논문도 참조하기 바란다. Reuben Gronau, "Leisure, Home Production and Work–The Theory of the Allocation of Time Revisited," *Journal of Political Economy* 85(December 1977): 1099–1123, Francine D. Blau, Marianne A. Ferber, and E. Winkler, *The Economics of Women, Men, and Work*, 7th Edition, Boston, MA: Pearson, 2013

가구생산함수

잭과 질의 두 명의 가구원으로 구성된 가구를 생각해보자. 이들은 결혼한 부부인데 시장에서 구입할 수 있는 재화의 가치와 가구에서 직접 생산한 상품의 가치에 의존하는 효용 극대화에 관심이 있다. 시장에서 재화를 구입하기 위해 이들 부부는 현금이 필요한데 이들이 현금을 얻을 수 있는 유일한 방법은 일자리를 구해서 일을 하는 것이다. 가구에서 생산한 상품을 소비하기 위해서는 잭과 질이 반드시 가구생산 활동에 그들의 시간을 투입해야 한다. 잭과 질에게 근로활동과 가구생산을 위해 하루에 10시간씩 주어졌다고 하자(나머지 14시간은 개인적인 일들과 수면을 위해 배분되었다). 잭과 질은 주어진 10시간을 노동시장 부문과 가구생산 부문에 어떻게 배분해야 할까?

가구생산함수(household production function)는 가구생산에 시간이 투입되면 잭과 질이 얼마나 많은 상품을 생산할 수 있는지 설명해준다. 잭과 질이 가구생산 부문에서 상품을 생산하는 데 있어서 타고난 소질이 다를 수 있다. 아주 간단한 예를 들어보면, 잭이 가구생산에 한 시간을 투입하면 10달러 가치가 있는 상품을 생산하는 반면에 질은 같은 시간에 25달러 가치의 상품을 생산한다고 가정하자.

잭의 시간당 임금은 20달러이다. [그림 2-13a]는 잭이 **미혼으로 혼자 살고 있다면** 그가 직면할 예산선을 그림으로 보여준다. 잭이 10시간을 전부 노동시장에서 배분한다면 200달러 가치의 재화를 구입할 수 있다. 잭의 가구생산 부문에서의 한계생산이 시간당 10달러에 불과하기 때문에 만일 10시간을 전부 가구생산 부문에 투입한다면 100달러 가치의 상품만을 생산할 수 있다. 이러한 논리를 활용하면 미혼인 잭이 직면한 예산선의 양 끝단을 도출할 수 있다.

질의 시간당 임금이 15달러라고 가정하자. 질이 미혼이라면 그녀의 시간 모두를 노동시장에 투입하고 150달러 가치의 재화를 구입할 수 있고, 가구생산 부문에 10시간을 모두 사용하여 250달러 가치의 상품을 생산할 수 있다. 질이 미혼 상태일 때의 예산선이 [그림 2-13b]에 그려져 있다.

잭과 질이 결혼하여 하나의 가구를 이루면 더 이상 이들이 미혼일 때의 예산선에 제약을 받지 않는다. 그들이 비교우위가 있는 부문에 전문화하여 생산성이 향상되므로 가구의 기회집합이 확장된다. 이를 확인하기 위해 잭과 질로 구성된 가구의 기회집합을 도출해보자. 잭과 질이 그들의 모든 시간을 가구생산 부문에 배분하기로 결정하면 잭은 100달러 가치의 상품을, 질은 250달러 가치의 상품을 생산하여 도합 350달러 가치의 가구생산을 할 수 있다. 이들의 이러한 결정은 [그림 2-13c]의 E점으로 표시된다.

잭과 질이 상품시장에서 재화를 구입하고 싶다고 해보자. 그들은 재화구입을 위한 현금을 마련하기 위해 노동시장에 나가서 일자리를 얻어야 한다. 그런데 누가 먼저 노동시장에 본인의 시간을 배분해야 할까? 잭이 한 시간을 노동시장에 배분한다면 이 가구는 10달

그림 2-13 부부 가구의 예산선과 기회집합

*E*에서 잭과 질은 그들의 모든 시간을 가구생산 부문에 배분한다. 그들이 재화를 시장에서 구입하고 싶으면 임금률이 높은 잭은 일자리를 얻어서 기회집합의 *FE* 영역을 창출한다. 잭이 모든 시간을 노동시장에 투입하고 난 이후 질이 일자리를 얻어서 기회집합의 *GF* 영역을 창출한다.

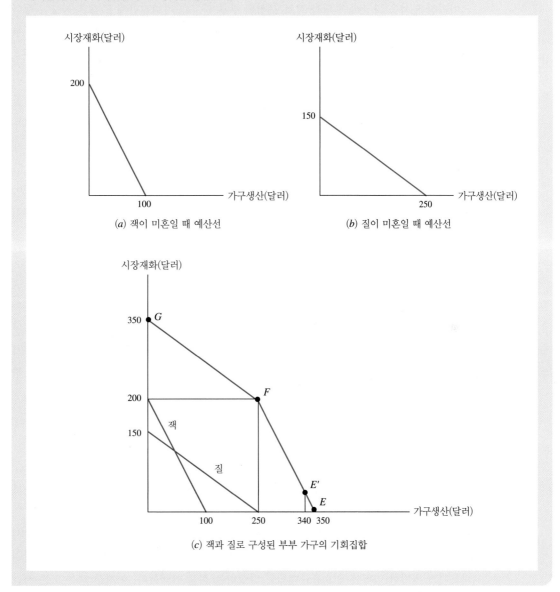

(*a*) 잭이 미혼일 때 예산선

(*b*) 질이 미혼일 때 예산선

(*c*) 잭과 질로 구성된 부부 가구의 기회집합

러 가치의 가구생산을 포기하는 대신 20달러 가치의 재화를 얻는다. 질이 한 시간을 노동시장에 배분한다면 이 가구는 25달러 가치의 가구생산을 포기하는 대신 15달러 가치의 재화를 얻는다. 그렇다면 이 부부는 잭이 먼저 노동시장에 시간을 배분하는 것이 경제적으로 이로운 결정이라고 생각할 것이다. 가구에서 포기한 가구생산 1달러의 가치에 대해 잭이 2달러 가치의 재화(20÷10)를 얻기 때문이다. 질이 노동시장에 들어가면 이 가구는 포기한 가구생산 1달러의 가치에 비해 오직 60센트 가치의 재화(15÷25)밖에 얻지 못한다.

이러한 분석을 확장하면 잭과 질로 구성된 부부 가구의 기회집합에 E' 같은 점도 만들어낼 수 있다. 만약 잭과 질이 상품시장에서 더 많은 재화를 구입하고 싶어서 노동시장에 한 시간을 더 배분하기로 결정했다고 가정하면 무슨 일이 벌어질까? 똑같은 계산이 그대로 적용된다. 그 한 시간을 잭이 노동시장에 배분하면 부부가 포기한 가구생산 1달러의 가치보다 높은 가치의 재화를 구입할 수 있다. 사실상 이 예에서는 언제나 잭이 주어진 시간을 모두 소모할 때까지 추가적인 한 시간을 노동시장에 배분해야 한다. 잭은 10시간을 모두 노동시장에 사용하고 질은 10시간을 모두 가구생산을 위해 사용하여 200달러 가치의 재화를 상품시장에서 구입하고 250달러 가치의 상품을 가구에서 생산하는 F에 도달한다.

만일 부부가 더 많은 재화를 상품시장에서 구입하고 싶다면 질이 노동시장에 진입해야 한다. 그러나 질은 상대적으로 낮은 임금을 받기 때문에 질이 노동시장에 한 시간을 투입해서 15달러 가치의 재화를 얻는 데 그친다. 결과적으로 이 부부의 기회집합은 F에서 굴절되고 왼쪽으로 가면 기울기의 절댓값이 작아진다. 잭과 질이 그들의 모든 시간을 노동시장에 투입한다면 G로 표현되는 350달러 가치의 시장 재화를 구매할 수 있을 것이다.

그러므로 부부 가구의 기회집합은 GFE의 경계를 갖는다. 이 기회집합은 두 영역으로 구분된다. 상대적으로 기울기가 가파른 영역(FE)에서는 질의 경우 모든 시간을 가구생산에 사용하고 잭은 두 부문에 모두 시간을 배분하고 있는 상황을 나타내고, 상대적으로 기울기가 완만한 영역(GF)에서는 잭의 경우 모든 시간을 노동시장에 투입하고 질은 두 부문에 시간을 배분하는 상황을 표현한다.

누가 어디서 일을 해야 하는가

부부 가구는 기회집합의 어느 점을 선택할까? 효용극대화를 원하는 가구는 가장 효용수준이 높은 무차별 곡선이 지나는 점을 선택한다. [그림 2-14]는 세 가지 가능한 경우를 보여준다. [그림 2-14a]에서는 기회집합의 기울기가 가파른 영역에서 U수준의 효용을 얻는 점을 선택한다. 다시 말하면, 질은 모든 시간을 가구생산 활동에 배분하고 잭은 노동시장과 가구생산에 자신의 시간을 배분하는 선택을 한다. [그림 2-14b]에서는 기회집합의 기울기가 완만한 영역에서 효용극대화를 달성하는 점을 선택한다. 여기서 잭은 모든 시간을 노동시장에 투입하고 질은 노동시장과 가구생산에 자신의 시간을 배분한다. [그림 2-14c]에서는 잭과 질이 각자 한 부문에 완전히 전문화하는 선택을 하고 있다.

가구원 사이에 시장임금의 차이가 가구 내 시간 배분을 어떻게 결정하면 좋을지에 대한

그림 2-14 부부 가구의 노동 분담

무차별곡선 U는 P점에서 기회집합의 경계에 접한다. (a) 질은 가구생산 부문에 전문화하고 잭은 노동시장 부문과 가구생산 부문에 시간을 모두 배분한다. (b) 잭은 노동시장 부문에 전문화하고 질은 노동시장 부문과 가구생산 부문에 시간을 모두 배분한다. (c) 잭은 노동시장 부문에 전문화하고 질은 가구생산 부문에 전문화한다.

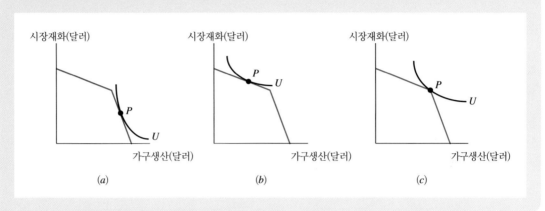

힌트를 제공한다. [그림 2-15a]는 남편과 아내의 임금차이가 얼마나 나야 각각의 배우자가 한 부문에만 전문화하는 것이 유리한지 보여준다. 초기점 P에서 잭은 노동시장과 가구생산 모두에 시간을 배분하고 있다. 잭의 임금이 상당히 높은 수준으로 증가했다고 해보자. 그림에서 보이는 것처럼 기회집합의 기울기가 가파른 영역이 더욱 가팔라졌다. 잭의 임금 상승이 매우 높은 정도라면 부부 가구는 P에서 P'으로 이동할 것이다. 이러한 임금 상승이 잭을 가구생산 부문에서 완전히 빠져나와 노동시장으로 전문화하도록 만든다. 이 결과는 아주 쉽게 이해할 수 있다. 심지어 두 배우자가 가구생산 부문에서 동일한 생산성을 보이는 경우에도 상대적으로 시장임금이 낮은 배우자를 가구생산 부문에 전문화함으로써 가구의 기회집합을 확장시킬 수 있다.

시간 배분은 또한 잭과 질의 가구생산에 있어서의 타고난 소질의 차이에도 의존한다. [그림 2-15b]를 보자. P로 표시되는 초기에는 잭이 노동시장에 전문화하고 질이 양쪽 부문에 시간을 배분했다. 그런데 질의 가구생산 부문에서의 생산성이 놀라울 정도로 향상되었다고 가정해보자. 이제 부부의 기회집합이 오른쪽으로 확장되어 이 부부는 새로운 기회집합의 굴절점인 P'을 선택함으로써 질이 가구생산에만 전문화하게 된다.

여성 경제활동 참가율 추세

여가 활동과 근로 활동 및 가구생산 사이에 시간배분이 이루어진다는 이론은 여성의 경제활동 참가율 추세를 설명하는 데 중요한 역할을 한다. 지난 수십 년 동안 여성의 경제활동

| 그림 2-15 | 임금률의 상승 또는 가구생산성의 향상이 각 배우자의 전문화를 유도 |

(a) 잭의 임금 상승이 부부 가구의 선택을 P에서 P′으로 이동하게 만들어서 잭이 노동시장에 전문화한다. (b) 질의 가구생산성이 향상되어 부부 가구의 선택을 P에서 P′으로 이동하게 만들어서 질이 가구생산에 전문화한다.

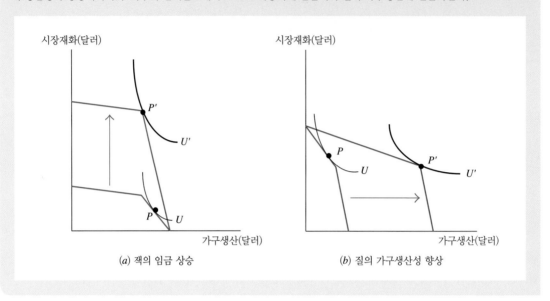

참가율은 매우 크게 증가해왔다.

우리의 논의는 이러한 급격한 경제활동참여를 증가현상의 핵심 요인으로서 여성 임금률의 변화와 가구생산성의 변화를 강조한다. 임금률이 증가함에 따라 여성들은 가구생산 부문에 배분하는 시간을 줄이려는 유인이 발생하고 노동시장에 진입할 확률이 높아진다. 지난 몇십 년에 걸쳐 많은 나라에서 여성의 실질임금이 크게 증가했다. 여성 근로자들 임금의 급격한 인상을 경험했던 선진국에서 여성들의 경제활동 참가율이 가장 빠르게 증가했다는 강력한 증거도 있다.[18]

여성의 노동시장 참여 결정은 또한 가구생산에 투입한 여성의 시간가치에도 의존한다. 자녀 수의 감소는 아마도 여성이 가구에서 보내는 시간가치를 하락시켰을 것이다. 1950년과 2000년 사이에 미국 여성의 합계출산율은 3.3명에서 2.1명까지 하락했다. 이러한 출산율의 하락이 아마도 여성의 경제활동 참가율 상승에 영향을 미쳤을 것이다.[19] 이와 동시

---

18 Jacob Mincer, "Intercountry Comparisons of Labor Force Trends and of Related Developments: An Overview," *Journal of Labor Economics* 3 (January 1985 Supplement): S1–S32를 보라.

19 U.S. Bureau of the Census, Statistical Abstract of the United States, Washington, DC: Government Printing Office, various issues와 Joshua D. Angrist and William N. Evans, "Children and Their Parents' Labor Supply: Evidence from Exogenous Variation in Family Size," *American Economic Review* 88 (June 1998): 450–477을 보라.

에 여성의 경제활동 참가율은 가스레인지, 세탁기, 전자레인지 등을 포함하여 가구생산 시간을 획기적으로 줄여준 기술의 발전에도 영향을 받았다. 가구생산에 소요되는 시간이 20세기 들어 급격하게 단축되어 이 시간을 노동시장에 활용할 수 있게 되었다.

물론 근로여성을 대하는 문화적·법률적 인식 변화도 중요한 역할을 했다. 부모 동의 없이 경구피임약을 살 수 있도록 허용했던 주에 거주하는 젊은 미혼여성의 경제활동 참가율이 급격하게 증가한 사실이 하나의 반증이 된다.[20]

많은 연구에서 여성의 근로시간이 임금률의 변화에 반응하는 정도를 추정했다. 학자들 사이에 남성 근로자의 노동공급탄력성에 관해서는 −0.1의 음의 탄력성 수치에 대한 공감대가 형성된 것과는 달리 여성의 노동공급을 추정한 대부분의 연구에서 여성의 근로시간과 임금률 사이에 양의 관계가 추정되었다. 즉, 여성 근로자의 경우 대체효과가 소득효과를 압도하는 양상을 보여준다. 여성의 노동공급탄력성의 크기는 대략 0.2의 수준으로 보인다.[21]

최근 수십 년 동안 목격된 여성 노동공급의 커다란 증가현상으로 인해 여성 노동공급이 남성 노동공급보다 더욱 탄력적이라는 인식이 있어 왔다. 그러나 이러한 인식은 여성 경제활동 참가율이 임금변화에 매우 민감하게 반응한다는 사실에 기인한다는 점을 강조할 필요가 있다. 현재 일을 하고 있는 여성의 경우에는 남성 근로자와 마찬가지로 근로시간이 임금률의 변화에 그리 민감하게 반응하지 않는다는 많은 증거가 발견되고 있다. 이를 달리 표현하면 여성의 노동공급은 노동시장에 진입한 이후에 몇 시간을 근로할 것인가를 결정하는 단계에서보다 주로 경제활동 참가 여부를 결정하는 단계에서 경제적인 요인들에 반응한다는 것을 의미한다.

2-10 상관관계와 인과관계 : 무작위적인 외생적 충격의 효과를 찾아서

앞에서 설명한 것처럼 근로시간과 비근로소득 간의 관련성이 반드시 노동-여가 선택모형이 의미하는 소득효과를 측정하는 것은 아니다. 지금 비근로소득이 많다는 것은 과거에 일을 열심히 해서 저축을 많이 한 결과 저축을 통한 누적된 수익이 많기 때문일 수도 있다. 만일 근로자의 일에 대한 선호가 꾸준히 유지된다면 두 변수 간에 관측된 상관관계가 음이 아닌 양의 값이 될 수 있다. 마찬가지로 현재의 높은 임금이 과거에 열심히 노력한

---

20 Martha J. Bailey, "More Power to the Pill: The Effect of Contraceptive Freedom on Women's Life Cycle Labor Supply," *Quarterly Journal of Economics* 121 (February 2006): 289-320을 보라.

21 Francine D. Blau and Lawrence M. Kahn, "Changes in the Labor Supply of Married Women: 1980-2000," *Journal of Labor Economics* 25 (July 2007): 393-438과 Bradley T. Haim, "The Incredible Shrinking Elasticities: Married Female Labor Supply, 1978-2002," *Journal of Human Resources* 42 (Fall 2007): 881-918을 보라.

결과를 반영하기도 한다. 열심히 일하는 개인의 성향이 변하지 않는 한 지금 시점에서 관측되는 임금과 근로시간의 관계가 노동-여가 선택모형이 이론적으로 설명하는 대체효과와 소득효과를 온전하게 측정한다고 보기 어렵다.

솔직히 말하면, 식 (2-13)의 노동공급 회귀식의 추정결과로부터 소득 또는 임금의 변화에 대한 근로자의 반응을 전혀 추론할 수 없을지도 모른다. 상관관계가 인과관계를 의미하지 않는다는 사실을 깨닫고 나서 지난 30년 동안 노동경제학의 실증연구에 가히 혁명과도 같은 변화가 일어났다. 경제학자들이 비근로소득이나 임금에 무작위로 변화를 일으킨 외생적인 충격을 찾기 시작했으며, 이러한 외생적 충격이 근로자의 노동공급에 미친 영향을 관찰하여 인과관계의 추정을 시도했다.

소득효과 추정을 시도한 많은 연구가 근로자들이 갑작스럽게 큰돈을 벌었던 상황에 초점을 맞추고 이를 분석했다. 이러한 사례로서 복권에 당첨되었을 때 노동공급에 어떤 변화가 발생했는지 살펴본 연구가 많았다.

1970년에 미국에서는 오직 2개의 주에서만 복권을 발행했다. 그해 복권 판매액은 1억 달러에 달했다. 2014년에는 43개 주와 워싱턴 D.C.에서 정부가 운영하는 복권을 발행했고 780억 달러 이상의 복권이 판매되었다. 이렇게 되자 1등 당첨금액은 때때로 천문학적인 숫자에 이르렀다. 미국 역사상 최고의 복권 당첨 기록은 2016년 1월 13일에 당첨된 메가 파워볼 복권으로 총 16억 달러의 금액을 3명의 당첨자가 나누어 받은 것이다. 복권에 당첨된 1,000명의 노동공급 행태가 알려졌는데 거의 25%의 당첨자들(과 그들의 배우자)이 1년 안에 노동시장을 떠났고, 9%는 근로시간을 단축했거나 부업을 중단했다.[22] 복권 당첨금이 노동공급에 미친 영향이 당첨금의 크기에 따라 달랐다는 것은 별로 놀라운 일이 아니다. 5만 달러 이상 20만 달러 이하의 금액에 당첨된 사람들 중에서는 오직 4%만이 일을 그만두었다. 그러나 100만 달러 이상의 금액에 당첨된 사람들 중에서는 거의 40%가 은퇴하고 쉬운 인생의 길을 택했다. 최근의 어떤 연구는 매사추세츠주에서 복권에 당첨된 사례를 분석했는데 당첨금액이 클수록 노동공급의 감소 규모 또한 커진다는 사실을 확인했다.[23]

남성 택시 기사들의 노동공급 사례의 경우는 근로자들이 무작위로 갑자기 임금률의 변화를 겪을 때 어떻게 반응하는지 살펴볼 수 있는 기회를 제공한다.[24] 우버 택시가 나오기

---

22 Roy Kaplan, "Lottery Winners and Work Commitment: A Behavioral Test of American Work Ethic," *Journal of the Institute for Socioeconomic Studies* 10 (Summer 1985): 82-94를 보라.

23 Guido W. Imbens, Donald B. Rubin, and Bruce Sacerdote, "Estimating the Effect of Unearned Income on Labor Supply, Earnings, Savings, and Consumption: Evidence from a Survey of Lottery Players," *American Economic Review* 91 (September 2001): 778-794와 David Cesarini, Erik Lindqvist, Matthew J. Notowidigdo, and Robert Östling, "The Effect of Wealth on Individual and Household Labor Supply: Evidence from Swedish Lotteries," *American Economic Review* 107 (December 2017): 3917-3946을 보라.

24 Orley Ashenfelter, Kirk Doran, and Bruce Schaller, "A Shred of Credible Evidence on the Long-Run Elasticity of

전에 뉴욕시의 택시 산업은 택시와 리무진 위원회(Taxi and Limousine Commission, TLC)의 강력한 규제를 받았다. TLC에서 뉴욕시의 택시면허 수를 제한했으며 택시 요금도 결정했다. 택시 운행 속도가 일정하다는 전제로 택시 요금의 변경이 있기 이전과 이후 특정한 택시가 운행한 거리를 비교해보는 방식으로 노동공급탄력성을 추정해볼 수 있다. 1996년에 TLC가 택시 요금을 인상하여 택시 기사의 수입이 1마일당 17% 정도 증가했다. 이러한 임금률의 변화 이후 택시 기사의 운행거리가 3.2% 감소했는데 이로부터 노동공급탄력성이 -0.19라는 것을 알 수 있다. 남성 근로자들의 노동공급탄력성이 음수라는 것은 소득효과가 대체효과보다 크다는 것을 의미한다. 그리고 이처럼 작은 수치는 노동공급이 비탄력적이라는 것을 뜻한다.

노동경제학에서 요즘의 실증 연구는 이 사례처럼 행태 변화를 야기하는 무작위의 외생적 충격을 찾는 접근법을 따른다. 이러한 외생적 충격은 때때로 복권 당첨과 같은 행운, 정책의 변경 또는 모집단에서 무작위로 추출된 일부의 사람들에게만 특정한 기회를 부여하고 다른 사람들에게는 그러한 기회를 주지 않는 실험의 결과로부터 찾을 수 있다. 전형적인 실증 연구는 외생적 충격을 경험한 사람들의 행태를 추적함으로써 이들의 행태 변화가 이론이 예측하는 것과 부합하는지 여부를 판단하는 방식으로 이루어진다.

비록 이러한 접근이 상관관계를 경제모형이 제시하는 탄력성으로 해석하는 것보다는 훨씬 좋긴 하지만 여기에도 중요한 단점이 있다. 현실에서 모두가 복권을 사는 것도 아닌데 복권에 당첨된 사람들의 행태를 과연 전체 근로자에게 적용할 수 있을까? 택시 기사의 노동공급이 동일한 임금 인상을 경험한 컴퓨터 프로그래머, 건설 근로자 또는 공무원이 어떻게 반응할지 예측하는 데 커다란 도움이 될까? 어느 특정한 외생적 충격에 대한 행태 변화를 추적하면 바로 그 충격의 결과로 나타나는 현상은 정확하게 측정할 수 있지만 관찰된 반응이 다른 그룹의 사람들이나 다른 상황에도 그대로 적용될 수 있을지는 장담할 수 없다.

2-11 정책 응용 사례 : 복지급여 프로그램과 근로유인

미국이 1960년대 중반에 '빈곤과의 전쟁'을 선포한 이후로 빈곤가정한시지원(Temporary Assistance for Needy Families, TANF) 프로그램과 같은 소득보장 프로그램이 수급자의 근로유인에 미치는 영향에 대한 논쟁이 매우 뜨겁게 전개되었다. 복지급여 프로그램을 반대하는 의견은 대부분 이러한 프로그램들이 수급자가 복지급여에 기대어 살아가게 함으로써 더욱더 공공부조에 의존하게 만든다는 점을 들고 있다. 복지급여 프로그램이 올바르게 작동하지 않아서 소위 빈곤과의 전쟁에서 졌다는 인식이 정치적인 신념과 상관없이 모

Labor Supply," *Economica* 77 (October 2010): 637–650을 보라.

든 사람의 귀에 그럴듯하게 들리게 되었고 마침내 클린턴 대통령이 이러한 방식의 복지프로그램을 종식시키겠다고 약속했다. 이러한 정치적 합의는 1996년 8월에 개인의 책임과 근로기회의 조화를 위한 법(Personal Responsibility and Work Opportunity Reconciliation Act, PRWORA)을 입안하는 결과를 가져왔다. 이렇게 발의된 복지제도개혁법은 수급자가 일생 동안 받을 수 있는 복지급여 수령액에 한도를 설정하고 복지급여 수급자격요건을 더욱 까다롭게 했으며 복지급여 수급가구가 근로활동에 참여하도록 강제했다.

현금보조와 노동공급

복지급여 프로그램이 근로유인에 어떻게 영향을 주는지 설명하기 위해 수급자격을 갖춘 사람에게 현금을 지급하는 단순한 복지급여 프로그램부터 생각해보자. 이 프로그램이 자녀가 있는 미혼여성과 같은 수급대상자에게 경제활동에 참여하지 않은 기간 동안 매달 1,000달러씩 현금을 지급한다고 가정하자. 이 사람이 노동시장에 진입하기만 하면 정부는 이 사람의 임금소득이 실제로 얼마인지 고려하지 않고 더 이상 도움이 필요하지 않다고 생각하여 즉시 복지급여대상에서 제외한다고 가정하자.

현금급여 프로그램이 근로유인에 미치는 영향이 [그림 2-16]에 잘 설명되어 있다. 이 프로그램이 없었다면 예산선은 FE로 주어지고 P에서 효용극대화가 이루어져 70시간을 여가에 소비하고 40시간을 일하는 내부해를 갖게 되었을 것이다.

단순한 논의를 위해 이 여성은 비근로소득이 없다고 가정하자. 비근로자의 경우 1,000달러의 현금보조금이 주어지면 G가 기회집합에 포함된다. 이 여성이 일을 하지 않고 복지급여 프로그램에 참여하는 선택을 한다면 1,000달러 가치의 재화를 소비할 수 있다. 그러나 이 여성이 노동시장에 참여하게 되면 1,000달러의 현금보조금이 사라져서 그녀의 기회집합은 원래의 예산선 FE로 회귀하게 된다.

G로 대표되는 복지급여의 존재는 근로유인을 상당히 약화시킨다. 그림에 그려진 것처럼 이 여성은 P(일을 하고 보조금을 받지 않는 경우)의 내부해를 선택하는 것보다 G(일을 하지 않고 보조금을 받는 경우)의 모서리해를 선택함으로써 더 높은 효용을 누린다.

이처럼 보조금을 받든지 아니면 전부 포기하든지 양자택일을 강요하는 현금보조금은 많은 근로자들이 노동시장을 이탈하도록 유인할 수 있다. 저임금 여성의 경우 대부분 복지급여를 받는 선택을 하게 될 것이다. 이와 같이 초기부존점이 E에서 G로 개선되면 유보임금이 올라가서 저임금 근로자가 노동시장에 진입할 가능성을 줄어들게 만든다.

저임금 근로자의 근로 윤리가 결핍되었기 때문에 이들의 근로 성향이 줄어드는 것이 아니라는 사실을 강조할 필요가 있다. 우리는 암묵적으로 저임금 근로자의 일에 대한 선호가 고임금 근로자의 선호와 같다는 가정을 했다. 복지급여 프로그램이 저임금 근로자의 경제활동 참가율을 떨어뜨리는 이유는 이런 형태의 복지제도가 이들의 근로유인을 하락시키기 때문이다.

복지급여가 노동공급에 미치는 영향

[그림 2-16]이 설명하는 것처럼 복지급여 프로그램이 사람들의 근로의욕을 매우 크게 감소시킨다. 이러한 관점에서 볼 때 일반적으로 사회부조 프로그램은 수급자를 노동시장 밖에 머물도록 한다. 복지급여 수급자가 일을 할 수 있음에도 불구하고 노동시장에서 버는 근로소득이 복지급여액을 일정 부분 감액시키기 때문이다. 예를 들어, 2000년에 메릴랜드에 거주하며 두 자녀와 함께 사는 여성이 최저임금 일자리에서 시간제 근로자로 일하는 경우에 근로소득이 1달러 늘어나면 TANF 급여액이 60센트 감소하는 구조였다.[25]

이런 형태의 복지급여 프로그램이 개인의 예산집합에 어떤 영향을 끼치는지 이해하기 위해 구체적인 예를 들어보자. 일을 전혀 하지 않고 복지급여 프로그램에만 의존해서 살고

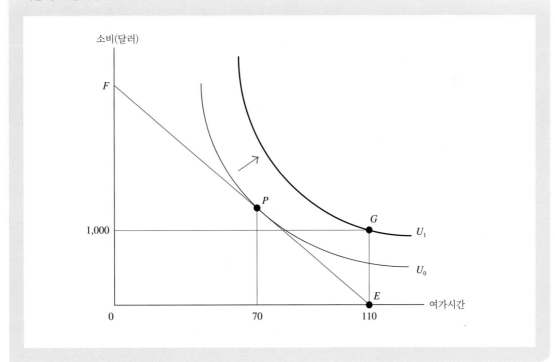

그림 2-16   현금보조금이 근로유인에 미치는 영향

매달 1,000달러의 현금보조금 지급이 근로자를 P에서 G로 이동시켜서 근로자가 노동시장에서 이탈한다.

25 Austin Nichols and David Kassabian, "TANF Recipients' Implicit Tax Rate from Earnings Disregard Policies," Urban Institute, Washington, DC, 2011.

있는 어떤 여성의 한 달 소득이 1,000달러라고 가정해보자. 그에게 복지급여 보조금을 제외한 다른 비근로소득이 없다고 가정한다. 그리고 이 여성의 근로소득이 1달러 늘어날 때마다 정부에서 보조금을 50센트씩 줄여서 지급한다고 가정해보자. 이는 이 여성이 시간당 10달러의 일자리에서 처음 1시간 일을 하면 근로소득이 10달러 늘어나지만 동시에 보조금이 5달러 감소하게 된다는 것을 의미한다. 따라서 그녀의 총소득은 1,005달러가 된다. 만일 이 여성이 두 시간 일을 하기로 결정한다면 그녀의 근로소득은 20달러가 되지만 현금보조금은 10달러만큼 줄어들어 총소득이 1,010달러가 될 것이다. 그녀가 일하는 매 근로시간당 그녀의 소득은 5달러씩 증가한다. 복지급여 보조금을 줄인다는 미명하에 사실상 정부는 그녀의 임금에 50%의 세율을 부과하고 있는 것이다. 그러므로 이 여성의 실제 임금률(10달러)과 세금을 제외한 순임금률(5달러)을 구분하여 이해하는 것이 중요하다.

[그림 2-17]은 이런 형태의 복지급여 프로그램이 만드는 예산선을 그리고 있다. 이 프로그램이 없는 경우 시간당 10달러의 임금을 받는 이 여성의 예산선은 FE가 되고, 이때 P를 선택하여 70시간의 여가를 소비하고 40시간 일을 할 것이다.

복지급여 프로그램은 그녀의 예산선에 두 가지 중요한 변화를 가져온다. 일을 하지 않을 경우 받는 1,000달러의 보조금 때문에 초기부존점이 E에서 G로 변화한다. 또한 이 프로그램은 예산선의 기울기도 변화시킨다. 우리는 앞서 일을 하게 되면 1달러의 근로소득당 50센트의 복지급여 보조금을 감소시키는 정책이 사실상 그녀의 근로소득에 50%의 세율을 매기는 것과 동일한 결과를 가져온다는 사실을 살펴보았다. 따라서 예산선의 기울기는 세금을 제외한 순임금률을 반영하여 이전 기울기의 절반이 된다. 이제 복지프로그램을 반영한 새로운 예산선은 HG로 주어진다.

그림에서 볼 수 있듯이 예산선 FE와 예산선 HG 사이에서 선택을 할 수 있다면 이 여성은 복지급여를 받고 R을 선택함으로써 효용극대화를 달성한다. 즉, 100시간의 여가를 소비하고 10시간 일을 하는 선택을 한다. 복지급여 프로그램이 없었다면 선택했을 최적근로시간과 비교하여 복지급여 프로그램 도입으로 근로시간이 줄어들기 때문에 이런 형태의 근로복지급여 프로그램도 근로의욕을 감소시키는 것으로 여겨진다.

현금보조금을 주고 근로소득에 세금을 부과하는 복지급여 프로그램의 경우 반드시 근로시간을 감소시킨다는 것을 보일 수 있다. 특히, R은 언제나 P보다 오른쪽에 위치하게 된다. 왜 그런지 살펴보기 위해 복지급여 프로그램이 없었을 경우의 예산선과 평행한 기울기를 가지면서 새로운 무차별곡선에 접하는 가상의 예산선을 그려보자. 이 예산선은 [그림 2-17]에 DD로 표시되어 있다. P에서 Q로의 이동은 소득효과로서 현금보조금이 근로시간에 미치는 영향을 나타낸다. 이러한 소득효과는 여가에 대한 수요를 증가시키므로 Q는 반드시 P의 오른쪽에 있어야 한다. Q에서 R로의 이동은 근로소득에 부과되는 50%의 세율이 가져오는 대체효과를 나타낸다. 따라서 R은 반드시 Q의 오른쪽에 있어야

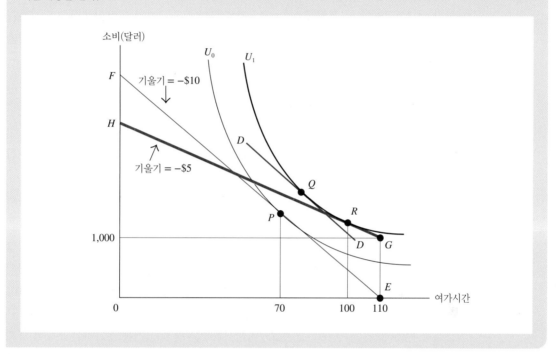

그림 2-17   복지급여가 근로시간에 미치는 영향

복지급여 프로그램이 예산선 *HG* 위에 있는 근로자에게 1,000달러의 현금보조금을 지급하고 근로소득에 50%의 세율을 부과하고 있다. 복지급여 프로그램이 없었다면 이 근로자는 *P*를 선택하였을 것이다. 복지급여 프로그램이 야기하는 소득효과는 이 근로자를 *Q*로 이동시키고, 대체효과는 *R*로 이동시킨다. 소득효과와 대체효과 모두 근로시간을 감소시키는 작용을 한다.

한다. 세금이 복지급여 수급자의 여가가격을 절반으로 줄여주기 때문이다. 이러한 결과 복지급여 수급자의 여가에 대한 수요는 더욱 늘어난다.

여기서 제시한 예시로부터 복지급여 프로그램이 야기하는 근로의욕 감소의 문제를 잘 이해할 수 있다. 우리의 모형이 사람들의 노동공급 결정방식을 적절하게 설명하고 있다면 이들의 근로의욕을 저해하지 않으면서 비교적 관대한 방식의 복지급여 프로그램을 설계하는 것이 불가능하다는 것을 알 수 있다. 수급자에게 현금보조금을 지급하게 되면 복지급여 프로그램의 도입이 수급자의 노동시장 참여확률을 낮추고 이미 노동시장에서 일을 하고 있던 근로자의 경우 근로시간이 줄어드는 것을 피할 수 없다. 게다가 일을 하고 있는 수급자의 보조금을 일부 환수하고자 하는 노력이 실질적으로는 근로활동에 세금을 부과하는 작용을 한다. 이러한 세금이 여가가격을 낮추어서 수급자의 근로시간이 더욱 줄어들게 만든다.

복지급여 프로그램이 근로유인에 미치는 영향을 분석한 연구는 더욱 복잡한 상황을 분석할 때 노동-여가 선택모형이 어떻게 분석의 출발점으로서의 역할을 수행하는지 잘 보여준다. 분석과정에서 정부의 정책이 개인의 예산집합을 어떻게 변화시키는지 구체화함으로써 중요한 정책 이슈를 분석할 때에도 이 모형을 적절하게 변형하여 사용할 수 있다. 이러한 경제적 접근방식이 갖고 있는 중요한 장점은 새로운 정부정책이 나오거나 제도적 변화가 있을 때마다 노동공급 의사결정에 미치는 영향을 분석하기 위해 새로운 모형이 필요하지 않다는 데 있다. 결국에는 언제나 같은 모형 — 근로자가 효용극대화를 달성하기 위해 자신의 제한된 시간과 돈을 어떻게 배분할 것인지를 분석하는 모형 — 을 분석하지만 상황에 따라 모형에 개인의 예산집합의 변화를 적절하게 반영한다.

복지급여 프로그램 개혁과 노동공급

이론적 분석은 복지급여 프로그램이 근로의욕 감소효과를 가져올 것이라고 예측한다. 실제로 복지급여 프로그램들의 영향을 분석한 많은 연구가 대체적으로 1990년 이전에 핵심적인 현금지원 프로그램이었던 AFDC가 노동공급을 감소시켰다는 사실을 검증했다.[26]

1996년 8월 22일에 클린턴 대통령은 복지급여 프로그램 개혁법안에 서명하여 미국의 복지급여 프로그램 제도에 근본적인 변화를 가져왔다.[27] 이 법안의 핵심 조항은 개별 주들이 다양한 현금지원 프로그램에 대해 수급자격 요건과 보조금의 수준을 자율적으로 정할 수 있도록 허용했다. 예를 들면 캘리포니아주의 경우 TANF 수급자의 월 225달러까지의 근로소득은 복지급여 혜택에 영향을 주지 않고 225달러를 초과하는 근로소득에는 50%의 세금이 부과되는 형태로 보조금이 줄어든다. 이와 대조적으로 일리노이주는 모든 근로소득에 33%의 세율을 부과하고 있고, 미시시피주는 월 90달러를 초과하는 소득에 대해 100%의 세율을 적용한다.

복지급여 프로그램이 노동공급에 미친 영향과 복지급여 수급대상 인구를 포함한 경제변수에 미친 영향을 추정한 수많은 연구가 프로그램의 주별 차이를 이용했다. 그러나 PRWORA가 발효된 직후는 미국 경제가 역사적인 호황을 겪은 시기와 일치한다. 이 점이 복지급여 프로그램 개혁 효과를 평가하는 연구에 하나의 어려움을 던져준다. 복지급여 수급인구의 감소(TANF 수급가구가 1996년 8월에 440만 가구에서 2000년 6월에는 220만 가구로 감소)를 설명하는 데 있어서 경기호황의 영향과 복지급여 프로그램 개혁의 영향의

---

26 이 분야의 선행연구는 Alan B. Krueger and Bruce D. Meyer, "Labor Supply Effects of Social Insurance," in Alan Auerbach and Martin Feldstein, editors, *Handbook of Public Economics*, Vol. 4, Amsterdam: North-Holland, 2002; and Robert A. Moffit, "Welfare Programs and Labor Supply," in Alan Auerbach and Martin Feldstein, editors, *Handbook of Public Economics*, Vol. 4, Amsterdam: North-Holland, 2002에 잘 정리되어 있다.

27 Robert A. Moffitt, "The Temporary Assistance for Needy Families Program," in Robert A. Moffitt, *Means-Tested Transfer Programs in the United States*, Chicago: University of Chicago Press, 2003, pp. 291-363을 보라.

크기를 분리해내는 것이 어렵기 때문이다.[28]

여러 주에서 대규모의 실험을 실행했다. 전형적인 실험은 무작위로 일련의 가구를 선택하여 이들에게 하나의 특정한 혜택으로 구성된 복지급여 프로그램을 제공하고 마찬가지로 무작위로 선택된 다른 가구에게 이와 다르게 설계된 프로그램을 적용하는 방식으로 진행된다. 각기 다른 그룹에 속한 가구의 노동공급 편차를 분석함으로써 프로그램이 제공하는 경제적 기회에 노동공급이 어떻게 반응하는지 살펴보는 것이 가능하다. 이러한 실험결과들이 종종 이론적 예측을 뒷받침한다.[29] 미네소타 가족투자 프로그램(Minnesota Family Investment Program)으로 잘 알려진 실험은 여성의 근로소득이 비교적 높은 수준에 이를 때까지 현금보조금의 일부를 받을 수 있도록 허용했다. 이 실험의 결과는 근로소득에 대한 세금을 줄이는 것이 실제로 복지급여 수급자를 더 많은 시간 동안 일하게 만든다는 사실을 보였다.

복지급여 수급기간의 제한이 미치는 영향에 대한 관심 또한 상당히 많았다. PRWORA의 핵심조항은 전 생애에 걸쳐 한 가구가 연방정부로부터 받을 수 있는 공공부조 수혜기간을 60개월로 제한했다. 그리고 많은 주에서 이보다도 짧게 수혜기간을 제한하는 조치를 취했다.

수혜기간의 제한이 수급자격이 있는 가구에게 전략적 선택을 제안했다. 어떤 가구는 미래의 어느 시점에 수급자격을 유지할 수 있도록 혜택을 저축할지도 모르기 때문이다. 그러나 연방법은 복지급여 보조금을 18세 미만의 자녀가 있는 가구에게만 지급하도록 제한했다. 이 결과 지금 60개월의 보조금을 다 받을 것인지 아니면 나중을 위해 받지 않고 저축할 것인지에 대한 결정은 가장 어린 자녀의 나이에 의존하게 되었다. 자녀의 나이가 어리지 않으면 수급자격을 상실하기 이전에 지금 혜택을 다 누리는 것이 더 좋은 선택이 된다. 반면에 어린 자녀가 있는 가구는 미래의 어느 시점에 정말로 혜택이 필요한 때가 올 가능성을 대비하고자 한꺼번에 60개월의 혜택을 소진하지 않는 선택을 할 유인이 존재한다. 실제로 이러한 제약이 어린 자녀가 있는 가구의 복지프로그램 참여율을 하락시키는 작용을 했다.[30]

----

28 Jefferey Grogger, "The Effects of Time-Limits, the EITC, and Other Policy Changes on Welfare Use, Work, and Income among Female-Headed Families," *Review of Economics and Statistics* 85 (May 2003): 393-408을 보라.

29 Jefferey Grogger; Lynn A. Karoly, and Jacob Alex Klerman, Consequences of Welfare Reform: A Research Synthesis, Santa Monica, CA: The Rand Corporation, July 2002와 Rebeccca Blank, "Evaluating Welfare Reform in the U.S.," *Journal of Economic Literature* 40 (December 2002): 1105-1166을 보라.

30 Jefferey Grogger, "Time Limits and Welfare Use," *Journal of Human Resources* 39 (Spring 2004): 404-424와 Jefferey Grogger and Charles Michalopoulos, "Welfare Dynamics under Time Limits," *Journal of Political Economy* 111 (June 2003): 530-554를 보라.

2-12 정책 응용 사례 : 근로장려세제

저소득층의 경제적 지위를 향상시키는 또 하나의 접근으로 근로장려세제(Earned Income Tax Credit, EITC)를 들 수 있다. 이 프로그램은 1975년에 시작되었으며 그 이후 상당한 규모로 확대되었다. 2015년에 이르러서는 EITC가 미국에서 가장 규모가 큰 재정지원혜택 프로그램으로 성장하여 저소득가구에게 거의 700억 달러를 지급했다.

EITC가 어떻게 운영되는지 설명하기 위해 두 명의 자녀와 근로활동을 하는 엄마로 구성된 가구를 생각해보자. 2017년의 예를 들어 설명하면 이 여성은 연간 근로소득이 1만 4,040달러 미만이면 근로소득의 40%까지 세금환급을 요청할 수 있다. 따라서 그녀는 최대 5,616달러까지 세금을 환급받을 수 있다. 만일 근로소득이 1만 4,040달러와 1만 8,340달러 사이에 있으면 최대 환급액을 받을 수 있고, 근로소득이 1만 8,340달러를 초과하면 환급액이 감소하기 시작하여 근로소득 1달러당 21.06센트씩 줄어든다. 이 공식에 따르면 그녀의 근로소득이 45,007달러를 넘어서는 순간 환급액이 사라지게 된다.

[그림 2-18]은 EITC가 근로자의 예산집합을 어떻게 굴절되게 만드는지 보여준다. 이 그림은 근로자의 비근로소득이 전혀 없다고 가정하고 그린 것이다. EITC가 없을 때 근로자는 FE로 주어진 예산선에 직면한다. 그러나 EITC의 도입은 추가 근로시간에 대한 순임금률을 변화시킨다. 이 근로자가 1년에 1만 4,040달러 미만의 근로소득을 번다고 하면 소득의 40%까지 환급을 받을 수 있다. 예를 들어, 이 사람의 시간당 임금이 10달러이고 1년에 총 1시간만 일을 한다고 가정해보자. 그녀는 과세당국에 소득을 신고하고 4달러의 환급을 받는다. 40%의 세금환급은 [그림 2-18]의 JE 영역에 그려진 것처럼 예산선의 기울기를 보다 가파르게 만든다.

만일 이 여성이 1만 4,040달러를 번다면 최대 환급액인 5,616달러를 받는다. 그녀의 소득이 1만 4,040달러와 1만 8,340달러 사이에 있으면 여전히 최대 환급액을 받게 된다. 따라서 그녀가 이 범위에 있는 한 EITC는 순임금을 변화시키지 않고 [그림 2-18]의 HJ 영역에 그려진 것처럼 단지 총소득이 5,616달러만큼 증가한다.

이 여성의 연간 근로소득이 1만 8,340달러를 넘어서면 EITC는 매 1달러의 근로소득에 대해 21.06센트의 점감률이 적용되어 줄어들게 된다. 예를 들어 그녀가 정확하게 1만 8,340달러를 벌고 나서 10달러의 임금을 받고 한 시간만 더 일을 하기로 결심했다고 하자. 세금환급액이 약 2.11달러 줄어들어 그녀의 순임금률은 이제 시간당 7.89달러가 된다. 그러므로 EITC가 임금삭감과 같은 역할을 해서 [그림 2-18]의 GH 영역에 그려진 것처럼 예산선의 기울기를 완만하게 만든다. 이 여성이 4만 5,007달러보다 많이 벌면 (FG의 영역에서와 같이) 원래의 예산선으로 돌아간다.

지금까지 EITC가 근로자의 예산집합에 어떤 식으로 영향을 미쳐 여러 번의 굴절이 생기는 이상한 모양의 '예산선'을 만들게 되는지 알아보았다. 여기서 나타난 굴절들이 근로

그림 2-18   EITC와 예산선

세금환급이 없다면 예산선은 *FE*로 주어진다. EITC 프로그램은 근로자의 연간 근로소득이 1만 4,040달러 미만이면 근로소득의 40%를 세금환급의 형태로 지급한다. 연간 근로소득이 1만 4,040달러와 1만 8,340달러 사이에 있으면 최대 환급액 5,616달러를 지급받는다. 근로소득이 1만 8,340달러 이상이면 세금 환급액이 점차 줄어든다. 1만 8,340달러부터 4만 5,007달러까지 근로소득구간에서 근로자의 순임금은 실제 임금보다 21.06센트만큼 작다.

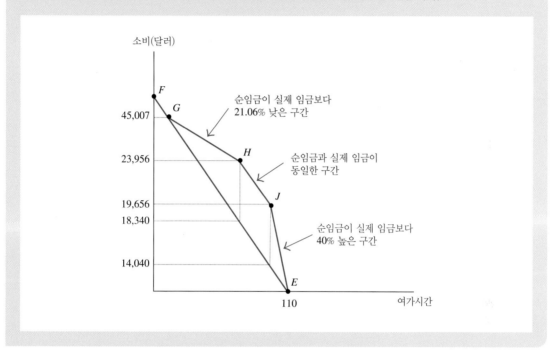

자의 노동공급 결정과정에 중요한 영향을 미친다.

   그렇다면 과연 EITC는 노동공급에 어떻게 영향을 미칠까? [그림 2-19]에 있는 여러 패널이 가능한 경우의 수를 그리고 있다. [그림 2-19*a*]에 그려진 근로자의 경우 EITC가 없었다면 노동시장에 참여하지 않았을 것이다(이 사람은 *P*에서 효용극대화를 달성하고 있었음에 주목하라). EITC 적용으로 순임금률이 40% 상승하여 경제활동에 참여하게 되었고, 이제는 *R*에서 효용극대화를 달성하고 있다. 이 근로자가 노동시장에 진입하여 일을 하게 된 이유를 분명하게 이해할 수 있다. EITC가 비근로자의 순임금률을 상승시켜서 이 사람이 노동시장에 참가할 때 받는 임금이 유보임금을 초과할 가능성이 높아졌고, 이러한 작용이 노동시장에 진입하도록 장려한 것이다. 그러므로 우리는 하나의 분명하고 중요한 이론적 예측을 할 수 있다. 즉, EITC는 정책대상 그룹의 경제활동 참가율을 증가시킬 것이다.

   [그림 2-19*b*]에 그려진 사람의 경우 EITC가 없었더라도 *P*를 선택하여 노동시장에 참

그림 2-19 **EITC가 노동공급에 미치는 영향**

EITC는 예산선을 이동시켜서 새로운 근로자들이 노동시장에 진입하도록 유도한다. (*a*)에서처럼 *P*에서 *R*로 이동하여 노동시장에 진입한다. EITC가 이미 노동시장에 머물고 있던 사람들의 노동공급에 미치는 영향은 불분명하다. (*b*)와 (*c*)에서는 근로자가 근로시간을 단축한 경우를 그리고 있다.

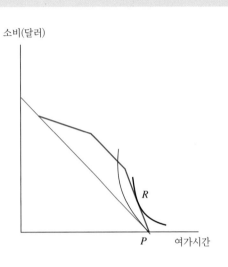

(*a*) EITC가 근로자를 노동시장으로 유인

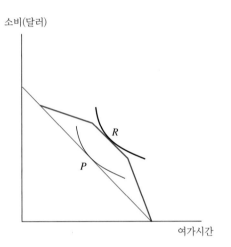

(*b*) EITC가 근로시간을 단축시킴

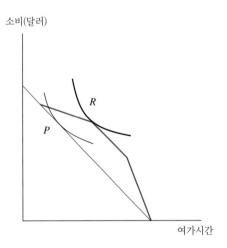

(*c*) EITC가 근로시간을 단축시킴

가했을 것이다. 이 근로자가 속한 연간 소득수준은 EITC가 순임금률에는 영향을 주지 않고 소득효과만을 발생시키는 구간에 속한다. 이 사람은 R로 이동하여 효용극대화를 달성하므로 근로시간이 줄어들게 될 것이다.

마지막으로 [그림 2-19c]는 EITC가 없었을 때 P를 선택하여 근로시간이 매우 길었던 사람을 그리고 있다. 이 경우에 EITC의 적용은 순임금을 감소시킨다. 따라서 이 근로자는 근로시간을 줄여서 굴절점 R로 이동하여 효용극대화를 달성하게 된다.

그러므로 이론적 분석은 EITC가 노동공급에 두 가지의 대조적인 효과를 갖고 있음을 제시한다. 첫째, EITC는 경제활동에 참가하는 근로자의 수를 증가시킨다. 노동시장에 참가하여 근로를 제공한 근로자들에게만 세금환급 혜택이 주어지기 때문에 이 프로그램의 혜택을 받기 위해 보다 많은 사람이 노동시장에 진입할 것이다. 둘째, EITC는 이 프로그램이 실행되기 이전부터 노동시장에서 일을 하고 있는 근로자들의 노동시간을 변화시킬 수 있다. [그림 2-19]의 여러 패널에 그려진 경우에서는 EITC가 근로시간을 줄이도록 근로자들에게 동기를 부여했다. 그러나 순임금률의 변화는 소득효과와 대체효과를 모두 발생시키기 때문에 EITC가 근로시간에 미치는 영향은 두 효과의 상대적 크기에 달려 있다.

지금까지의 연구결과는 EITC가 많은 사람이 새롭게 노동시장에 참여하도록 유도했다는 증거를 제시하고 있다.[31] 〈표 2-4〉는 이러한 연구결과의 일부를 요약하여 보여준다. 미국은 1986년의 세법개정에서 EITC의 대상과 혜택을 대폭 확대했다. 이론적 분석은 이러한 개편이 정책 대상그룹의 경제활동 참가율을 증가시키는 작용을 했을 것이라고 예측한다. 미국에 거주하는 배우자가 없는 여성인구를 생각해보자. 최소한 한 명 이상의 자녀

| 표 2-4 | EITC가 경제활동 참가율에 미친 영향 |

	EITC 발효 이전 경제활동 참가율(%)	EITC 발효 이후 경제활동 참가율(%)	차분(%)	이중차분(%)
처치집단-EITC 수급자격이 있는 집단 : 한 명 이상의 자녀가 있으며 배우자가 없는 여성	72.9	75.3	2.4	2.4
통제집단-EITC 수급자격이 없는 집단 : 자녀가 없으며 배우자가 없는 여성	95.2	95.2	0.0	

출처 : Nada Eissa and Jeffrey B. Liebman, "Labor Supply Response to the Earned Income Tax Credit," *Quarterly Journal of Economics* 111 (May 1996) : 617.

---

31 V. Joseph Hotz and John Karl Scholz, "The Earned Income Tax Credit," in Robert A. Moffitt, editor, *Means-Tested Transfer Programs in the United States*, Chicago : University of Chicago Press, 2003, Nada Eissa and Hilary W. Hoynes, "Behavioral Response to Taxes : Lessons from the EITC and Labor Supply," *Tax Policy and the Economy* 20 (2006) : 74-110과 Jesse Rothstein, "Is the EITC as Good as an NIT? Conditional Cash Transfers and Tax Incidence," *American Economic Journal : Economic Policy* 2 (February 2010) : 177-208을 보라.

를 둔 이들 여성은 근로소득수준에 따라 EITC 수급자격 여부가 결정되는 반면에 자녀가 없는 여성은 아예 EITC 혜택을 받을 수 없었다. 〈표 2-4〉는 1986년의 세법개정 전후에 자녀가 있으며 배우자가 없는 여성의 경제활동 참가율이 72.9%에서 75.3%로 2.4%p 증가한 결과를 보여준다.

이러한 결과가 EITC 때문이라고 결론짓기 이전에 2.4%p의 경제활동 참가율의 증가가 과연 다른 요인 때문은 아닌지 고려해볼 필요가 있다. 예를 들어 경제 호황기에는 EITC가 없었더라도 많은 여성이 노동시장에 참가했을 가능성이 높기 때문이다.

따라서 우리는 이러한 가능성을 고려하기 위해 물리학에서 시행하는 전형적인 실험과 같이 통제집단이 필요하다. 여기서 통제집단은 처치집단(EITC 혜택을 받은 그룹)과 같은 종류의 노동공급 변화를 겪었을 것으로 간주되지만 EITC가 제공하는 혜택은 받지 못한 일련의 근로자가 된다. 우리는 배우자가 없는 여성들 중에서 자녀가 없는 여성들을 통제집단으로 생각해볼 수 있다. 통제집단에 속한 여성의 경제활동 참가율은 1986년의 세법

이론의 현장 적용   EITC에 대한 자영업자의 전략적 반응

미국의 EITC는 결혼 여부와 자녀 수에 따라 점증구간, 평탄구간, 점감구간이 복잡하게 설계되어 있어서 정책 수혜대상 근로자조차 자신의 예산집합이 어떻게 변하게 되는지 정확하게 예측하는 것이 매우 어렵다. 그럼에도 불구하고 수급자가 예산집합의 변화에 정확하게 반응하려면 매우 복잡한 연구가 필요하다. 예산집합의 변화를 이해하는 것이 어렵기 때문에 세금 환급의 이점을 충분히 활용하지 못하는 것처럼 보인다.

그러나 누군가가 EITC 제도를 잘 이해하고 있다면 그 사람이 주변 사람에게 이를 쉽게 이해할 수 있는 방법을 알려줄 가능성도 얼마든지 있다. 임금 근로자의 경우 근로시간이 정해져 있는 경우가 많아서 자신의 근로소득을 스스로 조절하는 것이 매우 어렵지만 자영업자의 경우 세금신고 과정에서 EITC 제도에 맞추어 최고 환급액을 받을 수 있도록 자신의 근로소득을 보고하는 것이 상대적으로 용이하다. 즉, 자영업자의 경우 [그림 2-18]의 예산선이 굴절되는 EITC의 최고 환급액을 받을 수 있는 임계점(J, H) 근처에서 자신의 근로소득을 보고할 유인이 있다. 달리 표현하면 EITC제도를 잘 이해하고 있는 자영업자라면 최고 40%의 세금환급이 적용되는 구역으로 소득을 보고함으로써 자신의 가처분 소득을 극대화할

수 있다.

1996년과 2009년 사이에 전체 미국 인구의 상세한 소득세 정보를 분석한 연구에서 실제로 EITC에 대한 전략적 반응이 있었다는 것을 보였다. 많은 자영업자가 세금 환급을 극대화할 수 있도록 근로소득을 보고했다. 예를 들어, 2008년 시카고의 경우 EITC를 신청한 저소득 근로자 가운데 6.5%는 바로 [그림 2-18]의 굴절점(J, H)에 해당하는 소득을 신고한 자영업자였다.

EITC 제도의 복잡성에 대한 이해의 정도가 도시별로 달라 보인다. 2008년의 경우를 예로 들면 사우스다코다주의 래피드 시티에는 EITC 신청자 가운데 굴절점에 해당하는 소득신고를 한 자영업자의 비율이 채 1%가 되지 않았다. 실제로 자료를 살펴보면 사우스다코다주의 래피드 시티같이 제도에 대한 이해도가 낮은 지역에서 시카고처럼 제도에 대한 이해도가 높은 지역으로 이주한 자영업자의 이주 이후 EITC 환급액이 높아지는 경향이 발견되었다.

출처 : Raj Chetty, John N. Friedman, and Emmanual Saez, "Using Differences in Knowledge Across Neighborhoods to Uncover the Impacts of the EITC on Earnings," *American Economic Review* 103 (December 2013) : 2683-2721.

개정 전후 모두 95.2%에 머물러 변화가 없었던 것으로 밝혀졌다.

그러므로 EITC가 경제활동 참가율에 미친 영향은 '처치집단'인 자녀가 있으며 배우자가 없는 여성들과 '통제집단'인 자녀가 없으며 배우자도 없는 여성들 사이에서 나타난 추세의 차이를 이용하여 계산할 수 있다. 경제활동 참가율은 처치집단에서는 2.4%p 증가했고, 통제집단에서는 아무런 변화가 없었다. 따라서 우리는 두 집단의 1986년의 세법개정 전후 '차이의 차이'를 구함으로써 EITC가 경제활동 참가율에 미친 순영향을 추정할 수 있다.

이러한 방식으로 어떤 정책 변화 혹은 경제적 충격이 노동시장에 미치는 영향을 추정하는 방법론은 이중차분추정(difference-in-differences estimator)이라고 알려져 있으며 최근 들어 매우 많이 사용되고 있다. 이 방법론은 특정한 정책 변화에 영향을 받은 처치집단의 변화와 그 정책 변화에 영향을 받지 않은 유사한 집단의 변화를 비교한다. 연구결과의 신뢰성은 정확한 비교집단을 선정했는지 여부에 달려 있다는 점을 인식하는 것이 매우 중요하다. 이중차분이 우리가 관심을 가지고 있는 추세에 영향을 주는 다른 모든 요인의 영향을 제거할 수 있도록 통제집단이 정말로 처치집단과 유사해야 한다.[32]

2-13 생애주기에 걸친 노동공급

지금까지의 노동공급 모형은 특정 시점에서 자신의 시간을 배분하는 어느 근로자의 시점에서 노동시장 참가여부와 최적 근로시간을 결정하는 과정을 분석했다. 분석과정에서 이 근로자가 전 생애에 걸쳐 같은 선택을 연속적으로 해야만 한다는 사실을 무시했다. 실제로는 소비와 여가에 대한 결정이 생애 전체 근로기간에 걸쳐 이루어지기 때문에 근로자는 내일의 소비를 위해 오늘의 여가를 포기하는 선택을 할 수도 있다. 예를 들어, 현재 많은 시간을 근로활동에 쏟은 사람은 소득을 저축할 수 있고, 이를 미래의 재화소비에 사용할 수 있다.

앞으로 제6장에서 살펴보겠지만 상당히 많은 연구결과가 일반적인 근로자의 연령-소득곡선 — 근로자의 생애에 걸친 임금 — 이 예측 가능한 패턴을 가지고 있다는 사실을 제시했다. 젊은 시절에는 임금이 낮은 경향을 보이고, 나이가 들어감에 따라 임금이 상승하여 약 50세에 정점을 찍고, 50세 이후로는 정점의 임금률을 유지하거나 혹은 조금씩 감소하는 추세를 보인다. 이러한 경로가 [그림 2-20a]에 그려져 있다. 이 그림은 여가가격이 청년과 노인 근로자에게는 상대적으로 저렴하지만 가장 왕성하게 경제활동을 하는 연령대의 근로자에게는 가장 높은 수준이 됨을 설명하고 있다.

---

32 Marianne Bertrand, Esther Duflo, and Sendhil Mullaninathan, "How Much Should We Trust Differences in Differences Estimates?" *Quarterly Journal of Economics* 119 (February 2004): 249-275를 보라.

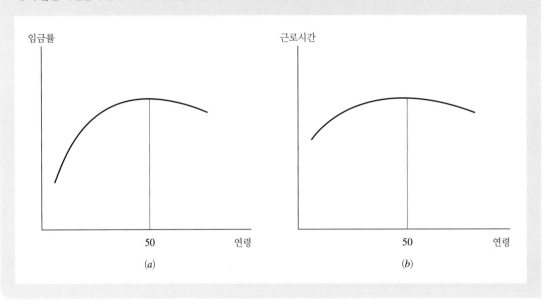

그림 2-20   전형적인 근로자의 생애경로에 따른 임금과 근로시간 추이

(*a*) 전형적인 근로자의 연령-소득 곡선은 근로자가 젊었을 때 급격하게 상승하여 50세경에 정점에 도달한다. 그 후에는 임금의 증가현상이 멈추거나 혹은 임금이 약간 하락한다. (*b*) 여가가격이 변화한다는 것은 임금이 높을 때 노동시장에 더 많은 시간을 투입하고 임금이 낮을 때는 더 적은 시간을 투입한다는 것을 의미한다.

이번에는 노동공급이 20~30대에 발생하는 임금증가와 퇴직연령에 가까워지면서 발생하는 임금감소에 어떻게 반응하는지 살펴보자. 이러한 임금변화는 시간의 흐름에 따른 근로자 개인의 임금변화임에 주의하자. 어떤 근로자의 임금곡선을 따라 움직이는 임금의 변화를 '점진적인(evolutionary)' 임금변화라고 부른다. 이는 한 사람의 임금이 전 생애에 걸쳐 어떻게 전개되는지 보여준다. 점진적인 임금변화는 근로자의 전 생애 소득에는 아무런 영향을 미치지 않는다는 점을 이해할 필요가 있다. 근로자는 나이를 먹어가면서 임금이 상승하고 퇴직연령에 가까워지면서 임금이 하락할 것이라는 사실을 이미 충분히 예측하고 있다. 이러한 결과 점진적인 임금변화가 시간의 흐름에 따라 여가가격은 변화시키지만 근로자의 평생에 걸친 예산집합의 가치는 바꾸지 않는다. 더 정확하게 설명하기 위해 어느 근로자가 자신의 연령-소득곡선의 모양이 [그림 2-20*a*]와 같은 형태를 갖고 있다는 사실을 알고 있다고 가정해보자. 37세에서 38세로 넘어가면서 임금이 살짝 올라가거나 57세에서 58세가 되는 시점에 임금이 살짝 감소한다는 사실이 전 생애의 부를 증가시키거나 감소시키지 않는다. 이 근로자는 이미 이러한 점진적인 임금변화가 일어날 것을 예측했고 일생 동안의 부를 계산하는 과정에서는 이를 이미 감안했다.

어떤 근로자가 은퇴시점에 이르면 임금이 떨어질 것을 미리 알고 있다고 가정해보자.

그리고 다음의 질문을 생각해보자. 이 근로자는 50세가 되는 시점에 근로시간을 늘리고 60대에 여가시간을 늘리는 방법으로 경제적으로 더욱 유리해질 수 있는가, 아니면 50세가 되는 시점에는 비교적 일을 적게 하고 60대에 들어서 많은 시간 일을 하는 것이 경제적으로 더욱 유리할 것인가?

이 근로자는 50세에 근로시간을 늘리고 소득을 투자하여, 임금이 하락하여 여가가격이 저렴해지는 미래의 어떤 시점에 재화와 여가를 구입하는 것이 더욱 가치 있는 결정이라는 것을 곧 깨닫게 될 것이다. 이런 식의 노동공급 의사결정이 근로자의 전 생애의 부를 증가시킬 것이기 때문이다. 즉, (임금이 낮은) 60대 시절에 많은 시간을 일하고 (임금이 높은) 50대에 많은 시간 동안 여가를 즐기는 결정을 했을 때 보다 훨씬 더 큰 기회집합을 줄 것이기 때문이다.

아주 젊은 청년 또한 비슷한 상황에 처한다. 그의 임금은 비교적 낮은 편이다. 따라서 그는 여가가격이 높아지는 30대와 40대 시기보다는 20대 때 여가활동을 하는 것이 최적의 결정이라는 것을 이해하게 된다. 그러므로 이러한 논의는 임금이 높은 시기에는 일에 열중하고 임금이 낮은 시기에는 여가활동을 하는 것이 최적선택이라는 것을 설명하고 있다.[33]

생애주기에 따른 노동공급 결정에 대한 이러한 접근방식은 [그림 2-20b]에 그려진 것처럼 어떤 특정한 근로자의 근로시간과 임금률이 시간의 흐름에 따라 함께 움직여야 한다는 사실을 의미한다. 이는 임금률의 상승이 소득효과와 대체효과를 함께 가져오기 때문에 소득효과가 우세한 경우 임금과 근로시간 사이에 음(-)의 관계가 있다고 설명한 이전의 결론과는 현저하게 다른 함의를 내포하고 있다. 이 두 모형 간의 중요한 차이는, 즉 앞서 살펴본 한 기간(one period)의 '정태' 모형과 여기서 소개한 생애주기모형의 차이는 두 모형에서 임금률의 변화가 의미하는 것이 매우 다르기 때문에 발생한다. 한 기간 모형에서는 임금의 상승이 근로자의 예산집합을 확장하여 여가수요를 늘리는 소득효과를 가져오지만 생애주기모형에서는 (근로자가 이미 예측하고 있는) 생애에 걸친 점진적인 임금의 변화가 이 근로자의 생애 총소득에 영향을 주지 않는다. 따라서 일생의 예산집합은 그대로 유지된다.

그에 반해서 연령-소득곡선이 다른 두 명의 근로자 조와 잭을 비교해보면, 두 사람의 근로시간의 차이는 소득효과와 대체효과의 영향을 받을 것이다. [그림 2-21a]가 보여주는 것처럼 조의 임금은 모든 연령에서 잭의 임금보다 높다. 조와 잭 모두 임금이 높을 때 많이 일해야 할 것이다. 이를 반영한 그들의 생애주기에 따른 근로시간 곡선은 [그림 2-21b]에 그려져 있다. 그러나 우리는 둘 중에 누가 더 많이 일하는지 모른다. 조가 높은 임금을 받아서 여가를 매우 비싼 상품으로 느낀다고 할지라도 일생 동안의 소득이 높기 때

---

33 모형에 대한 자세한 설명은 James J. Heckman, "Life Cycle Consumption and Labor Supply: An Explanation of the Relationship between Income and Consumption over the Life Cycle," *American Economic Review* 64 (March 1974): 188–194를 보라.

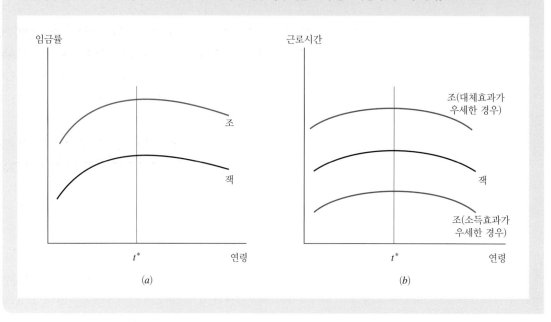

그림 2-21 다른 임금경로를 가지고 있는 두 명의 근로자의 생애주기에 따른 근로시간

모든 연령에서 조의 임금이 잭의 임금보다 높다. 조와 잭 모두 임금이 높을 때 근로시간이 많지만 조는 대체효과가 우세할 경우에만 잭보다 더 많이 일한다. 소득효과가 우세한 경우에는 조의 근로시간이 잭보다 적다.

문에 더 많은 여가를 누리고 싶어 할 것이다. 두 사람의 임금곡선의 차이는 따라서 소득효과를 초래한다. 만일 이러한 소득효과의 크기가 충분히 크다면 조의 근로시간 곡선은 잭의 근로시간 곡선 아래에 놓이게 될 것이다. 그러나 대체효과가 소득효과보다 단연 우세하다면 조가 잭보다 더 많이 일할 것이다.

생애주기 접근법은 임금과 근로시간뿐만 아니라 임금과 경제활동 참가율과의 연계를 제안한다. 이미 앞에서 살펴본 바와 같이 경제활동 참가여부에 대한 결정은 유보임금과 시장임금의 비교에 달려 있다. 따라서 생애주기의 매년마다 근로자는 유보임금을 시장임금과 비교할 것이다. 어떤 사람의 유보임금이 생애주기에 걸쳐 일정하게 유지된다고 가정해보자. 그렇다면 이 사람은 임금이 높은 시기에 노동시장에 진입할 확률이 높아진다. 결과적으로 경제활동 참가율이 젊은 청년시기에는 낮고, 한창 활발하게 일할 장년시기에는 높았다가 노년시기에 다시 낮아질 가능성이 높다.

그렇지만 경제활동 참가 여부에 대한 결정은 유보임금이 생애주기에 따라 어떻게 달라지는지에도 영향을 받는다. 유보임금은 잠재적 근로자를 노동시장에 진입하도록 만들기 위해서 지급해야 하는 임금의 크기를 의미한다. 예를 들어, 어린 자녀의 존재는 자녀 양육을 책임지는 가구원이 가구생산 부문에서 보내는 시간의 가치를 증가시킨다. 이에 따라

이 가구원의 유보임금도 증가한다. 그러므로 일부의 기혼여성이 노동시장에 간헐적으로 참가하는 것은 놀라운 일이 아니다. 그녀들은 첫째 자녀를 출생하기 이전에 노동시장에 참가하다가 아이들이 어려서 부모의 보살핌이 전적으로 필요한 시기에는 노동시장을 잠시 떠난다. 그 이후 자녀들이 학교에 다니기 시작하면 다시 노동시장에 복귀하는 결정을 한다.

생애주기 노동공급 분석의 핵심적인 내용은 다음과 같이 쉽게 요약할 수 있다. 연령-소득곡선이란 개인의 임금이 청년시절에는 비교적 낮은 수준이고, 나이가 들어감에 따라 다양한 형태의 인적자본을 쌓으면서 증가하다가, 퇴직연령에 가까워지면서 조금씩 감소하는 양상을 보이게 되는 현상을 의미하며 현실에는 이를 뒷받침하는 많은 증거가 관찰된다. 따라서 이 모형은 생애주기 동안 근로시간곡선이 연령-소득곡선과 정확하게 동일한 형태를 갖게 됨을 시사한다. 근로시간은 임금이 상승할 때 증가하고 임금이 하락할 때 감소한다. 사람들이 생애주기에 따라 여가가격이 변화하는 것을 활용하여 시간을 배분한다는 이론적인 예측을 기간 간 대체가설(intertemporal substitution hypothesis)이라고 부른다.

실증 증거

지금까지의 실증분석 결과는 경제활동 참가율과 근로시간이 점진적인 임금변화에 반응하고 있음을 시사한다. [그림 2-22]는 미국인의 경제활동 참가율과 연령과의 관계를 보여주고 있다. 남성의 경제활동 참가율은 25세와 45세 사이에 정점을 보이고 45세 이후로는 눈에 띄게 하락하는 양상을 보인다. 반대로 여성의 경제활동 참가율은 아마도 자녀양육의 영향으로 20대 후반에서 30대 초반 사이에 약간 감소하는 것으로 나타났다.

대체적으로 그림에 나타난 추세는 경제활동 참가율이 임금이 높을 때(근로자들이 30~40대에 있을 때) 가장 높아야 한다는 이론적 예측과 일치한다. 55세 이후에 관찰되는 경제활동 참가율의 하락은 그러나 퇴직연령에 가까운 근로자들에게 관찰되는 임금의 감소로 설명하기에는 너무 가파른 양상을 보인다. 노년에 이르러 경제활동 참가율의 급격한 감소는 아마도 건강과 관련된 문제이거나 혹은 이 장의 후반부에 살펴보겠지만 은퇴 및 장애 관련 다양한 보험 프로그램이 가져오는 근로유인 감소효과에 기인할 것이다.

[그림 2-23]은 근로시간과 연령 사이에서 실제로 관찰되는 관계를 그리고 있다. 남성 근로자들의 경제활동 참가율과 근로시간은 30세에 이를 때까지 급격하게 상승하다가 35~45세에 최고 수준을 기록하고 50세에 하락하기 시작한다. 가장 왕성한 경제활동 시기에 이들은 연간 2,100시간을 근로한다. 반대로 여성 근로자들의 근로시간은 50세에 이르러 정점에 도달한다(아마도 일부의 젊은 여성들이 어린 자녀를 키우는 동안 시간제 일자리에서 일하기 때문일 것이다).

그림 2-22   생애주기 동안 경제활동 참가율, 2017

출처 : U.S. Bureau of Labor Statistics, *Current Population Surveys*, Annual Social and Economic Supplement, 2017.

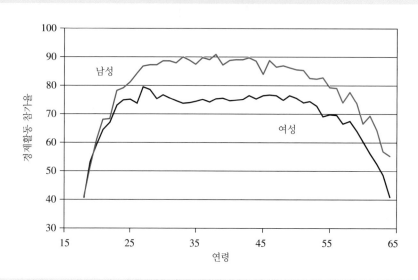

그림 2-23   생애주기 동안 근로시간, 2017

출처 : U.S. Bureau of Labor Statistics, *Current Population Surveys*, Annual Social and Economic Supplement, 2017.

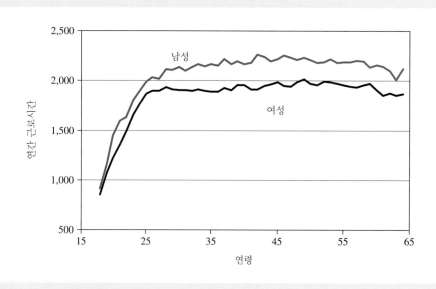

생애주기모형 추정

기간 간 노동공급탄력성(노동-여가 선택의 생애주기모형에서 근로시간이 어떻게 변화하는지 결정하는 중요한 파라미터)을 추정하면서 매우 유용한 계량경제학적 기법이 노동경제학 문헌에 도입되었다.[34] 생애주기모형은 해가 바뀌면서 1년마다 발생하는 임금변화에 따라 근로시간이 어떻게 바뀌는지 관찰하기 위해서 특정 개인을 일생에 걸쳐 추적조사해야 한다고 이야기한다. 우리가 어떤 특정 근로자 i의 상태를 40세와 41세 시점에서 두 번 관찰할 수 있는 종단자료를 가지고 있다고 가정해보자. 이 근로자 i의 연령이 t일 때의 근로시간을 H_{it}로, 임금률을 w_{it}라고 하자. 각각의 근로자에 대한 자료를 차분하면 다음과 같은 회귀모형을 추정할 수 있다.

$$\Delta H_{it} = \sigma \Delta w_{it} + \text{다른 변수들} \qquad (2\text{-}14)$$

여기서 ΔH_{it}는 i근로자 근로시간의 연간 변화량을, Δw_{it}는 임금률의 연간 변화분을 각각 의미한다. 회귀계수 σ는 근로자의 임금률 변화에 따른 근로시간의 변화를 측정하기 때문에 기간 간 노동공급탄력성과 관련이 있다.

여기서 통계이론적으로 흥미로운 내용은 우리가 동일한 근로자를 두 기간 이상 관찰할 수 있을 때 발생한다. 우리에게 20년간 관찰한 1,000명의 근로자에 대한 표본자료가 있다고 가정해보자. 여러 번에 걸쳐 자료를 차분해야 한다고 생각할 수도 있지만 통계이론상 이를 효과적으로 처리할 수 있는 쉬운 방법이 존재한다. 각각의 근로자에 대해 20개의 관측치를 모두 쌓고, 이런 과정을 모든 근로자에게 적용한다. 이렇게 할 경우 새로운 회귀모형은 2만 개의 관측치를 갖는다. 이제 우리는 이렇게 차곡차곡 쌓아 올린 자료에 대해 다음과 같은 회귀모형을 추정하게 된다.

$$H_{it} = \sigma w_{it} + \alpha_1 F_1 + \alpha_2 F_2 + \cdots + \alpha_{1,000} F_{1,000} + \text{다른 변수들} \qquad (2\text{-}15)$$

여기서 F_1은 관측치가 근로자 1에 속하면 1의 값을 갖고, 그렇지 않을 경우 0의 값을 갖는 더미변수이다. F_2는 관측치가 근로자 2에 속하면 1의 값을 갖고, 그렇지 않을 경우 0의 값을 갖는 또 하나의 더미변수이다. 나머지 더미변수들 또한 이런 과정을 반복하여 정의한다. 식 (2-15)의 회귀모형은 자료에 포함된 각각의 근로자에 대해 더미변수를 포함하

---

34 Thomas E. MaCurdy, "An Empirical Model of Labor Supply in a Life-Cycle Setting," *Journal of Political Economy* 89 (December 1981): 1059-1085를 참조하라. 이 밖에 Joseph G. Altonji, "Intertemporal Substitution in Labor Supply: Evidence from Micro Data," *Journal of Political Economy* 94 (June 1986, Part 2): S176-S245와 Joseph V. Hotz, Kinn Kydland, and Guilherme Sedlacek, "Intertemporal Preferences and Labor Supply," *Econometrica* 56 (March 1988): 335-360, Casey Mulligan, "Substitution over Time: Another Look at Life Cycle Labor Supply," *NBER Macroeconomics Annual* 13 (1998): 75-134를 보라.

고 있기 때문에 모두 1,000개의 더미변수를 갖는다.

더미변수들의 집합 $(F_1, \cdots, F_{1,000})$을 고정효과(fixed effects)라고 부른다. 왜냐하면 근로자 i의 근로시간은 그 이유가 무엇이든 상관없이 매년 임금변동을 제외하고 근로시간에 영구적으로 영향을 미치는 고정된 요인을 갖고 있음을 의미하기 때문이다. 식 (2-15)에 포함된 고정효과의 집합은 각각의 개인에게 고유하게 작용하는 모든 요인을 통제하고 오직 임금변화가 근로시간에 미치는 영향에만 집중할 수 있도록 해준다. 실제로는, 자료에 포함된 모든 근로자에 대해 이들을 두 번만 관찰할 수 있다고 한다면 모든 변수들을 차분한 식 (2-14)를 추정하는 것과 회귀모형에 고정효과를 포함하는 식 (2-15)의 방법론이 수치상 동일한 추정치를 제공한다는 것을 보일 수 있다.[35]

고정효과모형을 적용하여 추정한 기간 간 대체탄력성은 양의 값을 갖기는 하지만 수치상으로는 매우 작은 값을 보이는 경향이 있다. 앞서 논의한 것처럼 많은 추정치가 탄력성이 약 0.1의 값을 가지는 것으로 보고했다. 이는 연간 임금률이 10% 상승하면 근로시간이 약 1% 증가한다는 것을 의미한다. 이 결과가 그리 놀랄만한 것은 아니다. 왜냐하면 [그림 2-21]에서 볼 수 있듯이 젊은 시절에는 근로시간이 늘어나고 은퇴 시점이 다가오면서 근로시간이 줄어들지라도 생애 전반의 총근로시간은 거의 일정한 경향을 보이기 때문이다.[36]

고정효과모형 방법론은 현대 노동경제학에서 매우 보편적으로 사용되는 실증분석 기법으로 자리 잡고 있다. 그 이유는 다음과 같이 쉽게 이해할 수 있다. 근로자들마다 자신의 근로시간에 영향을 미치는 개인 고유의 요인들을 가지고 있다. 우리 중에 어떤 사람들은 일중독에 빠져 있고 또 어떤 사람들은 최신 드라마를 시청하는 것을 즐기는 사람들도 있다. 일에 대한 사람들의 선호는 상당히 고정되어 있는 편이다. 개인 고유의 고정효과는 근로자들 사이에 존재하는 특이한 차이를 통제하고 경제모형의 관점에서 가장 중요한 것에 집중할 수 있도록 도움을 준다. 즉, 근로자의 경제적인 기회가 변화했을 때 그 사람의 노동공급에 어떤 영향을 미치게 될까를 분석하는 데 유용한 방법론을 제공한다.

경기순환 과정에서의 노동공급

생애주기에 따른 경제적 기회의 변화에 근로자의 노동공급이 반응할 뿐만 아니라 근로자 역시 경기순환(business cycle)으로 야기된 기회의 변화를 이용하기 위해 노동공급을 조절한다. 경기침체가 오면 실직한 가구원을 대신하여 가구소득을 보충하기 위해 많은 사람들

---

35 더욱 정확하게 설명하면 회귀모형에 포함된 다른 모든 변수들도 차분을 해야 한다.

36 이에 대한 다른 주장도 존재한다. 생애주기에 따른 임금률의 변화에 반응하는 노동공급의 크기는 거시경제학에서는 매우 중요한 의미를 갖는다. 어떤 거시경제모형은 경기순환 과정에서 발생하는 고용의 행태를 설명하기 위해 상당한 크기의 대체탄력성을 필요로 한다.

이 노동시장에 진입하려고 할까, 아니면 실업자들이 침체된 시장에서 일자리를 찾을 수 있다는 희망을 버리고 아예 노동시장을 떠나게 될까?

부가근로자 효과(added worker effect)는 하나의 가능한 구조를 설명한다. 이 가설에 따르면 어린 자녀를 둔 엄마와 같이 현재 노동시장에 참여하고 있지 않은 소위 이차적인 근로자라고 불리는 사람이 경기침체시기에 가구의 생계부양자가 실직을 하거나 급여가 삭감되어 경기순환에 영향을 받게 된다. 즉, 경기침체시기에 가구소득이 하락하게 되므로 이차적인 근로자가 손실을 메우기 위해 일자리를 찾을 것이라고 예측한다. 따라서 부가근로자 효과는 이차적인 근로자의 경제활동 참가율이 경기변동과 반대로 나타나는 추세를 가질 것을 예측한다(즉, 경기순환과 반대되는 방향으로 움직인다). 이들의 경제활동 참가율은 경기침체시기에 올라가고, 경기확장시기에 내려간다.

경기순환과 경제활동 참가율 사이의 관계는 또한 실망근로자 효과(discouraged worker effect) 때문에 발생하기도 한다. 실망근로자 효과는 많은 실업자가 경기침체시기에 일자리를 찾는 것이 거의 불가능하다는 것을 깨닫고 아예 구직을 포기하는 효과를 말한다. 무익한 구직활동에 비용을 들이는 것보다 경기침체가 끝나기를 기다리기로 결정하고 노동시장을 벗어난다. 실망근로자는 경제활동 참가율이 경기변동과 같은 방향으로 움직일 것으로 예측한다. 이들의 경제활동 참가율은 경기침체시기에 떨어지고 경기확장시기에 올라간다.

경기순환은 대체적으로 부가근로자와 실망근로자 모두를 양산할 것이다. 그런데 어느 효과가 더욱 우세할까? 이 질문에 대한 대답은 특정한 그룹의 경제활동 참가율과 경제 전체의 활력을 측정하는 지표인 총실업률을 연관시키는 방법으로 이루어진다. 만일 부가근로자 효과가 우세하다면 경제적 환경의 악화가 더 많은 사람을 노동시장에 진입하도록 만들 것이므로 둘 사이에 양의 상관관계가 나타날 것이다. 그러나 만일 실망근로자 효과가 더욱 우세하다면 높은 실업률이 대다수 실업자의 구직활동을 단념하게 만들어 둘 사이에 음의 상관관계가 나타날 것이다. 경험적으로는 많은 그룹의 경제활동 참가율과 총실업률의 상관관계가 음의 값을 갖는다는, 즉 실망근로자 효과가 우세하다는 압도적인 증거가 제시되고 있다.[37]

실망근로자 효과가 우세하기 때문에 공식적인 실업률은 매우 낮게 나타날 가능성이 있다. BLS는 실업률을 경제활동에 참여하고 있는 사람들(즉, 취업자와 실업자를 합한) 중에 실업자의 비율로 정의하고 있음을 기억해보자. 만일 어떤 실업자가 구직을 단념하여 노동시장을 떠나게 되면 실업자로 분류되지 않는다. 이러한 결과 공식적인 실업률은 심각한 경기침체 기간 중에 경제 전체의 실업문제를 심각하게 과소평가할 수도 있다.

---

37 Jacob Mincer, "Labor Force Participation and Unemployment: A Review of Recent Evidence," in R. A. Gordon and M. S. Gordon, editors, *Prosperity and Unemployment*, New York: Wiley, 1966, pp. 73-112와 Shelly Lundberg, "The Added Worker Effect," *Journal of Labor Economics* 3 (January 1985): 11-37을 보라.

그러나 실망근로자가 실업률 통계에 포함되어야 한다는 주장은 의문의 여지가 있다.[38] 이들 실망근로자 중에 일부는 여가활동에 참여하기 위해 오히려 열악한 노동시장 환경을 이용하고 있을지도 모르기 때문이다. 노동공급의 생애주기모형은 근로자가 자신의 시간을 생애주기에 걸쳐 임금이 높은 기간 동안은 노동시장에 할애하고 다른 시기에는 여가소비에 할애한다고 설명하고 있다. 실질임금은 일반적으로 경기확장기(노동에 대한 수요가 높을 때)에 오르고 경기침체기(노동에 수요가 낮을 때)에 떨어진다. 그렇다면 경기호황기에는 경제활동 참가율이 높았다가 경제상황이 나빠지면 하락할 것이라고 예상할 수 있다. 따라서 경제활동 참가율이 경기와 같은 방향으로 움직이는 것은 근로자들이 일자리 찾기에 대한 희망을 포기했기 때문이 아니라 실질임금이 낮은 시기에는 일을 하는 것이 별로 매력적이지 않기 때문이다. 그러므로 중요한 의미에서 소위 실망실업자들은 노동공급 생애주기모형이 그렇게 해야 한다고 제시하는 대로 정확하게 행동하고 있는 것이다. 즉, 여가가격이 쌀 때 여가를 소비함으로써 그들의 시간을 최적의 상태로 배분한다. 따라서 숨어 있는 실업자가 실업률 통계의 일부에 포함되는 것은 곤란하다.

2-14 정책 응용 사례 : 장애급여와 경제활동 참여

고령 남성의 경제활동 참가율이 눈에 띄게 줄어들었는데 장애인 사회보장연금제도의 관대한 혜택이 이러한 추세를 일부분 설명할 수 있다는 논쟁이 있어왔다. 미국에서 장애인이 된 근로자는 장애가 지속되는 한 장애급여를 받을 수 있는 자격이 주어진다. 월간 장애급여 혜택은 장애가 발생한 때의 근로자의 연령에 상관없이 근로자가 65세까지 중간에 쉬지 않고 일을 한다면 받을 수 있는 사회보장연금 혜택과 같은 수준이다.

누군가는 조기퇴직을 해서 여가를 만끽하고자 장애인이 되었다고 주장하고 싶어 할지 모른다. 따라서 장애급여 수급자격 요건심사는 매우 엄격하게 시행된다. 장애급여를 신청한 근로자는 정부가 임명한 의사로부터 공식적인 장애증명서를 발급받아야 한다. 장애급여를 신청할 자격이 주어지기 이전에 5개월간 기다려야 하며 2018년 기준으로 매달 1,180달러 이상을 버는 직업으로 정의된 '돈벌이가 되는 직업(gainful activity)'에 고용될 수 없다.

고용상태와 장애급여 수혜 여부와의 상관관계는 장애인 사회보장연금제도가 근로자의 근로의욕을 감소시켰는지에 대해 아무런 정보를 제공하지 않는다. 아마도 근로자의 장애급여 수혜자격에 영향을 미치면서 동시에 노동시장에서 일을 할 수 있는 능력을 떨어뜨리는 건강상의 문제가 있을 것으로 여겨진다.

----

38 이런 주장은 Robert E. Lucas and Leonard Rapping, "Real Wages, Employment, and Inflation," *Journal of Political Economy* 77 (October 1969): 721–754에 상세하게 논의되어 있다.

이 문제를 우회하기 위해 연구자들이 더욱 관대한 장애급여가 근로자의 경제활동 참여에 직접적인 영향을 미치는지 여부를 파악할 수 있는 창의적인 방안을 고민했다. 연구 목적은 다음의 간단한 질문에 대한 답을 찾는 것이다. 장애인 사회보장연금제도는 장애급여 혜택이 없었다면 노동시장에 머물렀을 근로자가 장애급여를 받기 위해 노동시장을 떠나도록 설계되었는가?

예를 들어 초기의 어떤 연구는 장애급여 신청이 거부된 지원자의 노동공급을 추적했다.[39] 만일 대부분의 탈락자가 사회보장연금제도를 악용하려는 사람이라면 장애연금 신청이 조기퇴직전략으로 유용하지 않다는 것을 깨닫고 난 이후 노동시장으로 돌아갈 것이라고 기대할 수 있다. 신청이 거부된 지원자 중 약 40%는 최종 선정결과가 발표된 이후에 노동시장으로 돌아갔다.

최근에 캐나다 사람들을 대상으로 수행했던 연구가 가장 그럴듯한 증거를 제시하고 있다.[40] 미국에서는 장애연금 제도가 연방정부 프로그램이기 때문에 전 국민에게 동일한 심사기준과 혜택이 적용된다. 그러나 캐나다는 두 가지 프로그램을 갖고 있다. QPP(Quebec Pension Program)는 퀘벡주에 거주하는 주민에게만 적용되고 CPP(Canada Pension Program)는 퀘벡주 외에 거주하는 모든 국민을 대상으로 실행되고 있다. 두 가지 프로그램은 매우 유사한 면이 많지만 QPP의 연금수당이 1970년대와 1980년대에 더 빠르게 상승했다. 1986년에 이르자 QPP의 혜택이 CPP보다 상당히 높은 수준으로 올라갔다. 이에 CPP는 1987년 1월에 혜택을 높여서 두 프로그램 간에 차이가 없도록 만들었다.

〈표 2-5〉는 두 프로그램 혜택의 변화가 정책대상 인구의 노동공급에 미친 영향을 이중차분방법으로 추정한 결과를 보여주고 있다. 표의 첫 번째 행은 1986년과 1987년 사이에 QPP 혜택이 (캐나다 달러로) 976달러 증가한 것과 비교하여 캐나다의 다른 지역 주민들에게 제공된 CPP 혜택은 2,642달러 증가한 것을 보여준다.

표의 마지막 행은 이렇게 증가한 혜택이 노동공급에 어떻게 영향을 미쳤는지 설명하고 있다. 45~59세 남성들 중에서 노동시장에 참가하지 않은 비율이 퀘벡주에서는 25.6%에서 24.6%로 1.0%p 감소하여 그 기간에 걸쳐 전반적인 경제활동의 변화를 반영하고 있다. 이와 대조적으로 퀘벡주를 벗어난 지역에서는 같은 연령대의 남성들이 노동시장에 참가하지 않은 비율이 20.0%에서 21.7%로 1.7%p 증가했다. 따라서 이중차분추정량 (1.7 - (-1.0))에 따르면 장애연금 프로그램 혜택의 확대가 일을 하지 않은 남성들의 비율을 2.7%p 증가시켰다.

미국인을 대상으로 한 최근 연구에서도 장애급여와 경제활동 참여를 연결시키는 강력

----

[39] John Bound, "The Health and Earnings of Rejected Disability Insurance Applicants," *American-Economic Review* 79 (June 1989): 482-503.

[40] Jonathan Gruber, "Disability Insurance Benefits and Labor Supply," *Journal of Political Economy* 108 (December 2000): 1162-1183.

표 2-5	장애연금 혜택이 캐나다의 노동공급에 미친 영향			
	이전	이후	차분	이중차분
연간 혜택 :				
CPP	$5,134	$7,776	$2,612	$1,666
QPP	6,876	7,852	976	
45~59세 남성 중에서 노동 시장에				
참여하지 않은 비율 :				
처치집단 : CPP	20.0%	21.7%	1.7%	2.7%
비교집단 : QPP	25.6	24.6	-1.0	

출처 : Jonathan Gruber, "Disability Insurance Benefits and Labor Supply," *Journal of Political Economy* 108 (December 2000) : 1175.

한 증거를 제시한다.[41] 미국에는 근로자가 장애여부를 판단해달라고 신청하면 무작위로 선택된 조사관이 이를 검토한다. 전문적인 조사관은 신청자의 진료 기록을 살펴보고 이 사람이 실제로 장애가 있어서 돈벌이가 되는 직업을 가질 수 없는지 여부를 판단한다. 물론 조사관에 따라서 통과 확률이 다를 수 있다. 신청 이후 4년이 지나고 관측할 수 있는 건강 문제를 고려한 이후에도 굉장히 까다로운 조사관(신청이 거부될 확률이 높은)을 만난 신청자의 고용률은 상대적으로 덜 까다로운 조사관이 배정된 신청자의 고용률보다 훨씬 높았다.

요약

- 유보임금은 어떤 사람이 일을 하는 것과 하지 않는 것을 무차별하게 만드는 임금률을 의미한다. 사람들은 시장임금이 유보임금을 초과할 때 노동시장에 진입한다.
- 효용극대화를 추구하는 근로자는 여가활동에 지불된 마지막 1달러가 가져오는 효용과 재화소비에 지불된 마지막 1달러가 가져오는 효용이 같아지도록 시간을 배분한다.
- 비근로소득의 증가는 근로자의 근로시간을 감소시킨다.
- 임금의 증가는 일을 하고 있는 근로자에게 소득효과와 대체효과 모두를 발생시킨다. 소득효과는 근로시간을 줄이는 방향으로 작용하고 대체효과는 근로시간을 늘리는 방향으로 작용한다. 따라서 대체효과가 우세한 경우에는 노동공급곡선이 우상향하고 소

---

41 Nicole Maestas, Kathleen J. Mullen and Alexander Strand, "Does Disability Insurance Receipt Discourage Work? Using Examiner Assignment to Estimate Causal Effects of SSID Receipt," *American Economic Review* 103 (August 2013) : 1797-1829와 David H. Autor, Mark Duggan, Kyle Greenberg, and David S. Lyle, "The Impact of Disability Benefit on Labor Supply : Evidence from the VA's Disability Compensation Program," *American Economic Journal: Applied Economics* 8 (July 2016) : 31-68을 보라.

득효과가 우세하면 노동공급곡선이 우하향하는 형태를 취한다.

- 비근로소득이 증가하면 노동시장에 진입할 확률이 감소한다. 임금이 증가하면 노동시장에 진입할 확률이 증가한다.
- 노동공급탄력성 값은 남성의 경우 −0.1, 여성의 경우 +0.2를 갖는 것으로 알려져 있다.
- 복지급여 프로그램은 노동시장에서 일을 하고 있는 근로자에게 과세할 뿐만 아니라 복지급여 프로그램 참여자에게 현금보조금을 지급하기 때문에 근로의욕 감퇴효과를 가져온다. 반대로 근로소득에 세금환급 혜택을 적용하면 근로유인을 제고하여 수많은 비근로자의 노동시장 참여를 유도한다.

핵심용어

가구생산함수	부가근로자 효과
경제활동인구	소득효과
경제활동 참가율	소비의 한계대체율
고용률	숨겨진 실업자
고정효과	실망근로자 효과
기간 간 대체가설	실업률
기회집합	예산선
노동-여가 선택모형	예산제약
노동공급곡선	유보임금
노동공급탄력성	이중차분추정
대체효과	한계효용
무차별곡선	효용함수

복습문제

1. 비근로소득이 증가하면 유보임금에 어떤 변화가 발생하며 그 이유는 무엇인가?
2. 어떤 사람이 노동시장에 참여할지 여부를 결정하는 경제적인 요인들은 무엇인가?
3. 전형적인 근로자는 근로시간을 어떻게 결정하는가?
4. 비근로소득이 감소하면 근로시간에는 어떤 변화가 발생하는가?

5. 임금률이 떨어지면 근로시간은 어떻게 변화하는가? 근로시간의 변화를 소득효과와 대체효과로 분해하여 설명하라.

6. 임금이 올라가면 노동시장에 참가할 확률은 어떻게 변화하는가? 그러한 변화가 소득효과를 야기하는가?

7. 근로시간과 비근로소득의 상관관계가 소득효과를 측정하는가?

8. 복지급여 프로그램이 근로의욕을 떨어뜨리는 이유는 무엇인가?

9. 근로장려세제(EITC)는 어떻게 정책 대상그룹의 경제활동 참가율을 향상시키는가?

10. 20세기에 여성의 경제활동 참가율이 증가한 이유는 무엇인가?

11. 근로자가 생애주기에 걸쳐 임금이 가장 높을 때 더 많은 시간을 근로하는 이유는 무엇인가? 근로활동을 하는 일생 동안 소득효과를 경험하지 않는 까닭은 무엇인가?

12. 부가근로자 효과는 무엇인가? 실망근로자 효과는 무엇인가?

연습문제

2-1. 아래 표는 2008년, 2011년, 2016년의 미국의 실업률, 경제활동 참여율, 생산가능인구를 보여주고 있다. 이를 이용하여 다음의 문제에 대답하라.

   a. 매년 초에 경제활동인구의 크기는 얼마인가?

   b. 매년 초에 공식적으로 얼마나 많은 사람이 실업 상태에 있는가?

   c. 2016년 초에 실업률이 경제위기가 시작된 2008년의 실업률보다 낮게 나타남에도 불구하고 이 수치들로부터 무엇을 염려해야 하는가?

	2008	2011	2016
실업률	5.0%	9.1%	4.9%
경제활동 참여율	66.2%	64.2%	62.7%
생산가능인구(100만 명)	234	238	251

2-2. 찰리와 래리는 소비와 여가에 대해 같은 예산선을 가지고 있다. 예산선의 모든 가능한 조합에서 찰리는 1달러의 소비를 포기할 때 효용을 동일하게 유지하기 위해서 언제나 래리보다 더 많은 여가를 요구한다. 두 사람의 예산선과 무차별곡선 및 최적의 소비-여가 조합을 이용하여 누가 더 많은 소비를 선택할 것인지 설명하라. 그리고 무차별곡선의 어떤 특성이 이 결과를 보장하는가?

2-3. 톰은 주당 40시간까지는 시간당 15달러를 받는 일을 하고 있다. 그는 40시간을 초과하여 근무하면 초과시간당 30달러를 받는다. 톰의 소득세율은 20%이고 그가 일하는 동안 시간당 4달러의 자녀보육비를 지불한다. 톰은 매주 80달러의 자녀양

육수당을 지원받는다. 수면시간을 제외하여 주어진 일주일의 총시간을 110시간으로 가정하고 일주일 단위로 톰의 예산선을 그려보라.

2-4. 신디는 소비(C)와 여가(L)로부터 효용을 얻는다. 주어진 일주일에 신디가 사용할 수 있는 최대여가시간은 110시간이다. 그녀의 효용함수는 $U(C, L) = C \times L$로 주어져 있다. 이러한 형태의 효용함수는 신디의 한계대체율이 C/L이 되도록 한다. 신디는 몇 시간을 일하는지에 상관없이 매주 증조모로부터 660달러를 받는다. 신디의 유보임금은 얼마인가?

2-5. 모든 근로자에게 급여의 10%를 퇴직연금 계좌에 추가로 지급해주는 기업이 있다. 그런데 이 기업이 퇴직연금 보조정책을 근로자의 퇴직연금 가입여부에 연동되도록 변경할 것을 고려 중에 있다. 즉, 급여의 10%를 한도로 근로자가 자신의 퇴직연금에 납입하는 만큼 기업이 동일한 금액을 퇴직연금에 납입해주는 방식으로 변경하는 방안을 검토하고 있다. 어떤 사람은 이러한 변화가 근로자의 퇴직연금 납입을 유인하여 이른 시기에 은퇴하는 데 도움이 될 것이라고 예측한 반면에 다른 사람은 오히려 이 정책이 근로자의 퇴직연금 납입의지를 하락시켜 은퇴준비에 도움이 안 될 것이라고 예측했다. 이러한 서로 다른 예측이 모두 타당할 수 있는 이유를 설명하라.

2-6. 셸리의 소비와 여가에 대한 선호는 다음과 같이 표현할 수 있다.

$$U(C, L) = (C - 100) \times (L - 40)$$

이와 같은 효용함수는 셸리의 여가의 한계효용이 $C-100$이고 소비의 한계효용이 $L-40$이라는 것을 뜻한다. 근로와 여가에 배분할 수 있는 총시간은 110시간이다. 셸리는 세후 시간당 10달러를 번다. 그녀는 또한 매주 근로시간과 관계없이 320달러의 복지급여 혜택을 받고 있다.

a. 셸리의 예산선을 그려보라.

b. $L = 100$이고 그녀가 예산선 위에 있을 때 셸리의 한계대체율을 구하라.

c. 셸리의 유보임금은 얼마인가?

d. 셸리의 최적 여가시간과 최적소비를 구하라.

2-7. 근로장려세제(EITC)는 이 제도가 없었다면 일을 하지 않았을 사람을 노동시장으로 유인하는 작용을 하는(그리고 아무도 일을 중단하게 만들지 않는) 반면에 정부가 제공하는 현금보조의 경우 어떤 근로자의 근로활동을 중단하게 만드는(그리고 아무도 일을 시작하게 하지 않는) 이유를 설명하라.

2-8. 1999년에 TANF 프로그램 수급자 4,860명을 대상으로 설문조사를 진행했다. 질문 중에는 조사시점을 기준으로 지난주에 몇 시간이나 일을 했는지 물어보았다. 2000년에 이들을 재조사했더니 총 4,392명이 작년과 똑같은 TANF 프로그

램을 적용받고 있는 것을 확인했다. 이들에게 다시 조사시점을 기준으로 지난주에 몇 시간 동안 일을 했는지 물어보았다. 나머지 468명은 '부의 소득세(Negative Income Tax, NIT)' 프로그램 실험에 무작위로 배정되었다. NIT는 복지급여 수급자에게 근로유인을 제공하는 프로그램이다. NIT 프로그램 실험 참가자들에게도 또한 조사시점을 기준으로 지난주에 몇 시간을 일했는지 설문조사를 실시했다. 실험결과에 대한 자료가 다음 표에 포함되어 있다.

a. NIT 프로그램 실험이 공공부조(public assistance) 수급자의 고용률에 어떤 영향을 미쳤는가? 질문에 답하기 위해 이중차분표(difference-in-differences table)를 작성해보라.

b. NIT 프로그램 실험이 설문조사 직전 일주일 동안 노동시장에 참여했던 공공부조 수급자의 근로시간에는 어떤 영향을 미쳤는가? 질문에 답하기 위해 이중차분표를 작성해보라.

	총 수급자 수	설문조사 직전 일주일 동안 노동시장에 참여했던 수급자 수		설문조사 직전 일주일 동안 수급자 전체의 총근로시간	
		1999	2000	1999	2000
TANF	4,392	1,217	1,568	15,578	20,698
NIT	468	131	213	1,638	2,535
합계	4,860	1,348	1,781	17,216	23,233

2-9. 똑같은 선호를 가진 두 명의 근로자 필과 빌이 있다고 가정해보자. 그리고 두 사람 모두 각 연령에서 동일한 임금을 받는 생애주기 임금곡선을 갖고 있으며 그들은 각자 미래의 임금도 알고 있다고 가정하자. 여가와 소비는 모두 정상재이다.

a. 빌이 35세가 되었을 때 예상치 못했던 유산을 한 번 상속받을 경우 두 사람 사이의 생애주기 근로시간곡선을 비교해보라.

b. 빌이 이미 35세가 되면 유산을 상속받을 것을 알고 있었고, 실제로 그때 유산상속을 받는다면 두 사람의 생애주기 근로시간곡선은 이렇게 될지 비교해보라.

2-10. 현재 사회보장법에 따르면 사회보장연금 수령자는 사회보장연금수당에 대해 연방정부와 주정부 어디에도 세금을 납부하지 않는다. 정부가 사회보장연금수당을 다른 소득과 같은 세율을 적용하여 과세할 것을 제안했다고 가정해보자. 연방정부의 이러한 제안이 최적 은퇴연령에 어떤 영향을 미치게 될 것인가?

2-11. 65세에 은퇴하여 퇴직연금을 받기 시작하는 계획을 세운 근로자가 있었다. 그런데 이 사람이 63세가 되었을 때 갑작스럽게 미래의 물가상승률 예측이 변했다. 이제 과거에 기대했던 수준보다 물가상승률이 높아질 것으로 예상되어 시장 재화

와 임금수준도 높아질 것으로 예상된다. 이러한 발표가 이 사람이 선호했던 은퇴연령에 미치는 영향은 아래의 각각의 경우에 어떻게 될 것인가?

a. 만일 퇴직연금이 물가상승률에 100% 연동된다면?

b. 만일 퇴직연금이 물가상승률에 100% 연동되지는 않는다고 하면?

2-12. 현재 은퇴자에게 지급되는 사회보장연금은 최소금액과 최대금액이 정해져 있다. 이 범위 안에서 은퇴한 사람이 받는 연금수준은 당사자가 생애근로기간에 걸쳐 사회보장연금제도에 얼마나 공헌했는지 여부에 따라 달라진다. 사회보장국이 65세 이상의 모든 사람에게 평생 얼마의 소득을 벌었든지, 또는 65세 이후 계속 일을 하든지 상관없이 매년 1만 2,000달러를 지급하는 방식으로 변경되었다고 가정해보자. 이런 방식의 변경이 은퇴자의 근로시간에 어떻게 영향을 미칠 것인가?

2-13. 지난 100년 동안 미국의 실질가구소득과 생활수준은 상당히 크게 증가했다. 같은 기간 동안 미국의 합계출산율(한 여성이 평생 출산할 것으로 예상되는 자녀 수)은 20세기 초의 3명에서 21세기 초에는 2명으로 하락했다. 이러한 현상이 자녀가 열등재라는 의미를 내포하는 것인가?

2-14. 매주 세전으로 시간당 20달러의 임금을 받고 80시간까지 일할 수 있는 어떤 사람을 생각해보자. 이 사람은 20%의 단일세율을 적용받는다. 이러한 조건 아래에서 이 근로자는 매주 50시간 일하는 선택을 하여 효용극대화를 달성하고 있다. 정부는 모든 사람에게 주당 300달러의 보조금을 지급하고, 만일 노동시장에 참여하여 일을 할 경우 추가적으로 근로소득을 지급받는 부의 소득세(negative income tax)를 제안했다. 부의 소득세 지급을 위한 재정을 마련하기 위해 급여세율은 50%로 인상될 것이다.

a. 문제에 제시된 근로자의 원래 예산선과 부의 소득세가 적용될 경우의 예산선을 하나의 그래프에 모두 그려보라.

b. 만약 부의 소득세가 도입되면 이 근로자는 근로시간을 줄이는 선택을 하게 됨을 보여라.

c. 부의 소득세가 적용될 경우 이 사람의 효용은 그렇지 않을 경우와 비교하여 증가하는가?

2-15. 여가-소비 모형에서 예산선 기울기의 절댓값은 세후임금률(w)이다. 어떤 근로자가 주당 40시간까지 w의 임금률을 적용받고 40시간을 초과하는 시간(초과근무시간)에는 $2w$의 임금률을 적용받는 일자리를 가지고 있다고 가정해보자. 주당 40시간까지 w의 임금률을 적용받지만 이 이상은 근무할 수 없는 일자리를 갖고 있는 다른 근로자의 경우 시간당 $0.5w$를 벌 수 있는 부업을 선택할 수 있다고 가정하자. 두 유형의 근로자 모두 그들의 예산선에서 굴절(kink)을 경험한다.

a. 각각의 근로자 유형에 따라 예산선을 그려보라.

b. 어떤 유형의 근로자가 굴절점(piont of kink)을 선택하여 일을 할 확률이 더 높은가? 그리고 어떤 유형의 근로자가 굴절점으로부터 멀리 떨어진 소비-여가 묶음을 선택할 확률이 더 높은가?

읽을거리

Gary S. Becker, "A Theory of the Allocation of Time," *Economic Journal* 75 (September 1965) : 493-517.

Raj Chetty, John N. Friedman, and Emmanual Saez, "Using Differences in Knowledge Across Neighborhoods to Uncover the Impacts of the EITC on Earnings," *American Economic Review* 103 (December 2013) : 2683-2721.

Nada Eissa and Jeffrey B. Liebman, "Labor Supply Response to the Earned Income Tax Credit," *Quarterly Journal of Economics* 111 (May 1996) : 605-637.

Jeffrey Grogger and Charles Michalopoulos, "Welfare Dynamics under Time Limits," *Journal of Political Economy* 111 (June 2003) : 530-554.

James J. Heckman, "Life Cycle Consumption and Labor Supply : An Explanation of the Relationship between Income and Consumption over the Life Cycle," *American $$$-Economic Review* 64 (March 1974) : 188-194.

James J. Heckman, "Sample Selection Bias as a Specification Error with an Application to the Estimation of Labor Supply Functions," in James P. Smith, editor, *Female Labor Supply : Theory and Estimation*. Princeton, NJ : Princeton University Press, 1980, pp. 206-248.

Nicole Maestas, Kathleen J. Mullen, and Alexander Strand, "Does Disability Insurance Receipt Discourage Work? Using Examiner Assignment to Estimate Causal Effects of SSDI Receipt," *American Economic Review* 103 (August 2013) : 1797-1829.

Thomas E. MaCurdy, "An Empirical Model of Labor Supply in a Life-Cycle Setting," *Journal of Political Economy* 89 (December 1981) : 1059-1085.

Jacob Mincer, "Labor Force Participation of Married Women," in H. Gregg Lewis, editor, *Aspects of Labor Economics. Princeton*, NJ : Princeton University Press, 1962, pp. 63-97.

Robert A. Moffitt, "Welfare Programs and Labor Supply," in Alan J. Auerbach and Martin Feldstein, editors, *Handbook of Public Economics*, vol. 4. Amsterdam : Elsevier, 2006.

chapter 03

노동수요

일꾼이 그 삯을 얻는 것이 마땅하니라.

─누가복음

앞장에서는 근로자의 노동시장 진입 여부와 근로시간을 결정하는 요인을 분석했다. 그러나 노동시장의 결과는 일을 하려고 하는 근로자의 의향과 더불어 그들을 고용하려는 기업의 의욕도 함께 반영되어 나타난다.

기업의 고용 또는 해고에 대한 결정은 언제나 많은 일자리를 만들거나 동시에 사라지게 한다. 실례로 2008년 금융위기 직전에 미국에서는 6.6%의 신규 일자리가 생겼고 기존 일자리 중 6.4%의 일자리가 사라졌다.[1]

노동수요에 대한 우리의 분석은 기업이 단순히 비어 있는 일자리를 채우기 위해 근로자를 채용하지 않는다는 사실을 인식하는 것부터 시작한다. 기업은 소비자가 다양한 종류의 재화와 서비스를 원하기 때문에 근로자를 고용한다. 실제로 기업은 그러한 재화와 서비스를 생산하는 근로자를 고용하는 중개인의 역할을 한다. 기업의 노동에 대한 수요는 ─ 토지, 건물, 기계장치 등과 같이 다른 생산요소에 대한 기업의 수요처럼 ─ 소비자의 소비욕구로부터 파생된 '파생수요'이다.

노동에 대한 기업의 수요를 결정하는 요인과 다른 생산요소에 대한 기업의 수요를 결정하는 요인 사이에 명백한 유사성이 있음에도 불구하고 경제학자들은 노동수요를 연구하기 위해 상당히 많은 시간을 투입했다. 결국에 근로자는 다른 생산요소들과 비교하여 많은 면에서 중요한 차이점을 갖는다. 우리 모두는 하루 8시간 동안 우리의 노동 서비스를 대여하는 기업의 특성에 대해 매우 깊은 관심을 가지고 있다. 어떤 기업은 매우 쾌적한 작

---

1 Steven J. Davis, R. Jason Faberman, and John Haltiwanger, "Labor Market Flows in the Cross Section and Over Time," *Journal of Monetary Economics* 59 (January 2012): 1–18을 보라.

업환경과 사교적 기회를 제공하는 반면에 다른 어떤 기업의 근로환경은 형편없는 경우도 있다. 노동수요의 결정요인은 또한 정치사회적으로도 중요한 함의를 갖는다. 사실 경제정책의 중요한 이슈들 중에는 기업이 고용하는 근로자와 근로자의 임금과 관련된 문제가 많이 포함되어 있다. 최저임금, 고용보조금, 기업의 정리해고 제한 등과 같은 다양한 정책은 기업의 노동수요를 다방면에서 규제하려는 노력의 결과물이다.

3-1 생산함수

기업의 생산함수(production function)는 기업이 재화와 서비스를 생산하기 위해 사용하는 생산기술을 의미한다. 생산과정에 오직 두 가지 생산요소 — 기업이 고용한 근로자의 총근로시간(E)과 토지와 기계장치 및 다른 유형 자산의 총합으로 구성된 자본(K) — 만이 투입된다고 가정해보자. 우리는 생산함수를 다음과 같이 표현할 수 있다.

$$q = f(E, K) \tag{3-1}$$

여기서 q는 기업의 산출량을 나타낸다. 생산함수는 노동과 자본의 조합으로 생산되는 생산량을 구체화하는 함수이다.

노동투입요소를 정의하는 데 있어서 매우 제한적인 두 가지 가정이 필요하다. 첫째, 고용된 근로자의 총근로시간 E는 총근로자 수에 근로자당 평균 근로시간을 곱한 값으로 주어진다. 근로자 수와 평균 근로시간을 개별적으로 고려하는 대신 E에 집중함으로써 우리는 기업이 10명을 고용하여 하루에 8시간씩 근무하게 하거나 20명을 고용하여 하루에 4시간씩 근무하게 하거나 동일한 생산량을 얻는다고 가정한다. 간결하게 설명하기 위해 우리는 이 장을 통틀어 기업이 고용한 근로자 수와 이들의 총근로시간의 차이를 무시하고 노동투입요소 E를 단순히 기업이 고용한 근로자 수를 의미하는 것으로 간주할 것이다.

둘째, 생산함수는 여러 종류의 근로자가 존재하고 이들이 생산과정에서 다른 기여를 한다는 사실을 무시한다. 어떤 근로자는 대학을 졸업했고, 다른 근로자 중에는 고등학교를 중퇴한 사람도 있을 수 있다. 어떤 사람은 노동시장 경험이 풍부한 반면 누군가는 이제 막 학교를 졸업하고 노동시장에 들어온 신입사원이다.

그러나 처음에는 이러한 복잡한 내용을 무시할 것이다. 기업이 고용에 관한 결정을 어떻게 하는지 확실하게 이해하기 위해서는 간단한 모형을 사용하는 것이 도움이 된다. 이 장의 뒷부분에서는 더욱 일반적인 생산기술을 허용할 수 있도록 논의를 확장했다.

한계생산과 평균생산

기업의 생산함수와 관련하여 가장 중요한 개념이 바로 한계생산이다. 노동의 한계생산 (marginal product of labor, MP_E)은 다른 생산투입요소는 불변인 상태에서 한 명의 근로자를 추가로 투입하여 발생하는 생산량의 변화로 정의한다. 마찬가지 방식으로 자본의 한계생산(marginal product of capital, MP_K)은 다른 생산투입요소는 불변인 상태에서 자본을 한 단위 더 투입하여 발생하는 생산량의 변화로 정의한다. 우리는 노동의 한계생산과 자본의 한계생산 모두 양의 값을 갖는다고 가정한다. 즉, 근로자를 더 고용하거나 자본을 더 투입하면 생산량이 늘어난다고 가정한다.

구체적인 예를 들어 설명하면 노동의 한계생산을 어떻게 구하는지 쉽게 이해할 수 있다. 〈표 3-1〉은 자본은 그대로 유지한 상태에서 근로자 수가 달라질 때마다 기업의 생산량이 어떻게 되는지 보여주고 있다. 기업이 한 명의 근로자를 고용하면 11단위의 생산량을 얻는다. 따라서 첫 번째 근로자의 한계생산은 11이 된다. 기업이 두 명의 근로자를 고용하면 생산량이 27단위로 증가하므로 두 번째 근로자의 한계생산은 16이다.

[그림 3-1]은 우리가 생산함수의 형태에 대해 일반적으로 가정하는 것을 설명하기 위해 〈표 3-1〉의 자료를 그래프로 나타냈다. [그림 3-1a]는 총생산곡선을 보여준다. 총생산곡선은 기업이 더 많은 근로자를 고용함에 따라 총생산량이 어떻게 변하는지 묘사한다. 총생산곡선은 노동의 한계생산이 양의 값을 갖는다는 가정에 의해 우상향하는 기울기를 갖는다.

[그림 3-1b]에 그려진 노동의 한계생산곡선은 총생산곡선의 기울기를 나타낸다. 즉, 더 많은 근로자를 고용함에 따른 생산량의 변화율을 의미한다. 〈표 3-1〉의 예에서 근로자를 고용할수록 처음에는 양의 증가율로 생산량이 증가한다. 이는 노동의 한계생산이 증가하고 있음을 의미하는 것으로, 생산 초기에 근로자들의 분업에서 오는 생산성의 증가가 반영된 결과를 표현한 것으로 생각할 수 있다. 생산량은 결국에는 생산량의 증가율이 체

표 3-1 　노동의 한계생산과 평균생산 계산 과정(자본을 불변으로 유지한 상태에서)

고용된 근로자 수	생산량(단위)	한계생산(단위)	평균생산(단위)	한계생산가치(달러)	평균생산가치(달러)
0	0	-	-	-	-
1	11	11	11.0	22	22.0
2	27	16	13.5	32	27.0
3	47	20	15.7	40	31.3
4	66	19	16.5	38	33.0
5	83	17	16.6	34	33.2
6	98	15	16.3	30	32.7
7	111	13	15.9	26	31.7
8	122	11	15.3	22	30.5
9	131	9	14.6	18	29.1
10	138	7	13.8	14	27.6

주 : 한계생산가치와 평균생산가치는 제품의 가격이 2달러라고 가정하고 계산하였다.

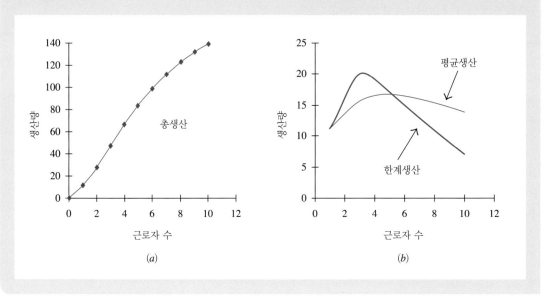

그림 3-1 총생산곡선, 한계생산곡선, 평균생산곡선

(*a*) 총생산곡선은 자본을 불변으로 유지한 상태에서 기업이 고용하는 근로자 수와 생산량과의 관계를 설명한다. (*b*) 한계생산곡선은 근로자 한 명을 추가로 더 고용할 경우 얻게 되는 생산량의 증가분을 설명한다. 평균생산곡선은 근로자당 생산량을 설명한다.

감하면서 증가한다. 다시 말하면, 노동의 한계생산이 감소하기 시작하여 한 명을 추가로 더 고용할 경우 얻게 되는 생산량의 증가가 바로 이전의 근로자를 고용했을 때 얻은 생산량의 증가보다 작게 된다. 우리의 예에서는 세 번째 근로자의 한계생산이 20이지만 네 번째 근로자의 한계생산은 19, 다섯 번째 근로자의 한계생산은 이보다 더 줄어든 17이 됨을 보이고 있다.

노동의 한계생산이 결국에 감소한다는 가정은 수확체감의 법칙(law of diminishing returns)을 따른 것이다. MP_E가 사본은 고정된 상태에서 정의된 것임을 기억해보자. 처음에 고용된 몇 명의 근로자는 세부적으로 분류된 과업을 전문화함으로써 생산량을 상당히 증가시킬 수 있을지도 모른다. 더욱더 많은 근로자가 고정된 자본에 추가되면, 전문화로부터 얻을 수 있는 이득은 감소하고 결국 근로자의 한계생산은 줄어들게 된다. 우리는 수확체감의 법칙이 작용하는 범위에서 기업의 고용에 대한 결정이 이루어진다고 가정할 것이다.

우리는 평균적인 근로자에 의해 생산되는 생산량을 노동의 **평균생산**(average product, AP_E)이라고 정의한다. 평균생산량은 $AP_E = q/E$의 식으로 정의된다. 〈표 3-1〉의 예에서 기업은 네 명의 근로자를 고용했을 때 66단위의 제품을 생산한다. 따라서 평균생산은

16.5단위가 된다.

[그림 3-1*b*]는 한계생산곡선과 평균생산곡선의 관계를 보여준다. 쉽게 기억할 수 있는 규칙은 다음과 같다. 평균이 증가하고 있을 때는 한계곡선이 평균곡선 위에 놓여 있고 평균이 감소하고 있을 때는 한계곡선이 평균곡선 아래에 놓여 있다. 이 규칙은 한계곡선이 평균곡선의 가장 높은 점에서 평균곡선과 교차한다는 것을 뜻한다. 수확체감의 법칙의 가정 또한 노동의 평균생산곡선이 결국에는 감소하게 됨을 예측한다는 사실 역시 쉽게 이해할 수 있다.

이윤극대화

기업의 고용결정과정을 분석하기 위해서는 기업의 행태에 대한 하나의 중요한 가정이 필요하다. 우리는 기업의 목표가 이윤극대화라고 가정한다. 기업의 이윤은 다음과 같이 주어진다.

$$이윤 = pq - wE - rK \tag{3-2}$$

위 식에서 p는 기업이 판매하는 제품의 가격을, w는 임금률(한 명의 근로자를 추가로 고용할 때 지불하는 비용)을, 그리고 r은 자본의 가격을 각각 의미한다.

이 장에서 우리는 하나의 기업이 전체 산업에서 극히 작은 역할을 한다고 가정한다. 이 가정의 결과 기업 제품의 가격 p는 기업의 생산량에 영향을 받지 않고, 노동의 가격(w)과 자본의 가격(r) 또한 기업의 노동과 자본의 고용량에 영향을 받지 않는다. 그러므로 기업의 관점에서 모든 가격은 일정하게 주어진 값으로 기업의 영향권 밖에 있다. 가격에 영향을 줄 수 없는 기업을 완전경쟁기업(perfectly competitive firm)이라고 부른다. 완전경쟁기업은 가격에 아무런 영향을 미칠 수 없기 때문에 '적절한' 수준의 노동과 자본을 고용함으로써 이윤을 극대화한다.

3-2 단기

기업이 공장의 크기를 변경하거나 새로운 기계장치를 구매 또는 매각할 수 없을 만큼의 짧은 시간 범위를 단기(short run)라고 정의하자. 따라서 단기에 기업의 자본은 K_0의 수준에 고정되어 있다.

그러면 기업은 한계생산곡선의 숫자를 읽어서 각각의 근로자에 의해 생산되는 산출량을 결정할 수 있다. 예를 들어, [그림 3-1]은 여덟 번째 근로자가 기업의 산출량을 11단위 증가시킨다는 것을 가리킨다. 노동의 한계생산과 제품의 가격을 곱하면 우리는 각자의 추가된 근로자가 생산하는 제품의 화폐가치를 구할 수 있다. 다음의 식으로 표현된 이러한 곱을 노동의 한계생산가치(value of marginal product)라고 부른다.

$$VMP_E = p \times MP_E \tag{3-3}$$

노동의 한계생산가치는 자본은 불변인 상태에서 추가 근로자에 의해 생성되는 화폐적 수입의 증가이다. 제품의 가격이 2달러라고 가정해보자. 여덟 번째로 고용된 근로자는 기업의 수입에 22달러를 기여할 것이다.

〈표 3-1〉의 자료를 이용해 만들어진 한계생산가치곡선이 [그림 3-2]에 그려져 있다. 한계생산가치가 노동의 한계생산 곱하기 제품의 (일정한) 가격과 같기 때문에 한계생산가치곡선은 단순히 한계생산곡선을 '확대'한 형태이다.

노동의 평균생산가치(value of average product)는 다음과 같이 정의한다.

$$VAP_E = p \times AP_E \tag{3-4}$$

평균생산가치는 근로자당 생산물의 화폐가치를 의미한다. 한계생산가치곡선과 평균생산가치곡선 모두 근본적으로 한계생산곡선과 평균생산곡선을 확대한 형태이기 때문에 [그림 3-2]의 기하학적 관계는 앞서 논의했던 관계와 동일하다.

기업은 얼마나 많은 근로자를 고용해야 하는가

경쟁기업은 불변임금 w에 원하는 모든 근로자를 채용할 수 있다. 노동시장에서 시장임금이 22달러라고 생각해보자. [그림 3-2]에서 본 것처럼 이윤극대화를 추구하는 기업은 여덟 명의 근로자를 채용할 것이다. 이 수준의 고용에서 노동의 한계생산가치가 임금률과 같아진다. 그리고 한계생산가치곡선은 우하향하는 기울기를 갖는다.

$$VMP_E = w \text{ 그리고 } VMP_E \text{는 감소한다.} \tag{3-5}$$

이윤극대화가 달성된다면 근로자를 추가적으로 고용함으로써 얻는 이윤과 비용이 동일할 것이며, 이보다 더 많은 근로자를 채용해서 얻는 가치는 하락하기 때문에 채용을 확장하는 것은 수지가 맞지 않는다.

이런 결과에 대한 직관적인 실명은 다음과 같다. 기업이 오직 여섯 명의 근로자만을 고용하기로 결정했다고 가정해보자. 기업이 일곱 번째 근로자를 고용한다면 이 근로자에게 지불하는 비용보다 더 많은 추가 수입을 얻게 된다(일곱 번째 근로자의 한계생산가치는 26달러지만 임금은 22달러에 불과하다). 이윤극대화를 추구하는 기업은 고용의 확대를 원할 것이다. 그러나 기업이 여덟 명보다 많은 근로자를 채용하면 한계생산가치가 고용비용보다 낮아질 것이다. 예를 들어, 기업이 아홉 번째 근로자를 채용하고 싶어 한다고 가정해보자. 이 근로자를 채용하면 한계생산가치는 18달러에 머무는 반면, 22달러의 비용이 발생하게 될 것이다.

[그림 3-2]는 또한 기업이 오직 한 명의 근로자를 채용한다면 임금이 한계생산가치와

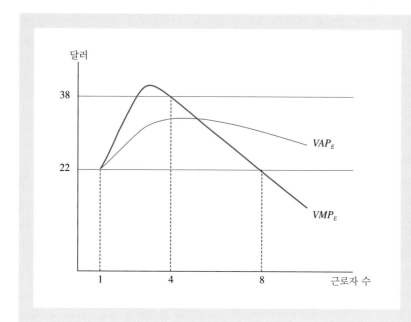

단기에서의 고용결정

기업은 임금이 노동의 한계생산가치와 일치하는 시점까지 근로자를 고용한다. 만약 임금이 22달러라면 기업은 여덟 명의 근로자를 고용할 것이다.

같게 됨을 보이고 있다. 그러나 이 점에서 한계생산가치는 우상향하는 기울기를 갖고 있다. 한 명의 근로자만을 고용하는 것이 이윤극대화를 달성하는 방법이 아니라는 사실을 쉽게 보일 수 있다. 기업이 한 명의 근로자를 더 고용하면 두 번째로 고용된 근로자는 첫 번째 근로자보다 기업의 수입뿐만 아니라 비용에 더 많은 공헌을 할 것이기 때문이다.

이는 수확체감의 법칙이 이론에서 중요한 역할을 하는 이유를 보여준다. 만약 VMP_E가 계속 증가한다면 기업은 외연을 무한히 확장함으로써 이윤을 극대화하게 될 것이다. 그렇다면 기업의 결정이 제품의 가격 혹은 노동과 자본의 가격에 영향을 주지 않는다는 가정을 유지하는 것이 어렵게 된다. 사실상 수확체감의 법칙은 기업 규모의 크기를 제한하고 있다.

임금이 노동의 한계생산가치와 같아야 한다는 이윤극대화 조건이 기업이 임금을 한계생산의 가치와 같도록 설정해야 한다고 말하는 것이 아니라는 점을 또한 강조할 필요가 있다. 궁극적으로 경쟁기업은 임금에 대해 아무런 영향력이 없다. 기업은 임금을 어떤 수준으로 '설정'할 수 없다. 모든 경쟁기업이 할 수 있는 것은 노동의 한계생산가치가 노동시장에서 미리 결정된 임금과 같아지도록 고용수준을 결정하는 것이다.

마지막으로 [그림 3-2]에서와 같이 경쟁임금이 38달러로 매우 높은 경우 기업의 고용결정을 생각해보는 것도 의미가 있다. 이 정도의 임금에서 기업은 임금과 한계생산가치가 일치하는 고용수준인 네 명의 근로자를 고용해야 할 것처럼 보인다. 그러나 기업이 네 명의 근로자를 고용하면 노동의 평균생산가치(33달러)는 임금보다 작아진다. 근로자당 기업에 공헌하는 정도가 임금에 못 미치기 때문에 기업은 손실을 보고 결국 시장에서 퇴출된다. 기업의 고용결정과 관련된 한계생산가치곡선의 영역은, 평균생산가치곡선(VAP_E 곡선)이 한계생산가치곡선(VMP_E 곡선)과 교차하는 점 아래에 있는 한계생산가치곡선이 우하향하는 영역이다. 논의의 편의를 위해 우리의 관심을 VMP_E 곡선의 이 영역으로 한정하기로 한다.

기업의 단기 노동수요곡선

우리는 이제 단기 노동수요곡선(demand curve for labor)을 도출할 수 있다. 단기 노동수요곡선은 자본이 불변인 상태에서 임금이 변할 때 기업의 고용에 어떤 결과가 나타나는지 말해 준다. 기업의 한계생산가치(VMP_E)가 우하향하는 관련 영역에서 도출한 기업의 단기 노동수요곡선이 [그림 3-3]에 그려져 있다. 애초에 임금이 22달러로 정해지면 기업은 여덟 명의 근로자를 고용한다. 임금이 18달러로 하락하면 기업은 아홉 명의 근로자를 채용한다. 그러므로 단기 노동수요곡선은 한계생산가치곡선으로 주어진다. 더 많은 근로자를 고용함에 따라 노동의 한계생산가치가 감소하기 때문에 임금의 하락은 근로자의 고용증가를 의미한다.

그림 3-3 단기 노동수요곡선

한계생산이 체감하기 때문에 단기 노동수요곡선은 우하향한다. 임금이 22달러에서 18달러로 하락하면 기업은 고용을 증가시킨다. 제품가격의 인상은 한계생산곡선을 위로 이동시켜 고용을 증가시킨다.

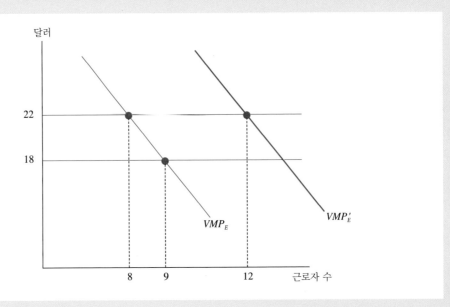

노동수요곡선의 위치는 제품(생산물)의 가격에 달려 있다. 제품의 가격이 더욱 비싸지면 단기의 노동수요곡선은 위로 이동한다. 예를 들어 [그림 3-3]에서 한계생산가치곡선을 VMP_E에서 VMP_E'으로 이동시키는 제품 가격 인상이 있었다고 생각해보자. 임금이 22달러라면 제품 가격의 인상은 기업의 고용수준을 8에서 12로 증가시킨다. 따라서 고용과 제품 가격 사이에는 양의 관계가 성립한다.

마지막으로 우리가 도출한 단기 노동수요곡선이 자본을 K_0로 일정하게 유지한 상태에서 도출된 것임을 기억해보자. 만일 자본이 이와 달리 K_1에서 일정하게 유지된다면 여기에 상응하는 단기 노동수요곡선을 도출하게 될 것이다. VMP_E와 자본수준과의 관계는 다음에서 논의된다.

산업의 단기 노동수요곡선

앞에서는 단일 기업의 단기 노동수요곡선을 도출했다. 동일한 방법을 적용하여 산업에 속해 있는 모든 기업의 단기 노동수요곡선을 구할 수 있다. 산업의 노동수요곡선은 개별 기업의 노동수요곡선을 더하여 구할 수 있을 것처럼 보인다. 산업에 속한 모든 기업이 임금이 20달러일 때 15명의 근로자를 고용하고 임금이 10달러로 하락하면 30명의 근로자를 고용한다고 가정해보자. 모든 기업의 고용수준을 단순하게 합하여 산업의 노동수요곡선을 구할 수 있을 것으로 생각하기 쉽다. 만일 한 산업에 오직 2개의 기업만이 존재한다면 이 산업은 임금이 20달러일 때 30명을 고용하고 10달러일 때는 60명을 고용한다고 결론을 내릴지 모른다.

그러나 이는 올바른 접근이 아니다. 왜냐하면 한 기업의 노동수요곡선은 생산물의 가격이 주어진 것으로 받아들인 상태에서 도출된다는 사실을 무시했기 때문이다. 완전경쟁 산업에 속한 각각의 기업은 생산제품의 가격에 영향을 줄 수 없을 만큼 규모가 작다. 그러나 산업에 있는 모든 기업이 낮은 임금을 이용하여 고용을 늘리면 산업의 생산량이 또한 상당히 늘어나서 결국에는 제품의 가격이 하락하게 된다. 결과적으로 모든 기업이 고용을 확대하면 한계생산가치(가격×한계생산) 또한 하락할 수 있어 개별 기업의 노동수요곡선은 약간 왼쪽으로 이동하게 된다. 이 산업의 고용수준은 개별 기업의 노동수요곡선을 단순하게 더한 경우보다 확장되는 폭이 작게 될 것이다.

[그림 3-4]는 똑같은 2개의 기업만이 존재하는 산업에 대해 이와 같은 설명을 반영한 그림을 보여주고 있다. [그림 3-4a]에서 보여주는 것처럼 각각의 기업은 임금이 20달러일 때 15명의 근로자를 고용하고 임금이 10달러로 하락하면 30명의 근로자를 고용한다. [그림 3-4b]에서 DD 곡선은 두 기업의 노동수요곡선의 합을 표현한 것이다. 그러나 산업에 속한 모든 기업이 생산물의 가격을 낮추지 않고 고용을 확장시키는 것은 불가능하다. 이 결과 각 기업의 노동수요곡선은 약간 뒤로 이동한다. 따라서 임금이 10달러가 되었을

그림 3-4   산업의 단기 노동수요곡선

동일 산업에 속해 있는 각각의 기업은 임금이 20달러일 때 15명의 근로자를 고용한다. 만일 임금이 10달러로 하락하면 30명의 근로자를 고용한다. 모든 기업이 생산량을 확대하면 산업의 공급곡선이 우측으로 이동하여 제품가격이 하락하고 이에 따라 한계생산가치 또한 하락한다. 따라서 개별기업의 노동수요곡선은 왼쪽으로 이동한다. 그러므로 임금이 10달러로 하락하면 개별기업은 오직 28명의 근로자들만을 고용한다. 산업의 노동수요곡선은 개별기업의 노동수요곡선을 수평으로 더하는 방식(DD)으로 구할 수 없으며, 산업의 생산량 확대가 야기하는 영향을 고려(TT)해야 한다

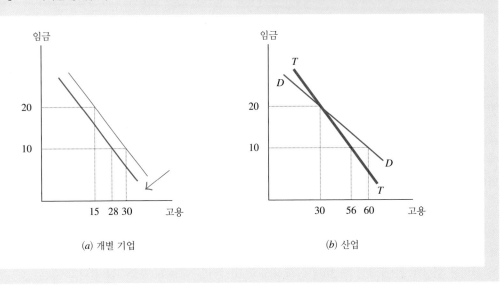

(a) 개별 기업   (b) 산업

때 개별 기업은 오직 28명의 근로자만 고용한다. 그러므로 낮아진 임금에서 산업의 고용인원은 56명이 된다. 이를 반영한 진정한 산업의 노동수요곡선은 그림에서 TT 곡선으로 주어져 있다. TT 곡선은 개별 기업의 노동수요곡선을 단순히 수평으로 더하여 구한 DD 곡선보다 가파른 기울기를 갖는다.

임금률의 변화에 대한 산업 고용수준의 반응을 측정하기 위해 탄력성 개념을 사용한다. 단기 노동수요탄력성(elasticity of labor demand)은 임금의 1% 변화로 인해 발생한 단기 고용(E_{SR})의 변화율로 정의된다.

$$\delta_{SR} = \frac{\Delta E_{SR}/E_{SR}}{\Delta w/w} = \frac{\Delta E_{SR}}{\Delta w} \cdot \frac{w}{E_{SR}} \tag{3-6}$$

단기 노동수요곡선은 우하향하는 기울기를 갖기 때문에 탄력성은 음의 값을 갖는다. 앞에서 든 예에서 우리는 임금이 20달러일 때 이 산업이 30명의 근로자를 고용하고 임금이 10달러로 떨어지면 56명의 근로자를 고용한다고 가정했다. 이로부터 단기 탄력성은 다음과 같다.

$$\delta_{SR} = \frac{\% \ \Delta E_{SR}}{\% \ \Delta w} = \frac{(56-30)/30}{(10-20)/20} = -1.733 \tag{3-7}$$

노동수요곡선의 탄력성의 절댓값이 1보다 크면 노동수요가 탄력적이다. 반면에 탄력성의 절댓값이 1보다 작으면 노동수요가 비탄력적이다.

한계생산성 조건의 대안적 해석

기업이 노동의 한계생산가치와 임금이 같아지는 시점까지 근로자를 고용해야 한다는 조건은 기업의 고용결정과정에서 '중단규칙(stopping rule)', 즉 기업이 언제 고용을 중단해야 하는지 알려주는 규칙을 제공한다. 고용규칙은 또한 **한계생산성 조건**(marginal productivity condition)으로 알려져 있다. 기업의 이윤극대화 추구 행위를 설명하는 대안적이면서 보다 친숙한 방법은 기업의 제품 생산에 대한 중단규칙을 언급하는 것이다. 이윤극대화 기업은 제품을 추가로 한 단위 더 생산하는 데 들어가는 비용[또는 **한계비용**(marginal cost)]이 판매하여 얻는 수입[또는 **한계수입**(marginal revenue)]과 같아지는 점까지 생산해야 한다.

[그림 3-5]에 이 조건이 잘 그려져 있다. 한계비용(MC)곡선은 우상향하는 기울기를 갖기 때문에 생산량이 늘어날수록 비용의 증가율이 증가한다. 경쟁기업은 제품을 추가로 한 단위 더 판매하여 얻는 수입이 제품 가격 p로 일정하게 주어지고 q^*의 생산량에서 가격과

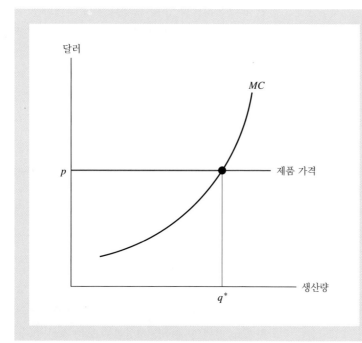

그림 3-5

기업의 생산결정

이윤극대화 기업은 제품가격이 한계비용과 일치하는 수준에서 생산량을 결정한다. 이러한 이윤극대화 조건은 임금이 한계생산가치와 일치하는 수준에서 근로자를 고용해야 한다는 고용결정 조건과 정확히 일치한다.

한계비용이 일치한다. 만일 기업이 q^*보다 작은 생산량을 생산하고 있다면 생산량을 늘려서 이윤을 증가시킬 수 있다. 제품을 한 단위 더 판매하여 늘어나는 수입이 한 단위 더 생산하는 데 들어가는 비용보다 크기 때문이다. 반대로 기업이 q^*보다 많은 생산량을 생산하고 있다면 생산량을 줄여서 이윤을 증가시킬 수 있다. q^*보다 많이 생산하는 데 드는 한계비용이 한계수입을 초과하고 있기 때문이다.

가격과 한계비용을 일치시키는 이윤극대화 조건(생산량의 최적수준을 알려주는)은 임금과 노동의 한계생산가치를 일치시키는 조건(최적 고용수준을 알려주는)과 동일하다. MP_E는 우리에게 한 명의 추가 근로자가 얼마나 많은 단위의 제품을 생산하는지 알려준다는 사실을 기억해보자. 가령 $MP_E = 5$라고 하자. 이는 생산량을 한 단위 증가시키는 데 5분의 1의 근로자가 더 필요하다는 것을 가리킨다. 보다 일반화하여 설명하면 만일 한 명의 추가 근로자가 MP_E 단위만큼 생산하면 $1/MP_E$의 근로자가 제품 한 단위를 생산한다는 뜻이 된다. 모든 근로자가 w달러의 임금을 받는다. 따라서 제품을 추가로 한 단위 더 생산하는 데 투입되는 비용은 다음과 같다.

$$MC = w \times \frac{1}{MP_E} \qquad (3\text{-}8)$$

이윤극대화조건은 한계비용이 한계수입과 같아지는 수준으로, 다음과 같이 쓸 수 있다.

$$w \times \frac{1}{MP_E} = p \qquad (3\text{-}9)$$

식 (3-9)를 정리하면 한계생산성 조건인 $w = p \times MP_E$를 얻을 수 있다. 이윤극대화를 추구하는 기업이 얼마나 생산해야 하는지를 알려주는 조건과 얼마나 고용해야 하는지를 알려주는 조건이 정확하게 일치하는 것을 알 수 있다.

3-3 장기

장기에는 기업의 자본이 고정되어 있지 않다. 기업은 공장의 크기와 기계장치를 확장할 수도 있고 축소할 수도 있다. 그러므로 경쟁기업이 장기에는 얼마나 많은 근로자를 고용하고 얼마나 많은 자본을 투자할지 함께 결정하여 이윤을 극대화한다.

등량곡선

등량곡선(isoquant)이란 동일한 수준의 생산량을 생산하는 노동과 자본의 조합을 그림으로 그린 것이다. 그러므로 등량곡선은 무차별곡선이 효용함수를 묘사하는 것과 똑같은 방식으로 생산함수를 묘사한다. [그림 3-6]은 생산함수 $q = f(E, K)$와 관련된 등량곡선을 그리고 있다. q_0로 표시된 등량곡선은 정확하게 q_0 단위의 제품을 생산하는 모든 자본–노동

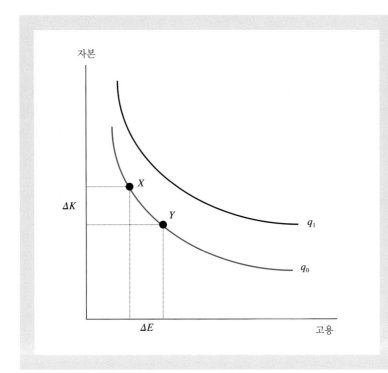

그림 3-6

등량곡선

하나의 등량곡선 위에 놓여 있는 모든 자본과 노동의 조합은 동일한 생산량을 생산한다. X와 Y는 q_0 단위의 제품을 생산하는 자본과 노동의 조합을 나타낸다. 원점에 멀리 떨어진 등량곡선에 놓여 있는 자본과 노동의 조합은 더 많은 생산량을 생산한다.

의 조합을, q_1으로 표시된 등량곡선은 정확하게 q_1 단위를 생산하는 모든 자본–노동의 조합을 그려놓았다.

[그림 3-6]은 등량곡선의 다음과 같은 특징을 그림으로 나타냈다.

1. 등량곡선은 우하향하는 기울기를 갖는다.
2. 등량곡선은 서로 교차하지 않는다.
3. 원점에서 멀리 떨어진 등량곡선일수록 더 많은 생산량과 관련이 있다.
4. 등량곡선은 원점에 대해 볼록하다.

등량곡선의 이러한 특징들은 정확하게 무차별곡선의 특징들과 대응한다. 무차별곡선의 기울기가 한계효용비율의 음수로 주어지는 것과 마찬가지로 등량곡선의 기울기는 한계생산비율의 음수로 주어진다. 특히[2]

---

2 이를 증명하기 위해 [그림 3-6]에 있는 X와 Y(X와 Y가 서로 매우 가깝게 위치하고 있다고 가정하고) 사이의 등량곡선의 기울기를 계산하여 보자. X에서 Y로 가면서 기업은 ΔE만큼 고용을 늘리고 각각의 고용된 근로자는 MP_E 단위의 생산량을 생산한다. 따라서 생산량의 증가는 $\Delta E \times MP_E$로 주어진다. 그러나 X에서 Y로 가면서 기업은 ΔK 단위만큼 자본을 제거한다. 이렇게 제거된 자본의 단위당 한계생산은 MP_K이므로 생산량의 감소분은 $\Delta K \times MP_K$로 주어진다. X와 Y 모두 동일한 등량곡선 위에 있는 점이기 때문에 생산량은 동일하다. 따라서 근로자를 더 많이 고용하여 늘어나는 생산량의 증가는 자본을 줄여서 발생하는 생산량의 감소분과 일치해야 한다. 그러므로 $(\Delta E \times MP_E) + (\Delta K \times MP_K) = 0$이 성립한다. 식 (3-10)은 이 식을 재정리하여 얻어진 결과이다.

$$\frac{\Delta K}{\Delta E} = -\frac{MP_E}{MP_K} \tag{3-10}$$

등량곡선 기울기의 절댓값을 한계기술대체율(marginal rate of technical substitution)이라고 부른다. 원점에 대해 볼록한 등량곡선은 기업이 더욱더 많은 자본을 노동으로 대체함에 따라 한계기술대체율이 체감한다(또는 평평한 등량곡선이 더욱 평평해진다)는 것을 의미한다.

등비용곡선

기업의 생산비용 C는 다음과 같이 주어진다.

$$C = wE + rK \tag{3-11}$$

이제 기업이 C_0에 해당하는 특정 생산비용을 어떻게 사용할 수 있는지 생각해보자. 기업은 오직 자본 서비스를 임대하는 데 이 비용을 다 써서 C_0/r 단위의 자본을 임대할 수 있다. 여기서 r은 자본의 가격(임대료)을 의미한다. 또는 전부 노동을 고용하는 데 사용하여 C_0/w의 근로자를 고용할 수도 있다. 기업이 C_0의 비용을 지출하여 고용하거나 임대할 수 있는 노동과 자본의 다양한 조합을 이은 선을 등비용곡선(isocost)이라고 부른다. [그림 3-7]은 등비용곡선을 그림으로 나타냈다.

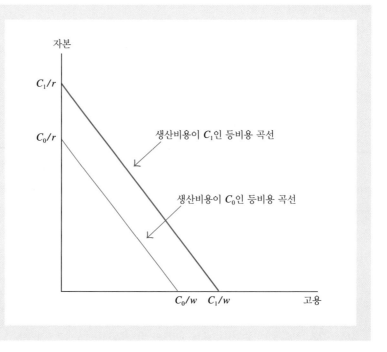

그림 3-7

등비용곡선

하나의 등비용곡선 위에 놓여 있는 자본과 노동의 조합은 모두 동일한 비용의 지출을 가져온다. 원점에서 멀리 떨어진 등비용곡선일수록 더 높은 비용을 지출한다. 등비용곡선의 기울기는 투입요소 가격비율($-w/r$)과 같다.

자본

C_1/r

C_0/r

생산비용이 C_1인 등비용 곡선

생산비용이 C_0인 등비용 곡선

C_0/w C_1/w 고용

등비용곡선은 동일한 비용을 지출하는 노동과 자본의 조합을 제공하며, 원점으로부터 멀리 떨어진 등비용곡선은 더 높은 비용을 의미한다. [그림 3-7]은 지출비용이 C_0와 C_1인 $(C_1 > C_0)$ 등비용곡선을 그리고 있다. 식 (3-11)을 다시 쓰면 등비용곡선의 기울기를 다음과 같이 쉽게 구할 수 있다.

$$K = \frac{C}{r} - \frac{w}{r}E \tag{3-12}$$

위 식은 절편이 C/r이고 기울기가 $-w/r$인 $y = a + bx$의 형태를 갖고 있다. 따라서 등비용곡선의 기울기는 투입요소 가격비율의 음수가 된다.

비용극소화

어떤 기업이 q_0 단위의 생산량을 생산하기로 결정했다고 하자. 이윤극대화를 추구하는 이 기업은 당연히 이만큼의 생산량을 가능한 한 가장 낮은 비용으로 생산하기를 원한다. [그림 3-8]은 기업의 비용극소화 문제의 해답을 그림으로 보여주고 있다. 이 기업은 등비용곡선이 등량곡선과 접하는 P로 표시된 노동과 자본의 조합(100명의 근로자와 175개의 기계장치)을 선택한다. 왜냐하면 P에서 이 기업은 q_0 단위의 생산량을 생산할 수 있는 가장

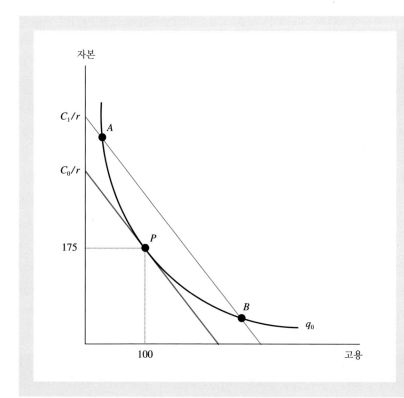

그림 3-8

생산투입요소의 최적조합

기업은 등량곡선이 등비용곡선과 접하는 점(P)의 자본-노동조합을 사용하여 q_0를 생산하는 비용을 극소화한다. 다른 모든 자본-노동조합(예 : A 또는 B로 표시된 자본-노동조합)은 이보다 더 높은 생산비용의 지출을 요구한다.

낮은 등비용곡선 위에 놓여 있는 자본-노동의 조합을 사용하기 때문이다. 이 기업은 등량곡선 위의 A 또는 B와 같은 자본-노동의 조합을 선택하여 q_0 단위의 생산량을 생산할 수도 있다. 그러나 이러한 선택은 기업을 원점으로부터 더 멀리 떨어진 등비용곡선(C_1의 지출비용이 드는)에 놓여 있게 하므로 더 많은 비용을 지출하게 만든다.

비용극소화를 달성하는 P에서 등비용곡선의 기울기와 등량곡선의 기울기가 일치한다. 즉,

$$\frac{MP_E}{MP_K} = \frac{w}{r} \tag{3-13}$$

그러므로 비용극소화는 한계기술대체율이 생산투입요소가격의 비율과 일치할 것을 요구한다. 이 조건의 직관적 개념은 식 (3-13)을 다음과 같이 다시 쓰면 쉽게 이해할 수 있다.

$$\frac{MP_E}{w} = \frac{MP_K}{r} \tag{3-14}$$

w의 임금을 지불하고 마지막으로 고용한 근로자가 기업을 위해 MP_E 단위의 제품을 생산한다. 만일 노동의 한계생산이 20단위이고 임금이 10달러면 MP_E/w는 기업이 노동 서비스를 구입하는 데 사용한 마지막 화폐로 2단위의 제품을 생산한다는 것을 뜻한다. 마찬가지로 MP_K/r는 자본 서비스 구입을 위해 마지막으로 지출한 화폐가 생산한 생산량을 의미한다. 그러므로 비용극소화가 요구하는 것은 노동 서비스 구입에 쓰인 마지막 지출이 산출하는 생산량과 자본 서비스 구입에 쓰인 마지막 지출이 산출하는 생산량이 같아야 한다는 것이다. 다시 말하면 각 생산투입요소에 쓰인 마지막 화폐가 동일한 '투자대비효과(bang for the buck)'를 주어야 함을 요구한다.

기업이 어떤 **특정** 수준의 생산량을 생산하는 비용을 극소화한다는 가설은 종종 기업이 이윤을 극대화한다는 가설과 혼동되곤 한다. 우리가 어떤 기업에게 q_0 단위의 생산량을 생산해야 한다고 제약을 가하면 이 기업이 이윤을 극대화하기 위해 가장 저렴한 방식으로 생산해야만 한다는 것은 분명한 사실이다. 그러므로 이윤극대화를 추구하는 기업이라면 언제나 한계생산의 비율이 생산투입요소 가격의 비율과 일치하는 노동과 자본의 조합을 선택할 것이다.

식 (3-13)에 있는 두 비율의 등치조건은 기업이 다른 사항은 전혀 고려하지 않고 q_0 단위의 제품을 생산할 것이라고 가정한 상태에서 도출되었다. 이윤극대화 기업은 생산량을 아무렇게나 선택하지는 않을 것이다. 오히려 최적수준의 생산량, 즉 한계비용이 가격과 일치하여 이윤극대화를 달성하는 생산량 수준(그림 3-5의 q^*)을 선택할 것이다.

그러므로 한계생산의 비율이 요소가격의 비율과 같아야 한다는 조건이 이윤극대화를 달성하는 기업에 대해 궁극적으로 이해해야 할 모든 것은 아니다. 우리는 앞서 어떤 주어진 자본의 수준에서 ─ **최적자본수준**을 포함하여 ─ 임금과 노동의 한계생산을 일치시키는 수

준에서 기업의 고용수준이 결정된다는 것을 살펴보았다. 이를 유추하면 기업이 얼마나 많은 자본을 임대해야 하는지 알려주는 이윤극대화 조건은 자본의 가격(r)과 자본의 한계생산 가치 VMP_K를 일치시킴으로써 얻을 수 있다. 그러므로 장기의 이윤극대화 조건은 다음의 식을 만족시키는 수준까지 노동과 자본을 고용할 것을 요구한다.

$$w = p \times MP_E \text{ 그리고 } r = p \times MP_K \tag{3-15}$$

식 (3-15)에 있는 2개의 한계생산성 조건의 비율이 바로 요소가격의 비율과 한계생산의 비율이 같아야 함을 의미한다. 달리 말하면, 이윤극대화가 비용극소화임을 의미한다.

3-4 장기 노동수요곡선

임금이 변할 때 기업의 장기 노동수요에는 무슨 일이 발생할까? 먼저 q_0 단위를 생산하는 기업을 고려해보자. 이 생산량 수준에서 제품 가격이 한계비용과 일치하여 q_0 단위의 생산량이 바로 이윤극대화 생산량이라고 가정하자. 이윤극대화를 추구하는 기업은 q_0를 가장 낮은 비용으로 생산할 것이다. 따라서 이 기업은 한계생산의 비율이 요소가격의 비율과 일치하는 노동과 자본의 조합을 선택하여 사용한다. 초기의 임금은 w_0와 같다. [그림 3-9]는 75단위의 자본과 25명의 근로자로 구성된 최적투입조합 P를 보여준다. 그리고 q_0 단위를 생산하는 데 투입되는 비용은 C_0이다.

이제 시장임금이 w_1으로 하락했다고 생각해보자. 이 기업은 과연 어떻게 반응할까? 등비용곡선 기울기의 절댓값은 요소가격의 비율(w/r)과 같기 때문에 이러한 임금의 하락은 등비용곡선을 평평하게 만들 것이다. [그림 3-9]에 있는 임금변화와 우리가 제2장에서 논의했던 노동-여가 선택모형에서의 임금변화 사이의 유사성 때문에 앞서 수행했던 기하학적 분석의 여러 단계를 반복하고 싶은 마음이 강하게 들지 모른다.

그러나 새로운 등비용곡선을 그릴 때 극도로 주의해야 한다. 왜냐하면 등비용곡선을 움직이는 뻔한 방법 또한 이를 움직이는 잘못된 방법이기 때문이다. [그림 3-9]에 그려진 것처럼 등비용곡선을 원래의 절편인 C_0/r를 중심으로 회전시키는 방법으로 이동하고 싶을지 모른다. 이렇게 회전하는 방식이 '합법적'이라면 기업은 P에서 R로 이동할 것이다. 임금의 하락은 기업의 고용인원을 25명에서 40명으로 증가시키고 생산량도 q_0에서 q_0'으로 증가시킨다.

[그림 3-9]를 그리고 싶은 유혹을 느끼겠지만 이러한 분석은 완전히 잘못된 것이다. 등비용곡선을 원래의 절편인 C_0/r를 중심으로 회전시키는 것은 기업이 지출하는 비용이 C_0의 수준으로 고정되어 있다는 의미를 갖는다. 이윤극대화 이론에서 임금변화가 있기 전후에 기업이 지출하는 비용이 똑같아야 한다고 요구하는 내용은 어디에도 없다. 장기적인 관점에서 기업의 제약은 생산기술(생산함수로 요약되는)과 생산제품 및 다른 생산요소인 자

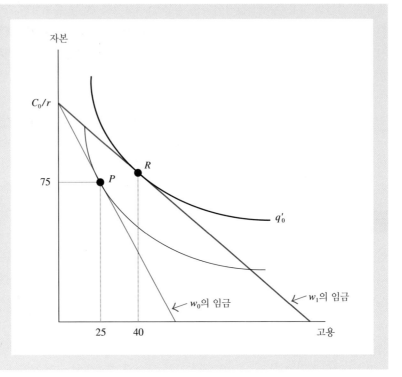

그림 3-9

초기의 생산비용 C_0를 유지하는 상태에서 임금하락의 영향

임금의 하락은 등비용곡선을 평평하게 만든다. 기업이 초기의 생산비용 C_0달러를 유지한다면 등비용곡선은 C_0를 중심으로 회전한다. 이제 기업은 P에서 R로 이동할 것이다. 그러나 이윤극대화 기업은 임금이 변할 때 생산비용을 일정하게 유지하지 않는다.

본의 일정한 가격(p와 r)으로 주어진다. 일반적으로 기업은 스스로 임금변화 전후에 동일한 비용을 지출해야 한다는 제약을 유지함으로써 이윤극대화를 달성하지는 않을 것이다.

임금이 하락하면 기업은 고용과 생산량을 확대할 것인가

임금이 하락하면 일반적으로 한계비용이 하락할 것이다.[3] 다른 말로 표현하면 노동이 비쌀 때보다 노동이 저렴할 때 제품을 추가로 한 단위 더 생산하는 비용이 더욱 적게 든다. 임금의 하락이 기업에게 생산량을 확대하도록 유도할 것이다. [그림 3-10a]는 한계비용의 하락이 기업규모에 미치는 영향을 보여준다. 한계비용곡선이 MC_0에서 MC_1으로 떨어지기 때문에 임금하락은 기업이 100단위가 아닌 150단위를 생산하도록 유도한다.

그러므로 기업은 [그림 3-10b]가 보여주는 것처럼 이전보다 높은 등량곡선으로 '도약'할 것이다. 앞에서 주목한 바와 같이 150단위의 제품을 생산하는 데 들어가는 비용이 100

---

3 생산과정에서 사용되는 투입요소가 '정상적인' 투입요소라면 — 노동과 자본의 가격이 일정하게 유지된 상태에서 기업이 생산량을 늘리기 위해 더 많은 노동과 자본을 사용한다는 의미에서 — 생산의 한계비용이 하락한다는 것을 보일 수 있다. 이론의 핵심적 결과 — 장기 노동수요곡선이 우하향한다 — 는 또한 노동이 열등한 투입요소인 경우에도 성립한다.

그림 3-10   **임금하락이 이윤극대화기업의 생산량과 고용에 미치는 영향**

(a) 임금의 하락으로 한계비용이 줄어들기 때문에 기업은 생산량을 확대(100단위에서 150단위로)한다. (b) 기업은 P에서 R로 이동하여 고용인원을 25명에서 50명으로 증가시킨다.

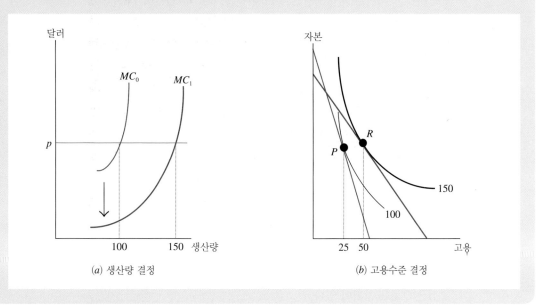

(a) 생산량 결정   (b) 고용수준 결정

단위만을 생산할 때의 비용과 같을 필요는 없다. 이러한 결과 새로운 등비용곡선은 수직축에서 예전의 등비용곡선과 동일한 점을 출발점으로 회전할 필요가 없다. 그러나 이윤극대화 기업은 150단위의 제품을 가장 적은 비용으로 생산할 것이다. 그러므로 생산요소의 최적결합은 원점에서 더 멀리 떨어진 등량곡선이 w_1/r의 기울기를 갖는(그래서 예전의 등비용곡선보다 평평한) 새로운 등비용곡선에 접하는 점으로 주어진다. 이 최적해가 [그림 3-10b]에서 R로 주어져 있다.

그림에 그려진 것처럼 기업의 고용수준은 25명의 근로자에서 50명의 근로자로 증가한다. 우리는 다음에서 임금이 하락할 때 기업이 언제나 더 많은 근로자를 고용하기 때문에 장기에서는 노동수요곡선이 우하향해야만 한다는 것을 살펴볼 것이다. [그림 3-10b]의 R은 또한 기업이 이전보다 더 많은 자본을 사용할 것이라는 의미를 갖는다. 우리는 다음에서 이러한 결과가 언제나 성립하지는 않는다는 것을 볼 것이다. 일반적인 의미에서 임금의 하락은 자본에 대한 수요량을 증가시킬 수도 있고 감소시킬 수도 있다.

대체효과와 규모효과

근로자의 노동공급곡선을 도출하면서 우리는 임금변화가 근로시간에 미치는 효과를 소득효과와 대체효과로 분해했다. 여기에서는 임금변화가 기업의 고용에 미치는 효과를 평가하기 위해 이와 유사한 분해법을 사용한다. 특히 임금하락은 자본 대비 노동의 상대가격을 떨어뜨려서 기업이 최적 투입조합을 노동집약적으로 조정하도록 만든다. 그러므로 임금의 하락은 기업이 저렴해진 노동의 이점을 누릴 수 있도록 더 많은 노동을 투입하여 생산투입요소의 조합을 재조정하도록 유인한다. 더욱이 임금하락은 한계생산비용을 감소시켜 생산을 확대하도록 만든다. 기업은 생산량을 늘려감에 따라 더 많은 근로자를 고용하고 싶어 한다.

[그림 3-11]에 이 두 가지 효과를 그림으로 나타냈다. 애초에 이 기업은 w_0의 임금률에 직면하고 있으며 100단위를 생산하고 25명의 근로자를 고용하는 P에 위치하고 있다. 임금이 w_1으로 하락하면 이 기업은 150단위를 생산하고 50명의 근로자를 고용하는 R로 이동한다.

P에서 R로의 이동을 두 단계에 걸친 움직임으로 바라보는 것이 유익한 접근방법이다. 임금변화효과를 분해하기 위해 [그림 3-11]에서 DD로 표시된 새로운 등비용곡선을 추가했다. 이 등비용곡선은 (150단위를 생산하는) 새로운 등량곡선과 접하지만 기업이 임금하락 이전에 직면했던 등비용곡선과 평행하게 그려졌다. 즉, DD 등비용곡선 기울기의 절댓값은 원래의 요소가격비율인 w_0/r와 같다. 새로운 등비용곡선과 새로운 등량곡선이 접하는 점은 Q로 표시되어 있다.

우리는 P에서 Q로 이동하는 것을 규모효과(scale effect)라고 정의한다. 규모효과는 투입요소의 가격을 그대로 유지한 채 기업이 생산량을 확대하는 과정에서 생산요소에 대한 수요가 어떻게 변화하는지 나타낸다. 자본과 노동이 '정상투입요소'인 한 규모효과는 기업의 고용(25명에서 40명의 근로자로)과 자본투입을 모두 증가시킨다.

임금하락은 기업이 다른 생산방법, 즉 노동 서비스가 보다 저렴해진 것을 기회로 노동을 집중적으로 사용하는 생산방법을 채택하도록 부추긴다. 대체효과(substitution effect)는 [그림 3-11]에서 Q에서 R로의 이동으로 주어지며 생산량을 그대로 유지한 채 임금이 하락할 때 기업의 고용에 어떤 변화가 나타나는지 가리킨다. 생산량을 150단위로 유지한 상태에서 기업은 노동집약적인 생산요소결합을 채택하여 자본을 노동으로 대체한다. 그림에 그려진 것처럼 대체효과는 기업의 고용인원을 40명에서 50명으로 증가시킨다. 대체효과는 기업의 자본에 대한 수요를 반드시 감소시킨다는 점을 주목할 필요가 있다.

대체효과와 규모효과는 임금이 하락함에 따라 기업이 더 많은 근로자를 고용하도록 만든다. [그림 3-11]은 임금이 하락할 때 기업이 더 많은 자본을 투입하는 것으로 그려져 있다. 이는 규모효과(자본의 수요를 증가시키는)가 대체효과(자본의 수요를 감소시키는)를 압도한 상태를 그린 것이다. 만일 대체효과가 규모효과보다 우세하다면 기업은 생산과정에서 자본투입을 줄이고자 할 것이다.

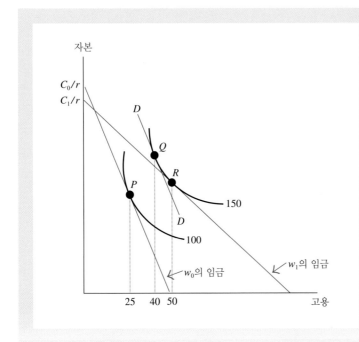

그림 3-11

대체효과와 규모효과

임금의 하락은 대체효과와 규모효과를 가져온다. 규모효과(P에서 Q로의 이동)는 기업이 고용량을 증가시켜 생산량을 확대하도록 유도한다. 대체효과(Q에서 R로의 이동)는 기업 노동집약적인 생산방식을 채택하도록 함으로써 고용량을 더욱 증가시키도록 유도한다.

우리는 여기에서도 임금의 변화에 장기의 고용(E_{LR})이 반응하는 정도를 측정하기 위해서 탄력성 개념을 적용할 수 있다. 노동수요의 장기 탄력성은 다음과 같이 주어진다.

$$\delta_{LR} = \frac{\Delta E_{LR}/E_{LR}}{\Delta w/w} = \frac{\Delta E_{LR}}{\Delta w} \cdot \frac{w}{E_{LR}} \tag{3-16}$$

장기 노동수요곡선은 우하향하는 기울기를 갖기 때문에 노동수요의 장기 탄력성은 음수가 된다.

경제학의 중요한 원칙에 따르면 소비자 및 기업과 같은 경제주체들은 그들이 직면한 제약의 수가 적을수록 경제적 환경의 변화에 훨씬 더 쉽게 반응할 수 있다. 이를 달리 표현하면 외부로부터의 제약이 가격변화가 가져오는 기회를 충분히 이용할 수 없도록 만든다는 뜻이다. 이 원칙은 [그림 3-12]에 그려진 것처럼 노동의 장기수요가 단기수요보다 더 탄력적이라는 의미를 갖는다. 단기에는 기업이 고정된 자본이라는 제약에 묶여 있어서 쉽게 기업규모를 조절할 수 없다. 장기에는 기업이 자본과 노동 모두를 조절할 수 있고, 노동가격의 변화로 인한 이점을 충분히 이용할 수 있다.

노동수요탄력성 추정

기업 단위의 고용과 임금률의 관측된 변화를 이용하여 노동수요탄력성 추정을 시도한 많

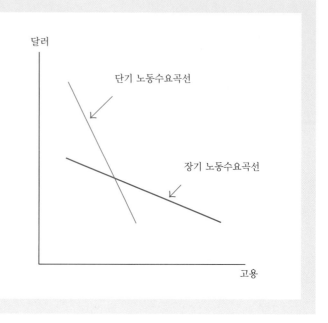

그림 3-12

단기 노동수요곡선과 장기 노동수요곡선

장기에서는 기업이 임금의 변화로 인한 경제적 이점을 충분히 이용할 수 있다. 장기 노동수요곡선이 단기 노동수요곡선보다 더욱 탄력적이다.

은 연구를 찾아볼 수 있다.[4] 앞서 노동공급탄력성 추정에서 부딪히게 되는 여러 문제를 논의했던 것을 떠올리면 노동수요탄력성 추정치에서도 매우 광범위한 값들이 제시되었다는 것 또한 그리 놀랄 만한 일은 아니다. 대부분의 추정치가 노동수요곡선이 우하향하는 것으로 추정하긴 했으나 추정치의 범위는 매우 넓다.

단기 노동수요탄력성 추정치는 어느 정도 차이가 있기는 하지만 대체로 −0.4∼−0.5 사이에 있는 것으로 일치된 견해가 형성되었다. 바꿔 말하면, 단기에는 임금이 10% 상승하면 고용이 4∼5% 정도 감소한다고 말할 수 있다. 연구결과들은 또한 장기 노동수요탄력성 추정치가 대략 −1 근처에 모여 있어서 장기 노동수요가 실제로 단기 노동수요보다 탄력적이라는 증거를 제시하고 있다. 장기 노동수요탄력성 수치의 약 3분의 1은 대체효과에 기인하고 약 3분의 2는 규모효과에 기인하는 것으로 볼 수 있다.

3-5　대체탄력성

기업의 대체효과의 크기는 등량곡선의 곡률에 달려 있다. [그림 3-13]에 두 가지 극단적인 상황을 나타냈다. [그림 3-13a]에는 등량곡선이 −0.5의 기울기를 갖는 직선의 형태

---

[4]　Daniel S. Hamermesh, *Labor Demand*, Princeton, NJ: Princeton University Press, 1933에서 이와 관련하여 매우 광범위한 연구결과를 소개한다.

이론의 현장 적용 캘리포니아의 초과근무 규제

1938년에 제정된 공정노동기준법(The Fair Labor Standard Act)은 근로자가 주당 40시간을 초과하여 근무하는 경우 초과근무시간에 대해 1.5배의 임금을 받을 수 있도록 명문화했다. 대부분의 주와 달리 캘리포니아는 일주일의 총근로시간이 40시간 미만일지라도 근로자가 하루에 8시간을 초과하여 근무할 경우 초과근무시간에 대해 1.5배의 임금을 받도록 했다. 1974년 이전에는 캘리포니아의 이러한 법률이 여성 근로자에게만 적용되었으나 1980년대 이후로는 남성과 여성 근로자 모두에게 적용되고 있다.

노동수요이론은 캘리포니아의 이 법률이 남성 근로자가 하루 8시간 이상 근무할 확률에 어떠한 영향을 주게 될지 명백하게 예측한다. 1970년대와 1980년대를 비교하면 남성 근로자가 8시간 이상 근무할 확률은 감소했어야만 한다. 왜냐하면 일 단위의 초과근무시간에 대한 규제가 남성 근로자에게까지 확대되었고 따라서 고용주는 생산비용을 낮출 수 있는 생산방법을 채택했을 것이기 때문이다.

아래 표는 1973년에 캘리포니아 남성 근로자의 17.1%가 하루 8시간 이상을 일했었는데 1985년에 이르자 16.9%의 남성 근로자만이 하루 8시간 이상 일했음을 보여주고 있다. 하루 근무시간의 길이가 약간 단축된 것이 초과근무시간에 대한 규제확대 때문이라고 결론을 내리기 전에 만일 이러한 규제확대가 적용되지 않았더라면 캘리포니아 남성 근로자의 하루 근무시간이 어떻게 되었을까 생각해볼 필요가 있다. 다시 말하면 우리는 통제집단이 필요하다.

가능한 통제집단으로 캘리포니아의 정책 변화에 영향을 받지 않았던 다른 주의 남성 근로자를 생각해볼 수 있다. 다른 주에서는 하루 8시간 이상 일을 하는 남성 근로자의 비율이 같은 기간 동안 20.1%에서 22.8%로 상승했다. 따라서 캘리포니아의 규제확대 영향을 추정한 이중차분추정결과에 따르면 이러한 정책은 남성 근로자가 하루 8시간 이상 일할 확률을 2.9%p 감소시킨 것으로 나타났다. 한편 통제집단의 대안으로 캘리포니아주의 초과근무 제한법률을 지속적으로 받아온 캘리포니아주 여성 근로자를 선택할 수도 있다. 여성 근로자의 하루 근무시간이 8시간 이상 지속될 확률 또한 그 기간 동안 상승했다. 그러므로 아래의 표는 노동비용이 증가하면 남성 근로자가 하루 8시간 이상 일할 확률이 줄어든다는 것을 보여주는 것으로 해석할 수 있다.

출처 : Daniel S. Hamermesh and Stephen J. Trejo, "The Demand for Hours of Labor : Direct Estimates from California," *Review of Economics and Statistics* 82 (February 2000) : 38-47.

캘리포니아 초과근무 규제의 고용효과

	처치집단	통제집단	
	캘리포니아주 남성 근로자(%)	다른 주 남성 근로자(%)	캘리포니아주 여성 근로자(%)
연도별 하루 8시간 이상 일하는 근로자 비율			
1973	17.1	20.1	4.0
1985	16.9	22.8	1.2
차분	-0.2	2.7	3.2
이중차분	–	-2.9	-3.4

로 그려져 있다. 이를 다른 말로 설명하면, 기업이 두 명의 근로자를 해고하고 이들을 하나의 기계로 대체하면 언제나 동일한 양의 생산량을 유지한다. 노동과 자본 사이의 '교환비율'은 기업이 현재 고용된 근로자 수와 보유하고 있는 자본의 수준과 상관없이 언제나 동일하다. 등량곡선이 직선의 형태를 가질 때 한계기술대체율은 일정한 값을 갖는다. 어느 두 생산요소가 일정한 비율로 대체될 수 있다면 이 두 생산요소를 완전대체요소(perfect substitutes)라고 부른다.[5]

다른 극단의 경우가 [그림 3-13b]에 그려져 있다. 직각의 등량곡선은 20명의 근로자와 5대의 기계를 사용하여 q_0를 생산한다는 것을 의미한다. 만일 기계를 5대로 고정시키면 근로자를 추가로 고용하여도 생산량에 아무런 영향을 미치지 않는다. 마찬가지로 고용을

그림 3-13   생산요소가 완전대체요소이거나 완전보완요소일 경우의 등량곡선

등량곡선이 직선의 형태를 가지면(두 명의 근로자가 언제나 한 대의 기계로 대체될 수 있도록) 노동과 자본은 완전대체요소가 된다. 등량곡선이 직각의 형태를 가지면 두 생산요소는 완전보완요소가 된다. 이 경우에 기업은 다섯 대의 기계와 스무 명의 근로자를 투입하거나 혹은 다섯 대의 기계와 스물다섯 명의 근로자를 투입하거나 동일한 생산량을 생산한다.

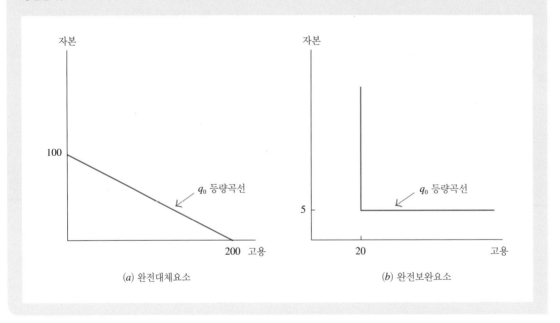

(a) 완전대체요소   (b) 완전보완요소

---

5 완전대체요소에 대한 정의는 두 생산요소가 일대일의 비율로 대체되어야 한다는 의미는 아니다. 즉, 한 명의 근로자를 해고하면 하나의 기계로 이를 대체해야 한다는 뜻이 아님에 유의해야 한다. 여기에서 완전대체요소의 정의는 자본이 노동을 대체할 수 있는 비율이 일정하다는 의미만을 갖는다.

20명의 근로자로 고정시키면 기계를 더 투입하여도 생산량에는 영향이 없다. 돈을 낭비하고 싶지 않은 기업이라면 q_0의 생산량을 생산하기 위해 '20명의 근로자와 5대의 기계'라는 오직 하나의 방침만을 채택할 것이다. 어느 두 생산요소 사이에 등량곡선이 직각의 형태를 갖는다면 우리는 이러한 두 생산요소를 **완전보완요소**(perfect complements)라고 부른다.

노동과 자본이 완전대체요소일 때 대체효과는 매우 크게 나타난다. 등량곡선이 직선이면 기업은 두 가지 대안적인 생산요소 중에 비용이 더 싼 것이 무엇이냐에 따라 100대의 기계만을 임대하거나 아니면 200명의 근로자만을 고용하는 방법으로 q_0를 생산하는 비용을 최소화한다. 만일 생산요소들의 가격이 충분히 크게 변하면 기업은 하나의 극단에서 다른 극단으로 이동할 것이다.

반대로 두 생산요소가 완전보완요소라면 대체효과가 존재하지 않는다. q_0를 생산하는 방법이 유일하게 정해지기 때문에 임금의 변화가 요소투입의 조합을 결코 바꾸지 않는다. 노동과 자본의 가격과는 상관없이 기업은 q_0를 생산하기 위해서는 언제나 20명의 근로자와 5대의 기계를 사용해야만 한다.

이러한 두 가지 극단적인 경우 사이에서 등량곡선의 곡률에 따라 무수한 경우의 대체가능성이 존재한다. 등량곡선이 평평해질수록 대체효과의 크기는 커진다. 일반적으로 등량곡선의 곡률을 측정하기 위해 **대체탄력성**(elasticity of substitution)이라고 불리는 수치를 사용한다. 노동과 자본 사이의 대체탄력성은 다음과 같이 정의한다.

$$\text{대체탄력성} = \frac{(K/E)\text{의 변화율}}{(w/r)\text{의 변화율}} \tag{3-17}$$

대체탄력성은 생산량은 고정시킨 상태에서 노동의 자본에 대한 상대가격이 1% 변할 때 자본/노동 비율이 몇 퍼센트 변하는지 측정한다. 대체효과는 노동의 상대가격이 증가함에 따라 자본/노동 비율이 증가할 것을 예측한다(즉, 기업이 생산과정에서 노동을 제거하고 자본으로 대체한다). 그러므로 대체탄력성은 양수를 갖는 것으로 정의된다. 만일 등량곡선이 [그림 3-13b]에서와 같이 직각의 형태를 가지면 대체탄력성이 0이고, [그림 3-13a]처럼 직선의 형태를 가지면 무한대라는 사실이 알려져 있다. 따라서 대체효과 크기는 대체탄력성의 크기에 직접적으로 의존한다.

3-6 무엇이 노동수요를 탄력적으로 만드는가

마셜의 파생수요법칙(Marshall's rules of derived demand)은 어떤 특정 산업에서 탄력적인 수요곡선이 관찰되는 이유를 이론적으로 설명하는 매우 유명한 법칙이다.

- 대체탄력성의 크기가 클수록 노동수요는 더욱 탄력적이다. 이 규칙은 대체효과의 크기가 등량곡선의 곡률에 의존하는 사실로부터 도출되었다. 대체탄력성이 크면 클수록 등량곡선은 직선에 가까운 모양을 띠고 생산과정에서 노동과 자본이 더욱 유사한 성질을 갖는다. 이렇게 되면 임금이 증가할 때 기업이 노동을 자본으로 쉽게 대체할 수 있도록 허용한다.

- 최종생산물에 대한 수요의 탄력성이 높을수록 노동수요는 더욱 탄력적이다. 임금 상승은 한계비용을 증가시켜 최종생산물의 가격을 올리고 소비자의 수요를 감소시킨다. 생산물시장에서 제품의 판매가 줄어들기 때문에 기업은 고용수준을 줄인다. 소비자가 가격인상에 민감하게 반응할수록(즉, 최종생산물에 대한 수요곡선이 더욱 탄력적일수록) 고용감소의 폭이 커지기 때문에 산업의 노동수요곡선은 더욱 탄력적이 된다.

- 총생산비용에서 노동비용이 차지하는 비율이 높을수록 노동수요는 더욱 탄력적이다. 노동이 상대적으로 '중요한' 투입요소라고 생각해보자. 예를 들어 수제가구를 만들기 위해 숙련된 장인들에게 의존하는 경우에 이런 상황이 발생할 수 있다. 임금률이 조금만 올라도 제품생산의 한계비용이 큰 폭으로 상승할 수 있다. 한계비용의 상승은 제품의 가격을 올리고 수제가구에 대한 소비자의 수요를 감소시킨다. 이에 대응하여 기업은 다시 고용수준을 줄이려고 할 것이다. 반대로 노동이 생산과정에서 별로 '중요하지 않으면', 즉 노동비용이 총생산비용에서 작은 부분만을 차지한다면 임금의 상승이 한계비용에 미미한 영향만을 줄 것이고, 따라서 최종생산물의 가격과 소비자의 수요에도 작은 영향만을 미치게 된다. 이러한 경우에는 기업이 고용을 크게 줄일 필요가 없다.[6]

- 다른 생산요소의 공급탄력성이 클수록 노동수요는 더욱 탄력적이다. 우리는 기업이 자본의 불변가격 r에서 자본을 원하는 만큼 구입하여 사용할 수 있다고 가정했다. 임금이 인상되어 기업이 노동을 자본으로 대체하기를 원한다고 가정해보자. 자본공급곡선이 비탄력적이라면 기업이 자본을 더욱더 많이 투입할수록 자본의 가격이 급격하게 올라간다. 따라서 등량곡선을 따라 이동할 경제적 유인이 상당히 감소한다. 다른 말로 표현하면 생산과정에서 노동을 제거하고 그 대신 자본을 투입하는 것의 수익성이 그다지 높지 않다. 그러므로 자본량을 증가시키는 것이 수월할수록(즉, 자본공급곡선이 탄력적일수록) 노동수요곡선은 더욱 탄력적이 된다.

---

6 마셜의 세 번째 법칙은 최종생산물의 수요탄력성의 절댓값이 대체탄력성보다 클 때만 유효하다. 이러한 예외가 발생하는 이유는 우리가 노동을 임의의 방식으로 재정의함으로써 별로 중요하지 않은 생산요소로 만들 수 있기 때문이다. 예를 들어, 수제가구를 만드는 아일랜드인 근로자, 이탈리아인 근로자, 멕시코인 근로자 등으로 구분할 수 있다. 새롭게 구분된 각각의 근로자의 노동비용은 당연히 전체 생산비용에서 매우 작은 부분만을 차지할 것이다. 그러나 아일랜드인 근로자에 대한 수요곡선이 모든 근로자에 대한 수요곡선보다 비탄력적이라고 말하는 것은 옳지 않다. 이에 대한 보다 자세한 논의는 Saul D. Hoffman, "Revisiting Marshall's Third Law: Why Does Labor's Share Interact with the Elasticity of Substitution to Decrease the Elasticity of Labor Demand," *Journal of Economic Education*, 40, no. 4 (2009): 437–445를 보라.

노동조합

노동조합의 행위는 우리가 노동시장의 다양한 면을 이해하기 위해서 마셜 법칙을 어떻게 활용할 수 있는지 보여주는 좋은 예다. 노동조합이 없었던 어떤 경쟁 산업을 생각해보자. 이 상황에서 하나의 노동조합이 나타나 산업에 종사하는 근로자들을 조직화해서 단체협상을 통해 임금을 대폭적으로 올려줄 것이라고 약속했다고 하자. 노동수요곡선이 우하향하기 때문에 기업은 수요곡선을 따라 이동하면서 근로자들을 일시적으로 해고하는 방식으로 높아진 임금에 반응할지 모른다. 노동수요곡선이 비탄력적이면 노동조합을 결성하여 근로자들을 조직화하는 것이 매우 성공적인 귀결을 맺게 될 가능성이 높아진다. 비탄력적인 수요곡선이야말로 노동조합에 가입한 근로자들의 임금이 상당히 큰 폭으로 증가하는 경우에도 해고되는 근로자의 수가 얼마 되지 않을 수 있음을 보장하기 때문이다. 그러므로 산업의 수요를 비탄력적으로 만들기 위해 할 수 있는 모든 행동을 취하는 것이야말로 노동조합의 최고의 관심사가 된다.

노동조합이 종종 노동의 자본 대체 가능성을 높여주는 기술의 진보에 저항하는 것은 별로 놀라운 일이 아니다. 예를 들어 식자공(typesetter) 노동조합은 오랫동안 신문산업에서 컴퓨터로 작동하는 조판기를 도입하는 것에 반대했다. 이러한 형태의 행위는 명백하게 대체탄력성 값을 낮추고자 하는 노력이다. 대체탄력성의 크기가 작을수록 대체효과의 크기가 작아서 노동수요곡선을 더욱 비탄력적으로 만든다.

노동조합은 노동조합이 결성된 기업의 제품과 경쟁하는 기업 제품의 시장접근성을 제한하고 싶어 한다. 전국 자동차노동조합(United Auto Workers, UAW)은 일제 자동차의 미국시장 진입을 막는 정책을 강력하게 지지했었다. 만약 UAW가 단체협상에서 커다란 임금인상을 끌어낸다면 미국산 자동차의 가격이 큰 폭으로 인상될 것이다. 이러한 가격인상은 많은 잠재구매자가 수입자동차에 관심을 가지도록 만들 것이다. 그러나 만일 노동조합이 도요타, 닛산, 혼다의 수입을 막을 수 있다면 미국 소비자는 고가의 미국산 자동차를 사는 것 말고 다른 대안이 별로 없게 된다. 따라서 소비자가 선택할 수 있는 상품의 다양성을 제약함으로써 제품의 탄력성을 낮추는 것이 바로 노동조합의 중요 관심사이다.

마셜 법칙은 또한 노동비용의 비중이 낮을 때 노동조합이 성공할 가능성이 높아진다는 것을 의미하기도 한다. 노동조합은 제품생산의 한계비용(결과적으로 제품의 가격)을 올리지 않고도 대폭적인 임금인상을 요구할 수 있다. 실제로 전기기사 또는 목수와 같이 소그룹의 근로자를 조직화한 노동조합이 상당히 큰 규모의 임금인상을 얻어내는 데 성공하는 경향이 있다.[7] 전문직의 경우 총노동비용에서 차지하는 비중이 작기 때문에 이러한 근로자에 대한 수요곡선은 비교적 비탄력적이다.

---

7 UAW와 같이 산업에 속한 모든 근로자를 조직화한 '산업별 노동조합'과 비교하여 이러한 노동조합을 '직업별 노동조합'이라고 부른다.

마지막으로 노동조합은 종종 다른 생산요소의 가격을 올리기 위해 노력한다. 특히 노동조합에 가입하지 않은 근로자의 임금을 올리려고 한다. 데이비스·베이컨법(Davis-Bacon Act)은 공공투자 프로젝트에 관여하는 건설업자가 건설 근로자에게 '적정임금(prevailing wage)'을 지급하도록 요구한다. 건설업자가 노동조합에 가입하지 않은 근로자를 고용하더라도 적정임금은 일반적으로 노동조합원의 임금으로 정의된다. 이러한 형태의 규제가 노동조합 근로자로부터 비노동조합 근로자로 고용을 전환하는 비용을 증가시킨다. 그러므로 노동조합의 적정임금법에 대한 지지는 다른 생산요소의 공급을 더욱 비탄력적으로 만들어서 노동조합원의 노동수요탄력성을 낮추고자 하는 노력의 일환으로 해석될 수 있다.

3-7 생산요소가 다수일 때 생산요소에 대한 수요

비록 지금까지 생산함수가 오직 노동과 자본만을 생산요소로 포함한다고 가정했지만 보다 현실적인 생산과정을 고려할 수 있도록 이론을 쉽게 확장시킬 수 있다. 매우 다양한 유형의 근로자(예 : 숙련 근로자와 미숙련 근로자)가 있다는 것은 매우 분명한 사실이다. 그리고 또한 다양한 유형의 자본(예 : 구형의 기계장치와 신형의 기계장치)이 존재한다. 그렇다면 생산기술은 다음의 생산함수로 표현될 수 있다.

$$q = f(x_1, x_2, x_3, \cdots, x_n) \tag{3-18}$$

여기에서 x_i는 생산에 사용된 i번째 생산요소의 투입량을 의미한다. i번째 생산요소의 한계생산, 즉 MP_i를 다른 모든 생산요소의 투입량은 고정시킨 채 i번째 생산요소를 한 단위 증가시켜서 발생하는 생산량의 변화분으로 정의하자.

특정 생산요소의 단기 수요곡선과 장기 수요곡선을 도출하기 위해 생산함수를 사용할 수 있다. 이윤극대화를 추구하는 기업이라면 i번째 생산요소를 그 생산요소의 가격(w_i)이 한계생산의 가치와 일치하는 시점까지 고용한다는 예측은 여전히 유효하다.

$$w_i = p \times MP_i \tag{3-19}$$

수확체감의 법칙이 성립한다고 가정하는 한, 두 가지 생산요소만을 갖고 있는 단순한 생산함수의 경우에서 도출되었던 모든 중요한 결과 또한 여전히 유효하다. 각각의 생산요소의 단기와 장기의 수요곡선은 우하향하는 기울기를 갖는다. 장기 수요곡선은 단기 수요곡선보다 더욱 탄력적이다. 그리고 임금의 변화로 대체효과와 규모효과가 모두 발생한다.

다수의 생산요소의 투입은 생산요소 j의 가격이 오를 때 생산요소 i에 대한 수요가 증가하지만 생산요소 k의 가격이 오를 때는 반대로 생산요소 i의 수요가 감소할 수 있는 확률도 높다. 다른 생산요소의 가격에 대한 특정 생산요소 수요의 반응 정도를 측정하기 위해 **요소수요의 교차탄력성**(cross-elasticity of factor demand)을 다음과 같이 정의한다.

$$\delta_{ij} = \frac{\% \Delta x_i}{\% \Delta w_j} \tag{3-20}$$

교차탄력성은 생산요소 j의 가격이 1% 변할 때 생산요소 i에 대한 수요의 변화율(%)을 제시한다.

교차탄력성의 부호는 어느 두 생산요소가 생산과정에서 대체요소인지 혹은 보완요소인지 말해준다. 만일 교차탄력성이 양수이면 생산요소 j의 가격이 오를 때 생산요소 i에 대한 수요가 증가한다. 이 경우 두 생산요소 i와 j를 대체요소라고 말한다. 결국에 w_j의 인상이 생산요소 j의 수요를 감소시키는 동시에 생산요소 i의 수요를 증가시킨다. 기업이 생산과정에서 고가의 생산요소를 제거하고 이를 상대적으로 저렴한 생산요소로 대체하기 때문에 두 생산요소는 대체요소이다.

만일 요소수요의 교차탄력성이 음수이면 생산요소 j의 가격이 오를 때 생산요소 i에 대한 수요가 감소하여 생산요소 i와 j는 생산과정에서 보완요소라고 부른다. 두 생산요소가 w_j의 인상에 같은 방식으로 반응하기 때문에 이들은 보완요소가 되고, 기업은 두 생산요소 모두 적게 사용한다. 달리 표현하면 이 두 생산요소는 '함께 움직인다'.

[그림 3-14]는 대체요소와 보완요소의 정의를 수요곡선의 이동으로 표현했다. [그림 3-14a]에서는 두 생산요소가 서로 대체요소이다. 생산요소 j가 이전보다 비싸지자 기업은 생산요소 i로 대체했다. 따라서 생산요소 i에 대한 수요곡선이 위쪽으로 이동했다. [그림 3-14b]에서는 두 생산요소가 서로 보완요소이다. 생산요소 j의 가격이 올랐을 때 생산요소 i에 대한 수요곡선이 아래쪽 방향으로 이동했다. 즉, 생산요소 j가 더욱 비싸졌을 때 두 생산요소에 대한 수요가 모두 감소했다.

실증적 증거는 미숙련 근로자와 자본은 대체요소 관계이고 숙련 근로자와 자본은 보완요소 관계임을 제시한다.[8] 다시 말하면, 기계장치의 가격이 하락하면 기업은 미숙련 근로자를 덜 고용한다. 그렇지만 동시에 숙련 근로자와 자본장비는 '함께 투입'되기 때문에 숙련 근로자에 대한 수요는 증가한다.

이러한 결과는 자본-숙련 보완가설(capital-skill complementarity hypothesis)로 알려지게 되었다. 이 가설은 중요한 정책적 함의를 포함하고 있다. 예를 들면, 투자세액공제와 같이 기업의 시설자본 투자에 보조금을 지급하는 것은 근로자의 유형에 따라 다른 영향을 줄 수 있다. 투자세액공제가 자본의 가격을 하락시켜 기업의 자본수요를 증가시킨다. 그에 따라 미숙련 근로자에 대한 수요는 감소하고 숙련 근로자에 대한 수요는 증가한다. 그러므로 투자세액공제는 경제 전반의 투자를 촉진하는 역할을 하지만, 한편으로는 미숙련

8　Zvi Griliches, "Capital-Skill Complementarity," *Review of Economics and Statistics* 51 (November 1969): 465 -468과 Claudia Goldin and Lawrence F. Katz, "The Origins of Technology-Skill Complementarity," *Quarterly Journal of Economics* 113 (August 1998): 693-732를 보라.

그림 3-14 생산요소 j의 가격변화에 따른 생산요소 i의 수요곡선

(a) 두 생산요소가 대체요소일 때 생산요소 i에 대한 수요곡선은 위쪽 방향으로 이동한다. (b) 두 생산요소가 보완요소일 때 생산요소 i에 대한 수요곡선은 아래쪽 방향으로 이동한다.

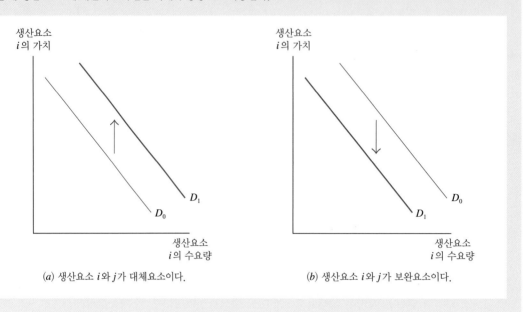

(a) 생산요소 i와 j가 대체요소이다. (b) 생산요소 i와 j가 보완요소이다.

근로자의 상대적인 경제적 지위를 악화시킨다.[9]

3-8 노동시장의 균형 개요

우리는 근로자를 노동시장에 참여하게 만드는 요인과 기업이 고용인원을 결정하게 만드는 요인을 살펴보았다. 노동시장은 일자리를 찾는 근로자와 근로자를 찾는 기업이 마침내 만나서 서로의 제안을 비교하는 장소를 일컫는다. 근로자와 기업 사이의 상호작용이 균형(equilibrium)임금과 균형고용수준 — 근로자가 일을 하고 싶어 하는 시간과 기업이 고용하기를 원하는 시간이 균형을 이루도록 하는 임금과 고용의 수준 — 을 결정한다. 여기에서는 노동시장의 균형을 간략하게 설명하고 제4장에서 노동시장 균형의 특징을 아주 상세하게 분석할 예정이다.

[그림 3-15]는 어떤 특정 노동시장에서의 노동수요곡선과 노동공급곡선을 그림으로 나

---

9 노동시장에서 미숙련 근로자와 숙련 근로자 간의 양극화 증가는 David H. Autor and David Dorn, "The Growth of Low-Skill Service Jobs and the Polarization of the U.S. Labor Market," *American Economic Review* 103 (August 2013): 1553-1597을 보라.

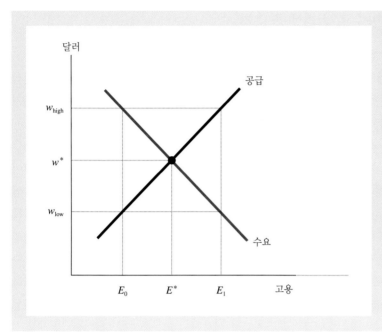

타냈다. 그림에서 보여주는 것처럼 노동공급곡선은 양의 기울기를 갖고 있어서 대체효과가 소득효과를 압도하고 있는 경우를 가정하고 있다. 노동수요곡선은 음의 기울기를 갖는다. 균형임금과 균형고용수준은 수요곡선과 공급곡선이 교차하는 점으로 주어진다. 총 E^*의 근로자가 고용되고 각각의 근로자는 시장임금 w^*를 받는다.

이 교차점이 노동시장의 균형을 대표하는 이유를 살펴보기 위해 근로자들이 균형임금보다 높은 w_{high}의 임금을 받고 있다고 가정해보자. 이 임금에서 수요곡선은 기업이 오직 E_0만큼의 근로자를 고용할 의향이 있음을 가리키고 있다. 그러므로 균형임금수준을 넘어서는 임금은 한정된 일자리를 놓고 경쟁하는 잉여 근로자를 양산해서 임금이 떨어지도록 압력을 가한다. 만일 기업이 w_{low}와 같이 균형임금보다 낮은 임금을 제시하면 정확하게 반대의 상황이 발생할 것이다. 기업은 많은 근로자를 고용하고 싶어 하지만 오직 소수의 근로자만이 그 임금수준에서 일을 하려고 할 것이기 때문에 경쟁노동시장은 임금이 오르도록 압력을 받는다.

노동시장이 균형에 도달하면 기업과 근로자의 상충되는 이해관계가 더 이상 발생하지 않는다. 균형임금에서 일자리를 찾는 근로자의 수와 기업이 고용하고 싶어 하는 근로자의 수가 정확하게 일치한다. 다른 경제적 충격이 없다면 임금과 고용의 균형수준은 무기한 지속될 수 있다.

3-9 도구변수로서 리벳공 로지

노동경제학자에게 훌륭한 연구로 평가받는 많은 연구 중에는 특정 집단의 노동수요와 노동공급을 추정하기 위해 노력한 연구가 다수 포함되어 있다. 이러한 연구가 발견한 결과는 종종 노동시장에 발생한 외부충격 또는 노동시장에 대한 정책변화가 어떤 변화를 가져오게 될지 예측하는 데 활용된다.

노동수요곡선을 추정하기 위한 전형적인 노력은 특정 노동시장의 고용과 임금, 예를 들어 여성의 고용과 임금자료를 관찰하는 것으로 시작된다. [그림 3-16]은 우리의 이론이 실제로 관찰된 고용과 임금에 대한 자료를 어떻게 만들어내는지 보여준다. 노동시장이 임금률 w_0와 고용수준 E_0로 대표되는 P의 균형 상태에 있다고 하자. 가령 이제 여성의 노동공급곡선이 오른쪽으로 이동했다고 가정해보자. 새로운 균형은 w_1의 임금과 E_1으로 구성된 Q가 될 것이다. 우리가 관찰하게 될 자료는 한 쌍의 임금(w_0와 w_1)과 한 쌍의 고용수준(E_0와 E_1) 자료로 구성된다. [그림 3-16]은 이러한 자료가 노동수요곡선 D_0를 식별하기 위해 사용될 수 있음을 보이고 있다. 즉, 우리가 현실에서 오직 노동공급곡선만이 이동한 상황을 관찰할 수 있다면 임금과 고용자료를 이용하여 노동수요의 탄력성을 추정할 수 있다.

그러나 대부분의 현실에서는 공급곡선과 수요곡선이 아마도 동시에 함께 움직인다. 두

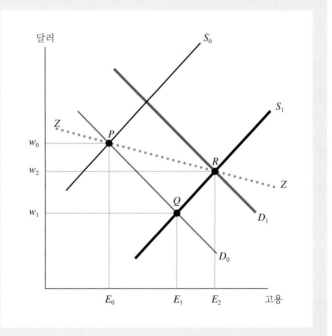

그림 3-16

노동공급곡선과 노동수요곡선의 이동이 임금과 고용수준에 대한 자료를 만들어낸다

노동시장의 초기균형이 P라고 하자. 우리는 w_0의 임금과 E_0의 고용수준을 관찰한다. 만일 노동공급곡선만이 이동하게 되면 우리는 w_1의 임금과 E_1의 고용수준을 관찰할 수 있으므로 주어진 자료를 이용하여 노동수요곡선을 식별할 수 있다. 그러나 만일 노동공급곡선과 노동수요곡선이 함께 움직이면 우리는 w_2의 임금과 E_2의 고용수준을 관찰하게 될 것이다. 그러면 주어진 자료를 이용하여 ZZ 곡선을 식별할 수 있다. 그러나 ZZ 곡선은 노동수요곡선과 노동공급곡선에 대한 아무런 정보를 제공하지 않는다.

곡선이 이동하면 새로운 균형점은 w_2의 임금과 E_2로 구성된 R과 같은 점이 될 것이다. 이제 우리가 관찰하는 자료는 한 쌍의 임금(w_0와 w_2)과 한 쌍의 고용수준(E_0와 E_2) 자료로 이루어진다. 이 자료를 이용하면 ZZ 곡선을 추정할 수 있지만 이 곡선은 노동공급탄력성이나 노동수요탄력성에 대해 아무런 정보도 제공하지 않는다. 두 곡선이 동시에 움직일 때는 그러므로 임금과 고용에 대한 자료가 노동시장의 구조를 식별하는 데 아무런 도움이 되지 않는다. 달리 표현하면 관찰된 자료(즉, ZZ 곡선)가 어떤 특정 정책의 변화(예 : 자녀 양육비에 대한 세액공제)가 여성의 임금과 고용에 어떻게 영향을 미치게 될지 예측하는 데 사용될 수 없다.

그러므로 노동수요탄력성을 추정하는 '비결(trick)'은 어떤 구조적 요인이 노동공급곡선을 이동시키지만 노동수요곡선은 그대로 유지하도록 만드는 상황을 찾는 것이다. 하나의 곡선의 이동에만 영향을 주고 다른 곡선의 이동에는 영향을 주지 않는 변수를 도구(instrument) 또는 **도구변수**(instrumental variable)라고 부른다. 공급곡선에 대한 도구변수를 활용할 수 있다면 노동수요의 탄력성을 추정하기 위해 **도구변수 추정방법**(method of instrumental variables)을 사용할 수 있다.[10]

최근의 한 연구는 특정한 역사적 시간이 노동수요곡선을 추정하는 과정에서 이렇게 활용될 수 있는지 단순하면서도 유익한 설명을 제시했다.[11] 지난 제2차 세계대전 기간에 거의 1,600만 명의 남자가 군대에 동원되었는데, 이 중에서 대부분이 해외로 파병되었다. 남성 근로자의 숫자가 갑작스럽게 줄어들자 많은 여성이 민간 노동시장에 참여했는데 이때 '남성의 일'을 수행함으로써 전쟁을 도운 여성을 대표하는 의미로 '리벳공 로지(Rosie the Riveter)'라는 정형화된 문구가 등장했다. 1940년에는 15세 이상의 여성 가운데 단 28%만이 경제활동에 참여했었는데, 1945년에 이르자 여성의 경제활동 참가율이 34%를 넘어섰다. 일부의 여성 근로자가 전쟁이 끝나고 나서 노동시장을 떠났음에도 불구하고 많은 여성은 노동시장에 남아 있었고, 여성 근로자의 수를 영구적으로 증가시켰다.

도구변수 추정방법이 어떻게 사용될 수 있는지 이해하기 위해서 역사적인 상황을 정확하게 알 필요가 있다. 미국은 1940년 10월에 징병제법을 도입하여 21~35세 사이의 모든 남성을 의무적으로 등록하도록 하는 국가 징병제를 도입했다. 징병이 마침내 종료된 1947년에는 여섯 단계로 구분된 의무등록제도가 마련되었는데, 결국에는 18~64세까지의 모든 남성이 의무적으로 등록하도록 했다. 등록이 완료되고 나서 지방 징집위원회는 전시에 어느 등록자부터 징집할지 추첨제도를 사용하여 결정했다.

징집위원회에게는 일부의 남성에 한하여 징집연기를 허용할 수 있는 권한이 부여되었

---

10 이와 유사하게 수요곡선만을 이동시키는 변수 역시 노동공급탄력성을 추정하는 데 사용할 수 있다.

11 Daron Acemoglu, David H. Autor, and David Lyle, "Women, War and Wages: The Effect of Female Labor Supply on the Wage Structure at Midcentury," *Journal of Political Economy* 112 (June 2004): 497–551을 보라.

다. 징집연기는 일반적으로 남성의 결혼 여부와 자녀 유무에 근거하여 결정되었으며 또한 민간 생산부문에 필수적인 기술을 가지고 있는지 여부에 달려 있었다. 예를 들어, 농부는 대개의 경우 징집이 연기되었는데 전쟁을 지원하기 위해 반드시 식량이 필요했기 때문이다. 이러한 징집연기제도로 인해 농촌에 살고 있는 남성은 뉴욕이나 매사추세츠처럼 주로 도시가 많은 주에 살고 있는 남성보다 징집될 확률이 낮았다. 그리고 대부분의 군부대가 분리되었기 때문에 비교적 소수의 흑인만 징집되었고, 흑인 인구의 지역적 분포가 군 동원율의 지역적 차이를 더 크게 만들었다. 〈표 3-2〉는 1940년과 1945년 사이에 18~44세에 해당하는 징집 대상 등록 남성 중에 실제로 군복무를 경험한 남성의 비율로 정의한 동원율을 여러 주에 걸쳐서 보여주고 있는데 조지아주는 41%, 캘리포니아주는 50%, 매사추세츠주는 55%를 나타내고 있다.

주별 동원율은 각 주의 여성노동공급곡선을 다른 비율로 이동시키는 도구변수로서 작동한다. 결국 로지는 징집위원회가 많은 남성을 전쟁터에 보낸 주에서 리벳공이 될 확률이 높을 것이다. [그림 3-17a]가 보여주는 것처럼 1939~1949년 여성 고용의 증가와 주별 동원율 사이에 아주 뚜렷한 양의 상관관계가 관찰된다.

$$\text{여성 고용변화율} = -94.56 + 2.62 \times \text{동원율}$$
$$(31.88) \quad (0.67) \tag{3-21}$$

위 식 (3-21)은 [그림 3-17a]에 있는 회귀선(괄호는 표준오차)을 표현한 것이다. 이러한 회귀식은 주별 동원율이 1%p 상승하면 여성의 노동공급이 2.62% 증가한다는 것을 의미한다.

동원율이 여성 근로자가 경험한 임금의 증가와 강한 상관관계가 있다는 것 또한 밝혀졌다. [그림 3-17b]는 1939~1949년까지 여성 임금의 변화와 주별 동원율 사이에 뚜렷한 음의 상관관계가 있었음을 보여준다. 여성 임금은 전쟁에 징집된 남성이 많은 주에서 가장 작게 증가했다. 이 두 변수를 회귀분석하면 회귀선이 다음과 같이 주어진다.

$$\text{여성 임금변화율} = 171.69 - 2.58 \times \text{동원율}$$
$$(21.45) \quad (0.45) \tag{3-22}$$

동원율의 1%p 증가가 여성 임금 2.58% 하락을 수반하고 있다.

노동수요탄력성을 추정하기 위해 식 (3-21)과 식 (3-22)의 회귀모형이 사용될 수 있다. 남성의 동원율이 1%p씩 증가할 때마다 여성의 고용(F)은 2.62%씩 상승했고 여성 근로자의 임금(w_F)은 2.58% 하락했음을 알 수 있었다. 이를 달리 표현하면 여성 임금을 2.58% 하락시킨 역사적인 사건이 여성의 고용을 2.62% 증가시켰다는 뜻이 된다. 그러므로 노동수요탄력성은 이 두 숫자의 비율로 주어진다.

$$\delta = \frac{\%\,\Delta F}{\%\,\Delta w_F} = \frac{2.62}{-2.58} = -1.07 \tag{3-23}$$

표 3-2 동원율과 여성 근로자들의 임금 및 고용의 변화율, 1939~1949

주	동원율(%)	여성고용 변화율(%)	여성임금 변화율(%)	주	동원율(%)	여성고용 변화율(%)	여성임금 변화율(%)
앨라배마	43.6	20.3	81.0	노스캐롤라이나	42.1	23.3	51.6
아칸소	43.6	19.2	79.5	노스다코타	41.8	-12.5	51.8
애리조나	49.4	70.2	38.4	네브라스카	46.3	30.4	49.0
캘리포니아	50.0	65.7	31.3	뉴햄프셔	53.0	20.1	41.8
콜로라도	49.7	54.5	50.2	뉴저지	49.7	24.3	35.7
코네티컷	49.4	27.9	34.5	뉴멕시코	47.8	51.1	50.6
델라웨어	46.9	39.4	24.6	뉴욕	48.4	24.9	33.7
플로리다	47.7	35.2	69.9	오하이오	47.8	32.4	41.1
조지아	41.2	16.7	65.2	오클라호마	49.0	25.9	55.1
아이오와	45.3	2.9	51.2	오리건	53.1	66.5	42.3
아이다호	49.8	53.3	58.1	펜실베이니아	52.6	31.9	37.9
일리노이	47.6	26.2	42.0	로드아일랜드	54.1	27.8	28.6
인디애나	45.3	31.6	48.3	사우스캐롤라이나	42.7	31.1	80.0
캔자스	49.0	18.8	55.6	사우스다코타	42.2	6.5	52.5
켄터키	45.2	15.1	51.1	테네시	44.9	19.5	52.4
루이지애나	43.5	19.5	69.4	텍사스	46.0	48.5	66.8
매사추세츠	54.5	24.8	26.9	유타	52.8	56.9	35.3
메릴랜드	46.9	22.1	48.9	버지니아	44.7	34.5	56.1
메인	50.3	19.1	38.4	버몬트	47.3	21.9	62.6
미시간	45.3	39.1	48.6	워싱턴	52.4	72.8	39.2
미네소타	46.8	23.9	47.5	위스콘신	43.3	27.3	44.4
미주리	45.5	13.2	48.2	웨스트버지니아	48.4	27.3	47.5
미시시피	43.7	2.2	73.0	와이오밍	48.9	36.2	39.6
몬태나	49.4	10.1	44.2				

출처 : Daron Acemoglu, David H. Autor, and David Lyle, "Women, War and Wages : The Effect of Female Labor Supply on the Wage Structure at Midcentury." *Journal of Political Economy* 112 (June 2004) : 497-551. 동원율은 1940년부터 1945년까지 18~44세에 해당하는 징집 대상 등록 남성 중에서 실제로 군복무를 경험한 남성들의 비율로 정의하였다. 여성고용 변화율은 14~64세 여성이 농업을 제외한 산업에 종사한 총근로시간에 로그를 취한 값의 변화로 정의하였다. 여성임금 변화율은 전일제 근로 여성의 로그임금의 변화로 정의하였다.

제2차 세계대전 기간 중에 여성 근로자가 경험했던 임금과 고용의 변화로부터 여성의 노동수요탄력성이 약 -1.0 정도라고 추론했다.

[그림 3-17a]와 [그림 3-17b]에서 시각적으로 설명한 접근법은 여성의 교육수준이라든가 연령분포 등과 같이 주에 따라 노동공급곡선이나 노동수요곡선을 차별적으로 이동시켰을지도 모르는 또 다른 요인을 통제하기 위해 확장될 수 있다. 이러한 다변량적 접근을 그림으로 표현하기는 쉽지 않지만 도구변수의 방법론은 이와 똑같은 기본논리에 의존한다. 오직 노동공급곡선만을 이동시키는 도구변수를 활용할 수 있다면 임금과 고용에 대한 자료를 사용하여 노동수요곡선을 추정할 수 있다.

그림 3-17 동원율과 여성 근로자 임금 및 고용의 변화, 1939～1949

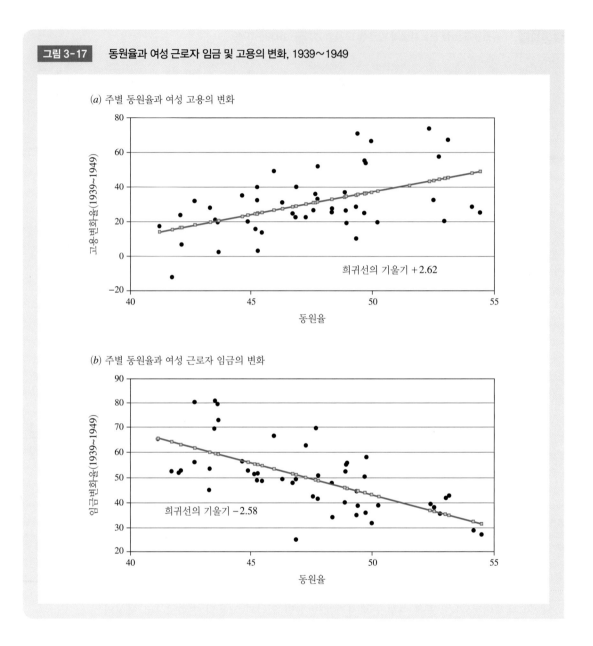

(a) 주별 동원율과 여성 고용의 변화

희귀선의 기울기 +2.62

(b) 주별 동원율과 여성 근로자 임금의 변화

희귀선의 기울기 −2.58

이러한 논의는 또한 도구변수의 가장 큰 약점을 잘 조명하고 있다. 전체적인 분석의 타당성은 유효한 도구변수, 즉 수요-공급모형에서 오직 하나의 곡선만을 움직이게 만드는 변수를 찾는 것에 달려 있다. 노동경제학에서 실증분석 결과의 해석을 놓고 상당한 이견이 발생하는 많은 경우는 연구자가 노동공급곡선이나 노동수요곡선을 식별할 수 있도록 해주는 유효한 도구변수를 사용하고 있는지에 대한 의견 충돌과 관련이 있다. 식 (3-23)에 있는 비율은 오직 주별 동원율의 차이가 주별로 여성의 노동공급에만 차이를 발생시키고 여성의 노동수요에 대해서는 아무런 주별 차이를 발생시키지 않았을 경우에만 노동수요의 탄력성이 된다. 노동수요곡선은 한계생산가치곡선으로 주어지므로 여러 주에 걸친 최종생산물 가격 차이와 여성 근로자의 생산성 차이가 주별 동원율과 아무런 연관이 없는 경우에만 동원율이 유효한 도구변수가 될 것이다.

3-10 정책 응용 사례 : 최저임금

미국 연방정부는 1938년 공정근로기준법(Fair Labor Standards Act, FLSA)의 조문에 최저임금조항을 법으로 도입했다. 1938년에 최초로 최저임금이 시간당 25센트로 정해졌는데, 비관리직 근로자 가운데 오직 43%만이 이 법의 최저임금조항을 적용받았다. 농업이나 소매업에 종사하는 근로자의 경우 최저임금법 적용이 면제되었다. [그림 3-18]에 그려진 것처럼 최저임금은 지난 60년간 비정기적으로 조정되어 왔다. 현재는 최저임금이 시간당 7.25달러이다. 최저임금법 적용을 받는 근로자의 범위 또한 크게 확대되어 왔다. 지금은 주정부 혹은 지방정부에 고용된 근로자를 제외한 대부분의 근로자가 최저임금법의 보호를 받는다.

[그림 3-18]은 미국 최저임금법의 중요한 특징 가운데 하나를 그림으로 표현하고 있다.

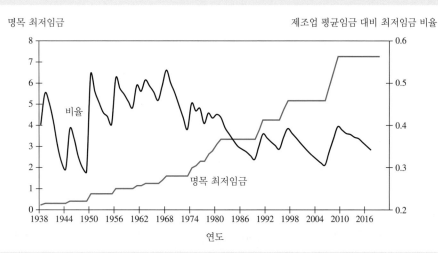

그림 3-18 **미국의 최저임금, 1938~2017**

출처 : U.S. Bureau of the Census, *Statistical Abstract of the United States*, Washington, DC: Government Printing Office, various issues; U.S. Bureau of the Census, *Historical Statistics of the United States, Colonial Times to 1970*, Washington, DC: Government Printing Office, 1975; and U.S. Bureau of Labor Statistics, Employment, Hours, and Earnings from the Current Employment Statistics Survey, Washington, DC

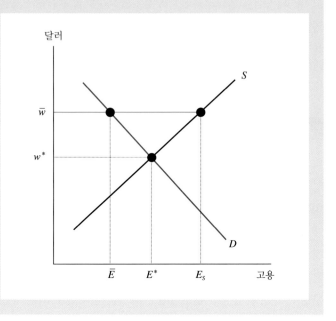

그림 3-19

최저임금이 고용에 미치는 영향

최저임금은 고용주가 고용수준을 (E^*로부터) 줄이도록 만든다. 높아진 임금은 또한 ($E_s - E^*$)의 새로운 근로자가 노동시장에 진입하도록 만든다. 그러므로 최저임금은 실업을 양산한다.

미국의 최저임금은 물가인상이나 생산성 증가에 연동되어 있지 않다. 그러한 결과 명목상의 최저임금이 정해진 시기와 의회에서 최저임금을 다시 인상하는 시기 사이에 실질 최저임금이 감소한다. 예를 들어 설명하면, 1981년에는 최저임금이 제조업 평균임금의 42% 수준인 시간당 3.35달러로 정해졌다. 1989년에도 명목상의 최저임금은 여전히 시간당 3.35달러였으나 이 수준의 임금이 이때는 제조업 평균임금의 32%에 불과했다. 실질 최저임금에 '톱니바퀴 모양이 나타나는 현상'은 최저임금이 한 번 설정된 이후 유지 기간이 길어질수록 최저임금의 경제적 영향이 감소한다는 것을 의미한다.

[그림 3-19]는 최저임금이 고용에 미치는 영향을 분석하는 표준모형을 그림으로 나타냈다.[12] 경쟁 노동시장이 w^*의 임금과 E^*의 고용으로 이루어진 균형 상태에 있었다고 하자. 이제 정부가 최저임금 $\bar{w}$를 도입했다. 먼저 이 최저임금이 보편적으로 적용되어 모든 근로자가 최저임금법의 적용을 받고 있으며, 어떠한 기업이라도 최저임금보다 낮은 임금을 지급할 경우 받게 될 벌칙이 매우 엄격해서 모든 기업이 실제로 최저임금을 준수한다고 가정하자.

정부가 최저임금을 $\bar{w}$로 설정하고 나면 기업은 노동수요곡선을 따라 위로 이동하여 고용수준은 $\bar{E}$까지 하락한다. 최저임금 도입으로 인해 결과적으로 ($E^* - \bar{E}$)에 있는 어떤 근

---

12 이 표준모형은 George J. Stigler, "The Economics of Minimum Wage Legislation," *American Economic Review* 36 (June 1946): 358–365에 처음으로 소개되었다.

로자는 현재의 일자리를 잃어버리고 실업자가 된다. 그러나 높아진 임금은 누군가가 노동시장에 진입하도록 권장하는 역할을 한다. 실제로는 E_S의 근로자가 고용되기를 원하여 새롭게 추가된 $E_S - E^*$의 근로자가 노동시장에 진입하지만 일자리를 찾을 수 없어서 실업자 명부에 추가된다.

그러므로 최저임금은 일부의 근로자가 일자리를 잃게 만들고 경쟁시장 임금수준에서는 일할 가치가 없다고 판단했던 일부의 사람에게는 이보다 높은 최저임금에서 일할 의향을 나타내도록 하기 때문에 실업을 양산한다. 실업률 또는 경제활동인구 크기 대비 실업자의 비율은 $(E_S - \overline{E})/E_S$로 주어진다. 기업은 더 이상 근로자를 고용할 의사가 없고 실업상태의 근로자는 최저임금을 받고 일을 하고 싶어 하기 때문에 실업이 지속된다. 따라서 실업률이 노동공급 및 노동수요탄력성뿐만 아니라 최저임금에도 의존한다는 것은 명백한 사실이다. 최저임금수준이 높아질수록 그리고 노동수요곡선과 노동공급곡선이 탄력적일수록 실업률이 올라가는 것을 쉽게 보일 수 있다.

짐작하건대 최저임금은 국가경제에서 가장 기술수준이 낮은, 그래서 시장임금이 비교적 낮은 근로자의 소득을 올려주기 위해서 도입되었을 것이다. 그러나 최저임금법의 도입으로 인하여 이러한 근로자가 특히 해고처분에 처할 위험이 높아지게 되었다. 일자리를 유지할 수 있을 만큼 운이 좋은 미숙련 근로자는 최저임금법으로부터 혜택을 받는다. 그러나 일자리를 잃어버린 미숙련 근로자에게는 최저임금이 별로 위안이 되지 않는다.

최저임금법의 준수

[그림 3-19]에 있는 최저임금의 영향을 분석하는 표준모형은 모든 기업이 최저임금법에 순응한다고 가정한다. 그러나 현실에는 최저임금법을 준수하지 않는 경우가 비일비재한 것처럼 보인다. 예를 들어 2010년의 최저임금이 시간당 7.25달러였으나 250만 명의 근로자(전체 시간제 근로자의 3.5%)가 이보다는 낮은 임금을 지급받았다.[13]

최저임금을 준수하지 않는 기업의 비율이 이렇듯 높은 이유는 최저임금법을 위반하여 적발된 기업에게 부과되는 처벌수준이 매우 약하기 때문이다. 노동부의 고용기준관리국에 소속된 정부관리요원에게 최저임금 위반사항이 적발되면 정부는 대체적으로 기업과 최저임금을 받지 못했던 근로자 간에 합의안을 협상하도록 노력한다. 합의의 일부로서 기업은 근로자에게 최저임금과 지난 2년간 실제로 지급한 임금의 차이를 지급할 것에 동의하도록 한다. 이렇듯 근로자에게 위법을 자행한 기업에게 징벌적 손해배상을 부과하는 경우는 드물다.

----

13 U.S. Bureau of Census, *Statistical Abstract of the United States*, 2008, Washington, DC: Government Printing Office, 2012, Table 653과 Orley Ashenfelter and Robert S. Smith, "Compliance with the Minimum Wage Law," *Journal of Political Economy* 87 (April 1979): 333–350을 보라.

사실상 최저임금법을 위반하여 적발된 기업은 무이자 대출을 받은 셈이다. 최대 2년까지 근로자에게 지불해야 할 급여총액 중 일부에 대한 지급을 미룰 수 있기 때문이다. 더욱이 만일 기업이 최저임금을 위반했지만 적발되지 않는다면 시장임금수준에서 지속적으로 근로자를 채용할 수 있다. 이러한 경우가 비일비재하게 발생하고 있는지도 모른다. 최저임금법의 미준수율이 높아질수록 최저임금으로 인한 고용감소는 줄어들게 된다.

최저임금법 적용분야와 비적용분야

[그림 3-19]는 모든 근로자가 최저임금법 적용을 받는다고 가정한 모형을 그림으로 나타낸 것이다. 최저임금이 보편적으로 적용되지 않는 경우에 고용에 미치는 역효과가 어떻게 완화될 수 있는지 살펴보기 위해 [그림 3-20]에 그려진 노동시장을 고려해보자. 이 경제에는 두 가지 분야가 존재한다. 최저임금이 적용되는 분야는 [그림 3-20a]에, 적용되지 않는 분야는 [그림 3-20b]에 각각 그려져 있다.[14] 최저임금법이 시행되기 이전에는 두 시장 모두 (적용분야에서는 공급곡선 S_C와 수요곡선 D_C가 교차하는 점에서, 비적용분야에서는 공급곡선 S_U와 수요곡선 D_U가 교차하는 점에서 결정되는) 하나의 균형임금 w^*만이 존재했다. 최저임금은 적용분야에 속한 산업에 고용된 근로자에게만 시행된다. 비적용분야에 고용된 근로자는 시장의 힘에 맡겨져서 경쟁임금을 받을 것이다.

최저임금이 시행되고 나면 적용분야의 임금이 $\overline{w}$로 오르고 일부 근로자는 일자리를 잃어버린다. 최저임금 적용분야의 고용은 $\overline{E}$로 떨어지고 결국 ($E_C - \overline{E}$)에 해당하는 수의 근로자가 이 분야에서 자신의 일자리를 떠나게 된다. 그러나 이들 중 많은 사람이 최저임금이 적용되지 않는 분야로 이동하여 일자리를 찾을 수 있다. 만약 이 사람들 중에서 일부가 비적용분야의 노동시장으로 이동한다면 비적용분야의 공급곡선이 (그림 3-20b에 나타낸 것처럼) S_U'의 방향으로 움직인다. 결과적으로 비적용분야의 임금이 하락하고 이 분야에 고용된 근로자의 수가 E_U에서 E_U'로 증가한다.

그러나 이러한 방식의 이동이 근로자 이동의 유일한 유형은 아니다. 애초부터 비적용분야에 고용되어 있었던 근로자 중 일부는 낮아진 임금에서 일하는 것이 별로 가치가 없다고 판단하여 일자리를 그만두고 최저임금 적용분야의 노동시장에서 새로운 일자리가 나오기를 기다리기로 결심할지도 모른다. 만일 비적용분야에 있는 많은 근로자가 이러한 반응을 보인다면 비적용분야에서 적용분야로의 이동이 근로자 이동의 주된 방향이 될 수도 있다. 이렇게 되면 비적용분야의 공급곡선이 [그림 3-20b]의 S_U''의 방향으로 이동하여 비적용분야의 임금이 올라가게 된다.

[그림 3-20]의 분석은 정책 입안자의 의도에도 불구하고 근로자의 자유로운 이동이 어

---

14 Jacob Mincer, "Unemployment Effects of Minimum Wages," *Journal of Political Economy* 84 (August 1976): S87 –S104를 보라.

그림 3-20 최저임금 도입이 최저임금 적용분야와 비적용분야의 임금에 미치는 영향

최저임금이 일부의 분야에만 적용된다면 일자리를 잃게 된 근로자들이 최저임금 비적용분야로 이동할 수 있다. 이렇게 되면 비적용분야의 노동공급곡선이 오른쪽으로 이동하여 임금이 하락하게 된다. 최저임금이 적용되는 일자리를 얻기가 쉬우면 비적용분야에 있는 일부의 근로자들은 일자리를 그만두고 최저임금 적용분야에서 새로운 일자리를 얻기 위해 기다릴지 모른다. 이렇게 되면 비적용분야의 노동공급곡선이 왼쪽으로 이동하여 비적용분야의 임금이 상승하게 된다.

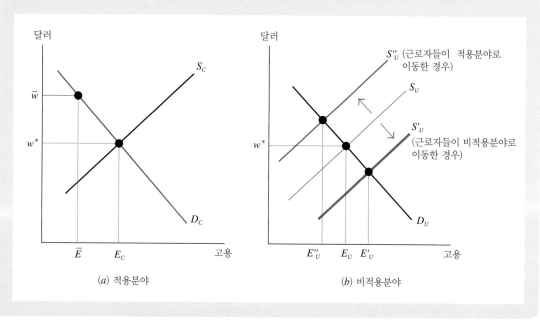

(a) 적용분야   (b) 비적용분야

떻게 실질임금의 균형을 가져올 수 있는지 보여준다. 근로자가 한 분야에서 다른 분야로 쉽게 이동할 수 있다면 (즉, 비용을 들이지 않고) 어느 한 분야에서 더 높은 임금을 지급할 것이라고 기대하는 한 이러한 이동은 계속될 것이다. 두 분야를 넘나드는 근로자의 이동은 두 분야의 기대임금이 같을 때 멈추게 될 것이다.

이를 이해하기 위해 최저임금이 적용되는 분야에 새롭게 들어온 근로자의 기대소득이 얼마나 되는지 계산해보자. 이 근로자가 이 분야에서 일자리를 얻을 확률을 π라고 하자. 그러면 최저임금 적용분야에서 실업자가 될 확률은 $(1-\pi)$가 된다. 만일 이 사람이 최저임금을 지급하는 일자리를 얻는다면 $\bar{w}$의 임금을 받는다. 만일 여기에서 일자리를 얻지 못하면 이 사람은 소득이 전혀 없게 된다. (실업수당을 무시한다면) 최저임금 적용분야에 진입한 사람이 기대할 수 있는 임금은 따라서 다음과 같이 $\bar{w}$의 임금과 0의 가중 평균으로 주어진다.

$$\text{적용분야에서의 기대임금} = [\pi \times \bar{w}] + [(1-\pi) \times 0] = \pi\bar{w} \qquad (3\text{-}24)$$

이 근로자가 갖고 있는 대안은 비적용분야에 머무르는 것이다. 비적용분야의 임금은 시장경쟁의 힘에 의해 w_U로 결정된다. 비적용분야에는 실업이 없기 때문에 이 임금은 이 분야에 있는 근로자가 '확실하게 받을 수 있는 소득'이다.

근로자는 어디든지 더 높은 기대임금을 지급하는 분야로 이동할 것이다. 만일 적용분야에서 비적용분야보다 더 높은 기대임금을 지급한다면 최저임금을 지급하는 일자리로 이동하는 근로자가 증가하여 결국에는 일자리를 얻을 확률을 낮추게 되고 기대임금이 하락할 것이다. 비적용분야의 임금이 더 높다면 이동한 근로자가 비적용분야의 공급곡선을 우측으로 이동시켜서 경쟁임금을 하락시킨다. 두 분야 사이에서 벌어지는 근로자의 자유로운 이동은 결과적으로 다음과 같은 상태를 유도한다.

$$\pi\overline{w} = w_U \tag{3-25}$$

즉, 적용분야의 '기대임금'과 비적용분야의 '확실한 임금'이 같아진다.

최저임금 적용분야에서 일자리를 얻을 확률에 영향을 미치는 요인이 근로자의 이동방향을 결정한다. 최저임금 일자리에서 일하는 근로자가 오랫동안 그 일자리를 유지한다고 가정해보자. 그러면 최저임금이 적용되는 분야에 새롭게 들어온 사람이 일자리를 얻는 것이 매우 어려워진다. 따라서 실업에 처한 이 사람의 경우 임금은 낮지만 취업할 수 있는 일자리가 있는 비적용분야로 이동하는 것이 더 낫다는 사실을 바로 깨닫게 된다. 만일 최저임금 적용분야에서 일자리를 보유하고 있는 사람이 빈번하게 이동한다면 (그래서 이 일자리에서 이직이 활발하게 발생하면) 최저임금 적용분야에서 일자리를 구할 수 있는 확률이 높기 때문에 많은 근로자가 이 분야에서 새로운 일자리를 얻고자 기다리게 된다.

실증 증거

최저임금에 관한 가장 간단한 경제모형은 노동수요곡선이 우하향하는 기울기를 갖고 있는 한 최저임금의 인상이 최저임금을 적용받는 근로자들의 고용수준을 축소시킬 수밖에 없다고 예측한다. 고용효과의 크기는 노동수요탄력성에 의존한다. 최저임금의 인상은 기업이 단기 노동수요곡선을 따라 위로 이동하게 만든다는 사실을 기억해보자. 그러므로 최저임금의 변화는 노동수요탄력성을 식별하는 데 도움을 주는 임금과 고용 자료를 생성한다.

수많은 선행연구가 실제로 최저임금이 고용을 줄였는지 판단하기 위해 노력했다. 상당수의 실증연구는 최저임금이 최저임금법에 명확하게 영향을 받는 집단인 십 대 근로자에게 미친 영향에 초점을 맞추었다.[15] 2010년의 경우 16~19세까지의 십 대 근로자 중 약

---

15 Alison Wellington, "Effects of the Minimum Wage on the Employment Status of Youths: An Update," *Journal of Human Resources* 26 (Winter 1991): 27–47과 Laura Giuliano, "Minimum Wage Effects on Employment, Substitution, and the Teenage Labor Supply: Evidence from Personnel Data," *Journal of Labor Economics* 31 (January 2013): 155–194, 그리고 David Newmark, J. M. Ian Salas, and William Wascher, "Revisiting the Minimum Wage

이론의 현장 적용   최저임금과 음주운전

최저임금의 영향은 십 대의 고용과 소득에 큰 영향을 미친다. 이들 대부분이 학비와 생활비와 같은 필수재화 지출에는 부모의 도움을 받는다. 따라서 최저임금이 인상되면 비디오 게임이나 영화관람 등의 오락비 지출을 늘리는 경향이 관찰된다. 그런데 일부는 술에 대한 소비를 늘리기도 한다.

한편 16~20세 청소년의 사망 원인 가운데 자동차 사고가 가장 큰 비중을 차지하는 것으로 알려져 있다. 그런데 이 가운데 3분의 1은 음주와 관련이 있다. 십 대에게 술을 판매하는 것이 엄연히 불법임에도 불구하고 약 20%의 십 대 청소년이 음주운전을 하고 있는 것으로 나타난다.

최저임금 인상으로 인한 십 대의 소득증가와 이들의 소비행태의 상호작용은 다음과 같은 우려를 낳게 한다. 최저임금 인상이 십 대 근로 청소년의 소득을 증가시켜 술을 더 많이 살 수 있게 만들고 음주운전 사고를 경험할 확률을 높이게 되었을지 모른다.

최근의 한 연구는 주(state)별로 최저임금 인상이 있었던 시점 전후로 십 대의 음주운전 사고 기록 건수 추세변화를 살펴보았다. 아래 그림은 2003년과 2006년 사이에 최저임금 인상이 있었던 주에서 음주운전으로 인한 사망사고 발생률의 변화를 보여주고 있다. 주별 최저임금 인상이 있기 전에는 음주운전 사망사고율이 어느 정도 감소하는 추세에 있었는데, 최저임금 인상 이후 급격하게 증가하는 양상을 볼 수 있다.

최저임금이 십 대의 음주운전 사고에 미치는 영향은 주별 맥주에 대한 주세의 차이를 통제한 이후에도 여전히 그대로 유지되었다. 더욱이 추정된 효과의 크기는 결코 무시할 만한 수준이 아니었다. 최저임금이 10% 오르면(예를 들어 10달러에서 11달러로 인상) 십 대의 음주운전 사망 사고율이 8% 정도 오르는 것으로 추정되었다. 이는 연간 주 단위로 127명의 음주운전 사망자 수 증가의 효과와 같다. 이 정도 되면 정책 담당자가 걱정해야만 하는 최저임금 인상의 부정적 외부효과가 아닐까.

출처 : Scott Adams, McKinley L. Blackburn, and Chad D. Cotti, "Minimum Wages and Alchol-Related Traffic Fatalities among Teens," *Review of Economics and Statistics* 83 (August 2012) : 828–840.

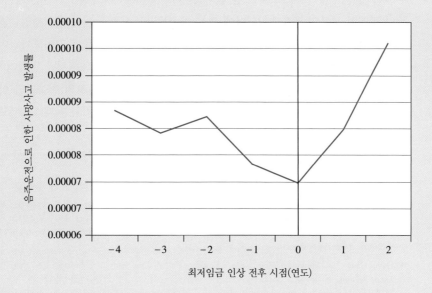

최저임금 인상 전후 시점(연도)

25%가 최저임금 혹은 최저임금보다 낮은 임금을 받았다. 반면에 25세 이상 근로자의 경우 오직 3.8%만이 이에 해당하는 임금을 받았던 것으로 나타났다.[16]

많은 연구가 잠재적으로 십 대의 고용에 영향을 줄 수 있는 다른 요인들을 통제한 상태에서 십 대의 고용변화와 실질 최저임금을 연관시켜서 최저임금의 효과를 추정했다. 연구결과 최저임금에 대한 십 대 고용의 탄력성이 아마도 −0.1 ~ −0.3 사이에 있는 것으로 추정되었다. 다시 말하면 최저임금이 10% 오를 때 십 대 고용률은 1~3% 사이 어딘가만큼 감소한다.[17]

1990년대 초에 노동경제학자들이 이러한 상관관계가 노동수요탄력성을 추정하는 것이 아닐 수도 있다는 점을 깨닫고 나서 특정 산업이나 분야에 발생한 최저임금 인상의 효과를 추정하는 사례연구를 시작했다. 놀랍게도 몇몇 연구는 최저임금 인상으로 고용이 줄어들지 않는다는 결론을 내렸다.

가장 잘 알려진 사례연구는 뉴저지와 펜실베이니아의 최저임금의 영향을 분석한 연구이다.[18] 1992년 4월 1일에 뉴저지는 최저임금을 미국에서 가장 높은 수준인 시간당 5.05달러로 인상했는데, 바로 이웃하고 있는 펜실베이니아에서는 최저임금을 인상하지 않고 연방정부에서 정한 4.25달러로 유지했다. 뉴저지와 펜실베이니아의 비교는 최저임금법의 고용효과를 평가하기 위해 사용될 수 있는 '자연실험(natural experiment)' 상황을 제공한다.

예를 들어 뉴저지의 최저임금 인상이 있기 바로 전후에 뉴저지와 펜실베이니아의 경계주변에 있는 수많은 패스트푸드점(웬디스, 버거킹, KFC와 같은)을 한번 생각해보자. 두 주의 경계선 서쪽인 펜실베이니아에 있는 패스트푸드점은 뉴저지의 최저임금법에 영향을 받지 않았기 때문에 여기에 위치한 패스트푸드점의 고용수준은 프라이드치킨이나 햄버거 수요에 대한 계절적 변화와 같이 오직 경제적 조건의 변화에 의해서만 변했어야 한다. 경계선 동쪽인 뉴저지에 있는 패스트푸드점의 고용은 경제적 환경의 변화뿐만 아니라 최저임금의 변화에 의해서도 영향을 받았다. 주 경계선의 양쪽에 위치한 패스트푸드점의 고용

-Employment Debate: Throwing Out the Baby with the Bathwater?" *Industrial and Labor Relations Review* 78 (May 2014 Supplement): 608-648을 보라.

16 U.S. Bureau of Labor Statistics, "Characteristics of Minimum Wage Workers: 2010", February 2011.

17 Charles Brown, "Minimum Wages, Employment, and the Distribution of Income," in Orley C. Ashenfelter and David Card, editors, *Handbook of Labor Economics*, vol. 3B, Amsterdam: Elsevier, 1999, pp. 2101-2163과 David Neumark and William Wascher, "Minimum Wages and Employment," *Foundations and Trends in Microeconomics* 3 (2007): 1-182를 보라.

18 David Card, "Do Minimum Wages Reduce Employment? A Case Study of California, 1987-89," *Industrial and Labor Relations Review* 46 (October 1992): 35-54를 보라. 최저임금이 고용을 줄이지 않는다는 증거를 제시한 관련연구로 Lawrence F. Katz and Alan B. Krueger, "The Effect of the Minimum Wage on the Fast-Food Industry," *Industrial and Labor Relations Review* 45 (October 1992): 6-21과 David Card, "Do Minimum Wages Reduce Employment? A Case Study of California, 1987-89," *Industrial and Labor Relations Review* 46 (October 1992): 38-54를 보라.

| 표 3-3 | 뉴저지와 펜실베이니아에서 최저임금의 고용효과 |

	보통의 패스트푸드점에서의 전일제 일자리 고용	
	뉴저지	**펜실베이니아**
뉴저지가 최저임금을 인상하기 이전	20.4	23.3
뉴저지가 최저임금을 인상한 이후	21.0	21.2
차분	0.6	- 2.1
이중차분	**2.7**	–

출처 : David Card and Alan B. Krueger, "Minimum Wages and Employment: A Case Study of the Fast-Food Industry in New Jersey and Pennsylvania," *American Economic Review* 84 (September 1994), Table 3.

변화를 비교함으로써 경제환경 변화의 효과를 '걸러내고' 최저임금의 고용효과만을 구분해낼 수 있다. 실제로는 최저임금이 고용에 미치는 효과를 측정하기 위해 이중차분기법을 사용할 수 있다.

〈표 3-3〉은 이 연구의 결과를 요약하여 나타내고 있다. 연구결과 뉴저지의 패스트푸드점이 펜실베이니아의 패스트푸드점과 비교하여 고용감소를 겪지 않았던 것으로 나타났다. 뉴저지에 있는 보통의 패스트푸드점은 최저임금 인상 이후 이전에 비하여 평균 0.6명의 근로자를 더 고용했다. 그러나 동시에 패스트푸드 산업의 거시경제적인 추세는 펜실베이니아, 말하자면 최저임금 인상의 영향을 받지 않았던 주에서 약 2.1명의 고용감소를 가져왔다. 최저임금의 고용효과에 대한 이중차분추정은 전형적인 패스트푸드점에 약 2.7명의 고용증가를 가져온 것으로 나타나고 이로부터 도출된 노동수요탄력성은 0.7이 된다. 탄력성 부호를 보면 노동수요곡선이 우상향하기 때문에 최저임금은 고용을 줄이지 않는다. 만일 이 연구가 맞으면 우리가 노동시장을 이해하기 위해 사용하는 모형의 타당성에 대해 근본적인 질문을 제기한다.[19]

최근의 증거가 왜 이전의 시계열 분석연구의 증거와 첨예한 차이를 보이는지, 그리고 왜 간단하고 이해하기 쉬운 수요–공급모형의 예측이 사례분석 자료에 의해 명백하게 기각되는지 알아보기 위해 이후 많은 연구에서 원인분석을 시도했다.

하나의 이유는 최저임금이 실제로 고용을 감소시키는 작용을 하는데 그 크기가 매우 작을지도 모른다는 것이다. 급변하는 경제환경에서 많은 오류가 포함된 자료를 이용해 고용감소 효과를 찾아내는 것은 매우 어려운 일이다. 표본오차 때문에 0에 가깝거나 혹은 오히려 고용이 증가하는 결과를 얻을 수도 있다.

---

19 우상향하는 노동수요곡선에 대한 가능한 설명으로 경쟁노동시장이 아니어서 패스트푸드점이 근로자를 고용할 때 어느 정도 시장 지배력을 가지고 있다는 것이다. 이러한 설명은 노동시장 균형을 다루는 제4장에서 자세하게 논의될 것이다.

뉴저지-펜실베이니아 연구에 사용된 조사 자료에 상당히 많은 측정 오류가 포함되어 있어서 노동수요탄력성 추정결과에도 많은 오차가 있다는 연구가 발표되었다.[20] 뉴저지-펜실베이니아 연구는 전화조사 방법으로 자료를 수집했다. 1992년 2월과 3월에, 그리고 같은 해 11월과 12월에 패스트푸드점에 전화를 걸어서 고용인원이 얼마나 되는지 물어보았다. 표본에 포함된 뉴저지 패스트푸드점을 그들이 응답한 고용변화를 기준으로 순위를 매기면 하위 10% 순위의 패스트푸드점은 7명을 감축했고, 상위 10% 순위의 패스트푸드점은 11명을 신규로 고용한 것으로 나타났다. 평균적인 패스트푸드점의 고용인원이 20명임을 감안하면 이는 매우 커다란 고용변화로 여겨진다.

전화조사 자료로부터 얻은 고용변화의 크기가 웬디스, 버거킹, KFC 본사가 가지고 있는 실제 인사기록을 가지고 살펴본 것과 매우 다르다는 것이 밝혀졌다. 본사 자료에 따르면 하위 10% 순위의 패스트푸드점은 4명의 고용인원을 감축했고, 상위 10% 순위의 패스트푸드점은 고용인원을 4명 추가한 것으로 나타난다. 최저임금의 고용효과 추정을 위해 본사 자료를 이용하면 노동수요탄력성은 -0.2로 추정된다.

패스트푸드점의 고용추세를 살펴보고 최저임금의 효과를 추정하는 것은 패스트푸드 산업이 저임금 노동시장을 대표하지 않기 때문에 근시안적이고 오해의 소지가 있는 시각을 제공할 가능성이 있다. 예를 들어 패스트푸드점은 근로자의 숫자가 비교적 고정된 생산기술(그릴당 한 명의 근로자, 금전등록기당 한 명의 근로자 등)을 사용할지 모른다. 이러한 결과 최저임금은 현재 운영 중인 패스트푸드점의 고용을 줄이지 않고 본사에서 새로운 가맹점을 열지 않도록, 또는 거의 이익을 내지 못하는 가맹점을 재빨리 폐쇄하도록 유도할 수 있다. 게다가 전체 가맹점의 총수익성은 최저임금으로부터 특정 패스트푸드점을 보호할 수도 있다. 그렇다면 최저임금이 규모가 작고 경쟁력이 떨어지는 '가족경영' 식당의 감소를 촉진시킬지도 모른다.

최저임금법에 영향을 받는 기업의 최저임금 도입 전후의 비교는 또한 비교의 시점에도 영향을 받는다. 고용주는 최저임금이 바로 시행되는 시점에 맞추어 정확하게 고용을 변화시키지 않는 대신 노동비용의 강제적 인상을 고려하면서 천천히 고용을 조절할 수도 있다. 캐나다의 최저임금 영향을 분석한 연구는 최저임금 인상이 시행되기 바로 직전과 직후의 고용을 비교했을 때 최저임금의 고용효과가 가장 작게 나타남을 보였다. 이에 더하여 고용자료를 오랜 기간 동안 관찰할수록 그 효과가 더욱 부정적으로 나타난 것도 보였다.[21]

20 David Neumark and William Wascher, "Minimum Wages and Employment: A Case Study of the Fast-Food Industry in New Jersey and Pennsylvania, Comment," *American Economic Review* 90 (December 2000): 1362-1396을 보라.

21 Michael Baker, Dwayne Benjamin, and Shuchita Stanger, "The Highs and Lows of the Minimum Wage Effect: A Time-Series Cross-Section Study of the Canadian Law," *Journal of Labor Economics* 17 (April 1999): 318-350을

시애틀 최저임금 논쟁

1990년대 이후 생활임금 운동이 전개되면서 전일제 근로자가 복지 프로그램의 도움 없이 자립할 수 있는 수준으로 최저임금을 설정해야 한다는 주장이 확산되었다. 미국의 많은 도시에서 생활임금조례를 제정했는데 생활임금을 일반적으로 연방정부의 최저임금보다 훨씬 높은 수준으로 정했다.

2015년 이전에 시애틀의 최저임금은 워싱턴주 최저임금인 시간당 9.47달러로 정해져 있었다. 2014년 7월 1일에 시애틀에서도 생활임금조례가 제정되어 시애틀의 최저임금은 2015년 4월 1일에 11달러, 2016년 1월 1일에 13달러, 2017년 1월 1일에 15달러로 인상되었다. 이러한 최저임금 인상률은 주목할 정도로 높은 수준이었다. 2015년 초와 2016년 1월 1일을 비교하면 37.3%의 인상률을, 2015년 초와 2017년 1월 1일을 비교하면 58.4%의 인상률을 기록한다.

2015년과 2016년의 최저임금 인상의 효과를 분석한 최근의 한 연구는 최저임금에 대한 학계의 논쟁을 재점화했을 뿐만 아니라 정치적으로 매우 민감한 환경에서 실증 연구의 역할에 대한 중요한 질문을 제기했다.[22] 이 연구는 최저임금 문제를 분석하기 위해 사용될 수 있는 최상의 연구 자료를 이용하여 워싱턴대학교 연구팀이 수행했다. 이 연구팀은 패스트푸드점 조사 자료나 특정 산업에 속한 기업 단위의 자료가 아니라 워싱턴주가 가지고 있는 행정 고용 자료를 이용했다. 이 자료는 워싱턴에서 임금을 받거나 실업급여를 받는 모든 근로자의 임금 기록을 포함하고 있다. 더욱이 행정 자료는 각 근로자가 실제로 받는 급여뿐만 아니라 개별 기업이 고용하고 있는 총근로자수 및 개별 근로자의 근로시간에 대한 정보도 제공한다.

워싱턴대학교 연구팀은 시간당 19달러 미만의 임금을 받는 근로자로 구성된 시애틀의 저임금 노동시장에 무슨 일이 발생했는지 분석하기 위해 이 자료를 이용했다. 〈표 3-4〉는 연구의 결과를 요약해서 보여준다. 이 표는 비교집단과 비교하여 시애틀의 저임금 근로자 수와 근로시간의 변화율을 보고하고 있다.

이 연구는 새롭게 개발된 통계적 분석방법인 합성통제방법(synthetic control method)을 사용하여 통제집단을 구축했다.[23] 이 방법론은 시애틀을 제외한 워싱턴주에 있는 모든 도시를 이용해서 최저임금 인상 이전의 시애틀과 가장 비슷한 가상의 도시를 만들어낸다.

보라.

22 Ekaterina Jardim, Mark, C. Long, Robert Plotnick, Emma van Inwegen, Jacob Vigdor, and Hilary Wethin, "Minimum Wage Increases, Wages, and Low-Wage Employment: Evidence from Seattle," National Bureau of Economic Research Working Paper No. 23532, June 2017을 보라.

23 합성통제방법(Synthetic Control Method)은 Alberto Abadie, Alexis Diamond, and Jens Hainmueller, "Synthetic control method for comparative case studies: Estimating the effect of California's Tobacco Control Program," *Journal of American Statistical Association* 105 (June 2010): 493–505에 처음으로 소개되었다.

표 3-4	시애틀 최저임금 효과의 이중차분추정 결과 : 2014년 중반과 비교한 변화율	
연도 - 분기	**근로시간**	**일자리 수**
2014년 7월 1일 조례		
2014.3	+0.8	+0.4
2014.4	+0.3	− 1.0
2015.1	− 2.3	0.0
2015년 4월 1일 최저임금 11달러로 인상		
2015.2	− 1.3	− 1.4
2015.3	− 3.4	− 1.9
2015.4	− 2.1	− 4.5
2016년 1월 1일 최저임금 13달러로 인상		
2016.1	− 10.6	− 5.1
2016.2	− 8.7	− 5.2
2016.3	− 10.2	− 6.3

출처 : Ekaterina Jardim, Mark, C. Long, Robert Plotnick, Emma van Inwegen, Jacob Vigdor, and Hilary Wethin, "Minimum Wage Increases, Wages, and Low-Wage Employment: Evidence from Seattle," National Bureau of Economic Research Working Paper No. 23532, June 2017, Table 5.

예를 들면 시애틀은 올림피아, 스포켄, 타코마의 조합으로 이루어진 가상의 도시와 가장 비슷하다는 방식이다. 합성통제방법에 내재된 알고리즘이 워싱턴주 도시들의 모든 가능한 조합을 구성하고 2015년 이전의 시애틀과 가장 유사한 결합을 찾아낸다. 그다음에 표준적인 이중차분추정기법을 적용하여 합성통제방법으로 구축한 가상의 통제집단과 비교하여 시애틀의 최저임금 인상 전후에 무슨 일이 발생했는지 분석한다.

시애틀의 저임금 노동시장은 최저임금이 13달러로 인상된 이후 최저임금에 반응했다. 저임금 근로자의 근로시간이 10% 감소했고, 이들의 일자리 수 또한 5% 줄어들었다.

그리고 이제부터 흥미로운 이야기가 전개된다. 워싱턴대학교 연구팀이 연구결과를 발표하기 일주일 전에 (물론 그 이전에 비공식적으로 연구결과가 발표되기는 했지만), 버클리에 있는 캘리포니아대학교 연구팀에서 시애틀의 최저임금 인상 관련 연구결과를 발표했다.[24] 워싱턴대학교 연구팀의 연구결과와 반대로 캘리포니아대학교 연구팀은 시애틀의 최저임금 인상에 대해 후한 평가를 내렸다. 그러나 캘리포니아대학교 연구팀은 워싱턴주에 거주하는 모든 저임금 근로자에 대한 개인 단위의 행정 자료를 이용하지 않았다. 대신 카운티와 도시 수준의 자료를 이용했고 음식 서비스업종의 고용에 연구의 초점을 두었다. 캘리포니아대학교 연구팀은 최저임금의 급격한 인상에도 불구하고 고용에 미치는 부정적 효과를 발견하지 못했다.

---

24 Michael Reich, Sylvia Allegretto, and Anna Godoey, "Seattle's Minimum Wage Experience 2015-16," Center on Wage and Employment Dynamics, University of California, Berkeley, June 2017을 보라.

서로 상충하는 실증적 증거는 매우 정치적인 언론 환경에서 전문가들 사이의 논쟁으로 이어졌다. 시애틀 위클리의 기자가 정보공개법 청구를 통해 시애틀 시정부와 캘리포니아대학교 연구팀이 주고받은 이메일을 확보했다. 이메일에 있는 내용은 연구가 어떻게 무기처럼 사용될 수 있는지 보여주고 있어서 매우 충격적이다.

시애틀 위클리는 이메일이 오고 간 순서를 다음과 같이 요약했다. "최저임금법이 의도와 다르게 저임금 근로자를 고통스럽게 했다는 초기의 연구결과를 워싱턴대학교 연구팀이 시청에 제공했다. 시애틀 시장실에서 최저임금법에 대해 호의적인 입장을 가지고 있는 연구자들과 워싱턴대학교 연구팀의 연구결과를 공유하고 이에 대한 의견을 요청했다. 요청을 받은 연구자들이 워싱턴대학교 연구팀의 부정적인 연구결과가 공식적으로 발표되기 일주일 전에 시애틀 최저임금법을 지지하는 보고서를 먼저 언론에 공개했다."[25]

내부 이메일은 최저임금 인상을 강력하게 지지한 시애틀 시장실에 소속된 공무원과 캘리포니아대학교 연구팀의 공조를 잘 보여준다. 이 공무원은 캘리포니아대학교 연구팀에게 자신들의 연구를 발표할 때 워싱턴대학교 연구팀을 언급하지 말 것을 다음과 같이 당부했다. "내일 발표는 당신들의 연구결과만 강조하시는 거 맞죠?… 당신들의 긍정적인 소식이 워싱턴대학교 연구팀을 위한 홍보수단이 되는 것을 원치 않습니다." 정말로 캘리포니아대학교 연구팀의 발표내용에는 워싱턴대학교 연구팀에 대한 언급이 전혀 없었다.

우리는 여기서 무엇을 배워야 하는가? 최저임금의 고용효과에 대한 논쟁의 핵심은 노동수요탄력성 수치에 있다. 최저임금에 고용에 미치는 영향이 없다고 주장하는 사람들은 노동수요탄력성이 0이라고 주장하는 것이다. 그러나 노동수요탄력성에 대한 질문은 정치적인 이슈와 긴밀하게 연결되어 있다. 정치인들은 자신들의 정책과 부합하는 탄력성 수치를 보고한 연구가 필요하고 이런 종류의 연구에 대해서는 끊임없이 정치적 논쟁이 이어진다.

워싱턴대학교 연구팀과 캘리포니아대학교 연구팀의 상충되는 연구결과는 우리에게 매우 중요한 교훈을 준다. 노동경제학에서 실증 연구는 매우 '탄력적'이다. 연구에 적용되는 연구 자료의 출처가 아주 다양하고 연구 자료를 분석하는 방법도 다르며 연구에 적용된 표본도 다르다. 대개 이러한 연구자의 선택이 결과에 영향을 미친다.

많은 경우 연구결과에 차이가 있다고 해서 특정 이슈의 우여곡절까지 아주 잘 파악하고 있는 소수의 경제학자를 제외하고는 일반인의 관심을 끌 만큼 흥미로운 대상이 되지 않는다. 그러나 종종 이번의 최저임금 논쟁에서처럼 연구자의 선택이 대중의 관심을 받기도 한다. 그럴 경우 연구자가 실제로 무엇을 한 것인지를 주의 깊게 살펴보는 것이 매우 중요하다. 어떤 방법론이 사용되었는가? 연구 자료를 어떻게 다루었는가? 어떤 표본이 어떤

25 Daniel, Person, "The City Knew the Bad Minimum Wage Report Was Coming Out, So It Called Up Berkely," *Seattle Weekly*, July 26, 2017과 Person, Daniel, "Inside the Minimum Wage Data War," *Seattle Weekly*, July 26, 2017, 그리고 Person, Daniel, "Emails Show Mayor's Office and Berkeley Economist Coordinated Research of Favorable Minimum Wage Study," *Seattle Weekly*, July 26, 2017을 보라.

이유로 선택되었는가? 이처럼 해부하듯 꼼꼼히 살펴봄으로써 어느 연구결과가 더욱 신뢰할 만한 것이지 판단하는 데 유용한 정보를 얻을 수 있다.

요약

- 단기에 이윤극대화 기업은 임금이 노동의 한계생산가치와 같아지는 점까지 근로자를 고용한다.
- 장기에 이윤극대화 기업은 생산요소의 가격이 생산요소의 한계생산가치와 같아지는 점까지 각각의 생산요소를 고용한다. 이 조건은 노동과 자본의 한계생산의 비율과 두 생산요소 가격의 비율이 같아지도록 하는 생산요소결합이 최적생산요소결합이 된다는 것을 의미한다.
- 장기에 임금의 하락은 대체효과와 규모효과를 함께 가져온다. 이 두 가지 효과 모두 기업이 더 많은 근로자를 고용하도록 작용한다.
- 장기와 단기 모두 노동수요곡선은 우하향한다. 그러나 장기 노동수요곡선이 단기 노동수요곡선보다 더욱 탄력적이다.
- 단기 노동수요탄력성은 -0.4와 -0.5 사이의 값을 갖는 것으로 여겨진다. 장기 노동수요탄력성은 대략 -1이다.
- 자본과 숙련 근로자는 자본의 가격인상이 숙련 근로자의 수요를 감소시킨다는 의미에서 보완요소이다. 자본과 미숙련 근로자는 자본의 가격인상이 미숙련 근로자의 수요를 증가시킨다는 의미에서 대체요소이다.
- 도구변수는 노동공급곡선이나 노동수요곡선 중 하나의 곡선만을 이동시키는 변수이다. 이러한 외부충격이 야기하는 변화가 노동수요탄력성 혹은 노동공급탄력성을 추정하기 위해 사용될 수 있다.
- 경쟁 노동시장에서 최저임금을 시행하면 일부의 근로자는 일자리를 잃고 또한 새로운 근로자가 고임금(의 부족한) 일자리를 찾을 희망을 품고 노동시장에 진입하기 때문에 실업을 야기한다.
- 십 대의 최저임금에 대한 고용탄력성은 대략 -0.1과 -0.3 사이의 값을 갖는 것으로 알려져 있다.

핵심용어

규모효과	완전경쟁기업
균형	완전대체요소
노동수요곡선	완전보완요소
노동수요탄력성	요소수요의 교차탄력성
노동의 한계생산	자본의 한계생산
대체탄력성	자본-숙련 보완가설
대체효과	평균생산
도구	평균생산가치
도구변수	한계기술대체율
도구변수 추정방법	한계비용
등량곡선	한계생산가치
등비용곡선	한계생산성 조건
마셜의 파생수요법칙	한계수입
생산함수	합성통제방법
수확체감의 법칙	

복습문제

1. 이윤극대화 기업은 임금이 한계생산가치와 같아지는 점까지 근로자를 고용한다. 그 이유가 무엇인가? 그리고 이 조건이 이윤극대화 기업이 한계비용과 제품의 가격이 같아지는 수준에서 생산량을 결정하는 것과 동일하다는 것을 보이라.

2. 단기 노동수요곡선이 우하향하는 이유는 무엇인가?

3. 주어진 생산량을 생산하기 위해서 생산요소의 결합은 어떻게 이루어져야 하는가?

4. 어떤 기업이 노동과 자본의 한계생산비율이 요소가격의 비율과 같은 수준에서 노동과 자본을 고용하고 있다고 가정하자. 이것이 이 기업이 이윤극대화를 달성하고 있음을 의미하는가? 그렇다면 그 이유가 무엇인가, 그렇지 않다면 그 이유가 무엇인가?

5. 임금이 오른다고 가정하자. 장기적으로 기업이 적은 수의 근로자를 고용하게 됨을 보여라. 고용변화를 대체효과와 규모효과로 분해하여 설명하라.

6. 산업 노동수요곡선의 탄력성을 결정하는 요인은 무엇인가?

7. 자본-숙련 보완가설은 무엇인가?

8. 도구변수 추정방법이 어떻게 그리고 왜 노동수요탄력성을 추정할 수 있도록 작동하

는지 설명하라.

9. 최저임금이 경쟁시장에서 어떻게 실업을 창출하는지 보여라.

10. 경제에 최저임금 적용분야와 최저임금 비적용분야가 존재할 때 최저임금의 영향을 논의하라.

11. 최저임금이 고용에 미치는 영향에 관한 실증적 증거를 요약하여 설명하라.

연습문제

3-1.   생산함수에 두 가지 생산요소, 노동과 자본이 있다고 가정하자. 그리고 노동과 자본이 완전대체요소라고 가정하자. 현재의 생산기술로는 하나의 기계장치가 세 명의 근로자 몫을 한다. 기업은 100단위의 생산량을 생산하고 싶어 한다. 기계장치 한 대를 일주일간 사용하는 비용은 750달러이다. 만약 근로자의 주당 봉급이 300달러라면 기업은 어떤 생산요소결합을 사용할 것인가? 근로자의 주당 봉급이 225달러라면 기업은 어떤 생산요소결합을 사용할 것인가? 임금이 300달러에서 225달러로 하락할 때 노동수요의 탄력성은 얼마인가?

3-2.   본문에 있는 [그림 3-18]은 연방정부의 최저임금과 제조업 평균임금의 비율을 보여주고 있다.

   a. 1950년대부터 1990년대에 이르기까지 이 비율이 어떻게 변화했는지 설명하라. 미국에서 이와 같은 변동이 발생한 근본적인 이유가 무엇이라고 생각하는가?

   b. 이 비율은 1968년부터 1974년까지 꾸준히 하락했고 1980년부터 1990년까지 기간에도 다시 하락했다. 그러나 두 번의 기간 동안 최저임금과 제조업 평균임금의 변화는 다른 방향으로 움직였다. 이유를 설명하라.

   c. 1990년부터 지금까지 미국 연방정부의 최저임금 대비 제조업 평균임금의 비율에는 어떤 변화가 있어 왔는지 알아보라.

3-3.   A기업은 임금률이 12달러면 2만 명의 근로자를 고용하고 임금률이 15달러면 1만 명의 근로자를 고용하고 싶어 한다. B기업은 임금률이 20달러면 3만 명의 근로자를 고용하고 임금률이 15달러면 3만 3,000명의 근로자를 고용하고 싶어 한다. 어느 기업에 속한 근로자가 노동조합을 조직할 가능성이 더 높은가?

3-4.   제품생산이 두 가지 정상투입요소인 노동과 자본에 의존하는 기업을 고려하여 보자. 노동과 자본의 가격은 각각 w와 r로 주어져 있다. 처음에 이 기업이 직면하고 있던 임금과 자본의 시장가격은 $w=6$, $r=4$와 같았다. 이제 이들의 가격이 $w=4$, $r=2$로 변했다.

   a. 대체효과는 기업의 고용과 자본량을 어느 방향으로 변화시킬 것인가?

   b. 규모효과는 기업의 고용과 자본량을 어느 방향으로 변화시킬 것인가?

   c. 기업이 이전보다 노동을 더 많이 혹은 더 적게 사용할 것이라고 확정적으로 말할 수 있는가? 기업이 이전보다 자본을 더 많이 혹은 더 적게 사용할 것이라고 확정적으로 말할 수 있는가?

3-5. 어떤 고용수준에서도 이전보다 생산량을 200단위씩 증가시키는 기술혁신을 경험한 기업의 고용에는 어떤 변화가 발생할까?

3-6. 다음 (1)~(3)이 각각 노동공급탄력성 또는 노동수요탄력성을 추정하는 데 유효한 도구변수가 될 수 있는 이유 혹은 될 수 없는 이유를 설명하라. (1) 주정부 소득세율 차이, (2) 주정부 법인세율 차이, (3) 연방정부 소득세율 변화 추이.

3-7. 어떤 기업이 경쟁 노동시장에서 근로자를 고용하고 경쟁시장에서 기업의 생산제품을 판매한다고 가정하자. 이 기업의 노동수요탄력성은 −0.4이다. 임금이 5% 올랐다고 가정해보자. 이 기업이 고용하는 근로자의 수에는 어떤 변화가 발생할까? 이 기업이 마지막으로 고용한 근로자의 한계생산성에는 어떤 변화가 발생할까?

3-8. 어느 기업은 제품 1단위를 생산하기 위해 5명의 근로자와 3대의 기계장치를 결합하는 생산기술을 사용한다. 이 기업은 15대의 기계장치를 보유하고 있고 임금률이 시간당 10달러에서 20달러로 인상되었다. 이 기업의 단기 노동수요탄력성은 얼마인가?

3-9. 어느 특정 산업의 노동공급곡선은 $E_S = 10 + w$이고 노동수요곡선은 $E_D = 40 - 4w$이다. 여기에서 E는 고용수준이고 w는 시간당 임금을 나타낸다.

   a. 노동시장이 경쟁시장이라면 균형임금과 균형고용량은 각각 어떻게 되는가?

   b. 정부가 최저임금을 시간당 8달러로 정했다고 생각해보자. 얼마나 많은 근로자가 일자리를 잃게 될 것인가? 얼마나 많은 추가 근로자가 최저임금에서 일자리를 얻기를 원할 것인가? 실업률은 얼마나 될까?

3-10. 시간당 임금이 10달러이고 자본의 단위당 가격이 25달러라고 가정하자. 생산제품의 가격은 단위당 50달러로 일정하다. 생산함수는 다음과 같이 주어져 있다.

$$f(E, K) = E^{1/2} K^{1/2}$$

이에 따라 노동의 한계생산은 다음과 같다.

$$MP_E = (1/2)(K/E)^{1/2}$$

현재 자본 보유량이 1,600단위로 고정되어 있다면 이 기업은 단기에 얼마나 많은 근로자를 고용해야 하는가? 이 기업의 이익은 얼마나 될까?

3-11. 미국은 연방정부가 정한 최저임금보다 높은 수준의 최저임금을 설정한 주가 많다. 최저임금수준을 높이기 위해 많은 주에서 기업에게 세제 혜택을 제공한다. 예를 들어 차입금 이자에 대한 비용공제를 관대하게 허용하거나 법인세에 추가적인 세액감면을 제공한다. 이와 같이 최저임금을 올리고 동시에 기업의 세금부담을 완화해주는 정책이 기업의 이윤극대화 과정에 어떠한 왜곡을 가져오게 되는지 설명하라. 이러한 성격의 정책이 하이테크 산업에 속한 기업에게는 매력적으로 느껴질 수도 있다. 그 이유가 무엇일지 생각해보라.

3-12. 최저임금의 인상이 야기하는 실업의 크기는 노동수요탄력성에 어떻게 의존하는가? 당신은 최저임금의 인상이 패스트푸드 산업과 잔디관리/조경산업 가운데 어느 산업에 더 큰 실업효과를 가져올 것이라고 생각하는가?

3-13. 마셜의 파생수요법칙 가운데 어느 법칙이 공립학교 선생님과 간호사에 대한 노동수요가 비교적 비탄력적인 이유를 설명하는가?

3-14. 여러 대도시에서 최근에 주정부 최저임금 또는 연방정부의 최저임금보다 높은 수준의 최저임금을 지급하도록 하는 생활임금조례를 제정했다. 생활임금조례가 두 가지 다른 종류의 최저임금을 정하기도 한다. 하나는 고용인이 제공하는 건강보험에 가입된 근로자를 위한 것이고, 다른 하나는 고용인이 건강보험을 제공하지 않는 근로자를 위한 것이다.

   a. 생활임금조례가 고용인의 건강보험 제공여부에 따라 근로자를 분리하는 이유는 무엇인가? 지방 정부가 특별히 해결하려고 노력하는 문제는 무엇인가?

   b. 종종 생활임금조례가 시정부에서 일하는 공무원에게만 적용되어서 이들이 주정부 최저임금 또는 연방정부 최저임금을 적용받는 민간 기업에 고용된 근로자보다 높은 임금을 받기도 한다. 이런 경우 생활임금은 적용분야와 비적용분야를 만들어낸다. 어느 근로자가 적용분야에서 일하게 될까? 비적용분야에서 일하는 근로자는 누구일까? 시정부의 예산을 관리해야 하는 담당자는 과연 시공무원에게만 적용되는 생활임금조례에 어떻게 대응할까?

3-15. 두 가지 투입요소, 즉 국내노동(E_{Dom})과 해외노동(E_{For})을 갖고 있는 생산모형을 생각해보자. 시장은 다음의 조건을 충족하고 있는 균형 상태에 있다.

$$\frac{MP_{Edom}}{w_{dom}} = \frac{MP_{Efor}}{w_{for}}$$

   a. 해외노동자의 한계생산을 증가시키는 경제적 충격이 발생했다고 하자. 국내임금과 해외임금에는 아무런 변화가 없다고 가정한 상태에서 위의 조건을 회복하기 위해 국내노동과 해외노동에 무슨 일이 발생할지 설명하라.

   b. 경제적 충격이 발생한 이후 노동의 해외유출을 반전시키기 원한다면 이를 위

해 정부에서 할 수 있는 세 가지 (뚜렷하게 다른) 정책은 무엇인가?

읽을거리

Daron Acemoglu, David H. Autor, and David Lyle, "Women, War and Wages : The Effect of Female Labor Supply on the Wage Structure at Midcentury," *Journal of Political Economy* 112 (June 2004) : 497-551.

David H. Autor and David Dorn, "The Growth of Low-Skill Service Jobs and the Polarization of the U. S. Labor Market," *American Economic Review* 103 (August 2013) : 1553-1597.

David Card and Alan B. Krueger, "Minimum Wages and Employment : A Case Study of the Fast-Food Industry in New Jersey and Pennsylvania," *American Economic Review* 84 (September 1994) : 772-793.

Bruno Crépon and Francis Kramarz, "Employed 40 Hours or Not Employed 39 : Lessons from the 1982 Mandatory Reduction of the Workweek," *Journal of Political Economy* 110 (December 2002) : 1355-1389.

Claudia Goldin and Lawrence F. Katz, "The Origins of Technology-Skill Complementarity," *Quarterly Journal of Economics* 113 (August 1998) : 693-732.

Daniel S. Hamermesh and Stephen J. Trejo, "The Demand for Hours of Labor : Direct Estimates from California," *Review of Economics and Statistics* 82 (February 2000) : 38-47.

Andrea Ichino and Regina T. Riphahn, "The Effect of Employment Protection on Worker Effort : Absenteeism during and after Probation," *Journal of the European Economic Association* 3 (March 2005) : 120-143.

Ekaterina Jardim, Mark, C. Long, Robert Plotnick, Emma van Inwegen, Jacob Vigdor, and Hilary Wethin, "Minimum Wage Increases, Wages, and Low-Wage Employment : Evidence from Seattle," National Bureau of Economic Research Working Paper No. 23532, June 2017.

David Neumark and William Wascher, "Minimum Wages and Employment," *Foundations and Trends in Microeconomics* 3 (2007) : 1-182.

chapter 04

노동시장 균형

질서란 없는 것으로부터 사회에 부과되는 압력이 아니라 내부에서 설정되는 균형이다.

– José Ortega y Gasset

그로자는 임금이 높을 때 일하는 것을 선호하고 기업은 임금이 낮을 때 고용하는 것을 선호한다. 노동시장 균형은 근로자와 기업의 상충되는 욕망이 해소되도록 만들고 임금과 고용수준을 결정한다. 이러한 균형에 어떻게 도달하는지 이해함으로써 우리는 아마도 노동경제학에서 가장 흥미로운 질문에 대답할 수 있을 것이다: "임금과 고용이 증가하거나 감소하는 이유는 무엇인가?"

이 장에서는 균형의 특징에 대한 분석을 진행한다. 시장이 경쟁적이고 기업과 근로자의 진입과 이탈이 자유롭다면 우리는 근로자가 기업에 적절히 배치된 균형상태가 효율적이라는 사실, 즉 근로자를 각 기업에 선별하여 분류하는 것이 근로자와 기업이 거래를 통해 축적하는 이익을 극대화는 수단임을 보게 될 것이다.

이 결과는 애덤 스미스의 바로 그 유명한 보이지 않는 손(invisible hand theorem)의 예이다. 자신만의 이기적인 목적을 추구하여 노동시장에 참가한 근로자와 기업은 노동시장에 있는 누구도 의도적으로 추구하지 않았던 결과를 얻는다. 경쟁 노동시장이 효율적이라는 예측은 공공정책의 틀을 구상하는 데 중요한 역할을 한다. 정부정책에 대한 평가는 그 정책이 자원의 효율적인 배분을 가져왔는지 또는 효율비용(초과부담)은 얼마나 큰지 여부에 초점을 맞추곤 한다.

우리는 또한 수요독점시장(노동의 수요자가 오직 하나뿐인 시장)과 같이 비경쟁시장에서 노동시장 균형의 특징을 분석할 것이다. 이러한 시장구조는 독특한 특징을 가진 균형을 갖는다. 예를 들어 수요독점시장은 일반적으로 경쟁시장기업보다 고용을 덜하고 낮은 임금을 지불한다.

또한 이 장에서는 조세, 보조금, 이민 등의 다양한 정책 응용 사례를 제시하여 정부정책이 노동시장의 균형을 어떻게 변화시키고 결과적으로 근로자와 기업의 선택 가능한 경제적 기회를 어떻게 바꾸게 되는지 설명한다.

4-1 단일 노동시장에서의 균형

우리는 이미 경쟁 노동시장이 어떻게 균형에 도달하는지 살펴보았다. 이제는 노동시장 균형의 특징에 대해 보다 자세하게 논의해보자.

[그림 4-1]은 노동공급곡선(S)과 노동수요곡선(D)이 교차하는 그래프를 보여주고 있다. 공급곡선은 노동시장의 근로자가 주어진 임금수준에서 시장노동에 배분한 총근로시간을 나타낸다. 수요곡선은 노동시장에 있는 기업이 주어진 임금에서 고용하기 원하는 총근로시간을 나타낸다. 수요와 공급이 일치할 때 균형은 이루어지고 이때의 경쟁임금은 w^*, 고용은 E^*가 된다.

경쟁임금수준이 이러한 방식으로 설정되고 나면 이 산업에 속해 있는 각각의 기업은 임금과 노동의 한계생산가치가 일치하는 수준까지 근로자를 고용한다. 이 산업에 있는 모든 기업이 고용하는 총근로자 수는 반드시 균형고용수준인 E^*와 일치해야 한다.

[그림 4-1]에서 보여주는 것처럼 경쟁 노동시장에서는 실업이 존재하지 않는다. 시장임금 w^*에서 일을 하고 싶어 하는 사람의 수와 기업이 고용하기를 원하는 근로자의 수가

그림 4-1

경쟁노동시장의 균형

노동시장은 수요와 공급이 일치할 때 균형이 달성된다. E^*의 근로자가 w^*의 임금을 받고 고용된다. 경쟁시장은 교역으로부터의 이득, 즉 P와 Q의 합을 극대화한다.

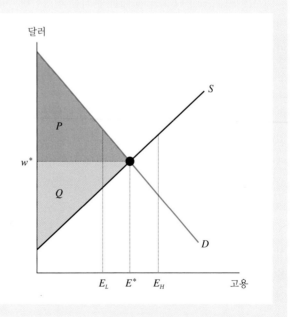

이론의 현장 적용 　인티파다와 팔레스타인 근로자의 임금

1980년대를 두루 거치면서 웨스트 뱅크와 가자 지구에 거주하는 11만 명가량 되는 팔레스타인 근로자가 이스라엘로 통근했다. 이들 중 많은 사람이 건설업이나 농업에 종사했다.

인티파다 – 1988년에 시작된 이스라엘의 웨스트 뱅크와 가자 지구의 통치권을 반대하는 팔레스타인 봉기 – 의 영향으로 팔레스타인 근로자가 이스라엘로 들어오는 데 큰 혼란이 발생했다. 예를 들어 이스라엘 당국에서 팔레스타인 근로자의 취업허가증 검색과 이스라엘에서의 숙박금지령 단속을 강화하기 시작했다. 한편 이스라엘 점령 지역에서 발생하는 파업과 통행금지령은 통근 근로자의 이동에 제한을 가했다.

1년이 채 안 되어 결근율이 2% 미만에서 30% 이상으로 폭증했고 월간 평균 근로일 수는 22일에서 17일로 떨어졌다. 팔레스타인에 거주하는 근로자가 이스라엘에 있는 직장으로 통근하는 데 걸리는 시간도 30분에서 3~4시간으로 증가했다.

결과적으로 인티파다로 인해 이스라엘로 통근하는 팔레스타인 근로자의 수가 상당히 줄어들었다. 수요-공급모형은 팔레스타인의 봉기가 이들의 균형임금을 상승시켰을 것이라고 예측한다. 그런데 정말 실제로 이렇게 되었다. 팔레스타인 통근 근로자의 거의 50%에 가까운 감소가 실질임금을 약 50% 정도 인상시켰는데, 이러한 결과는 팔레스타인 통근 근로자의 수요탄력성이 약 –1.0의 값을 갖는다는 것을 의미한다.

출처 : Joshua D. Angrist, "Short-Run Demand for Palestinian Labor," *Journal of Labor Economics* 14 (July 1996) : 425-453.

일치하기 때문이다. 현재 일을 하고 있지 않은 사람은 또한 현재의 시장임금을 지급하는 일자리를 찾지 않는다. 물론 이 중에 많은 사람은 임금이 오르면 노동시장에 진입할 것이다(그리고 임금이 하락하면 노동시장에서 이탈할 것이다).

현실에서의 노동시장은 노동공급곡선과 노동수요곡선 모두를 이동시키는 많은 외부충격에 지속적으로 노출되어 있다. 그러므로 노동시장이 안정적인 균형 – 오랜 기간 동안 임금과 고용이 일정한 상태로 지속되는 균형 상태 – 에 도달할 가능성은 높지 않다. 그럼에도 노동시장 균형의 개념은 여전히 유용하다. 왜냐하면 임금이 특정한 경제적 혹은 정치적 사건에 반응하는 이유를 이해할 수 있도록 도와주기 때문이다. 노동시장이 특정한 외부충격에 반응하면서 임금과 고용은 새로운 균형수준을 향해 이동하게 될 것이다.

효율성

[그림 4-1]은 근로자와 기업이 노동시장에서 창출하여 국가경제에 귀속되는 경제적 이득을 보여주고 있다. 기업에 귀속되는 총수입은 첫 번째 근로자의 한계생산가치와 두 번째 근로자의 한계생산가치를 더하고 같은 방식으로 E^*에 이르기까지 모든 근로자의 한계생산가치를 더하여 계산할 수 있다. 노동수요곡선이 바로 한계생산가치곡선이기 때문에 노동수요곡선 아래의 면적이 총생산가치가 되는 것이다.[1] 각각의 근로자는 w^*의 임금을 받

1　논의를 단순화하고자 노동이 생산함수의 유일한 투입요소라고 가정했다.

는다. 따라서 우리가 생산자 잉여(producer surplus)라고 부르는 기업에게 귀속되는 이윤은 삼각형 P의 면적으로 주어진다.

근로자 역시 이득을 얻는다. 노동공급곡선은 근로자를 노동시장으로 이끌어내기 위해 지급해야 하는 임금을 나타낸다. 실제로 어떤 주어진 점에서 노동공급곡선의 높이는 한계 근로자의 시간가치를 측정한 것이다. 근로자가 받는 금액(즉, 경쟁임금 w^*)과 노동시장 밖에서 근로자의 시간가치와의 차이가 근로자에게 귀속되는 이득이다. 이 값은 근로자 잉여(worker surplus)라고 불리고 삼각형 Q의 면적으로 주어진다.

근로자와 기업의 교역으로부터 국가경제에 귀속되는 교역의 이득(gains from trade)은 생산자 잉여와 근로자 잉여의 합인 $P + Q$의 면적으로 주어진다. 경쟁시장은 국가경제에 귀속되는 총이득을 극대화한다. 그 이유를 살펴보기 위해 만일 기업이 E^*보다 많은 E_H를 고용하는 경우 이득이 얼마나 될지 생각해보자. '초과' 근로자는 그들의 시간가치보다 낮은 한계생산가치를 갖는다. 이들은 이 노동시장에 의해 효율적으로 사용되고 있지 않은데 다른 곳에서 시간을 사용하는 것이 더 생산적이기 때문이다. 마찬가지로 만일 기업이 너무 적은 수의 근로자만 고용하는 상황, 즉 E_L을 고용하는 경우 어떤 일이 발생할지 생각해 보자. '사라진' 근로자는 다른 곳에서 보내는 시간의 가치보다 높은 한계생산가치를 갖고 있다. 그러므로 만일 이들이 이 노동시장에서 일을 한다면 그들의 (시간)자원을 더욱 효율적으로 사용하게 될 것이다.

근로자와 기업의 교역으로부터 총이득이 극대화되도록 노동시장에서 근로자를 기업에 배분하는 것을 효율적 배분(efficient allocation)이라고 부른다. 경쟁균형은 노동자원의 효율적 배분을 끌어낸다.

4-2 여러 노동시장에서의 균형

앞에서는 단일 경쟁 노동시장에서 균형의 특성을 분석했다. 그러나 한 경제에는 심지어 비슷한 기술수준을 가진 근로자들에 대해서도 많은 노동시장이 존재한다. 이러한 노동시장들이 지역별(북동지역에 있는 노동시장, 혹은 캘리포니아주의 노동시장이라고 말할 수 있도록)로 구분될 수도 있고 또는 산업별(자동차산업에 종사하는 근로자에 대한 노동시장과 철강산업에 종사하는 근로자에 대한 노동시장 등)로 구분될 수도 있다.

한 경제에 오직 북부와 남부 두 지역의 지역노동시장만 존재하는 경우를 생각해보자. 우리는 두 시장이 유사한 숙련도를 가진 근로자를 고용한다고 가정한다. 따라서 북부에서 일을 하는 근로자는 남부에서 근무하는 근로자의 완전대체요소가 된다. [그림 4-2]는 2개의 노동시장 각각의 노동공급곡선과 노동수요곡선을 그림으로 나타냈다(북부 노동시장은 S_N과 D_N, 남부 노동시장은 S_S와 D_S). 논의를 단순화하기 위해 노동공급곡선이 수직

그림 4-2 **2개의 노동시장의 경쟁균형**

북부 노동시장의 경쟁임금(w_N)이 남부 노동시장의 경쟁임금(w_S)보다 높다. 남부의 근로자는 북부로 이주하기를 원한다. 따라서 남부 노동시장의 공급곡선은 왼쪽으로 이동하고 북부 노동시장의 공급곡선은 오른쪽으로 이동한다. 결과적으로 두 지역의 임금은 w^*로 같아진다. 근로자의 이주가 남부 노동시장에서 발생하는 교역으로부터의 이득을 사다리꼴로 표시된 만큼 줄어들게 한다. 반대로 북부 노동시장에서 발생하는 교역으로부터의 이득을 사다리꼴로 표시된 만큼 늘어나게 한다. 근로자의 이주가 궁극적으로는 국가경제에 귀속되는 총이득을 삼각형 ABC만큼 증가시킨다.

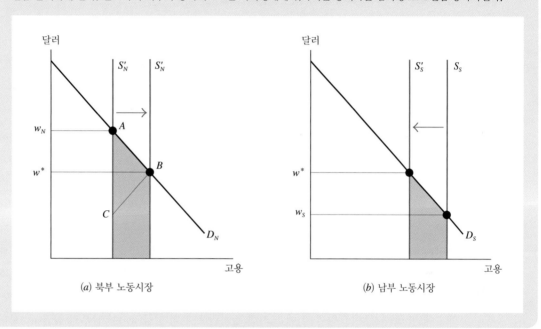

(a) 북부 노동시장   (b) 남부 노동시장

이어서 노동공급이 각 지역에서 완전 비탄력적이라고 가정하자. 그림에서 그려진 것처럼 북부 노동시장의 균형임금 w_N은 남부 노동시장의 균형임금 w_S를 초과하고 있다.

두 지역의 임금차이가 지속적으로 유지되어 진정한 경쟁균형이 될 수 있을까? 정답은 '아니다'이다. 이러한 임금차이가 남부의 근로자에게 짐을 싸서 북부로 이주하도록 권장하는 역할을 한다. 이들은 그곳에서 더 높은 임금을 받을 수 있고 아마도 더 높은 효용수준에 도달할 수 있을 것이다. 북부의 고용주 또한 이러한 임금차이를 보고 남부로 이동함으로써 인건비를 절약할 수 있다는 사실을 깨닫게 될 것이다. 두 지역에 있는 근로자의 숙련도가 똑같기 때문에 기업은 저렴한 노동을 고용함으로써 더 많은 돈을 벌 수 있다.

근로자가 자유롭게 이동할 수 있다면 이주의 흐름은 두 지역의 노동공급곡선의 이동을 유발할 것이다. 남부에서는 근로자가 북쪽으로 이주하면서 노동공급곡선이 왼쪽으로 (S'_S의 방향으로) 이동하고 결과적으로 남부의 임금은 올라간다. 북부에서는 남부의 근로자가 유입되면서 노동공급곡선이 오른쪽으로(S'_N의 방향으로) 이동하여 북부의 임금을 하락시키도록 압박한다. 노동시장에서 근로자의 진입과 이탈이 자유롭게 이루어진다면 국가경제는 결국에는 균형임금 w^*로 규정될 것이다.

　　두 지역노동시장에서의 임금은 또한 (근로자 대신) 기업이 자유롭게 노동시장에 진입하고 노동시장을 떠날 수 있다면 같아질 것이다. 만일 북부에 있는 기업이 공장을 닫고 남부로 이주하면 북부 노동시장의 수요곡선은 왼쪽으로 이동하고 북부의 임금은 하락한다. 반면에 남부 노동시장의 수요곡선은 오른쪽으로 이동하여 남부의 임금이 상승하게 된다. 지역 간 임금차이가 사라지고 나면 기업이 시장을 이동할 유인 또한 사라진다. 그러므로 근로자 혹은 기업이 노동시장을 자유롭게 진입하고 이탈할 수 있는 한 시장경쟁이 이루어지는 경제는 단일한 균형임금으로 규정될 것이다.

효율성에 대한 재검토

경쟁균형의 '단일 임금' 속성은 경제적 효율성에 대한 중요한 의미를 갖는다. 경쟁균형에서 임금이 노동의 한계생산가치와 같다는 사실을 기억해보자. 고용주와 근로자가 더 나은 기회를 제공하는 지역으로 이동하면서 지역 간 임금차이가 사라진다. 그러므로 동일한 수준의 기술을 보유한 근로자는 모든 시장에서 동일한 한계생산가치를 갖게 된다.

　　단일 임금은 여러 노동시장에 걸쳐 노동을 효율적으로 배분하는 속성을 갖고 있다. 왜 그런지 살펴보기 위해 경제를 관장하고 있는 자애로운 독재자가 근로자를 여러 지역에 배분하는 힘을 갖고 있다고 가정해 보자. 근로자를 배분하는 결정을 할 때 이 자애로운 독재자가 이들을 가장 생산적인 장소에 보낸다는 최우선의 목적을 가지고 있다고 생각해보자. 애초에 이 독재자는 [그림 4-2]에 그려진 것처럼 북부의 임금(w_N)이 남부의 임금(w_S)보다 높은 상황에 직면해 있다. 이러한 임금차이는 노동의 한계생산가치가 남부에서보다 북부에서 더 높다는 것을 의미한다.

　　독재자는 남부에서 무작위로 한 명의 근로자를 선택한다. 그는 과연 이 근로자에게 무엇을 해야 하는가? 독재자는 이 근로자가 가장 생산적인 곳에 배치되기를 원하기 때문에 그를 북쪽으로 보내야 한다. 사실 이 독재자는 북부의 노동의 한계생산가치가 남부보다 높기만 하면 근로자를 계속해서 북쪽으로 보낼 것이다. 수확체감의 법칙에 따라 독재자가 더 많은 근로자를 북쪽으로 보내게 되면 북부 근로자의 한계생산가치는 감소하고 남부 근로자의 한계생산가치는 상승하게 된다. 독재자는 두 시장의 한계생산가치가 동일해지는 순간 근로자를 재배치하는 과정을 멈출 것이다. 요약하면 근로자의 자유로운 지역 간 이동이 독재자가 원하는 효율적 균형을 똑같이 만들어낸다.

　　[그림 4-2]에 있는 총생산가치를 계산해보면 단일 임금이 효율적이라는 것을 증명할 수 있다. 근로자의 이주가 어떻게 자원의 효율적 배분을 가져오는지도 쉽게 이해할 수 있다. 노동시장의 총생산가치는 수요곡선 아래 면적의 총합과 같다. 남부에서 북부로 근로

자가 이주하면 남부 노동시장에서의 총생산가치는 사다리꼴의 색칠한 면적만큼 감소한
다. 북부 노동시장으로 근로자가 유입되면서 북부 노동시장의 총생산가치가 사다리꼴의
색칠한 면적만큼 증가한다. 두 사다리꼴 면적을 비교하면 북부의 사다리꼴 면적이 남부의
사다리꼴 면적보다 삼각형 *ABC*의 면적만큼 크다는 것을 알 수 있다. 근로자가 이주한 결
과, 국가경제의 총생산가치가 증가했다.

여기에서 다음과 같은 놀라운 결과가 명백하게 드러난다. 더 좋은 기회를 찾기 위한 근로자
와 기업의 이기적인 행동이 '보이지 않는 손'을 통해 그 누구의 마음속에도 없는 총산출을 극대화하는
자원의 효율적 배분이라는 목표를 달성하게 만든다.

많은 연구가 다른 나라와 마찬가지로 미국에서도 지역 간 임금차이가 실제로 줄어드는
추세임을 보였다.[2] [그림 4-3]은 미국의 주별 임금 수렴현상을 보여준다. 이 그림은 1950

그림 4-3 **주별 임금의 수렴현상, 1950~1990**

출처 : Olivier Jean Blanchard and Lawrence F. Katz, "Regional Evolutions," *Brookings Papers on Economic Activity* 1 (1992): 1-61.

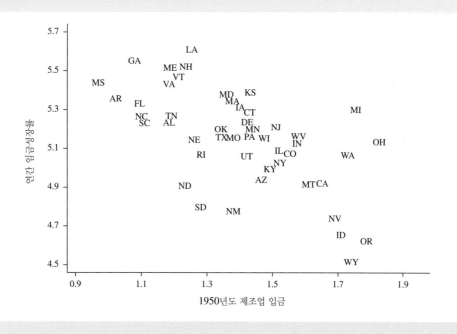

---

2 Robert J. Barro and Xavier Sala-i-Martin, "Convergence across States and Regions," *Brookings Papers on Economic Activity* (1991): 107-158과 Olivier Jean Blanchard and Lawrence F. Katz, "Regional Evolutions," *Brookings Papers and Economic Activity* 1 (1992): 1-61을 보라. 그러나 최근의 연구는 지역 간 임금수렴 속도가 지난 수십
년 동안 둔화되었음을 보였다. Peter Ganong and Daniel Shoag, "Why Has Regional Income Convergence in the U.S. Stopped?" *Journal of Urban Economics* 102 (November 2017): 76-90과 Enrico Moretti, *The New Geography of Jobs*, Boston: Houghton Mifflin Harcourt, 2012를 보라.

년부터 1990년까지의 기간 동안 주별 제조업 임금의 연간 성장률과 1950년의 임금수준을 서로 관련시켜 나타냈다. 임금 성장률과 초기의 임금수준 사이에 강한 음의 상관관계가 있었음을 알 수 있다. 주별 임금차이의 절반 정도는 약 30년이 지나면 사라지는 것으로 추정되었다.

임금 수렴현상은 일본과 같이 도도부현 간 근로자의 이동이 많지 않은 나라에서도 발견된다. 일본의 노동시장을 분석한 한 연구는 여러 현(미국의 대규모 카운티와 비교할 수 있는)의 임금차이가 미국의 주별 임금차이가 없어지는 정도와 거의 같은 속도로 사라지고 있음을 보였다.[3]

국가 간 임금 수렴

임금 수렴현상은 한 국가 내의 노동시장에만 국한되지 않고 국가 간 노동시장을 비교할 때에도 나타날 수 있다. 많은 연구에서 1인당 국민소득의 국제적인 차이가 좁혀지고 있음을 검증하기 위해 노력했다.[4] 대부분의 연구는 부유한 나라와 가난한 나라 사이의 소득격차가 지속되는 이유를 이해하기 위해 시작되었다.

국가 간 소득의 수렴률은 주요 정책 이슈에 대한 논쟁, 특히 무역에서 중요한 역할을 한다.[5] 예를 들어, 북미자유무역협정(North American Free Trade Agreement, NAFTA)의 장기적 효과를 고려해보자. 이 협정은 북미대륙 국가(캐나다, 멕시코, 미국)에서 국경을 넘나드는 재화의(사람을 제외하고) 자유로운 이동을 허락한다.

2000년도에 미국의 1인당 GDP는 멕시코의 1인당 GDP의 세 배를 넘었다. 이론은 NAFTA가 멕시코와 미국 사이의 소득격차를 줄여야 한다고 말한다. 미국 기업이 저렴한 노동력을 이용하기 위해 멕시코로 이주하면서 멕시코 근로자에 대한 노동수요곡선이 오른쪽으로 이동하고 그 결과 두 국가 사이의 임금격차가 좁혀질 것이기 때문이다. 앞선 논의는 또한 멕시코 근로자와 가장 대체하기 쉬운 미국의 근로자 집단이 임금하락을 경험

---

3 Robert J. Barro and Xavier Sala-i-Martin, "Regional Growth and Migration: A Japan-United States Comparison," *Journal of the Japanese and International Economics* 6 (December 1992): 312-346을 보라. 이 밖에 임금차이를 분석한 국제연구의 예로서 Christer Lundh, Lennart Schon, and Lars Svensson, "Regional Wages in Industry and Labor Market Integration in Sweden, 1861-1913," *Scandinavian Economic History Review* 53 (2005): 71-84와 Joan R. Roses and Blanca Sanchez-Alonso, "Regional Wage Convergence in Spain 1850-1930," *Explorations in Economic History* 41 (October 2004): 404-425를 들 수 있다.

4 Robert J. Barro, "Economic Growth in a Cross-Section of Countries," *Quarterly Journal of Economics* 105 (May 1990): 501-526과 N. Gregory Mankiw, David Romer, and David N. Weil, "A Contribution to the Empirics of Economic Growth," *Quarterly Journal of Economics* 107 (May 1991): 404-437, 그리고 Xavier Sala-i-Martin, "The World Distribution of Income: Falling Poverty and … Convergence, Period," *Quarterly Journal of Economics* 121 (May 2006): 351-397을 보라.

5 George Johnson and Frank Stafford, "The Labor Market Implications of International Trade," in Orley C. Ashenfelter and David Card, editors, *Handbook of Labor Economics*, vol. 3B, Amsterdam: Elsevier, 1999, pp. 2215-2288을 보라.

하게 될 것이라고 예측한다. 그러나 동시에 미국의 기업은 저렴한 인건비로 이익을 누리고, 미국의 소비자는 저렴한 재화를 사용할 수 있는 기회가 늘어나 이득을 볼 것이다. 요약하면 NAFTA는 미국 경제에 이득을 보는 사람과 손해를 보는 사람을 양산할 가능성이 높다.[6]

중국과의 교역이 폭발적으로 증가하면서 미국의 근로자 가운데 임금하락을 경험하는 사람의 비율이 무시할 수 없는 수준으로 증가하고 있다. 1991년에는 중국에서 260억 달러만 수입했는데 2007년까지 수입액이 1,200% 이상 증가해서 3,300억 달러에 이르렀다. 그 결과 1991년에는 미국인의 전체 소비지출 가운데 중국산 재화의 소비가 차지하는 비율이 1% 미만에 머물렀는데 2007년에 이르자 거의 5% 가까운 소비지출이 중국산 재화로 충당되었다.

미국 전 지역을 놓고 보면 지역별로 제조업 부문의 규모에 커다란 차이가 있다.[7] 제조업이 집중된 일부 지역의 경우 중국산 수입품과 직접적인 경쟁관계에 있는 제품을 생산하고 있었는데 중국산 제품의 수입량과 지역노동시장 환경 사이에 강한 연관성이 있다는 사실이 밝혀졌다. 특히, 중국산 수입품과 경쟁하는 정도가 심할수록(중국산 수입품과 직접적으로 경쟁하는 제품을 생산한다는 의미에서) 제조업 부문의 고용감소가 크게 발생했고 임금 상승률도 둔화되었다. 이러한 효과는 수치적으로 볼 때 상당한 수준에 이르렀는데 중국산 수입품과의 경쟁 정도가 중간 정도 되는 지역의 경우 제조업 부문의 고용과 임금이 약 1% 정도 감소한 것으로 나타났다.

무역량의 증가는 필연적으로 국가 간 소득분포뿐만 아니라 국가 내 소득분포에도 영향을 미친다. 그렇지만 노동시장의 효율성에 대한 분석은 국가 간 경제적 기회가 서로 균등해질 때 무역에 참여한 국가의 총소득이 극대화된다는 것을 설명하고 있다. 다시 말하면, 여러 국가 사이에서 임금수준이 같아질 때 교역에 참여하는 국가의 경제적 기회의 합이 최대화된다. 원칙적으로 이렇게 추가된 부는 이들 국가 모두를 이전보다 부유하게 만들도록 재분배될 수 있다. 자유무역이 창출하는 경제적 효율성은 경제학자가 시장개방을 옹호할 때 주장하는 핵심적인 내용이다.

4-3 정책 응용 사례 : 급여세와 보조금

노동수요곡선을 이동시키는 정부의 정책을 분석해서 수요-공급모형의 유용성을 설명할

---

6 Gordon Hanson, "What Has Happened to Wages in Mexico Since NAFTA?" in Antoni Estevadeordal, Dani Rodrik, Alan Taylor, and Andres Velasco, editors, *Integrating the Americas: FTAA and Beyond*, Cambridge, MA: Harvard University Press, 2004를 보라.

7 David H. Autor, David Dorn, and Gordon H. Hanson, "The China Syndrome: Local Labor Market Effects of Import Competition in the United States," *American Economic Review* 103 (October 2013): 2121-2168을 보라.

수 있다. 미국의 어떤 정부정책은 부분적으로 고용주에게 부과되는 급여세(payroll tax)를 통해 재원이 마련되고 있다. 2017년에 기업은 사회보장제도 재정을 위해 근로자의 연간 급여 중 12만 7,200달러 이하 급여의 6.2%를 급여세로 납부했고, 메디케어(Medicare) 재정을 위해 모든 근로자의 연간 급여소득의 1.45%를 추가로 납부했다.[8] 다른 나라에서는 고용주에게 훨씬 높은 급여세가 부과되고 있다. 예를 들어 독일의 경우 급여세율은 17.2%이고 이탈리아는 21.2%, 프랑스는 25.3%의 세율을 책정하고 있다.[9]

[그림 4-4]는 정부에서 고용주에게 급여세를 부과하면 임금과 고용에 어떤 변화가 발생하는지 보여주고 있다. 급여세가 부과되기 이전에는 노동수요곡선이 D_0로, 노동공급곡선이 S로 주어져서 경쟁균형 A에서 E_0의 근로자가 w_0달러의 임금을 받고 고용된다.

노동수요곡선 위의 각 점은 고용주가 주어진 임금수준에서 고용하기를 원하는 근로자 수를 나타낸다. 특히 고용주는 근로자의 임금이 w_0라면 기꺼이 E_0의 근로자를 고용할 의향이 있다. 매우 간단한 형태의 급여세를 고려해보자. 기업은 고용하는 근로시간마다 1달러의 세금을 납부할 것이다. 즉, 임금이 시간당 10달러면 한 시간의 노동을 고용하는 데

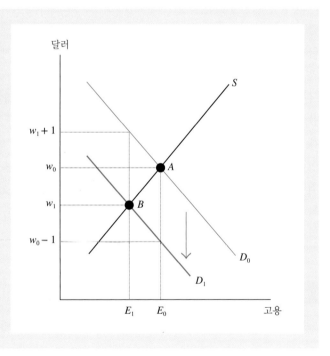

그림 4-4

기업에게 부과된 급여세

고용주에게 부과된 한 달의 급여세는 노동수요곡선을 아래쪽 방향(D_0에서 D_1)으로 이동시킨다. 급여세는 근로자가 실제로 수령하는 임금을 w_0에서 w_1으로 하락시키고, 기업이 근로자를 고용하는 비용을 w_0에서 $w_1 + 1$로 증가시킨다.

8 근로자 또한 그들의 근로소득에 유사한 세금이 부과되었다. 따라서 연간 급여 중 12만 7,200달러까지는 총 15.3%의 세금이 부과되었고, 12만 7,200달러를 초과하는 급여에는 2.9%의 세금이 부과되었다.

9 U.S. Bureau of the Census, *Statistical Abstract of the United States*, 2012. Washington, DC: Government Printing Office, 2011, Table 1361을 보라.

필요한 총비용은 11달러가 될 것이다(10달러는 근로자에게 지불하고 1달러는 정부에 납부한다). 고용주는 E_0의 근로자를 고용하기 위해 오직 w_0달러만을 지불할 의향을 갖고 있기 때문에 급여세의 부과는 고용주가 그만큼의 근로자를 고용하기 위해 이제는 $(w_0 - 1)$달러의 임금만을 지불하도록 만든다.

그러므로 고용주에게 부과된 급여세는 [그림 4-4]에 그려진 것처럼 노동수요곡선을 아래쪽 방향인 D_1으로 수평 이동시키는 작용을 한다. 새로운 수요곡선은 고용주가 한 명의 근로자를 고용하기 위해 지불해야만 하는 총금액과 근로자가 실제로 고용주로부터 받는 금액 사이에 존재하는 차이를 반영한다. 다시 말하면, 고용주는 고용에 대한 결정을 할 때 노동 서비스를 구매하는 데 들어가는 총비용을 고려한다. 따라서 고용주가 근로자에게 지불하고자 하는 금액은 급여세를 충당하기 위해 1달러만큼 줄어든다. 급여세는 노동시장을 새로운 균형(그림에서 B)으로 이동시킨다. 고용된 근로자 수는 E_1으로 줄어든다. 균형 임금률, 즉 근로자가 실제로 받는 임금률은 w_1으로 하락하지만 한 명의 근로자를 고용하기 위한 총비용은 $w_1 + 1$로 상승한다.

정부는 고용주에게 급여세를 부과하고 있지만 노동시장은 세금의 일부를 근로자에게 전가시키고 있다는 점을 주목할 필요가 있다. 근로자를 고용하는 비용이 올라가는 동시에 근로자가 실제로 받는 임금은 하락한다. 이러한 맥락에서 급여세의 비용을 기업과 근로자가 '공유'하게 된다.

근로자에게 부과된 세금

급여세에 대한 정치적 논쟁은 종종 급여세가 근로자에게 부과되는 것보다 기업에게 부과될 때 근로자의 경제적 지위가 향상될 것처럼 보이도록 만든다. 그러나 이러한 인식은 경쟁 노동시장이 어떻게 작동하는지에 대한 오해의 산물이다. **급여세가 근로자에게 부과되든 기업에게 부과되든 전혀 중요하지 않다.** 급여세가 임금과 고용에 미치는 영향은 급여세 납부에 따른 법률적 조세부담을 누가 부담하는지에 상관없이 똑같다.

가령 근로시간당 1달러의 세금이 고용주가 아닌 근로자에게 부과된다고 가정해보자. 이 결과 과연 노동시장의 새로운 균형은 어떻게 될까? 노동공급곡선은 근로자가 노동시장에 특정한 근로시간을 제공하기 위해 요구하는 임금을 나타낸다. [그림 4-5]에서 근로자는 임금이 w_0달러일 때 기꺼이 E_0의 근로시간을 제공할 것이다. 이제 정부가 근로자에게 근로시간마다 1달러의 세금을 정부에 납부하도록 강제하는 법을 제정했다고 하자. 그렇지만 근로자는 여전히 E_0의 근로시간을 제공한다면 w_0달러의 임금을 집으로 가져오고 싶어 한다. 그러므로 근로자는 이제 E_0만큼 일을 하기 위해 고용주에게 $(w_0 + 1)$달러의 임금을 요구할 것이다. 사실상 근로자에게 부과된 급여세는 노동공급곡선을 1달러만큼 위로 이동시켜 새로운 노동공급곡선은 S_1이 된다. 그러므로 노동공급의 변화는 근로자가 노

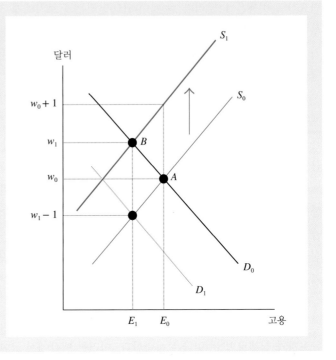

그림 4-5

근로자에게 부과된 급여세

근로자에게 부과된 급여세는 노동공급곡선을 왼쪽 방향(S_0에서 S_1)으로 이동시킨다. 급여세는 누구에게 부과되든지 균형임금과 균형고용량에 동일한 영향을 미친다.

동시장에 노동 서비스를 제공하기 위해 고용주에게 반드시 받아야만 하는 금액과 근로자가 집으로 가져오는 금액 사이에 차이를 만든다.

노동시장 균형은 이제 A에서 B로 이동한다. 새로운 균형에서 근로자는 고용주로부터 w_1 달러의 임금을 받고 총고용량은 E_0에서 E_1으로 줄어든다. 그러나 근로시간당 1달러의 세금을 납부해야 하기 때문에 세후 임금률은 w_0에서 $w_1 - 1$로 하락한다.

그러므로 근로자에게 부과되는 급여세는 기업에게 부과되는 급여세가 노동시장에 가져오는 변화와 똑같은 형태의 결과를 가져오게 된다. 누구에게 부과되든지 급여세는 근로자가 집으로 가져가는 소득의 감소와 기업의 시간당 노동비용의 증가 및 고용의 감소를 유발한다.

급여세의 납부 책임이 누구에게 있는지와 상관없이 1달러의 급여세가 임금과 고용에 정확하게 똑같은 크기의 효과를 미치게 됨을 보일 수 있다. 1달러의 급여세가 기업에게 부과되었다면 [그림 4-5]에 있는 원래의 수요곡선이 1달러만큼 아래로 이동했을 것이다(그림에서 곡선 D_1 참조). 새로운 수요곡선과 원래의 공급곡선(S_0)이 만나서 생기는 노동시장 균형은 급여세가 근로자에게 부과되었을 때 나타나는 노동시장 균형과 같은 결과를 가져온다. 이 세금이 기업에게 부과된다면 근로자는 $w_1 - 1$의 임금을 받고, 기업이 근로자를 고용하는 총비용은 w_1이 될 것이다.

이 결과는 하나의 중요한 원칙을 설명하고 있다. 급여세의 진정한 부담(즉, 누가 얼마나 부담하는가)은 세법이 어떻게 쓰여 있는지 혹은 누가 세금을 징수하는지 여부와는 상관이 없다. 결국에 세금의 진정한 부담은 경쟁시장이 작동하는 방식에 의해 결정된다. 기업에게 부과된 급여세는 수요곡선을 이동시키지만 노동시장에 미치는 효과는 근로자에게 부과된 세수 중립적인 급여세가 미치는 효과와 같다.

급여세는 언제 근로자에게 전부 전가될까

어떤 극단적의 경우에서는 급여세가 근로자에게 온전히 전가될 수도 있다. 급여세가 기업에 부과되고 있으며, [그림 4-6]에 그려진 것처럼 노동공급곡선이 완벽하게 비탄력적이라고 가정해보자. 이 시장에서는 임금수준과 상관없이 총 E_0의 근로자가 고용되어 있다. 앞에서 분석한 것처럼 급여세의 부과는 수요곡선을 1달러만큼 아래쪽으로 이동시킨다. 급여세 부과 이전의 균형임금은 w_0였는데 부과 이후에는 균형임금이 $w_0 - 1$의 값을 갖는다. 그러므로 공급곡선이 비탄력적일수록 근로자가 부담하는 급여세의 부분이 증가하게 된다.

남성 근로자의 노동공급곡선은 비탄력적인 경향을 띤다. 그러므로 대부분의 급여세 부담이 실제로 근로자에게 전가된다고 해도 그리 놀라운 일은 아닐 것이다. 근로자에게 전가되는 부분이 정확히 얼마나 되는지에 관해서는 다소간 의견의 불일치가 있지만 어떤 연

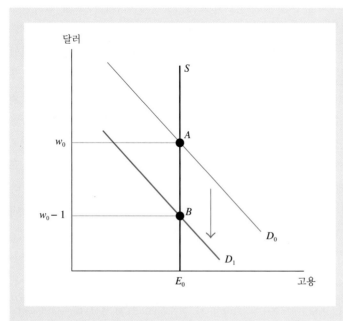

그림 4-6

비탄력적인 노동공급곡선과 기업에게 부과된 급여세

노동공급곡선이 완전 비탄력적일 때 기업에게 부과된 급여세는 전부 근로자에게 전가된다. 초기 임금이 w_0일 때 1달러의 급여세가 부과되면 노동수요곡선을 D_1으로 이동시켜 임금은 $w_0 - 1$로 하락한다.

구결과는 경쟁임금 하락의 결과 근로자가 급여세의 거의 90% 가까이를 부담하고 있는 것으로 평가했다.[10]

사중손실

급여세는 일반적으로 근로자에 대한 고용비용을 증가시키기 때문에 이러한 세금은 — 세금이 근로자에게 부과되든지 기업에게 부과되든지 상관없이 — 총고용을 감소시킨다. 그러므로 세금 부과 이후의 균형은 비효율적이다. 왜냐하면 고용된 근로자의 총규모가 노동시장의 교역에서 발생하는 총이득을 극대화하는 수준이 아니기 때문이다.

[그림 4-7a]는 급여세가 없을 때 노동시장의 운영결과 국가경제에 귀속되는 총이득을 다시 한 번 그림으로 나타냈다. 근로자와 기업 간 교역의 총이득은 생산자 잉여와 근로자 잉여의 합인 $P + Q$의 면적으로 주어진다.

[그림 4-7b]는 정부가 급여세를 부과한 후 총이득에 나타나는 결과를 보여준다. 앞서 설명했듯이 급여세가 기업에 부과되든 근로자에게 부과되든 그것은 중요하지 않다. 어느 경우에도 고용은 E_1으로 감소하고, 한 명의 근로자를 고용하는 비용은 w_{TOTAL}로 증가하며, 근로자가 집으로 가져가는 소득은 w_{NET}으로 하락한다. 이제 생산자 잉여는 이전보다 작은 삼각형 P^*가 되고, 근로자 잉여 역시 전보다 작은 삼각형 Q^*가 되며, 정부에 귀속되는 세수는 사각형 T로 주어진다. 교역에서 얻는 총이득은 새로운 생산자 잉여 및 근로자 잉여, 그리고 세수의 합으로 주어진다. 결국 정부는 이 세수를 어떤 형태로 재분배할 것이고 누군가는 정부지출의 혜택을 받을 것이다. 〈표 4-1〉은 이와 관련된 정보를 요약하여 설명한다.

[그림 4-7a]와 [그림 4-7b]를 비교하여 하나의 중요한 결론을 도출할 수 있다. 급여세의 부과는 교역의 이득을 감소시킨다. 이 세금이 가져오는 사중손실(deadweight loss) 혹은 초과부담(excess burden)은 삼각형 DL의 면적으로 표현된다. 사중손실은 급여세가 고용주에게 고용을 효율적 수준 미만으로 줄이도록 강요한 결과 잃어버린 이득의 가치를 측정하는 것으로서 급여세를 강요하거나 징수하는 비용과는 아무런 관계가 없음을 주목해보자. 사중손실은 단순히 급여세가 일을 할 의사가 있는 일부의 근로자가 그들을 기꺼이 고용하기를 원하는 고용주에 의하여 채용되는 것을 방해하기 때문에 발생한다. 이렇게 사라진 고용이 만일 이루어졌더라면 근로자의 한계생산가치가 그들이 노동시장 밖에서 보내는 시간가치를 초과했을 것이기 때문에 사회에 유익이 되었을 것이다.

---

10 Daniel S. Hamermesh, "New Estimates of the Incidence of the Payroll Tax," *Southern Economic Journal* 45 (February 1979): 1208–1219와 Jonathan Gruber, "The Incidence of Payroll Taxation: Evidence from Chile," *Journal of Labor Economics* 15 (July 1997, Part 2): S102–S135, 그리고 Patricia M. Anderson and Bruce D. Meyer, "Unemployment Insurance Tax Burdens and Benefits: Funding Family Leave and Reforming the Payroll Tax," *National Tax Journal* 59 (March 2006): 77–95를 보라.

그림 4-7 급여세로 인한 사중손실

(a) 경쟁균형에서는 E_0의 근로자가 w_0의 임금을 받고 고용된다. 삼각형 P는 생산자 잉여를 의미하고 삼각형 Q는 근로자 잉여를 의미한다. 근로자와 기업 간의 교역으로부터 발생하는 총이득은 $P + Q$의 면적과 같다. (b) 급여세는 고용을 E_1으로 감소시키고 고용비용을 w_{TOTAL}로 증가시킨다. 근로자가 실제로 집으로 가져가는 급여는 w_{NET}으로 줄어든다. 생산자 잉여는 삼각형 P^*가 되고, 근로자 잉여는 삼각형 Q^*가 되며, 사각형 T는 정부의 세수와 같다. 사회의 순손실, 즉 사중손실은 삼각형 DL의 면적으로 주어진다.

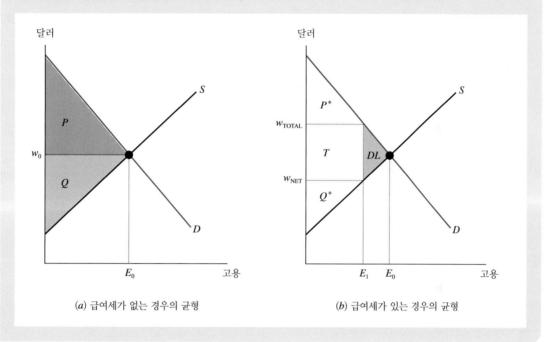

(a) 급여세가 없는 경우의 균형

(b) 급여세가 있는 경우의 균형

표 4-1 급여세 부과가 후생에 미치는 영향

	급여세 미부과 시 균형	급여세 부과 시 균형
생산자 잉여	P	P^*
근로자 잉여	Q	Q^*
조세수입	–	T
교역의 총이득	$P+Q$	P^*+Q^*+T
사중손실	–	DL

고용보조금

노동수요곡선은 급여세뿐만 아니라 기업의 고용을 권장하기 위해 설계된 정부의 보조금에 의해서도 이동한다. 고용보조금은 기업의 고용비용을 낮추어준다. 전형적인 보조금 정책은 기업이 고용하는 모든 근로자에 대해 정부가 세액공제 혜택을 부여하는 것이다.

이런 보조금이 근로시간당 1달러씩 고용비용을 낮추어 준다면 노동수요곡선은 [그림 4-8]에 그려진 것처럼 그만큼 위쪽으로 이동한다. 새로운 수요곡선(D_1)은 기업이 고용보조금을 고려한 후에 특정한 숫자의 근로자를 고용하기 위해 지불할 용의가 있는 가격을 나타낸다.

노동시장 균형은 A에서 B로 이동하고 새로운 균형에서 더 많은 고용(E_0에서 E_1으로)이 이루어진다. 여기에 더하여 고용보조금은 근로자가 실제로 받는 임금을 (w_0에서 w_1으로) 올려준다. 그리고 기업이 근로자에게 실제로 지불해야만 하는 임금은 (w_0에서 $w_1 - 1$로) 줄어든다.

이러한 보조금이 고용시장에 미치는 영향의 크기는 상당한 규모가 될 수 있는데, 이는 노동공급과 노동수요의 탄력성에 의존할 것이다. 예를 들어, 노동공급탄력성이 0.3이고 노동수요탄력성이 -0.5일 때 고용비용을 10% 감축시켜주는 고용보조금이 임금을 4% 올리고 고용은 2%만큼 증가시킨다.[11]

미국 역사상 가장 큰 대규모의 고용보조금 정책은 1973~1975년의 경기침체기 직후에 시작된 '새로운 일자리 세액공제(New Jobs Tax Credit, NJTC)' 정책으로 1977년 중반기

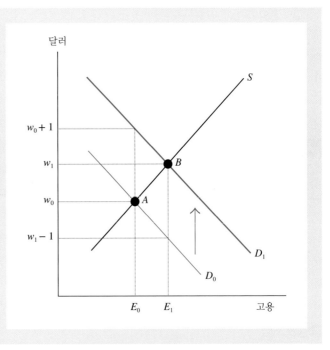

그림 4-8

고용보조금의 영향

근로시간당 1달러씩 고용비용을 낮추어 준다면 노동수요곡선이 위쪽(D_0에서 D_1) 방향으로 이동하여 고용이 증가한다. 근로자가 실제로 받는 임금 또한 w_0에서 w_1으로 증가한다. 그러나 기업이 근로자에게 실제로 지불하는 임금비용은 w_0에서 $w_1 - 1$로 줄어든다.

11 Lawrence F. Katz, "Wage Subsidies for the Disadvantaged," in Richard B. Freeman and Peter Gottschalk, editors, *Generating Jobs*, New York: Russell Sage Press, 1998, pp. 21-53을 보라.

부터 1978년까지 시행되었다. NJTC는 기업의 총인건비가 전년 대비 2% 이상 상승하면 4,200달러를 한도로 근로자 연급여의 50%에 해당하는 세액공제를 제공했으며, 1년 동안 기업이 세액공제로 청구할 수 있는 금액은 10만 달러를 넘을 수 없었다. 세액공제가 적용되는 연급여가 최초 발생하는 4,200달러로 제한되었기 때문에 NJTC는 저임금 근로자의 고용을 촉진할 목적으로 설계된 정책이다. NJTC의 효과성을 실증분석한 연구는 NJTC가 이 정책을 알고 있었던 기업의 고용을 증가시켜서 대략 40만 개의 영속적인 일자리를 창출한 것으로 결론을 내리고 있다.[12] 미국 재무부가 발표한 총세액공제 규모는 대략 45억 달러 정도로 새로운 일자리 하나를 창출하는 데 평균적으로 11,250달러의 세금이 지출되었다.

4-4 정책 응용 사례 : 법정 부가혜택

정부는 기업이 근로자에게 특정한 혜택을 제공할 것을 강제해서 근로자가 이 혜택을 받게 할 수 있다. 미국에서는 예를 들어, 연방정부가 고용주에게 근로자의 작업장을 안전하게 유지하고 장애를 가진 근로자에게 편의를 제공할 것을 의무화하고 있다. 이러한 법정 부가혜택(mandated benefits)이 임금과 고용의 관점에서 노동시장에 어떤 영향을 미칠까?

어떤 특정한 법정 부가혜택(예 : 점심시간에 근로자에게 시금치 파이를 제공하도록 하는 조항)의 관점에서 생각해보는 것도 유용한 접근이 될 수 있다. 이 예가 다소간 설득력이 없어 보이긴 하지만 정부의 강제조항이 급여세 정책과는 어떻게 다른 결과를 가져오는지 이해하는 데 상당히 유용하게 활용될 수 있다.

[그림 4-9a]는 강제조항이 노동시장의 균형에 어떤 영향을 주는지 설명하고 있다.[13] 초기 균형은 w_0의 임금과 E_0의 고용으로 구성된 P에서 이루어진다. 시금치 파이를 제공하도록 하는 규정으로 인하여 근로자당 C달러만큼의 비용이 발생한다고 가정해보자. 이러한 법정 부가혜택은 노동수요곡선을 아래쪽 방향으로 수평 이동시켜 새로운 수요곡선(D_1)은 원래의 수요곡선(D_0)과 C달러만큼 차이가 난다. 기업은 수요곡선을 따라 마지막으로 고용되는 근로자의 고용비용이 w_0인 경우에만 E_0의 근로자를 기꺼이 고용하려고 할 것이다. 시금치 파이를 제공하도록 하는 규정의 도입으로 기업은 이제 E_0의 근로자를 $w_0 - C$의 임금으로 고용하고 싶어 할 것이다.

---

12 Jeffery Perlof and Michael Wachter, "The New Jobs Tax Credit-An Evaluation of the 1977-78 Wage Subsidy Program," *American Economic Review* 69 (May 1979): 173-179와 John Bishop, "Employment in Construction and Distribution Industries : The Impact of the New Jobs Tax," in Sherwin Rosen, editor, *Studies in Labor Markets*, Chicago, IL: University of Chicago Press, 1981을 보라.

13 Lawrence H. Summers, "Some Simple Economics of Mandated Benefits," *American Economic Review* 79 (March 1989): 177-183을 보라.

정부에서 시금치 파이의 영양학적인 가치에 대해서 뭐라고 말했든 간에 근로자가 시금치 파이를 아주 싫어한다고 가정해보자. 정부가 기업에게 이 혜택을 제공할 것을 요구하고 기업이 실제로 점심시간에 시금치 파이 한 조각을 제공할 수도 있다. 그러나 아무도 근로자에게 이를 억지로 먹게 할 수는 없다. 근로자는 단지 시금치 파이 한 조각을 받아서 쓰레기통에 던져 버릴지 모른다. 다시 말하면 근로자는 이 특정한 혜택에 어떤 가치도 느끼지 않는다. 새로운 노동시장 균형은 기업이 한 명의 근로자를 고용하기 위해 모두 (w_1 + C)달러의 비용을 지불하고(w_1은 임금으로, C는 시금치 파이 비용으로) 고용은 E_1으로 하락하는 Q가 될 것이다. 근로자 입장에서 아무런 가치를 느끼지 못하는 정부의 강제 조항의 결과 나타나는 새로운 균형은 정부가 그 대신에 C달러의 급여세를 부과했더라면 관찰되었을 균형과 같게 된다.

그러나 보통의 근로자는 시금치 파이가 맛있다고 느껴서 법정 부가혜택의 가치를 인정할 가능성도 있다. 산업 내 모든 근로자가 시금치 파이 제공 규정의 가치를 C달러보다는 다소 낮은 수준인 B달러라고 느낀다고 가정해보자. 다시 말하면, 근로자는 기업이 시금치 파이를 제공하기 위해 지불하는 비용보다는 약간 낮은 가격을 기꺼이 지불할 의향이 있다고 가정한다. 시금치 파이가 근로자를 기분 좋게 만들어준다는 사실은 법정 부가혜택이 수요곡선뿐만 아니라 공급곡선에도 영향을 준다는 것을 의미한다. [그림 4-9a]에 있는 초기의 공급곡선 S_0는 각자의 근로자가 받는 총보수(total compensation)가 w_0를 유지하기만 하면 E_0의 근로자가 일을 할 의향이 있음을 가리키고 있다. 근로자가 시금치 파이에 B달러의 가치를 느끼고 있기 때문에 E_0의 근로자는 이제 기업이 w_0 − B의 임금을 지불한다고 하면 기꺼이 일을 하려고 할 것이다. 사실상 법정 부가혜택이 노동공급곡선을 B달러만큼 아래로 이동시켜서 이제 새로운 노동공급곡선은 S_1이 된다.

기업이 시금치 파이를 제공하는 데 비용이 들고 한편으로는 근로자가 이 파이에 가치를 두기 때문에 새로운 노동시장 균형은 새로운 수요곡선과 공급곡선의 교차점인 R로 주어진다. 따라서 새로운 균형에서는 E^*의 근로자가 고용된다. 비록 고용이 E_0에서 E^*로 감소하지만 정부가 C달러의 급여세를 부과했더라면 발생했을 고용감소보다는 감소의 폭이 줄어들었다는 점이다. 급여세를 부과했다면 고용은 E_0에서 E_1으로 하락했을 것이다.

새로운 균형임금은 w^*가 된다. 그러나 이 임금은 근로자나 기업의 관점에서 고용에 수반된 가치를 대표하지 않는다. 기업은 한 명의 근로자를 고용하기 위해 (w^* + C)달러를 지불하고 있으며, 근로자는 이 고용계약으로 (w^* + B)달러의 보수를 받는다. 초기의 경쟁균형에 비하여 근로자의 보수는 줄어들고 기업의 고용비용은 늘어난다. 그러나 급여세가 부과된 경우의 균형과 비교하면 기업과 근로자 모두 경제적 지위가 향상된다. 근로자는 더 높은 보상을 갖게 되고 기업은 더 낮은 비용에 직면한다.

[그림 4-9b]는 한 가지 흥미로운 경우를 그림으로 나타냈다. 시금치 파이의 강제지급

그림 4-9 법정 부가혜택의 영향

(a) 법정 부가혜택이 C달러만큼의 비용을 발생시켜서 기업의 노동수요곡선은 D_0에서 D_1으로 이동한다. 근로자는 부가혜택에 대하여 단지 B달러어치의 가치만 느껴서 노동공급곡선이 아래쪽으로 이동하는 정도가 노동수요곡선만큼 크지 않다. 새로운 균형(R)에서의 고용수준은 C달러의 급여세가 부과되었더라면 달성되었을 균형(Q)에서의 고용수준보다 높다. 그러나 급여세가 전혀 없었을 경우의 균형(P)과 비교하면 고용수준이 감소한다. (b) 법정 부가혜택의 제공비용과 근로자들이 이에 대해 느끼는 가치가 동일하다면 새로운 균형에서의 고용수준과 기업의 고용비용 및 근로자가 받는 실질임금은 세금이 전혀 부과되지 않은 경쟁균형에서 달성되었을 고용수준, 고용비용, 실질임금과 차이가 없다.

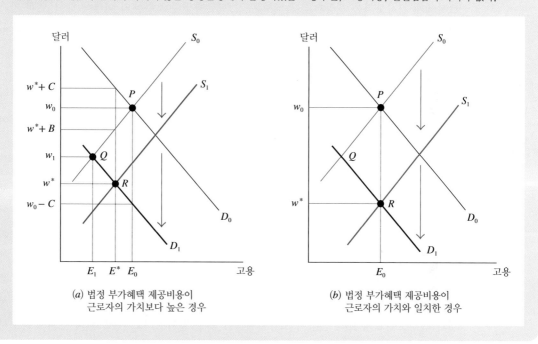

(a) 법정 부가혜택 제공비용이
근로자의 가치보다 높은 경우

(b) 법정 부가혜택 제공비용이
근로자의 가치와 일치한 경우

조항이 기업에게 C달러의 비용이 들게 하고 근로자도 C달러의 가치를 느끼는 경우를 가정해보자. 즉, 기업이 이 혜택을 제공하는 데 발생하는 비용과 정확히 같은 정도로 근로자가 법정 부가혜택의 가치를 부여한다고 하자(B = C). 공급곡선과 수요곡선 모두 **정확하게** 같은 금액(즉, C달러)만큼 아래쪽으로 이동한다. 새로운 균형(R)에서 고용은 여전히 E_0에 머물러 있다. 마찬가지로 근로자는 자신이 받는 총보상의 가치를 $w^* + C$라고 느끼고, 기업의 비용은 $w^* + C$가 된다. 이 금액은 경쟁임금 w_0와 같다.

그러므로 법정 부가혜택의 분석은 경쟁균형의 중요한 특성 하나를 드러내고 있다. 법정 부가혜택이 근로자에게 어떤 가치를 제공하는 한 고용감소의 크기가 작기 때문에 이 혜택은 급여세보다 선호된다. 이를 달리 설명하면 정부가 강제로 규정한 부가혜택이 유발하는 사중손실의 크기가 급여세가 유발하는 사중손실의 크기보다 작다. 사실 법정 부가혜택을 제공하는 비용이 근로자가 그 혜택에 부여하는 가치와 정확하게 일치한다면 사중손실은 발생하지 않는다. 왜냐하면 결국에는 기업이 경쟁균형에서 급여세가 없는 경우와 정확하게 일치하는 수준으로 근로자를 고용하게 될 것이기 때문이다.

오바마케어와 노동시장

2009년 기준으로 65세 이하의 미국인 중 3분의 2가 고용주가 제공하는 건강보험에 가입되어 있다.[14] 그리고 약 16%는 아무런 건강보험에 가입되어 있지 않다. 고용주가 모든 근로자에게 건강보험을 제공할 것을 강제규정으로 제정해야 하는지 여부에 대한 오랜 기간의 논쟁이 드디어 2010년 '오바마케어'라고 불리는 환자보호 및 부담적정보험법(Patient Protection and Affordable Care Act, ACA) 제정으로 막을 내렸다.

2014년 1월 1일에 발효된 ACA는 다양한 방식으로 건강보험 시장에 이전에 없었던 보조금, 벌금, 세금 등의 복잡한 새로운 규칙을 도입했다. 급여세와 법정 부가혜택에 대한 논의는 근로자의 건강보험 참여를 강제하게 되면 시장임금과 시장 고용수준을 포함하여 노동시장에 상당한 영향을 미칠 수 있다는 점을 제시하고 있다.

최근의 한 연구는 매우 영리한 식별 전략을 사용하여 기업의 고용비용에서 건강 관련 비용의 인상이 노동시장에 미치는 영향의 크기를 추정했다.[15] 2000년경을 시작으로 의료과실에 대한 보상금의 큰 인상과 이에 따른 의사의 의료과실 손실보상 보험료의 대폭적인 인상의 영향 때문에 결과적으로 고용주가 제공하는 건강보험의 보험료가 크게 올랐다. 그러나 보험료의 주별 인상폭은 상당히 다양했다(의사의 책임을 요구하는 정도에 따라). 이 사실을 이용하면 의료과실에 대한 손해배상금의 주별 차이를 도구변수로 활용하여 고용주 제공 건강보험료의 인상이 임금과 고용에 어떻게 영향을 미쳤는지 식별할 수 있다. 추정결과 건강보험료의 10% 인상이 고용확률을 1.2%p 떨어뜨리고 근로시간은 2.4% 감소시키며 고용주가 건강보험을 제공하는 근로자의 임금은 2% 이상 하락시킨 것으로 나타났다.

ACA는 실제로 여러 다른 규정을 합쳐 놓은 것과 같다. 각각의 규정이 노동시장에 독립적인 영향을 줄 수 있을 뿐만 아니라 여러 규정 간의 상호작용으로 추가적인 영향을 줄 수도 있다. 주요 정책내용을 소개하면 다음과 같다.

1. 50명 이상의 전일제 근로자를 고용한 기업은 모든 근로자에게 건강보험을 제공해야 한다.
2. 모든 개인은 건강보험에 가입해야 한다. 건강보험에 가입하지 않은 사람에게도 벌금을 부과한다. 그러나 2017년에 의회가 개인의 의무가입조합을 폐지했다.

---

14 U. S. Bureau of the Census, *Statistical Abstract of the United States* 2012, Washington, DC: Government Printing Office, 2011, Table 155를 보라.

15 Katherine Baicker and Amitabh Chandra, "The Labor Market Effects of Rising Health Insurance Premiums," *Journal of Labor Economics* 3 (July 2006): 609–634를 보라.

3. 연방정부 기준 빈곤선 기준 소득의 100~400% 사이에 속한 사람이 ACA가 제공하는 보험을 구입할 경우 재정보조를 제공한다.

4. 일부 주에 한정하여 메디케이드 수급 자격 기준을 연방정부 기준 빈곤선 기준 소득의 133%의 가구로 확대한다.

이러한 조항들로 인해 노동시장은 명백한 영향을 받는다. 기업은 50번째 전일제 근로자를 고용하는 한계비용이 급격하게 상승하는 것을 피할 수 없게 된다. 따라서 소규모 기업의 경우 고용수준을 그 이내로 유지할 유인이 발생한다. 마찬가지로 근로자 입장에서도 근로소득이 일정 수준을 넘어가면 보조금을 받을 수 없기 때문에 스스로 부담해야 하는 보험료가 크게 인상되므로 근로시간을 조절하려고 노력할 것이다. 그러나 동시에 근로자 입장에서는 다양한 건강보험 상품을 쉽게 구매할 수 있게 되어 노동시장에서의 이동이 더욱 빈번하게 발생하고 그로 인해 노동시장 전반의 효율성이 상승할지도 모른다(왜냐하면 예전처럼 건강보험 혜택을 받기 위해 이를 제공하는 직장에만 머물 필요가 없어졌기 때문에).

ACA의 여러 조항이 노동시장에 미치게 될 영향을 온전히 이해하거나 판단하기에는 너무 이른 시점임에도 불구하고 벌써부터 상반되는 예측이 존재한다. ACA는 향후 10년 동안 고용이 3% 줄어들게 할 수도 있고 고용에 아무런 영향을 미치지 않을 수도 있다.[16] 그러나 두 예측 다 맞을 수는 없다. ACA의 복잡성과 더불어 알려지지 않은 여러 조항들 사이의 상호작용으로 인해 아마도 이 법의 결과를 연구하는 경제학자에 대한 수요가 더욱 커질 것 같다.

4-5 이민자의 노동시장 영향

1950년대에는 매년 오로지 약 25만 명의 이민자만이 미국으로 유입되었었는데, 커다란 정책변화로 인해 1965년 이후 대규모 이민의 부활을 목격했다. 2000년 이후로는 합법 여부를 떠나 100만 명 이상의 이민자가 매년 미국으로 들어오고 있다. 이렇듯 광대한 노동공급이 미국의 이민정책에 대한 논쟁을 재점화했다.

여러 다른 선진국에서도 대규모 이민이 다시 나타나는 경향이 관찰되었다. UN에 따르면 세계 인구의 3.4%(약 2억 5,800만 명)는 현재 거주하는 국가와 태어난 국가가 다르다.[17] 2017년에 이르러서는 독일 인구의 14.8%가 외국인이고, 이 비율이 프랑스는

---

16 Casey Mulligan, Side Effects and Complications: *The Economic Consequences of Health Care Reform*, Chicago: University of Chicago Press, 2015와 Pauline Leung Alexandre Mas, "Employment Effects of the ACA Medicaid Expansion," National Bureau of Economic Research Working Paper No. 22540, August 2016을 보라.

17 United Nations, Department of Economic and Social Affairs, *Trends in International Migrant Stock: The 2017 Revision*, http://esa.un.org/migration을 보라.

12.2%, 미국은 15.3%, 캐나다는 21.5%, 스위스는 29.6%에 달했다. 이러한 나라에서 이민정책 논쟁에 대한 핵심적인 문제는 이민자가 자국 태생 근로자의 고용기회에 미치는 영향과 연관된다.

이민자가 노동시장에 미치는 영향에 대한 가장 단순한 모형은 이민자와 원주민이 생산과정에서 완전대체요소라고 가정하는 것으로부터 출발한다. 즉, 이민자와 원주민이 똑같은 유형의 기술을 가지고 있어서 똑같은 유형의 일자리를 놓고 경쟁한다고 가정한다. 이민자의 유입이 단기 ─ 자본량이 고정되어 있는 ─ 에 이러한 노동시장에 미치는 영향이 [그림 4-10a]에 그림으로 표현되었다. 이민자가 노동시장에 진입하면서 노동공급곡선이 오른쪽으로 이동하여 총고용은 N_0에서 E_1으로 증가하고 임금은 w_0에서 w_1으로 하락한다. 이 정도의 임금수준에서는 이전보다 적은 수의 원주민이 기꺼이 일을 하려고 한다는 점을 주목해보자. 따라서 원주민 근로자의 고용은 실제로 N_0에서 N_1으로 줄어든다. 어떤 면에서는 이민자가 원주민의 임금을 하락시켜서 일부의 원주민 근로자가 더 이상 일할 의욕을 느끼지 못하도록 만들기 때문에 이민자가 원주민으로부터 '일자리를 가져간다'.

그림 4-10 **이민의 단기 영향**

(*a*) **완전대체요소** : 이민자와 원주민이 같은 노동시장에서 경쟁한다. 이민자의 유입은 노동공급곡선을 오른쪽으로 이동시킨다. 결과적으로 임금은 w_0에서 w_1으로 하락하고 총고용은 N_0에서 E_1으로 증가한다. 낮아진 임금에서 원주민 근로자의 수는 N_0에서 N_1으로 줄어든다. (*b*) **보완요소** : 이민자와 원주민이 동일한 노동시장에서 경쟁하지 않는다. 단기에는 자본이 고정되어 있음에도 불구하고 이민자가 원주민 근로자의 생산성을 향상시키기 때문에 노동수요곡선이 오른쪽으로 이동한다. 결과적으로 원주민 근로자의 임금이 상승하고 이들의 고용수준 또한 증가한다.

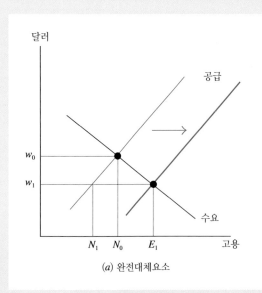

(*a*) 완전대체요소

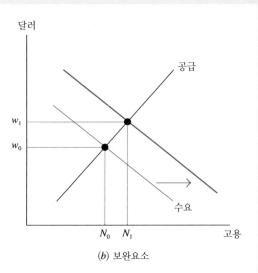

(*b*) 보완요소

그러므로 원주민과 이민자가 완전대체요소일 때 이민의 단기 영향은 모호하지 않고 분명하다. 노동수요곡선이 우하향하고 자본량이 고정되어 있는 한에서는 이민자의 증가가 임금과 원주민의 고용을 하락시킴으로써 시장이 수요곡선을 따라 아래쪽으로 이동하게 만든다.

그러나 원주민과 이민자가 완전대체요소라는 가정은 미심쩍다. 이민 근로자와 원주민 근로자가 같은 종류의 일자리를 두고 경쟁하지 않을 수도 있다. 예를 들어, 이민자의 경우 노동집약적인 농업 생산에 특화된 기술을 갖고 있을지도 모른다. 그렇다면 숙련된 기술을 갖고 있는 원주민 근로자 집단은 그들의 인적자본을 더욱 잘 사용할 수 있는 업무를 수행할 수 있고, 이제는 원주민이 그들의 기술수준에 적합한 업무에 특화될 수 있기 때문에 이민자의 존재가 원주민의 생산성을 증가시키는 작용을 할 것이다. 이러한 상황이라면 노동시장에서 이민자와 원주민이 서로 보완요소가 된다.

두 집단이 보완적이라면 이민자 숫자의 증가는 원주민 근로자의 한계생산을 향상시켜 원주민 근로자에 대한 노동수요곡선을 위쪽으로 이동시킨다. [그림 4-10b]에서 보여주는 것처럼 원주민 근로자의 한계생산성 증가는 이들의 임금을 w_0에서 w_1으로 올리는 작용을 한다. 더욱이 이전에는 일을 하는 것이 별로 수익성이 없다고 판단했던 일부의 원주민이 이제는 인상된 임금을 노동시장에 진입하게 하는 유인으로 바라보기 때문에 이들의 고용수준 또한 N_0에서 N_1으로 늘어난다.

단기효과 대 장기효과

이민자와 원주민이 완전대체요소라고 가정해보자. 단기에는 이민자로 인해 고용주가 낮은 임금을 주고 근로자를 고용할 수 있다. 따라서 이민자는 기업의 자본 수익률과 이익을 증가시킨다. 이렇게 증가된 수익성으로 인해 기존의 기업은 고용을 확장하고, 낮은 임금의 이점을 누리기 위해 새로운 기업이 창업하는 과정에서 시간이 흐르며 자본을 시장으로 끌어당길 것이다. 그러므로 자본량의 증가는 노동수요곡선을 오른쪽으로 이동시켜서 처음에 이주민이 가져온 임금하락의 충격을 완화시키는 경향을 보일 것이다.

중요한 질문은 "과연 장기에 수요곡선이 얼마나 오른쪽으로 이동할 것인가?"이다. 만일 수요곡선이 아주 조금만 이동한다면 이민자와 경쟁하는 원주민이 여전히 낮은 임금을 받게 될 것이다. 반면에 만일 노동수요곡선이 큰 폭으로 이동한다면 원주민의 임금에 미치는 부정적 영향이 사라지고 심지어 임금 상승이 발생할 수도 있다.

수요곡선이 오른쪽으로 이동하는 정도는 생산함수에 내재된 생산기술에 의존한다. 이를 설명하기 위해 생산함수가 잘 알려진 콥-더글러스(Cobb-Douglas) 함수로 표현될 수 있다고 가정해보자.

$$q = A K^{\alpha} E^{1-\alpha} \tag{4-1}$$

위 식에서 A는 상수이고 α는 0과 1 사이의 값을 갖는 파라미터이다. 식 (4-1)의 생산함수는 중요한 특성을 갖는다. 노동(E)과 자본(K)을 모두 두 배로 늘리면 생산량도 두 배로 증가한다. 이러한 특성을 규모수익불변(constant returns to scale)이라고 부른다.[18]

경쟁 노동시장에서 이윤극대화를 위해서는 자본의 가격 r(자본 수익률과 동일한)이 자본의 한계생산가치와 같고 임금 w는 노동의 한계생산가치와 같아야 한다. 단순한 설명을 위해 생산제품의 가격은 1달러라고 가정하자. 기본적인 미분을 사용해서 콥-더글러스 생산함수의 한계생산성조건을 다음과 같이 도출할 수 있다.

$$r = 1달러 \times \alpha A K^{\alpha-1} E^{1-\alpha} \tag{4-2}$$

$$w = 1달러 \times (1-\alpha) A K^{\alpha} E^{-\alpha} \tag{4-3}$$

위의 두 식을 정리하면 다음과 같이 쓸 수 있다.

$$r = \alpha A \left(\frac{K}{E}\right)^{\alpha-1} \tag{4-4}$$

$$w = (1-\alpha) A \left(\frac{K}{E}\right)^{\alpha} \tag{4-5}$$

이민은 근로자 수를 증가시킨다. 식 (4-4)와 (4-5)를 살펴보면 E의 증가가 자본 수익률 r은 증가시키고 임금률 w는 감소시키게 됨을 알 수 있다.

시간이 흐르면서 높아진 자본투자 수익은 자본량(K)의 증가를 유도할 것이다. 발생할 수 있는 자본량의 조정이 다 발생한 이후에 장기에는 자본 수익률이 원래의 '정상' 수준으로 되돌아간다. 이러한 논거는 자본 수익률의 크기가 공급충격이 있기 전과 자본이 완전히 조정된 이후에 정확하게 일치하도록 자본 수익률이 장기에는 r의 값으로 고정되어 있음을 의미한다. 그러나 식 (4-4)는 자본 수익률이 장기에 고정될 수 있는 유일한 경우는 자본-노동비율(K/E) 또한 장기에 고정되어 있는 경우임을 설명하고 있다. 즉, 이민으로 근로자의 숫자가 증가하면, 예를 들어 20% 증가한다면, 자본량 또한 20%만큼 증가해야만 한다.

이러한 이론적인 통찰은 이민이 미치는 장기적 영향에 대한 흥미로운 함의를 갖는다. 자본-노동비율이 장기에 일정하게 유지된다면 식 (4-5)는 임금 또한 장기에 일정한 상태를 유지해야 함을 명백하게 보여주고 있다. 이를 다시 설명하면 다음과 같다. 이민은 초기에는 임금을 낮추는 작용을 한다. 시간이 흐르면서 장기적으로는 고용주가 저렴해진 근로자의 이점을 누리면서 자본량이 증가한다. 그러나 결국에는 국가경제가 원래 이민이 없었

---

18 모든 생산요소를 두 배로 늘렸을 때 생산량이 두 배보다 적게 증가하면 이러한 생산기술을 규모수익체감이라고 부른다. 모든 생산요소를 두 배로 늘렸을 때 생산량이 두 배 이상으로 증가하면 이러한 생산기술을 규모수익체증이라고 부른다.

던 상태로 되돌아가도록 자본량의 조절이 이루어진다. 즉, 이전과 똑같은 자본 수익률과 임금률의 상태로 되돌아간다.[19]

이와 같은 장기효과가 [그림 4-11]에 그림으로 표현되어 있다. 애초에 노동시장은 w_0의 임금에서 균형을 이루고 있고 N_0의 원주민이 고용되어 있다. 단기에는 노동공급곡선이 오른쪽으로 이동하여 임금을 w_1으로 떨어뜨린다. 장기에는 노동수요곡선 또한 노동시장을 이민 이전의 균형상태로 되돌리기에 충분할 만큼 오른쪽으로 이동한다. 결국에 임금은 다시 w_0와 같아진다. 장기적으로 원주민 근로자의 수는 이 임금에서 노동공급의 충격 이전에 고용되었던 원주민의 숫자와 같다.

우리는 장기균형에 도달하기까지 얼마의 시간이 걸릴지 모른다. 자본량이 즉각적으로 조절되지는 않을 것이다. 그렇다고 자본량이 절대로 조정되지 않는 것도 아닐 것이다. 이 론이 우리에게 주는 핵심적인 가르침은 이민이 어느 기간 동안에는 이민자와 경쟁하는 원주민의 임금에 악영향을 미칠 것이고, 이민자의 유입에 맞추어 경제가 조정되는 과정에서 이 영향이 약화될 것이라는 점이다.

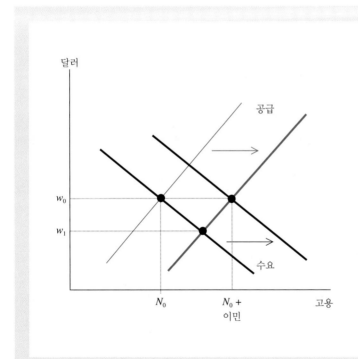

그림 4-11

이민 근로자와 원주민 근로자가 완전대체요소일 때 노동시장에 미치는 이민의 장기 영향

이민 근로자와 원주민 근로자가 완전대체요소이기 때문에 두 집단의 근로자는 동일한 노동시장에서 경쟁한다. 이민자의 유입은 노동공급곡선을 오른쪽으로 이동시킨다. 이러한 결과 임금률이 w_0에서 w_1으로 하락한다. 시간이 흐르면서 기업이 저렴해진 노동력의 이점을 누리고자 자본을 확장하고 이에 따라 노동수요곡선이 오른쪽으로 이동한다. 총생산함수가 규모수익불변의 특성을 가지면 자본의 조정이 모두 이루어진 이후 임금률이 원래의 수준인 w_0로 되돌아간다. 원주민 근로자에 대한 고용수준 또한 이민자의 유입이 있기 이전 수준과 정확하게 같아진다.

---

19 이러한 이론적 함의가 생산함수가 콥-더글러스 생산함수라는 가정으로부터 도출된 것이 아니다. 이민이 장기 노동시장에 아무런 영향을 미치지 않는다는 결론은 생산함수가 규모수익불변의 특징을 가지고 있을 때 언제나 성립한다.

공간적 상관관계

지금까지의 논의는 이민자와 원주민이 생산과정에서 보완요소인지 대체요소인지 실증적으로 판단할 수 있는 단순한 방법을 제안한다. 만일 그들이 대체요소라면 이민자의 노동공급이 풍부한 노동시장에 거주하는 원주민의 소득이 하락해야 하고, 그들이 보완요소라면 이민자가 모여 사는 노동시장에 거주하는 원주민의 소득이 높아져야 한다.

대부분의 실증연구는 이론적 분석의 함의를 활용했다. 이러한 연구는 전형적으로 이민자가 전체 경제활동인구의 상당 부분을 차지하고 있는 도시들(예 : 로스앤젤레스, 뉴욕)에 살고 있는 원주민 근로자와 이민자가 비교적 소수인 도시들(예 : 피츠버그, 내슈빌)에 거주하는 원주민의 소득을 비교한다. 회귀식 모형은 다음과 같다.

$$w_{it} = \beta p_{it} + \text{다른 변수들} \tag{4-6}$$

위 식에서 w_{it}는 t시점에 i도시에 원주민 근로자의 임금이고, p_{it}는 외국에서 태어난 근로자의 비율과 같은 그 당시 도시의 이민 정도를 나타내는 변수이다.

β계수로 추정된 임금과 이민 사이의 도시 간 상관관계를 공간적 상관관계(spatial correlations)라고 부른다. 물론, 이민자가 없다고 해도 원주민의 임금은 노동시장별로 매우 다른 양상을 보인다. 식 (4-6)의 다른 변수들에는 원주민 근로자의 숙련도 차이, 혹은 산업 구조의 차이와 같이 도시 간 임금 격차를 생성하는 요소가 포함된다. 제2장에서 소개한 고정효과방법론의 예처럼 이러한 실증연구는 종종 도시별 고정효과를 포함한다. 고정효과는 지역 노동시장 임금에 영속적으로 영향을 미치는 도시의 특성을 통제한다. 각 도시 내에서 자료를 '차분(differencing)'하면 고정효과를 제거할 수 있다. 따라서 고정효과를 포함하게 되면 어떤 도시의 임금의 변화가 그 도시에 정착한 이민자 숫자의 변화에 어떻게 반응하는지 관찰하는 방식으로 이민이 임금에 미치는 영향을 추정하게 된다.

많은 연구에서 식 (4-6)을 추정한 결과 지역 임금과 이민 사이에 약한 음의 상관관계를 보고했다.[20] 즉, 원주민 근로자의 임금이 이민자가 거주하는 도시에 다소간 낮게 나타났지만 임금차이가 그리 크지는 않은 것 같다.

그러나 상관관계가 이민의 인과적 영향을 측정하는 것은 아니다. 예를 들어, 이민사가 노동시장이 튼튼해서 임금이 높은 도시에 정착하고 싶어 할지 모른다. 이러한 정착 패턴은 이민과 원주민 임금 사이에 허구적인 양의 상관관계를 만들어내기 때문에 이민자와 원주

---

20 Jean B. Grossman, "The Substitutability of Natives and Immigrants in Production," *Review of Economics and Statistics* 54 (November 1982): 596-603과 Joshep G. Altonji and David Card, "The Effects of Immigration on the Labor Market Outcomes of Less-Skilled Natives," in John M. Abowd and Richard B. Freeman, editors, *Immigration, Trade, and Labor Market*, Chicago: University of Chicago Press, 1991, pp. 201-203을 보라. 이 증거는 Francine D. Blau and Christopher Mackie, editors, *The Economic and Fiscal Consequences of Immigration*, Washington, DC: National Academy of Science Press, 2015의 제5장에 잘 요약되어 있다.

민이 대체요소일 때 이론이 예측하는 이민의 부정적 효과를 발견하는 것이 매우 어렵다.

이 문제의 해결책은 도시에 정착하는 이민자 수에 외생적인 증가를 유도하는 도구변수를 찾는 것이다. 다시 말하면, 도시 간 이민자 수 차이와 관련성이 있지만 지역의 임금격차와는 상관이 없는 변수가 필요하다. 많은 연구에서 사용한 전형적인 도구변수는 이전 시기의 이민 정도를 나타내는 변수이다. 예전부터 이민자가 정착한 도시일수록 이민자들 사이에 촘촘하게 문화적 네트워크가 형성되어 이민에 필요한 정보비용을 낮추어주기 때문에 새로운 이민자가 유입될 확률이 높다.[21]

과거 이민자의 정착 패턴이 현재 도시 간 임금편차와 전혀 관련되어 있지 않다면 이 도구변수는 유효하다. 그러나 과거의 이민자들은 어디로 정착할지 임의로 결정하지 않았다. 그 당시에 임금이 높았던 지역 위주로 정착했을 것이고 높은 임금은 오랫동안 유지되는 경향이 있다. 다시 말해서 초기에 이민자의 유입을 촉진한 높은 임금이 새로운 이민자에게도 여전히 매력적이어서 이 도구변수의 유효성이 사라진다. 최근 연구는 특정 도시의 높은 임금 혹은 낮은 임금이 오랜 기간 유지되어 식 (4-6)의 추정결과에 편의가 발생했기 때문에 공간적 상관관계를 이민의 인과관계로 해석하기에 많은 무리가 있음을 보였다.[22]

마리엘 항구의 보트승선 이민자

이민자가 임금이 높은 지역에 정착한다는 사실이 공간적 상관관계를 인과관계로 해석할 수 없도록 만들기 때문에 이민이 임금에 미치는 영향을 식별하기 위한 대안적 전략이 있어왔다. 그러한 전략 중 하나는 특정 시기의 특정 지역에 대규모의 이민자가 무작위로 줄어드는 자연실험을 찾는 것이다.

1980년 4월 20일 피델 카스트로는 미국으로 이주하기를 원하는 쿠바 국민이 마리엘 항구에서 자유롭게 떠날 수 있다고 천명했다. 1980년 9월까지 약 12만 5,000명의 쿠바인이 미국으로 떠나는 여행을 선택했다. 거의 하룻밤 사이에 마이애미의 경제활동인구는 예기치 않게 7%의 성장을 기록했다.

초기의 어느 연구는 마이애미의 평균 임금이 마리엘의 공급 충격에 거의 영향을 받지 않았다고 결론을 내렸다.[23] [그림 4-12a]는 마이애미 백인 근로자의 (물가 조정된) 시간당 임금의 추세를 보여준다. 마리엘 사건이 발생하기 직전인 1979년에 평균적인 백인 근로

21 David Card, "Immigrant Inflows, Native Outflows, and the Local Market Impacts of Higher Immigration," *Journal of Labor Economics* 19 (January 2001): 22-64를 보라.

22 David A. Jaeger, Joakim Ruist, and Jan Stuhler, "Shift-Share Instruments and the Impact of Immigration," Working Paper, Universidad Carlos III de Madrid, November 2017.

23 David Card, "The Impact of the Mariel Boatlift on the Miami Labor Market," *Industrial and Labor Relations Review* 43 (January 1990): 245-257을 보라.

자는 시간당 6.40달러를 벌었다. 1985년에도 여전히 시간당 6.20달러의 임금을 받았다. 물론 다른 지역은 어땠는지 모르는 상태에서 마이애미의 임금추세를 해석하는 것은 매우 어려운 일이다. 마리엘 사건으로 공급 충격을 받지 않은 일련의 도시들로 구성된 통제집단의 임금추세를 살펴봐야 한다. 이 그림에서는 당시에 고용 상황이 대체로 유사했던 4개 도시(애틀랜타, 휴스턴, 로스앤젤레스, 탬파)의 임금추세를 마이애미의 임금추세와 비교했다. 1979년에 마이애미의 평균적인 근로자의 임금은 통제집단에 속한 근로자보다 50센트 정도 낮았다. 1985년에 이르렀을 때 이 차이가 시간당 10센트 정도 벌어졌다. 주급으로 환산해도 4달러 정도밖에 되지 않는 미미한 차이에 불과하다.

근래에 전 세계에서 난민 유입이 폭발적으로 증가하자 마이애미의 경험이 다시금 연구자들의 관심을 이끌어냈다.[24] 그런데 더욱 자세한 수준의 자료를 이용해서 검토한 최근의 연구는 이와 상반되는 결과를 제시했다. 마리엘 항구에서 탈출한 쿠바인의 3분의 2는 고등학교 졸업 미만의 학력을 가진 사람들로 구성되었으며 이들의 유입으로 마이애미 노동시장에서 고등학교 중퇴 학력의 근로자 수가 20% 증가했다.

대부분의 최근 연구는 공급 충격이 임금에 영향을 미치는 여부를 판단하기 위해 특히 여기에 속하는 근로자 집단에 초점을 맞추었다. [그림 4-12b]는 마이애미 근로자 가운데 고등학교 졸업장이 없고, 히스패닉계가 아니며, 연령대가 핵심 경제활동 인구에 속하는 남성 근로자의 평균 임금추세를 보여주고 있다. 그림을 보면 이 집단에 속한 근로자의 임금이 1980년 이후 곤두박질쳤다가 다시 회복하는 데 10년이 걸린 것처럼 보인다. 다른 연구에서는 마이애미의 저숙련 근로자의 임금추세 분석이 저숙련 근로자 집단을 어떻게 정의하는지에 달려 있다고 주장한다. 이 추세는 실증 분석에 포함된 표본의 인종구성의 변화에 영향을 받을 뿐만 아니라 그 당시 마이애미라는 대도시권에서 소수의 근로자만이 설문에 응답하여 상당한 표본 오차가 발생했을 가능성이 있다. 연구자들이 난민 유입의 결과에 대한 통찰력을 제공할 수 있는 새로운 자료를 찾기 위해 노력하는 동시에 더욱 엄밀한 수준에서 자료를 분석한다면, 난민 유입이 노동시장에 미치는 영향이 전 세계적으로 중요해지면서 마리엘 사건에 대한 연구가 지속될 것은 분명해 보인다.[25]

24 George J. Borjas, "The Wage Impact of the Marielitos: A Reappraisal," *Industrial and Labor Relations Review* 70 (October 2017): 1077-1110, Giovanni Peri and Vasil Yasenov, "The Labor Market Effects of a Refugee Wave: Applying the Synthetic Control Method to the Mariel Boatlift," NBER Working Paper No. 21801, Cambridge, MA: National Bureau of Economic Research, December 2015, 그리고 Michael A. Clemens and Jennifer Hunt, "The Labor Market Effects of Refugee Waves: Reconciling Conflicting Results," NBER Working Paper No. 23433, May 2017을 보라.

25 Geroge J. Borjas and Joan Monras, "The Labor Market Consequences of Refugee Supply Shocks," *Economic Policy* 32: 361-413과 Ximena Del Carpio and Mathis Wagner, "The Impact of Syrian Refugees on the Turkish Labor Market," *Journal of Labor Economics*, 2018을 보라.

| 그림 4-12 | 마리엘 항구의 보트승선 이민자가 임금에 미친 영향 |

출처: (*a*) David Card, "The Impact of the Mariel Boatlift on the Miami Labor Market," *Industrial and Labor Relations Review* 43 (January 1990), p. 250에서 발췌하여 재구성함. (*b*) George J. Borjas, "The Wage Impact of the Marielitos: A Reappraisal," *Industrial and Labor Relations Review* 70 (October 2017): 1077–1110에서 발췌하여 재구성함.

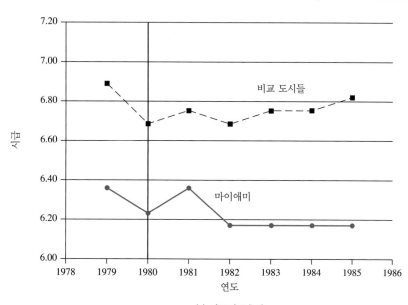

(*a*) 평균임금추세

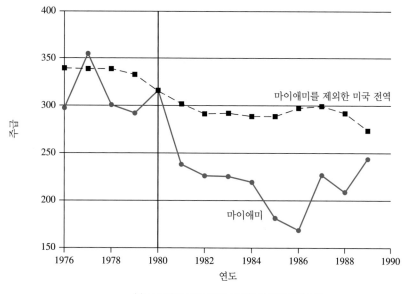

(*b*) 고등학교 중퇴 학력 근로자의 평균임금추세

이민과 전국 노동 시장

특정한 도시에 이민자 집단이 유입되면 이들과 경쟁하는 원주민 근로자의 임금이 하락할지 모른다. 그러나 노동시장의 결과가 이대로만 끝나지는 않는다. 이제 원주민 근로자에게는 바뀐 경제 상황에 대응하고자 그들의 행태를 변화시킬 유인이 발생한다. 하나의 가능한 대응은 이민자가 대거 유입된 도시를 떠나서 이민자의 유입이 거의 없어서 상대적으로 높은 임금이 형성된 도시로 이주하는 것이다. 이러한 원주민 근로자의 노동공급 변화는 국가 경제 전체로 이민의 영향을 전파시킨다. 따라서 이는 지역 간 임금차이를 비교하는 방식이 이민의 진정한 효과를 파악하는 데 한계가 있다는 점을 시사한다.

이러한 이유로 어떤 연구는 지역 간 비교 대신에 전국 노동시장에서 특정 기술집단에 속하는 근로자의 임금추세를 검토했다. 기술집단 접근방식은 특정한 기술집단에서 경험한 임금 변화가 그 집단에 유입된 이민자 수와 관련이 있는지 판단하는 방식이다.[26]

[그림 4-13]은 실증분석 결과를 요약하여 보여주고 있다. 각각의 기술집단은 특정한 교육수준과 노동시장에서의 경력기간을 가진 근로자의 집합으로 정의되었으며 두 변수의 다양한 조합으로 여러 기술집단을 구성할 수 있다. 산포도에 포함된 각각의 점은 10년 동안 기술집단별로 원주민 근로자가 경험한 임금증가와 각 집단별로 외국에서 태어난 근로자의 비율변화를 나타낸다. 이 두 변수 간에는 명백한 음의 상관관계가 존재한다. 이민자에게 가장 영향을 덜 받은 기술집단의 임금이 가장 빠르게 증가했다. [그림 4-13]에 그려진 회귀선은 개별 기술집단에서 이민자의 숫자가 10% 증가하면 임금이 3~4% 하락하게 됨을 제시하고 있다.

기술집단 접근방식은 생산량을 자본 및 각각의 기술집단에 속하는 노동량과 연계시키는 완전한 생산함수 모형을 추정하는 데까지 확장되었다. 이 생산함수 모형을 기반으로 하는 접근은 각각의 기술집단에 속하는 이민자의 공급충격을 도구변수로 사용하여 노동수요곡선을 식별한다. [그림 4-13]에 그려진 회귀선이 의미하는 상관관계를 단순히 추정하는 방법에 비하여, 이런 식의 접근은 어느 특정 기술집단(예 : 대학 졸업자)의 임금이 예를 들어 고등학교 중퇴 학력의 이민자에 의해 어떻게 영향을 받는지 추정할 수 있는 장점이 있다.

최근의 국립과학원(National Academy of Science) 보고서에서 가져온 〈표 4-2〉는 가장 간단한 모형 기반 접근방식을 이용해서 1990년부터 2010년까지 미국에 입국한 이민자의 총임금효과를 모의 실험한 결과를 요약하고 있다. 기술집단 간 잠재적인 보완성을 고려한 이후에도 1990년부터 2010년 기간의 공급 충격은 단기에 평균적인 근로자의 임금을 3.2% 감소시켰다. 앞서 살펴본 것처럼 이론에 따르면 장기적인 임금효과는 0%여야 한

---

26 George J. Borjas, "The Labor Demand Curve Is Downward Sloping: Reexamining the Impact of Immigration in the Labor Market," *Quarterly Journal of Economics* 118 (November 2003): 1335-1374를 보라.

그림 4-13 교육수준과 경력연수로 정의된 기술집단별 이민자의 비율과 임금의 관계를 보여주는 산포도, 1960~2000

출처 : George J. Borjas, "The Labor Demand Curve Is Downward Sloping : Reexamining the Impact of Immigration in the Labor Market," *Quarterly Journal of Economics* 118 (November 2003) : 1335–1374. 산포도에 있는 각 점은 교육연수와 경력연수로 정의된 원주민 근로자의 기술집단별로 10년간의 로그임금의 변화와 이민자 비율(즉, 기술집단 내에서 이민자가 차지하는 비율)의 변화를 나타내고 있다.

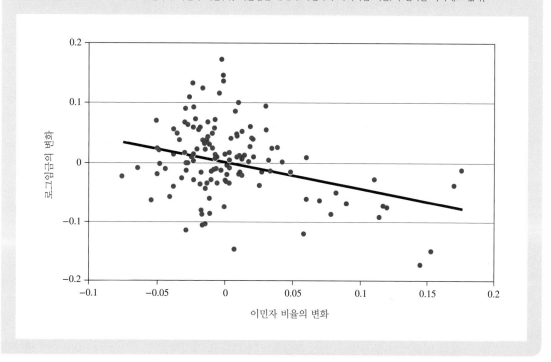

표 4-2 1990~2010년 동안 이민자들의 유입이 임금에 미친 영향

	단기	장기
교육 집단 :		
고교 중퇴	−6.3	−3.1
고졸	−2.8	0.4
대학 중퇴	−2.3	0.9
대졸	−3.3	−0.1
대학원 이상	−4.1	−0.9
모든 근로자	−3.2	0.0

출처 : Francine D. Blau and Christopher Mackie, editors, *The Economic and Fiscal Consequences of Immigration*, Washington, DC: National Academy of Sciences Press, 2015, Table 5–1.

다. 자본 조정이 모두 이루어진 후에는 평균적인 근로자는 영향을 받지 않는다. 그러나 이민은 심지어 장기에도 분배 효과를 가져온다. 고등학교 중퇴 학력의 근로자 임금은 약 3% 하락하고 대학 교육을 받은 근로자의 임금은 약 1% 증가했다.[27]

기술집단 접근방법은 또한 이주와 다른 나라의 임금구조 사이의 관계를 검토하기 위해 사용되어 왔다. 하나의 흥미로운 사례연구는 타국으로의 이민(emigration)과 멕시코의 임금 사이의 관계를 분석한 것이다.[28] 타국으로의 이민(거의 전부가 미국으로의 이민임)이 멕시코 노동시장에서 전체 경제활동인구의 약 10%를 빠른 속도로 유출시켰다. 이러한 노동력의 이탈은 멕시코의 임금을 인상시켜야 한다. 특정 기술집단의 미국 이민자 숫자와 그 집단에 속한 멕시코 근로자가 경험한 임금증가 사이에는 실제로 강한 양의 상관관계가 있다. 개별 기술집단에서 근로자의 숫자가 10% 감소하면 멕시코에 남아 있던 근로자의 임금은 약 3% 상승했다.

이민과 최저임금에 대한 논쟁

이민에 대한 논쟁과 최저임금에 대한 논쟁은 또 하나의 중요한 특성을 공유한다. 두 가지 논쟁 모두 노동수요탄력성 파라미터를 정확하게 추정하는 것에 초점을 맞추고 있다. 최저임금 논쟁에서는 임금의 외생적 변화가 고용에 어떻게 영향을 미치는지에 관심을 둔다. 이민 관련 논쟁에서는 노동공급의 외생적 변화가 임금을 어떻게 변화시킬지가 주요 관심사이다.

심지어 단기에서조차 이민이 원주민 근로자의 임금에 별다른 영향을 주지 않는다는 원래의 마리엘 연구결과를 있는 그대로 인정한다고 가정해보자. [그림 4-14a]는 이 연구결과에서 추론되는 단기 노동수요곡선을 그림으로 나타낸 것이다. 완전 탄력적인 노동수요곡선은 근로자 수와 상관없이 임금이 일정하게 유지됨을 의미한다.

제3장에서 최저임금이 패스트푸드 산업의 고용에 미친 영향을 측정한 연구에 대해 논의했다.[29] 이 연구에서는 뉴저지의 주법에서 정한 최저임금이 실행되기 전과 실행된 후에 뉴저지와 펜실베이니아의 고용을 비교했다. 최저임금은 오직 뉴저지에서만 인상되었

---

27 국립과학원은 기술 수준이 유사한 이민자와 원주민 근로자 사이의 보완성을 허용하고 고등학교 중퇴자와 고등학교 졸업자가 완전 대체요소일 수 있는 가능성을 고려한 모의실험 결과를 보고했다. 이와 같은 가정의 도입은 이민의 부정적 임금효과를 완화시킨다. 이러한 가정이 유효한지에 대한 실증적 증거는 혼재되어 있다. David Card, "Immigration and Inequality," *American Economic Review* 99 (May 2009): 1-21과 Gianmarco I. P. Ottaviano and Giovanni Peri, "Rethinking the Effect of Immigration on Wages," *Journal of European Economic Association* 10 (February 2012): 152-192, 그리고 George J. Borjas, Jeffrey Grogger, and Gordon H. Hanson, "On Estimating Elasticities of Substitution," *Journal of European Economic Association* 10 (February 2012): 198-210을 보라.

28 Prachi Mishra, "Emigration and Wages in Source Countries: Evidence from Mexico," *Journal of Development Economics* 82 (January 2007): 180-199를 보라.

29 David Card and Alan B. Krueger, "Minimum Wages and Employment: A Case Study of the Fast-Food Industry in New Jersey and Pennsylvania," *American Economic Review* 84 (September 1994): 772-793을 보라.

기 때문에, 뉴저지 패스트푸드 산업의 고용이 펜실베니아 패스트푸드 산업의 고용에 비해 상대적으로 더 하락했을 것이라고 기대하게 된다. 그러나 그러한 하락은 발생하지 않았다.

한 번 더 뉴저지-펜실베니아 자연실험결과를 있는 그대로 받아들여 보자. 그러면 최저임금이 고용에 별다른 영향을 주지 않는다고 추론할 수 있다. [그림 4-14b]는 이 자연실험결과가 의미하는 단기 노동수요곡선을 그림으로 나타낸 것이다. 단기 노동수요곡선은 완전 비탄력적이어서 임금수준과 상관없이 고용이 일정하게 유지된다.

말할 필요도 없이, 최소한 이 두 가지 수요곡선 중 하나는 잘못된 것이다. 단기 노동수요곡선이 완전 탄력적이면서 동시에 완전 비탄력적일 수는 없기 때문이다. 아마도 누군가는 어느 특정 시기와 어느 특정 장소에서 노동수요곡선이 그런 형태로 보일 수 있다고 주장할지 모른다. 이런 식의 접근은 실험 증거를 사용한 추론을 완전히 쓸모없는 것으로 만든다. 왜냐하면 다른 시기와 다른 장소에서 정책변경의 결과 무슨 일이 발생하게 될지 예측하는 데 있어서 특정한 실험 증거가 사용될 수 없기 때문이다.

요약하자면, 정치적인 의미 때문에 매우 극단적으로 해석되는 자연실험에서 얻은 실증적 증거는 매우 조심스럽게 해석되어야만 한다. 최저임금이 단기 고용에 영향을 미치지 않고, 동시에 이민이 단기 임금에 영향을 미치지 않는다는 주장으로 발전시키기 이전에 그러

그림 4-14 자연실험이 의미하는 단기 노동수요곡선

(a) 마리엘의 자연실험 결과가 이민자의 증가가 임금에 영향을 주지 않았다고 나타낸다면 단기 노동수요곡선은 완전 탄력적이다. (b) 뉴저지-펜실베니아 최저임금 자연실험 결과가 최저임금의 인상이 고용에 영향을 주지 않았다고 나타낸다면 단기 노동수요곡선은 완전 비탄력적이다.

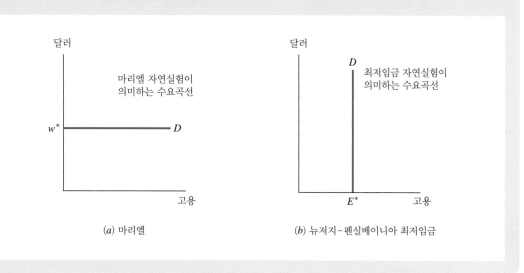

(a) 마리엘

(b) 뉴저지-펜실베니아 최저임금

한 결과가 밑바탕이 된 이론적 모형과 일관성이 있는 결과인지 자문하는 것이 중요하다.

4-6 이민 잉여

여러 노동시장에 있는 근로자의 흐름은 국가 경제가 보다 효율적인 결과를 가져올 수 있도록 돕는다. 비록 이민이 경쟁관계에 있는 원주민 근로자의 임금에 부정적인 영향을 미칠 수도 있지만 이민자가 국가 경제의 효율성을 증진시키는 데 이바지할 수도 있다.[30]

[그림 4-15]에 그려진 단기 분석을 살펴보자. 초기의 노동공급곡선은 S이고 노동수요곡선은 D이다. 단순화를 위해 임금과 상관없이 노동공급곡선은 비탄력적이어서 N명의 원주민 근로자가 있다고 가정한다. 경쟁적 시장균형은 이 시장에서 N명의 원주민 근로자가 w_0의 임금을 받고 일할 것임을 시사한다.

노동수요곡선이 한계생산가치곡선이므로 노동수요곡선의 각 점은 마지막으로 고용된 근로자가 생산에 기여하는 크기라는 점을 떠올려 보자. 그 결과로 노동수요곡선 아래의 영역은 고용된 모든 근로자의 총생산물의 가치와 같다. 그러므로 사다리꼴 $ABN0$의 면적은 이민이 들어오기 전의 국민소득(national income)과 같다.

이민자가 들어오면 어떤 일이 일어날까? 이민자와 원주민이 완전한 대체요소라고 가정하면 공급곡선이 S에서 S'으로 이동하고 시장임금은 w_1으로 하락한다. 국민소득은 이제 사다리꼴 $ACM0$의 크기로 주어진다. 그림은 이민자에게 지불된 총임금액이 사각형 $FCMN$의 면적과 같기 때문에 원주민에게 귀속된 국민소득의 증가분은 삼각형 BCF의 면적과 같다는 것을 보여준다. 이 삼각형이 이민 잉여(immigration surplus)이며 이민자가 생산하여 원주민에게 귀속되는 국민소득의 증가분을 나타낸다.

왜 이민 잉여가 발생하는가? 시장임금이 마지막으로 고용된 이민자의 생산성과 같기 때문이다. 이민자는 그들을 고용하는 비용보다 더 많이 국민소득을 증가시킨다. 다르게 말하면 마지막으로 고용된 이를 제외하고 모든 이민자는 그들이 받는 것보다 더 많이 경제에 기여한다.

[그림 4-15]의 분석은 만약 수요곡선이 완전히 탄력적이라면(따라서 이민이 원주민의 임금에 영향을 주지 않는다면) 이민자는 그들의 한계생산의 가치 모두를 급여로 받고 원주민은 얻는 것이 없을 것임을 시사한다. 이민 잉여가 양의 값을 갖기 위해서는 이민자가 들어왔을 때 원주민 근로자의 임금이 하락해야 한다. 그러므로 이민은 소득을 노동에서 자본으로 재분배한다. 원주민 근로자는 사각형 w_0BFw_1의 면적만큼 손해를 보고 이만큼의 소득과 이민 잉여는 고용주가 얻는다. 원주민 근로자는 소득이 줄어들지만 원주민이 소유

---

30 George J. Borjas, "The Economic Benefits from Immigration," *Journal of Economic Perspectives* 9 (Spring 1995): 3–22를 보라.

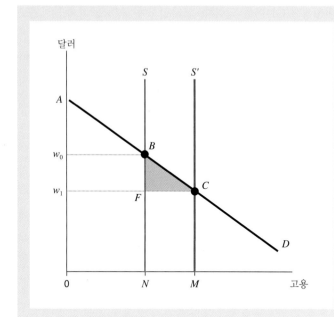

이민 잉여

이민자의 유입이 있기 전에는 N명의 원주민 근로자가 고용되어 있고 국민소득의 가치는 사다리꼴 $ABN0$의 면적으로 주어진다. 이민자의 유입으로 총노동공급이 M명의 근로자로 증가하여 국민소득의 가치는 사다리꼴 $ACM0$의 면적으로 늘어난다. 이민자에게는 $FCMN$의 임금이 지불된다. 이민 잉여는 원주민에게 발생한 국민소득의 증가분인 삼각형 BCD의 면적으로 주어진다.

한 기업이 얻는 소득의 증가가 그 손해를 보충하고도 남는다.

이민 잉여의 계산

삼각형의 면적은 밑변의 길이와 높이를 곱한 것의 절반이다. 그러면 [그림 4-15]는 이민 잉여의 가치가 다음과 같다는 것을 시사한다.

$$\text{이민 잉여} = \frac{1}{2} \times (w_0 - w_1) \times (M - N) \qquad (4\text{-}7)$$

아래와 같이 간단한 방식으로 이민 잉여를 국민소득의 일정 부분으로 정의할 수 있다. 식의 항들을 재배열하면 다음 식을 얻는다.[31]

$$\frac{\text{이민 잉여}}{\text{GDP}} = \frac{1}{2} \times (\text{원거주민 임금률의 \% 변화})$$
$$\times (\text{고용량의 \% 변화})$$
$$\times (\text{국민소득 중 노동의 몫}) \qquad (4\text{-}8)$$

---

31 이민 잉여는 다음과 같이 재정리하여 쓸 수 있다.

$$\frac{\text{이민 잉여}}{\text{국민소득}} = \frac{1}{2} \times \frac{w_0 - w_1}{w_1} \times \frac{M - N}{M} \times \frac{w_1 M}{\text{GDP}}$$

위 식에서 국민소득은 국내총생산(GDP)을 의미하고 '국민소득 중 노동의 몫'은 근로자가 가져가는 국민소득의 비중이다.

미국에서 이민은 노동공급을 약 15% 증가시켰다. 앞서 논의한 것처럼 몇몇 증거에 따르면 공급이 10% 늘어날 때마다 임금은 약 3% 하락하므로 15%의 공급 증가는 임금을 약 4.5% 하락시켰을 것이다. 마지막으로 국민소득 중 노동의 몫이 0.7 정도임이 잘 알려져 있다. 이를 종합하면 이민은 원거주민의 실질소득을 약 0.24%(또는 0.5×0.045×0.15×0.7) 정도 올린 것으로 나타난다. 미국의 GDP가 2018년에 19조 달러 정도이므로 이민에서 얻는 경제적 이득은 연간 460억 달러에 해당하여 전체 경제규모에 비해 상대적으로 작은 편이다.

이 추정치는 단기 추정치이다. 장기적으로는 생산함수가 규모수익불변의 특성을 가지고 있는 한 자본 수익률과 임금이 이민에 영향을 받지 않는다. 그 결과로 장기 이민 잉여는 0과 같아야만 할 것이다. 이민이 장기적으로 GDP를 올리지만 국민소득의 증가분 전체는 이민자의 서비스의 대가로 지급된다.

4-7 정책 응용 사례 : 고숙련자의 이민

경쟁 노동시장에서 이민 잉여를 계산해보면 대규모의 노동공급 충격이 원주민에게 그다지 커다란 이득을 주지 않는 결과를 초래할 수도 있음을 알 수 있다. 그럼에도 어떤 종류의 이민, 특히 고숙련 근로자의 이민이 초래하는 이득은 매우 클 수 있다는 생각이 널리 퍼져 있다. 이러한 인식은 교과서 모형에서 결정적으로 벗어난 생각에 기초한다. 고숙련 근로자는 인적자본의 외부효과(human capital externality)를 일으킨다고 흔히들 주장한다. 고숙련 근로자의 갑작스런 등장이 원주민을 새로운 형태의 지식에 노출시키고 그들의 인적자본을 증가시키며 더 생산적이게 한다는 것이다.

인적자본의 외부효과가 이민 잉여의 크기를 어떻게 상당히 증가시키는지 쉽게 보일 수 있다. 고숙련 이민자가 원주민 근로자의 생산성에 긍정적인 외부효과를 미친다면 이민자의 유입은 원주민 근로자의 한계생산물의 가치를 증가시켜서 노동수요곡선을 바깥으로 이동시킬 것이다.

[그림 4-16]은 단기 모형을 보여준다. 이민자가 공급곡선을 이동시킬 뿐만 아니라 노동수요곡선도 VMP_L에서 VMP'_L으로 이동시킨다. 그러면 원주민에게 일어나는 국민소득의 변화는 삼각형 BCD와 이민이 원주민 근로자의 총생산에 주는 영향을 표시하는 평행사변형 $ABEF$의 면적의 합으로 주어진다. 인적자본의 외부효과가 충분히 크다면 고숙련 이민자의 파급효과는 경제성장의 중요한 동력일 수 있음은 명백한 사실이다.

최근 연구는 이러한 외부효과의 실증적 중요성을 찾고자 시도했다. 이러한 연구는 보통

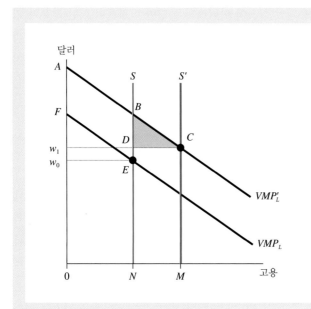

그림 4-16

양의 외부효과가 있을 때 이민 잉여

N명의 원주민 근로자가 있다. 이민은 노동공급을 M으로 증가시키고 양의 인적자본 외부효과는 수요곡선을 VMP'_L로 이동시킨다. 임금은 w_0에서 w_1으로 올라간다. 이민자는 $DCMN$을 임금으로 받는다. 원주민의 소득은 평행사변형 $ABEF$와 삼각형 BCD의 합으로 증가한다.

어떤 나라가 고숙련 이민자의 외생적 공급 충격에 '타격'을 받은 사례를 분석하여 영향을 받은 원주민의 생산성에 나타난 결과를 추적한다.[32]

나치 독일

1933년 권력을 잡은 즉시 국가사회당은 전문공무원복원법으로 알려진 법률을 제정했다. 이 조지 오웰의 소설에나 나올 법한 이름을 가진 법률로 인해 독일의 대학은 모든 유태인 교수를 해고했다. 독일 수학 교수 중 18%가 1932년에서 1934년 사이 해고되었다.[33]

해고된 교수 중에는 존 폰 노이만, 리하르트 쿠란트, 리하르트 폰 미제스 등 당대 유명한 수학자도 몇몇 있었다. 해고된 수학자 중 많은 수는 결국 다른 나라로 이주했는데 주로 미국을 택했다. 예를 들어 폰 노이만은 프린스턴대학교로 옮겨 1944년 경제학자인 오스카 모르겐슈테른과 함께 대표작 게임이론과 경제행동(*The Theory of Games and Economic Behavior*)을 공동 집필했다.

---

32 고숙련 근로자를 대상으로 하는 미국의 H-1B 비자 프로그램의 효과를 이들의 공급 충격을 지역노동시장의 결과와 연계하여 분석한 William R. Kerr and William F. Lincoln, "The Supply Side of Innovation: H-1B Visa Reforms and U.S. Ethnic Invention," *Journal of Labor Economics* 28 (July 2010): 473-508과 Giovanni Peri, Kevin Shih, and Chad Sparber, "STEM Workers, H-1B Visas and Productivity in U.S. Cities," *Journal of Labor Economics* 33 (July 2015; Part 2): S225-S255를 보라.

33 Fabian Waldinger, "Quality Matters: The Expulsion of Professors and the Consequences for PhD Student Outcomes in Nazi Germany," *Journal of Political Economy* 118 (August 2010): 787-831을 보라.

유대인 수학자가 무작위로 고용되었던 것이 아니라서 유명한 학자들이 떠난 경우가 거의 없는 대학교 학과가 있었던 반면, 교수의 50% 이상을 잃은 학과도 있었다. 괴팅겐과 베를린 등 독일 내 당대 최고의 수학과 중 몇몇도 큰 타격을 받았다. 그 영향이 어땠는지 20세기 가장 유명한 수학자 중 한 명인 다비드 힐베르트와 나치 교육부 장관 간의 놀라운 다음 대화를 보면 알 수 있다.

> 장관 : 이제 유대인 영향에서 벗어난 괴팅겐대학교의 수학은 어떻습니까?
>
> 힐베르트 : 괴팅겐대학교의 수학이요? 이젠 정말로 없어졌습니다.

만일 훌륭한 수학 교수가 지도학생에게 긍정적인 외부효과를 발생시킨다면 이들에 대한 해고 조치가 독일에 남겨진 박사과정 학생에게 미친 영향을 살펴볼 수 있을 것이다. 독일 대학의 옛 기록을 이용하여 교수의 해고 전과 후에 독일 대학에서 공부한 박사과정 학생의 직업 경력을 비교해볼 수 있다. 많은 우수한 수학자의 해고는 이에 영향을 받은 박사과정 학생의(예 : 그 학생의 경력 동안 출판한 논문 개수뿐만 아니라 그 논문들의 인용 횟수로 측정한) 생산물에 영향을 주었을 것이다. 인적자본이 강한 외부성을 가지고 있다면(예 : 폰 노이만이 떠남으로써) 심각한 질의 저하를 경험한 학과에서 1933년 이후에 졸업한 학생은 1933년 직전에 같은 학과를 졸업한 학생에 비해 평생 낮은 생산성을 보여야 한다.

[그림 4-17]은 주요 결과를 요약해 보여준다. 그림은 두 유형의 학과(해고가 일어나지 않은 학과와 우수한 교수들이 해고된 학과)의 졸업생 코호트별로 연구가 평생 한 번이라도 인용될 확률을 보여준다. 가장 많은 손실을 경험한 학과에 등록했던 학생들의 생산성이 상대적으로 감소했음을 명백히 볼 수 있다.

그러므로 학생의 성과와 교수의 질의 상관관계는 인적자본이 매우 중요하다는 사실을 시사한다. 뛰어난 유대인 수학자의 이탈은 교육의 기회를 빼앗긴 학생의 미래 생산성을 감소시켰다.

소비에트연방

1992년에 소비에트연방(소련)이 붕괴된 후 얼마 지나서 1,000명이 넘는 소련의 수학자(전체의 거의 10%)가 나라를 떠났고 그중 약 3분의 1이 결국 미국에 정착했다.[34]

1992년 이전 몇십 년 동안 소련의 수학자 그룹과 서방의 수학자 그룹은 거의 접촉을 하지 않고 지내왔다. 이러한 분리를 결정지은 결정적 계기는 루친 사건(Luzin affair)이다.

---

34 George J. Borjas and Kirk B. Doran, "The Collapse of the Soviet Union and the Productivity of American Mathematicians," *Quarterly Journal of Economics* 127 (August 2012): 1143-1203을 보라.

그림 4-17 유태인 수학자의 해고와 학생의 생산성

출처 : Fabian Waldinger, "Quality Matters: The Expulsion of Professors and the Consequences for PhD Student Outcomes in Nazi Germany," *Journal of Political Economy* 118 (August 2010), p. 813.

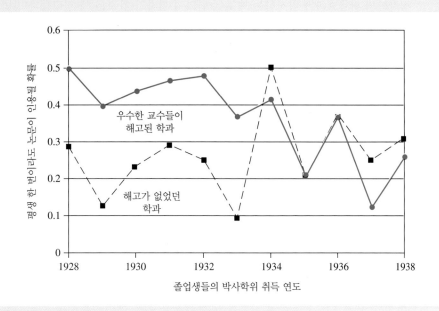

1936년에 모스크바국립대학교의 수학자이자 소련과학원의 회원이었던 니콜라이 루친이 스탈린의 마녀사냥 표적이 되었다. 그 공세는 반소련 선전활동을 도왔다는 일반적 혐의와 루친이 서방의 학술지에 발표하기 위해 가장 좋은 연구결과를 아껴놓았다는 비난을 포함했다. 소련의 수학자들은 이로부터 재빠르게 '소련의 학술지에만 연구를 발표해야 한다'는 교훈을 습득했다. 게다가 소련 정부는 서방 학자들과의 교류활동 및 서방 국가 방문을 제한하고 서방의 자료에 대한 접근을 강하게 통제했다.

한 언어를 쓰는 사람들이 여러 세대 동안 지리적으로 분리되어 있으면 결국 다른 방언을 쓰게 되는 것과 같이 소련과 서방의 수학자들도 학문 내 매우 다른 분야에 집중하기 시작했다. 소련에서 가장 인기 있던 두 수학 분야는 편미분방정식과 상미분방정식이어서 1990년 이전에 나온 연구 가운데 18%가 이 두 분야에서 나왔다. 대조적으로 미국에서 가장 인기 있던 두 분야는 통계학과 운영연구 분야여서 미국에서 출판된 연구의 16%가 이 두 분야에서 나왔다.

최근 한 연구는 미국수학회의 옛 자료를 이용하여 소련 수학자의 유입 이전과 이후의 모든 미국 수학자의 출판 기록을 추적했다. 그 연구는 소련 수학자와 연구 분야가 가장 많이 겹치는 미국 수학자에게 소련 학자의 유입이 준 영향을 계산하고자 했다.

두 가지 영향이 있었을 가능성이 있다. 첫째 가능성은 수확체감의 법칙이 암시하는 대로 이를테면 편미분방정식의 정리를 도출하는 수학자의 수적 증가가 그런 수학자의 시장가치를 감소시켜서 기존의 미국 수학자의 생산성을 낮추는 것이다. 두 번째 가능성은 인적자본의 파급효과가 암시하는 대로 소련의 수학자가 가져온 새 정리들과 방법들을 미국 수학자가 알게 되어 수학 연구의 부흥이 일어나고 그 분야에서 연구하는 미국 수학자의 생산성이 높아지는 것이다.

[그림 4-18]에서 소련 수학자의 유입이 미국 수학자의 생산성에 미친 영향을 볼 수 있다. '가장 많이 노출된' 집단은 1990년 이전에 소련 스타일의 연구 주제에 특화했던 수학자들이다. 이들이 출판한 연간 평균 논문 수는 1990년 이전에 약간 상승하는 경향을 보였다. 그와 대조적으로 소련의 연구 주제와 별 공통점이 없었던 '가장 적게 노출된' 집단의 논문 수는 1990년 이전에 약간 감소하는 경향을 보였다. 1990년 이후에는 소련 수학자와 연구주제가 가장 겹쳤던 집단의 평균 논문 수가 현저하게 감소했다. 그러므로 이 특정 사례에서는 경쟁효과가 잠재적인 인적자본의 파급효과를 압도했던 것으로 보인다.

그림 4-18 소비에트연방의 붕괴와 미국 수학계

출처 : George J. Borjas and Kirk B. Doran, "The Collapse of the Soviet Union and the Productivity of American Mathematicians," *Quarterly Journal of Economics* 127 (August 2012), p. 1172.

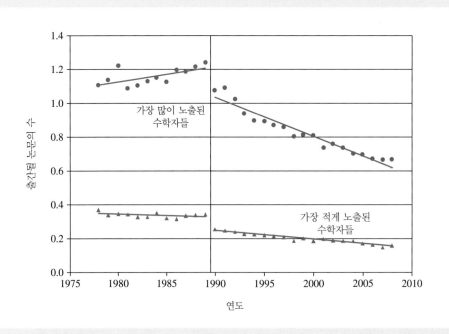

이론의 현장 적용　허리케인과 노동시장

허리케인은 대양의 온도가 화씨 80도를 넘는 따뜻한 바다 위에서 형성된다. 폭풍을 일으키기 위해 필요한 고온 때문에 미국을 강타하는 대부분의 허리케인은 멕시코만 주변 혹은 남동부에 있는 주, 특히 플로리다에 제일 먼저 상륙한다. 허리케인 폭풍이 불러일으킨 손실의 정도에 있어서 큰 차이가 있음을 분명하게 볼 수 있다. 허리케인은 풍속을 기준으로 하는 사피어 – 심슨(Saffir‐Simpson) 등급에 따라 1등급부터 5등급까지 부여된다. 4등급 허리케인은 시간당 131~155마일의 풍속을 갖는 경우에 해당한다. 5등급에 속하는 허리케인 앤드루는 플로리다에 도달했을 때의 풍속이 시간당 180마일을 넘어섰다.

비록 우리는 허리케인 시즌에 허리케인이 발생할 것이고 플로리다는 몇몇의 허리케인을 경험할 가능성이 높다는 것을 확실하게 예측할 수 있지만, 그 정확한 시기와 허리케인의 경로는 예측할 수 없다. 이러한 결과 각각의 허리케인은 이를 겪는 플로리다 카운티에 외생적인 충격을 가져온다. 그러므로 허리케인의 경로와 강도의 무작위성 때문에 이렇듯 무서운 자연재해가 지역노동시장 환경을 어떻게 변화시키는지 분석할 수 있는 자연실험 상황이 제공된다. 지난 20여 년 동안 수많은 허리케인이 플로리다주를 강타했기 때문에 우리는 허리케인의 영향을 받은 카운티의 경제적 효과를 허리케인의 영향을 받지 않은 카운티와 비교하여 이중차분모형을 적용하여 추정할 수 있는 자료를 구축할 수 있다.

허리케인이 어느 카운티를 강타하면 일부의 사람은 이를 피해 피난을 떠날 것이다. 그러면 최소한 일시적으로나마 근로자 수가 줄어든다. 허리케인이 유발한 공급의 감소는 허리케인의 직접적인 영향권에 속한 카운티에서 임금이 상승하고 고용이 감소할 것을 예측한다. 많은 수의 '이재민'이 최소한 단기에는 이웃하고 있는 카운티로 이동할 것이라고 예상할 수 있다. 이는 주변의 카운티에서 노동공급이 증가하여 임금이 실제로 하락(하고 고용이 증가)할 수도 있음을 의미한다.

아래 표는 1988년과 2005년 사이에 플로리다를 강타했던 19번의 허리케인이 가져온 경제적인 효과를 주의 깊게 분석한 연구의 핵심적인 결과를 요약해서 보여준다. 실증적 증거는 허리케인이 유발한 노동공급의 변화가 허리케인이 강타한 카운티와 이들 주변의 카운티의 고용과 임금에 영향을 주었을 것이라는 단순한 예측과 일치하는 것처럼 보인다.

4~5등급 허리케인이 강타한 플로리다 카운티의 고용과 임금의 변화(평균적인 플로리다 카운티에서 관찰된 변화와 비교하여)

	고용 변화율(%)	소득 변화율(%)
허리케인이 직접 강타한 카운티	- 4.5	+ 4.4
허리케인이 강타한 카운티의 주변 카운티	+ 0.8	- 3.3

출처 : Ariel R. Belasen and Solomon W. Polachek, "How Disasters Affect Local Labor Markets : The Effects of Hurricanes in Florida," *Journal of Human Resources* 44 (Winter 2009), Table 4.

4-8　거미집 모형

노동시장 균형에 대한 전형적인 분석은 공급곡선이나 수요곡선의 이동에 시장이 즉각적으로 반응한다고 가정했기 때문에 임금과 고용은 이전의 균형에서 새로운 균형수준으로 재빠르게 이동한다. 그러나 대부분의 노동시장에서는 공급과 수요 충격에 재빨리 반응하지 않는다.

신규 엔지니어의 노동시장을 생각해보자. 새롭게 배출된 엔지니어 시장에서 노동에 대한 초과수요의 시기와 초과공급의 시기가 정기적으로 등락을 거듭하며 공과대학 졸업생의 초임에 순환적인 추세가 있다는 사실이 오래전부터 알려져 있다. 신규 근로자의 초임에 이러한 추세 변동이 어떻게 생성되는지 설명하는 경제모형에는 다음의 두 가지 가정이 중요한 역할을 한다. (1) 신규 엔지니어를 양성하는 데 시간이 필요하다. (2) 사람들은 그들이 학교에 입학할 때 엔지니어 노동시장의 환경을 보고 엔지니어가 될지 여부를 결정한다.[35]

[그림 4-19]는 신규 엔지니어에 대한 공급곡선과 수요곡선을 보여준다. 이들에 대한 노동시장은 공급곡선 S가 수요곡선 D와 교차하는 지점에서 균형이 달성된다. 이때 E_0의 신규 엔지니어가 고용되고 이들의 초임은 w_0이다. 그런데 이들에 대한 노동수요가 갑작

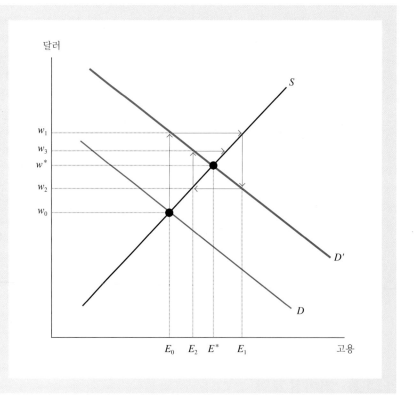

그림 4-19

신규 엔지니어 시장에서 거미집 모형

초기의 균형임금은 w_0이다. 엔지니어에 대한 수요가 증가하여 수요곡선이 D'으로 이동하여 결과적으로 임금이 w^*로 증가한다. 신규 엔지니어가 즉각적으로 양성될 수 없으며 학생들이 미래의 시장상황을 잘못 예측할 수 있기 때문에 노동시장이 증가된 수요에 조정해가는 과정에서 거미집 모형이 생성된다.

35 Richard B. Freeman, "A Cobweb Model of the Supply and Starting Salary of New Engineers," *Industrial and Labor Relations Review* 29 (January 1976): 236–246과 Richard B. Freeman, "Supply and Salary Adjustments to the Changing Science Manpower Market: Physics, 1948–1973," *American Economic Review* 65 (March 1975): 27–39를 참조하라.

스럽게 증가하는 경우(예 : 1960년대에 구소련과 미국이 인류를 달나라에 먼저 보내기 위해 경쟁한 결과로)를 생각해보자. 신규 엔지니어에 대한 수요곡선이 D'으로 이동하여 이들을 채용하기를 원하는 기업은 이제 w^*의 임금을 주고 E^*만큼의 신규 엔지니어를 채용하고 싶을 것이다.

그러나 이는 쉬운 일이 아니다. 기업이 원하는 만큼의 신규 엔지니어를 고용하는 것은 매우 어렵다. 왜냐하면 기업이 이들을 고용하고 싶다고 해서 신규 엔지니어가 난데없이 불쑥 나타나지는 않기 때문이다. 신규 엔지니어를 양성하기 위해서는 이들을 가르치고 훈련하는 시간이 필요하다. 전국의 공과대학에서 연간 E_0의 졸업생만을 배출하고 있기 때문에 단기 노동공급곡선은 E_0의 근로자 수준에서 완전 비탄력적이다. 이러한 완전 비탄력적인 공급곡선(즉, E_0의 근로자를 지나는 수직선)과 수요곡선의 이동이 신규 엔지니어의 대졸 초임을 w_1으로 증가시킨다.

이런 모든 과정이 발생하는 동안에 고등학교 졸업을 앞두고 대학입학을 준비하는 새로운 세대의 학생이 엔지니어를 직업으로 선택할지 여부를 결정하게 된다. 이들이 엔지니어 시장에서 높은 임금을 보게 되고, 따라서 엔지니어가 되고자 하는 강한 유인을 갖게 된다. [그림 4-19]에 있는 공급곡선이 의미하는 것은 현재의 임금수준 w_1에서 총 E_1의 학생이 공과대학에 등록하기를 원한다는 것이다.

그러므로 몇 년 후에는 E_1의 신규 엔지니어가 노동시장에 진입한다. 이 세대의 신규 엔지니어가 시장에 들어오는 때의 단기 노동공급곡선은 또 다시 E_1의 근로자 수준에서 완전 비탄력적이다. 시장 상황은 완전 비탄력적인 공급곡선과 수요곡선 D'(수요 조건은 더 이상 변하지 않았다고 가정한 상태에서)으로 요약된다. 노동시장 균형은 w_2의 임금에서 이루어진다. 고등학교 졸업생과 대학 졸업생은 자신들의 직업을 선택했던 시기에 w_1의 임금을 받을 것이라고 예측했기 때문에 몇 년이 지난 이후 신규 엔지니어의 초과공급이 발생한다.

그러나 이것으로 끝나는 것이 아니고 여전히 새로운 세대의 학생이 엔지니어가 될지 여부를 결정하기 위해 고민하고 있다. w_2의 임금을 주는 엔지니어라는 직업이 그다지 매력적으로 보이지 않아서 이전보다 소수의 학생만이 공과대학에 입학하기로 결정한다. 새로운 공급곡선은 w_2의 임금에서 오직 E_2의 학생만이 신규 엔지니어가 된다는 것을 의미한다. 이 학생들이 노동시장에 진입하면 대졸 초임은 w_3로 상승한다. 왜냐하면 엔지니어의 공급부족현상이 나타나기 때문이다. 이러한 높은 임금은 다음 세대 학생의 공급과잉을 유도하며 이러한 현상이 계속 이어진다.

거미집 모형(cobweb model)은 엔지니어 노동시장이 초기의 노동수요 충격에 조정해 가면서 균형 주위에 거미집을 만드는 모습을 보여준다. 대졸 초임은 시장이 장기 균형임금인 w^*와 장기 균형고용수준 E^*를 향해 천천히 이동해 가는 과정에서 호경기와 불경기의

체계적인 패턴을 분명하게 보여준다.[36]

거미집 모형의 가정

거미집 모형은 두 가지 핵심적인 가정을 한다. 첫 번째 가정은 타당성이 높다. 신규 엔지니어를 양산하는 데 시간이 걸리기 때문에 엔지니어의 공급이 단기에는 완전 비탄력적인 것으로 간주될 수 있다. 두 번째 가정은 다소 미심쩍다. 본질적으로 이 모형은 학생들이 엔지니어라는 직업을 고려할 때 매우 근시안적이라고 가정한다. 학생들은 오로지 현재 엔지니어 노동시장에서 관찰된 임금만을 기준으로 엔지니어의 길을 갈 것인지 여부를 선택하고 '미래를 예측하고자' 노력하지 않는다는 가정이다.

미래의 잠재적인 엔지니어라면 신규 엔지니어의 임금추세에 대해 정확하고 많은 정보를 얻고 싶은 강한 유인을 갖고 있을 것이다. 그들이 이러한 추세를 알고 있다면 그들 세대가 시장에 나갈 때 어떤 일이 벌어지게 될지 쉽게 추론할 수 있다. 실제로는 이들 중 많은 학생이 관련 정보를 수집하는 데 별 신경을 쓰지 않을지 몰라도 적어도 일부의 학생은 신경을 쓸 것이다! 그렇다면 그들의 미래 임금 전망에 대한 정보를 얻고자 비용을 지불할 용의가 있는 학생들에게 이와 관련된 정보가 팔릴 수도 있다.

요약하면 거미집 모형은 사실상 학생들이 잘못된 정보를 받았기 때문에 생성된다. 그들은 장래 직업을 선택할 때 엔지니어 노동시장에서의 임금의 추세를 고려하지 않았다. 만일 학생들이 과거 호경기와 불경기에 대해 좋은 정보를 갖고 있다면 현재의 임금이 높을 때 엔지니어 노동시장에 들어가는 것을 더욱 망설이게 되고 현재의 임금이 낮을 때 기꺼이 진입하려고 할 것이다. 이러한 결과 거미집 모형의 그물 모양이 풀리게 될지도 모른다.

많은 전문직 노동시장에서 거미집 모형에 대한 실증적 증거는 학생들이 미래의 소득 기회에 대해 체계적으로 잘못된 예측을 하고 있음을 보여준다.[37] 그러나 학생들만이 미래를 잘못 예측하는 집단은 아니다. 심지어 전문직 종사자들조차 미래의 소득 기회를 예측하는 데 어려움을 겪는 경향이 있다.[38] 미래를 예측하는 데 내재된 불확실성이 현재 관찰하는 임금에 큰 가중치를 두도록 할 수도 있으며, 이러한 결과 전문직 노동시장에서 거미집 모형이 생성되는 것으로 이해할 수 있다.

---

36 [그림 4-19]에 나타난 것처럼 엔지니어 시장에서 임금과 고용이 시간이 흐르면서 균형수준으로 수렴한다. 그러나 공급곡선과 수요곡선의 탄력성의 크기에 따라 거미집 모형은 임금과 고용이 균형으로부터 발산하는 호경기와 불경기를 양산할 수도 있다.

37 Julian R. Betts, "What Do Students Know about Wages? Evidence from a Study of Undergraduates," *Journal of Human Resources* 31 (Winter 1996): 27–56과 Jeff Dominitz and Charles F. Manski, "Eliciting Student Expectations of the Returns to Schooling," *Journal of Human Resources* 31 (Winter 1996): 1–26을 보라.

38 Jonathan Leonard, "Wage Expectations in the Labor Market: Survey Evidence on Rationality," *Review of Economics and Statistics* 64 (February 1982): 157–161을 보라.

4-9 수요독점

지금까지 경쟁시장에서 균형의 특성을 분석했다. 어느 산업에 속해 있는 각각의 기업은 제품을 팔려고 노력할 때 얼마나 많은 제품을 판매하는지 여부와 상관없이 동일한 가격 p에 직면한다. 더욱이 각 기업은 모든 근로자에게 몇 명의 근로자를 고용하든 일정한 임금 w를 지급한다.

수요독점(monopsony)이라고 하면 우상향하는 노동공급곡선에 직면하고 있는 기업을 말한다.[39] 현재의 시장임금에서 원하는 만큼의 노동력을 고용할 수 있는 경쟁기업과는 반대로 수요독점기업은 더 많은 근로자를 고용하기 위해서 반드시 더 높은 임금을 지불해야 한다. 산간지역의 석탄 광산과 같이 단 하나의 기업만 있는 (소)도시가 수요독점의 정형화된 예이다. 이 기업이 더 많은 지역주민을 자발적으로 일터(광산)로 이끌어 낼 수 있는 유일한 방법은 현재 일을 하고 있지 않은 사람들의 유보임금을 충족할 수 있도록 임금을 올리는 것이다.

현대의 이동성이 큰 산업경제사회에서 오직 하나의 기업만 있는 도시는 매우 드물기 때문에 수요독점모형의 타당성을 일축하고 싶은 유혹에 빠지기 쉽다. 그러나 노동시장에서 경쟁에 직면하고 있는 기업조차 우상향하는 노동공급곡선 — 수요독점의 핵심적 특성 — 을 가질 수 있음이 알려져 있다. 외견상 경쟁기업으로 보이는 기업에 우상향하는 공급곡선을 불러일으키는 환경이 무엇인지 다음에서 자세하게 논의할 것이다.

완전 차별적인 수요독점기업

먼저 다른 근로자에게 다른 임금을 지불할 수 있는 완전 차별적인 수요독점기업(perfectly discriminating monopsonist)을 생각해보자. [그림 4-20]은 이 기업이 직면하고 있는 노동시장 조건을 그림으로 나타냈다. 수요독점기업은 우상향하는 S로 주어진 노동공급곡선에 직면한다. 이러한 노동공급곡선은 수요독점기업이 서른 번째 근로자를 고용하기 위해서 w_{30}달러의 임금을 지급해야 한다는 것을 의미한다. 결과적으로 노동공급곡선은 노동을 고용하는 한계비용과 일치한다.

수요독점기업이 생산제품시장에서 제품의 가격에는 영향을 미칠 수 없기 때문에 이 기업은 불변가격 p에서 제품을 원하는 만큼 판매할 수 있다. 한 명의 근로자를 추가로 고용하여 얻는 판매수입은 제품 가격에 노동의 한계생산을 곱한 값, 즉 한계생산가치가 된다. 따라서 수요독점기업의 노동수요곡선은 경쟁기업의 경우와 마찬가지로 한계생산가치곡선으로 주어진다.

---

39 Alan Manning, "A Generalized Model of Monopsony," *Economic Journal* 116 (January 2006): 84-100에서 수요독점모형에 대한 검토를 자세하게 수행했다.

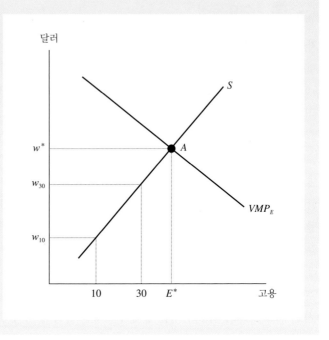

그림 4-20

완전 차별적인 수요독점기업의 고용결정

완전 차별적인 수요독점기업은 우상향하는 공급곡선을 갖기 때문에 고용하는 근로자마다 상이한 임금을 주고 이들을 고용할 수 있다. 노동공급곡선이 바로 고용의 한계비용곡선이 된다. 기업의 이윤극대화는 A에서 달성된다. 수요독점기업은 경쟁기업과 똑같은 숫자의 근로자를 고용한다. 그러나 각각의 근로자는 정확히 유보임금만큼 지불받는다.

기업이 경쟁시장에서 운영되든 혹은 비경쟁시장에서 운영되든 이와 상관없이 이윤극대화 기업은 마지막으로 고용된 근로자의 달러 가치와 그 사람을 고용하는 데 들어가는 비용이 같아지는 순간까지 근로자를 고용해야 한다. 완전 차별적인 수요독점기업은 최종 근로자가 기업의 수입에 기여하는 정도(VMP_E)가 노동의 한계비용과 같아지는 순간까지 고용을 지속할 것이다. 시장균형은 노동공급과 노동수요가 일치하는 A에서 달성된다. 완전 차별적인 수요독점기업은 만일 노동시장이 경쟁시장이라면 관찰되었을 고용과 정확하게 일치하는 E^*의 근로자를 고용한다. 그러나 w^*의 임금은 경쟁임금이 아니다. 대신에 수요독점기업이 마지막으로 채용된 근로자를 노동시장으로 유인하기 위해 지불해야 하는 임금이다. 다른 모든 근로자는 각사의 유보임금에 해당하는 w^*보다 낮은 임금을 받는다.

차별하지 않는 수요독점기업

두 번째 유형의 수요독점기업은 근로자를 차별하지 않는 수요독점기업(nondiscriminating monopsonist), 즉 모든 근로자에게 그들의 유보임금수준과는 상관없이 동일한 임금을 지불하는 기업이다. 차별을 하지 않는 수요독점기업은 한 명의 근로자를 추가로 고용하고자 할 때 모든 근로자에게 지불하는 임금을 올려줘야 하기 때문에 노동공급곡선은 더 이상 고용의 한계비용을 의미하지 않는다.

〈표 4-3〉의 수치가 이 점을 잘 설명하고 있다. 4달러의 임금에서는 아무도 일을 하

| 표 4-3 | 차별을 하지 않는 수요독점기업에 대한 고용의 한계비용 계산 |

임금(w)	해당 임금을 받고 기꺼이 일할 의향이 있는 근로자 수(E)	w×E	고용의 한계비용
$4	0	$0	–
$5	1	5	$5
$6	2	12	7
$7	3	21	9
$8	4	32	11

려고 하지 않는다. 5달러의 임금에서는 기업이 한 명의 근로자를 유치하여 총노동비용은 5달러가 된다. 그리고 이 근로자를 고용하는 한계비용 역시 5달러이다. 만일 기업이 두 명의 근로자를 고용하고자 한다면 임금을 6달러로 올려야 한다. 그러면 총노동비용은 12달러가 되고 두 번째 근로자를 고용하는 데 소요되는 한계비용은 7달러로 상승한다. 그러므로 기업이 고용규모를 확장함에 따라 더 높은 한계비용을 지불하게 된다.

[그림 4-21]은 차별을 하지 않는 수요독점기업의 노동공급곡선과 노동의 한계비용곡선 사이의 관계를 그림으로 나타냈다. 수요독점기업이 더 많은 근로자를 고용하는 과정에서 임금이 상승하기 때문에 노동의 한계비용곡선(MC_E)은 우상향하는 기울기를 갖게 되며, 한계비용은 심지어 임금보다 더 빠르게 상승하여 노동공급곡선 위에 놓여 있다. 고용의 한계비용곡선은 추가 근로자에게 지불하는 임금뿐만 아니라 이전에 고용된 모든 근로자에게도 더 높은 임금을 지불해야 한다는 사실을 함께 포함하여 그려진 것이다.[40]

이윤극대화를 추구하는 수요독점기업은 노동의 한계비용이 한계생산의 가치, 즉 그림의 A와 일치하는 지점까지 고용을 한다. 만약 수요독점기업이 E_M의 근로자보다 적은 수의 근로자를 고용한다면 한계생산의 가치가 노동의 한계비용을 초과하기 때문에 기업은 근로자를 추가로 고용해야 한다. 반대로 수요독점기업이 E_M의 근로자보다 많은 수의 근로자를 고용한다면 노동의 한계비용이 근로자가 공헌하는 가치를 초과하기 때문에 기업은 일부 고용 근로자를 해고해야 한다. 그러므로 차별을 하지 않는 수요독점기업의 이윤극대화 조건은 다음과 같이 주어진다.

---

40 미분을 적용하면 임금과 고용의 한계비용의 관계식이 $MC_E = w\left(1 + \frac{1}{\sigma}\right)$로 주어지게 됨을 보일 수 있다. 여기서 σ는 노동공급탄력성(즉, 주어진 임금의 변화율에 대한 노동공급량의 변화율)을 의미한다. 경쟁기업은 완전 탄력적인 노동공급곡선에 직면하기 때문에 노동공급탄력성이 무한대가 되고 노동의 한계비용은 임금과 같다. 만일 노동공급곡선이 우상향하면 노동공급탄력성이 양수가 되고 노동의 한계비용은 임금을 초과한다. 수요독점기업 모형에서 수요독점기업이 더 많은 근로자를 고용하기 위한 임금상승률을 측정하는 노동공급탄력성은 개별 근로자의 근로시간과 임금과의 관계를 설명하는 노동공급탄력성의 개념과 다르다. 따라서 제3장에 요약된 노동공급탄력성에 대한 실증적 증거는 수요독점기업이 누리는 시장지배력의 크기를 추정하는 데 있어서 그다지 유용하지 않다.

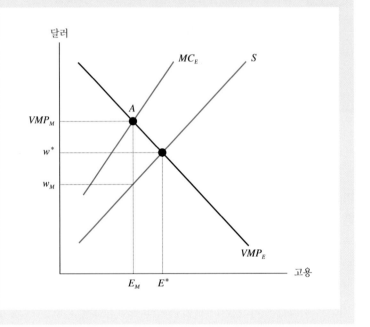

그림 4-21

차별을 하지 않는 수요독점기업의 고용결정

차별을 하지 않는 수요독점기업은 모든 근로자에게 동일한 임금을 지불한다. 고용의 한계비용이 임금보다 높아서 한계비용곡선이 공급곡선 위에 놓여 있게 된다. 기업의 이윤극대화는 A에서 달성된다. 수요독점기업은 E_M 근로자를 고용하고 모든 근로자에게 w_M의 임금을 지불한다.

$$MC_E = VMP_E \tag{4-9}$$

노동공급곡선은 이 수요독점기업이 E_M의 근로자를 기업으로 유치하기 위해 오직 w_M의 임금만을 지급하면 된다는 것을 가리키고 있다.

[그림 4-21]에 그려진 노동시장 균형은 두 가지 중요한 특성을 가지고 있다. 첫째, 차별을 하지 않는 수요독점기업은 만약에 노동시장이 경쟁적이라면 고용되었을 근로자보다 적은 수의 근로자를 고용한다. 경쟁 노동시장의 고용수준은 공급곡선과 수요곡선이 교차하는 E^*의 근로자로 주어진다. 결과적으로 수요독점에서는 불완전고용(underemployment) 현상이 발생한다. 차별을 하지 않는 수요독점기업의 자원배분은 비효율적이다.

둘째, 수요독점의 임금 w_M은 경쟁임금 w^*보다 낮다. 또한 근로자의 한계생산가치 VMP_M보다도 낮다. 그러므로 수요독점시장에서 근로자는 자신의 한계생산가치보다 낮은 임금을 지급받고 있으며 이런 의미에서 '부당하게 이용당한다'고 볼 수 있다.

수요독점과 최저임금

차별을 하지 않는 수요독점시장에 최저임금제도를 실행하면 임금과 고용 모두를 증가시킬 수 있다. [그림 4-22]에서 차별을 하지 않는 수요독점기업은 애초에 E_M의 근로자를 w_M의 임금을 주고 고용하는 A에서 균형을 이루고 있다. 정부가 최저임금 $\overline{w}$를 도입했다고 가

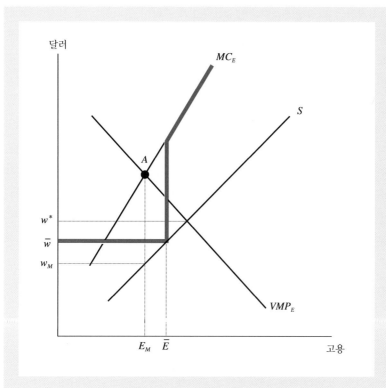

그림 4-22

차별을 하지 않는 수요독점기업에게 적용된 최저임금

수요독점기업에게 최저임금 정책을 시행하면 임금과 고용 모두를 증가시킬 수 있다. $\overline{w}$의 최저임금이 시행되면 고용이 $\overline{E}$로 증가한다.

정해보자. 이 기업은 이제 $\overline{E}$의 근로자까지 최저임금을 주고 고용할 수 있다. 왜냐하면 이들은 최저임금 이하의 임금을 받고 일할 의향이 있기 때문이다. 다시 말하면, 기업이 $\overline{E}$의 근로자까지만 고용한다면 노동의 한계비용이 최저임금과 같다. 만일 기업이 $\overline{E}$의 근로자보다 더 많은 수의 근로자를 고용하기를 원한다면 고용의 한계비용은 원래의 한계비용수준으로 되돌아간다(왜냐하면 수요독점기업은 마지막으로 고용되는 근로자를 고용하기 위해 이 근로자뿐만 아니라 이전에 고용된 모든 근로자에게 최저임금보다 높은 임금을 지불해야만 하기 때문이다). 그러므로 노동의 한계비용곡선은 이제 그림에서 굵게 표시된 선으로 주어진다. $\overline{E}$의 근로자까지는 완전 탄력적인 영역이고 그 문턱을 넘어서는 순간부터 위로 올라가는 영역을 갖는다.

　이윤극대화 수요독점기업은 여전히 고용의 한계비용을 노동의 한계생산가치와 일치시키기를 원할 것이다. [그림 4-22]에 그려진 것처럼 수요독점기업은 $\overline{E}$의 근로자를 고용하고 그들에게 최저임금을 지급한다. 최저임금법안이 고용수준(E_M에서 $\overline{E}$로)과 임금(w_M에서 $\overline{w}$로)을 모두 증가시킨 사실을 주목해보자. 더욱이 실업도 없는 상태가 된다. 즉, 최저임금 수준인 $\overline{w}$의 임금에서 일을 하고 싶어 하는 모든 사람이 일자리를 찾을 수 있다.

　사실상 [그림 4-22]는 정부가 이 상태보다 더 나은 결과를 가져올 수도 있음을 제시하고 있다. 정부는 최저임금을 경쟁임금수준인 w^*(수요와 공급이 일치하는)로 설정할 수 있다. 그러면 수요독점기업은 만일 노동시장이 경쟁적이라면 고용되었을 근로자의 수와 동일한 수만큼 근로자를 고용하게 될 것이고, 모든 근로자는 경쟁임금을 지급받게 되며 실업도 사라질 것이다. 그러므로 매우 잘 설계된 최저임금은 수요독점기업의 시장지배력을 완전히 제거하고 근로자를 부당하게 이용하는 것을 방지할 수 있다.

제3장에서 최저임금의 인상이 패스트푸드 산업에 고용된 근로자 수의 감소로 귀결되지 않은 것처럼 보이는 실증적 증거를 요약해서 설명했다.[41] 사실 일부의 실증적 증거는 패스트푸드 기업이 최저임금이 도입된 이후 고용을 증가시켰을 가능성을 보여주었다. 패스트푸드 산업이 미숙련 십 대 근로자의 고용에 있어서 수요독점시장이기 때문에 고용에 미치는 이러한 긍정적인 효과가 발생했던 것으로 보는 견해도 있다. 이들 근로자의 경우 별다른 대안이 없기 때문에 패스트푸드 식당이 수요독점을 위한 필요조건인 '하나의 기업만 있는 환경'을 제공했을 수 있다.

많은 기업이 우상향하는 노동공급을 가질 수 있는가

하나의 기업만 있는 도시는 우상향하는 노동공급곡선에 직면한 시장의 고전적인 예가 된다. 이런 유형의 기업이 확장하기를 원한다면 더 많은 사람을 일터로 유치하기 위해 임금을 올려야만 한다. 이런 상황은 어느 산업에서 유일하게 존재하는 단일 기업에 '수요독점력(monopsony power)'을 제공한다. 수요독점력이란 근로자에게 한계생산가치보다 낮은 임금을 지불하여 초과이윤을 얻을 수 있는 능력을 뜻한다.

같은 유형의 근로자를 두고 경쟁하는 많은 기업이 있는 경우에도 개별 기업이 어느 정도의 수요독점력을 가질 수 있다는 사실이 밝혀져 있다. 우리는 앞서 결국에 경쟁균형이 달성되는 하나의 경로가 근로자의 이동성 — 더 좋은 일자리의 기회를 누리기 위해 여러 기업을 이동하는 근로자 — 이라는 논의를 했다. 몇몇의 기업이 비교적 높은 임금을 지급할 때 기업을 넘나드는 근로자의 이동성이 임금격차를 줄이고 결과적으로 경제 전체를 아우르는 임금수준의 균형을 이루도록 한다. '일물일가의 법칙(law of one price)'은 근로자가 일자리를 자유롭게 아무런 비용 없이 이동할 수 있다는 가정에 크게 의존한다.

그러나 일자리를 바꾸는 것은 비용이 드는 일이다. 다른 일자리를 알아보는 과정에서, 또한 근로자 자신과 가족이 낯선 경제사회적 환경으로 이동하는 과정에서 비용이 발생한다. 이동비용은 근로자가 현재의 일자리보다 보수가 높은 일자리의 제안을 받아들이는 것이 타당하지 않을 수도 있다는 것을 의미한다. 왜냐하면 이러한 이동비용이 근로자가 일자리를 바꾸면 얻을 수 있는 보수의 증가를 초과할 수도 있기 때문이다. 달리 말하면, 이

---

41 David Card and Alan B. Krueger, Myth and Measurement: *The New Economics of the Minimum Wage*, Princeton, NJ: Princeton University Press, 1997을 보라.

동비용은 노동시장에 상당한 정도의 관성효과를 가져온다. 더 많은 근로자를 고용하고 싶은 기업은 현재 이미 다른 기업에 고용된 근로자가 그 일자리를 그만두고 이동비용을 지불하면서까지 이 기업으로 오도록 유도하기 위해 높은 임금을 지불해야 한다. 사실상, 이동비용은 이 기업이 우상향하는 노동공급곡선에 직면하도록 만드는 작용을 한다. 더욱더 많은 근로자를 고용하고 싶은 기업은 근로자가 일자리를 변경할 때 지불해야 하는 비용을 충분히 보상하기 위해 임금을 지속적으로 인상해야만 할 것이다.

고용인원이 증가함에 따라 만일 고용주가 근로자를 감독하는 것이 더욱 어렵게 되는 경우에도 기업이 우상향하는 노동공급곡선을 갖게 될 수 있다. 기업이 커지고 더 많은 근로자가 고용될수록 이들이 직무의 책임을 태만히 해도 적발되지 않을 가능성 또한 증가한다. 기업은 근로자가 오류를 찾기 위해 엑셀 파일을 열심히 훑어보기보다 휴대폰으로 SNS에 있는 최신 가십을 끊임없이 검색하기를 선호한다는 사실을 알고 있다.

이러한 감독의 문제에 대한 하나의 가능한 해결책으로 근로자에게 높은 임금을 지급하는 방안이 제안되었다. 높은 임금을 지급한다면 만일 일을 열심히 하지 않는 모습이 적발되어 해고될 경우 입어야 하는 손해가 아주 크다는 사실을 일깨우게 할 것이다. 기업이 고용을 확대하는 과정에서 근로자를 감독하는 것이 더욱 어렵다고 느낀다면 근로자가 계속 열심히 일하도록 만들기 위해 높은 임금을 지불하고 싶어 할지 모른다. 실제로 대기업일수록 높을 임금을 지불하는 경향이 있다.[42]

이러한 논의로부터 우리는 똑같은 근로자를 두고 경쟁하는 수많은 기업이 있을 때조차 개별 기업의 노동공급곡선이 우상향할 수 있다는 것을 추론할 수 있다. 요약하여 말하면, 경쟁시장에 있는 수많은 기업이 각자 어느 정도의 수요독점력을 가질 수 있다.

수요독점력이 하나의 기업만이 존재하는 도시의 극단적인 경우에만 한정될 필요가 없다는 인식이 기업의 노동공급탄력성을 추정하는 연구를 다시 활발하게 하는 작용을 했다. 예를 들어, 최근의 한 연구는 어느 특정 병원에 등록되어 있는 간호사의 노동공급이 임금 변화에 따라 어떻게 반응하는지 검토했다.[43]

1991년 이전에 미국의 재향군인부(Department of Veteran Affairs, VA)는 관할 병원에 속해 있는 등록간호사(Registered Nurses, RNs)의 급여를 대략적으로 결정하는 급여체계를 갖추고 있었다. 급여체계 설계에 있어서 이들 병원이 생활비가 높은 지역에 있는지 혹은 낮은 지역에 있는지 여부는 고려되지 않았다. 하나의 예로서 1990년에 밀워키 등록

---

42 Charles Brown, James Hamilton, and James Medoff, *Employers Large and Small*, Cambridge, MA: Harvard University Press, 1990을 보라.

43 Douglas O. Staiger, Joanne Spetz, and Ciaran S. Phibbs, "Is There Monopsony in the Labor Market? Evidence from a Natural Experiment," *Journal of Labor Economics* 28 (April 2010): 211–236을 보라. 수요독점에 대한 일반화된 접근은 Alan Manning, *Monopsony in Motion*, Princeton, NJ: Princeton University Press, 2003과 Orley C. Ashenfelter, Henry Farber, and Micheal R. Ransom, "Labor Market Monopsony," *Journal of Labor Economics* 28 (April 2010): 203–210에 잘 요약되어 있다.

표 4-4	등록간호사의 임금과 고용, 1990~1992	
	재향군인부 관할 병원	일반 병원
임금의 변화(%)	12.5	9.9
고용의 변화(%)	8.3	5.6

출처 : Douglas O. Staiger, Joanne Spetz, and Ciaran S. Phibbs. "Is There Monopsony in the Labor Market? Evidence from a Natural Experiment." *Journal of Labor Economics* 28 (April 2010), p. 223.

간호사의 시간당 초임은 재향군인부 관할 병원의 경우 11.65달러고 그 밖의 병원에서는 11.20달러여서 재향군인부 관할 병원이 제시하는 임금에 상당한 경쟁력이 있었다. 이와는 반대로 샌프란시스코에서는 일반 병원의 등록간호사 초임이 시간당 16.30달러였으나 재향군인부 관할 병원의 초임은 이에 뒤처지는 14.00달러에 머물렀다. 이 정책은 고임금 지역에 위치한 관할 병원의 간호사 모집능력에 명백한 영향을 미쳤다.

1990년의 간호사급여법이 재향군인부의 임금 결정방식을 변경했다. 특히, 이 법은 재향군인부 관할 병원 등록간호사의 임금을 지역노동시장의 임금수준에 연동하도록 하여 만일 이들의 임금이 현지의 전반적인 임금수준보다 낮으면 즉시 인상한 반면에 이들의 임금이 상대적으로 높은 수준이라면 지역 병원의 간호사 임금이 재향군인부 관할 병원 간호사의 임금과 같아질 때까지 동결하도록 했다.

즉, 샌프란시스코에 있는 재향군인부 관할 병원에서는 급격한 임금인상이 발생하여 신규 등록간호사를 많이 유치한 반면에 밀워키에 있는 재향군인부 관할 병원의 임금변화는 미미한 편이어서 이들의 노동공급은 아마도 변화 없이 유지되었을 것이다.

〈표 4-4〉에 있는 이중차분추정결과는 재향군인부 관할 병원에 대한 노동공급탄력성을 추정하기 위해 1990년의 간호사급여법 실행을 도구변수로 어떻게 사용할 수 있는지 설명하고 있다. 1990년과 1992년 사이에 등록간호사의 임금이 재향군인부 관할 병원에서는 12.5%, 일반 병원에서는 9.9% 상승했다. 즉, 2.6%p의 차이가 관찰된다. 동시에 재향군인부 관할 병원에서 근무하는 등록간호사의 수는 8.3% 증가했으나 일반 병원에서 근무하는 등록간호사의 수는 5.6% 증가에 머물렀다. 즉, 2.7%p의 차이가 발생했다. 노동공급탄력성이 주어진 임금변화율에 대한 고용근로자 수 변화율의 비율로 정의되므로, 이 예에서 노동공급탄력성은 2.7÷2.6, 즉 대략 1로 추정된다. 다시 말하면, 재향군인부 관할 병원에서 등록간호사의 임금을 1% 올리면 이들을 1% 더 많이 유치할 수 있다는 의미이다.[44]

---

44 특정 기업의 노동공급탄력성을 추정한 연구로 Torberg Falch, "The Elasticity of Labor Supply at the Establishment Level," *Journal of Labor Economics* 28 (April 2010): 237-266과 Michael Ransom and David P. Sims, "Estimating the Firm's Labor Supply Curve in a "New Monopsony" Framework: Schoolteachers in Missouri," *Journal of Labor Economics* 28 (April 2010): 331-355가 있다.

요약

- 경쟁균형은 자원의 효율적 배분을 유도한다. 이와 다른 방식으로 근로자를 기업에 배분하게 되면 교역으로부터 얻는 이득이 언제나 경쟁균형배분의 방식보다 작아진다.
- 기업에게 부과되는 급여세의 일부는 근로자에게 전가된다. 노동공급곡선이 비탄력적일수록 근로자에게 전가되는 몫이 많아진다. 급여세는 근로자에게 부과되든 기업에게 부과되든 상관없이 임금과 고용에 동일한 영향을 미친다.
- 급여세는 사중손실을 야기한다.
- 단기에는 이민이 이민자와 비슷한 기술을 보유하고 있는 원주민 근로자의 임금을 하락시키고 이민자의 기술과 서로 보완적인 기술을 보유하고 있는 원주민 근로자의 임금을 높이는 작용을 한다. 장기에는 자본 보유량이 이민자의 존재에 맞추어 조절되기 때문에 이러한 임금효과가 약화된다.
- 단기에는 이민이 근로자로부터 기업에게로 소득을 재분배하지만 원주민의 순소득은 증가한다.
- 전문직 근로자에 대한 노동시장은 때때로 체계적인 호경기와 불경기, 즉 거미집 모형으로 특정화할 수 있다.
- 차별을 하지 않는 수요독점기업은 경쟁 노동시장에서 고용되는 근로자 수보다 적은 수의 근로자를 고용하고 이들에게 경쟁임금보다 낮은 임금을 지불한다.
- 수요독점기업에게 최저임금을 도입하여 적용하면 임금과 근로자 수 모두를 증가시킬 수 있다.
- 경쟁 노동시장으로 간주되는 노동시장에서조차 근로자가 기업을 옮기는 데 비용이 든다는 사실을 깨닫게 되면 기업이 수요독점력을 가질 수 있다.

핵심용어

거미집 모형	생산자 잉여
교역의 이득	수요독점
규모수익불변	완전 차별적인 수요독점기업
근로자 잉여	이민 잉여
법정 부가혜택	인적자본의 외부효과
보이지 않는 손	차별하지 않는 수요독점기업
사중손실	효율적 배분

복습문제

1. 생산자 잉여란 무엇인가? 근로자 잉여란 무엇인가? 경쟁시장 균형이 교역의 이득을 극대화함을 보여라.

2. 근로자와 기업이 다양한 시장을 자유롭게 진입하고 이탈할 수 있는 수많은 지역시장을 갖고 있는 경쟁경제에서 균형이 갖는 의미를 논의하라. 경쟁경제가 가져오는 노동의 배분이 효율적인 이유는 무엇인가?

3. 근로자가 임금이 낮은 지역에서 높은 지역으로 이주할 때 생산자 잉여, 근로자 잉여, 교역의 이득은 각각 어떻게 변하는가?

4. 경쟁산업에서 급여세 시행이 임금과 고용에 미치는 영향을 설명하라. 급여세의 일부가 근로자에게 전가되는 이유는 무엇인가? 급여세가 야기하는 사중손실은 무엇인가?

5. 급여세가 근로자 또는 기업 누구에게 부과되든 이와 상관없이 임금과 고용에 동일한 영향을 미치는 이유가 무엇인가?

6. 법정 부가혜택은 노동시장의 결과물에 어떻게 영향을 미치는가? 법정 부가혜택의 결과는 왜 급여세 부과의 결과와 다르게 나타나는가? 법정 부가혜택이 야기하는 사중손실은 무엇인가?

7. 이민이 원주민 근로자의 임금에 미치는 단기적 영향은 무엇인가? 장기적 영향은 무엇인가?

8. 이민 잉여란 무엇인가? 이민 잉여는 인적자본의 외부효과에 어떤 영향을 받는가?

9. 신규 엔지니어 시장에서 거미집 모형이 함의하는 임금과 고용의 추세에 대해 설명하라. 어느 자문회사가 신규 엔지니어 시장에서 임금과 고용에 대한 과거의 역사에 관한 정보를 판매한다면 거미집 모형에 어떤 변화가 발생하게 될까?

10. 완전 차별적인 수요독점기업과 차별을 하지 않는 수요독점기업의 고용결정을 각각 설명하라. 어떤 면에서 수요독점기업은 근로자를 '부당하게 이용'하는가?

11. 수요독점기업에게 최저임금을 실행하면 어떻게 임금과 고용이 모두 증가할 수 있는지 보여라.

연습문제

4-1. [그림 4-9a]는 근로자가 느끼는 가치를 초과하는 비용이 드는 법정 부가혜택을 정부가 강제했을 때 노동시장 균형에 나타나는 변화를 논의하고 있다. [그림 4-9b]는 비용이 근로자의 가치와 일치하는 법정 부가혜택의 경우를 그림으로 나타냈다.

    a. 법정 부가혜택의 비용이 근로자가 느끼는 가치보다 낮은 경우를 [그림 4-9]와 유사하게 그림으로 나타내고 고용과 임금의 균형수준이 어떻게 변하는지 논의하라. 이 경우에 법정 부가혜택과 관련된 사중손실이 발생하는가?

    b. a의 상황에서 법정 부가혜택의 비용이 근로자가 느끼는 가치보다 낮은 상황이 그 반대의 경우와 비교하여 공공정책의 목적에서 상대적 중요성이 떨어지는 이유는 무엇인가?

4-2. 미국에서 노동공급은 노동수요에 비하여 비탄력적인 경향이 있다. 그리고 법에 따르면 급여세는 근로자와 기업이 본질적으로 반반씩 부담하도록 되어 있다. 이러한 상황에서 근로자 혹은 기업이 미국의 인상된 급여세의 추가부담을 감수하려고 할까? 급여세를 기업과 근로자가 똑같이 부담하도록 하는 대신에 급여세의 인상분을 기업에만 부과함으로써 이 부담을 기업에게 전가할 수 있을까?

4-3. 물리학자의 공급곡선이 $w = 10 + 5E$로 주어져 있고, 이들에 대한 수요곡선은 $w = 50 - 3E$로 주어져 있다고 가정하자. 균형임금과 균형고용수준을 계산하라. 이제 물리학자들에 대한 수요가 증가하여 수요곡선이 $w = 70 - 3E$가 되었다고 생각해보자. 이 시장이 거미집 모형을 따른다고 가정하라. 임금과 고용수준이 수요의 충격에 대한 조정을 해나가는 과정에서 매 시기의 임금과 고용수준을 계산하라. 새로운 균형임금과 균형고용수준은 얼마인가?

4-4. 미국에서 저숙련 근로자에 대한 수요곡선이 $w = 24 - 0.1E$로 주어져 있다고 하자. 여기서 E는 100만 명 단위로 나타낸 근로자 수를 의미한다. 그리고 w는 시간당 임금이다. 미국 국내의 저숙련 근로자는 1억 2,000만 명이며, 비탄력적인 노동공급곡선을 가지고 있다. 만일 미국이 이민자에게 국경을 연다면 2,000만 명의

저숙련 이민자가 미국으로 들어와 비탄력적으로 노동을 공급한다. 이민이 불허되다면 이때의 균형임금은 얼마인가? 국경을 열었을 때의 균형임금은 얼마인가? 미국 국경을 열었을 때 이민 잉여는 얼마인가? 원주민 근로자로부터 국내 기업으로 이전되는 잉여의 크기는 얼마인가?

4-5. 이민이 인적자본의 외부효과와 함께 수반될 때 이민 잉여가 존재하는 두 가지 이유가 있다. [그림 4-16]에 이 두 가지 이유가 명백하게 나타난다. 첫 번째 이유는 삼각형 BCD로 대표된다. 두 번째 이유는 평행사변형 $ABEF$로 대표된다. 각 영역의 의미를 설명하라. 인적자본의 외부효과가 왜 중요한지 설명하라.

4-6. 어느 시장의 노동수요함수가 $E_D = 1,000 - 50w$로 주어져 있다고 하자. 여기서 E_D는 총고용량을, w는 시간당 임금을 의미한다.

a. 노동공급함수가 $E_S = 100w - 800$으로 대표될 수 있다고 하면 시장청산임금은 얼마인가? 얼마나 많은 근로자가 고용되는가? 균형임금수준에서 생산자 잉여는 얼마나 되는가?

b. 정부가 시간당 16달러의 최저임금을 도입했다고 가정하자. 새로운 고용량은 얼마나 될까? 최저임금수준에서 생산자가 받는 생산자 잉여를 구해보라.

4-7. 시장노동수요는 $E_D = 1,200 - 30w$로 주어져 있다. E_D는 총고용량을, w는 시간당 임금을 의미한다. 750명의 근로자가 노동시장에 완전 비탄력적으로 노동공급을 하고 있다고 가정하자. 얼마나 많은 근로자가 고용될 것인가? 시장청산임금은 얼마로 정해질까? 이때 생산자 잉여는 얼마가 될까?

4-8. 어느 기업이 생산물시장에서는 생산단위당 6달러의 가격에 완전 탄력적인 수요곡선에 직면하고 있으나 노동시장에서는 다음과 같이 우상향하는 노동공급곡선에 직면하고 있다.

$$E = 20w - 120$$

여기서 E는 매 시간 고용된 근로자의 수이고 w는 시간당 임금률을 의미한다. 따라서 이 기업은 아래와 같이 우상향하는 노동의 한계비용곡선을 갖는다.

$$MC_E = 6 + 0.1E$$

근로시간마다 5단위의 생산량이 생산된다. 이 기업은 이윤극대화를 달성하기 위해 매 시간 얼마나 많은 근로자를 고용해야 하는가? 기업이 지불하는 임금은 얼마인가? 이 기업의 시간당 이윤은 얼마나 되나?

4-9. 앤은 잔디관리회사를 소유하고 있다. 그녀는 매주 400군데의 잔디를 깎는다. 400군데의 잔디를 깎고 받는 수입은 일주일에 2만 달러이다. 18인치 용량의 잔디깎기 기계를 가지고 한 명의 근로자가 잔디를 깎는 데 두 시간이 걸린다. 60인치 용

량의 잔디깎기 차량을 사용하면 30분 만에 잔디를 깎을 수 있다. 노동력은 시간
당 10달러의 가격에서 비탄력적으로 제공된다. 각각의 근로자는 하루에 8시간 동
안 일을 하고 일주일에 5일 근무한다.

a. 앤이 근로자에게 잔디깎기 기계를 사용하게 한다면 몇 대의 기계를 빌리고 몇
명의 근로자를 고용해야 하는가?

b. 앤이 근로자에게 잔디깎기 차량을 사용하게 한다면 몇 대의 차량을 빌리고 몇
명의 근로자를 고용해야 하는가?

c. 수동 잔디깎기 기계를 임대하는 비용(유류비와 유지관리비를 포함하여)이 매
주 250달러고 잔디깎기 차량을 임대하는 비용은 매주 2,400달러라고 가정하
자. 앤은 어떤 장비를 임대할까? 또한 그녀는 몇 명의 근로자를 고용할까? 그
리고 그녀는 얼마의 이윤을 남길까?

d. 정부가 (고용주에게 급여를 받는) 모든 노동력에 20%의 급여세를 부과하고
자본의 임대비용에 대해서는 20%의 보조금을 지급한다고 하자. 이제 앤은 어
떤 장비를 임대할까? 이 경우 몇 명의 근로자를 고용할 것이며 이때의 이윤은
얼마인가?

4-10. [그림 4-6]은 노동공급이 완전 비탄력적일 때 급여세가 근로자에게 모두 전가되
는 모습을 보이고 있다. 이런 상황에서 시간당 2달러의 급여세가 부과되면 근로
자 임금이 2달러만큼 줄어들고 고용은 불변하며 사중손실도 발생하지 않는다. 이
제 10달러의 임금에서 노동공급이 완전 탄력적이라고 가정해보자. 이 상황에서
시간당 2달러의 급여세가 부과되면 임금과 고용 및 사중손실에 각각 어떤 영향을
미치게 될까?

4-11. [그림 4-19]의 거미집 모형에서 새로운 균형으로의 조정이 빨리 이루어질 수도
있고 천천히 이루어질 수도 있다. 어떤 결과가 나타날지 여부는 노동공급탄력성
크기에 달려 있다. 노동공급이 매우 비탄력적이라면 어떤 결과가 나타나게 될까?
노동공급이 탄력적이라면 어떤 결과가 나타나게 될까? 이러한 결과가 발생하는
이유를 경제학적으로 설명해보라.

4-12. 수요독점기업의 노동수요가 $VMP_E = 40 - 0.005E_D$로 표현될 수 있다고 가정하
자. 이 기업에 대한 노동공급곡선은 $w = 5 + 0.01E_S$로 주어져 있다. 따라서 이 기
업이 직면한 노동공급곡선으로부터 고용의 한계비용을 도출하면 다음과 같다.
$MC_E = 5 + 0.02E_S$.

a. 이 수요독점기업은 몇 명의 근로자를 고용하는가? 최저임금이 없을 경우 임
금은 얼마나 될 것인가?

b. 25달러의 최저임금이 도입된다면 이 기업의 고용인원과 임금은 각각 얼마가
될까?

4-13. 경쟁노동시장에서 노동수요가 $w = 50 - 0.3E$로 주어져 있고 노동공급이 $w = 8 + 0.2E$로 주어져 있다고 가정하자. 여기서 E는 100만 명 단위로 나타낸 근로자 수를 의미한다. 시장청산 균형임금은 얼마인가? 얼마나 많은 근로자가 고용되는가? 생산자 잉여의 총가치는 얼마인가? 근로자 잉여의 총가치는 얼마인가?

4-14. 식 (4-1)에 있는 콥-더글러스 생산함수가 어느 개발도상국에 적용된다고 가정하자. 개발도상국으로부터 선진국으로의 이민을 생각하는 대신에 선진국이 개발도상국에 대규모의 자본을 해외직접투자(Foreign Direct Investment, FDI)의 형태로 투자한다고 가정해보자.

   a. FDI의 증가가 개발도상국의 노동생산성에 어떤 영향을 미치게 될까? 단기에 개발도상국의 임금은 어떻게 반응할까?

   b. 특히 미래의 개발도상국으로부터의 잠재적 이민의 관점에서 FDI의 장기적 함의는 무엇인가?

4-15. 여러 실증연구가 노동공급은 매우 비탄력적인 반면에 노동수요는 매우 탄력적이라는 결과를 제시하고 있다. 급여세가 약 15% 수준이고 근로자와 고용주가 반반씩 부담하도록 법으로 정해져 있다고 가정하라.

   a. 만일 급여세가 폐지된다면 근로자의 임금은 어떻게 될까?

   b. 만일 급여세가 폐지된다면 기업이 부담하는 고용비용은 어떻게 될까?

   c. 만일 급여세가 폐지된다면 생산자 잉여와 근로자 잉여는 어떻게 될까? 이 둘 중에서 급여세에 더욱 민감한 것은 무엇인가? 그 이유는?

   d. 급여세가 폐지되는 것을 근로자가 원하지 않을 수도 있는 이유는 무엇인가?

읽을거리

Joshua D. Angrist, "Short-Run Demand for Palestinian Labor," *Journal of Labor Economics* 14 (July 1996) : 425-453.

David H. Autor, David Dorn, and Gordon H. Hanson, "The China Syndrome : Local Labor Market Effects of Important Competition in the United States," *American Economic Review* 103 (October 2013) : 2121-2168

Ariel R. Belasen and Solomon W. Polachek, "How Disasters Affect Local Labor Markets : The Effects of Hurricanes in Florida," *Journal of Human Resources* 44 (Winter 2009) : 251-276.

Olivier Jean Blanchard and Lawrence F. Katx, "Regional Evolutions," *Brookings Papers on*

Economic Activity 1 (1992) : 1–61.

George J. Borjas, "The Labor Demand Curve Is Downward Sloping : Reexamining the Impact of Immigration in the Labor Market," *Quarterly Journal of Economics* 118 (November 2003) : 1335–1374.

David Card, "The Impact of the Mariel Boatlift on the Miami Labor Market," *Industrial and Labor Relations Review* 43 (January 1990) : 245–257.

Jonathan Gruber, "The Incidence of Payroll Taxation : Evidence from Chile," *Journal of Labor Economics* 15 (July 1997, Part 2) : S102–S135.

Prachi Mishra, "Emigration and Wages in Source Countries : Evidence from Mexico," *Journal of Development Economics* 82 (January 2007) : 180–199.

Douglas O. Staiger, Joanne Spetz, and Ciaran S. Phibbs, "Is There Monopsony in the Labor Market? Evidence from a Natural Experiment," *Journal of Labor Economics* 28 (April 2010) : 211–236.

보상적 임금격차

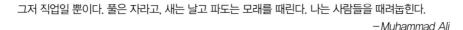

그저 직업일 뿐이다. 풀은 자라고, 새는 날고 파도는 모래를 때린다. 나는 사람들을 때려눕힌다.
– Muhammad Ali

근로자와 기업의 진입과 퇴출이 자유로운 경쟁적 노동시장에서 모든 일이 똑같고 모든 근로자가 똑같다면 균형임금은 하나뿐이다.

그러나 실제 노동시장에는 임금이 하나가 아니다. 근로자가 서로 다르며 일도 서로 다르기 때문이다. 근로자는 숙련(skills)이 서로 다르고 일은 근로조건(amenities)이 서로 다르다. 예를 들어 따뜻한 캘리포니아에 있는 직장도 있지만 알래스카 툰드라에 있는 직장도 있다. 근로자가 위험한 화학 약품에 노출되어야 하는 일도 있는 반면 달콤한 초콜릿과 뛰어난 요리를 맛볼 수 있는 일도 있다.

캘리포니아에서 일하는지 아니면 북극에서 일하는지, 또는 독성 폐기물 속에서 일하는지 아니면 호화로운 프렌치 레스토랑에서 일하는지를 근로자가 중요하게 여기기 때문에 근로자는 기업으로부터 채용 제의를 받았을 때 단지 임금만이 아니라 임금과 근로조건을 다 포함하는 패키지를 고려한다는 것을 이해해야 한다. 이 장에서는 근로조건이 임금과 고용의 결정에 어떻게 영향을 주는가를 공부한다.

일의 특성이 중요하다는 생각은 1776년에 애덤 스미스가 처음으로 제시했다. 노동시장 균형이 무엇인가에 대한 첫 문장에서 스미스는 임금 외의 직업 특성에 대한 보상으로서 보상적 임금격차(compensating wage differential)가 발생한다고 주장했다. 스미스가 쓴 **국부론**(*The Wealth of Nations*)에는 다음과 같은 유명한 구절이 있다.[1]

---

1 Adam Smith, *The Wealth of Nations*, Chicago : University of Chicago Press, 1976 (1776), p. 111.

한 지역에서 서로 다른 노동과 자본을 사용하여 얻는 이점과 단점의 총합은 같거나 지속적으로 같아지려는 경향이 있다. 같은 지역 내에서 한 직장이 다른 직장들보다 이점이 현저히 많다면 많은 사람들이 그 직장으로 몰려들고 이점이 현저히 적다면 다들 그 직장에서 떠날 것이다. 그렇게 되면 그 직장의 이점은 곧 다른 직장의 수준으로 돌아갈 것이다. 이것이 일들이 이성적으로 진행되고, 완전한 자유가 보장되고, 누구나 자유로이 자신에게 적합한 직업을 선택할 수 있고, 적절하다고 생각할 때마다 직업을 바꿀 수 있는 사회에서라면 일어날 일이다.

경쟁시장에서 서로 동등해지는 것은 임금이 아니라 직업의 '이점과 단점의 총합'이다. 근로조건이 좋지 않은 기업이 근로자를 채용하기 위해서는 그것을 보상할 수 있는 혜택(예 : 높은 임금)을 제공해야 한다. 반면 근로조건이 좋은 기업은 낮은 임금을 지불하고도 근로자를 고용할 수 있다(사실상 근로자가 훌륭한 환경에 대한 대가를 지불하게 하는 것이다).

보상적 임금격차가 존재할 때 노동시장 균형의 성격은 전통적인 수요-공급 모형의 균형의 성격과는 크게 다르다. 전통적인 모형에서 기업 간 노동의 배분을 효율적으로 만드는 것은 임금이다. 근로자와 기업이 각각 최고의 기회를 제공하는 시장으로 이동하고 그 과정에서 시장 간에 임금과 한계생산물의 가치는 같아진다. 결국 근로자와 기업은 익명이며 누가 어디서 일하는지는 중요하지 않다.

보상적 격차가 있으면 이러한 익명성은 사라진다. 근로자마다 선호하는 일의 특성이 다르고 기업마다 제공하는 근로조건이 다르다. 보상적 격차의 이론은 결국 노동시장에서 근로자와 기업이 어떻게 '만나 짝을 이루는지'에 대해 이야기한다. 특정한 근로조건을 원하는 근로자는 그 조건을 제공하는 기업을 찾는다. 따라서 근로자가 기업에 무작위로 배분되는 것이 아니라 누가 어디서 일하는지가 중요해진다.

또한 보상적 임금격차 이론은 "왜 근로자마다 다른 보수를 받을까?"라는 경제학의 중요한 질문을 분석하는 출발점이 된다. 이 장에서는 임금격차가 생겨나는 데 일의 특성이 어떤 역할을 하는지에 초점을 맞춘다. 근로자의 특성이 어떤 역할을 하는지에 대해서는 다른 장에서 살펴보기로 한다.

5-1　위험한 일의 노동시장

매우 단순하지만 정책적 함의가 있는 상황에서 보상적 임금격차를 유도하는 것부터 시작하자.[2] 노동시장에 근로자가 작업 중 부상당할 확률(ρ로 표시)이 서로 다른 두 가지 일만

2　Sherwin Rosen, "The Theory of Equalizing Differences," in Orley C. Ashenfelter and Richard Layard, editors, *Handbook of Labor Economics*, vol. 1, Amsterdam : Elsevier, 1986, pp. 641-692.

있다고 하자. 한 일의 작업환경은 철저히 안전하여 작업 중 부상당할 확률이 0이다. 다른
일은 본질적으로 위험하여 작업 중 부상당할 확률이 1이다.

근로자가 일의 위험을 완전히 알고 있다고 하자. 즉, 근로자는 어떤 일이 안전한지
($\rho = 0$) 위험한지($\rho = 1$) 정확히 안다고 가정한다. 수년 동안 위험을 알지 못할 수도 있으므
로 이 가정은 중요하다. 일례로 1960년대 이전에는 건설업에서 석면을 많이 사용했다. 석
면에 계속 노출되는 것이 건강에 해롭다는 사실을 아는 사람은 거의 없었다. 과학적 증거
가 축적되는 데 오랜 시간이 걸렸다. 근로자가 ρ의 값을 잘 모른다면 분석이 어떻게 달라
지는가는 뒤에서 살펴볼 것이다.

근로자는 일에서 받는 임금(w)뿐만 아니라 부상당할 위험도 중요하게 여긴다. 근로자
의 효용(utility)함수는 다음과 같다.

$$효용 = f(w, \rho) \tag{5-1}$$

소득의 한계효용은 부상당할 확률이 일정할 때 근로자의 임금이 1달러 상승하는 데 따
라 변하는 효용의 크기이다. 근로자가 높은 임금을 선호한다고 가정하므로 소득의 한계효
용은 양수이다. 위험이 한계효용은 근로자이 임금이 인정할 때 부상을 당할 확률이 한 단
위만큼 변하는 데 따른 효용의 변화 정도이다. 위험의 한계효용은 음수라고 일단 가정한
다. 아마도 대부분의 사람에게는 부상당할 확률이 높은 일의 효용이 더 낮을 것이다.[3]

안전한 일의 임금이 w_0 달러라고 가정하자. [그림 5-1]은 안전한 일의 채용 패키지를
요약하는 지점을 관통하는 근로자의 무차별곡선(U_0)을 보여준다. P점에서 근로자의 임금
은 w_0이고 부상당할 확률은 0이다.

임금과 부상 위험 간 교환관계를 나타내는 무차별곡선은 위험이 '비재화'이기 때문에
우상향한다. 근로자가 현재 무차별곡선에서 P점에 있다고 하자. 근로자로 하여금 더 위험
한 일을 하게 하면서도 효용은 같도록 하는 유일한 방법은 임금을 높이는 것이다. 근로자
가 더 위험한 일을 하는데도 임금이 하락한다면 효용은 명백히 낮아진다. 무차별곡선의
굽은 모양은 무차별곡선이 볼록하다는 일반적 가정을 반영한다.

위험한 일의 노동공급

무차별곡선 U_0에서 근로자가 부상을 얼마나 싫어하는지를 알 수 있다. 위험한 일에서 받
는 임금이 w_1'뿐이라면 그가 안전한 일을 선호할 것이 확실하다. 이 경우 안전한 일에서
얻는 근로자의 효용(U_0)이 위험한 일에서 얻는 효용(U_1')보다 크기 때문이다. 반면에 위험
한 일자리의 임금이 w_1''이라면 근로자는 위험한 일을 선호할 것이다. 이때 근로자의 효용

---

3 위험한 환경에서 일하는 것을 좋아하는 사람도 있을 수 있고 그에게는 위험의 한계효용이 양수일 것이다. '위험 선
   호자'에 대해서는 뒤에 다루기로 한다.

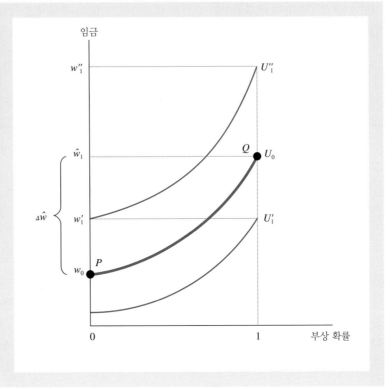

그림 5-1

임금과 부상 확률 간 무차별곡선

근로자가 안전한 일을 선택하면 임금은 w_0이고 효용은 U_0이다. 위험한 일의 임금이 w_1'이라면 근로자는 안전한 일을 선호하지만 w_1''이라면 위험한 일을 선호할 것이다. 위험한 일에서 $\hat{w}_1$을 받는다면 근로자는 무차별하다. 근로자의 유보가격은 $\Delta\hat{w} = \hat{w}_1 - w_0$이다.

이 U_1''으로 커지기 때문이다. 그러나 위험한 일의 임금이 $\hat{w}_1$이라면 근로자는 둘 사이에 무차별할 것이다.

　근로자가 위험한 일을 받아들이도록 유인할 수 있는 돈의 액수, 즉 차이 $\Delta\hat{w} = \hat{w}_1 - w_0$를 근로자의 유보가격(reservation price)으로 정의한다. 안전한 일에서 위험한 일로 옮겨 소득이 $\Delta\hat{w}$만큼 증가한다면 그 근로자는 추가적 위험에 노출되어도 괜찮다고 할 것이다. 따라서 유보가격은 "얼마면 하지 않겠다고 했던 일을 하시겠습니까?"라고 근로자에게 물었을 때 얻는 답변이다.

　근로자마다 위험에 대한 생각이 다르다. 무차별곡선의 모양에 따라 유보가격 $\Delta\hat{w}$은 낮거나 높을 수 있다. 소득과 위험 간 근로자의 무차별곡선이 비교적 평평하다면 $\Delta\hat{w}$은 낮고, 가파르다면 $\Delta\hat{w}$은 높을 것이다. 근로자가 위험을 싫어하는 정도가 심하면 심할수록 안전한 일에서 위험한 일로 바꾸는 데 요구하는 액수가 높을 것이며 유보가격 $\Delta\hat{w}$도 높아진다.

　[그림 5-2]는 위험한 일의 공급곡선을 보여준다. 이 공급곡선은 위험한 일과 안전한 일 간 임금차의 함수이며 얼마나 많은 근로자가 위험한 일을 하려고 하는지를 나타낸다. 모든 근로자가 위험을 회피한다고 가정했기 때문에 임금격차가 0(혹은 음)일 때 위험한 일을 하고자 하는 근로자는 없다. 임금격차가 커짐에 따라 위험을 가장 덜 싫어하는

근로자가 '생각을 바꾸어' 위험한 일을 하도록 결정하는 지점에 이르게 된다. 이는 [그림 5-2]에서 유보가격 $\Delta \hat{w}_{MIN}$으로 표시된다. 위험한 일과 안전한 일 간의 임금격차가 더 증가하면 위험한 일로 유인되는 근로자가 점점 많아져서 위험한 일을 선택하는 근로자의 수는 증가한다. 따라서 위험한 일의 공급곡선은 우상향한다.

위험한 일의 노동수요

근로자가 위험한 일을 할지 혹은 안전한 일을 할지를 결정하는 것처럼 기업 또한 근로자에게 위험한 작업 환경을 제공할지 혹은 안전한 작업 환경을 제공할지를 결정해야 한다. 기업의 선택은 무엇이 이윤이 더 높은가에 달려 있다.

기업의 결정을 쉽게 보기 위해 기업이 어떤 환경을 선택하든지 E^*만큼의 근로자를 고용하려 한다고 가정하자. 기업이 안전한 작업 환경을 제공하면 생산함수는 다음과 같다.

$$q_0 = \alpha_0 E^* \tag{5-2}$$

모수 α_0는 안전한 환경에서 노동의 한계생산물, 즉 근로자를 한 명 더 채용하여 얻는 생산량의 증가분이다. 제품의 가격이 p이면 안전한 환경에서 노동의 한계생산물의 가치는 $p \times \alpha_0$이다.

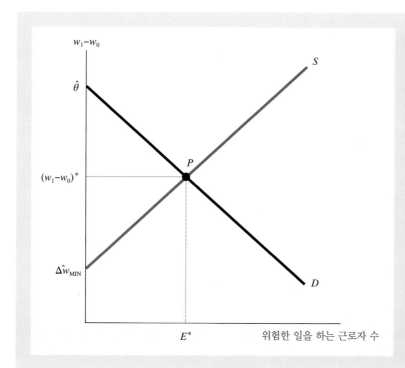

그림 5-2

시장에서 보상적 격차의 결정

위험한 일과 안전한 일 간 임금격차가 증가할수록 위험한 일을 하고자 하는 근로자의 수가 증가하기 때문에 공급곡선은 우상향한다. 위험한 일을 시키는 기업이 근로자를 채용하기 위해 임금을 올려줘야만 한다면 임금격차가 커질수록 위험한 근로조건을 제공하는 기업의 숫자가 줄어들 것이므로 수요곡선은 우하향한다. 시장에서 결정되는 보상적 격차는 수요와 공급을 일치시키며 위험한 일을 시키는 기업에 고용되는 마지막 근로자를 유인하는 데 필요한 보상과 같다.

기업이 위험한 환경을 제공하면 기업의 생산함수는 다음과 같다.

$$q_1 = \alpha_1 E^* \tag{5-3}$$

모수 α_1은 위험한 환경에서 노동의 한계생산물이다. 위험한 환경의 기업에서 노동의 한계생산물의 가치는 $p \times \alpha_1$이다.

여기서 다음과 같은 중요한 문제를 생각해보자. 안전한 환경과 위험한 환경에서 노동의 한계생산물은 어떻게 다른가?

안전은 저렴하지 않다. 기업은 안전한 환경을 '생산'하기 위해 제품 생산에서 인력과 자본을 빼내 써야 한다. 기존 건물에서 석면 섬유를 제거하거나 지진에도 안전한 빌딩을 건설하기 위해서는 많은 자원이 필요하며 이런 자원은 더 많은 제품을 생산하는 데 사용될 수도 있었던 것이다. 이런 자원의 전용이 필요하다는 것은 위험한 환경에서 노동의 한계생산물이 더 클 것을 의미하므로 $\alpha_1 > \alpha_0$이다. 만약 노동의 한계생산물이 안전한 환경에서 더 높다면 위험한 환경에서 일하는 사람은 아무도 없어야 한다. 안전한 환경에서 근로자의 생산성이 더 높을 뿐만 아니라 근로자가 안전한 환경을 높이 평가하므로 기업은 낮은 임금을 지불해도 되기 때문이다.

기업의 이윤은 수입(생산물의 가격 p에 생산량을 곱한 값)에서 비용(지불해야 하는 임금에 채용한 근로자의 수를 곱한 값)을 뺀 값이다. 기업의 이윤은 안전한 환경인지 혹은 위험한 환경인지에 따라 다르다. 각 환경에서 이윤은 다음과 같다.

$$\pi_0 = p\alpha_0 E^* - w_0 E^* \tag{5-4}$$
$$\pi_1 = p\alpha_1 E^* - w_1 E^* \tag{5-5}$$

이때 π_0는 기업이 안전한 환경을 제공하기로 선택했을 때 얻는 이윤이며 π_1은 위험한 환경을 제공하기로 선택했을 때 얻는 이윤이다. 수입과 비용 모두 기업의 선택에 따라 달라진다. 위험한 환경을 제공하는 기업은 (생산량이 더 많으므로) 수입이 더 많지만 (근로자를 모으기 위해 더 높은 임금을 지불해야 하므로) 비용도 더 높다.

이윤극대화를 추구하는 기업은 $\pi_1 > \pi_0$일 때 위험한 환경을 제공한다. $\theta = p\alpha_1 - p\alpha_0$를 작업 환경을 안전한 환경에서 위험한 환경으로 바꿀 때 근로자 한 명당 기업이 얻는 수입의 증가분(즉, 한계생산물의 가치의 차이)이라고 정의하자. 식 (5-4)와 (5-5)를 대수적으로 변형하면 다음과 같은 기업의 의사결정 규칙을 얻을 수 있다.

$$w_1 - w_0 > \theta \text{이면 안전한 작업 환경을 제공한다.}$$
$$w_1 - w_0 < \theta \text{이면 위험한 작업 환경을 제공한다.} \tag{5-6}$$

추가되는 노동비용이 근로자당 수입 증가분을 초과하면 (즉 $w_1 - w_0 > \theta$) 기업은 안전한 환경을 제공해야 더 높은 이윤을 얻는다. 추가 노동비용이 근로자당 수입 증가분보다 작으면 (즉 $w_1 - w_0 < \theta$) 기업은 위험한 환경을 제공하여 이윤을 극대화한다.

기업마다 안전한 환경을 만드는 방법이 다르다. 즉, θ가 기업마다 다르다. 예를 들어, 대학교는 직원들에게 안전한 환경을 제공하려고 많은 자원을 쓸 필요가 없으므로 근로자 당 생산성 증가분 θ가 작다. 반면 탄광은 안전한 환경을 만들기가 훨씬 더 어렵다. 탄광에 위험한 환경을 제공해 얻는 생산성 증가는 아마도 상당할 것이므로 θ가 매우 클 것이다.

위험한 일의 시장노동수요곡선은 위험한 환경을 제공하는 기업의 노동수요곡선을 '합'하여 나온다. 임금격차가 매우 크면 위험한 환경을 제공하려는 기업이 없으므로 위험한 일에서의 노동수요는 0이 될 것이다. 임금격차가 줄어들면 위험한 일을 시킴으로써 가장 많은 이득을 얻을 기업이 추가 비용을 지불할 가치가 있다고 결정하는 지점이 올 것이다. 그 지점에서 이 기업의 θ값이 [그림 5-2]에서 $\hat{\theta}$과 같다. 위험한 일과 안전한 일 간 임금격차가 작아질수록 더 많은 기업이 위험한 환경에서 더 높은 이윤을 얻게 되므로 위험한 일에서의 노동수요는 증가한다. 따라서 위험한 일에서의 노동수요곡선은 [그림 5-2]에서 보이듯 우하향한다.

균형

시장의 보상적 임금격차와 위험한 일을 하는 근로자의 수는 [그림 5-2]의 P점과 같이 시장공급곡선과 시장수요곡선의 교차점에서 결정된다. 시장의 보상적 임금격차는 $(w_1 - w_0)^*$이고 E^*의 근로자가 위험한 일을 한다. 임금격차가 이 균형수준을 넘으면 수요보다 더 많은 사람이 위험한 일을 원하기 때문에 임금격차가 작아진다. 임금격차가 균형수준 아래로 떨어지면 위험한 일을 원하는 사람이 수요보다 적어져서 임금격차가 커진다.

시장의 보상적 임금격차 $(w_1 - w_0)^*$가 양수라는 점에 주목하라. 균형에서 위험한 일의 임금이 안전한 일의 임금보다 높다. 이는 근로자가 모두 위험을 싫어한다고 가정했기 때문이다. 위험한 환경을 제공하는 기업이 근로자를 채용하고자 한다면 더 높은 임금을 지불해야만 한다.

시장임금격차 $(w_1 - w_0)^*$가 한 경제의 근로자들의 평균적인 위험회피도(즉, 평균 유보 가격의 척도)라고 해석하기 쉽다. 그러나 이런 해석은 옳지 않다. 균형에서의 보상적 임금 격차는 한계근로자(즉, 마지막으로 고용된 근로자)가 위험한 일을 하도록 유인하는 데 필요한 임금격차이다. 다시 말해 균형임금격차는 마지막으로 고용된 근로자의 유보가격이 며 근로자들의 평균 위험회피도와 무관하다.

따라서 시장은 한계근로자를 제외한 모든 근로자에게 **초과 보상**한다. 마지막으로 고용된 근로자를 제외한 이들은 더 낮은 임금을 받고도 위험한 일을 기꺼이 하려 하기 때문이다. 근로자가 완전한 정보를 가진 경쟁적 노동시장에서 근로자는 일의 위험에 대해 충분한 보상을 받는다.

일부 근로자가 위험을 좋아하는 경우의 균형

지금까지 모든 근로자가 위험을 싫어한다고 가정했다. 하지만 어떤 근로자는 상해를 입을 확률이 높은 일을 선호할 수도 있다. 어떤 사람은 (헬멧도 쓰지 않고 시간당 160km의 속도로 고속도로에서 질주하는 오토바이 운전자처럼) '용기를 시험'할 수 있는 일에서 효용을 얻을 수도 있다. 그런 근로자는 위험한 일을 할 권리를 얻기 위해 기꺼이 대가를 지불할 용의가 있으므로 유보가격이 음수이다. [그림 5-3]에 그려진 공급곡선은 일부 근로자들의 유보가격이 음수여서 안전한 일보다 위험한 일에서 받는 임금이 더 낮더라도 위험한 일을 할 근로자가 있는 경우를 보여준다.

위험한 일을 할 근로자에 대한 수요가 매우 작다고 가정하자. 예를 들어 항공기 시험비행 조종사를 채용하고자 하는 기업은 매우 적다. 따라서 그림에서 P와 같은 점에서 시장수요곡선이 시장공급곡선과 교차할 수 있으며 위험한 일을 하는 E^* 근로자에 대한 보상적 임금격차는 음수가 된다. 대부분의 근로자가 위험을 기피하더라도 위험한 일에서 노동수요가 매우 작으면 작업환경이 위험한 기업은 그 일에 종사하기 위해 대가를 지불할 용의가 있는 근로자만 고용하면 된다.

이론의 현장 적용 　 일본의 점퍼

2011년 3월 11일 리히터 스케일 9.0에 달하는 심각한 지진이 일본 동부 해안에서 발생했다. 몇 분 만에 높이가 30미터를 넘는 해일이 해변을 강타했고 일부는 내륙으로 10km까지 밀어 들어가기도 했다. 해일은 매우 파괴적이어서 도시 전체를 쓸어버리는 데 몇 분도 채 걸리지 않았다. 일본이 그런 비극적 사건에 대비하기는 했지만 지진과 해일의 파괴력이 합해져서 2만 명이 넘는 사람이 사망했다.

일본의 전기 공급을 일부 담당하던 후쿠시마 핵발전소에서 원자로 내 냉각 시스템들이 고장 나기 시작했고 수천 톤의 물이 방사능에 오염되어 그 주변의 주민들이 대피해야 했다. 상황을 안정시키기 위해서는 근로자가 방사능 물질에 노출되어야 하는 위험한 작업이 요구되었다.

후쿠시마 원자로의 상황이 심각했기 때문에 TEPCO(도쿄전력)는 방사능에 심각하게 오염된 지역으로 뛰어 들어가 정해진 작업을 하고 방사능 노출이 최소화되도록 재빠르게 빠져나올 수 있는 일명 '점퍼(Jumper)'라고 하는 근로자가 필

요했다. 점퍼는 오염된 물을 펌프로 배출할 수 있도록 기계 연결을 도와야 했다. TEPCO 관리자 말에 따르면 "펌프는 독립적인 발전기에서 전기를 받을 수 있기 때문에 펌프 한쪽 끝을 물로 가져가 안으로 던져 잠기게 하고 달아나기만 하면 된다."

간단하지만 매우 위험한 일이었다. 한 뉴스는 "방사능이 매우 강해서 점퍼는 평생 단 한 번만 그 일을 할 수 있다. 두 번 이상 한다면 심각한 방사능 오염으로 중독될 위험을 안아야 한다."고 보도했다. TEPCO와 협력업체는 점퍼를 모집하기 시작했고 눈을 번쩍 뜨일 정도의 보상을 제시했다. 점퍼에게 지급하는 수당은 한 시간도 채 걸리지 않는 일에 20만 엔 정도, 약 2,400달러였다. 한 근로자의 반응은 이 참사의 정도를 여실히 보여준다. "평소 같으면 내가 꿈에 그리던 일이겠지만 아내가 눈물로 호소하며 말려서 생각을 접었습니다."

출처 : Terril Yue Jones, "'Jumpers' Offered Big Money to Brave Japan's Nuclear Plant," *Reuters*, April 1, 2011.

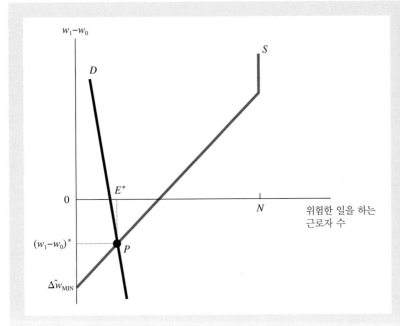

일부 근로자가 위험한 일을 선호하는 경우의 시장 균형

위험한 일을 선호하는 근로자는 위험한 환경에서 일할 권리를 얻고자 대가를 지불할 용의가 있다. 그런 근로자에 대한 수요가 작을 때 시장의 보상적 격차는 음수가 될 수 있다. 공급과 수요가 같아지는 P점에서 위험한 일을 하는 근로자는 안전한 일을 하는 이들보다 낮은 임금을 받는다.

[그림 5-3]에서의 균형은 보상적 임금격차가 정확히 무엇을 측정하는지 이해하는 데 도움이 된다. 대부분의 사람들이 위험한 일을 하는 근로자가 안전한 일을 하는 이들보다 더 높은 임금을 받아야 한다는 이론을 합당하다고 생각할 수 있겠지만, 공급과 수요가 서로 맞아야 한다. 위험한 환경에서 일할 권리를 얻기 위해 기꺼이 대가를 지불하려는 근로자가 있고 그런 근로자에 대한 수요가 충분히 작다면 시장임금격차는 반대 방향으로 갈 수 있다.

5-2 헤도닉 임금함수

앞 절에서는 위험한 환경과 안전한 환경의 기업 두 종류만 있는 노동시장 모형에서 보상적 임금격차를 도출하였다. 이제 두 종류가 아니라 많은 종류의 기업이 있다고 가정하자.[4] 직장에서 부상당할 확률 ρ는 0과 1 사이의 어떤 값도 될 수 있다.

---

4   Sherwin Rosen, "Hedonic Prices and Implicit Markets : Product Differentiation in Pure Competition," *Journal of Political Economy* 82 (January–February 1974) : pp. 34–55.

다양한 근로자의 무차별곡선

설명의 편의를 위해 근로자들이 위험을 싫어한다고 가정하자. 하지만 근로자마다 위험을 싫어하는 정도가 다르다. [그림 5-4]는 근로자 세 명 A, B, C(해당 효용은 U_A, U_B, U_C)의 무차별곡선을 보여준다. 각 무차별곡선의 기울기는 임금이 어느 정도 올라야 해당 근로자가 조금 더 위험한 일로 바꾸려 하는지를 알려준다. 따라서 무차별곡선의 기울기는 근로자가 약간 더 위험한 일로 바꾸려 할 때 요구하는 유보가격과 같다.

근로자 A의 무차별곡선이 가장 가파르며 위험에 대한 유보가격이 가장 높다. 따라서 이 근로자는 위험을 가장 기피한다. 다른 극단적 경우인 근로자 C는 무차별곡선이 가장 평평하며 위험에 대한 유보가격이 가장 낮다. 근로자 C는 위험을 좋아하지 않지만 심하게 꺼리지는 않는다.

[그림 5-4]에 그려진 무차별곡선이 서로 교차함을 볼 수 있다. 이것은 무차별곡선 모양에 대해 우리가 알고 있는 기본 원리에서 벗어나는 것으로 보일 수 있다. 하지만 그림은 다른 근로자의 무차별곡선을 보여준다. 근로자 한 명의 무차별곡선은 교차할 수 없지만 위험에 대해 서로 다른 성향을 갖는 여러 근로자의 무차별곡선은 교차할 수 있다.

등이윤곡선

기업들이 이 근로자들을 놓고 경쟁하며 서로 다른 조건의 패키지로 채용하려고 한다. 패키지는 임금 w와 부상을 입을 확률 ρ의 조합이다. 기업이 어떤 패키지를 선택하는지 보이

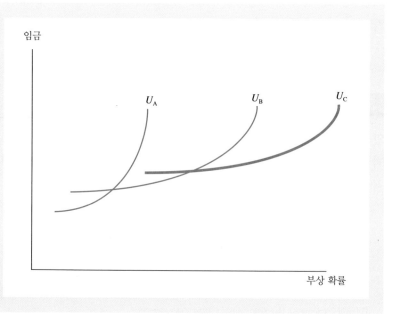

그림 5-4

다른 유형의 근로자의 무차별곡선

근로자마다 위험을 선호하는 정도가 다르다. 근로자 A는 부상 확률이 높아지는 것을 매우 기피한다. 근로자 C는 그리 싫어하지는 않는다.

기 위해 등이윤곡선(isoprofit curve)이라는 새로운 개념을 이용한다. 그 이름이 뜻하는 바와 같이 등이윤곡선 위의 모든 점에서 이윤은 동일하다. 따라서 이윤 극대화를 추구하는 고용주는 한 등이윤곡선 위의 다양한 w와 ρ의 조합 간에 무차별하다.

[그림 5-5]는 특정 고용주의 등이윤곡선의 집합을 보여준다. 등이윤곡선에는 몇 가지 중요한 특성이 있다.

1. 안전한 환경을 만드는 데 돈이 들기 때문에 등이윤곡선은 우상향한다. 기업이 π_0달러 이윤을 얻는 등이윤곡선의 P점에서 근로자를 채용한다고 가정하자. 기업이 더 안전한 환경을 제공하는 동시에 이윤을 같게 유지하고 싶다면 임금을 어떻게 해야 할까? 앞서 살펴봤듯이 기업은 작업 환경의 안전성을 높이는 데 자원을 투자해야 한다. 그러므로 기업이 안전에 투자하면서도 이윤을 같게 유지하기 위해서는 근로자에게 지급하는 임금을 낮춰야만 한다(그리고 Q점으로 옮겨가게 된다). 따라서 등이윤곡선은 우상향한다. 등이윤곡선이 우하향한다면 기업은 안전을 '구입'하고 임금을 높여도 같은 이윤을 낼 수 있다는 것을 의미한다. 이것은 안전한 환경을 만드는 데 비용이 든다는 가정에 모순된다.

2. 등이윤곡선이 위쪽에 있을수록 이윤이 낮다. π_0로 표시된 등이윤곡선 위에 있는 점은 π_1으로 표시된 등이윤곡선 위의 점보다 이윤이 낮다. 부상당할 확률이 무엇이든지(예: 그림에서 ρ^*) 임금을 낮추면 기업은 아래쪽 등이윤곡선으로 이동한다. 이런 임금 하락은 이윤을 높인다.

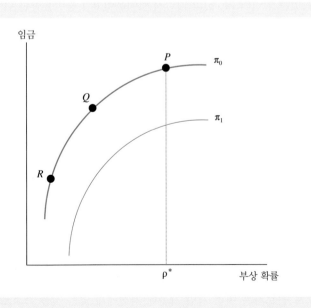

그림 5-5

등이윤곡선

등이윤곡선은 같은 이윤을 내는 모든 임금과 부상당할 확률의 조합이다. 안전한 환경을 만드는 데 비용이 든다. 이윤을 같게 유지하려면 부상당할 확률이 ρ^*인 기업은 임금을 내려야만 직장을 더 안전하게 만들 수 있다. 등이윤곡선은 우상향하며 위치가 높을수록 이윤은 낮아진다.

3. **등이윤곡선은 오목하다.** 등이윤곡선이 오목한 것은 안전한 환경을 만들어내는 데 한 계수확체감의 법칙이 적용됨을 의미한다. 곡선 π_0에서 P점에 있는 기업을 생각해 보자. 이 기업의 작업 환경은 위험하다. 기업이 작업장의 위험을 낮출 수 있는 값싼 방법들이 많다. 예를 들어 지진에 의한 부상 위험을 줄이기 위해 캐비닛을 벽에 고 정시킬 수 있고 조명설비의 나사를 조일 수도 있다. 이렇게 낮은 비용으로 부상의 위험을 줄일 수 있으므로 기업은 ρ를 낮추면서 임금은 조금만 내려도 이윤을 그대 로 유지할 수 있다. 따라서 P와 Q점 사이의 등이윤곡선은 상대적으로 평평하다. 이 제 기업이 작업 환경을 더 안전하게 만들려고 한다고 하자. 값싸고 간단한 조치는 이미 다 되었다. 따라서 ρ를 R점까지 낮추려고 한다면 기업은 이제 상당한 지출을 해야만 한다. 지진으로부터의 위험을 줄이려면 건물의 기초를 강화하거나 아예 이 전해야 할 수도 있다. 부상의 위험을 더 줄이기 위한 비용이 매우 높기 때문에 기업 이 이윤을 일정하게 유지하기 위해서는 임금을 크게 낮춰야만 한다. 따라서 Q와 R 점 사이의 등이윤곡선 부분은 매우 가파르다.

   기업이 진입과 퇴출이 자유로운 경쟁 시장에서 운영되고 있다고 하자. 기업이 초과이윤 을 올리면 많은 기업들이 진입하여 이윤이 줄어든다. 손해가 나면 기업들이 떠나서 가격 이 올라가고 남아있는 기업들의 이윤이 커진다. 결국 실현 가능한 임금과 부상의 확률의 조합은 이윤이 0인 등이윤곡선상에 있는 것들 뿐이다.

균형

특정 기업이 제공할 수 있는 일련의 (w, ρ)의 패키지는 이윤이 0인 등이윤곡선 위에 있다. 안전한 환경을 제공하기가 쉬운 기업도 있고 어려운 기업도 있다. [그림 5-6]은 세 기업 의 이윤이 0인 등이윤곡선을 보여준다. 기업 X의 경우 π_X, 기업 Y의 경우 π_Y, 기업 Z의 경 우 π_Z이다. 기업 X(컴퓨터 소프트웨어 제작 기업일 수 있음)는 매우 안전한 작업 환경을 제공하기가 쉬운 반면에 기업 Z(실험적인 전투기를 제작하는 기업일 수 있음)는 안전한 작업 환경을 제공하는 것이 거의 불가능하다.

   근로자는 가능한 한 가장 높은 무차별곡선상에 있는 패키지를 선택하여 효용을 극대화 한다. 위험을 가장 싫어하는 근로자 A는 P_A점에서 효용을 극대화하며 기업 X에서 일하는 데 이 기업은 안전한 환경을 제공하기가 가장 쉬운 기업이다. 반면 위험을 가장 덜 싫어하 는 근로자 C는 P_C점에서 효용을 극대화하고 기업 Z에서 일하는데 이 기업은 안전한 작업 환경을 제공하기가 가장 어려운 기업이다.

   근로자와 기업의 만남은 무작위로 일어나지 않는다. 안전한 환경의 기업은 안전을 매우 중요시하는 근로자와 맺어지며 위험한 환경의 기업은 안전을 가장 덜 중요시하는 근로자 와 맺어진다. 결과적으로 근로자는 여러 기업 가운데 자신에게 맞는 것을 스스로 선택한다. 기업과 근로자의 매칭은 표준적인 수요-공급 모형의 균형과는 크게 다르다. 통상적인 균형에서는 기업이나 근로자가 차이가 없고 근로자와 기업이 무작위로 맺어진다. 반면 보상적 격차 모형은 이해가 일치하는 근로자와 기업이 '맺어지게' 된다.

[그림 5-6]의 P_A, P_B, P_C점은 노동시장에서 실제로 관찰될 (w, ρ)의 조합이다. 이 점들을 연결하면 근로자가 받는 임금과 일 특성 간의 관계를 요약하는 헤도닉 임금함수(hedonic wage function)라는 것을 얻는다. 근로자가 위험을 싫어하고 안전한 환경을 제공하는 데 비용이 들기 때문에 헤도닉 임금함수는 우상향한다.

헤도닉 임금함수의 기울기는 조금 더 위험한 일이 제공하는 임금 프리미엄과 같다. 점 P_A에서 헤도닉 임금함수가 근로자 A의 무차별곡선과 접하므로 헤도닉 임금함수의 기울기는 근로자 A의 유보가격과 같다. 점 P_C에서 헤도닉 임금함수가 근로자 C의 무차별곡선과 접하므로 헤도닉 임금함수의 기울기는 근로자 C의 유보가격과 같다. 요약하면 헤도닉 임

그림 5-6 **헤도닉 임금함수**

기업마다 등이윤곡선이 다르고 근로자마다 무차별곡선이 다르다. 노동시장은 낮은 부상 확률을 선호하는 근로자(예 : 근로자 A)와 안전한 환경을 제공하기 쉬운 기업(예 : 기업 X)을 만나게 한다. 그리고 위험을 별로 싫어하지 않는 근로자(근로자 C)와 안전한 환경을 제공하기 어려운 기업(기업 Z)을 만나게 한다. 임금과 직업 특성 간에 관찰되는 관계를 헤도닉 임금함수라고 한다.

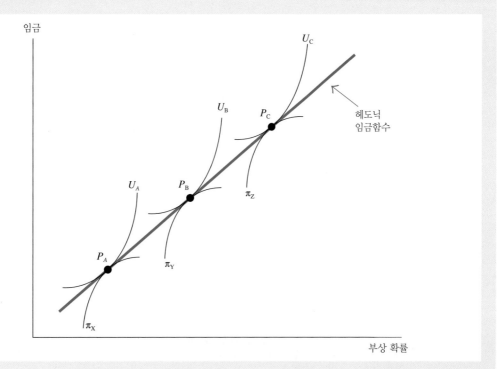

표 5-1	2008년 미국의 산업별 재해율	
산업	사망(근로자 10만 명당)	장애를 가져오는 부상(단위 : 1,000건)
합계	2.9	3,200
농업	29.0	60
광업	21.1	10
건설업	8.9	260
제조업	2.3	390
도매업	3.8	80
소매업	0.9	380
운수 및 창고업	13.0	160
가스, 전기, 수도업	4.0	20
정보산업	1.0	30
금융업	0.6	70
전문 사업 서비스업	2.2	150
교육 및 보건 서비스업	0.5	510
레저 및 요식숙박업	0.9	270
기타 서비스업	1.8	110
공공서비스업	1.8	700

주 : 장애를 가져오는 부상은 치명상, 어느 정도의 육체적 손상을 가져오는 부상, 혹은 부상당한 사람이 부상당한 날 다음에 하루 내내 정상적 활동을 할 수 없을 정도의 부상을 말한다.

출처 : U.S. Department of Commerce, *Statistical Abstract of the United States, 2011*, Washington, DC: Government Printing Office, 2011, Table 656.

금함수의 기울기는 근로자의 유보가격의 측정치이다. 앞으로 살펴보겠지만 헤도닉 임금함수의 이런 이론적 특성은 중요한 정책적 함의를 갖는다.

5-3 정책 응용 사례 : 생명의 가치는 얼마나 되는가

〈표 5-1〉에서 보듯이 산업 간에 근로자의 부상 확률이 크게 다르다. 10만 명당 1년 사이에 치명상을 입는 근로자의 숫자가 농업에서는 29.0명, 운수 및 창고업에서는 13.0명, 금융업에서는 0.6명이다. 많은 연구에서 임금과 직장에서 부상당할 확률 간의 관계를 보여주는 헤도닉 함수를 추정하였다.[5] 보통 다음과 같은 회귀식을 추정하였다.

$$w_i = \alpha \, \rho_i + 기타 \ 변수 \qquad (5\text{-}7)$$

w_i는 근로자 i의 임금, ρ_i는 근로자가 직장에서 부상당할 확률이다.

---

5   가장 영향력 있는 연구는 Richard Thaler and Sherwin Rosen, "The Value of Saving a Life: Evidence from the Labor Market," in Nestor Terleckyj, editor, *Household Production and Consumption*, New York: Columbia University Press, 1976, pp. 265–298이다.

계수 α는 근로자 간 임금격차를 결정하는 근로자의 교육수준, 연령, 직장 위치와 같은 기타 변수를 통제하고 부상당할 확률이 한 단위 올라갈 때 임금이 변하는 정도이다. 실증 연구 결과에 따르면 유해하거나 위험한 작업환경의 특성을 어떻게 측정하든지 간에 유해 하거나 위험한 작업 조건과 임금 간에는 정비례 관계가 있는 것이 보통이다.[6]

아마도 가장 흥미로운 연구결과는 임금과 직장에서 치명상을 입을 확률 사이의 관계일 것이다. 치명상을 입을 확률이 높은 일에 종사하는 근로자는 더 높은 임금을 받는다. 여러 연구를 종합해보면 치명상의 확률이 0.001만큼 증가하면 (즉, 한 해에 일과 관련된 부상으로 사망하는 사람이 1,000명당 평균 한 명이 늘어난다면) 연간소득은 약 8,700달러 (2017년의 화폐 가치 기준)까지 오를 수 있다.[7]

생명의 가치 계산

이 상관관계로부터 '생명의 가치'를 계산해낼 수 있다. 두 가지 일을 비교해보자. 기업 X에서 일하는 근로자는 치명상을 입을 확률이 ρ_x이고 연간 w_x달러를 받는다. 기업 Y에서 일하는 근로자는 기업 X에서 일하는 근로자보다 치명상을 입을 확률이 0.001만큼 더 높다. 실증분석 결과에 따르면 이 일에서 급여가 평균 8,700달러 더 높다. 이 데이터를 다음 표로 요약할 수 있다.

기업	치명상을 입을 확률	연간급여
X	ρ_x	w_x
Y	$\rho_x + 0.001$	$w_x + 8,700$달러

기업 X와 Y가 각각 1,000명의 근로자를 고용하고 있다고 하자. 기업 Y에서 치명상을 입을 확률이 0.001만큼 높기 때문에 기업 Y에서 매년 근로자 한 명이 더 사망할 가능성이 있다. 기업 Y의 근로자는 각각 8,700달러의 보상적 격차를 받기 때문에 이 추가적 위험을 기꺼이 받아들인다.

---

6 다음 연구들을 보라. Jeff Biddle and Gary Zarkin, "Worker Preferences and Market Compensation for Job Risks," *Review of Economics and Statistics* 70 (November 1988): 660–667; John Garen, "Compensating Wage Differentials and the Endogeneity of Job Riskiness," *Review of Economics and Statistics* 70 (February 1988): 9–16; Thomas J. Kniesner, W. Kip Viscusi, Christopher Woock, and James P. Ziliak, "The Value of a Statistical Life: Evidence from Panel Data," *Review of Economics and Statistics* 94 (February 2012): 74–87; and Morley Gunderson and Douglas Hyatt, "Workplace Risks and Wages: Canadian Evidence from Alternative Models," *Canadian Journal of Economics* 34 (May 2001): 377–395.

7 W. Kip Viscusi, "The Value of Risks to Life and Health," *Journal of Economic Literature* 31 (December 1993): 1912–46; 또한 다음 연구를 보라. Orley S. Ashenfelter, "Measuring the Value of a Statistical Life: Problems and Prospects," *Economic Journal* 116 (March 2006): C10–C23 및 Per-Olov Johansson, "Is There a Meaningful Definition of the Value of a Statistical Life?" *Journal of Health Economics* 20 (January 2001): 131–139.

헤도닉 임금함수가 근로자의 무차별곡선에 접한다는 이론을 다시 떠올려 보라. 그에 따르면 치명상을 입을 확률이 0.001만큼 높은 데서 초래된 임금의 증가분은 기업 Y에서 일하는 한계근로자가 조금 더 위험한 일을 받아들이되 효용은 같도록 하는 데 필요한 보상액과 정확히 일치한다. 즉, 한계근로자의 유보가격이다.

헤도닉 임금함수의 기울기에 대한 이런 해석은 기업 Y의 각 근로자가 직장에서 치명상을 입을 확률을 0.001만큼 줄이기 위해 매년 8,700달러를 기꺼이 포기하리라는 것을 의미한다. 달리 표현하면 기업 Y의 1,000명의 근로자는 그 해에 사망할 것 같은 한 명의 근로자의 생명을 구하기 위해 870만 달러(즉 8,700달러 × 1,000명)를 기꺼이 포기할 것이다. 즉, 기업 Y에서 일하는 근로자들은 한 생명을 870만 달러의 가치로 평가한다.

이것은 1,000명의 근로자 가운데 누가 그 해에 치명상을 입을지 안다고 했을 때 그 운 없는 사람이 자신의 운명을 피하기 위해 내려고 할 액수는 분명히 아니다. 대신에 이 계산 방법은 매년 그들 가운데 한 명이 치명상을 입을 확률을 줄이기 위해 근로자들이 함께 지불할 용의가 있는 액수를 알려준다. 즉, 이 값은 통계적 생명의 가치(value of a statistical life)이다.

놀랍지 않게도 임금과 치명상을 입을 확률 간 상관관계의 추정치는 상당히 다양하다. 따라서 통계적 생명의 '진정한' 가치가 얼마인지 불확실하다.

이론의 현장 적용 미국 고속도로에서 생명의 가치

1987년에 미 연방정부는 각 주에 도시 외곽의 고속도로의 제한속도를 시속 90km(55마일)에서 110km(65마일)로 올릴 수 있는 선택권을 주었다. 1987년 말까지 38개 주가 고속도로 사망률이 올라갈 수 있다는 경고에도 불구하고 제한속도를 올렸다.

제한속도를 올리는 데 찬성한 사람들은 제한속도를 올려 이동 시간이 줄어들면 여행객들에게 이로울 것이라고 주장했다. 인디애나주 교통부의 보고서는 "제한속도는 위험과 이동 시간 간의 상충 관계를 나타낸다. 안전과 이동에 대한 사회적 목표 간에 적절한 균형을 이뤄야 한다"고 하여 제한속도를 올리는 것의 득실을 명시하였다. 따라서 제한속도를 올린 주는 더 빨리 운전하여 절약하는 시간의 가치가 추가적으로 희생되는 생명의 가치보다 더 높다고 여긴다는 것을 암묵적으로 보인 것이다.

데이터를 보면 제한속도를 올린 주에서 고속도로 이용자의 사망률이 증가하였다. 제한속도 상승으로 사망률(자동차-거리 1억 6,000km당 사망자 수)은 약 35%까지 증가했고 1.6km를 이동하는 데 필요한 시간은 약 4% 감소했다. 각 사망자당 12만 5,000시간을 '절약'한 셈이 된다. 평균 임금으로 줄어든 이동 시간의 가치를 평가하면 사망자 한 명당 이동비용을 230만 달러(2017년도 달러 가치)만큼 절약한 것으로 나온다. 제한속도를 올린 주는 그 액수가 고속도로상의 생명의 가치와 같거나 그 이상이라고 여긴다는 것을 보인 것이다.

출처 : Orley Ashenfelter and Michael Greenstone, "Using Mandated Speed Limits to Measure the Value of a Statistical Life," *Journal of Political Economy* 112 (February 2004) : S226-S267.

한 가지 문제는 치명상을 입을 확률이 0.001만큼 증가하는 것이 임금에 주는 영향이 분석 대상에 따라 다르다는 것이다. 자료가 치명상을 입을 확률이 0.001인 일에서 0.002인 일로 바꾸는 근로자에 대한 것인가, 아니면 그 확률이 0.050인 일에서 0.051인 일로 바꾸는 근로자에 대한 것인가? '저위험' 일(치명상을 입을 확률이 0.001인 일)을 하는 근로자는 '고위험' 일(확률이 0.050인 일)을 하는 근로자와는 다르다. 치명상을 입을 확률이 0.001만큼 증가하는 것이 임금에 주는 영향은 어떤 집단을 염두에 두고 있는지에 따라 다른 것이 보통이다.

통계적 생명의 가치 개념과 추정치는 정부가 안전 규제를 하는 방식에 영향을 미쳤다. 건설에 관한 결정을 내릴 때 고속도로 건설부서는 더 안전한 고속도로를 디자인하는 데 필요한 비용과 사망률 감소에 따른 절약의 크기를 비교하는 것이 보통이다. 2004년에 캘리포니아 교통부와 미국 교통부 모두 통계적 생명의 가치를 약 300만 달러로 잡아 의사결정을 하였다.[8] 미국환경보건국(EPA)이 유리를 제조하는 근로자가 비소 중독에 노출되는 것을 제한하려 한 적이 있었다. 통계적 생명 하나를 구하는 데 드는 규제의 비용이 1억 4,200만 달러였다. 편익에 비해 비용이 너무 높아서 제안된 규제는 채택되지 않았다.[9]

5-4 정책 응용 사례 : 안전 및 보건 규제

1970년 직업안전보건법 입법 이후 미국의 연방정부는 작업장에 안전 기준을 세우는 데 중요한 역할을 했다. 법에 의해 근로자의 건강과 안전을 보호하는 일을 맡는 직업안전보건국(Occupational Safety and Health Administration, OSHA)이 창설되었다. OSHA는 섬유 공장에서 공기 내 면섬유 먼지의 최대치 기준을 세우고, 근로자가 작업대에서 떨어지지 않게 작업장을 구축하도록 하였으며 작업 환경에 대해 다른 많은 규제를 하였다.

이러한 정부의 규제는 여러 중요한 질문을 촉발한다. 이 규제로 인해 근로자의 효용이 증대되는가? 안전 기준이 보상적 임금격차를 낳는 노동시장 균형의 성격을 어떻게 바꾸는가? 이런 규제가 실제로 근로자가 부상당할 확률을 줄이는가?

OSHA의 규제는 결국 허용되는 부상 확률에 상한 $\bar{\rho}$를 정한다. [그림 5-7]은 노동시장에서 이 상한선의 영향을 보여준다. 규제가 있기 전에 근로자는 임금이 w^*이고 부상의 확률이 ρ^*인 P점의 패키지를 선택했다. 근로자는 U^*의 효용을 얻고 고용주는 π^*의 이윤을 올렸다.

정부 규제는 이 고용계약을 불법으로 하고 근로자로 하여금 헤도닉 임금함수 위 Q점에

---

8 Ashenfelter, "Measuring the Value of a Statistical Life: Problems and Prospects."

9 W. Kip Viscusi, *Fatal Trade-offs: Public and Private Responsibilities for Risk*, New York: Oxford University Press, 1992.

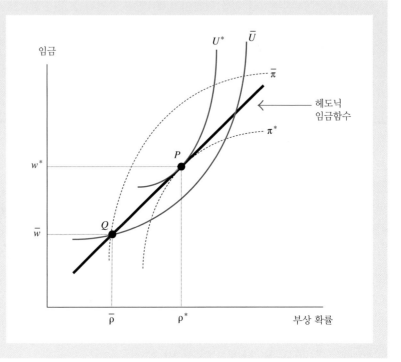

그림 5-7

OSHA 규제가 임금, 효용, 이윤에 미치는 영향

근로자가 w^*와 ρ^*의 패키지를 제공하는 P점을 선택하여 효용을 극대화하고 있었다. 정부는 부상 확률에 $\bar{\rho}$의 상한선을 설정하여 근로자와 기업 모두 Q점으로 이동하도록 한다. 근로자는 더 낮은 임금(w^*에서 $\bar{w}$로)을 받고, 더 낮은 효용(U^*에서 $\bar{U}$로)을 얻고, 기업은 더 낮은 이윤(π^*에서 $\bar{\pi}$로)을 거둔다.

서 일하게 한다. 새로운 일에서 부상당할 확률은 최대치인 $\bar{\rho}$이지만 임금은 $\bar{w}$로 내려간다. 새로운 고용 패키지에서 근로자의 효용은 $\bar{U}$로 낮아질 수밖에 없다. 규제 전에 근로자가 자신의 효용을 극대화하는 일을 했으므로 이는 당연한 일이다.

규제는 기업의 이윤에도 영향을 준다. 기업은 더 이상 w^*와 ρ^*의 패키지를 제공할 수 없다. 규제를 따르기 위해 기업도 또한 헤도닉 임금함수상의 Q점으로 이동하고 더 높은 등이윤곡선 $\bar{\pi}$에 놓이게 되어 이윤이 줄어든다. 그로써 이윤이 매우 낮아지면 폐업해야 할 수도 있다.

근로자가 위험을 모를 때 규제의 영향

[그림 5-7]은 안전 규제 때문에 근로자의 효용과 기업의 이윤이 모두 감소함을 보였다. 그렇다면 왜 군이 안전기준에 대한 규제를 하는가?

한 주장은 근로자가 특정한 일의 실제 위험을 알지 못한다는 것이다. 예를 들어 1950년대와 1960년대 건설근로자들은 석면 섬유에 지속적으로 노출되면 건강에 결국 심각한 문제가 생기리라는 사실을 몰랐다. 하지만 당시에 기업이나 정부 관료도 그런 사실을 몰랐기 때문에 문제를 과연 적절하게 다룰 수 있었는지는 사실 의심스럽다.

그러나 고용주는 업무의 위험성을 정확히 알고 있지만 근로자는 자신이 노출되어 있는 위험을 저평가한다고 가정해보자. 이를테면 근로자는 테스트 파일럿으로 고용되었을 때 냉정하게 데이터를 보면 절대로 안심할 수 없음에도 불구하고 부상을 피할 수 있는 가능성에 대해 매우 낙관적일 수 있다.

[그림 5-8]의 헤도닉 임금함수를 보자. 근로자는 w^*의 임금을 받고 실제 부상 확률 ρ^*가 아니라 ρ_0의 위험 수준에 노출되어 있다고 믿고 있다. 그런 오해로 근로자는 실제로 U^* 수준의 효용밖에 얻고 있지 않는데도 U_0 수준의 효용을 얻고 있다고 생각한다.

근로자가 부상당할 확률을 잘못 알고 있을 때 정부가 개입하여 근로자의 효용을 높일 수 있다. 정부가 ρ_0와 ρ^* 사이에 부상 확률의 상한선을 정하면 근로자의 실제 효용이 증가할 것이다. 예를 들어 정부가 상한선을 $\bar{\rho}$로 설정하면 근로자의 효용은 $\bar{U}$가 된다. 이 값은 근로자가 생각했던 효용 U_0보다 낮지만 실제로는 근로자의 효용을 높인다. 따라서 근로자가 실제 위험을 항상 저평가한다면 안전 기준 규제는 근로자의 효용을 향상시킬 수 있다.[10]

고용주에게 안전한 작업 환경을 제공하라고 명령하면 작업 환경이 당연히 더 안전해질 것 같지만 OSHA 규제 때문에 작업 환경이 유의하게 더 안전해졌는지 입증하기란 쉽지 않았다. 연구 결과에 따르면 OSHA는 기업 내 부상 확률을 약간만 감소시켰을 뿐이며 규

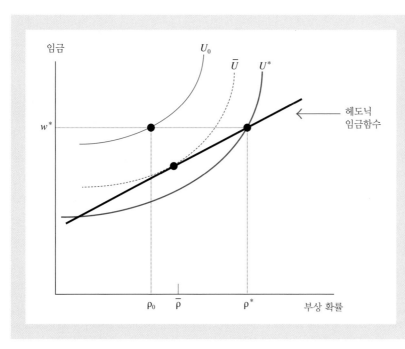

그림 5-8

근로자가 일의 위험을 잘못 알고 있는 경우

근로자가 w^*의 임금을 받으며 부상 확률이 ρ_0밖에 되지 않는다고 잘못 알고 있다. 실제 확률은 ρ^*이다. 정부는 기업에게 부상 확률을 $\bar{\rho}$ 아래로 낮추도록 명령해서 근로자의 실제 효용을 U^*에서 $\bar{U}$로 높일 수 있다.

---

10 W. Kip Viscusi and W. A. Magat, "An Investigation of the Rationality of Consumer Valuations of Multiple Health Risks," *Rand Journal of Economics* 18 (Winter 1987): 465-479 및 W. Kip Viscusi, "Sources of Inconsistency in Societal Responses to Health Risks," *American Economic Review* 80 (May 1990): 257-261.

제의 효과는 시간이 갈수록 떨어지고 있다고 한다.[11]

5-5 보상적 격차와 근로조건

지금까지 헤도닉 임금함수를 일의 한 가지 특성, 즉 작업 중 부상 확률에 대해서 도출하였지만, 이 모형은 일의 다른 특성들, 예를 들어 단순 반복하는 일인지의 여부, 직장이 환경이 좋은 곳에 있는지의 여부, 고된 육체노동이 필요한 일인지의 여부 등 다양한 특성에 대해서도 적용된다. 노동시장의 모든 사람들이 특정한 특성이 '좋은 것'인지 '나쁜 것'인지에 대해서 동의한다면 좋은 특성을 가진 일의 임금은 낮고 나쁜 특성을 가진 일의 임금은 높을 것이다.

실증 연구는 일반적으로 근로자의 임금과 다양한 일의 특성을 연결시킴으로써 식 (5-7)의 헤도닉 임금함수를 추정한다. 노동시장 균형을 이해할 때 보상적 격차이론이 중요한 역할을 함에도 불구하고, 이론에 대한 실증적 증거는 그렇게 강하지 않다. 실증적 증거에 대해 조사한 한 연구에 따르면 "보상적 임금격차이론의 검증 결과를 보면 죽음의 위험을 제외하고 다른 일 특성에 대해서 확정적이지 않다."[12] 예를 들어 육체적 힘을 요구하는 일을 사람들이 싫어하기 때문에 임금이 더 높을 것 같지만 사실은 그런 일이 임금이 더 낮은 경우가 많다.[13]

왜 보상적 격차가 '잘못된' 방향으로 가는 경우가 흔한가

보상적 격차이론에 대한 많은 실증적 검증결과가 왜 예상과 다를 수밖에 없는지는 이론을 보면 알 수 있다. 간단하게 말해서 임금격차에 대한 '올바른' 방향이란 것이 보통 우리 자신의 선호와 편견을 반영하기 때문이다. 우리는 모두 분명히 합리적인 사람이니 우리가 좋지 않다고 생각하는 일을 하는 근로자는 임금을 많이 받아야 한다고 느낀다. 하지만 시장의 보상적 임금격차는 한계근로자가 그 특정 일을 받아들이도록 하는 데 필요한 임금격차를 측정한다. 만약 그 한계근로자가 위험하거나 야외에서 하는 힘든 일을 좋아한다면 시장임금격차의 방향이 우리에게는 잘못된 것처럼 보일 것이다.

---

11 John W. Ruser and Robert S. Smith, "Reestimating OSHA's Effects," *Journal of Human Resources* 26 (Spring 1991): 212-236 및 Wayne B. Gray and John Mendeloff, "The Declining Effects of OSHA Inspections on Manufacturing Injuries: 1979 to 1998," *Industrial and Labor Relations Review* 58 (July 2005): 571-587.

12 Charles Brown, "Equalizing Differences in the Labor Market," *Quarterly Journal of Economics* 94 (February 1980): 113-134.

13 Robert E. B. Lucas, "The Distribution of Job Characteristics," *Review of Economics and Statistics* 56 (November 1974): 530-540 및 Robert E. B. Lucas, "Hedonic Wage Equations and the Psychic Return to Schooling," *American Economic Review* 67 (September 1977): 549-558.

또한 일의 한 특성과 관련된 보상적 임금격차의 추정치는 임금에 영향을 미치는 다른 요소가 일정하게 통제된 경우에만 유효하다. 능력 있는 근로자는 높은 임금을 받을 가능성이 크기 때문에 좋은 근로조건에서 일하기 위해 자신이 얻을 수 있는 추가소득의 일부를 포기할 수 있다. 그러면 능력 있는 근로자는 높은 임금과 함께 '좋은' 근로조건을 누리게 될 것이다. 이 상관관계는 보상적 임금격차 가설과 반대이다. 근로자의 능력을 관찰하기 어렵기 때문에 추정되는 상관관계의 부호가 올바르지 못한 것은 우리가 잘못된 회귀식을 추정하고 있음을 의미하는 것일 수도 있다.

이러한 능력에 의한 편의(ability bias)를 제거하는 한 방법은 특정 근로자가 일을 계속 바꾸고 근로조건의 다양한 패키지를 구매하는 것을 추적 조사하는 것이다. 근로자의 타고난 능력은 일이 바뀐다고 변하지 않기 때문에 임금의 변화와 근로조건의 변화 간 상관관계가 보상적 임금격차를 더 잘 보여줄 수도 있다. 연구 결과 한 근로자의 임금변화와 근로조건 패키지의 변화 간 상관관계는 보상적 격차 모형과 훨씬 더 일치하는 것으로 나타났다.[14]

보상적 격차와 해고

실업보험제도(unemployment insurance, UI)를 정당화하는 핵심 주장은 근로자들이 경쟁적 노동시장의 변동으로부터 보호받을 필요가 있다는 것이다. 근로자가 실업 상태가 되면 실업보험이 근로자의 임금의 일부 액수만큼 보험금을 지급하여 해고된 근로자의 소득(및 소비)의 흐름을 안정시킨다.[15]

하지만 실업보험이 소득 안정에 필요하다는 주장은 노동시장이 보상적 임금격차를 통해 해고당할 확률이 높은 근로자에게 이미 보상하고 있다면 설득력이 떨어진다. 아담 스미스가 두 세기 전에 처음으로 적었듯이 '고용의 안정 혹은 불안정'이 보상적 임금격차를 초래할 것이다.

이를 보이기 위해 효용을 극대화하려는 근로자가 시간당 w_0의 임금을 받는 일을 연간 h_0시간 동안 하고 있다고 가정하자. [그림 5-9]는 제2장의 노동-여가 선택의 신고전학파 모형을 사용해서 그러한 상황을 나타내고 있다. 무차별곡선이 P점에서 예산선과 접할 때 효용이 극대화된다. 근로자는 U_0의 효용을 얻는다.

근로자가 새로운 일을 제안받았다고 해보자. 새 일자리에서 근로자는 계속 w_0의 임금을 받게 되지만 전만큼 일할 필요는 없다. 완벽하게 예측할 수 있는 일시해고(예 : 새로운 모

---

14 Greg Duncan and Bertil Holmlund, "Was Adam Smith Right after All? Another Test of the Theory of Compensating Differentials," *Journal of Labor Economics* 1 (October 1983): 366-379 및 Ernesto Villanueva, "Estimating Compensating Wage Differentials Using Voluntary Job Changes: Evidence from Germany," *Industrial and Labor Relations Review* 60 (July 2007): 544-561.

15 Jonathan Gruber, "The Consumption Smoothing Benefits of Unemployment Insurance," *American Economic Review* 87 (March 1997): 182-205.

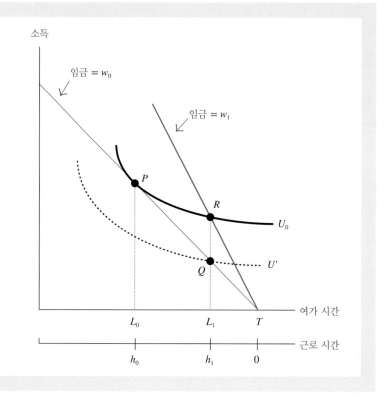

그림 5-9

해고와 보상적 격차

P점에서 근로자는 시간당 w_0의 임금을 받고 h_0 시간 동안 일함으로써 효용을 극대화한다. 다른 직장에서 같은 임금을 받지만 h_1 시간만 일하는 계절적 일을 그에게 제안한다고 하자. 그가 계절적 일을 하면 효용이 감소한다(효용은 U_0에서 U'으로 떨어진다). 계절적 직장이 근로자를 채용하기 위해서는 임금을 w_1으로 올려 근로자가 두 직업 간 무차별하도록 해야 한다.

델이 출시되기 전에 자동차 공장의 기계를 재정비하는 계절적 요인에 의해 발생하는 해고) 때문에 근로자는 연간 h_1시간만 일한다. 이 일자리 패키지는 근로자의 선택을 예산선 위의 Q점(w_0의 임금에 h_1시간을 일함)으로 이동시키며 낮은 무차별곡선 U'으로 이동시킨다.

현재의 일자리에서보다 효용이 낮아지기 때문에 근로자는 이 제안에 응하지 않을 것이다. 따라서 h_1시간만큼만 일하는 일자리를 제공하는 기업은 근로자를 채용하기 위해 임금을 올려야 한다. 더 가파른 새로운 예산선은 R점에서 최초의 무차별곡선과 교차한다. 근로자는 시간당 임금 w_0를 받고 h_0 시간을 일하는 것(P점)과 임금 w_1을 받고 h_1 시간을 일하는 것(R점) 간에 무차별하다. 따라서 해고가 완벽히 예측 가능하다면 근로시간이 짧은 기업은 임금을 높여 근로자에게 보상해야만 할 것이다.[16]

---

16 물론 해고의 시기나 기간은 예측하기가 매우 어렵다. 그러나 설사 근로자가 해고를 언제 당할지는 모른다고 해도 경쟁적 시장에서는 해고를 당할 확률이 높은 근로자에 대해 보상이 있을 것이다. John Abowd and Orley Ashenfelter, "Anticipated Unemployment, Temporary Layoffs, and Compensating Wage Differentials," in Sherwin Rosen, editor, *Studies in Labor Markets*, Chicago: University of Chicago Press, 1981을 보라.

  노동시장이 실제로 해고 위험에 대해 근로자에게 보상적 격차를 제공한다는 몇 가지 증거가 있다.[17] 그러나 보상적 격차의 크기는 근로자가 이미 실업보험의 보호를 받는지에 따라 달라진다. 어떤 의미에서 실업보험제도는 (시장에 의해 결정되는) 기존의 보험을 납세자가 자금을 대는 다른 보험제도로 대체한 것일 수 있다.

보상적 격차와 소득세

보상적 격차이론은 일자리의 총가치가 임금과 근로조건의 순 가치의 합과 같음을 강조한다. 소득세는 보통 금전적 소득에만 부과되므로 좋은 근로조건의 가치는 비과세소득이라고 할 수 있다.

  총가치가 같은 일자리가 아마도 여러 직종이나 지역에 많이 있을 것이다. 그러나 이 일자리들의 실제 보상 방식은 서로 다를 수 있다. 어떤 일자리에서는 임금이 **전체** 보상에서 중요한 부분이고, 다른 일자리에서는 근로조건이 더 중요한 부분을 차지할 수 있다.

  그렇다면 한계소득세율의 상승에 근로자가 어떻게 반응할지는 쉽게 짐작할 수 있다. 근로자에게 총보상이 같은 일자리가 여러 개인데 소득세율의 상승은 근로조건에 비해 금전적 보상액을 감소시킨다. 소득세율이 오르면 전체 패키지에서 비과세혜택이 더 많은 일자리를 근로자가 택할 유인이 생긴다.

  근로자가 소득세율의 상승에 실제로 그처럼 반응한다는 증거가 있다.[18] 근로자들의 직업 선택을 추적 조사한 결과 연방소득세율의 상승에 맞춰서 근로자들이 '좋은' 근로조건으로 보상하는 비율이 높은 일로 옮겨간다는 것을 발견하였다.

  보상적 임금격차와 소득세의 관계에 대한 이 관찰에 중요한 함의가 또 있다. 높은 재해율과 같이 '나쁜' 근로조건은 보통 그 일의 임금을 올리는 보상적 격차를 초래하기 때문에 이런 일에서 얻는 보상이 소득세의 적용을 많이 받는다는 점에 주목하라. 따라서 소득세율이 오르면 작업이 위험한 기업은 근로자를 채용하거나 유지하기 위해 더 많은 노력을 기울여야 하고 근로조건이 위험한 기업과 안전한 기업 간 보상적 격차는 더욱 커지게 된다.[19]

---

17 James Adams, "Permanent Differences in Unemployment and Permanent Wage Differentials," *Quarterly Journal of Economics* 100 (February 1985): 29-56; Enrico Moretti, "Do Wages Compensate for Risk of Unemployment? Parametric and Semiparametric Evidence from Seasonal Jobs," *Journal of Risk and Uncertainty* 20 (January 2000): 45-66; and Susan Averett, Howard Bodenhorn, and Justas Staisiunas, "Unemployment Risk and Compensating Differentials in New Jersey Manufacturing," *Economic Inquiry* 43 (October 2005): 734-749.

18 David Powell and Hui Shan, "Income Taxes, Compensating Differentials, and Occupational Choice: How Taxes Distort the Wage-Amenity Decision, *American Economic Journal: Economic Policy* 4 (February 2012): 224-247.

19 David Powell, "Compensating Differentials and Income Taxes: Are the Wages of Dangerous Jobs More Responsive to Tax Changes than the Wages of Safe Jobs?" *Journal of Human Resources* 47 (Fall 2012): 1023-1054.

보상적 격차와 HIV

후천성면역결핍증(AIDS)의 빠른 확산은 현대 세계에서 가장 심각한 건강 문제가 되었다. AIDS는 혈액에서 혈액으로 혹은 성적 접촉을 통해 전달되는 바이러스인 HIV(Human Immunodeficiency Virus)에 감염되었을 때 발생한다. 2016년까지 세계적으로 거의 3,700만 명이 HIV에 감염되었다. 1981년에서야 AIDS가 처음으로 진단되었지만 HIV 감염에 대한 공포가 많은 노동시장에서 상당한 보상적 격차를 초래하였다는 연구들이 많이 있다.

소나가치는 인도 콜카타에 위치한 홍등가이다. 콜카타대학교 근처에 있는 이 지역은 150년이 넘는 역사를 갖고 있다.[20] 성매매업 종사자가 받을 수 있는 가격은 물론 시설의 물리적 특성(냉방 시설과 사생활 보호 정도 등)과 성매매업 종사자의 육체적 특성(나이와 용모 등) 등 거래와 관련된 특성에 달려 있다.

1992년 9월에 인도 공중보건 및 위생국이 소나가치 성매매업 종사자들에게 HIV와 AIDS에 관해 교육을 실시하기 시작했다. 이 교육을 시작하기 전 성매매업 종사자들은 바이러스와 바이러스가 어떻게 전염되는지 혹은 전염될 위험을 줄이려면 어떻게 해야 하는지에 대한 지식이 거의 없었다. 1993년 11월까지 성매매업 종사자의 약 절반이 이 중요한 정보를 알게 되었다.

HIV에 대해 알게 된 후 일부 여성 성매매업 근로자는 안전한 성관계를 선택하고 고객들에게 콘돔을 사용하도록 요구하기 시작하였다. 하지만 많은 남성들이 콘돔 사용을 싫어하기 때문에 콘돔 사용을 요구하는 성매매업 종사자에게 그렇지 않은 사람에게 지불하는 만큼 돈을 내려고 하지 않았다. 보상적 격차가 소나가치 시장에서 결국 발생했다. 콘돔을 요구하지 않는 성매매업 종사자들은 추가적 위험에 대한 보상으로 더 높은 금액을 요구하며 콘돔 사용을 피하기 위해 더 지불할 용의가 있는 남성 고객들을 끌어들였다. 보상적 격차는 상당하였다. 안전한 성관계를 요구하지 않은 종사자는 요구한 사람보다 두 배 이상의 가격을 매겼다.

5-6 정책 응용 사례 : 건강보험과 노동시장

미국에서 고용주는 보통 직원에게 복리후생의 일부로 건강보험을 제공한다. 이 혜택의 가치를 생각하면 임금과 건강보험 혜택 간에 상당한 보상적 격차가 있을 것임을 짐작할 수 있다.

모든 근로자가 고용주가 제공하는 건강보험을 '재화'로 여긴다고 가정하자. 그러면 임

---

20 Vijayendra Rao, Indrani Gupta, Michael Lokshin, and Smarajit Jana, "Sex Workers and the Cost of Safe Sex: The Compensating Differential for Condom Use among Calcutta Prostitutes," *Journal of Development Economics* 71 (August 2003): 585-603 또 다음 연구를 보라. Paul Gertler, Manisha Shah, and Stefano M. Bartozzi, "Risky Business: The Market for Unprotected Commercial Sex," *Journal of Political Economy* 113 (June 2005): 518-550.

건강보험 혜택과 보상적 격차

근로자 A와 B는 소득 잠재력이 같고 기업들의 보상 패키지로 구성된 이윤이 0인 동일한 등이윤곡선에서 패키지를 선택한다. 근로자 A는 높은 임금과 의료보험 혜택은 받지 않는 패키지를 선택한다. 근로자 B는 w_B 임금과 H_B 의료보험 혜택으로 구성된 패키지를 선택한다. 관찰된 데이터에서 보험 혜택과 임금 간의 교환관계를 알아낼 수 있다. 근로자 B와 B*는 소득 잠재력이 다르므로 그들의 보상 패키지는 다른 등이윤곡선상에 놓인다. 그들의 선택으로 임금과 의료보험 혜택 간 양의 상관관계가 관찰된다. 관찰된 데이터에서 임금과 의료보험 혜택 간 교환관계를 알 수 없다.

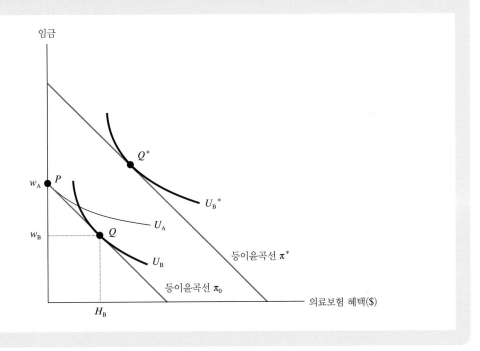

금과 건강보험에 관련된 근로자의 무차별곡선은 [그림 5-10]에 나타나듯이 일반적인 우하향의 볼록한 모양을 갖는다. 근로자 A의 무차별곡선 U_A가 평평한 것은 그가 건강보험 혜택에 큰 가치를 두지 않음을 의미한다. 그는 임금을 상대적으로 조금만 올려줘도 건강보험 혜택을 포기할 용의가 있다. 근로자 B의 무차별곡선 U_B가 가파른 것은 그가 고용주가 제공하는 보험을 가치 있게 여긴다는 것을 의미한다.

기업의 등이윤곡선 또한 우하향한다. 정해진 수준의 이윤에서 기업은 높은 임금과 혜택이 작은 건강보험으로 구성된 패키지나 낮은 임금과 혜택이 큰 건강보험으로 구성된 패키지를 제공할 수 있다. 그림에 그려진 등이윤곡선 π_0는 근로자 A와 B가 속한 노동시장에서 이윤이 0인 등이윤곡선을 나타낸다. 단순화시키기 위해 등이윤곡선을 직선으로 그렸다.

A와 같은 근로자는 P점에 있는 코너해(corner solution)를 선택할 것이다. 그는 건강보험 혜택은 전혀 없지만 임금은 매우 높은 일을 원한다. 그와 반대로 근로자 B는 Q점을 선

택해 총보상을 w_B의 임금과 가치가 H_B인 건강보험으로 나누기를 원한다. 이 노동시장에서 관찰되는 데이터는 그 두 근로자에게 제공될 보상 패키지들로 이뤄져 있다. 그 데이터는 등이윤곡선을 따라 나오며 보상적 격차 모형에서 도출되는 교환관계, 즉 근로자 B가 약간 더 나은 건강보험 혜택을 받기 위해 포기하는 임금의 양을 나타낸다.

그 교환관계를 밝히려고 했던 많은 연구가 임금과 고용주가 제공하는 건강보험 간에 음의 상관관계를 찾지 못했다. 오히려 양의 상관관계를 찾아내었다.[21] 이렇게 이론과 명백히 모순되는 이유를 설명하기 위해 건강보험 혜택을 받는 근로자가 그렇지 않은 근로자와 중요한 면에서 다르기 때문이라는 주장이 제기되었다.

예를 들어 일부 근로자는 타고난 능력이 뛰어나고 소득 잠재력이 높은 반면에 다른 근로자는 능력이 좀 떨어지고 소득 잠재력이 낮다고 하자. 등이윤곡선 π_0는 능력이 떨어지는 근로자의 노동시장에 적용된다. 능력이 더 뛰어난 근로자에게는 다른 (더 높은) 등이윤곡선이 있을 것이다. 같은 건강보험 혜택 수준에서 기업은 생산성이 높은 근로자에게 높은 임금을 지불하면서도 이윤을 0으로 유지할 수 있다.

[그림 5-10]에서 π^*로 표시된 등이윤곡선은 능력이 뛰어난 근로자 B^*에게 줄 수 있는 패키지로 구성되며 이윤이 0인 등이윤곡선이다. 이 근로자는 Q^*점의 패키지를 선택한다. 소득 잠재력이 높으므로 B^*는 높은 임금과 좋은 건강보험 혜택을 모두 제공하는 패키지를 선택할 수 있다. 근로자 B와 B^*가 받는 임금과 건강보험 혜택이 관찰된 자료에서는 고임금 근로자가 더 좋은 건강보험 혜택도 누리기 때문에 임금과 건강보험 혜택의 상관관계는 양이 될 것이다. 하지만 이 양의 상관관계는 보상적 격차에 대한 어떤 것도 알려줄 수 없다.

한 가지 잠재적 해결방안은 근로자가 건강보험 혜택이 작은 보상 패키지를 외생적으로 선택하도록 하여 적절한 등이윤곡선상에서 '이동'하도록 만드는 도구변수를 찾아내는 것이다. 그러면 근로자의 임금이 어떻게 변하는지를 측정하여 보상적 임금격차를 계산할 수 있다.

미국에서 고용주가 제공하는 건강보험이 작동되는 방법을 기초로 도구변수가 제안되었다.[22] 보통 고용주가 제공하는 보험은 근로자(예 : 남편)뿐 아니라 배우자와 자녀도 보장한다. 따라서 고용주가 제공하는 보험에 부부 가운데 한 사람만 가입하면 가족이 모두 보험 혜택을 받을 수 있다. 따라서 고용주가 제공하는 보험에 남편이 이미 가입했으면 부인은 일자리를 선택하는 데 훨씬 유연해질 수 있다. 가족에 대한 우려 없이 건강보험 혜택이 거의 없는 (혹은 전혀 없는) 일을 선택할 수 있다.

---

21 Janet Currie and Brigitte C. Madrian, "Health, Health Insurance, and the Labor Market," in Orley C. Ashenfelter and David Card, editors, *Handbook of Labor Economics*, vol. 3C, Amsterdam: Elsevier, 1999, pp. 3309-3415.

22 Craig A. Olson, "Do Workers Accept Lower Wages in Exchange for Health Benefits?" *Journal of Labor Economics* 20 (April 2002, part 2): S91-S114.

기혼 여성 표본에서 임금과 건강보험 가입 간 관계를 생각해보자. 남편이 건강보험에 가입해 있는지의 여부가 부인이 건강보험 혜택을 선택하는 데 영향을 주는(즉, 등이윤곡선상의 보상 패키지 중에서 어떤 것을 선택하는지에 영향을 준다) 동시에 그의 소득 잠재력에는 영향을 주지 않는다면(즉, 부인의 능력은 남편이 건강보험을 제공받는지의 여부와 상관관계가 없다) 그 변수는 유효한 도구변수이다.

고용주에게서 보험을 제공받는 배우자를 둔 여성이 건강보험을 제공하는 직장에서 일할 확률이 실제로 훨씬 작다는 증거가 있다. 배우자의 보험을 통해 이미 혜택을 받고 있는 여성이 자신도 보험에 가입하는 경우는 배우자가 보험이 없는 여성보다 15.5%p 더 낮다. 동시에 건강보험이 있는 남자와 결혼한 여성이 건강보험이 없는 남성과 결혼한 여성보다 소득이 2.6% 더 높다.

이 통계치는 고용주가 제공하는 보험에 가입할 확률이 15.5%p 하락한 것이 2.6% 임금 상승과 관계가 있음을 시사한다. 그러면 도구변수 방법이 의미하는 바는 둘 간의 교환 관계가 $2.6 \div (-15.5) = -0.168$의 비율로 추정된다는 것이다. 고용주가 제공하는 보험 혜택을 받는 일을 선택한 여성의 임금은 건강보험 혜택을 제공하지 않는 일을 선택했을 때 받을 수 있는 임금보다 16.8% 더 낮으리라는 의미이다.

이 추정법은 배우자의 건강보험 가입 여부가 유효한 도구변수일 때만 정확하다. 다시 말해 남편의 건강보험 가입이 부인 자신이 고용주가 제공하는 보험 혜택을 받는지에 영향을 주는 반면 부인의 소득 잠재력에는 영향을 주지 않아야 한다. 그러나 (좋은 건강보험 혜택을 받고 있을 가능성이 높은) 고소득 남성이 고소득 여성과 결혼할 확률이 더 높을 것이라는 주장이 충분히 가능하다. 이 예는 노동경제학에서 널리 쓰이는 도구변수가 도구변수 추정법의 가정을 실제 만족하는지 조사하는 것이 중요함을 보여준다.

요약

- 근로자의 유보가격은 부상의 위험과 같이 좋지 않은 특성을 가진 일을 근로자가 받아들이도록 설득하기 위해 올려줘야 하는 임금의 크기이다.
- 근로자는 시장에서의 보상적 임금격차가 유보가격을 초과하면 보다 위험한 일을 할 것이다.
- 기업은 근로자에게 위험한 환경을 제공할 것인지 혹은 안전한 환경을 제공할 것인지 선택한다. 위험한 환경을 제공하는 기업은 더 높은 임금을 지불해야 한다. 안전한 환경을 제공하는 기업은 안전에 투자해야 한다. 기업은 어떤 환경이든 이윤이 더 높은 것을 제공한다.
- 시장의 보상적 임금격차는 한계근로자(즉, 마지막으로 채용되는 근로자)가 더 위험한

일을 하도록 설득하는 데 필요한 액수이다.

- 일부 근로자가 부상의 확률이 높은 일에서 일하는 것을 좋아하고 이런 종류의 일이 상대적으로 적은 수의 근로자를 필요로 한다면 시장임금격차는 '잘못된' 방향으로 갈 것이다. 위험한 일의 임금이 안전한 일의 임금보다 더 낮을 것이다.

- 노동시장에서는 근로자와 기업의 '짝짓기'가 이루어진다. 일의 특정한 특성을 싫어하는 근로자는 그런 특성이 없는 일을 하도록 하는 기업과 짝을 짓는다. 그 특성을 좋아하는 근로자는 그런 특성이 있는 일을 하도록 하는 기업과 짝을 짓는다. 이 짝짓기로부터 임금과 일의 특성 간 관계를 보여주는 헤도닉 임금함수가 나타난다.

- 임금과 치명상을 입을 확률 사이의 관계를 나타내는 헤도닉 임금함수의 기울기로 통계적 생명의 가치를 계산할 수 있다.

- 소득 잠재력이 높은 근로자는 많이 벌 뿐만 아니라 좋은 근로조건에서 일할 가능성이 높다. 이런 양의 상관관계로 생긴 능력에 의한 편의 때문에 복리후생의 혜택이 보상적 임금격차를 낳는다는 증거를 찾기 어렵다.

핵심용어

등이윤곡선

보상적 임금격차

유보가격

통계적 생명의 가치

헤도닉 임금함수

복습문제

1. 노동시장에 '안전한' 일과 '위험한' 일 두 가지만 있다고 하자. 근로자가 (다칠 위험이 없는) 안전한 일을 선택할지 혹은 (분명히 다칠) 위험한 일을 선택할지를 어떻게 결정하는지 설명하라.

2. 기업이 안전한 작업환경을 제공할지 혹은 위험한 작업환경을 제공할지를 어떻게 결정하는지 설명하라.

3. 안전한 일과 위험한 일 사이에 시장의 보상적 임금격차가 어떻게 결정되는가? 어떤 일에서 임금이 더 높은가?

4. 위험도가 다른 여러 일이 있을 때 근로자와 기업이 노동시장에서 서로 어떻게 '짝짓는지' 설명하라.

5. 헤도닉 임금함수는 무엇인가? 헤도닉 임금함수의 기울기는 무엇을 측정하는가?

6. 통계적 생명의 가치를 어떻게 계산하는가?

7. 보건 및 안전 규제는 근로자의 효용과 기업의 이윤에 어떤 영향을 미치는가?

8. 경쟁적 노동시장에서 해고될 가능성에 대해서 근로자가 보상받는다는 것을 보여라.

9. 고용주가 제공하는 건강보험 혜택과 관련된 보상적 격차를 추정하는 데 도구변수를 어떻게 사용할 수 있는지 설명하라.

연습문제

5-1. 환경운동을 지지하는 정치가들은 근로자가 친환경적 공장에서는 더 낮은 임금에도 기꺼이 일하기 때문에 기업이 '친환경' 전략(예 : 환경오염을 일으키지 않는 공장 건설)을 따르는 것이 이익이라고 흔히 주장한다. 이 주장의 타당성을 평가하라.

5-2. 위험한 일의 수요와 공급을 고려하여 답하니.

　　a. 식 (5-4)와 (5-5)에서 식 (5-6)이 나오는 것을 수학적으로 유도하라.

　　b. [그림 5-2]에서 공급곡선이 왜 우상향하는가를 설명하라. 설명에 θ를 어떻게 포함시킬 것인가? 그 이유는?

　　c. [그림 5-2]와 유사한 그래프를 사용하여 기술 발전으로 모든 기업이 더 낮은 비용으로 작업장을 깨끗이 할 수 있게 되면 더러운 작업장에서 해야 하는 일의 숫자가 어떻게 변할지 설명하라.

5-3. 모든 근로자가 위험하거나 안전한 일자리 가운데 하나를 선택해야만 하는 경제에 100명의 근로자가 있다고 가정하자. 근로자 1이 위험한 일을 받아들일 유보가격은 1달러, 근로자 2의 유보가격은 2달러 등등이다. 기술적 이유 때문에 위험한 일자리는 10개뿐이다.

　　a. 안전하고 위험한 일자리 간 균형임금격차는 무엇인가? 어떤 근로자들이 위험한 작업 환경의 기업에 채용될까?

　　b. 위험한 일을 시키는 고용주가 지불한 광고 캠페인이 '부상의 스릴'과 관련된 짜릿함을 강조하여 위험한 일에 대해 근로자의 태도가 바뀌었다고 하자. 이제 근로자 1의 유보가격은 −10달러(즉, 위험한 직장에서 일할 권리에 대해 10달러를 지불할 의사가 있다), 근로자 2의 유보가격은 −9달러 등이다. 위험한 일자리는 여전히 10개뿐이다. 새로운 균형임금격차는 무엇인가?

5-4. 모든 근로자가 다음 수식으로 표현되는 동일한 선호를 갖고 있다고 가정하자.

$$U = \sqrt{w} - 2x$$

여기서 w는 임금이고 x는 기업 내의 공기 중 독성 오염물질의 비율이다. 경제에 오직 깨끗한 일 ($x=0$)과 더러운 일 ($x=1$) 두 가지만 있다. 깨끗한 일에서 받는 임금을 w_0, 더러운 일에서 받는 임금을 w_1이라고 하자. 깨끗한 일의 임금이 시간 당 16달러라면 더러운 일의 임금은 얼마인가? 보상적 임금격차는 얼마인가?

5-5. 위험한 일과 안전한 일 간 보상적 임금격차가 줄어드는 것이 관찰되었다고 하자. 두 가지 설명이 나왔다.

- 기술 발전으로 작업 환경을 안전하게 하는 비용이 줄어들었다.
- 새로운 리얼리티 쇼, '일하다 죽자(Die On The Job)!'의 엄청난 성공으로 수백만의 시청자가 일과 관련된 치명적 위험에 대해 낭만적인 생각을 갖게 되었다.

공급과 수요 그래프를 사용해 위의 두 설명이 각각 어떻게 보상적 임금격차 하락을 설명할 수 있을지 보여라. 위험한 직종에 고용된 근로자 숫자에 대한 정보가 어떤 설명이 더 합당하지 결정하는 데 도움이 될 수 있는가?

5-6. 임금과 위험 수준이 다른 네 가지 일이 있는 경쟁적 경제를 생각해보자. 다음 표는 네 가지 일을 각각 나타낸다.

일	위험(r)	임금(w)
A	1/5	3달러
B	1/4	12달러
C	1/3	23달러
D	1/2	25달러

모든 근로자가 생산성은 같지만 선호는 다르다. 다음 효용함수에 따라 임금과 위험 수준에 가치를 두는 근로자를 생각해보자.

$$u(w, r) = w + \frac{1}{r^2}$$

이 근로자는 어느 일을 선택할까? 정부가 모든 일이 5분의 1의 위험도를 갖도록 (즉, 모든 일이 A일처럼 되도록) 규제한다고 가정하자. 규제에 따랐을 때 근로자가 A일에서 얼마의 임금을 받아야 전과 같이 행복할 수 있을까?

5-7. AB 컨설팅과 DF 파트너 회사는 다음 한 가지만 제외하고 동일한 회사이다. AB 컨설팅은 4년의 수습기간 동안 500만 불 이상의 수익을 올리지 못한 신규근로자를 해고하는 반면 DF 컨설팅은 4년의 수습기간 동안 200만 불 이상의 수익을 올리지 못한 사람을 해고한다.

a. 아무도 해고당할 위험을 좋아하지 않는다고 하자. 두 회사 간에 급여가 어떨 것이라고 기대하는가? 즉, 보상적 격차가 어떻게 나타날 것이라고 생각하는가?

b. a 문항에서 예상한 것과 달리 두 회사의 급여가 같다고 하자. 왜 이런 결과가 나올 수 있는지 몇 가지 설명을 제시하라.

5-8. 환경보호국(EPA)이 근로자들이 '더러운' 탄광에 비해 '깨끗한' 탄광에서 일할 수 있다는 것에 어떤 가치를 두는지 조사해보려고 한다. EPA는 연구를 통해 깨끗한 탄광에서 평균 연봉은 4만 2,250달러이며 더러운 탄광에서 평균 연봉은 4만 7,250달러인 것을 알게 되었다.

a. EPA에 따르면 평균적 근로자는 깨끗한 탄광에서 일하는 것에 얼마의 가치를 두는가?

b. EPA가 모든 더러운 탄광에게 깨끗이 하라고 명령하여 더러운 탄광에서 일했던 근로자가 수입이 5,000달러 줄어드는 것을 감수해야 하다고 하자. 이 근로자에게 규제가 이익이 될까, 불이익이 될까, 아니면 무차별할까?

5-9. 시장에 두 종류의 경작용 트랙터, FT250과 FT500이 있다. 두 트랙터 사이의 유일한 차이는 FT250이 FT500보다 사고가 나기 더 쉽다는 점이다. 기계 수명이 다할 때까지 25대의 FT500 중 1대에서 사고가 나는 데 비해, FT250은 10대 중 1대에서 사고가 날 것으로 예상된다. 또한 5,000대의 FT500 중 오직 1대에서 치명적 사고가 일어나는 데 비해 FT250은 1,000대 중 1대에서 그럴 것으로 예상된다. FT250은 12만 5,000달러에 판매되는 반면 FT500은 13만 7,000달러에 판매된다. 이 가격으로 매년 각 모델 2,000대씩이 판매된다. 농부들이 트랙터 사고를 피하는 데 부여하는 통계적 가치는 무엇인가? 농부의 통계적 생명의 가치는 무엇인가?

5-10. 공립학교 교사의 노동시장을 생각해보자. 교사는 급여, 근로조건, 학교의 특성에 대한 선호를 갖는다.

a. 범죄율이 낮은 학군보다 범죄율이 높은 학군에서 교사의 급여가 더 높을 것이라고 기대하는 것이 합당할 것이다. 하지만 데이터는 범죄율이 낮은 학군보다 범죄율이 높은 학군에서 급여가 더 낮은 것을 일관되게 보여준다. 그 이유는? (힌트 : 많은 도시에서 교사 급여의 재원은 그 지역에서 걷은 재산세이다.)

b. 그 이유가 교사의 급여와 학교의 질 사이의 관계에 대해 어떤 것이든 이야기해 줄 수 있는가?

5-11. a. x축은 부상 확률, y축은 임금수준인 그래프에 2개의 무차별곡선 U_A와 U_B를 그리되 무차별곡선 U_A의 선호를 가진 사람이 U_B의 선호를 가진 사람보다 상

대적으로 위험을 덜 감수하는 모양으로 그려라. 더 높은 효용수준을 가리키는 방향을 보여주는 화살표도 그려라. 무차별곡선의 어떤 특징이 A라는 사람이 B라는 사람에 비해 위험을 감수하지 않으려 한다는 점을 드러내는지 설명하라.

b. 일과 관련된 위험에 신경을 쓰지 않는 세 번째 사람을 생각해보자. 즉, 그는 위험을 줄이고자 하지도 않고 자신을 일부러 위험에 노출시키려고 하지도 않는다. 새로운 그래프상에 이 사람의 무차별곡선을 여러 개 그리고 더 높은 수준의 효용을 표시하는 화살표를 그래프에 포함시켜라.

c. 우상향하는 헤도닉 임금함수가 특징인 임금-위험 균형을 생각해보자. 이제 정부 캠페인을 통해 사람들의 위험에 대한 생각이 성공적으로 바뀌었다고 하자. 구체적으로 근로자의 선호가 위험을 감수하는 데 더 많은 보상을 원하도록 바뀌었다. 이 경우 정부의 캠페인이 무차별곡선, 등이윤곡선, 균형 헤도닉 임금함수 및 근로자의 기업 간 분포에 어떻게 영향을 줄 것인지 설명하고 한 그래프에 그 영향들을 보여라.

5-12. 모든 사람이 생산성이 높고, 대학 교육을 받았고, 근면한 등등의 속성을 지녔다고 하자. 그래도 사람들은 일에 대한 선호가 다르고(예 : 어떤 사람은 변호사보다 의사가 되기를 선호하고, 어떤 사람은 의사보다 변호사가 되기를 선호한다) 누구든 청소부보다는 전문직을 가진 사람이 되고 싶어 한다고 하자. 그러나 언제나 그렇듯 사람마다 선호가 다르다. 이 경제가 제대로 작동하기 위해서는 누군가는 청소부가 되기를 선택해야 한다. 누가 청소부가 될까? 일반적으로 말해 청소부는 얼마나 벌까?

5-13. 두 가지 일은 동일하지만 하나는 애슈턴에 있고 다른 하나는 벤턴이란 지역에 있다고 하자. 모두가 애슈턴에서 일하고 싶어 하지만 그 선호도는 사람마다 다르다. 선호도(즉, 유보가격)가 0~5달러까지 균등하게 분포한다고 하자. 따라서 벤턴에 있는 일의 임금이 애슈턴보다 2달러 높다고 한다면 근로자 집단의 40%(즉, 5분의 2)가 벤턴에서 일하고자 할 것이다. 노동공급은 완전히 비탄력적이지만 기업들은 근로자를 얻기 위해 서로 경쟁한다. 두 도시에서 일할 수 있는 근로자의 총수는 2만 5,000명이다. 두 장소에서의 노동수요는 다음의 역노동수요함수로 표현된다.

$$애슈턴 : w_A = 20 - 0.0024 E_A$$
$$벤턴 : w_B = 20 - 0.0004 E_B$$

노동시장의 균형에서 양 도시에서 일하는 근로자의 수, 임금 및 균형임금격차를 구하라.

5-14. U.S. 트럭운송은 운전자에게 연간 4만 달러를 지불하는 반면 아메리칸 트럭운송

은 연간 3만 8,000달러를 지불한다. 양 기업의 트럭 운전자들은 연간 평균 24만 마일 정도를 운전한다. 트럭 운전 일은 어느 기업에서나 똑같지만 모든 트럭에 대해 U.S. 트럭운송은 5만 마일마다 안전 점검을 하는 반면, 아메리칸 트럭운송은 36,000마일마다 점검한다. 안전 점검율의 차이는 두 기업 간 치명적 사고율에 차이를 불러온다. 구체적으로 U.S. 트럭운송 회사에서는 2,400만 마일마다 사고로 한 운전자가 사망하는 데 반해, 아메리칸 트럭운송 회사에서는 3,000만 마일마다 사고로 한 운전자가 사망한다. 두 기업 간 보상적 격차가 의미하는 트럭 운전자의 생명의 가치는 얼마인가?

5-15. 건강 보험과 같은 부가혜택으로 인한 보상적 격차를 측정하고자 하면 생산성이 동일한 근로자의 자료를 수집하는 것이 중요하다. 왜 그러한가? 대부분의 근로자가 싫어하는 특성(예 : 작업 중 부상당할 확률)으로 인한 보상적 격차를 측정하고자 할 때에도 생산성이 동일한 근로자의 자료를 수집하는 것이 역시 중요한가?

읽을거리

John Abowd and Orley Ashenfelter "Anticipated Unemployment, Temporary Layoffs, and Compensating Wage Differentials," in Sherwin Rosen, editor, *Studies in Labor Markets*. Chicago : University of Chicago Press, 1981.

Orley S. Ashenfelter, "Measuring the Value of a Statistical Life : Problems and Prospects," IZA Discussion Paper No. 1911, January 2006.

Orley Ashenfelter and Michael Greenstone, "Using Mandated Speed Limits to Measure the Value of a Statistical Life," *Journal of Political Economy* 112 (February 2004) : S226-S267.

Charles Brown, "Equalizing Differences in the Labor Market," *Quarterly Journal of Economics* 94 (February 1980) : 113-134.

Craig A. Olson, "Do Workers Accept Lower Wages in Exchange for Health Benefits?" *Journal of Labor Economics* 20 (April 2002, part 2) : S91-S114.

Vijayendra Rao, Indrani Gupta, Michael Lokshin, and Smarajit Jana, "Sex Workers and the Cost of Safe Sex : The Compensating Differential for Condom Use among Calcutta Prostitutes," *Journal of Development Economics* 71 (August 2003) : 585-603.

Richard Thaler and Sherwin Rosen, "The Value of Saving a Life : Evidence from the Labor Market," in Nestor Terleckyj, editor, *Household Production and Consumption*. New

York : Columbia University Press, 1976, pp. 265-298.

W. Kip Viscusi, "The Value of Risks to Life and Health," *Journal of Economic Literature* 31 (December 1993) : 1912-1946.

chapter

교육

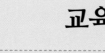

교육이 비싸다고 생각한다면 무식함을 시험해봐라!

– Derek Bok

보상적 임금격차 이론은 하는 일이 다르므로 근로자의 임금이 다르다고 설명한다. 그런데 또한 근로자가 다르므로 임금이 다르다. 우리는 각자 고유한 능력과 습득한 기술의 집합, 즉 인적자본(human capital)을 갖고 노동시장에 들어간다. 어떤 사람은 생물학자이고 다른 이는 음악가이다. 이 장에서는 우리가 고용주에게 제공할 특정한 기술을 어떻게 선택하고, 우리의 결정이 평생 일하는 동안 소득의 변화에 어떤 영향을 미치는지 알아본다.

우리는 인적자본 대부분을 학교와 공식적 또는 비공식적 직업훈련 프로그램에서 습득한다. 이 장에서는 우리가 학교 교육을 얼마나 받을지를 어떻게 결정하는지, 그 결정이 소득에 어떤 영향을 미치는지에 초점을 맞춘다. 다음 장에서는 학교 교육 이후의 투자를 살펴보고 우리의 누적된 결정이 소득 분포와 그 분포상에서 우리의 위치를 결정하는 데 어떤 영향을 끼치는가를 본다.

학교에서 습득한 기술이 축적된 지식의 일부로서 갖는 중요성은 점점 커지고 있다. 1940년에는 미국 성인의 75.5%가 고등학교를 마치지 못했고 4.6%만이 대학을 졸업했다. 2017년에 이르러서는 고졸 미만자가 10%가 채 되지 않고 3분의 1이 넘는 사람이 학사 학위 이상을 갖고 있다.

왜 어떤 이들은 교육을 많이 받고, 어떤 이들은 이른 나이에 학업을 그만두는가? 교육에 투자하는 근로자는 미래에 높은 소득을 얻기 위해 현재의 수입을 포기할 의사가 있는 사람이다. 예를 들어 대학에 다니는 동안에 우리는 상대적으로 낮은 임금을 받는다. 하지만 투자 수익을 거두어 나중에는 높은 수입으로 보상받을 것이라고 기대한다. 교육을 받을 수 있는 기회를 제한하는 경제적·제도적 한계뿐 아니라 현재의 낮은 수입과 미래의 높은 수입 간의 교환 관계에 따라 사람들의 학력의 분포가 결정된다.

우리는 또한 교육에 돈을 쓰는 것이 훌륭한 투자인지 알아본다. 특히, 교육의 투자 수익률은 다른 투자에 비해 얼마나 될까? 우리가 대학교육에서 많은 것을 얻고 있는지 알고 싶은 개인적 관심은 제쳐두더라도 교육의 수익률은 많은 정책 논의에서 중요한 역할을 한다. 예를 들어 교육 투자를 보조하는 것이 소득이 낮은 근로자의 경제 형편을 개선하는 가장 확실한 방법이라는 주장이 자주 제기된다.

이 장의 분석에서 근로자는 평생 소득의 현재가치를 극대화하는 인적자본의 투자 수준을 선택한다고 가정한다. 소득분포의 결정 요인을 연구할 때 사용하는 이런 접근법은 근로자의 임금이 운이나 다른 무작위적 요소에 의해 결정된다고 보는 접근법과 근본적으로 다르다. 근로자가 출근길에 나이 든 억만장자를 우연히 만난다거나 할리우드의 식당에서 아침을 먹고 있는데 때마침 영향력 있는 에이전트가 들어오는 등이 무작위적 요소라고 할 것이다. 인적자본 접근법은 그런 행운, 외모, 적기에 적소에 있었던 것 등이 근로자의 소득에 영향을 미친다는 것을 부인하지 않지만, 그보다는 교육과 훈련에 대한 의사결정이 소득을 결정하는 데 중요한 역할을 한다는 점을 강조한다.

6-1 노동시장에서의 교육 : 정형화된 사실

〈표 6-1〉은 미국인의 학력 분포를 요약한 것이다. 학력이 성별로는 별 차이가 없지만 인종별로는 큰 차이가 있다. 2017년에 백인과 아시아계 미국인은 약 5%만이 고등학교를 마치지 않은 것에 비해 아프리카계 근로자는 8%, 남미계 근로자는 25%가 고등학교를 졸업

표 6-1 미국인의 학업 성취도, 2017(25세 이상)

	최종 학력(학력별 인구 비율)					
	고등학교 졸업 미만(%)	고등학교 졸업(%)	대학 중퇴(%)	준학사(%)	학사(%)	석·박사(%)
전체	8.1	29.1	16.5	10.9	22.5	13.0
성별 :						
남성	8.7	31.8	16.5	9.7	21.4	12.0
여성	7.5	26.5	16.5	12.0	23.6	13.9
인종 :						
백인	4.8	27.5	16.4	11.8	25.3	14.3
흑인	7.6	34.7	21.1	11.0	10.3	9.3
남미계	24.7	35.6	15.3	8.4	11.5	4.5
아시아계	5.5	19.2	9.5	6.8	32.0	27.0

출처 : 미국 노동통계청, *Annual Social and Economic Supplement of the Current Population Survey*, March 2017.

하지 않았다. 유사하게 아시아계 미국인은 절반 넘게 대졸 이상의 학력을 가진 데 비해 백인은 40%, 아프리카계 미국인은 20%, 남미계 미국인은 16%만이 그렇다.

이런 학력의 차이가 중요한 이유는 〈표 6-2〉에서 보듯이 학력이 경제활동 참가율, 실업률, 소득과 강한 상관관계가 있기 때문이다. 고등학교를 졸업하지 못한 사람의 경제활동참가율이 60%에 지나지 않는 데 비해 대학을 졸업한 사람의 경제활동 참가율은 85%이다. 이와 유사하게 2017년의 강한 경제 회복기에 고등학교를 중퇴한 사람들의 실업률은 8.4%였지만 대학 졸업자의 실업률은 (2.3%로) 무시할만한 수준이었다. 마지막으로 고등학교를 중퇴한 사람은 연간 3만 1,000달러 정도의 소득을 올리지만 대학 졸업자는 8만 1,000달러를 번다.

또한 자료는 교육이 소수자의 노동시장 경험에 대단히 이로운 영향을 준다는 사실을 보

표 6-2 학력별 노동시장 특징, 2017(25~64세)

		고등학교 이하	고등학교 졸업	대학 중퇴	대학 졸업
전체 :	경제활동 참가율	59.6	71.8	77.7	85.1
	실업률	8.4	5.3	3.7	2.3
	연간 소득(1,000달러)	31.1	39.4	46.0	81.3
성별 :					
남성	경제활동 참가율	72.1	79.1	82.5	90.4
	실업률	8.3	5.2	4.0	2.3
	연간 소득(1,000달러)	36.7	46.7	54.6	98.6
여성	경제활동 참가율	45.6	63.3	73.5	80.5
	실업률	8.5	5.4	3.5	2.3
	연간 소득(1,000달러)	36.7	46.7	54.6	98.6
인종 :					
백인	경제활동 참가율	56.3	72.5	77.6	85.7
	실업률	8.1	4.5	3.2	2.0
	연간 소득(1,000달러)	32.1	42.2	48.9	83.7
흑인	경제활동 참가율	47.0	66.7	77.2	85.2
	실업률	19.4	8.8	5.9	3.2
	연간 소득(1,000달러)	26.0	32.2	38.7	67.3
남미계	경제활동 참가율	66.5	73.8	80.0	84.7
	실업률	6.8	5.4	4.1	3.5
	연간 소득(1,000달러)	31.3	37.8	40.4	64.0
아시아계	경제활동 참가율	57.2	73.1	77.8	80.6
	실업률	2.9	3.2	2.6	3.1
	연간 소득(1,000달러)	31.3	33.3	45.3	89.5

출처 : 미국 노동통계청, *Annual Social and Economic Supplement of the Current Population Survey*, March 2017.

여준다. 예를 들면 흑인 고등학교 중퇴자의 실업률은 19.4%인 데 비해 흑인 고등학교 졸업자의 실업률은 8.8%, 흑인 대학 졸업자 실업률은 3.2%이다. 이와 유사하게 남미계 대졸자는 거의 6만 4,000달러를 버는 데 비해 고등학교 중퇴자는 3만 1,000달러밖에 벌지 못한다.[1]

남성과 여성 간 그리고 인종 간 노동시장 성과에 상당한 차이가 있지만(이 차이는 노동시장에서의 차별을 다루는 장에서 자세히 논의할 것이다) 우리는 먼저 자료로부터 알 수 있는 다른 사실, 즉 교육이 모든 근로자의 노동시장 성과를 향상시키는 데 중요한 역할을 하는 것으로 보인다는 것을 탐구한다.

6-2 현재가치

투자 결정에 대한 모든 연구는 (물적 자본이나 인적 자본 투자에 관계없이) 각기 다른 시점에서 발생한 비용과 수입을 비교해야 한다. 다른 말로 하면 투자자는 현재 비용을 미래 수입과 비교하여 투자의 수익을 계산할 수 있어야 한다. 곧 명백해지겠지만 오늘 받은 1달러의 가치는 내일 받을 1달러의 가치와는 확실히 다르다. 현재가치(present value)의 개념을 이용하면 다른 시점의 수입과 소비의 가치를 비교할 수 있다.

누군가가 당신에게 두 가지 제안, 오늘 100달러를 받을 것인지 아니면 내년에 100달러를 받을 것인지 선택하라고 했다고 가정해보자. 어떤 제안을 선택하겠는가?

잠깐만 생각해보면 오늘의 100달러가 내년의 100달러보다 더 낫다는 확신이 들 것이다. 어찌 되었건 오늘 100달러를 받으면 투자할 수 있고, 그러면 이자율이 5%라고 가정했을 때 내년에 100달러×(1 + 0.05)달러(즉, 105달러)를 얻을 수 있기 때문이다. 나아가 오늘 95.24달러(즉 100달러÷1.05)를 받는 것이 내년에는 100달러의 가치가 됨에 주목하자. 따라서 내년에 100달러를 받는 것의 현재가치(혹은 현재 달러 가치)는 95.24달러에 불과하다. 일반적으로 내년 y달러의 현재가치는 다음과 같다.

$$PV = \frac{y}{1+r} \tag{6-1}$$

r은 이자율이며 할인율(rate of discount)이라고도 한다. PV의 크기는 내년에 y달러를 만들기 위해 오늘 얼마를 투자해야 하는지 알려준다. 다시 말해 현재의 달러와 비교하기 위

---

1 인종 간 학력의 차이에 대한 자세한 분석으로는 다음이 있다. Stephen V. Cameron and James J. Heckman, "The Dynamics of Educational Attainment for Black, Hispanic, and White Males," *Journal of Political Economy* 109 (June 2001): 455-499. 교육이 주는 영향은 노동시장을 넘어선다는 것이 잘 알려져 있다. 예를 들어 다음 연구를 보라. Damon Clark and Heather Royer, "The Effect of Education on Adult Mortality and Health: Evidence from Britain," *American Economic Review* 103 (October 2013): 2087-2120 및 Giorgio Brunello, Daniele Fabbri, and Margherita Fort, "The Causal Effect of Education on Body Mass: Evidence from Europe," *Journal of Labor Economics* 31 (January 2013): 195-223.

해서는 미래의 y달러를 할인해야 한다.

이상의 논의를 보면 지금부터 2년 후에 y달러를 받는 것은 오늘 y달러를 받는 것과 다를 뿐만 아니라 내년에 y달러를 받는 것과도 다름을 알 수 있다. 오늘 100달러는 2년 후에 100달러 $\times (1 + 0.05) \times (1 + 0.05)$의 가치가 될 것이다. 따라서 지금부터 2년 후 y달러를 받는 것의 현재가치는 다음과 같다.

$$PV = \frac{y}{(1+r)^2} \qquad (6-2)$$

유사한 방식으로 지금부터 t년 후 y달러의 현재가치는 다음과 같다고 할 수 있다.

$$PV = \frac{y}{(1+r)^t} \qquad (6-3)$$

다른 시점의 비용이나 수입을 포함하는 의사결정을 연구할 때 이 식을 사용하면 현재의 달러로 비용과 수입의 가치를 표시할 수 있어 매우 유용하다.

6-3 학력 선택 모형

높은 학력은 낮은 실업률 및 높은 소득과 관련이 있다. 그렇다면 왜 모든 근로자가 박사학위나 전문대학원 학위를 받지 않을까? 다시 말해서 어떤 학생은 20년이 넘도록 학교를 다니려고 하는데 다른 이는 고등학교도 중퇴하는 것은 무슨 이유일까?

이 중요한 질문에 답하기 위해 먼저 근로자는 평생 소득의 현재가치를 극대화하는 학력을 선택한다고 가정하자. 즉 교육은 소득을 증대시킨다는 점에서만 가치가 있다. 대학교육은 분명히 다양한 방법으로 한 사람의 효용에 영향을 준다. 대학은 학생에게 니체의 책을 읽고 이해하는 방법과 복잡한 수학 방정식을 푸는 방법을 가르친다. 심지어 대학은 잠재적 결혼 대상자를 많이 만날 수 있도록 하여 '결혼 시장'에 들어가는 비용을 줄여준다. 이런 것들이 중요하기는 하지만 우리는 이런 부수적 효과는 무시하고 교육의 금전적 보상에만 집중하기로 한다.

이제 막 고등학교 졸업장을 받아 들고 바로 노동시장에 뛰어들어야 할지 대학에 들어가서 노동시장에 들어가는 것을 4년 늦춰야 할지 고민 중인 18세 남성이 직면한 상황을 생각해보자.[2] 직업훈련은 없고 교육만이 유일한 인적자본의 형태라고 하자. 학교에서 배운 기술의 가치는 시간이 지나도 줄어들지 않는다고 가정하자. 이 가정은 근로자의 생산성이

---

2 학력선택모형의 기원은 Jacob Mincer, "Investment in Human Capital and Personal Income Distribution," *Journal of Political Economy* 66 (August 1958): 281-302이다. 여러 핵심 개념들을 미리 제시한 그보다 더 오래된 연구는 Milton Friedman and Simon Kuznets, *Income from Independent Professional Practice*, Princeton, NJ: Princeton University Press, 1954이다.

학교를 떠난 후 변하지 않으며 실질 소득(즉, 인플레이션을 조정한 후 소득)이 평생 동안 일정하다는 것을 의미한다.

[그림 6-1]은 교환관계를 보여준다. 그림은 각 대안에 따른 연령-소득곡선(age-earning profile, 즉, 생애주기에 걸친 임금 궤도)을 보여준다. 고등학교 졸업 후 바로 노동시장에 들어가면 65세가 되어 은퇴할 때까지 연간 w_{HS}를 벌게 된다. 대학 입학을 선택한다면 학교를 다니는 동안 일하지 않고 학비, 책값, 경비 등 H의 비용을 지출한다. 졸업 후 은퇴할 때까지 연간 w_{COL}을 벌게 된다.

대학에 들어가면 두 가지 다른 종류의 비용이 든다. 대학에 한 해 다니는 동안 노동시장에서 한 해 이탈하기 때문에 (혹은 저임금의 아르바이트 일을 하며 한 해를 보내기 때문에) 대학교육으로 근로자는 소득 일부를 포기해야 한다. 그것이 학교에 다니는 기회비용(opportunity cost), 즉 최상의 다른 대안을 선택하지 않은 데 따르는 비용이다. [그림 6-1]에서 학생이 대학에 갈 때의 기회비용은 매년 w_{HS}이다. 또한 그 학생은 학비, 책값, 경비 등으로 H의 현금 비용을 지출한다.

대학교육이 학생에게 내재적 가치는 없다고 가정하므로 고학력 (좀 더 생산적일 것이라

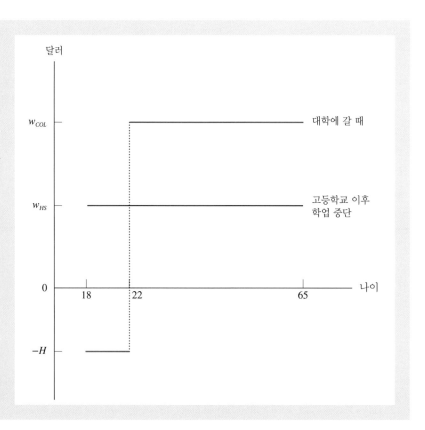

그림 6-1

고등학교 졸업생의 잠재적 소득 흐름

고등학교를 졸업한 후 학교를 그만 다니면 18세부터 은퇴까지 w_{HS}를 번다. 대학에 가면 4년간 이 소득을 포기하고 H만큼 비용을 지출한 후 졸업부터 은퇴까지 w_{COL}을 번다.

예상되는) 근로자를 채용하고자 하는 고용주는 더 높은 임금을 지불해야만 할 것이고 따라서 $w_{COL} > w_{HS}$이다. 어떤 의미에서 학력이 높은 근로자가 받는 고임금은 훈련비용 때문에 근로자가 받는 보상적 격차이다. 대학 졸업생이 고등학교 졸업생보다 수입이 적으면 아무도 굳이 대학에 가려고 하지 않을 것이다.

연령-소득곡선의 현재가치

근로자가 고등학교까지만 다닌다면 소득흐름의 현재가치는 다음과 같다.

$$PV_{HS} = w_{HS} + \frac{w_{HS}}{(1+r)} + \frac{w_{HS}}{(1+r)^2} + \cdots + \frac{w_{HS}}{(1+r)^{46}} \tag{6-4}$$

여기서 r은 근로자의 할인율이다. 이 합계에는 18~64세까지 매 해에 한 항씩 총 47개의 항이 있다.

근로자가 대학을 졸업하는 경우 소득흐름의 현재가치는 다음과 같다.

$$PV_{COL} = -H - \frac{H}{(1+r)} - \frac{H}{(1+r)^2} - \frac{H}{(1+r)^3} + \frac{w_{COL}}{(1+r)^4} \cdots + \frac{w_{COL}}{(1+r)^{46}} \tag{6-5}$$

이 합계에서 첫 4개 항은 대학교육의 비용의 현재가치에 해당하고 나머지 43개 항은 대학 졸업 이후 평생 소득의 현재가치에 해당한다.

학생은 평생 소득의 현재가치를 극대화하는 학력을 선택한다. 대학에 진학할 조건은

$$PV_{COL} > PV_{HS} \tag{6-6}$$

이다. 산술적인 예를 보자. 어떤 사람이 두 기간 동안만 살고 교육에 두 가지 선택이 있다고 하자. 학교를 다니지 않으면 각 기간에 2만 달러를 번다. 이 소득의 현재가치는 다음과 같다.

$$PV_0 = 20,000 + \frac{20,000}{1+r} \tag{6-7}$$

또는 첫 번째 기간에는 학교에 다니며 5,000달러의 현금 비용을 지출하고 두 번째 기간에는 노동시장에 들어가 4만 7,500달러를 벌 수 있다. 이 소득흐름의 현재가치는 다음과 같다.

$$PV_1 = -5,000 + \frac{47,500}{1+r} \tag{6-8}$$

할인율이 5%라고 하자. $PV_0 = \$39,048$이며 $PV_1 = \$40,238$인 것은 쉽게 계산할 수 있다. 따라서 이 사람은 학교를 다닐 것이다. 하지만 할인율이 15%라면 $PV_0 = \$37,391$, $PV_1 = \$36,304$가 되어 학교에 다니지 않을 것이다.

이 예시에서 보듯이 할인율 r은 학교에 다닐지를 결정하는 데 중요한 역할을 한다. 이

사람은 할인율이 5%이면 학교에 다니지만 할인율이 15%이면 다니지 않는다. 할인율이 높은 학생은 미래 소득의 기회에 낮은 가치를 부여한다. 즉, 미래를 '너무 많이' 할인한다. 교육에 대한 투자 수익은 먼 미래에 돌아오기 때문에 할인율이 높은 학생은 학교를 적게 다니려 한다.

때때로 한 사람의 할인율을 시장의 이자율, 즉, 금융 기관에 예치한 금액이 시간이 흐름에 따라 커지는 비율과 동일한 것으로 여기기도 한다. 어쨌든 현재가치의 계산에서 미래 수익을 할인하는 한 가지 이유는 올해의 수입은 투자될 수 있으므로 내년에 받을 수입보다 가치가 높기 때문이다.

하지만 할인율은 또한 미래 소득을 위한 대가로 오늘의 소비 일부를 포기하는 데 우리가 어떻게 느끼는지, 즉 '시간 선호도'에 의존하기도 한다. 평상시에 관찰해보면 (그리고 심리학 실험에서) 사람마다 시간 선호도가 다름을 알 수 있다. 현재 지향적인 사람도 있는 반면 그렇지 않은 사람도 있다. 현재 지향적인 학생은 할인율이 높고 교육을 많이 받을 가능성이 낮다.[3]

임금 – 학력곡선

학생이 소득의 현재가치를 극대화하는 학력을 선택한다는 원칙은 세 가지 이상의 학력을 선택할 수 있는 상황에도 당연히 적용된다. 그런 경우에 학생은 각 학력(예 : 1년 학력, 2년 학력 등등)에 따른 소득흐름의 현재가치를 계산하고 그것을 극대화하는 학력을 선택할 것이다.

그러나 직관적인 '중단 규칙(stopping rule)'[4]을 유도하는 식으로 이 문제를 생각할 수도 있다. 중단 규칙은 언제 학교를 그만두고 노동시장에 들어가는 것이 최적인지를 알려준다. 이 접근법은 교육에 대한 수익률을 추정하는 방법도 제시한다는 점에서도 유용하다.

일단 근로자의 생산성이 학력에만 의존하는 노동시장을 고려해보자. [그림 6-2]는 임금 – 학력곡선(wage-schooling locus)으로 고용주가 각 학력에 대해 근로자에게 지불하고자 하는 급여를 나타낸다. 근로자가 고등학교만 졸업했다면 연봉은 2만 달러이다. 18년간 학교를 다녔다면 연봉은 3만 달러로 상승한다. 임금 – 학력곡선은 시장이 결정한다. 다시 말하자면 각 학력에 대한 급여는 그 특정 학력을 갖춘 근로자의 공급과 그 근로자에 대한 수요가 교차하는 지점에서 결정된다. 근로자의 관점에서 각 학력에 따른 급여는 상수이다.

3 Gary S. Becker and Casey B. Mulligan, "The Endogenous Determination of Time Preference," *Quarterly Journal of Economics* 112 (August 1997): 729–758 및 Emily C. Lawrance, "Poverty and the Rate of Time Preference: Evidence from Panel Data," *Journal of Political Economy* 99 (February 1991): 54–77.

4 Sherwin Rosen, "Human Capital: A Survey of Empirical Research," *Research in Labor Economics* 1 (1977): 3–39 및 David Card, "The Causal Effect of Education on Earnings," in Orley Ashenfelter and David Card, editors, *Handbook of Labor Economics, vol. 3A, Amsterdam: Elsevier, 1999*, pp. 1801–1863.

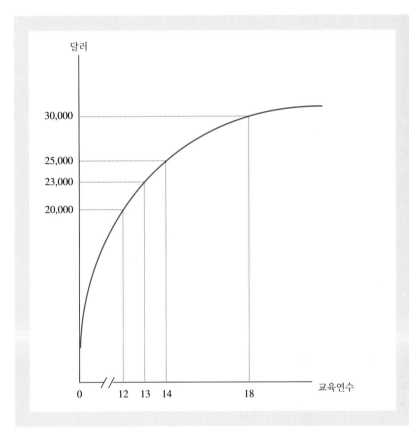

그림 6-2

임금-학력곡선

임금-학력곡선은 특정 근로자가 특정 학력에서 버는 소득을 나타낸다. 이 근로자는 고등학교만 졸업하면 연간 2만 달러를 번다. 대학 1년을 다니면 2만 3,000달러를 번다.

[그림 6-2]의 임금-학력곡선에는 세 가지 중요한 특성이 있다.

1. 임금-학력곡선은 우상향한다. 교육을 받는 것이 오직 경제적 이득만을 위한 것이라면 학력이 오르면 소득도 올라야 한다. 학력이 높은 근로자를 고용하려면 고용주는 교육의 비용을 보상해야 한다.
2. 임금-학력곡선의 기울기로 학교에 1년 더 다닐 경우 근로자의 수입이 얼마만큼 오르는지 알 수 있다. 따라서 임금-학력곡선의 기울기는 교육에 대한 '수익률'과 밀접한 관련이 있다.
3. 임금-학력곡선은 오목하다. 수확 체감의 법칙이 인적자본의 축적에도 적용된다. 학교를 한 해씩 더 다닐 때마다 지식의 증가분은 줄어들고, 학력이 높을수록 추가되는 교육에서 얻는 소득의 증가분은 낮아진다.

교육의 한계수익률

임금-학력곡선의 기울기(즉, $\Delta w/\Delta s$)는 학교를 1년 더 다니면 소득이 얼마나 올라가는지를 나타낸다. 예를 들어 [그림 6-2]에서 대학을 한 해 다니면 연간 소득이 3,000달러 올라간다. 학력을 이렇게 한 해 올려서 얻는 소득의 변화율은 15%(즉 3,000/20,000 × 100)이다.

경우에 따라 학교를 1년 더 다니는 데 따른 소득의 변화율로 교육에 투자하는 비용 1달러당 소득의 증가율을 측정할 수 있다. 따라서 학교를 1년 더 다니는 데 따른 소득의 변화율을 한계적인 교육의 수익률(rate of return to school)이라고 한다. 대학교육의 비용이 포기한 소득뿐이라고 가정하자. 노동시장에 1년 늦게 들어가기로 한 고등학교 졸업생은 2만 달러를 포기하게 될 것이다. 이 투자로 인해 미래 소득이 매년 3,000달러가 증가하기 때문에 대학 첫해 교육에 대한 수익률이 연간 15%가 된다.

임금-학력곡선이 오목하기 때문에 한계수익률은 학력이 높아질수록 줄어든다. 예를 들어 대학의 두 번째 해에 대한 한계수익률은 8.7%(2만 3,000달러 투자에 대해 2,000달러 수익)밖에 되지 않는다. 학력을 한 해씩 늘려갈 때마다 수확 체감의 법칙에 따라 급여 상승분은 줄어들고 학교에 다니는 비용은 늘어나게 된다. 한계수익률 곡선은 [그림 6-3]의 MRR 곡선에서 보듯이 학력의 감소함수이다.

중단 규칙, 혹은 언제 학교를 그만두어야 할까

학생의 할인율 r이 일정하다고 가정하자. 즉, 할인율은 학력과 무관하다. 따라서 할인율 곡선은 [그림 6-3]에 나타나듯이 완벽히 탄력적이다.

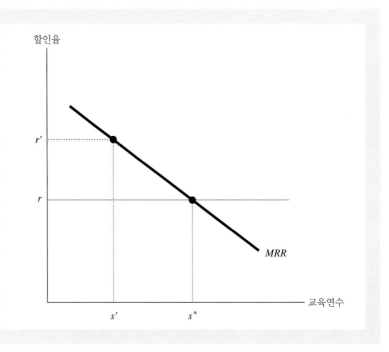

그림 6-3

학력의 결정

MRR 곡선은 교육의 한계수익률, 즉 학교를 한 해 더 다닐 때마다 소득이 늘어나는 비율을 나타낸다. 학생은 한계수익률이 할인율과 같도록 함으로써 평생 소득의 현재가치를 극대화한다. 할인율이 r인 근로자는 s^*년 동안 학교에 다닌다.

어느 학력을 선택해야 할까? 최적의 학력은 *MRR* 곡선과 수평인 할인율 곡선이 교차하는 지점의 학력, 즉 이 그림에서는 *s**년이다. 다시 말해 학생이 언제 학교를 그만두어야 하는지 알려주는 중단 규칙은 다음과 같다.

$$\text{학력의 한계수익률} = r \text{일 때 학교를 그만둔다.} \tag{6-9}$$

이 중단 규칙은 학생의 평생 소득의 현재가치를 극대화한다. 왜 그런지 보기 위해 할인율이 금융 기관의 시장 이자율과 같다고 가정하자. [그림 6-3]에서 *s'* 년만 학교를 다니는 것이 최적일까? 그 점에서 그 학생이 만약 학교를 한 해 더 다닌다면 소득 *w'* 달러를 포기하는 대가로 투자 수익률 *r'* 을 얻을 것이다. 대신에 학교를 그만두고 일해 *w'* 달러를 벌어 은행에 저금한다면 그는 수익률 *r*만을 얻을 것이다. 교육의 수익률이 더 높기 때문에 학교에 더 다녀야 소득의 현재가치가 올라간다.

반대로 *s**년보다 더 오래 학교를 다닌다고 하자. [그림 6-3]에서 보듯이 이 '초과' 학력의 한계수익률은 시장 이자율보다 낮기 때문에 학교를 더 다니는 것은 이득이 되지 않는다.

식 (6-9), 즉 교육 투자에 대한 중단 규칙은 최적 투자 결정의 일반적 특성을 보여준다. 부를 극대화하기 위해 학교를 언제 그만둘지 결정해야 하는 학생이나 언제 나무를 잘라야 할지 결정해야 하는 산림의 주인이나 같은 경제적 상충관계에 직면한다. 오래 키울수록 나무는 더 크고 목재의 양과 수익은 커질 것이다. 하지만 나무를 계속 키우는 데 따라 포기해야 하는 수익(그리고 관리 비용)이 있다. 나무에 대한 투자 수익률이 대안 투자의 수익률과 같을 때 나무를 잘라야만 한다.

여기서 강조할 점은 교육에 대한 결정에 소득흐름의 화폐 가치만이 아니라 다른 많은 요소(영향력 있는 선생님이나 친구와의 만남 등)가 영향을 준다는 사실이다. 또한 교육에 대한 보상에 불확실성도 크다. 경제, 사회 환경은 예측할 수 없이 변하며 그 충격으로 특정한 기술이나 경력에 대한 보상이 어떻게 변화할지 예견하기란 매우 어렵다. 금융 시장의 불확실성이 부를 극대화하는 금융 포트폴리오 종류에 영향을 주는 것처럼 이런 불확실성은 우리가 인적자본에 대해 결정을 내리는 데 분명히 역할을 할 것이다.[5]

6-4　교육과 소득

[그림 6-3]으로 요약된 학력 선택 모형은 특정 학생이 학교를 얼마나 다닐지를 어떻게 결정하는지와 노동시장에 진입할 때 소득분포에서 어디에 위치할지를 보여준다. 학력이 높을수록 (포기하는 수입도 많지만) 소득이 높다. 모형을 통해서 사람마다 학력이 다르고 따

5　Joseph G. Altonji, "The Demand for and Return to Education When Outcomes Are Uncertain," *Journal of Labor Economics* 11 (January 1993): 48-83.

라서 소득이 다르게 되는 두 가지 중요한 요소를 알아낼 수 있다. 하나는 할인율이 다른 것이고 다른 하나는 한계수익률 곡선이 다른 것이다.

할인율의 차이

[그림 6-4a]에 나타나듯이 오직 할인율만 다른 두 명의 근로자가 있는 노동시장을 생각해 보자. 알의 할인율은 $r_{알}$이고 보의 할인율은 더 낮은 $r_{보}$이다. 그림을 보면 할인율이 더 높은 알은 고등학교를 중퇴하고 11년의 교육만을 받은 반면에 보는 고등학교를 졸업했다는 것을 알 수 있다. 미래 소득을 크게 할인하는 학생은 현재 지향적이기 때문에 학교를 오래 다니지 않는다.

[그림 6-4b]는 학교 졸업 후 관찰된 소득 분포에 이 결정이 어떤 영향을 미쳤는지 보여준다. 이 두 근로자의 한계수익률 곡선이 같다고 가정했다. 한계수익률 곡선의 도출 과정을 보면 그 가정은 곧 두 근로자의 임금-학력곡선이 같다는 것을 의미한다. 따라서 두 근로자는 서로 다른 결정 때문에 공통된 임금-학력곡선상에서 다른 지점에 놓이게 된다. 알의 위치는 점 $P_{알}$, 즉 그는 11년 동안 학교를 다니고 w_{DROP}달러를 번다. 보의 위치는

그림 6-4 **근로자의 할인율이 다를 때 학력과 소득**

알의 할인율($r_{알}$)은 보의 할인율($r_{보}$)보다 더 높기 때문에 보는 고등학교를 졸업하지만 알은 중퇴한다. 알은 임금-학력 곡선에서 $P_{알}$ 점을 선택하고 보는 $P_{보}$ 점을 선택한다. 노동시장에서 관찰된 임금과 학력 자료는 두 근로자의 공통된 임금-학력곡선을 따라간다.

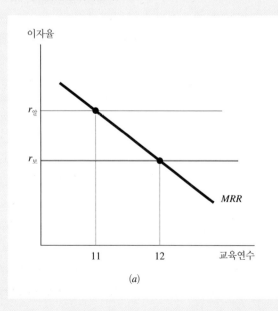

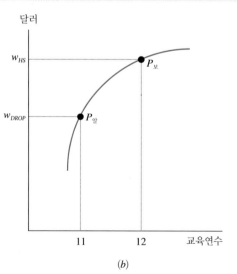

(a)   (b)

점 $P_보$, 즉 12년 동안 학교를 다니고 w_{HS}달러를 번다. $P_알$과 $P_보$를 연결하면 모든 근로자의 공통 임금-학력곡선을 그려낼 수 있음에 주목하자. 또한 알과 보 사이 임금격차로 12학년에 대한 수익률, 즉 11학년에서 12학년으로 올라가면서 근로자가 경험하게 될 소득의 변화율을 추정할 수 있음에도 주목하자.

교육의 수익률의 추정치는 많은 정책 논의에서 중요한 역할을 한다. 예를 들어 고등학교 교육을 의무화하는 법안의 영향을 생각해보자.[6] 이 법안이 현재 고등학교를 중퇴한 근로자의 소득을 얼마나 증가시킬까?

결과적으로 이 정책은 알에게 학교 교육을 1년 더 '주입'하는 것이다. [그림 6-4]의 임금-학력곡선을 보면 이 법안으로 알의 소득은 $(w_{HS} - w_{DROP})$만큼 올라갈 것이다. 고등학교 의무교육은 근로자를 관찰된 임금-학력곡선을 따라 이동시킨다.

근로자가 할인율에서만 차이가 있을 경우 학력에서 차이가 있는 두 명의 근로자의 임금 격차로부터 교육의 한계수익률을 계산할 수 있다. 그러면 목표한 근로자에게 더 많은 교육을 주입하려는 특정 정책을 추진할 경우 근로자의 소득이 얼마나 증가할지 정확히 예측할 수 있다.[7]

능력 차이

지금까지 우리는 근로자의 생산성이 교육에 의해서만 정해진다고 가정하였다. 그러나 학력이 같더라도 근로자의 능력이 서로 다를 수 있다. 고용주가 생산성이 높은 근로자에게 높은 임금을 주기 때문에 뛰어난 능력은 임금-학력곡선을 위로 이동시킨다. 근로자마다 임금-학력곡선이 다르면 교육의 수익률을 추정하기가 훨씬 어렵다.

임금-학력곡선의 이동이 한계수익률 곡선에 어떤 영향을 주는가? 한편으로 능력이 뛰어난 근로자는 소득이 높으므로 학교를 더 다니기 위해 더 많은 것을 포기해야 한다. 학교 교육의 추가 비용이 높으면 MRR 곡선은 왼쪽으로 이동할 것이다. 다른 한편으로 능력이 뛰어난 근로자는 교육에서 더 많은 것을 얻기 때문에 임금-학력곡선의 기울기가 더 가파르다. 가파른 기울기는 MRR 곡선을 오른쪽으로 이동시킨다. 보통은 교육에서 얻는 추가 소득이 추가 비용보다 커서 뛰어난 능력이 MRR 곡선을 오른쪽으로 이동시킨다고 가정한다.

---

6   (역주) 미국의 의무교육 규정은 주마다 약간 다른데 보통 5~8세부터 16~18세까지이다. 16세까지가 의무교육인 곳에서 의무교육만 마친다면 고등학교 중퇴 학력이 된다.

7   이 모형은 신용 제약, 학생에 대한 보조금, 기타 재무적 자산이 교육의 결정에 어떻게 영향을 주는가를 연구하는 데로 확장될 수 있다. 재무적 제약의 완화를 할인율의 하락으로 해석하는 경우가 많다. 부유해지면 학생들이 덜 현재 지향적으로 되고 더 낮은 이자율로 (학비 조달을 위해) 돈을 빌릴 수도 있을 수 있게 되기 때문이다. 다음 연구를 보라. Thomas J. Kane, "College Entry by Blacks since 1970: The Role of College Costs, Family Background, and the Returns to Education," *Journal of Political Economy* 102 (October 1994): 878-911 및 Stephen V. Cameron and Christopher Taber, "Estimation of Educational Borrowing Constraints Using Returns to Schooling," *Journal of Political Economy* 112 (February 2004): 132-182.

능력이 교육의 선택에 주는 영향을 따로 보기 위해 에이스와 밥의 할인율은 같지만 밥의 능력이 더 뛰어나다고 하자. [그림 6-5a]에 나타나듯이 밥의 MRR 곡선은 에이스의 것보다 오른쪽에 있다. 밥이 학교를 다녀서 얻는 것이 더 많으므로 밥은 학교를 더 오래 다닌다(12년 대 11년).

[그림 6-5b]는 이 선택이 졸업 후 소득에 주는 영향을 보여준다. 밥의 능력이 더 뛰어나기 때문에 밥의 임금-학력곡선이 에이스의 곡선보다 위에 놓이고 더 가파르다는 것에 주목하자. 밥은 자신의 임금-학력곡선에서 $P_{밥}$을 선택한다. 밥은 학교를 12년 동안 다니고 w_{HS}달러를 번다. 에이스는 자신의 임금-학력곡선에서 $P_{에이스}$를 선택한다. 에이스는 학교를 11년 동안 다니고 w_{DROP}달러를 번다.

우리가 사용할 수 있는 자료에는 근로자의 교육과 소득의 관찰치는 있지만 능력 수준의 관찰치는 없다. 타고난 능력을 관찰하는 것은 거의 불가능하기 때문이다. 따라서 관찰된 자료로는 그림에서 $P_{에이스}$와 $P_{밥}$을 연결하는 Z로 표시된 선을 그릴 수밖에 없다. 이 선은 에이스나 밥의 임금-학력곡선 중 어느 것과도 일치하지 않는다. 따라서 소득과 학력을 관찰한 자료로는 교육의 수익률을 추정할 수 없다.

그림 6-5   **근로자의 능력이 다를 때 학력과 소득**

에이스와 밥은 할인율(r)은 같지만 임금-학력곡선은 다르다. 에이스는 고등학교를 중퇴하고 밥은 고등학교를 졸업했다. 밥과 에이스 간 임금격차(즉, $w_{HS} - w_{DROP}$)는 밥이 학교를 1년 더 다녔을 뿐만 아니라 더 뛰어난 능력을 갖췄다는 두 가지 이유 때문에 발생한다. 이 임금격차로부터 에이스가 고등학교를 졸업했다면 에이스가 얻을 추가 소득(즉, $w_{에이스} - w_{DROP}$)이 얼마인지 알 수 없다.

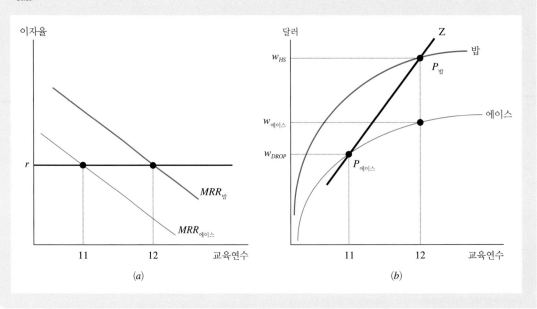

다시 정부가 고등학교 교육을 의무화하는 법안을 냈다고 가정하자. 법안의 경제적 영향을 평가하기 위해 에이스에게 1년의 교육을 더 주입했을 때 에이스의 소득이 얼마만큼 늘어날지 알아야 한다. 직선 Z로 표시된 자료는 고등학교 졸업생은 w_{HS}달러를 벌고 고등학

이론의 현장 적용 · 여섯 살에 결정되는 운명

1985년부터 1989년 사이에 테네시주에 있는 79개 학교는 아이들의 학업 성과를 높이는 데 무엇이 효과적인지에 대해 우리의 이해를 크게 높인 STAR 프로젝트에 참가했다. STAR 프로젝트에서는 유치원 때부터 3학년 때까지 1만 1,000명의 학생과 교사를 여러 학급에 무작위로 배정했다. 학생 수가 작은 학급에 배정된 학생들도 있었고 학생 수가 많은 학급에 간 아이들도 있었다. 한 학년이 끝날 때마다 STAR에 참여한 모든 유치원 학생들은 수학과 읽기 능력을 측정하는 시험(Stanford Achievement Test)을 쳤다.

이 실험을 위해 모은 일부 자료에서 이 아이들을 장시간에 걸쳐 추적하여 그들이 노동시장에 진입한 후에 어떠했는지를 알 수 있었다. 놀랍게도 유치원 때 시험 성적이 '성인' 때의 사회경제적 성과와 매우 높은 상관관계가 있음을 발견하였다.

유치원 때의 성적 분포를 분포의 20개 분위를 나타내는 20개 그룹으로 나누었다고 하자. 갖고 있는 자료로부터 그룹별로 아이들이 20대 중반에 도달했을 때의 평균 소득을 계산

할 수 있다. 아래 그림은 성인 때의 소득과 유치원 때 점수 사이에 강한 정의 상관관계가 있음을 보여준다.

한 사람의 평생 소득이 여섯 살에 미리 결정된다고 결론 내리기 전에 이 상관관계가 보여주지 '않는' 것에 주목하는 게 중요하다. 각 20개 분위 내에서 사회경제적 성과의 분산이 대단히 크다. 유치원 때 성적이 나빴던 아이들 중에는 젊은 성인이 되어서 잘되지 못한 사람도 있지만 꽤 잘된 사람도 있다. 같은 종류의 분산이 성적이 좋았던 아이들 중에서도 나타난다. 아래 그림은 그런 변동을 보여주지 못한다. 사실 어릴 때 성적의 분산은 젊은 성인이 된 후 소득 분산의 5%만 설명할 뿐이다. 그럼에도 불구하고 유치원 때의 시험 점수가 20년 후에 작은 역할이라도 한다는 것이 놀랍다.

출처 : Raj Chetty, John N. Friedman, Nathaniel Hilger, Emmanuel Saez, Diane Whitmore Schanzenbach, and Danny Yagan, "How Does Your Kindergarten Classroom Affect Your Earnings? Evidence from Project STAR," *Quarterly Journal of Economics* 126 (November 2011) : 1593–1660.

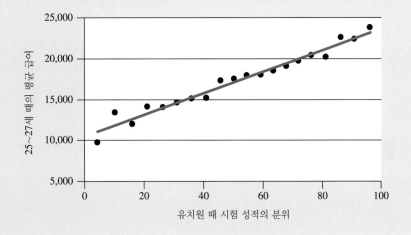

교 중퇴자는 w_{DROP}달러를 번다고 한다. 하지만 그 선은 다른 임금-학력곡선상의 점들을 연결할 뿐 특정 근로자가 학력을 추가로 높일 경우 임금이 얼마나 오를지에 대한 정보는 주지 않는다. 법안이 시행되면 에이스의 소득은 w_{DROP}에서 $w_{에이스}$로만 오르고 뱁과 같은 고등학교 졸업생이 현재 버는 것(w_{HS})보다 훨씬 적을 것이다.

다르게 보자면 뱁과 에이스 간 임금차이는 두 가지 이유 때문에 발생한다. 뱁은 에이스보다 학력이 높기 때문에 더 높은 학력에서 수익을 얻고 있다. 그러나 뱁은 능력도 더 뛰어나기 때문에 에이스보다 더 많이 번다. 그 두 근로자 간 임금격차는 교육과 능력 두 가지의 소득에 대한 영향을 포함하며 교육의 한계수익률을 추정하는 데 쓰일 수 없다.

능력에 의한 편의

이 논의는 우리에게 중요한 것을 알려준다. 근로자 간에 관찰되지 않는 능력의 차이가 있다면 근로자 간 소득격차로 교육의 수익률을 추정할 수 없다는 것이다. 학력과 소득 간 상관관계가 능력 차이로 인해 흐려졌기 때문에 그로부터 분석을 시작하는 계기가 되었던 다음 질문에 대한 답을 얻을 수 없다 — 한 근로자의 학력이 높아진다면 소득이 얼마나 오를까?

왜 우리가 이런 종류의 **능력에 의한 편의**(ability bias)에 주의해야 할까? 어떤 사회운동가가 고등학교 졸업자가 중퇴자보다 연간 1만 5,000달러를 더 번다는 것을 보았다고 하자. 그가 이 자료를 이용해 학생들이 고등학교를 마치도록 돕는 자금 지원 프로그램이 고등학교 중퇴자의 평균 소득을 1만 5,000달러만큼 높일 것이라며 정책입안자들을 설득한다고 하자. 이만큼의 소득 증가는 프로그램이 (높아지는 세금 수입, 사회 보조 프로그램 비용 절감 등을 통해) '자체적으로 자금을 조달'하도록 할 수도 있다.

그러나 우리는 이제 이 운동가의 주장에 치명적 오류가 있음을 안다. 그는 고등학교 졸업생과 중퇴자의 임금-학력곡선이 동일하며 중퇴자에게 1년의 학력을 추가하면 중퇴자의 낮은 소득이 '수정'되리라고 가정하고 있다. 하지만 사실은 고등학교 졸업자의 임금-학력곡선이 더 높은 것일 수 있다. 이 경우 고등학교를 마치도록 독려해서 고등학교 중퇴자가 졸업을 한다 해도 소득이 1만 5,000달러만큼 증가하지 않을 것이며 프로그램이 자체적으로 자금을 조달할 수 있다고 주장하는 것은 매우 어려울 것이다.

6-5 교육의 수익률 추정

교육의 수익률을 추정하는 전형적 방법은 여러 근로자의 학력과 소득에 대한 자료를 이용하여 근로자의 기타 특성을 통제한 후에 학력이 한 해 더 높은 것과 관계된 임금격차의 비율을 추정하는 것이다. 회귀모형은

$$\log w_i = a + b\, s_i + 기타\ 변수 \tag{6-10}$$

이다. w_i는 근로자 i의 임금, s_i는 이 근로자의 교육연수이다. 계수 b는 학력에서 1년 차이가 나는 두 명의 근로자 간 임금격차의 비율이며 보통 교육의 수익률로 해석된다.[8] 회귀모형에는 근로자의 소득에 영향을 준다고 알려진 연령, 인종, 주거지역 등과 같은 변수가 포함되는 것이 보통이다. 미국과 다른 나라에 이런 회귀모형을 추정한 수백 개의 연구가 있다. 지난 20년간 미국에서 교육의 수익률은 9% 정도일 것이라고 추측되므로 교육은 좋은 투자인 것처럼 보인다.[9]

이 실증적 접근법을 쓴 매우 많은 연구가 있음에도 불구하고 학력의 선택 모형에 따르면 계수 b를 교육의 수익률로 해석하는 것은 잘못일 수 있다. 학력이 다른 두 근로자 간 임금격차의 비율은 능력에 의한 편의가 없을 때만 교육의 수익률로 해석할 수 있다.[10] 능력이 임금-학력곡선을 이동할 가능성을 고려한 더 일반적인 회귀모형은

$$\log w_i = b\, s_i + \alpha A_i + 기타\ 변수 \tag{6-11}$$

이며 A_i는 근로자 i의 능력의 측정치이다. 아쉽게도 회귀모형을 추정하는 데 많이 쓰는 노동력조사(Current Population Survey)[11]와 같이 큰 자료에는 근로자의 능력에 대한 정보가 없다. 몇 개의 작고 전문화된 조사에는 근로자의 IQ나 적성검사의 점수 같은 정보가 있다. 그러나 이런 점수가 근로자의 내재된 생산 능력을 제대로 측정하는지, 심지어 노동시장에서 중요한 '능력'의 모든 면을 다 측정하려고 시도하는지도 의문이다.

쌍둥이에 대한 연구

근로자 간 관찰되지 않는 능력의 차이로 제기되는 문제를 해결하기 위해 기발한 방법을 쓴 여러 연구가 있다. 능력에 의한 편의를 없애기 위해서는 능력이 같다고 알려져 있지만 학력이 다른 근로자 두 명의 소득을 비교할 수 있으면 된다. DNA가 같은 일란성 쌍둥이의 소득 비교는 이런 제약을 만족시키는 것처럼 보인다.

---

8 계수 b는 기울기 $\Delta \log w / \Delta s$를 측정한다. 한 변수의 로그값의 변화분은 그 변수의 변화율에 근사하다. 따라서 계수 b는 학교 교육을 1년 더 받는 것에 따른 소득의 변화율이다.

9 고전적인 연구로는 Gary S. Becker and Barry R. Chiswick, "Education and the Distribution of Earnings," *American Economic Review* 56 (May 1966): 358-369; Jacob Mincer, *Schooling, Experience, and Earnings*, New York: Columbia University, 1974; and Giora Hanoch, "An Economic Analysis of Earning and Schooling," *Journal of Human Resources* 2 (Summer 1967): 310-329가 있다. 여러 나라의 교육수익률의 추정치는 Philip Trostel, Ian Walker, and Paul Woolley, "Estimates of the Economic Return to Schooling for 28 Countries," *Labour Economics* 9 (February 2002): 1-16에 나온다.

10 Zvi Griliches, "Estimating the Returns to Schooling: Some Econometric Problems," *Econometrica* 45 (January 1977): 1-22 및 Card, "The Causal Effect of Education on Earnings."

11 (역주) Current Population Survey는 미국의 고용 관련 통계의 기반이 되는 월별 조사이다. 미국 노동통계청에서 매달 약 6만 가구를 표본 조사한다. 우리나라의 경제활동인구조사와 유사하다.

우리에게 일란성 쌍둥이들의 표본이 있고 각 쌍둥이의 소득과 학력에 대한 정보가 있다고 하자. 쌍 j의 쌍둥이는 유전적으로 동일하므로 그들의 능력은 같다고 가정하자. 쌍둥이 내에서 식 (6-11)의 회귀모형의 차이를 구하면

$$\Delta \log w_i = b \, \Delta s_i + \text{기타 변수} \tag{6-12}$$

가 된다. 회귀식 (6-12)는 일란성 쌍둥이 내 소득의 차이($\Delta \log w_j$)를 그 쌍둥이 내 학력의 차이(Δs_j)와 연관시킨다. 한 쌍의 쌍둥이는 능력이 서로 같기 때문에 쌍둥이 내 차이를 취하면 변수 A는 제거된다. 이제 회귀식의 계수 b는 능력에 의한 편의의 영향이 없이 교육의 진정한 수익률을 추정하게 될 것이다.

이 접근법은 직관적으로 그럴듯하지만 연구 결과는 일관되지 않다.[12] 일부 초기 연구는 일란성 쌍둥이 표본으로 추정한 교육의 수익률은 약 3% 정도로서 능력에 의한 편의를 제거하지 않은 연구에서 일반적으로 추정한 수익률보다 훨씬 낮다고 하였다. 하지만 좀 더 최신 연구에서는 일란성 쌍둥이 자료를 사용하면 교육의 수익률이 약 15%에 달해 일반적 추정치보다 훨씬 높다고 밝히고 있다.

일란성 쌍둥이를 이용한 방법은 중요한 질문을 제기한다. 일란성 쌍둥이가 모든 중요한 요소에서 동일하다면 도대체 왜 학력이 달라졌을까? 태내에서의 환경 차이 때문이고 이런 차이가 쌍둥이의 소득 잠재력에 결국 영향을 주는 것일까?

예를 들어 쌍둥이에게 왜 학력이 다른지 물어보면 일부는 직업에 대한 관심이 서로 다르다거나 "하나가 공부를 더 잘했다"는 대답을 한다. 이런 응답은 심지어 유전적으로 동일한 쌍둥이 사이에서도 생산성에 차이가 있을 가능성을 제시한다.[13] 일란성 쌍둥이도 진정으로 동일하지 않다는 가능성은 일란성 쌍둥이 간 소득의 격차를 이용하여도 '진정한' 교육의 수익률을 계산할 수 없을 것임을 시사한다.

도구변수

정부 정책에서 능력이 같은 근로자 간에 소득을 비교할 수 있도록 하는 도구변수가 나온다. 특히 잘 알려진 예는 의무교육 법률이다. 이 법은 보통 학생들이 16세나 17세 같은 법정 연령이 될 때까지 학교를 다니도록 강제한다.

---

12 Paul Taubman, "Earnings, Education, Genetics, and Environment," *Journal of Human Resources* 11 (Fall 1976): 447–461; Orley C. Ashenfelter and Alan B. Krueger, "Estimates of the Economic Return to Schooling from a New Sample of Twins," *American Economic Review* 84 (December 1994): 1157–1173 및 Orley Ashenfelter and Cecilia Rouse, "Income, Schooling, and Ability: Evidence from a New Sample of Identical Twins," *Quarterly Journal of Economics* 113 (February 1998): 253–284.

13 Ashenfelter and Rouse, "Income, Schooling, and Ability: Evidence from a New Sample of Identical Twins," 273 및 Orjan Sandewall, David Cesarini and Magnus Johannesson, "The Co-Twin Methodology and Returns to Schooling-Testing a Critical Assumption," *Labour Economics* 26 (January 2014): 1–10.

미국에서는 아이들이 대개 초등학교 입학연도의, 예를 들어, 8월 31일에 여섯 살이 되지 않으면 1학년에 입학할 수 없다. 늦은 달에 태어난 아이가 기한을 놓치고 다음 해에 학교를 시작할 때는 이른 달에 태어난 아이보다 나이가 더 많다. 그러면 16세가 의무교육 연령인 경우 늦은 달에 태어난 아이는 이른 달에 태어난 아이보다 학교를 덜 다니고도 학업을 중단할 수 있다. 이런 차이가 일부 사람들을 특정 임금-학력곡선을 따라 움직이도록 하는 도구변수가 되어 학교교육의 수익률을 추정하는 데 사용될 수 있다.[14]

예를 들어 학년이 9월에 시작하고 교육청에서 8월 31일 기준으로 여섯 살이 된 아이만 초등학교 입학을 허용한다고 하자. 이제 2000년에 하루 차이로 태어난 앨런과 조시라는 아이가 있다고 하자. 앨런은 8월 31일 생이고 조시는 9월 1일 생이다. 앨런은 기한을 딱 맞췄기 때문에 2006년에 초등학교에 입학하지만 조시는 2007년 9월까지 기다려야 한다.

의무교육 연령이 16세까지이다. 그러면 앨런과 조시는 2016년에 거의 같은 때 학업을 중단할 수 있다. 그러나 앨런은 학교를 1년 일찍 들어갔기 때문에 의무교육이 끝날 때에 학교를 10년 동안 다닌 반면에 조시는 9년만 다녔다. 초등학교 입학 연령과 의무교육 법령이 결합하여 도구변수를 만들어낸다. 8월 31일에 태어난 아이와 9월 1일에 태어난 아이의 평균 능력이 같다고 가정하면 법령이 일부 사람들을 동일한 임금-학력곡선상에서 움직이도록 하며 학력과 소득의 변이를 일으킨다.

생일	초등학교 입학이 가능한 때	학업 중단이 가능한 때	학업 중단 시 교육연수
앨런 2000년 8월 31일	2006년 9월	2016년 8월 31일	10년
조시 2000년 9월 1일	2007년 9월	2016년 9월 1일	9년

달리 말하자면 8월 31일 자정 바로 전에 태어나는 생물학적 우연을 겪은 아이는 9월 1일 새벽에 태어난 아이보다 학교에 오래 다녀야 할 것이다. 이 두 집단 간에 (평균적으로) 능력의 차이가 없으므로 이들 간의 임금격차는 교육의 진정한 수익률을 나타낸다. 소득이 약간 다른 이유는 오직 8월 말에 태어난 사람이 9월 초에 태어난 사람보다 학력이 약간 더 높기 때문이다. 이런 식으로 능력에 의한 편의를 제거해보니 교육의 수익률은 약 7.5%로

---

14 Joshua Angrist and Alan B. Krueger, "Does Compulsory Schooling Affect Schooling and Earnings?" *Quarterly Journal of Economics* 106 (November 1991): 979–1014. 이 연구에 대한 비판적 평가가 John Bound, David A. Jaeger, and Regina Baker, "Problems with Instrumental Variables Estimation When the Correlation between the Instruments and the Endogenous Explanatory Variable Is Weak," *Journal of the American Statistical Association* 90 (June 1995): 443–450에서 이뤄졌다. 기본 연구 방법을 독일과 영국의 자료에 응용한 연구는 Jörn-Steffen Pischke and Till von Wachter, "Zero Returns to Compulsory Schooling in Germany: Evidence and Interpretation," *Review of Economics and Statistics* 90 (August 2008): 592–598과 Philip Oreopoulos, "Estimating Average and Local Average Treatment Effects of Education When Compulsory Schooling Laws Really Matter," *American Economic Review* 96 (March 2006): 152–175이다.

나타났다.

정부 정책이 교육의 수익률 추정을 가능하게 하는 도구변수를 어떻게 만들어내는지 보여주는 또 하나의 영리한 예로 프랑스를 멈추었던 1968년 프랑스 학생운동을 들 수 있다.[15] 학생과 대학 행정 당국 사이에 몇 달간 지속된 치열한 다툼 이후 1968년 5월에 행정 당국은 5월 2일 파리에 있는 낭테르대학교를 폐쇄하기로 결정했다. 그에 따른 항의 시위는 프랑스에 있는 다른 대학도시로 확산되었고 결국 노동자들까지 거리로 뛰쳐나오게 되었다. 약 1,000만 명의 근로자(프랑스 노동력의 약 3분의 2)가 학생들을 지지하는 총파업에 참여했다.

이런 사건이 학년 말에 일어났기 때문에 학생과 당국 간 협의의 중요한 안건 중에 프랑스 학생의 학업의 미래를 결정하는 대학 입학시험을 어떻게 처리할지에 대한 문제도 포함되었다. 중등교육을 잘 마쳤는지 효과적으로 보여주고 고등교육으로 가는 길을 열어주는 바칼로레아가 특별히 중요한 문제였다. 보통 바칼로레아는 며칠 동안 구두 및 필기시험을 본다. 그러나 1968년 프랑스 당국은 하루 동안 구두시험만 보도록 바칼로레아를 변형하는 데 동의했다.

기준이 느슨해져서 바칼로레아를 통과한 학생들이 상대적으로 많아졌다. 합격률이 높아짐에 따라 그 연령 집단에서 학업을 계속하게 된 학생의 비율이 훨씬 높아졌다. 1968년 학생운동이 결과적으로 유효한 도구변수가 되었다. 1968년에 시험을 친 집단의 평균 능력이 근접한 연도의 집단과 다를 가능성은 낮다. 그러나 학생운동으로 그 집단이 임금-학력곡선을 따라 이동하며 더 높은 학력과 소득을 얻게 되었다.

대략 그 집단의 약 20%가 대학 이상의 학력을 취득한 데 비해 근접한 연도의 집단은 그 비율이 17%였다. 또한 1968년 학생운동의 영향을 받은 집단의 소득은 약 3% 정도 더 높았다. 이것이 의미하는 교육의 수익률은 약 14%였다.

6-6 정책 응용 사례 : 인도네시아의 학교 건설

많은 연구를 보면 학력 간 임금격차가 선진국보다 개발도상국가에서 훨씬 더 크게 나타난다. 이를 바탕으로 개발도상국의 노동시장에서 교육의 수익률이 높고 이처럼 높은 수익률은 교육 기반시설에 대한 막대한 투자를 정당화한다고 주장할 법하다. 하지만 우리가 본 것처럼 임금격차가 크더라도 폭넓은 국민층의 교육 기회를 확대하는 것이 근로자의 소득을 크게 향상시키는 결과를 반드시 초래하는 것은 아니다.

인도네시아에서 아이들은 보통 7~12살까지 학교를 다닌다. 1973년에 인도네시아 정부

---

15 Eric Maurin and Sandra McNally, "Vive la Revolution! Long-Term Educational Returns of 1968 to the Angry Students," *Journal of Labor Economics* 26 (January 2008): 1-33.

는 낙후된 지역의 아이들이 학교에 더 다니도록 대규모 학교 건설 프로그램(INPRES)을 시작했다.[16] 1978~1979년까지 아이 1,000명당 거의 2개꼴로 6만 1,000개 이상의 새로운 초등학교가 세워졌다. 이 건설 프로그램에는 약 9억 5,000만 달러(2017년 가치 기준)가 지출됐는데 1973년 인도네시아 GDP의 1.5%를 차지하는 액수였다. 미국이 지금 유사한 일을 한다고 가정하면 (GDP 비율로 볼 때) 약 2,750억 달러를 지출하는 것과 같은 규모이다. 결과는 금방 나타났다. 7~12살 인도네시아 어린이의 학교 등록률이 1973년에 69%에서 1978년에 83%로 상승했다.

잘 알려진 연구에서 저자는 1995년(학교 건설 후 20년)의 인도네시아 노동시장 자료를 사용해 그 막대한 투자 대상이 되었던 인도네시아인의 소득과 학력이 높아졌는지 알아보고 교육의 수익률을 계산하였다. 앞서 말했듯이 그 프로그램은 인도네시아 여러 지역에 걸쳐 교육의 기회를 평등하게 하려고 했으므로 상대적으로 진학률이 낮았던 지역에 학교가 더 많이 세워졌다. 〈표 6-3〉은 인도네시아 내 다른 두 지역(새 학교가 많이 세워진 '대량 건설' 지역과 별로 세워지지 않은 '소량 건설' 지역)에 사는 사람들이 교육과 소득에서 어떤 영향을 받았는지 보여준다. 대량 건설 지역에는 소량 건설 지역보다 어린이 1,000명당 학교 한 곳가량이 더 세워졌다.

표는 1974년 당시 2~6세였던 그룹과 12~17세였던 두 그룹의 경험을 보여준다. 어린 그룹이 건설 프로그램의 영향을 받았다. 이 아이들은 건설 프로그램이 시작했을 때 막 학교를 들어갈 때쯤이었고 실험군이 된다. 나이가 많은 그룹은 학교를 다닐 나이가 지났고 더 많은 학교가 생긴 것에 학력이 영향을 받지 않는 대조군이 된다.

대상 그룹의 학력에 학교 건설이 미친 영향을 계산하기 위해 이중차분법을 사용할 수 있다. 소량 건설 지역에서는 나이 든 그룹과 어린 그룹 간에 교육연수가 0.36년의 차이가

표 6-3 인도네시아의 교육과 임금에 대한 학교 건설의 영향

	교육연수			로그 임금		
	1974년, 12~17세 그룹	1974년, 2~6세 그룹	차이	1974년, 12~17세 그룹	1974년, 2~6세 그룹	차이
소량 건설 지역	8.02	8.49	0.47	6.87	6.61	-0.26
대량 건설 지역	9.40	9.76	0.36	7.02	6.73	-0.29
이중차분	–	–	0.11	–	–	0.03

출처 : Duflo, "Schooling and Labor Market Consequences of School Construction in Indonesia."

---

16 이 절의 논의는 Esther Duflo, "Schooling and Labor Market Consequences of School Construction in Indonesia," *American Economic Review* 91 (September 2001): 795-813에 나온 결과에 기초하고 있다.

있는 반면에 대량 건설 지역에서는 0.47년의 차이가 났다. 따라서 학교의 추가 건설은 교육연수를 0.11년 증가시켰다. 비슷한 방법으로 표는 어린 그룹의 소득이 3% 증가했음을 보여준다.

이제 도구변수법을 사용해 인도네시아에서 교육의 수익률을 계산할 수 있다. 도구변수는 학교 건설이다. 이 변수가 일부 학생을 임금-학력곡선을 따라 이동시켰음이 명확하다. 대량 건설 지역의 학생들이 소량 건설 지역의 아이들과 동일한 능력을 가졌고 나이 든 그룹과 어린 그룹의 타고난 능력이 같다면 그 도구변수는 유효하다. 학력이 0.11년 늘어난 것이 소득을 3% 상승시켰다. 이는 학교에 1년 더 다닐 때 소득이 27%(즉, $0.03 \div 0.11$) 올랐다는 의미이다. 따라서 인도네시아에서 교육의 수익률은 꽤 높은 것으로 보이며 학교 건설 프로그램을 위한 대규모 지출은 합당한 것으로 보인다. 사실 인도네시아에서 학력과 임금에 영향을 주는 다른 많은 요소를 통제하여 자료를 좀 더 철저히 분석해보면 교육의 수익률은 10% 정도로 나온다.

6-7 정책 응용 사례 : 교육 생산함수

최근 몇십 년간 미국에서 공교육에 대한 지출이 크게 증가했다. 1980년에 초등과 중등교육에서 학생 1인당 지출액은 7,500달러(2016년 물가수준)였다. 2013년에는 1인당 지출이 1만 3,300달러를 넘어 총지출액이 6,000억 달러를 초과하였다.[17] 이런 증가에 대해 일부 사람들이 학교 교육에 '돈을 쏟아 붓는 것'이 교육의 성과를 개선하는지 묻는 것은 이상한 일은 아니다. 다르게 말하자면, 교사의 급여를 올리거나 학생-교사 비율을 줄이는 것이 학생의 학업 성취도나 그들의 종국적인 노동시장 성과를 향상시키는가?

이런 정책적 질문에 답하기 위해 다음과 같은 **교육 생산함수**(education production function)를 추정하고자 한 많은 연구가 있었다.

$$Y = f(x_1, x_2, x_3, \cdots) \tag{6-13}$$

Y는 표준화된 시험의 성적, 졸업 후 노동시장에서 얻는 임금과 같은 학생의 성취도의 측정치이다. x는 학생-교사 비율, 교사의 자격증, 학생의 동창생의 사회경제적 특성과 같은 생산요소를 나타낸다.

1990년대 전에는 학교에서 지출을 많이 해도 학생의 성과에 거의 영향이 없다는 것이 대다수 의견이었다. 한 영향력 있는 연구는 "학교 지출과 학생의 성과 사이에는 강하거나 체계적인 관계가 없는 것으로 보인다"고 결론 내린 바 있다.[18] 그러나 교육 생산함수를 추

---

17 National Center for Education Statistics, *Digest of Education Statistics, Tables* 236.10 and 236.55.

18 Eric A. Hanushek, "The Economics of Schooling: Production and Efficiency in the Public Schools," *Journal of*

정하는 데 사용된 자료에 세심한 주의를 기울인 연구들이 최근에 많이 있었다. 이 새로운 연구 중 일부는 오늘 지출한 교육비가 학생의 삶을 나중에는 실제로 개선한다는 결과를 제시한다.

[그림 6-6]은 그런 결과 중 일부를 보여준다.[19] 10년 단위의 인구조사 자료에는 특정한 주 r에서 태어난 근로자의 현재 소득에 대한 정보가 있다. 근로자의 이 하위표본을 이용하여 식 (6-10)의 회귀모형을 추정할 수 있다. 회귀계수는 주 r에서 교육의 수익률을 측정한다고 할 수 있다. 이 일을 각 50개 주마다 반복하여 주별로 교육의 수익률이 얼마나 다른지를 알 수 있으며 그 변동이 학교의 질과 관련되어 있는지를 볼 수 있다. 그림은 추정된 교육의 수익률과 학생들이 학교를 다녔던 시점의 평균 학생-교사 비율 간 관계를 보여준다. 작은 학급 크기로 측정한 교육의 질이 좋은 주에서 태어난 아이들은 노동시장에

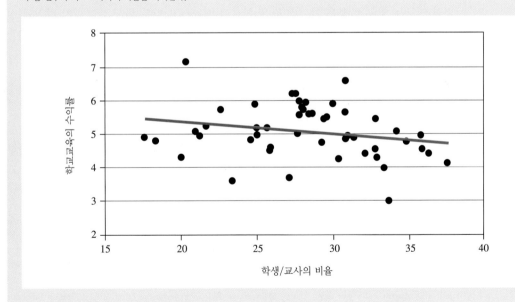

그림 6-6   학교의 질과 학교교육의 수익률

출처 : David Card and Alan B. Krueger, "Does School Quality Matter? Returns to Education and the Characteristics of Public Schools in the United States," *Journal of Political Economy* 100 (February 1992), Tables 1 and 2. 그래프상의 데이터는 1920~1929년 출생자 집단의 학교의 질 변수와 학교교육의 수익률을 의미한다.

Economic Literature 24 (September 1986): 1141-1177.

19 David Card and Alan B. Krueger, "Does School Quality Matter? Returns to Education and the Characteristics of Public Schools in the United States," *Journal of Political Economy* 100 (February 1992): 1-40.

진입하였을 때 높은 교육의 수익률을 거두었다.[20]

대부분의 최근 연구는 학생의 종국적인 성과가 교실 환경의 무작위한 변화에 의해 영향을 받는지 보기 위해 상관관계를 추정하는 것을 넘어서 학급 크기를 바꾸는 자연실험을 이용하였다. 요컨대 이런 연구는 학급 크기에는 영향을 주지만 학생 성과에는 직접 영향을 주지 않는 도구변수를 찾으려고 한다. 한 유명한 연구는 12세기의 유태교 학자인 마이모니데스의 탈무드 해석을 바탕으로 한 도구변수를 사용하였다.[21] 마이모니데스의 법칙에 따르면 "25명의 학생은 한 교사가 가르칠 수 있다. 학생 수가 25명을 넘고 40명 이하이면 보조교사를 두어야 한다. 40명이 넘으면 두 교사가 있어야 한다."

이스라엘의 학교는 마이모니데스의 법칙에 따라 학생을 학급에 배분한다. 학급의 크기는 최대 40명이다. 마이모니데스의 법칙에 의해 40명의 학생이 찰 때까지는 학생 수대로 학급의 크기가 올라간다. 그러나 학생 한 명이 더 있으면 학급의 크기는 20.5명으로 확 줄어든다. 학급의 크기가 40명에서 20.5명으로 변하는 것이 학생의 능력과 상관이 있다고 할 수 없으므로 마이모니데스의 법칙은 유효한 도구변수를 낳는다. 즉, 다른 변수에는 영향이 없이 학급 크기만을 변화시킨다. 이스라엘 학생들의 성과를 분석해 보면 4학년과 5학년 학생들에게서 학급 크기와 성적 간에 음의 관계가 있는 것으로 나타난다.[22]

몇몇 연구는 일부 학생은 일부러 작은 학급에 배정되고 일부 학생은 그렇지 않았던 실제 실험에서 나온 자료를 분석하였다. 1985년을 시작으로 테네시주 학생/교사 성취 비율(Tennessee Student/Teacher Achievement Ratio, STAR) 실험은 유치원 학생과 교사를 작은 학급(학생-교사 비율이 13~17명)과 큰 학급(학생-교사 비율이 22~25명)에 임의로 배정하였다. 최초 배정 이후 학생들은 4년간 같은 학급 종류를 유지하였다. STAR 자료를 분석한 일부 연구는 작은 학급에 배정된 학생들의 성적이 큰 학급에 배정된 학생들의 성적보다 좋았음을 보여주었다. 뿐만 아니라 작은 학급에 배정된 학생들이 대학에 진학할 확률도 더 높았다.[23] 그러나 동일한 자료를 분석한 연구들 중 학급 크기와 학생의 성과 사

---

20 또한 Julian R. Betts, "Does School Quality Matter? Evidence from the National Longitudinal Survey," *Review of Economics and Statistics* 77 (May 1995): 231–250 및 James J. Heckman, Anne S. Layne-Farrar, and Petra E. Todd, "Does Measured School Quality Really Matter," in Gary Burtless, editor, *Does Money Matter? The Effect of School Resources on Student Achievement and Adult Success*, Washington, D.C.: The Brookings Institution, 1996을 보라.

21 Joshua D. Angrist and Victor Lavy, "Using Maimonides' Rule to Estimate the Effect of Class Size on Scholastic Achievement," *Quarterly Journal of Economics* 114 (May 1999): 533–575.

22 미국 자료를 이용한 비슷한 연구에서는 학급 크기와 학생 성과 사이에 관련이 없는 것으로 나왔다. Carolyn M. Hoxby, "The Effects of Class Size on Student Achievement: New Evidence from Population Variation," *Quarterly Journal of Economics* 115 (November 2000): 1239–1285를 보라.

23 Alan B. Krueger, "Experimental Estimates of Education Production Functions," *Quarterly Journal of Economics* 114 (May 1999): 497–532 및 Susan Dynarski, Joshua M. Hyman, and Diane Whitmore Schanzenbach, "Experimental Evidence on the Effect of Childhood Investment on Postsecondary Attainment and Degree Completion," *Journal of Policy Analysis and Management* 32 (September 2013): 692–717.

이론의 현장 적용　부커 T. 워싱턴과 줄리어스 로젠월드

20세기 초 미국 남부 농촌지역의 흑인 아이들이 교육을 받을 수 있는 기회는 지극히 제한되었고 학교 건물, 교실, 교사들과 같은 교육 기반시설은 부족하고 낡은 것들뿐이었다. 그 지역에서 흑인과 백인 아이들 사이에 학력이 3년 차이가 났다는 것은 놀라운 일이 아니다.

문제가 해결될 기미가 보이지 않자 앨라배마주의 터스키기학교를 이끌던 부커 T. 워싱턴은 남부의 농촌지역에 사립학교를 세우는 비용을 낼 북부의 자선 사업가들을 찾아 나섰다. 그중 한 명이 시카고의 사업가로서 시어스-로벅컴퍼니를 설립하는 데 중심 역할을 한 줄리어스 로젠월드였다. 1913년에 터스키기 근처 지역에 6개의 학교를 세운 것을 시작으로 1920년까지 남부 11개의 주에 716개의 학교가 세워졌으며 이 놀라운 사업이 종결된 1932년에 이르기까지 거의 5,000개의 새로운 학교가 세워졌다.

로젠월드 프로그램은 단지 학교를 세운 데서 그친 것이 아니었다. 흑인 아이들의 교육을 위한 물질적·인적 자본의 질을 크게 향상시켰다. 학교는 제대로 된 조명과 위생시설을 갖추었고 성공적인 교육 환경에서 볼 만한 도서, 의자, 책상을

갖추고 있었으며, 교사 임금의 최저수준을 정하고 교사를 채용하고 그들이 교육 준비를 할 수 있도록 훈련 프로그램을 제공하는 관련 프로그램도 있었다.

이 프로그램은 흑인 아이들의 상대적 학력을 빠르게 증가시켰다. 아래 그림에 나온 바와 같이 로젠월드 학교가 없었던 주에서 태어난 아이들에서는 흑인-백인 교육 격차가 거의 줄지 않았던 반면에 로젠월드 학교가 있었던 주에서 태어난 아이들에서는 그 격차가 3년이 줄어들었으며 격차 축소의 시기가 로젠월드 학교가 설립된 시기와 일치하였다.

로젠월드 학교 설립 장소와 시점에 대한 자세한 정보를 이용하면 그 프로그램이 아이들에게 끼친 영향을 식별해낼 수 있다. 로젠월드 학교에 직접 갈 수 있었던 흑인 아이들은 그렇지 못했던 흑인 아이들보다 학교를 1년 더 다녔다. 로젠월드 학교의 아이들의 소득 증가를 보면 교육의 수익률은 7~9%로 나타난다.

출처 : Daniel Aaronson and Bhashkar Mazumder, "The Impact of Rosenwald Schools on Black Achievement," *Journal of Political Economy* 119 (October 2011) : 821-888.

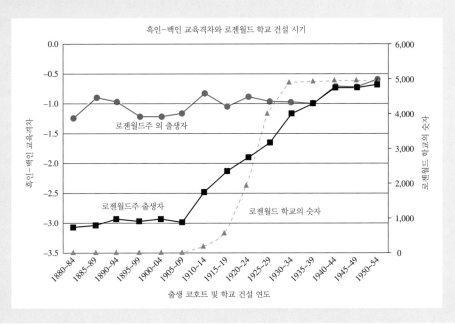

흑인-백인 교육격차와 로젠월드 학교 건설 시기

이에 별 관계를 찾지 못한 것도 있다.[24]

마지막으로 교육의 질이 높을 것으로 짐작되는 '명문' 대학에 진학하는 것이 소득에 영향을 주는지에 대한 관심도 있었다. 명문 대학과 그렇지 않은 대학을 다닌 학생들의 소득을 비교하는 것의 문제는 두 집단 사이에 능력이 차이날 수 있기 때문이다. 임금격차는 명문대학의 '부가가치'와는 별 상관없고 단순히 두 집단 사이에 이미 존재하는 능력의 차이를 나타내는 것일 수 있다.

능력에 의한 편의를 최소화하는 한 방법은 명문대학을 다닌 학생과 명문대학에 합격했지만 명문이 아닌 대학에 진학한 학생을 비교하는 것이다.[25] 이 두 집단은 모두 명문대학에 합격했으므로 짐작컨대 기본 능력은 동일할 것이다. 흥미롭게도 이 비교 결과는 명문대학의 부가가치가 없음을 시사한다. 명문대학을 졸업한 학생이 명문대학에 합격했지만 다른 학교를 간 학생보다 소득이 높지 않다.

6-8 근로자는 평생 소득을 극대화할까

학력 선택 모형에서 교육의 수익률을 추정하는 데 쓰는 개념적 틀을 얻을 수 있다. 모형은 학력이 다른 근로자 간 임금격차 비율이 학교교육의 수익률로 해석될 수 있는 조건을 알려준다. 하지만 이런 계산이 이론을 검증하는 것은 아니다. 그보다는 근로자 임금격차를 특정한 방식으로 해석하기 위해 이론을 이용하는 것이다.

우리는 여전히 학력 선택 모형이 근로자가 학교를 얼마나 다닐지를 결정하는 일에 쓸 만한 '이야기'를 제공하는지를 알고 싶다. 모형은 사람이 평생 소득의 현재가치를 극대화하는 학력을 선택한다고 가정한다. 특정 근로자가 대학에 갔을 때와 가지 않았을 때의 연령-소득곡선을 둘 다 관찰할 수 있다면 그 가정이 옳은지 검증하기 쉬울 것이다. 각 선택의 현재가치를 계산하고 두 숫자를 비교해 근로자가 과연 현재가치가 더 큰 학력을 선택했는지 보면 된다.

그러나 이 단순한 검증은 결코 이루어질 수 없다. 그 이유는 (너무나 명백해서) 사소하면서도 (아직 적절히 해결되지 않은 개념적 의문이 많이 제기되기 때문에) 심오하다. 근로자가 어떤 결정을 하고 나면 그 결정에 따른 소득흐름만을 관찰할 수 있기 때문이다. 대학을 졸업한 근로자 집단을 생각해보자. 이 대학 졸업생들에게서는 대학 졸업 이후 평생 소득만을 관

---

24 Eric A. Hanushek, "Some Findings from an Independent Investigation of the Tennessee STAR Experiment and from Other Investigations of Class Size Effects," *Educational Evaluation and Policy Analysis* 21 (Summer 1999): 143-163

25 Stacy Berg Dale and Alan B. Krueger, "Estimating the Payoff to Attending a More Selective College: An Application of Selection on Observables and Unobservables," *Quarterly Journal of Economics* 117 (November 2002): 1491-528. 또 Dan A. Black and Jeffrey A. Smith, "Estimating the Returns to College Quality with Multiple Proxies for Quality," *Journal of Labor Economics* 24 (July 2006): 701-728을 보라.

찰할 수 있으며 대학에 들어가지 않았을 때 그들이 올렸을 소득은 결코 알 수 없다. 이와 유사하게 고등학교를 마친 이후 학업을 중단한 근로자를 보자. 고등학교 졸업 후의 소득 흐름만 관찰할 수 있을 뿐 그들이 대학을 갔을 때 얼마를 벌었을지 알 수 없다.

이 문제를 간단히 해결할 수 있다고 생각하기 쉽다. 고등학교 졸업 이후 학업을 그만둔 근로자가 대학에 들어갔더라면 얼마나 벌 수 있었을지 결코 알 수 없을 것이라 해도 대학에 들어간 근로자의 소득은 관찰할 수 있다. 그러면 대학 졸업생의 실제 소득 자료를 사용해 고등학교 졸업생이 만약 대학에 들어갔다면 소득이 어떻게 될지 예측할 수 있을 것이다. 비슷한 방법으로 대학 졸업생이 고등학교 졸업 후 학업을 그만두었더라면 얼마의 소득을 올릴지 관찰하지 못하더라도 고등학교 졸업생의 소득 자료에서 대학 졸업생이 대학을 가지 않았다면 얻었을 소득을 예측할 수 있다.

학력 선택 모형에 의하면 이 방법은 대학 졸업생과 고등학교 졸업생이 같은 임금-학력 곡선상에 있을 때에만 유효하다. 두 집단 사이에 능력 차이가 있다면 이 계산은 타당하지 않다. 대학 졸업생과 고등학교 졸업생 간에 관찰된 임금격차는 대학교육의 수익뿐 아니라 두 그룹 간 능력의 차이도 반영한다.

숫자를 이용한 예시

두 명의 근로자, 윌리와 웬디의 간단한 수적 예를 보자. 윌리는 '블루컬러' 일에 능하고 이런 종류의 일은 학력을 요구하지 않는다. 웬디는 '화이트컬러' 일에 능하고 이런 종류의 일은 1년의 학력을 요구한다. 평생 두 기간만 있다고 가정하자. 학교에 다니지 않은 사람은 두 기간 모두 블루컬러 일을 한다. 학교에 다닌 사람은 1기에는 학교에 다니고 2기에 화이트컬러 일에 종사한다.

각 근로자의 임금-학력곡선은 다음과 같다.

근로자	블루컬러 소득	화이트컬러 소득
윌리	2만 달러	4만 달러
웬디	1만 5,000달러	4만 1,000달러

윌리는 블루컬러 일에 뛰어나기 때문에 블루컬러 일을 할 때 웬디(1만 5,000달러)보다 더 많이(2만 달러) 번다. 웬디는 화이트컬러 일을 더 잘하기 때문에 화이트컬러 일을 할 경우 윌리보다 더 많이 번다.

웬디와 윌리 모두 할인율이 10%이다. 각 근로자는 각 학력 선택에 대해 평생 소득의 현재가치를 계산하고 현재가치가 가장 높은 학력을 선택한다. 윌리가 각 학력을 선택했을 때 소득흐름의 현재가치는 다음과 같다.

$$\text{학교에 안 다닐 경우 윌리 소득의 현재가치} = 20,000 + \frac{20,000}{1.1} = \$38,182 \qquad (6\text{-}14)$$

$$\text{학교에 다닐 경우 윌리 소득의 현재가치} = 0 + \frac{40,000}{1.1} = \$36,364 \qquad (6\text{-}15)$$

윌리가 소득의 현재가치를 극대화하는 학력을 선택한다면 학교에 가지 않고 블루컬러 근로자가 될 것이다.

웬디의 각 소득흐름의 현재가치는 다음과 같다.

$$\text{학교에 안 다닐 경우 웬디 소득의 현재가치} = 15,000 + \frac{15,000}{1.1} = \$28,636 \qquad (6\text{-}16)$$

$$\text{학교에 다닐 경우 웬디 소득의 현재가치} = 0 + \frac{41,000}{1.1} = \$37,273 \qquad (6\text{-}17)$$

웬디가 소득의 현재가치를 극대화한다면 웬디는 1기에 학교에 다니고 2기에 화이트컬러 일을 할 것이다.

노동시장에서 관찰할 수 있는 자료는 무엇인가? (윌리처럼) 학교에 다니지 않고 블루컬러 직업에 종사하는 사람의 소득을 관찰할 수 있다. 소득의 현재가치는 3만 8,182달러이다. 또한 (웬디처럼) 학교에 다니고 화이트컬러 직업에 종사하는 사람의 소득을 관찰할 수 있다. 소득의 현재가치는 3만 7,273달러이다.

이 두 숫자를 비교해보면 웬디가 엄청난 실수를 저지른 것 같다. 그러나 이는 무의미한 비교이다. 사실 윌리와 웬디 모두 바른 선택을 한 것이다. 문제는 매우 다른 두 종류의 근로자를 비교하는 것에 있다. 이런 식의 비교는 사과와 오렌지를 비교하는 것이나 마찬가지고 선택 편의(selection bias), 즉 근로자가 자신에게 가장 잘 맞는 직업을 스스로 선택한다는 사실 때문에 잘못된 것이다. 선택 편의로 인해 소득 극대화 가설을 부정하는 오류를 범하게 된다.

선택 편의의 교정

노동시장에서 선택 편의가 중요하다(우리는 모두 우리에게 가장 잘 맞는 일자리의 지역, 직업, 커리어를 스스로 선택한다)는 점으로 미루어 그 문제에 대해 많은 연구가 있었다는 사실이 놀랍지 않다. 이 연구로부터 자료에서 편의를 제거할 수 있는 '선택 편의 교정법'으로 알려진 통계 기법이 개발되었다.[26] 구체적으로 말해 이 기법으로 고등학교 졸업생이 대학에 갔더라면 얻을 소득과 대학 졸업생이 고등학교를 졸업한 후 학교에 안 다녔다면 얻을 소득을 제대로 예측할 수 있다.

---

26 James J. Heckman, "Sample Selection Bias as a Specification Error," *Econometrica* 47 (January 1979): 153-162.

한 유명한 연구는 선택 편의 교정법을 사용해 많은 근로자에 대해 (대학 진학과 고등학교만 마치는 것의) 두 가지 선택 각각과 관련된 평생소득곡선을 추정하였다.[27] 실증 분석은 이론의 기본 가설을 확인해주었다. 즉, 평균적으로 근로자는 평생 소득의 현재가치를 극대화하는 학력을 선택한다. 흥미롭게도 고등학교 졸업생과 대학 졸업생이 일반적으로 고등학교 졸업생이 하는 일에 배치되었을 때는 고등학교 졸업생이 더 생산적인 반면에 일반적으로 대학 졸업생이 하는 일에 배치되었을 때는 대학 졸업생이 더 생산적일 것이라는 점을 발견하였다.

이 연구 결과는 한 가지 종류의 능력만이 높은 소득을 가져온다는 생각으로는 근로자가 노동시장에서 어떻게 다른지 정확히 설명할 수 없다는 것을 알려준다. 다양한 종류의 능력이 있고 우리 각각은 어떤 일을 하는 데는 특히 능한 반면 다른 일을 하는 데는 꽤 서투를 수 있다. 어떤 사람들은 대학에서 배워야 할 수 있는 일에 재주가 있는 데 반해 다른 사람은 그렇지 않은 일을 하는 데 재주가 있을 수 있다.

6-9 신호

학력 선택 모형은 교육을 받으면 근로자의 생산성이 올라가고 이러한 생산성 향상이 임금을 상승시킨다는 생각에 기초한다. 그런데 교육은 근로자의 생산성을 전혀 올리지 않지만 학력을 나타내는 '증서'(고등학교나 대학 졸업장 등)가 잠재적 고용주에게 근로자의 내재된 능력의 신호로 쓰인다는 다른 주장도 있다.[28] 그렇다면 교육이 소득을 높이는 것은 생산성을 높이기 때문이 아니라 근로자가 '똑똑히' 일할 수 있다는 신호이기 때문이다. 당연히도 고용주가 근로자의 능력을 직접 관찰하기 어려울 때만 교육이 이런 신호의 역할을 할 수 있다. 근로자가 능력이 있는지 쉽게 알 수 있다면 기업이 제3의 증서에 의존할 필요가 없을 것이다.

숫자를 이용해 간단한 예를 살펴보자. 저생산성 근로자와 고생산성 근로자의 두 유형이 있다. 전체 근로자의 생산성 분포는 다음과 같다.

---

27 Robert J. Willis and Sherwin Rosen, "Education and Self-Selection," *Journal of Political Economy* 87 (October 1979 Supplement): S7-S36. 또 다음 연구들을 보라. Lawrence W. Kenny, Lung-Fei Lee, G. S. Maddala, and R. P. Trost, "Returns to College Education: An Investigation of Self-Selection Bias Based on the Project Talent Data," *International Economic Review* 20 (October 1979): 775-789 및 John Garen, "The Returns to Schooling: A Selectivity-Bias Approach with a Continuous Choice Variable," *Econometrica* 52 (September 1984): 1199-1218.

28 A. Michael Spence, "Job Market Signaling," *Quarterly Journal of Economics* 87 (August 1973): 355-374. 또 Kenneth J. Arrow, "Higher Education as a Filter," *Journal of Public Economics* 2 (July 1973): 193-216; 및 Joseph Stiglitz, "The Theory of Screening, Education, and the Distribution of Income," *American Economic Review* 65 (June 1975): 283-300을 보라.

근로자 유형	전체 근로자 내 비중	평생 생산성의 현재가치
저생산성	q	$200,000
고생산성	$1-q$	$300,000

근로자의 유형은 태어날 때 무작위로 결정되고 근로자는 자신이 어떤 유형인지를 알고 있다. 유형이 정해지면 근로자의 생산성은 변하지 않는다. 특히 생산성과 학력은 무관하다.

어떤 지원자가 고생산성 근로자인지 고용주가 쉽게 알 수 있다면 고용주는 그 근로자에게 평생에 걸쳐 30만 달러를 지불할 것이다. 고용주가 주는 임금이 고생산성 지원자의 진짜 가치와 맞지 않는다면 지원자는 결국 자신의 높은 생산성을 제대로 평가해주는 곳으로 갈 것이기 때문이다. 같은 이유로 어떤 지원자가 저생산성 근로자인지 고용주가 쉽게 알 수 있다면 고용주는 그에게 20만 달러만 줄 것이다.

그러나 삶이 그렇게 쉽지 않다. 특정 근로자는 자신이 어느 그룹에 속하는지 알더라도 고용주가 그 사실을 알아내기까지 한참이 걸리고 비용이 꽤 들 수 있다. 노동시장에는 거래하는 양측 중 한쪽이 계약에 대한 조건을 더 많이 알고 있는 정보의 비대칭성(asymmetric information)이 존재한다. 게다가 지원자에게 자신이 저생산성 근로자인지 고생산성 근로자인지 묻는다면 (높은 급여를 원하는) 지원자는 언제나 고생산성 근로자라고 답할 것이다. 따라서 누군가 기업에 지원했을 때 그가 앞으로 얼마나 기여할 수 있는지는 상당히 불확실하다.

통합균형

저생산성 근로자는 자신의 생산성에 대해 거짓말하기 때문에 기업은 자신의 자격에 대한 근로자의 이야기를 무시한다. 그런 뒤 고용주는 단순히 모든 지원자를 다 똑같이 취급한다. 기업이 고용한 근로자의 평균 급여는 다음과 같다.

$$\text{평균 급여} = (200,000 \times q) + [300,000 \times (1-q)] \qquad (6\text{-}18)$$
$$= 300,000 - 100,000q$$

평균 급여는 각 근로자 집단의 비중을 가중치로 한 근로자의 생산성의 가중 평균값이다. 비중 q는 0과 1 사이이기 때문에 통합균형(pooled equilibrium)에서 평균 급여는 20만 달러와 30만 달러 사이이다. 저생산성 근로자는 더 생산적인 근로자와 통합되어 급여가 올라가므로 이 균형을 선호한다. 그러나 고용주나 고생산성 근로자는 통합균형을 좋아하지 않는다. 고용주는 근로자를 일에 잘못 배정하게 된다. 고생산성 근로자가 하찮은 일에 배정되기도 하고 저생산성 근로자가 해내기 부적합한 일에 배정되는 경우가 생긴다. 잘못된 배정으로 기업의 효율성과 이윤이 감소한다. 고생산성 근로자는 저생산성 근로자 때문에 소득이 줄어드는 것을 경험한다. 고생산성 근로자는 자신이 사실은 더 생산적임을 고용주에게 보일 방법을 찾고자 할 것이다.

분리균형

고생산성 근로자에게는 근로자를 정확한 생산성 집단으로 분류하는 데 쓰일 믿을만한 정보를 제공할 유인이 있고, 기업에게는 그런 정보를 고려할 유인이 있다. 이런 종류의 정보를 신호(signal)라고 한다. 이제 졸업장이나 증명서 등이 이런 신호 역할을 할 수 있을 뿐더러 매우 정확함을 보일 것이다. 잘못된 일의 배정이 일어나지 않게 된다.

기업이 두 종류의 일에 근로자를 배정할 때 다음과 같은 경험 법칙을 쓴다고 하자. 근로자가 대학을 $\bar{y}$년 이상 동안 다녔으면 기업은 그 근로자를 고생산성 근로자로 간주하여 고도의 기술을 요하는 일을 주고 30만 달러의 (평생) 임금을 지급한다. 근로자가 대학을 $\bar{y}$년보다 적게 다녔으면 기업은 그 근로자를 저생산성 근로자로 간주하여 숙련을 요하지 않는 일을 주고 20만 달러의 급여를 지급한다.

고용주가 대학을 최소 $\bar{y}$년 동안 다닌 근로자에게 급여를 더 많이 주려고 하므로 모든 근로자는 요구되는 대학교육을 받기 원할 것이다. 하지만 대학교육을 받기 위해서는 비용이 든다. 대학을 다니는 비용이 능력이 떨어지는 근로자에게는 더 높다고 가정하자. 구체적으로 대학교육 1년의 비용은 고생산성 근로자에게는 2만 달러이지만 저생산성 근로자에겐 2만 5,001달러라고 가정한다.

등록금과 비용은 당연히 능력과 상관없지만 대학 학점을 따는 실질적 비용은 저생산성 근로자에게 더 높을 수 있다. 일정 수준의 성과를 달성하기 위해 저생산성 근로자는 더 많은 시간을 학업에 전념해야 하고 개인교습, 특별 수업과 참고서 등에 비용을 써야 할 것이다. 저생산성 근로자가 신호를 취득하는 비용이 더 높다는 가정은 신호모형의 기초 가정이다.

기업의 임금수준이 정해졌다면 근로자는 이제 대학에 몇 년을 다닐지 결정해야 한다. 저생산성 근로자가 $\bar{y}$년의 학력을 얻지 않고 자신의 낮은 생산성을 자발적으로 알려주는 한편 고생산성 근로자가 최소 $\bar{y}$년의 학력을 얻고 자신을 저생산성 근로자들과 분리시키고자 할 때 분리균형(separating equilibrium)이 발생한다.

[그림 6-7a]는 저생산성 근로자에게 적용되는 기업의 임금 제안과 비용함수이다. 근로자가 대학을 $\bar{y}$년보다 적게 다녔으면 20만 달러, $\bar{y}$년 이상을 다녔으면 30만 달러의 임금을 받는다. 대학을 한 해 더 다닐 때마다 저생산성 근로자에게는 2만 5,001달러의 비용이 들기 때문에 비용함수는 우상향하며 기울기가 2만 5,001달러이다.

이 예에서 근로자는 전혀 대학에 가지 않거나 $\bar{y}$년 동안만 대학에 다니는 것 중 하나를 택할 것이다. $\bar{y}$년보다 오래 대학을 다닌다고 해도 소득은 그대로인데 1년을 더 다닐 때마다 2만 5,001달러의 비용이 들고, 비슷한 논리로 대학을 다닌 햇수가 0과 $\bar{y}$년 사이이면 근로자의 평생 급여는 20만 달러로 동일하므로 잠깐 학교를 다녀볼 이유가 없기 때문이다.

분리균형이 성립하기 위해서는 저생산성 근로자가 전혀 대학에 가지 않아야 한다. 그러려면 대학을 안 다닐 때 얻는 순수익이 $\overline{y}$년 다닐 때 얻는 순수익보다 커야 한다. [그림 6-7a]는 저생산성 근로자가 대학에 가지 않을 때 (비용이 없으므로) 20만 달러를 집으로 가져간다는 것을 보여준다. $\overline{y}$년 동안 대학을 다닌다면 순수입은 30만 달러의 급여와 $\overline{y}$년 동안 대학에 다니느라 발생한 비용(즉, 2만 5,001달러×$\overline{y}$)의 차이이다. 따라서 저생산성 근로자는 다음 조건에서 대학에 다니지 않을 것이다.

$$\$200,000 > \$300,000 - (\$25,001 \times \overline{y}년) \tag{6-19}$$

$\overline{y}$에 대해서 풀면,

$$\overline{y} > 3.999 \tag{6-20}$$

기업이 대학을 3.999년 넘게 다닌 근로자만 고생산성 근로자로 간주하는 경험의 법칙을 쓴다면 저생산성 근로자는 너무 비싸기 때문에 구태여 대학에 가려하지 않을 것이다.

그림 6-7 분리균형

근로자가 대학에 $\overline{y}$년 미만을 다니면 20만 달러를 받고 최소 $\overline{y}$년을 다니면 30만 달러를 받는다. 저생산성 근로자는 대학에 투자하는 것이 비싸다는 것을 알고 $\overline{y}$년 동안 대학을 다니려 하지 않을 것이다. 고생산성 근로자는 $\overline{y}$년 동안 대학을 다닌다. 그 결과 근로자의 학력 수준은 저생산성 근로자인지 고생산성 근로자인지에 대한 신호가 된다.

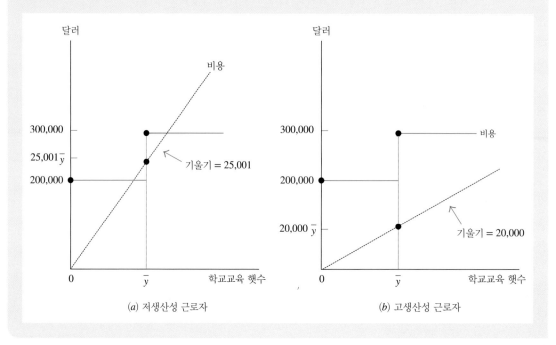

(a) 저생산성 근로자   (b) 고생산성 근로자

대학에 가지 않음으로써 저생산성 근로자는 자신의 저생산성에 대한 신호를 '자발적으로' 보내고 전체 집단과 자신을 구분한다.

분리균형이 성립하기 위해서 고생산성 근로자는 또한 $\bar{y}$년 동안 대학을 다녀야 한다. [그림 6-7b]가 그 결정을 보여준다. 대학에 가지 않은 고생산성 근로자의 순수입은 20만 달러이다. $\bar{y}$년 동안 대학을 다닌 고생산성 근로자의 순수입은 30만 달러의 급여와 대학에 다니느라 발생한 비용(즉, 2만 달러×$\bar{y}$)의 차이이다. 따라서 고생산성 근로자는 다음 조건에서 $\bar{y}$년 동안 대학에 다닐 것이다.

$$\$200,000 < \$300,000 - (\$20,000 \times \bar{y}년) \tag{6-21}$$

$\bar{y}$에 대해서 풀면,

$$\bar{y} < 5 \tag{6-22}$$

기업이 (석사나 박사와 같은) '너무 높은' 학력을 요구하지 않는 한, 고생산성 근로자는 대학에 감으로써 자신이 매우 생산적이라는 신호를 자발적으로 보낼 것이다.

두 조건을 합하면 다음 조건이 만족될 때 저생산성 근로자는 대학에 가지 않고 고생산성 근로자는 대학을 다닌다.

$$3.999 < \bar{y} < 5 \tag{6-23}$$

기업은 이 범위에서 어떤 고용 기준이든 정하고 분리균형을 이끌어낼 수 있다. 예를 들어 기업이 대학에 4.5년 이상 다닌 지원자를 고생산성 근로자로 간주할 것이라고 하면 두 유형의 근로자는 스스로를 구분할 것이다. 기업이 사용할 수 있는 유효한 기준점은 무한히 많은 것(대학 4년, 4.5년, 4.666년, 4.999년 등)처럼 보인다. 그러나 그 모두가 시장에서의 경쟁 압력을 버텨낼 수 있는 것은 아니다. 예를 들어 어떤 기업의 기준점은 4.333년이고 다른 기업의 기준점은 4.000년이라고 하자. 고생산성 근로자는 4.000의 기준점을 내세운 기업을 선호할 것이다. 두 기업 모두 같은 균형임금(30만 달러)을 주고 근로자가 최소 기준보다 많은 학력으로 얻는 것이 없기 때문이다. 따라서 경쟁적 해결책은 기준점을 가능한 한 최저로 하는 것이며 대학 졸업장(4년의 대학 교육)으로 근로자를 구분하는 것이 분리균형이 된다.

신호모형(signaling model)은 교육이 근로자의 생산성을 증가시키지 않고 타고난 능력의 신호 역할을 할 수 있다는 점을 보여준다. 이에는 중요한 정책적 시사점이 있다. 예를 들어, 인적자본 모형이 의미하는 바는 교육과 같은 인적자본 투자가 저소득과 가난으로부터 탈출구를 제공한다는 것이다. 실제로 학비를 보조하거나 공교육의 질을 높이는 정부 프로그램의 근거는 이 프로그램이 목표가 되는 대상의 인적자본 축적을 늘린다는 것이다. 신호모형은 교육이 사실은 근로자의 타고난 생산성을 향상시킬 수 없다고 한다. 그런 정부 프로그램에 수십억 달러를 쓴다 해도 저생산성 근로자는 저생산성 근로자로 남아있을 뿐이다.

어떤 모형이 옳은지를 떠나 특정 노동시장을 보면 고학력 근로자가 더 높은 임금을 받고 있음을 알게 된다. 학력 선택 모형과 신호모형 모두 그런 양의 상관관계를 예측하므로 어떤 기제가 더 중요한지 실증적으로 알아내기가 어렵다는 것이 밝혀졌다.[29]

신호로서 고등학교 졸업학력 검정고시 합격증

교육의 신호로서의 가치에 대한 한 연구는 고등학교 졸업학력 검정고시 합격증(General Equivalency Diploma, GED)의 특성을 이용하였다.[30] GED는 제2차 세계대전 중에 고등학교를 마치지 않은 참전 군인들이 고졸 학력을 얻도록 돕기 위해 시작되었다. 그 이후 GED는 고등학교 중퇴자가 고등학교 졸업학력을 최종적으로 얻는 주된 방법이 되었다. 매년 미국에서는 100만 명의 십 대 청소년이 고등학교를 중퇴하며 그중 3분의 1이 고등학교 졸업학력 검정고시를 통해 결국은 고졸 학력을 얻는다.

고등학교 중퇴자가 GED를 받기 위해서는 수학, 작문, 사회, 과학, 문학 시험을 쳐서 통과해야 한다. 흥미롭게도 시험은 GED 시험 서비스(GED Testing Service)를 통해 전국적으로 실시되지만 각 주마다 통과 기준이 다르다. 기준에 상당한 차이가 있다. 예를 들어 뉴욕주와 플로리다주는 기준이 상대적으로 높아서 통과하기가 어렵다. 미네소타주와 뉴햄프셔주를 포함한 다른 주는 기준이 상대적으로 낮아서 통과가 쉽다.

통과 기준이 다르기 때문에 x점을 받은 고등학교 중퇴자가 한 주에서는 합격증을 받지만 다른 주에서는 그렇지 않을 수 있으며, 이는 흥미로운 자연실험이 된다. GED 시험에서 정확히 x점을 받은 고등학교 중퇴자의 표본을 생각해보자. 대략 말해서 GED 시험이 측정하는 이 중퇴자들의 능력은 같다. 그러나 주마다 기준이 다르기 때문에 일부는 합격하고 일부는 그러지 못하였다. 이를 통해 합격증이 소득에 어떤 영향을 주는지 알아볼 수 있다.

〈표 6-4〉는 간단한 이중차분법을 이용하여 GED가 신호로서 상당한 가치가 있음을 나타낸다. 표는 1990년에 GED 시험을 친 고등학교 중퇴자 집단이 얻은 1995년의 소득을

29 Kevin Lang and David Kropp, "Human Capital versus Sorting: The Effects of Compulsory Schooling Laws," *Quarterly Journal of Economics* 101 (August 1986): 609-624; Eugene A. Kroch and Kriss Sjoblom, "Schooling as Human Capital or a Signal: Some Evidence," *Journal of Human Resources* 29 (Winter 1994): 156-180 및 Kelly Bedard, "Human Capital versus Signaling Models: University Access and High School Dropouts," *Journal of Political Economy* (August 2001): 749-775.

30 John H. Tyler, Richard J. Murnane, and John B. Willett, "Estimating the Labor Market Signaling Value of the GED," *Quarterly Journal of Economics* 115 (May 2000): 431-468. 고등학교 졸업장이 신호로서의 가치가 있는지에 대해서는 다음 연구를 보라. David A. Jaeger and Marianne E. Page, "Degrees Matter: New Evidence on Sheepskin Effects in the Returns to Education," *Review of Economics and Statistics* 78 (November 1996): 733-740 및 Damon Clark and Paco Martorell, "The Signaling Value of a High School Diploma," *Journal of Political Economy* 122 (April 2014): 282-318.

표 6-4   GED의 신호로서의 가치(달러)

응시자의 시험 성적	주의 합격 기준에 따른 시험 응시자의 평균 급여		
	낮은 기준	높은 기준	차이
낮음	9,628	7,849	1,779
높음	9,981	9,676	305
이중차분			**1,473**

출처 : John H. Tyler, Richard J. Murnane, and John B. Willett, "Estimating the Labor Market Signaling Value of the GED," *Quarterly Journal of Economics* 115(May 2000): 446.

보여준다. 낮은 점수를 얻고 기준이 높은 주에 살았던 근로자는 합격하지 못하였고 시험 후 5년 뒤에 7,800달러를 벌었다. 반면에 점수는 똑같이 안 좋았지만 합격하기 쉬운 주에 살아서 합격증을 받은 근로자는 9,600달러를 벌어 그 차이가 상당했다. 합격증이 점수가 낮은 근로자의 소득을 1,800달러만큼 올린 것으로 보인다.

그러나 이 소득차이의 일부는 '쉬운' 주와 '어려운' 주 사이의 모든 근로자에게 있는 차이를 반영한 것일 수 있다. 이 지역 간 소득 차이를 제거하기 위한 대조군이 필요한데, 같은 때에 GED 시험을 치고 높은 점수를 받아서 어디서든 합격한 고등학교 중퇴자가 쓸 만한 대조군으로 보인다. 이들은 어느 주에 살든 약 1만 달러를 벌었다. 표가 보여주듯이 이 집단의 주 간 소득격차는 300달러에 지나지 않았다.

이런 임금격차를 조정하면 이중차분법 결과는 GED가 점수가 낮은 근로자의 소득을 약 1,500달러 혹은 19%만큼 높인다는 것을 시사한다. 요약하면 GED 합격증이 소득에 중요하며, 순전히 신호로서의 가치 때문에 소득을 상당히 높이는 것으로 보인다.

사적 및 사회적 수익률

교육이 생산성을 높이기도 하고 신호로서 가치도 있다는 사실은 학력을 한 해 높일 때 올라가는 근로자의 소득으로 측정되는 교육의 사적 수익률(private rate of return to schooling)과 같은 정도로 학력을 높일 때 올라가는 국민 소득으로 측정되는 교육의 사회적 수익률(social rate of return to schooling)이 크게 다를 수 있음을 시사한다.

신호모형이 옳고 교육이 생산성을 증가시키지 않는다고 하자. 근로자의 관점에서 교육의 사적 수익률은 여전히 0보다 크다. 고생산성 근로자는 자신이 매우 생산적임을 알림으로써 이득을 얻기 때문이다. 하지만 사회적 관점에서 교육비용은 낭비이다. 근로자의 생산성이 교육 투자 이후나 전이나 같아서 국민 총소득은 증가하지 않기 때문이다. 사회적 수익률은 0이다.

하지만 이 결론은 교육이 오직 신호일 뿐이라도 근로자가 자신에게 맞는 일에 배치되도록 하는 데 매우 유용하다는 사실을 간과한다. 고용주는 신호를 사용해 매우 생산적인 근로자는 숙련을 요하는 일에 배치하고 덜 생산적인 근로자는 다른 종류의 일에 배치할 수 있다. 예를 들어 생산성이 낮은 근로자에게 원자력 발전소에서 소프트웨어를 관리하라고 시키는 것처럼 일에 맞지 않는 근로자를 배치하는 것은 분명 국민 소득에 나쁜 결과를 가져올 것이다. 따라서 교육이 특정 근로자의 인적자본을 향상시키지 않더라도 사회적 수익률은 0보다 클 수 있다.

요약

- 오늘 받은 1달러는 내일 받는 1달러와 가치가 다르다. 미래에 받을 소득의 현재가치는 현재의 화폐로 표시한 그 양의 가치를 의미한다.
- 임금-학력곡선은 근로자가 특정 수준의 학력을 갖췄을 때 받게 되는 임금을 나타낸다.
- 교육의 한계수익률은 교육을 1년 더 받았을 때 소득의 증가율이다.
- 근로자는 평생 소득의 현재가치를 극대화하는 임금-학력곡선상의 지점을 선택한다. 특히 교육의 한계수익률이 할인율과 같을 때 학교를 그만둔다.
- 근로자들이 오직 할인율만 서로 다를 때는 근로자의 소득을 비교하여 교육의 수익률을 추정할 수 있다. 근로자의 타고난 능력에 차이가 있을 때는 관찰되지 않는 능력의 차이도 임금격차를 초래하므로 근로자 간 임금격차로 교육의 수익률을 측정할 수 없다.
- 근로자는 자신에게 가장 잘 맞는 일을 스스로 찾는다. 이러한 자기 선택 때문에 학력이 다른 근로자의 소득을 비교함으로써 근로자가 평생 소득의 현재가치를 극대화하는 학력을 선택한다는 가설을 검증할 수 없다.
- 학력은 노동시장에서 신호로서 자격증이나 졸업장이 있는 근로자가 생산성이 높음을 고용주에게 알리는 역할을 할 수 있다. 교육이 갖는 신호로서의 가치는 기업이 생산성이 높은 근로자와 낮은 근로자를 구별할 수 있도록 도와주는 데 있다.
- 교육이 오직 신호의 역할만 한다면 학력이 더 높은 근로자가 더 많이 버는 이유는 교육이 생산성을 향상시키기 때문이 아니라 근로자의 타고난 능력에 대한 신호로 작용하기 때문이다.

핵심용어

교육의 사적 수익률

교육의 사회적 수익률

교육 생산함수

교육의 수익률

기회비용

능력에 의한 편의

분리균형

선택 편의

신호

연령-소득곡선

인적자본

임금-학력곡선

정보의 비대칭성

통합균형

할인율

현재가치

복습문제

1. 미래 소득액의 현재가치를 어떻게 계산하는지 설명하라.

2. 임금-학력곡선이 노동시장에서 어떻게 결정되는지 그리고 왜 그것이 우상향하며 오목한 모양이 되는지 설명하라.

3. 교육 투자의 중단 규칙을 유도하라.

4. 왜 근로자가 학교에 한 해 더 다닐 때 얻는 소득의 증가율이 교육의 수익률을 나타내는가?

5. 근로자 간 할인율이나 능력의 차이가 어떻게 소득과 학력에 차이를 가져오는지 설명하라. 어떤 조건에서 교육의 수익률을 추정할 수 있는가?

6. 교육의 수익률 측정 시 발생하는 능력에 의한 편의와 근로자가 소득의 현재가치를 극대화하는 학력을 선택한다는 가정을 검증할 때 발생하는 선택 편의 간 관계를 설명하라.

7. 실증적 연구에서 교육의 수익률을 어떻게 추정하는지와 능력에 의한 편의의 문제를 피하기 위해 사용하는 방법을 설명하라.

8. 노동시장에서 교육이 근로자의 내적 능력에 대한 신호를 어떻게 보낼 수 있는지 설명하라. 통합균형은 무엇인가? 완전한 분리균형이란 무엇인가?

9. 교육이 생산성을 높인다는 가설과 교육이 근로자의 내적 능력의 신호라는 가설을 어떻게 구별할 수 있는가?

연습문제

6-1. 데비가 해양 생물학자나 콘서트 피아니스트의 직업을 선택하려고 한다. 데비의 삶은 두 기간으로 나뉜다. 1기에는 교육을 받고 2기에는 일을 한다. 데비가 해양 생물학자가 된다면 1기에는 교육을 받는 데 1만 5,000달러를 쓰고 2기에 47만 2,000달러를 벌 것이다. 콘서트 피아니스트가 된다면 1기에 교육을 받는 데 4만 달러를 지출한 후 2기에는 50만 달러를 벌 것이다. 데비가 두 기간 사이에 5%의 이자율로 돈을 빌려주거나 빌릴 수 있다고 하자. 데비는 어떤 직업을 선택할까? 만약 15%의 이자율로 빌려주거나 빌려올 수 있다면 어떨까? 데비의 결정이 이자율에 따라 어떻게 달라지는지 일반화하여 설명하라.

6-2. 피터는 세 기간 동안 살아간다. 피터는 세 가지 교육-직업 선택 중 하나를 현재 고려하고 있다. 바로 일을 시작하면 1기에는 10만 달러를, 2기에는 (경험을 통해 생산성이 더 높아지므로) 11만 달러를, 3기에는 (기술이 낙후되고 육체적 능력이 떨어지므로) 9만 달러를 번다. 두 번째 대안으로 1기에 대학을 다니는 데 5만 달러를 쓰고 나서 2기와 3기에 18만 달러를 번다. 마지막 대안으로 1기에 대학교육을 마친 후 2기에 박사학위를 받을 수 있다. 이 마지막 대안의 경우 수업료와 책에 드는 비용은 연구 조교비로 충당되기 때문에 2기의 대학원 학비는 들지 않을 것이다. 박사학위를 취득한 후 피터는 비즈니스 스쿨의 교수가 되어 3기에 40만 달러를 벌 것이다. 피터의 할인율은 기간당 20%이다. 어떤 교육 과정이 피터의 평생 소득 현재가치를 극대화하는가?

6-3. 제인은 3년간, 팸은 2년간, 메리는 1년간 대학에 다녔다. 제인은 시간당 21달러, 팸은 19달러, 메리는 16달러를 번다. 학력의 차이는 온전히 할인율의 차이에서 비롯된다. 사용 가능한 정보를 이용하면 각 여성의 할인율에 대해 얼마나 알 수 있는가?

6-4. 기술 변화로 학교에서 배운 것이 쓸모없어질 수 있기 때문에 학교에서 습득한 기술은 시간이 흐르면서 감가상각된다고 하자. 감가상각률이 상승하면 근로자의 최적 학력이 어떻게 될까?

6-5. a. 교육의 수익률을 논할 때마다 관련된 기본적 자기 선택의 문제에 대해 설명하라.

b. 고등학교나 대학교 중퇴자가 상당한 돈을 버는 경우가 있다는(예 : 빌 게이츠는 하버드대학교를 중퇴했을 뿐 졸업한 적이 없다) 사실은 자기 선택의 논리와 모순되는가?

6-6. 칼의 임금-학력곡선이 다음과 같다고 하자.

교육연수	소득
9	$18,500
10	$20,350
11	$22,000
12	$23,100
13	$23,900
14	$24,000

각 학력의 한계수익률을 계산하라. 칼의 할인율이 4%라면 그는 언제 학교를 그만둘까? 할인율이 9%라면?

6-7. 15년의 학교교육을 받은 사람의 평균 소득이 6만 달러이고 16년의 학교교육을 받은 사람의 평균 소득이 6만 6,000달러라고 하자.

   a. 16년째 교육의 수익률은 얼마인가?

   b. 이런 식으로 교육 수익률을 계산하는 방법은 내적 능력이나 동기부여를 고려하지 않기 때문에 일반적으로 편의가 있다고 한다. 그런 비판이 옳다면 16년째 교육의 실제 수익률은 a에서 답한 것보다 높을까 혹은 낮을까?

6-8. 능력이 높은 사람과 낮은 사람의 두 유형이 있다고 하자. 어떤 학위를 얻는 데 능력이 높은 사람은 8,000달러의 비용이 필요하고 능력이 낮은 사람은 2만 달러가 필요하다. 기업은 학력을 선별 장치로 사용해 졸업장이 없는 사원에게는 2만 5,000달러를 주고 졸업장이 있는 이들에게는 K달러를 주려고 한다. 학력이 효과적인 선별 장치가 되기 위한 K값의 범위는 무엇인가?

6-9. 어떤 경제학자들은 교육을 한 해 더 받을 때의 수익은 사실 매우 작지만 학위를 성공적으로 끝내거나 졸업장을 받음으로써 보다 높은 임금을 받게 되는 '학위효과(sheepskin effect)'는 상당하다는 의견을 갖고 있다.

   a. 학위효과가 신호모형과 어떻게 유사한지 설명하라.

   b. 일반적으로 미국에서는 고등학교 졸업장을 12년의 학교교육을 통해 얻는 반면 학사학위는 16년의 교육 후에 받는다. 대학원 학위는 대학 졸업 후 학교교육을 2~6년간 받아야 주어진다. 학교교육의 햇수에 따른 수익은 없지만 학위를 받음으로써 큰 수익이 있다는 가정하에서 [그림 6-2]를 다시 그려보라.

6-10. 1기는 고등학교 졸업 후 4년, 2기는 그 후 40년인 두 기간 모형을 생각해보자. 대학을 다니지 않은 사람은 1기에 12만 달러, 2기에 120만 달러를 번다. 대학을 다닌 사람은 1기에 20만 달러의 학비를 내고 소득을 얻지 못하지만 2기에 200만 달러를 번다. 두 기간 사이 사적 수익률이 40%인 사람은 1기에 일을 할까, 아니면 대학을 갈까?

6-11. 미국 연방정부의 정책 목표 중의 하나는 경제적으로 어려운 사람들도 대학교육을 받을 수 있도록 돕는 것이다. 최근에 많은 주정부가 주립대학에 대한 보조금을 크게 삭감하는 예산안을 통과시켰다. 수요공급분석을 이용한다면 그것이 잠재적 학생들이 지불할 대학교육의 가격에 미칠 효과는 무엇인가? 그 모형에 따르면 대학교육을 받는 사람들의 수는 어떻게 되겠는가?

6-12. 1970년에 18~25세까지의 남성은 베트남 전쟁을 위한 징집 대상이었다. 만약 대학에 등록되어 있고 학위 취득 과정을 정상적으로 진행시킨 남성이라면 학생 징병 유예 자격을 얻을 수 있었다. 1975년에 이르러 징집은 폐지되었다. 징집은 여성과 관계가 없었다. U.S. Statistical Abstract 2008년판에 따르면 1970년에 고등학교를 졸업한 남성의 55.2%가 대학에 등록하였으나 1975년에는 52.6%만이 그러하였다. 1970년에 고졸 여성의 48.5%가 대학에 등록하였고 1975년에는 49.0%가 그러하였다. 여성을 대조군으로 하여 (이중차분법을 사용해서) 징집을 폐지한 것이 남성의 대학 등록에 미친 영향을 추정하라.

6-13. 본문의 6-5절에서 교육의 수익률을 추정할 때 능력에 의한 편의를 교정하는 몇 전략에 대해서 논하였다.

   a. 일란성 쌍둥이 자료를 이용하면 능력에 의한 편의를 통제할 수 있다고 주장하는 주된 이유는 무엇인가? 대부분의 쌍둥이가 각각 학력이 다르다면 무엇이 문제인가? 대부분의 쌍둥이가 학력이 같다면 무엇이 문제인가?

   b. 특정한 생일을 이용하면 편의를 통제할 수 있다고 주장하는 주된 이유는 무엇인가? 이 방법이 고등학교의 학년의 수익률을 식별하는 것과 대학교육의 수익률을 식별하는 것 중 어느 것에 더 낫다고 생각하는가? 그 이유는?

6-14. 고등학교 졸업생들은 일을 하는 것과 대학 진학 중 하나를 선택해야 한다. 일을 한다면 그들은 앞으로 50년간 일하게 될 것이다. 대학에 간다면 5년간 대학을 다니고 나서 45년간 일하게 된다. 대학교육의 비용이 매년 1만 5,000달러이고 고등학교 졸업생은 매년 3만 5,000달러를 벌고 대학 졸업생은 매년 6만 달러를 벌 때, 이 모형에서 대학에 가지 않을 경우와 대학에 가는 경우의 평생소득 현재가치를 동일하게 하는 할인율은 8.24%이다. 아래 각 항목에 대해 두 가지 선택을 동일하게 하는 할인율이 어떻게 변하고 누가 그 변화에 따라 다른 학력 결정을 하게 될 것인지 논하라(추가 점수 : 엑셀을 사용해 위의 경우 학교교육의 수익률이 8.24%임을 보이고 아래 각 항목에 따른 할인율을 계산하라).

   a. 대학 학비는 동일하게 매년 1만 5,000달러가 들고 대학 졸업생이 일하는 경우 위와 같이 매년 6만 달러를 벌지만 고등학교 졸업생은 매년 4만 달러를 받는다.

   b. 대학 학비는 동일하게 매년 1만 5,000달러가 들고 고등학교 졸업생이 일하는 경우 위와 같이 매년 3만 5,000달러를 받지만 대학 졸업생의 경우 매년 8만 달러를 번다.

   c. 고등학교 졸업생과 대학 졸업생이 일하는 경우 매년 위의 경우와 동일하게 각각 3만 5,000달러와 6만 달러를 받지만 이제 대학 학비가 매년 3만 5,000달러가 든다.

   d. 대학 학비는 매년 동일하게 1만 5,000달러가 든다. 고등학교 졸업생의 직장 첫해 임금은 3만 5,000달러이지만 그 후 매년 3%씩 인상된다. 대학 졸업생의 직장 첫해 임금은 6만 달러이지만 그 후 매년 5%씩 인상된다.

6-15. 학력의 결정은 세 가지 요소, 선호도(즉, 공부를 좋아하는 정도), (금전적 및 심리적) 비용, 교육에 대한 개인별 수익에 달렸다고 하자.

   a. 세 가지 요소 각각이 개인의 최적 학력에 어떻게 영향을 주는지 설명하라.

   b. 세 가지 요소를 사용해 임금-학력곡선이 매우 가파른 사람이 왜 아주 낮은 학력을 선택할 수도 있는지 설명하라.

   c. 두 그룹의 사람들(알파와 베타)이 있다고 하자. 각 그룹의 학교교육에 드는 비용은 동일하다. 알파 그룹의 평균 학력은 15년, 임금은 12만 달러인 반면 베타 그룹의 평균 학력은 13년, 임금은 10만 달러이다. ($120,000 − $100,000)/(15 − 13)로 계산해 얻은 10%가 교육을 한 해 더 받을 때의 연간 수익률의 좋은 추정치가 되지 못하는 이유는 무엇인가?

읽을거리

Daniel Aaronson and Bhashkar Mazumder, "The Impact of Rosenwald Schools on Black Achievement," *Journal of Political Economy* 119 (October 2011) : 821–888.

Joshua Angrist and Alan B. Krueger, "Does Compulsory Schooling Affect Schooling and Earnings?" *Quarterly Journal of Economics* 106 (November 1991) : 979–1014.

Orley C. Ashenfelter and Alan B. Krueger, "Estimates of the Economic Return to Schooling from a New Sample of Twins," *American Economic Review* 84 (December 1994) : 1157–1173.

Raj Chetty, John N. Friedman, Nathaniel Hilger, Emmanuel Saez, Diane W. Schanzenbach, and Danny Yagan, "How Does Your Kindergarten Classroom Affect Your Earnings? Evidence from Project STAR," *Quarterly Journal of Economics* 126 (November 2011): 1593–1660.

Eric Maurin and Sandra McNally, "Vive la Revolution! Long-Term Educational Returns of 1968 to the Angry Students," *Journal of Labor Economics* 26 (January 2008) : 1-33.

David Card and Alan B. Krueger, "Does School Quality Matter? Returns to Education and the Characteristics of Public Schools in the United States," *Journal of Political Economy* 100 (February 1992) : 1-40.

Michael Spence, "Job Market Signaling," *Quarterly Journal of Economics* 87 (August 1973) : 355-374.

Robert J. Willis and Sherwin Rosen, "Education and Self-Selection," *Journal of Political Economy* 87 (October 1979 Supplement) : S7-S36.

임금분포

평등이 그렇게 어려운 이유는 자기보다 나은 사람과 같아지기만을 원하기 때문이다.

– Henry Becque

앞장에서 우리는 근로자의 교육에 대한 의사결정을 살펴봄으로써 인적자본에 대한 논의를 시작하였다. 학교에서 배운 것이 인적자본에서 중요한 부분을 차지하지만 우리가 학교를 졸업한다고 해서 지식을 쌓는 것을 중단하지는 않는다. 오히려 우리는 일하는 내내 인적자본을 계속 늘려 간다.

비공식적인 직업훈련이나 공식적인 직업교육에서 쌓은 숙련 덕분에 50대 연령의 대졸자는 20대 대졸자의 두 배 정도를 번다. 이 장에서는 근로자가 학교 졸업 후 투자의 경로를 어떻게 선택하는지를 살피고 그 선택이 평생에 걸친 소득의 변동에 어떻게 영향을 주는지 볼 것이다.

인적자본을 얼마나 쌓을 것인가에 대해 우리가 내린 결정들이 수요와 공급의 법칙과 결합되어 노동시장에서 임금분포를 결정한다.[1] 근로자 간 보상의 분포에는 어느 정도 불평등이 있기 마련이다. 다른 사람들보다 소득이 높은 일부 근로자들이 있는 것이 보통이다.

관찰되는 임금분포에는 두 가지 '기초 사실'이 반영되어 있다. 첫째, 근로자마다 생산성이 다르며 이 차이 중 일부는 우리가 얻은 인적자본의 양이 다르기 때문이다. 생산성의 차이가 클수록 임금분포는 더 불평등하다. 둘째, 숙련의 수익률은 숙련의 공급과 수요 변화에 대한 대응에 따라 노동시장 간에, 시점별로 서로 다르다. 숙련에 대한 보상이 클수록 숙련과 미숙련 근로자 간 임금격차는 더 커지며 소득분포의 불평등도 커진다. 이 장에서는 보통 위쪽 끝이 긴 꼬리를 가진 임금분포의 형태를 결정하는 요소를 살펴본다. 다시 말

---

1   편의상 이 장에서는 소득분포(income distribution), 근로소득분포(earnings distribution), 임금분포(wage distribution)를 같은 의미로 바꿔 가며 사용한다.

해 소수의 근로자가 노동시장의 보상 전체 중에 큰 몫을 차지한다.

1980년대를 시작으로 최근 몇십 년간 임금분포의 모양에 역사적 변화가 있었다. 고숙련과 저숙련 근로자 간 임금격차뿐 아니라 특정 숙련 그룹 내 임금분산이 빠르게 커짐에 따라 불평등이 크게 심화되었다. 미국에서 소득 불평등이 커졌다는 사실에 대해서는 논란의 여지가 없지만 왜 그렇게 되었는지에 대해서는 아직 합의에 도달하지 못했다. 단 하나의 원인보다는 노동시장의 제도와 경제 상황이 같이 변해서 노동시장에서 근로자 간 보상을 배분하는 방식에 역사적 변화가 일어난 것으로 보인다.

임금 불평등이 어떻게 한 세대에서 다음 세대까지 지속되는지 보여주는 것으로 이 장을 마무리한다. 부모들은 자녀가 잘 살기를 바라므로 자녀의 인적자본에 큰 투자를 한다. 이 투자가 부모의 소득과 자녀의 소득 간에 정의 관계를 초래하여 현 세대에서 관찰되는 임금 불평등의 일부가 다음 세대까지 유지될 것이다.

7-1 학교를 마친 후의 인적자본 투자

[그림 7-1]은 학력별, 연령별로 생애주기에 따른 미국 근로자의 평균 주당 임금(2016년 달러 가치)의 변화를 나타내는 연령–소득곡선을 보여준다. 그림은 연령–소득곡선의 세 가지 중요한 특징을 나타낸다.

1. 고학력 근로자는 저학력 근로자보다 소득이 높다. 학력이 생산성을 높이거나 근로자의 내적 능력의 신호가 되기 때문에 학력이 소득을 높이는 것을 앞에서 보았다.

2. 소득은 시간이 지나면서 상승하지만 상승률은 낮아진다. 임금의 상승은 직장 인뭬의 훈련 프로그램을 통해 근로자가 노동시장에서 경험을 쌓으면서 생산성이 올라감을 시사한다. 하지만 임금의 상승률은 근로자의 나이가 많아질수록 작아진다. 젊은 근로자가 나이 많은 근로자에 비해 인적자본을 더 많이 늘리는 것으로 보인다.

3. 학력이 다른 그룹의 연령–소득곡선은 시간이 지나면서 차이가 커진다. 학력이 가장 높은 근로자의 소득이 가장 빠르게 오른다. 학력이 가장 높은 근로자의 연령–소득곡선이 더 가파른 것은 교육에 대한 투자와 학교 졸업 후 투자가 보완적임을 시사한다. 이러한 상호보완성은 일부 근로자가 모든 형태의 인적자본을 습득하려는 성향이 있다면 일어날 수 있다.

7-2 사내훈련

대부분의 근로자는 사내훈련(on-the-job training, OJT) 프로그램을 통해 학교교육을 마친 이후에도 인적자본을 쌓아간다. OJT 투자는 놀라울 정도로 다양하다. 프로그래머는

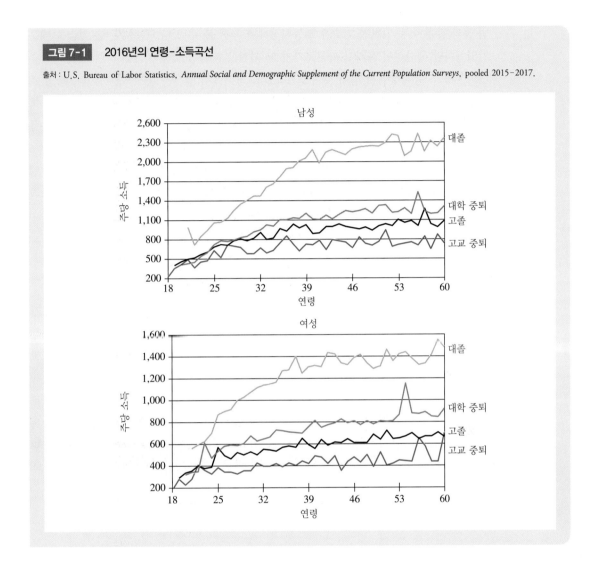

그림 7-1　2016년의 연령-소득곡선

출처 : U.S. Bureau of Labor Statistics, *Annual Social and Demographic Supplement of the Current Population Surveys*, pooled 2015-2017.

새 언어를 배우고, 변호사는 법정 경험을 쌓고, 투자은행가는 새로운 금융 상품을 만들어 보고 정치가는 실패한 정책을 통해 배운다. OJT가 근로자의 인적자본 축적에 중요한 요소임은 명백하며 근로자의 인적자본에서 최소 반을 차지한다.[2]

OJT에는 두 가지 종류, 일반훈련(general training)과 특화훈련(specific training)이 있다.[3] 일반훈련은 모든 기업에서 생산성을 동일하게 높이는 훈련이다. 타이핑, 운전, 엑셀 쓰는

2　Jacob Mincer, "On-the-Job Training: Costs, Returns, and Some Implications," *Journal of Political Economy* 70 (October 1962, Part 2): 50-79.

3　일반훈련과 기업특화훈련의 개념은 Gary S. Becker, *Human Capital*, 3rd ed., Chicago: University of Chicago Press, 1993에서 나온 것이다. 베커의 분석 틀은 여전히 인적자본에 관한 연구들의 주춧돌과 같은 역할을 하고 있으며 현대 노동경제학의 필수적 요소이다.

법 등과 같은 이런 일반적 기술은 노동시장에서 흔히 볼 수 있다. 특화훈련은 기술을 배운 기업에서만 생산성이 올라가고 근로자가 그 기업을 떠나면 소용이 없는 훈련이다. 특화훈련의 예도 노동시장에서 많이 찾아볼 수 있다. 군대에서 탱크를 운전하는 법이나 특정 조직의 계급적 특징을 기억하는 것 등이다.[4] 현실적으로 대부분의 OJT에는 일반훈련과 특화훈련이 섞여 있지만 순수한 일반훈련과 순수한 특화훈련을 개념적으로 구별함이 유용하다.

경쟁시장에서 기업과 근로자의 고용 관계가 두 기간 동안 지속되는 단순한 모형을 생각해보자. 노동의 총비용이 1기에는 C_1이고 2기에는 C_2이다. 한계생산물의 가치는 각각 VMP_1과 VMP_2이다. 마지막으로 r을 할인율이라 하자. 기업의 이윤을 극대화화는 고용수준이 만족하는 한계생산성의 조건은 다음과 같다.

$$C_1 + \frac{C_2}{1+r} = VMP_1 + \frac{VMP_2}{1+r} \tag{7-1}$$

이 식의 좌변은 두 기간 동안 근로자를 고용하는 비용의 현재가치이다. 우변은 근로자의 기업에 대한 기여의 현재가치이다. 이 식이 임금이 한계생산물의 가치와 일치한다는 조건을 일반화한 것임은 쉽게 알 수 있다. 여러 기간이 있는 경우 이와 비슷한 조건은 고용 비용의 현재가치와 한계생산물 가치의 현재가치가 같은 것이다.

OJT가 첫 번째 기간에만 있다고 하자. 근로자를 훈련시키는 데 강사료, 훈련 시설 구매비용 등으로 H가 든다. 1기에 근로자를 고용하는 총비용은 훈련비용 H와 훈련기간 동안 근로자에게 지불되는 임금 w_1의 합이다. 이는 $C_1 = w_1 + H$를 의미한다. 2기에는 훈련이 없기 때문에 고용의 총비용은 임금 w_2와만 같다. 식 (7-1)을 다음과 같이 다시 쓸 수 있다.

$$H + w_1 + \frac{w_2}{1+r} = VMP_1 + \frac{VMP_2}{1+r} \tag{7-2}$$

일반훈련의 비용은 누가 부담하는가

모든 훈련이 일반훈련이라고 하자. 훈련을 마친 후에 근로자의 한계생산물 가치는 모든 기업에서 VMP_2로 상승한다. 다시 말해 노동시장에서 근로자에게 VMP_2와 같은 임금을 지불하려고 한다. 훈련을 제공했던 기업도 따라 하지 않으면 그 근로자를 잃게 된다. 따

---

4 일, 직업, 산업에 특화된 기술이 무엇인가에 대한 연구가 있다. Maxim Poletaev and Chris Robinson, "Human Capital Specificity: Evidence from the Dictionary of Occupational Titles and Displaced Worker Surveys, 1984 –2000," *Journal of Labor Economics* 26 (July 2008): 387–420 및 Daniel Parent, "Industry-Specific Capital and the Wage Profile: Evidence from the National Longitudinal Survey of Youth and the Panel Study of Income Dynamics," *Journal of Labor Economics* 18 (April 2000): 306–323을 보라.

라서 2기의 임금, w_2는 VMP_2와 같아야만 한다. 그 결과 식 (7-2)는 다음과 같이 단순해진다.

$$w_1 = VMP_1 - H \qquad (7-3)$$

1기의 임금은 근로자의 초기 한계생산물의 가치에서 훈련비용을 뺀 것과 같다. 다시 말해 근로자는 훈련 기간 동안 낮은 '견습생 임금'을 받아들임으로써 일반훈련의 비용을 부담한다. 2기에 근로자는 훈련 이후 한계생산물의 가치에 상응하는 급여를 받아서 훈련의 수익을 거두게 된다. 경쟁시장의 기업은 어떤 비용도 부담하지 않을 때에만 일반훈련을 제공한다.

더 낮은 급여를 받음으로써 일반훈련의 비용을 부담하는 근로자의 예는 많다. 공식적인 도제 프로그램에서 훈련생이 훈련 기간 동안 낮은 임금을 받고 훈련이 완료된 후 더 높은 급여를 받는 일은 흔하다. 유사하게 병원의 인턴은 (이미 의학사 학위를 취득했다 하더라도) 실습 기간 동안 낮은 급여를 받고 장시간을 일하지만 훈련을 마친 이후 그 투자에 대해 충분한 보상을 받는다.

직원이 대학원에 진학하면 학비를 내준다는 식으로 일부 기업이 주장하는 것처럼 한 기업이 일반훈련의 비용을 부담한다면 분명 많은 이가 그 기업에 지원할 것이다. 그러나 기업이 근로자를 노예처럼 붙잡아둘 수는 없기 때문에 근로자는 훈련 기회의 혜택을 무상으로 누리고 난 뒤 새롭게 얻은 기술에 맞는 보상을 해주는 기업으로 옮겨갈 것이다. 일반훈련의 비용을 부담하고 훈련 이후에 급여를 올려주지 않는 기업에는 훈련생이 초과 공급되고 훈련이 끝난 뒤에 근로자는 그 기업을 그만둘 것이다. 기업은 훈련생이 '너무 많기' 때문에 최초 급여를 낮춰서 훈련비용을 근로자에게 전가할 수 있음을 금방 알게 될 것이다.[5]

특화훈련의 비용은 누가 부담하는가

특화훈련에서 얻은 생산성은 근로자가 기업을 떠나면 사라진다. 그 결과 근로자의 대안 임금(즉, 다른 기업이 지불하고자 하는 급여)은 훈련과 **독립적**이며 훈련을 받기 전 생산성과 동일하다. 그러면 누가 특화훈련의 비용을 내고 누가 수익을 가져갈까?

기업이 특화훈련의 비용을 부담할 경우 어떤 일이 발생할지 생각해보자. 기업은 비용을 부담하고, 이 기업에서 근로자의 한계생산물의 가치는 증가했더라도 훈련 이후 기간의 급

---

5 비경쟁시장에서는 일정한 조건하에서 기업이 일반훈련의 비용을 부담할 수 있다. Daron Acemoglu and Jörn-Steffen Pischke, "The Structure of Wages and Investment in General Training," *Journal of Political Economy* 107 (June 1999): 539-572를 보라. 훈련비용의 부담자에 대한 실증연구는 Dan A. Black, "Do Workers Pay for On-the-Job Training?" *Journal of Human Resources* 34 (Spring 1999): 235-252와 David H. Autor, "Why Do Temporary Help Firms Provide Free General Skills Training?" *Quarterly Journal of Economics* 116 (November 2001): 1409-1448이 있다.

여를 바꾸지 않음으로써 수익을 가져갈 수 있다. 그러면 VMP_2가 w_2를 초과하기 때문에 훈련을 제공한 것에서 수익을 얻는다. 하지만 근로자가 2기에 그만둔다고 하면 기업은 자본 손실을 겪게 된다. 따라서 기업은 훈련받은 근로자가 그만두지 않으리란 보장이 없으면 특화훈련의 비용을 부담하기를 꺼려할 것이다.

그럼 대신 근로자가 특화훈련 비용을 부담한다고 하자. 그러면 근로자는 훈련 기간 중 낮은 급여를 받고 훈련이 끝난 기간에는 더 높은 급여를 받을 것이다. 하지만 근로자에게는 기업이 자신을 2기에 고용할 것이라는 확실한 보장이 없다. 근로자가 해고된다면 특화훈련의 결과는 다른 기업에서 소용이 없기 때문에 근로자는 투자비용을 잃게 될 것이다. 따라서 근로자는 자신이 해고되지 않으리라는 확신이 없으면 특화훈련에 투자하지 않으려 한다.

따라서 기업과 근로자 모두 특화훈련에 투자를 꺼리게 된다. 근로자와 기업을 '죽음이 갈라놓을 때까지' 묶어놓을 수 있는 법적 계약이 없기 때문에 문제가 발생한다.

이런 곤경에서 빠져 나갈 방법은 훈련 이후 급여 조정을 통해 사직과 해고의 가능성을 모두 줄이는 것이다. 근로자의 훈련 후 임금, w_2에 대한 계약이 다음과 같이 되어 있다고 생각해보자.

$$w^* < w_2 < VMP_2 \tag{7-4}$$

여기에서 w^*는 근로자의 대안임금이다. 이 계약은 근로자와 기업이 특화훈련의 수익을 나눔을 의미한다. 근로자의 훈련 후 급여 w_2는 다른 기업에서의 생산성보다 높지만 현재 기업에서의 생산성보다는 낮다. 근로자는 다른 곳보다 이 기업에 남는 것이 더 낫기 때문에 사직할 유인이 없다. 기업은 그를 해고하는 것보다 고용하고 있는 편이 더 낫기 때문에 (즉, 근로자가 그의 한계생산물의 가치보다 더 낮은 임금을 받기 때문에) 그 근로자를 내보내기를 원치 않는다. 특화훈련의 수익을 나눔으로써 근로자와 기업 모두 훈련 후 갑자기 끝나지 않을 고용계약을 약속한다.

기업과 근로자가 특화훈련의 수익을 나눈다면 비용도 분담하게 된다. 기업이 특화훈련의 비용을 모두 부담하고 수익의 일부만을 얻는다고 하면 이 기업에는 결국 훈련생의 초과공급이 일어난다. 따라서 기업이 특화훈련 비용의 30%를 지불한다면 수익의 30%를 얻을 것이다. 그렇지 않으면 기업에는 너무 많거나 너무 적은 지원자가 모이게 된다.[6]

특화훈련의 함의

특화훈련은 근로자의 임금과 한계생산물의 가치 간의 연결고리를 끊어낸다. 훈련 기간 중

---

6 Masanori Hashimoto, "Firm-Specific Human Capital as a Shared Investment," *American Economic Review* 71 (June 1981): 475–482.

에 근로자는 훈련비용의 일부를 부담하기 때문에 한계생산물 가치보다 임금을 더 적게 받는다. 훈련이 끝난 뒤 근로자의 임금은 훈련을 제공했던 기업에서의 한계생산물의 가치보다 낮지만 다른 기업에서의 한계생산물의 가치보다는 높다.

특화훈련을 받은 근로자는 사실상 기업에서 정년 보장이나 평생 계약과 같은 것을 받게 된다. 특화훈련에 투자한 근로자나 기업이 고용 계약을 끝내고 싶어 하지 않기 때문이다. 미국과 같이 근로자와 기업의 이동이 분명하게 많은 노동시장에서도 평생 계약이 흔하다는 주장은 놀라울 것이다. 그럼에도 여러 증거를 보면 20년 이상 고용이 지속되는 것은 미국에서도 예외라기보다는 일반적인 일이다.[7]

특화훈련의 개념은 불황 중 누가 해고될지를 결정하는 '마지막으로 고용된 사람이 맨 처음 해고되는' 규칙을 직관적으로 설명한다. 기업에서 오랫동안 일한 근로자는 새로 고용된 근로자보다 특화훈련을 더 많이 받았다. 기업 제품에 대한 수요가 떨어질 때 제품 가격과 근로자의 한계생산물의 가치는 하락한다. 선임 근로자의 한계생산물의 가치와 임금 간에는 완충지대가 있어서 이 근로자가 해고되지 않도록 보호한다. 따라서 이윤을 극대화하는 기업이 직원을 줄이고자 하면 새로 고용된 근로자를 해고할 것이다.

또한 특화훈련을 받은 근로자는 해고되면 다른 직장을 찾을 유인이 거의 없다. 이 근로자들은 고용주를 바꾸면 자본 손실을 겪기 때문이다. 이들은 전 고용주가 다시 부를 때까지 실업 상태에서 '끝까지 기다리는 것'을 선호한다. 사실 일시해고(temporary layoffs)가 발생하는 경우가 많다. 미국에서 실업 중 최소 60%는 전 고용주가 해고된 근로자를 다시 불러들임으로써 끝이 난다.[8]

특화훈련은 기업과 근로자를 '짝짓기'하기 때문에 특정 근로자가 직장을 (사직이나 해고로) 옮길 가능성은 오래 근무할수록 줄어든다. 새롭게 고용된 근로자의 이직률은 높은 반면 선임 근로자의 이직률은 낮을 것이다. 모든 훈련이 일반적이라면 이직률과 근속연수 간에 음의 상관관계가 나타나지 않을 것이다. 일반훈련에서 얻은 기술은 이동이 가능하며 언제라도 어느 기업에서나 활용될 수 있기 때문에 현재 소속된 기업 내에서 (다른 기업에 비해 상대적으로) 근로자의 경제적 기회가 시간이 흐를수록 향상될 것이라 기대할 근거가 없기 때문이다.

---

7   Robert E. Hall, "The Importance of Lifetime Jobs in the U.S. Economy," *American Economic Review* 72 (September 1982): 716-724 및 Manuelita Ureta, "The Importance of Lifetime Jobs in the U.S. Economy, Revisited," *American Economic Review* 82 (March 1992): 322-335

8   Martin S. Feldstein, "Temporary Layoffs in the Theory of Unemployment," *Journal of Political Economy* 84 (October 1976): 937-957.

7-3 연령-소득곡선

연령-소득곡선의 모양은 일하는 동안 인적자본 투자의 시점에 달려 있다.[9] 모든 연령에서 우리는 투자의 한계수익이 투자의 한계비용과 같아지는 지점까지 인적자본에 투자하고자 한다. 따라서 인적자본을 획득하는 시점을 설명하기 위해서는 근로자가 나이 들어감에 따라 투자의 한계수익과 한계비용이 어떻게 변하는지 알 필요가 있다.

단순하게 모든 훈련이 일반훈련이라고 가정하자. 축적된 인적자본의 양을 능률 단위(efficiency units)로 측정한다고 하자. 능률 단위는 숙련의 표준화된 단위이다. 근로자가 축적한 인적자본의 총량은 근로자에 체화된 능률 단위의 총수와 같다. 데이비드는 능률이 100단위이고 맥은 50단위라면 노동시장의 생산성 관점에서는 데이비드는 두 명의 맥과 같다.

인적자본의 능률 단위는 노동시장에서 임대될 수 있으며, 능률 단위당 임대료는 R이다. 능률 단위에 대한 시장이 경쟁적이어서 근로자가 가진 능률 단위의 양과 관계없이 단위당 임대료는 R이라고 하자. 마지막으로 상황을 단순화하기 위해 시간 경과에 따른 인적자본의 감가상각은 없다고 가정하자. 따라서 인적자본의 능률 한 단위는 취득한 날부터 퇴직할 때까지 매년 R의 수익을 낳는다.

근로자가 20세에 노동시장에 들어와 65세에 은퇴한다고 하자. 20세에 인적자본의 능률한 단위를 취득함에 따른 한계수익은 다음과 같다.

$$MR_{20} = R + \frac{R}{1+r} + \frac{R}{(1+r)^2} + \frac{R}{(1+r)^3} + \cdots + \frac{R}{(1+r)^{45}} \qquad (7-5)$$

여기에서 r은 할인율이나. 식 (7-5)의 직관적 배경은 쉽게 이해할 수 있다. 근로자가 20세에 능률 한 단위를 취득하면 이 투자는 노동시장에 들어온 첫해에 R의 수익을 낸다. 두 번째 해에 같은 능률 단위에서 얻는 수익의 현재가치는 $R/(1+r)$, 세 번째 해에는 $R/(1+r)^2$ 등등이다. 식 (7-5)는 단순히 일하는 동안 능률 단위에서 얻는 할인된 수익을 합한 것이다.

[그림 7-2]의 곡선 MR_{20}은 20세에 취득한 능률 한 단위의 한계수익과 근로자가 취득하는 능률 단위의 양 사이 관계를 나타낸다. 임대료 R은 근로자가 인적자본을 얼마나 얻는가와 관계없이 동일하다고 가정했기 때문에 한계수익곡선 MR_{20}은 수평이다.

근로자가 이제 30세가 되었다고 하자. 30세에 취득한 능률 한 단위의 한계수익은

$$MR_{30} = R + \frac{R}{1+r} + \frac{R}{(1+r)^2} + \frac{R}{(1+r)^3} + \cdots + \frac{R}{(1+r)^{35}} \qquad (7-6)$$

---

9 Yoram Ben-Porath, "The Production of Human Capital and the Life Cycle of Earnings," *Journal of Political Economy* 75 (August 1967): 352–365 및 James J. Heckman, "A Life-Cycle Model of Earnings, Learning, and Consumption," *Journal of Political Economy* 84 (August 1976 Supplement): S11–S46.

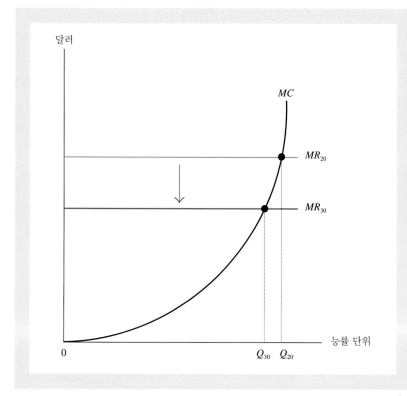

그림 7-2

생애주기에 따른 인적자본의 취득

인적자본의 능률 단위별 한계 수익은 근로자가 나이 들어감에 따라 하락한다(그래서 20세에 취득한 단위의 한계수익 MR_{20}은 MR_{30}보다 위에 놓인다). 각 연령에서 근로자는 한계수익과 한계비용이 같아지도록 하므로 젊을 때 더 많은 능률 단위를 취득한다.

이다. 식 (7-6)은 30세에 능률 한 단위를 취득하는 것의 한계수익은 30세, 31세 등에 얻는 수익의 할인된 합임을 보여준다. 근로자가 퇴직 때까지 10년이 더 가까워졌기 때문에 식 (7-6)의 합은 식 (7-5)의 합보다 10개 항이 더 적다.

20세와 30세에 능률 한 단위를 취득하는 것의 한계수익을 비교하면 $MR_{20} > MR_{30}$임을 알 수 있다. [그림 7-2]는 MR_{20} 곡선이 MR_{30} 곡선보다 위에 있음을 보여준다. 근로자의 나이가 들어가면서 인적자본 투자의 한계수익이 떨어지는 이유는 단순하다. 우리는 영원히 살지 않기 때문이다. 젊었을 때 취득한 인적자본은 오랫동안 임대될 수 있는 반면 나이 들어 한 투자는 짧은 기간 동안 임대될 수밖에 없다. 그 교훈은 명확하다. 투자가 일찍 이루어질수록 인적자본 투자의 수익은 높아진다.

어느 나이에서든 인적자본 투자의 한계수익과 한계비용이 같아지는 데서 취득하는 능률 단위의 양이 정해진다. [그림 7-2]에 나타나듯이 한계비용곡선(MC)은 능률 단위를 많이 취득할수록 한계비용이 점점 커지는 일반적인 형태이다. 한계비용곡선의 모양은 인적자본의 생산함수에 따라 결정된다. 한계소득 체감의 법칙에 의해 근로자가 더 많은 인적자본을 얻으려 할수록 한계비용이 커지게 된다.

한계수익과 한계비용의 교차점을 보면 근로자는 20세에 능률 Q_{20} 단위, 30세에 Q_{30} 단위를 취득한다. 이론에 따르면 근로자는 나이 들어갈수록 적은 능률 단위를 취득한다. 이를 통해 근로자가 왜 젊을 때 학교를 다니며, 인적자본 투자만 하는 이 시기를 마치고 나면 왜 사내훈련의 시기가 이어지고, 근로자가 나이 들어감에 따라 사내훈련 활동이 왜 차차 줄어들게 되는지 이해할 수 있다. 이렇게 투자 시점을 정하는 것이 평생소득의 현재가치를 극대화하기 때문이다.[10]

근로자가 젊을 때 더 많은 인적자본을 취득하기 때문에 근로자의 연령-소득곡선은 [그림 7-3]에 나타나듯이 우상향한다. 앞서 보았듯이 근로자는 급여를 적게 받는 방식으로 사내훈련 비용을 지불한다. 따라서 나이가 많은 근로자가 젊은 근로자보다 소득이 높은 이유는 인적자본에 더 적게 투자하고 지난 투자의 수익을 거두기 때문이다.

일하는 동안 투자의 최적 시점들을 보면 연령-소득곡선이 오목해서 시간이 흐름에 따라 소득은 늘어나지만 그 증가율은 감소함을 알 수 있다. 전년도 대비 임금 상승폭의 일부는 근로자가 얼마나 많은 능률 단위를 추가로 획득했는지에 따라 결정된다. 근로자가 나

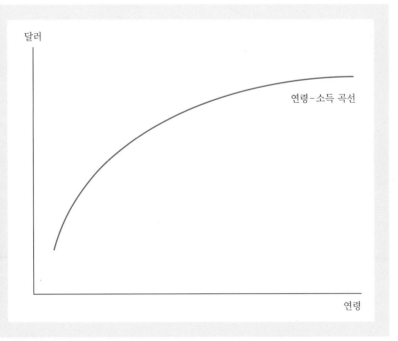

그림 7-3

인적자본 이론에 따른 연령-소득 곡선

연령-소득 곡선은 우상향하며 오목하다. 나이 많은 근로자는 인적자본에 적게 투자하고 지난 투자에서 수익을 얻으므로 소득이 높다. 근로자가 나이 들수록 인적자본을 적게 축적하므로 시간이 흘러감에 따라 소득의 상승률은 낮아진다.

달러

연령-소득 곡선

연령

---

10 우리의 논의는 한계비용곡선이 시간에 따라 일정하다(즉, 근로자의 나이에 따라 이동하지 않는다)고 가정한다. 하지만 나이 든 근로자가 인적자본을 생산하는 데 더 효율적이어서 나이가 들수록 한계비용곡선이 아래로 내려갈 수도 있고, 인적자본을 생산하기 위해 포기하는 소득이 근로자의 나이에 따라 높아지므로 나이가 들수록 한계비용곡선이 위로 올라갈 수도 있다. 이 두 가지 상반된 효과가 서로 정확히 상쇄('중립성 가정')되어 한계비용곡선이 일정하다고 가정하기도 한다. Yoram Ben-Porath, "The Production of Human Capital over Time," in W. Lee Hansen, editor, *Education, Income, and Human Capital*, New York: Columbia University Press, 1970을 보라.

이론의 현장 적용　소득과 약물 남용

인적자본의 경제적 영향에 대한 논의를 주도하는 사례의 대부분은 근로자의 생산성과 소득에 도움이 되는 투자, 이를테면 교육과 사내훈련 등에 관한 것이다. 하지만 많은 근로자는 자신의 인적자본 축적에 해로운 영향을 주는 알코올 중독, 마약 사용과 같은 선택을 한다.

어느 시점에서든 미국 인구의 약 5%가 알코올 중독을 겪고 있으며, 인구의 10% 정도가 평생 동안 한 번은 그런 경험이 있다. 알코올 중독 환자는 자신의 건강과 가정생활에서뿐만 아니라 노동시장에서도 혹독한 대가를 치른다는 강력한 증거가 있다. 한창 일할 나이의 근로자 중 알코올 중독자는 그렇지 않은 사람에 비해 취업할 확률이 15%p가 낮으며 소득은 17%만큼 낮다. 이런 차이는 건강이 아직 손상되지 않은 알코올 중독 환자만 보아도 같다.

마약 사용 또한 똑같이 중요한 문제이다. 30세에 달한 근로자의 거의 30%가 코카인을 사용한 적이 있으며 약 3%는 지난 한 달 내에 사용한 적이 있다고 한다. 그런데 놀랍게도 코카인 사용자의 고용률이나 임금이 체계적으로 더 낮다는 증거는 없다.

여기서 강조해야 할 것은 약물 남용과 노동시장 특성 간의 이런 상관관계가 알코올 중독이 임금 감소를 '유발'하거나 코카인 사용이 생산성을 '감소하지 않는다'고 증명하는 것은 아니라는 점이다. 약물 남용을 하는 집단은 자기 선택된 것이다. 알코올 중독이 소득을 줄이지는 않지만 노동시장에서 성공하지 못한 근로자가 알코올 중독에 빠질 가능성이 더 클 수도 있다. 유사하게 코카인 사용의 부정적 결과를 조절할 수 있는 근로자만이, 혹은 코카인을 살 여유가 있는 근로자만이 코카인 사용을 하는 것일 수도 있다.

출처 : Thomas S. Dee and William N. Evans, "Teen Drinking and Educational Attainment : Evidence from Two-Sample Instrumental Variables Estimates," *Journal of Labor Economics* 21 (January 2003) : 178-209; John Muhally and Jody L. Sindelar, "Alcoholism, Work, and Income," *Journal of Labor Economics* 11 (July 1993) : 494-520; 및 Robert Kaestner, "New Estimates of the Effect of Marijuana and Cocaine Use on Wages," *Industrial and Labor Relations Review* 47 (April 1994) : 454-470.

이 들어감에 따라 더 적은 단위를 취득하기 때문에 임금 상승률도 시간이 흐름에 따라 하락한다.

민서의 소득함수

인적자본 모형이 제시하는 연령-소득곡선의 함의에 대해 광범위한 분석이 있었다. 이런 연구를 통해 민서의 소득함수(Mincer earnings function)가 나오게 되었다.[11]

$$\log w = as + bt - c\,t^2 + 기타\ 변수 \tag{7-7}$$

여기에서 w는 근로자의 임금률, s는 교육연수, t는 노동시장 경력연수, t^2은 연령-소득

---

[11] Jacob Mincer, *Schooling, Experience, and Earnings*, New York : Columbia University Press, 1974. 이 연구들을 정리한 것은 J. Willis, "Wage Determinants : A Survey and Reinterpretation of Human Capital Earnings Functions," in Orley C. Ashenfelter and Richard Layard, editors, *Handbook of Labor Economics*, vol. 1, Amsterdam : Elsevier, 1986, pp. 525-602; and James J. Heckman, Lance J. Lochner, and Petra E. Todd, "Earnings Functions, Rates of Return and Treatment Effects : The Mincer Equation and Beyond," in Eric Hanushek and Finis Welch, editors, *Handbook of Education Economics*, Amsterdam : Elsevier, 2006이다.

곡선의 오목함을 나타내는 경력연수의 제곱이다.

　민서의 소득함수의 계수는 인적자본 투자에 대한 정보를 제공한다. 예를 들어 교육연수의 계수 a는 학교를 한 해 더 다님으로써 발생하는 소득의 증가율을 추정하며 일반적으로 교육의 수익률로 해석된다. 앞에서 본 바와 같이 이 해석은 근로자들이 관찰되지 않는 능력에서 차이가 없을 때에만 정확하다. 경력연수와 그 제곱에 대한 계수는 노동시장 경력을 한 해 더 추가하여 얻는 소득의 증가율을 추정하며 OJT 투자의 크기에 대한 정보를 제공한다. 근로자가 OJT에 투자하지 않으면 실질 소득이 연령에 따라 변할 이유가 없으므로 두 계수는 0이 될 것이다.

　수백 개의 연구에서 민서의 소득함수가 미국뿐 아니라 (매우 다른 노동시장 제도를 가진 데서도) 대다수 국가의 연령-소득곡선을 비교적 정확히 나타낸다는 결론을 내렸다. 연령-소득곡선은 실제로 오목하며 고학력 근로자의 곡선은 더 위쪽에 위치한다. 또한 연구들에 의하면 임금률 변동의 약 3분의 1이 근로자 간 교육과 노동시장 경력의 차이에서 비롯된다고 한다. 그러므로 인적자본 모형은 소득분포의 결정요인을 이해하는 데 확실한 첫걸음이 된다.[12]

7-4　정책 응용 사례 : 훈련 프로그램

인적자본 모형의 가장 중요한 정책적 함의는 아마도 저숙련 근로자들을 훈련시킴으로써 그들의 경제적 후생을 크게 향상시킬 수 있다는 것이다. 1960년대 중반에 빈곤과의 전쟁 (War on Poverty)이 선포된 이후 많은 정부 프로그램이 불우한 근로자들에 대한 훈련을 보조하였는데, 그런 프로그램의 연방 지출은 이제 매년 40억 달러가 넘는다.[13] 높은 비용을 고려하면 프로그램이 목적한 바를 달성하고 있는지, 즉 교육생의 인적자본과 소득을 높이는지 확인하려는 연구가 많이 시도되었다는 것은 놀랍지 않다.[14]

　프로그램 평가는 다수의 어려운 개념적 문제를 제기한다. '처치' 전과 후의 교육생의 소득을 비교하면 프로그램의 효과를 측정할 수 있을 것처럼 보인다. 이런 형태의 사전 사후 비교 분석을 한 연구는 소득이 증가하였다고 보고하였다. 일반적으로 프로그램 전보다 프로그램 후 연간 300~1,500달러까지 훈련생의 소득이 올라갔다.[15]

12　학교 졸업 후 소득을 올리는 데 OJT의 중요성에 대한 반대된 증거로는 Burkhanettin Burusku, "Training and Lifetime Income," *American Economic Review* 96 (June 2006): 832–846을 보라.

13　(역주) 빈곤과의 전쟁은 당시 미국의 린든 B. 존슨 대통령이 1964년 1월 8일에 한 국정연설을 시작으로 전국적으로 19%에 달했던 빈곤율을 낮추기 위해 도입한 여러 법과 프로그램에 대한 비공식적 명칭이다.

14　James J. Heckman, Robert J. LaLonde, and Jeffrey A. Smith, "The Economics and Econometrics of Active Labor Market Programs," in Orley C. Ashenfelter and David Card, editors, *Handbook of Labor Economics*, vol. 3A, Amsterdam: Elsevier, 1999, pp. 1865–2097.

15　Orley C. Ashenfelter and David Card, "Using the Longitudinal Structure of Earnings to Estimate the Effect of

그러나 이런 계산이 별로 유용하지 않을 수 있다. 노동경제학의 다른 분석에서도 제기 되듯이 자기 선택의 문제가 분석을 어렵게 한다. 프로그램을 통해 소득이 가장 크게 증가 하고 '자기 발전'에 가장 많이 노력하는 근로자들만이 프로그램에 등록하고 처치를 받을 가능성이 높다. 따라서 무작위로 뽑히지 않은 이런 근로자들이 얻은 소득 증가로부터 훈 련 프로그램이 동기 부여된 근로자에게 어떤 영향을 미치는지는 알 수 있지만, 무작위로 뽑힌 저소득 근로자에게 어떤 영향을 줄지는 알 수 없다.

사회적 실험

이런 문제를 피하기 위해 프로그램 평가 방법론에 혁명적 변화가 있었다. 최근의 평가는 자연과학에 사용되는 실험적 방법과 유사한 무작위 실험 방법을 이용해 훈련 프로그램의 소득에 대한 영향을 추정한다. 이 실험에서 잠재적 훈련생은 무작위로 훈련 프로그램에 참가하도록 배정된다. 예를 들어 두 명 중 한 명의 지원자는 '처치군'에 배정되고(즉, 훈 련 프로그램에 등록되고) 나머지 지원자는 대조군이 되어 위약을 받는다(즉, 훈련을 받지 않는다).

NSW(National Supported Work Demonstration)[16]는 그런 실험의 좋은 예이다.[17] NSW 의 중요 목적은 불우한 근로자들을 근로경험과 상담이 제공되는 근로환경에 노출함으로 써 노동시장으로 쉽게 옮겨갈 수 있게 하는 것이었다. 자격을 갖춘 지원자들은 두 집단 중 하나에 무작위로 배정되었다. 처치군에 들어간 운 좋은 근로자는 NSW가 제공하는 모든 혜택을 받은 반면 대조군에 배정된 지원자는 어떤 혜택도 받지 못하고 스스로에게 맡겨졌 다. NSW는 처치집단의 지원자들에게 9~18개월 동안 일자리를 보장하였고 그 프로그램 이 끝나면 지원자는 정규 일자리를 찾아야 했다. 프로그램을 위해 지출된 비용은 참가자 당 약 1만 2,500달러(1998년 가치)였다.

〈표 7-1〉은 한 영향력 있는 NSW 프로그램의 평가 연구에 나온 내용을 요약한 것이다. 프로그램 혜택을 받은 근로자는 보통 훈련 전에는 연간 1,512달러 소득을 올렸던 반면 훈

Training Programs," *Review of Economics and Statistics* 67 (November 1985): 648–660 및 Burt Barnow, "The Impact of CETA Programs on Earnings: A Review of the Literature," *Journal of Human Resources* 22 (Spring 1987): 157–193.

16 (역주) NSW는 부양 자녀가 있는 저소득 가족 지원 대상자에게 근로경험과 훈련을 제공하는 프로그램이다.

17 Robert J. LaLonde, "Evaluating the Econometric Evaluations of Training Programs with Experimental Data," *American Economic Review* 76 (September 1986): 604–620. 실험 자료에 대한 다른 연구들에는 Stephen H. Bell and Larry L. Orr, "Is Subsidized Employment Cost Effective for Welfare Recipients? Experimental Evidence from Seven State Demonstrations," *Journal of Human Resources* 29 (Winter 1994): 42–61과 Alberto Abadie, Joshua D. Angrist, and Guido W. Imbens, "Instrumental Variables Estimates of the Effects of Training on the Quantiles of Trainee Earnings," *Econometrica* 70 (January 2002): 91–117이 있다. 훈련프로그램의 효과에 대한 국제적인 증거는 Laura Abramovsky, Erich Battistin, Emla Fitzsimons, Alissa Goodman, and Helen Simpson, "Providing Employers with Incentives to Train Low-Skilled Workers: Evidence from the UK Employer Training Pilots," *Journal of Labor Economics* 29 (January 2011): 153–193에서 찾을 수 있다

| 표 7-1 | 훈련생의 소득에 대한 NSW 프로그램의 영향(1998년 달러 가치) |

집단	훈련 전 연간소득(1975)	훈련 후 연간소득(1979)	차이
처치집단	1,512	7,888	6,376
대조군	1,481	6,450	4,969
이중차분	–	–	**1,407**

출처 : Robert J. LaLonde, "Evaluating the Econometric Evaluations of Training Programs with Experimental Data," *American Economic Review* 76 (September 1986): 604-620, Table 2.

런 이후에는 7,888달러의 소득을 올렸다. 따라서 훈련생은 보통 약 6,400달러의 소득 증가를 경험했다.

하지만 훈련생의 소득은 1975년과 1979년 사이 연령과 종합적 경제 환경의 변화 등 다른 이유로 변할 수 있었기 때문에 이러한 소득 증가가 훈련 프로그램의 효과를 추정하지 않는다. 따라서 NSW 프로그램의 순수 효과만을 분리해내기 위해서는 이런 관계없는 사건의 소득에 대한 영향을 걸러내야 한다. 대조군 근로자는 1975년에 1,481달러를 벌었고 1979년에는 6,450달러를 벌어 소득이 거의 5,000달러가 올라갔다. 근로자의 소득이 훈련 여부와 관계없이 5,000달러 증가했으므로 훈련 프로그램의 순수 효과는 이중차분된 값, 즉 약 1,400달러이다. 앞서 말했듯이 NSW 프로그램에 지원자당 약 12,500달러가 소요된다. 이는 투자에 대한 수익률이 약 10%임을 의미한다.

실험적 접근이 근로자 훈련 프로그램의 효과를 평가하는 표준 방식이 되었지만 그 방법론을 비판하는 사람들도 있다.[18] 예를 들어 처치군과 대조군이 진정한 실험을 정의하지 않을 수 있기 때문에 만약 프로그램이 전체 저소득층에 확대된다면 거기서 관찰할 소득의 순증가는 1,400달러가 아닐 수 있다. 훈련을 받는 데 관심 있는 사람들만이 훈련 기관에 일부러 가고 지원서를 작성한다. 그 결과 처치집단에 배정된 지원자 표본에 이미 자기 선택이 존재한다. 또한 처치집단에 배정된 사람 중에는 훈련받으러 오지 않은 이들도 있을 수 있는 반면, 대조군에 배정된 사람이 어떤 다른 형태의 훈련 프로그램에 (혹 다른 훈련 기관을 시도함으로써) 참여할 자격을 얻을 방법을 찾았을 수도 있다.

---

18 James J. Heckman and Jeffrey A. Smith, "Assessing the Case for Social Experiments," *Journal of Economic Perspectives* 9 (Spring 1995): 85-110. 노동경제학의 실험적 연구방법론에 대한 개관으로 John A. List and Imran Rasul, "Field Experiments in Labor Economics," in Orley Ashenfelter and David Card, editors, *Handbook of Labor Economics*, Vol. 4a, Amsterdam: Elsevier, 2011, pp. 103-228이 있다.

7-5 소득 불평등

지금까지 근로자가 교육과 직업훈련을 통해 소득의 현재가치를 극대화하는 인적자본량을 어떻게 얻는지를 보았다. 이 결정들은 필연적으로 근로자 간에 큰 임금격차를 초래한다.

[그림 7-4]는 2017년 미국의 전일제 남성 근로자의 주당 소득분포를 나타낸다. 평균 주당 임금은 1,062달러, 중앙값은 865달러였다. 임금분포는 두 가지 중요한 특성을 보여준다. 첫째, 불평등이 크다. 둘째, 분포 양쪽 끝이 비슷한 모양인 대칭형이 아니다. 대신 오른쪽 끝이 긴 왜도가 양수인 분포이다. 왜도가 양수인 소득분포(positively skewed income distribution)는 다수의 근로자가 상대적으로 낮은 임금을 받고 최상위에 있는 소수의 근로자가 총보상 중에서 불균형하게 큰 몫을 받는다는 걸 의미한다.

〈표 7-2〉가 보여주듯이 소득분포의 모양은 국가 간에 큰 차이가 있다. 미국에서는 가계의 상위 10%가 총소득의 30%를 얻고 벨기에의 경우는 22%, 독일은 25%, 과테말라는 42%를 얻는다. 이와 비슷하게 미국의 하위 10% 가계는 총소득의 2%밖에 얻지 못한다. 노르웨이에서는 가장 가난한 가계들이 총소득의 4%를 얻지만 과테말라에서는 1%만을 얻는다.

그림 7-4 **미국의 임금분포, 2017**

출처 : U.S. Bureau of Labor Statistics, *Current Population Survey, Outgoing Rotation Group, 2017.*

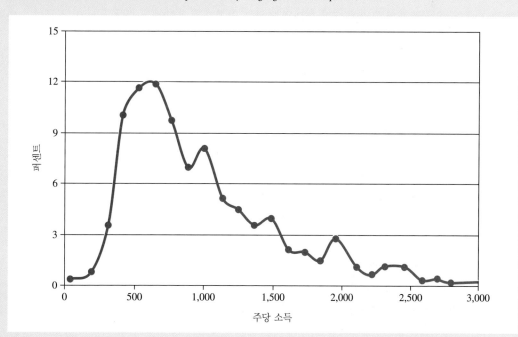

표 7-2	소득분포의 국제적 차이	
국가	총소득 가운데 하위 10% 가계 소득의 비율(%)	총소득 가운데 상위 10% 가계 소득의 비율(%)
호주	3	27
오스트리아	3	24
벨기에	3	22
캐나다	2	25
칠레	2	36
도미니카 공화국	2	37
프랑스	3	26
독일	3	25
과테말라	1	42
헝가리	3	24
인도	4	30
이스라엘	2	30
이탈리아	2	26
멕시코	2	39
노르웨이	4	21
스웨덴	3	22
영국	3	25
미국	2	30

출처 : World Bank, World Development Indicators, 2017. 대부분 국가의 통계치는 2013년 기준임.

임금분포의 모양에 대한 현대의 연구는 인적자본 모형에서 출발한다. 이 접근법이 인기 있는 이유는 실제 임금분포의 몇 가지 주요 특성을 이해하는 데 도움이 되기 때문이다. 인적자본 모형에서는 남들보다 많은 인적자본을 축적하는 근로자들이 있을 뿐 아니라 젊은 근로자는 (소득을 포기하면서) 인적자본을 축적하는 반면에 나이 많은 근로자는 지난 투자의 수익을 거두고 있기 때문에 임금격차가 생겨난다.

인적자본 모형에 따르면 임금분포의 왜도는 양수일 것이다. 근로자는 투자의 한계수익률이 할인율과 같아지는 지점까지 인적자본에 투자한다. 이 중단 규칙은 전체 인구의 능력의 분포가 대칭적이더라도 왜도가 양인 임금분포를 초래한다. 예를 들어 노동력의 3분의 1이 낮은 능력의 근로자이고 3분의 1이 중간 능력의 근로자 그리고 나머지 3분의 1이 높은 능력의 근로자로 구성되어 있다고 하자. 또한 모든 근로자의 할인율이 같다고 하자.

[그림 7-5]는 각 그룹의 근로자의 투자 결정을 보여준다. MRR_L 곡선은 낮은 능력 근로자의 한계수익률 곡선이다. 이 그룹은 H_L 단위의 인적자본을 취득할 것이다. 유사하게 중간 능력 근로자의 한계수익률 곡선은 MRR^*이고 그들은 H^* 단위의 인적자본을 취득한다. 높은 능력의 근로자의 한계수익률 곡선은 MRR_H이며 H_H 단위의 인적자본을 취득할 것이다. 그러면 높은 능력의 근로자는 낮은 능력의 근로자보다 두 가지 이유로 더 높은 임

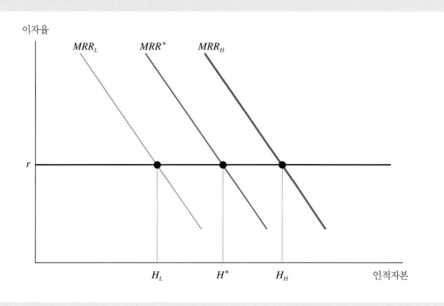

그림 7-5   능력의 차이가 왜도가 양수인 분포를 만들어낸다

낮은 능력의 근로자는 한계수익률 곡선이 MRR_L이고 인적자본 H_L 단위를 취득한다. 높은 능력의 근로자는 한계수익률 곡선이 MRR_H이고 인적자본 H_H 단위를 취득한다. 높은 능력의 근로자가 낮은 능력의 근로자보다 소득이 높은 이유는 능력도 더 좋고 인적자본도 더 많이 취득하기 때문이다. 능력과 취득한 인적자본 간 정의 상관관계가 임금 분포의 윗부분을 '밀어 올려서' 왜도가 양수인 분포를 초래한다.

금을 받게 된다. 우선 모든 그룹이 같은 양의 인적자본을 취득하여도 높은 능력의 근로자는 더 높은 임금을 받을 것이다. 능력 자체가 생산성과 소득을 높이기 때문이다. 게다가 높은 능력의 근로자는 낮은 능력의 근로자보다 더 많은 인적자본을 취득하기 때문에 소득이 더욱 높아진다. 달리 말해서 능력과 인적자본 투자 간 정의 상관관계가 상위 임금을 '밀어 올려서' 왜도가 양수인 소득분포를 초래한다.

7-6   불평등도의 측정

불평등도의 측정은 보통 얼마나 많은 소득을 인구의 특정 부분이 차지하는지에 대한 계산에 기초한다.[19] 모든 가계를 소득수준이 가장 낮은 가계부터 가장 높은 가계까지 순위를

---

19 Daniel J. Slottje, *The Structure of Earnings and the Measurement of Income Inequality in the U.S.* Amsterdam: Elsevier, 1989.

매긴다고 하자. 이제 가계들을 같은 크기의 5개 집단으로 나누자. 첫 번째 5분위 집단에는 소득이 가장 낮은 가계 20%가 들어가고 다섯 번째 5분위 집단에는 소득이 가장 높은 가계 20%가 들어간다. 각 5분위 집단의 소득이 얼마인지 계산하자. 만약 모든 가계의 소득이 같다면, 즉 완벽한 소득 평등을 이룬다면 첫 번째 5분위 집단이 총소득의 20%, 두 번째 5분위 집단이 20%, 세 번째 5분위 집단이 20% 등등을 차지할 것이다.

집단별 소득의 누적비중을 그려서 소득 자료를 간단히 요약할 수 있다. 완벽히 평등한 경우 [그림 7-6]의 직선 *AB*가 될 것이다. 이 직선은 총소득의 20%를 하위 20% 가계가 얻고 40%의 소득은 하위 40% 가계가 얻고 60%의 소득은 하위 60% 가계가 얻음을 보여준다. 직선 *AB*를 로렌츠 곡선(Lorenz curve)이라고 한다. 로렌츠 곡선은 5분위 집단별 소득의 누적비중을 나타낸다. '완전 평등' 로렌츠 곡선은 45° 각도의 직선이어야 한다.

〈표 7-3〉은 2010년의 미국 가계 소득의 실제 분포를 보여준다. 하위 20% 가계는 총소득의 3.4%를 벌었고 다음 5분위 집단은 8.6%를 벌었다. 그러면 하위 두 5분위 집단의 소득의 누적비중은 12.0%가 되어야 한다. 모든 5분위 집단의 소득의 누적비중은 당연히 1.0이 된다.

[그림 7-6]은 실제 소득분포에서 유도된 로렌츠 곡선도 보여준다. 실제 로렌츠 곡선은

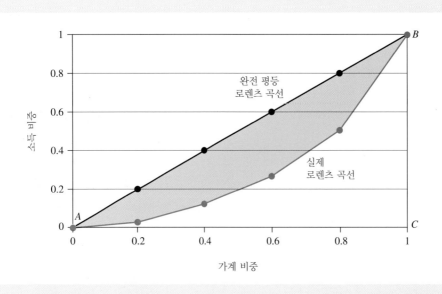

그림 7-6 로렌츠 곡선과 지니 계수

'완전 평등' 로렌츠 곡선은 직선 AB이며 가계의 각 5분위 집단이 총소득의 20%씩을 얻음을 나타낸다. 실제 소득분포를 보여주는 로렌츠 곡선은 그 아래 놓인다. 삼각형 *ABC*의 면적 대비 색깔이 칠해진 면적의 비율이 지니 계수이다.

| 표 7-3 | 2010년 소득분포의 5분위 집단별 가계 총소득의 비중 |

5분위 집단	소득 비중	소득의 누적 비중
첫 번째	0.034	0.034
두 번째	0.086	0.120
세 번째	0.147	0.267
네 번째	0.233	0.500
다섯 번째	0.500	1.000

출처 : U.S. Bureau of the Census, Income, Poverty, and Health Insurance Coverage in the United States : 2010, Table 3 ; http://www.census.gov/prod/2010pubs/p60-238.pdf.

완전 평등 로렌츠 곡선의 아래에 위치한다. 로렌츠 곡선의 정의상 소득분포의 불평등이 심할수록 실제 로렌츠 곡선은 45°각도의 직선에서 멀어지게 된다. '완전 불평등한'세상 이라면 로렌츠 곡선은 알파벳 L이 거울에 비춰진 모습처럼 보일 것이다. 즉, 수평축에 따라 평평하게 놓여 가계 80%가 소득의 0%를 얻고 끝에서 치솟아 올라 가계의 100%가 소득의 100%를 얻게 된다.

로렌츠 곡선의 정의로부터 완전 평등 로렌츠 곡선과 실제 로렌츠 곡선 간 어둡게 칠한 부분이 불평등도를 측정하는 데 사용될 수 있음을 알 수 있다. 사실 지니계수(Gini coefficient)를 다음과 같이 정의한다.

$$지니계수 = \frac{칠한\ 면적}{삼각형\ ABC의\ 면적} \tag{7-8}$$

[그림 7-6]에서 지니계수는 삼각형 ABC의 면적 대비 칠한 면적의 비율이다.[20] 소득의 실제 분포가 완전히 평등하면 지니계수가 0이 되고 완전히 불평등하면(즉, 가장 높은 5분위만 소득이 있을 때) 1이 될 것이다. [그림 7-6]의 여러 삼각형과 직사각형의 면적을 구하고 식 (7-8)을 적용하면 2010년의 지니계수가 0.43임을 쉽게 알 수 있다.

지니계수의 상승은 소득 불평등이 커짐을 나타내지만 소득분포의 전체 형태를 하나의 숫자로 요약함으로써 간과되는 미묘한 부분이 있다. 예를 들어, 최하위 5분위에서 최상위 5분위로 소득이 이동하는 경우를 생각해보자. 이렇게 소득이 이동하면 분명히 지니계수가 올라간다. 그러나 두 번째와 세 번째 5분위에서 최상위 5분위로 소득이 얼마간 이동하는 경우에도 지니계수는 같은 정도로 상승할 수 있다. 이 두 경우에 지니계수의 상승 정도는 같지만 소득의 재분배는 동일하지 않다.

이런 모호함 때문에 불평등을 측정하는 다른 방법도 자주 사용된다. 흔히 사용되는 측정법 두 가지는 90~10 백분위 간 임금격차(90~10 wage gap)와 50~10 백분위 간 임금격

----

20 삼각형 ABC의 면적은 0.5임을 주목하라.

차(50~10 wage gap)이다. 90~10 백분위 간 임금격차는 소득분포의 90번째 백분위에 해당하는 근로자와 10번째 백분위에 해당하는 근로자 간 임금의 비율적 차이이다. 90~10 백분위 간 임금격차에서 소득분포의 범위에 대한 감을 잡을 수 있다. 50~10 백분위 간 임금격차는 소득분포의 50번째 백분위에 해당하는 근로자와 10번째 백분위에 해당하는 근로자 간 임금의 비율적 차이이다. 50~10 백분위 간 임금격차에서 '중산층'과 저소득 근로자 간 불평등에 대한 감을 얻을 수 있다.

7-7 변화하는 임금분포

많은 연구가 1980년대와 1990년대에 미국의 임금분포가 극적으로 변했음을 보여주었다.[21] 피할 수 없는 한 결론은 임금분포의 불평등이 크게 증가하였다는 것이다. 특히,

- 분포의 상하 간 임금격차가 커졌다.
- 학력 집단 간, 연령 집단 간 임금격차가 커졌다.
- 인구 집단과 숙련 집단 내 임금격차가 커졌다. 학력, 나이, 성별, 직종, 업종이 같은 근로자의 임금분포가 1970년대 후반기보다 1990년대 중반기에 더 불평등해졌다.

이 절에서는 임금분포의 이런 변화 몇 가지를 간략히 살핀다. [그림 7-7a]는 지니계수의 추이를 보여준다. 지니계수는 1930년대부터 1950년까지 지속적으로 하락했다. 그리고서 1970년경까지 상대적으로 안정되었다가 급격히 증가하기 시작했다.

[그림 7-7b]는 임금 불평등이 커진 한 직접적 원인이 교육의 수익률이 크게 올라갔기 때문임을 보여준다. 그림은 대졸자와 고졸자 간 임금격차의 비율을 보여준다. 이 임금격차는 1960년대부터 1971년경까지 약간 커졌다. 그 후 1979년 정도까지 하락하였다가 '크게 U-턴'을 그리며 매우 빠르게 상승하기 시작했다. 1979년에 대졸자의 소득이 고졸자의 소득보다 47% 더 높았는데 2001년에 이르러서는 소득격차가 90%가 되었다. 학력 간 임금격차를 숙련의 수익률의 측정치로 이해한다면 미국 경제의 구조적 변화가 숙련에 대한 보상의 역사적 증가를 초래한 것으로 보인다.

학력 집단 간만 아니라 정밀하게 나눈 숙련 집단 내에서도 임금 불평등이 커졌다는 강한 증거가 있다. [그림 7-7c]는 나이, 학력, 성별, 인종이 같은 근로자 집단 내 90~10 백

---

21 주요 연구로는 Lawrence F. Katz and Kevin M. Murphy, "Changes in Relative Wages, 1963-1987: Supply and Demand Factors," *Quarterly Journal of Economics* 107 (February 1992): 35-78; Kevin M. Murphy and Finis Welch, "The Structure of Wages," *Quarterly Journal of Economics* 107 (February 1992): 285-326 및 Chinhui Juhn, Kevin M. Murphy, and Brooks Pierce, "Wage Inequality and the Rise in Returns to Skills," *Journal of Political Economy* 101 (June 1993): 410-442 등이 있다. 관련 연구는 Lawrence F. Katz and David H. Autor, "Changes in Wage Structure and Earnings Inequality," in Orley Ashenfelter and David Card, editors, *Handbook of Labor Economics*, vol. 3A, Amsterdam: Elsevier, 1999, pp. 1463-1555에 요약되어 있다.

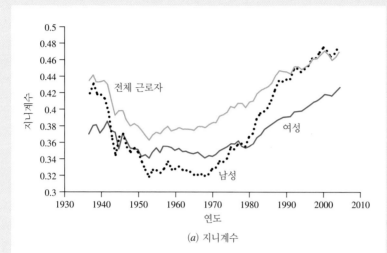

(a) 지니계수

(b) 대졸자와 고졸자 간 임금 격차

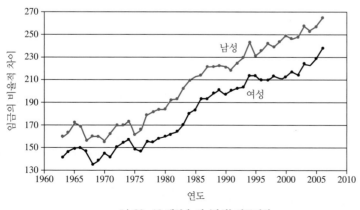

(c) 90~10 백분율 간 '잔차' 임금격차

그림 7-7

미국의 소득 불평등

출처 : (a) Wojciech Kopczuk, Emmanuel Saez, and Jae Song, "Earnings Inequality and Mobility in the United States from Social Security Data Since 1937," *Quarterly Journal of Economics* 125 (February 2010): 91-128와 (b) and (c) David H. Autor, Lawrence F. Katz, and Melissa S. Kearney, "Trends in U.S. Wage Inequality: Revising the Revisionists," *Review of Economics and Statistics* 90 (May 2008): 300-323.

분위 간 임금격차의 추이를 보여준다. 이 '잔차' 임금 불평등의 척도는 1970년대부터 놀랍도록 상승하는 경향을 보였다.[22]

요약하면 1970년대 중반의 어느 시점부터 미국의 노동시장에서 숙련 집단 내와 숙련 집단 간 임금 불평등이 모두 빠르게 커지기 시작하였다. 이것은 20세기 후반에 일어났던 가장 중요한 경제적 사건 중 하나이다.

7-8 정책 응용 사례 : 임금 불평등이 왜 커졌는가

임금 불평등이 커진 사실은 잘 알려져 있지만 왜 이렇게 되었는지에 대해서는 아직 논란이 많다. 많은 학자들이 임금분포가 역사적으로 바뀐 이유를 설명할 수 있는 결정적 증거를 찾아 나섰지만 성공하지 못했다. 불평등이 커진 것을 전부 혹은 대부분이라도 설명할 수 있는 하나의 요소는 없는 것 같다. 그보다는 경제적 '기초'와 노동시장의 제도적 요인들이 동시에 변한 것이 불평등을 심화시킨 것으로 보인다.

불평등의 심화를 설명하려고 하는 대부분의 연구는 노동수요와 노동공급곡선의 이동이 불평등을 어떻게 그리 심화시킬 수 있는지를 보여주는 간단한 모형을 사용한다.[23] 단순하게 노동시장에 숙련과 미숙련 근로자 두 종류만 있다고 하자. 또한 기업의 생산함수가 대체탄력성이 일정한(Constant Elasticity of Substitution, CES) 생산함수라고 하자. 자본투입을 무시하고 CES 생산함수는 생산량을 숙련 근로자의 숫자 L_S와 미숙련 근로자의 숫자 L_U의 함수로 나타낸다.

$$Q = \left[\alpha L_S^{\delta} + (1 - \alpha) L_U^{\delta}\right]^{1/\delta} \tag{7-9}$$

CES 생산함수가 수학적으로 복잡하기는 하지만 숙련 근로자와 미숙련 근로자 사이의 임금격차를 결정하는 요소를 살펴보는 데 유용하다. 약간의 미분을 거치면 CES 생산함수에서 유도되는 한계생산성의 조건을 다음과 같이 쓸 수 있다.[24]

$$\log\left(\frac{w_S}{w_U}\right) = b_0 - b_1 \log\left(\frac{L_S}{L_U}\right) \tag{7-10}$$

식 (7-10)은 숙련 근로자의 상대적 임금(즉 $\log w_S/w_U$)과 상대적 숫자(즉 $\log L_S/L_U$) 사이

22 정밀하게 나눈 직종과 업종 집단 내에서까지도 소득 불평등이 증가하였다. Pedro Carneiro and Sokbae Lee, "Trends in Quality-Adjusted Skill Premia in the United States, 1960-2000," *American Economic Review* 101 (October 2011): 2309-2349를 보라.

23 Katz and Murphy, "Changes in Relative Wages, 1963-1987: Supply and Demand Factors"; Murphy and Welch, "The Structure of Wages"; and David Card and Thomas Lemieux, "Can Falling Supply Explain the Rising Return to College for Younger Men," *Quarterly Journal of Economics* 116 (May 2001): 705-746을 보라.

24 숙련 근로자에 대한 한계생산성 조건은 $w_S = \partial Q/\partial L_S = \alpha \delta Q^{1-\delta} L_S^{\delta-1}$이고 미숙련 근로자에 대한 한계생산성 조건은 $w_U = \partial Q/\partial L_U = (1-\alpha)\delta Q^{1-\delta} L_U^{\delta-1}$이다. 두 한계생산성 조건의 비율에 로그를 취하면 식 (7-10)이 나온다.

의 관계를 나타낸다. 즉, 숙련 근로자에 대한 상대적 수요곡선(relative demand curve)의 식이다. CES 생산함수에서 유도된 상대적 수요곡선은 우하향하는 직선이다. 숙련 근로자가 상대적으로 많을수록 상대적 임금은 하락한다.

[그림 7-8]은 기본 모형을 보여준다. 단순화를 위해 숙련 근로자의 상대적 공급이 완벽하게 비탄력적이고 그 초기 비중이 p_0라고 하자. 다시 말해 숙련 근로자와 미숙련 근로자 간 임금의 비율적 차이와 무관하게 근로자 중 일정 비율이 숙련 근로자이다. 초기의 상대적 공급곡선과 수요곡선은 각각 S_0와 D_0이다. 경쟁적 노동시장의 균형점은 A이다. 균형에서 근로자 중 숙련근로자의 비중은 p_0이고 상대적 임금은 r_0이다.

경제 환경이 변해 숙련 근로자와 미숙련 근로자 간 임금격차가 커지는 길은 두 가지이다. 하나는 숙련 근로자의 숫자가 상대적으로 줄어들며 공급곡선이 왼쪽으로 이동하여 그

그림 7-8　공급과 수요곡선의 이동에 따른 임금분포의 변화

우하향 수요곡선은 숙련 근로자의 상대적 임금이 높아지면 고용주가 숙련 근로자를 상대적으로 적게 고용함을 의미한다. 완벽히 비탄력적인 공급곡선은 숙련 근로자의 상대적 숫자가 고정되어 있음을 나타낸다. 처음에는 노동시장이 A점에서 균형을 이룬다. 숙련 근로자의 상대적 공급곡선이 S_1으로 이동하면 상대적 임금은 내려갈 것이다. 상대적 수요곡선이 바깥쪽으로 크게 이동했을 때에만 (C점으로) 상대적 임금이 오를 수 있다.

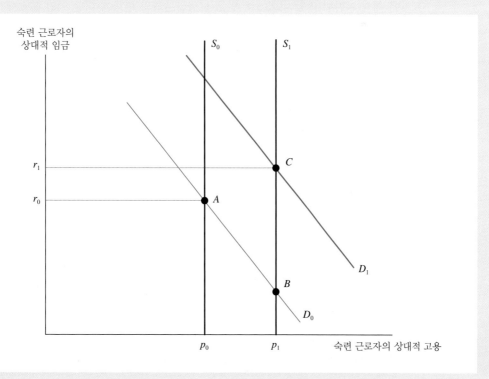

들의 상대적 임금이 올라가는 것이다. 둘은 숙련 근로자에 대한 수요가 상대적으로 올라가면서 수요곡선이 오른쪽으로 이동해 그들의 상대적 임금이 올라가는 것이다.

사실 최근 수십 년간 미국에서 숙련 근로자의 숫자가 상대적으로 크게 증가하면서 상대적 공급곡선이 오른쪽으로 (S_1으로) 이동했다. 이러한 공급 변화는 노동시장을 균형점 B로 이동시키며 숙련 근로자의 상대적 임금을 낮아지게 했을 것이다. 따라서 실제로 일어났던 형태의 공급곡선의 이동으로는 숙련 근로자의 상대적 임금이 왜 그렇게 빠르게 상승했는지 설명할 수 없다.

[그림 7-8]에 나타난 모형에 의하면 숙련 근로자의 상대 임금이 오르기 위해서는 상대적 수요곡선이 우측, 즉 D_1으로 이동했어야만 한다. 수요 이동의 폭이 충분히 크다면 최종 균형이 되는 C점은 숙련 근로자 비율이 증가한 동시에 숙련과 미숙련 근로자 간 임금 격차가 더 커졌다는 특징을 보이게 된다.

따라서 숙련 근로자의 상대적 임금이 빠르게 상승한 이유를 이해하려면 그들에 대한 상대적 수요를 증가시킨 요소를 찾아내야 한다. 어떤 의미에서 숙련 근로자의 상대적 수요와 공급곡선이 최근에 모두 오른쪽으로 이동하는 경쟁을 하고 있었다. 임금 불평등이 심화된 것을 보면 수요곡선이 경쟁에서 '이겼던' 것으로 보인다. 즉, 숙련 근로자에 대한 상대적 수요가 상대적 공급보다 더 빠르게 커졌다. 불평등의 심화를 어떻게 설명할 수 있을지에 대해 논란이 많았지만 기존 연구는 임금분포의 변화에 대한 어떤 분석에서든 '의심할만한' 몇 가지 변수를 찾아내었다.

공급곡선의 이동

1980년대와 1990년대에 일어난 임금 불평등의 심화를 숙련 근로자의 상대적 공급의 변화로 설명할 수 없다. 그 기간에 숙련 근로자의 공급이 준 것이 아니라 늘었기 때문이다. 그렇지만 1980년 전에 일어난 임금구조 변화의 일부는 공급곡선의 이동 때문일 수 있다.

1960년대와 1970년대에 교육을 잘 받은 베이비붐 세대가 노동시장에 들어가면서 당시 대학졸업자의 상대적 공급이 증가하였다. 1960년에서 1980년 사이 근로자 중 대졸자의 비중이 9.3%에서 17.9%로 두 배가 되었다. [그림 7-7b]가 보여주듯이 1970년대 내내 대졸자의 상대적 임금이 하락하였는데 이는 베이비붐 세대의 공급 충격이 10년 동안 대학 교육의 수익을 떨어뜨렸음을 시사한다.[25]

많은 주목을 받은 최근의 공급 이동은 이민자의 증가이다. 1970년에서 2010년 사이에 인구 중 외국 출생자의 비중이 4.7%에서 12.9%로 증가하였다. 상대적 수요곡선의 식 (7

---

25 Finis Welch, "Effects of Cohort Size on Earnings: The Baby Boom Babies' Financial Bust," *Journal of Political Economy* 87 (October 1979, Part 2): S65-S97 및 Richard B. Freeman, *The Overeducated American*, New York: Academic Press, 1976.

-10)에 의하면 유입된 이민자가 본토박이 근로자와 같은 숙련 구성을 갖는다면 이민자로 인한 공급 이동은 숙련과 미숙련 근로자의 상대적 임금에 영향을 주지 않을 것이다. 이민자 유입이 숙련 근로자의 상대적 공급을 바꾸지 않기 때문이다. 그러나 1979~1995년 사이 이민자들이 사실은 고등학교 중퇴자의 공급을 20.7% 증가시켰지만 고등학교 졸업 이상의 근로자 공급은 4.1%밖에 증가시키지 않은 것으로 나타났다.[26]

따라서 이민에 따른 공급 이동은 숙련 분포의 최하층에 있는 근로자의 숫자를 상대적으로 크게 늘렸다(즉, 그림 7-8의 공급곡선을 왼쪽으로 이동시켰다). 고등학교 졸업자에 비해 고등학교 중퇴자의 임금은 1979~1995년 기간 동안 14.9% 하락했다. CES 모형에 따르면 이 하락폭의 3분의 1은 아마도 미숙련 이민자의 상대적 증가 때문일 수 있다.

따라서 1970년대에 베이비붐 세대 중 대졸자가 노동시장에 들어온 것이나 미숙련 이민자의 숫자가 늘어난 일과 같은 상대적 공급곡선의 이동이 임금분포의 변화를 어느 정도 설명할 수 있다. 하지만 공급 이동만으로 임금 불평등이 전체적으로 심화된 것을 설명하지 못한다. 고졸자 대비 대졸자의 수가 1980년대 이후에도 계속 증가함과 동시에 대졸자의 상대적 임금도 상승했다. 게다가 숙련도가 같은 그룹 내에서 임금 불평등이 증가한 일은 이민과 별 관계가 없을 것이다. 요약하면, 상대적 수요곡선의 이동이 주도적 역할을 하였다고 하지 않고는 임금 불평등의 증가를 완전히 설명할 수 없다.

국제 무역

숙련 근로자에 대한 상대적 수요가 증가한 부분적 원인은 경제의 국제화가 심화되어 많은 미국 근로자들이 외국 근로자들과 경쟁하게 되었기 때문일 수 있다.[27] 당연한 일이지만 미국은 수입한 것과 다른 종류의 물품을 수출한다. 수입이 많은 산업에 고용된 근로자는 저숙련 근로자, 수출이 많은 산업의 근로자는 고숙련 근로자인 경향을 보인다.

그렇다면 수출이 늘어나고 더더욱 빠르게 수입도 증가하면서 미국 경제가 국제화된 것이 숙련 근로자의 상대 수요에 긍정적 영향을 주었을 것이다. 미국의 숙련 근로자가 생산하는 종류의 상품에 대한 해외 소비자들의 수요가 증가하면서 숙련 근로자에 대한 수요가 높아졌다. 수입품에 대한 미국 소비자들의 수요가 증가하여 국내 기업들의 미숙련 근로자에 대한 수요가 줄어들었다. 따라서 국제무역의 영향은 [그림 7-8]에서 상대적 노동수요곡선이 바깥쪽으로 이동하는 형태의 그래프로 표현될 수 있다.

수입으로 가장 큰 타격을 받은 근로자들은 집중도가 높고 노동조합이 결성돼 있으며 상

---

[26] George J. Borjas, Richard B. Freeman, and Lawrence F. Katz, "How Much Do Immigration and Trade Affect Labor Market Outcomes?" *Brookings Papers on Economic Activity* (1997): 1-67.

[27] Kevin M. Murphy and Finis Welch, "The Role of International Trade in Wage Differentials," in Marvin Kosters, editor, *Workers and Their Wages, Washington*, D.C.: AEI Press, 1991, pp. 39-69.

대적으로 임금이 높았던 (자동차와 철강 산업 같은) 제조업에서 일하고 있었다.[28] 산업 집중도가 높았다는 것은 수익성이 높았음을 의미한다. 노동조합이 결성되어 있었기 때문에 단체협약에 의해 근로자들은 이윤을 주주와 배분하였다. 외국에서 경쟁사들이 그 시장에 들어오면서 미국 근로자에게 돌아갔던 '초과' 임금의 일부가 해외로 이전되었다. 더군다나 그런 산업에서 해고가 일어나자 영향을 받은 많은 근로자가 노동시장에서 노동조합이 없고 경쟁적인 부문으로 옮겨가서 경쟁시장에서의 임금을 끌어 내렸다.

임금분포 변화에 해외 무역이 얼마나 영향을 미쳤는지 측정하고자 한 연구가 많았다. 최근의 상당수의 영향력 있는 연구에서 '무역 효과'의 존재가 강하게 제시되었는데, 특히 미국과 중국 사이의 무역에서 그러하였다. 중국에서 수입의 증가로 지역에서 제조업의 임금이 평균 약 1% 감소한 것으로 보인다.[29]

숙련편향적 기술변화

최근 수십 년간 기술의 발전으로 미숙련 근로자와는 좋은 대체관계이나 숙련 근로자와는 보완관계인 자본의 기반구조가 만들어졌다고 하자. 예를 들어 직장에 PC가 도입된 것이 숙련 근로자의 생산성을 특히 높였을 수 있다. 숙련편향적 기술변화(skill-biased technological change)라고 불리는 이런 기술 변화는 숙련 근로자에 대한 수요를 증가한 동시에 미숙련 근로자에 대한 수요를 감소했을 것이다. 그러면 숙련편향적 기술변화에 의해 [그림 7-8]에서 나타나듯이 상대적 노동 수요곡선이 바깥쪽으로 이동했을 수 있다.[30]

숙련편향적 기술변화가 임금 불평등의 증가를 얼마나 설명할 수 있는지에 대해 논란이 있다. 이 가설이 미국에서 임금 불평등이 늘어난 것의 대부분을 설명할 수 있다고 주장하는 학자들도 있다.[31] 그러나 임금분포 변화와 연결시킬 수 있는 숙련편향적 기술변화의 통

28 George J. Borjas and Valerie A. Ramey, "Foreign Competition, Market Power, and Wage Inequality," *Quarterly Journal of Economics* 110 (November 1996): 1075-1110.

29 David H. Autor, David Dorn, and Gordon H. Hanson, "The China Syndrome: Local Labor Market Effects of Import Competition in the United States," *American Economic Review* 103 (October 2013): 2121-2168 및 David Autor, David Dorn, Gordon Hanson, and Jae Song, "Trade Adjustment: Worker Level Evidence," *Quarterly Journal of Economics* 129 (November 2014): 1799-1860.

30 Ann P. Bartel and Nachum Sicherman, "Technological Change and Wages: An Interindustry Analysis," *Journal of Political Economy* 107 (April 1999): 285-325, Stephen Machin and John Van Reenen, "Technology and Changes in Skill Structure: Evidence from Seven OECD Countries," *Quarterly Journal of Economics* 113 (November 1998): 1215-1244, 및 Mark Doms, Timothy Dunne, and Kenneth Troske, "Workers, Wages, and Technology," *Quarterly Journal of Economics* 112 (February 1997): 217-252. 관련 연구에 대한 요약으로는 Daron Acemoglu, "Technical Change, Inequality, and the Labor Market," *Journal of Economic Literature* 40 (March 2002): 7-72가 있다.

31 John Bound and George Johnson, "Changes in the Structure of Wages in the 1980s: An Evaluation of Alternative Explanations," *American Economic Review* 82 (June 1992): 371-392 및 Eli Berman, John Bound, and Zvi Griliches, "Changes in the Demand for Skilled Labor within U.S. Manufacturing Industries: Evidence from the Annual Survey of Manufacturing," *Quarterly Journal of Economics* 109 (May 1994): 367-398.

용되는 척도는 없다. 예를 들어 어떤 연구들은 '잔차' 방법론을 사용한다. 다시 말해 공급의 이동, 이민, 무역 등의 영향을 고려한 뒤 설명되지 않은 나머지 부분을 숙련편향적 기술변화에 돌린다. 이 접근법은 우리가 아직 생각해내지 못했거나 측정하기 어려운 변수의 영향을 숙련편향적 기술변화의 영향으로 돌릴 수 있기 때문에 완전히 만족스럽지 않다.

또한 임금 불평등이 심화된 시점을 숙련편향적 기술변화 가설로 설명하기가 어려울 수 있다.[32] 임금 불평등이 커진 현상의 대부분은 1980년대에 일어난 반면에 정보 혁명은 1990년대와 그 후에도 계속되었다(그리고 아마도 더 빨라졌다).

게다가 임금 불평등의 시계열 자료에 1990년대 동안의 불평등의 증가가 실제보다 과장되는 경향을 보이는 문제가 있다. 이 문제를 어떻게 다루는가에 따라 1990년대에 숙련 그룹 내에서의 불평등이 약간 감소했을 수도 있다. 기술적 변화가 1980년대에는 숙련 근로

이론의 현장 적용   컴퓨터와 연필과 임금분포

1984년에는 미국 근로자의 25%만이 일할 때 컴퓨터를 사용했다. 1997년에 이르러 반 정도가 컴퓨터를 사용하게 되었다. 일터에 컴퓨터가 빠르게 도입된 사실은 고학력 근로자에게 특히 중요했다. 1997년에 고등학교 중퇴자의 11%만 직장에서 컴퓨터를 사용했던 데 비해 대학 졸업생의 75%가 컴퓨터를 사용했다.

직장에서 컴퓨터를 사용하는 근로자가 그렇지 않은 이들에 비해 소득이 높다. 1989년에는 컴퓨터를 사용하는 근로자와 사용하지 않은 근로자 간 18%가량 임금 차이가 났다. 이 임금격차를 '컴퓨터 사용에 대한 수익', 즉 직장에서 근로자가 컴퓨터를 쓰기 시작했을 때 근로자의 소득 증가분으로 해석한다고 하자. 숙련 근로자가 직장에서 컴퓨터를 사용할 확률이 훨씬 높기 때문에 정보 혁명이 숙련과 미숙련 근로자 간 임금 차이를 크게 한 중요 원인일 수 있을 것이다. 실제로 이 상관관계를 숙련편향적 기술변화가 1980년대와 1990년대 미국에서 나타난 불평등 심화에 중요한 역할을 했다는 가설의 중요한 증거로 삼는 일이 자주 있다.

하지만 컴퓨터를 쓰고 쓰지 않는 근로자 간 18%의 임금격차가 직장에서 컴퓨터를 사용하는 데 따른 보상과는 별 상관이 없을 수 있다. 그보다는 오히려 고용주가 일부 가장 생산적인 근로자에게 컴퓨터를 배정하도록 선택한 결과에 불과할 수 있다. 그렇다면 18% 임금격차를 컴퓨터 사용에 대한 수익으로 해석할 수 없게 된다. 단순히 두 그룹의 근로자 간 이미 존재했던 생산성 차이를 측정하는 것일 뿐이다.

이 대체 해석의 증거는 독일 노동 시장에서 찾아볼 수 있다. 그곳에서는 직장에서 연필을 사용하는 근로자가 그렇지 않은 근로자보다 소득이 약 14% 더 많은 것으로 나타난다. 분명히 누구도 직장에서 연필을 사용하는 것, 그리고 연필을 사용하는 사람과 그렇지 않은 사람 간 임금격차가 숙련편향적 기술변화의 증거가 된다고 주장하지는 않을 것이다.

출처 : David H. Autor, Lawrence F. Katz, and Alan B. Krueger, "Computing Inequality : How Computers Changed the Labor Market," *Quarterly Journal of Economics* 113(November 1998) : 1169–1213 및 John DiNardo and Jörn-Steffen Pischke, "The Returns to Computer Use Revisited : Have Pencils Changed the Wage Structure Too?" *Quarterly Journal of Economics* 112 (February 1997) : 291–303.

---

32 David Card and John E. DiNardo, "Skill-Biased Technological Change and Rising Wage Inequality : Some Problems and Puzzles," *Journal of Labor Economics* 20 (October 2002) : 733–783 및 Thomas Lemieux, "Increasing Residual Wage Inequality : Composition Effects, Noisy Data, or Rising Demand for Skill?" *American Economic Review* 96 (June 2006) : 461–498.

자에게 좋은 쪽으로 편향되어 있었다가 1990년대에는 숙련 근로자에게 불리하도록 편향 되었다고 믿지 않는다면 기술변화를 통해 그 변동을 설명하기가 어려울 것이다.

요약하자면 숙련편향적 기술변화 가설이 가장 많이 받아들여지는 임금분포 변화의 설 명이었지만 (그리고 지금도 그렇지만) 아직 만족스럽게 해결되지 않은 여러 문제가 있다.

노동시장의 제도

미국 노동시장에서 노동조합의 중요성이 꾸준히 줄어들었다. 1973년에는 노동력의 24% 가 노동조합원이었다. 2010년에는 노동조합원의 비율이 12%로 떨어졌다.

노동조합은 전통적으로 미숙련 근로자의 임금을 올리는 데 효과적인 제도로 여겨져 왔 다. 노동조합에 가입된 근로자 중 상대적으로 많은 수가 대학을 졸업하지 않았다. 노동조 합은 전통적으로 그 근로자들의 임금을 지탱해주며 임금 프리미엄을 보장하였다. 노동조 합에 대한 장에서 보겠지만 사실 조합원과 비조합원 간 숙련도의 차이를 보정한 후에도 조합원 근로자가 비조합원 근로자보다 소득이 15%가량 더 높다.

노동조합의 교섭 능력이 약해진 것을 [그림 7-8]에서 숙련 인력에 대한 상대적 수요곡 선이 바깥쪽으로 이동한 것이라 해석할 수 있다. 노동조합이 미숙련 근로자의 '안전망' 역할을 했다고 하자. 조합의 힘이 약해지면서 고용주는 미숙련 근로자가 더 낮은 임금을 수용할 때에만 미숙련 근로자의 숫자를 동일하게 유지하려고 하므로 숙련 근로자의 상대 적 임금은 올라가고 상대적 수요는 증가한다. 대학 졸업생과 고등학교 졸업생 간 임금격 차가 증가한 것의 아마도 약 10%가 노동조합의 힘이 줄어들었기 때문일 수 있다고 주장 하는 연구가 있다.[33]

미숙련 근로자의 임금을 전통적으로 지탱해왔던 제도적 요소에는 또한 최저임금이 있 다. **명목** 최저임금은 1981~1989년까지 시간당 3.35달러로 일정했다. 하지만 1995년 가 격 수준으로 보면 최저임금은 1981년 시간당 5.62달러에서 1990년에는 시간당 4.12달러 로 떨어졌다. 미숙련 근로자 대다수가 최저임금으로 일을 한다면 실질 최저임금이 하락하 며 숙련과 미숙련 근로자 간 임금격차가 커졌을 것이다.

최저임금이 임금 불평등에 미친 영향을 추정하기 위해 직접 계산을 할 수 있다.[34] 구체

---

33 John DiNardo, Nicole Fortin, and Thomas Lemieux, "Labor Market Institutions and the Distribution of Wages, 1973-1992: A Semi-Parametric Approach," *Econometrica* 64 (September 1996): 1001-1044, Richard B. Freeman, "How Much Has De-Unionization Contributed to the Rise in Male Earnings Inequality?" in Sheldon Danziger and Peter Gottschalk, editors, *Uneven Tides*, New York: Russell Sage, 1993, pp. 133-163 및 David Card, Thomas Lemieux, and Craig W. Riddell, "Unions and Wage Inequality," *Journal of Labor Research* 25 (2004): 519-562.

34 DiNardo, Fortin, and Lemieux, "Labor Market Institutions and the Distribution of Wages"; David Lee, "Wage Inequality in the United States during the 1980s: Rising Dispersion or Falling Minimum Wage," *Quarterly Journal of Economics* 114 (August 1999): 977-1023 및 Coen Teulings, "The Contribution of Minimum Wages to Increasing Wage Inequality," *Economic Journal* 113 (October 2003): 801-833.

적으로 실질 최저임금이 1980년대 내내 일정했다는 '반사실적(counterfactual)' 임금분포를 만들고 최저임금을 올린다 해도 추가 실업이 발생하지 않아서 근로자 표본이 기간 내내 대체적으로 일정하다고 가정한다. 계산 결과는 최저임금이 임금분포의 최하층에 주는 영향이 상당히 컸음을 보여준다. 하지만 고학력 근로자가 최저임금을 받는 경우가 매우 적기 때문에 최저임금 가설로 대학 졸업생과 고등학교 졸업생 간 임금격차가 커진 현상이나 고학력 근로자 그룹 내 임금 불평등이 증가한 이유를 잘 설명할 수 없다.

결론적으로…

고려 대상 각각(즉, 노동공급의 변화, 노동시장의 탈노동조합 현상, 최저임금, 국제무역, 이민 및 숙련편향적 기술변화)이 미국 임금분포 변화의 일정 부분을 설명할 수 있는 것처럼 보인다.

그러나 가장 중요한 교훈은 변화의 대부분을 설명할 수 있는 '한 가지 설명'은 없다는 것이다. 몇 가지 변수(예 : 이민이나 무역)는 숙련과 미숙련 근로자 간 임금격차 증가를 설명할 수 있지만 숙련 그룹 내에서 불평등이 증가한 이유는 설명하지 못한다. 이와 비슷하게 명목 최저임금이 안정적인 것은 미숙련 근로자의 실질 임금이 왜 하락했는지를 설명할 수 있어도 숙련 분포의 상층에 있는 근로자의 실질 임금이 왜 빠르게 상승했는지는 설명할 수 없다. 그리고 가장 인정받는 설명인 숙련편향적 기술변화는 임금분포 변화의 시점과 제대로 일치하지 않는다.

어떤 설명이 마침내 나온다고 해도 그것은 또 하나의 실증적 문제를 해결해야만 한다. 〈표 7-4〉에 나타나듯이 1980년대와 1990년대에 일어난 임금분포 변화에 국제적인 차이가 상당하다. 영국에서는 90번째 백분위와 10번째 백분위 근로자 간 임금격차가 177%에서 222%로 증가했지만 독일의 경우는 139%에서 125%로 감소했다. 아마도 숙련편향적 기술변화는 동시에 이들 경제 대부분에 영향을 주었을 것이다. 그렇다면 이들 국가에서 임금분포가 대략 비슷하게 변했어야 한다.

그러나 국가마다 노동시장 제도, 특히 미숙련 근로자의 생활을 보호하는 안전망이 매우 다르다.[35] 또한 국가 간 실업률이 매우 다른 경향을 보였다. 미국의 실업률은 1990년대 대부분의 기간 동안 떨어졌지만 같은 시점에 많은 서유럽 국가에서는 실업률이 빠르게 증가했다.

---

35 다음 연구를 보라. Francine D. Blau and Lawrence M. Kahn, "International Differences in Male Wages Inequality : Institutions versus Market Forces," *Journal of Political Economy* 104 (August 1996): 791-837; David Card, Francis Kramarz, and Thomas Lemieux, "Changes in the Relative Structure of Wages and Employment: A Comparison of the United States, Canada, and France," *Canadian Journal of Economics* 32 (August 1999): 843-877 및 Christian Dustmann, Johannes Lundsteck, and Uta Schönberg, "Revisiting the German Wage Structure," *Quarterly Journal of Economics* 124 (May 2009): 843-881.

| 표 7-4 | 남성 근로자의 임금 불평등(90~10 백분위 간 임금격차)의 국제적 경향 | |

국가	1984	1994
호주	174.6	194.5
캐나다	301.5	278.1
핀란드	150.9	153.5
프랑스	232.0	242.1
독일	138.7	124.8
이탈리아	129.3	163.8
일본	177.3	177.3
네덜란드	150.9	158.6
뉴질랜드	171.8	215.8
노르웨이	105.4	97.4
스웨덴	103.4	120.3
영국	177.3	222.2
미국	266.9	326.3

출처 : OECD, Employment Outlook, July 1996, Paris: OECD, Table 3.1.

임금 불평등의 변화와 실업률의 변화는 아마도 같은 동전의 양면일지도 모른다.[36] 임금 분산이 커지고 또 유지될 수 있는 미국에서 임금 불평등이 확대되도록 한 바로 그 요인이 사회적 안전망 때문에 임금변화를 허용하지 않는 국가에서는 실업률을 높이는 작용을 하였다는 것이다. 요약하자면 숙련 근로자에 대한 상대적 수요의 증가에 대해 어떤 국가에서는 노동시장이 양(즉, 고용량)을 바꿈으로써 반응을 보인 반면에 다른 국가에서는 시장이 가격(즉, 임금)을 바꾸는 것으로 반응했을 수 있다.

7-9   세대에 걸친 불평등

지금까지 인적자본 투자가 어떻게 소득 불평등을 발생시킬 수 있는지 그리고 공급과 수요의 변화가 어떻게 매우 짧은 기간에 임금분포를 유의미할 정도로 바꿀 수 있는지를 분석했다. 이제 특정 세대에서 관찰되는 임금 불평등이 다음 세대로 전해지는지 보기로 한다.

사회적 이동률(rate of social mobility)이라고도 불리는 부모와 자녀의 경제적 성과 사이의 연결 관계는 격렬하게 논의되는 많은 정책적 문제의 핵심 주제이다. 예를 들어 사회적 이동의 결여가 영속적인 '하층 계급'을 만드는 데 기여하는지에 대한 논란이나 정부 정책

---

36 Adrian Wood, "How Trade Hurt Unskilled Workers," *Journal of Economic Perspectives* 9 (Summer 1995): 57–80 및 Stephen Nickell and Brian Bell, "Changes in the Distribution of Wages and Unemployment in OECD Countries," *American Economic Review* 86 (May 1996): 302–308.

이 세대에 걸친 빈곤의 지속과 복지 의존성에 어떤 영향을 미치는지에 대한 논의를 생각해 보자.

우리는 지금까지 근로자가 스스로 인적자본에 투자한다고 가정했다. 그런데 사실 인적자본의 대부분은 부모가 선택하고 자금을 댄 것이라서 인적자본 투자를 세대 간 맥락에서 생각하는 것이 유용하다. 부모는 자신의 삶과 자녀의 삶을 모두 중요하게 여긴다. 그 결과 부모는 자녀의 인적자본에 투자한다.

부모의 투자가 부모의 숙련과 자녀의 숙련 간 연결 관계를 만들어내는 데 기여한다. 고소득 부모는 일반적으로 자녀에게 더 많이 투자하여 부모와 자녀의 소득 간에 정의 상관관계가 생겨난다.

[그림 7-9]는 두 세대의 소득을 연결하는 회귀선의 여러 가능성을 보여준다. 이 선의 기울기를 보통 세대 간 상관관계(intergenerational correlation)라고 부른다. (그림에서 직선 A와 같이) 세대 간 상관관계가 1이라는 것은 어느 두 부모 간의 소득 차이가 1,000달러라면 그 자녀들의 소득도 서로 1,000달러만큼 차이가 날 것이라는 뜻이다. 상관관계가 0.5라고 하면 두 부모 간의 1,000달러 소득 차이는 자녀들 사이에서는 500달러가 차이로 나타난다.

실증적 연구 대부분이 발견한 바에 따르면 세대 간 상관관계는 1보다 작아서 두 부모 간 소득 차이가 그 두 가정의 아이들 간 예상되는 소득 차이보다 큰 게 일반적이다. 세대에 걸쳐 소득 차이가 줄어드는 경향을 평균으로의 회귀(regression toward the mean)라고 한다.

이런 현상이 일어나는 이유는 부모가 자신의 전 재산을 자녀의 인적자본 투자에 쏟지 않고 자신을 위해 일부 소비하기 때문이다. 평균으로의 회귀는 또한 부모가 아이들의 인적자본에 투자하는 것의 한계 수입이 감소한다면, 즉 부모가 자녀의 학력을 더 늘려주려고 함에 따라서 교육의 한계비용이 빠르게 증가한다면 발생할 수 있다. 마지막으로 아마도 타고난 능력이 어느 정도 평균으로 회귀할 것이다. 엄청나게 똑똑한 부모의 아이가 그만큼 똑똑할 가능성은 낮다. 세대 간 상관관계가 0에 가까워질수록 평균으로의 회귀도 더 빨라진다. (그림 7-9에서 직선 B와 같이) 세대 간 상관관계가 0이라면 부모 간 숙련의 차이가 아이들에게 전혀 전해지지 않기 때문에 평균으로 완벽히 회귀할 것이다.

1990년대까지 아버지와 자녀의 소득의 세대 간 상관관계가 0.2 정도 된다고 일반적으로 생각했다.[37] 즉, 어느 두 부모 간 임금격차가 50%가량이라면 그 자녀들 간의 임금격차가 10%(혹은 50%×0.2)라는 뜻이다. 평균으로의 회귀율이 일정하다면 손자녀들 사이에서 임금격차는 2%(혹은 50%×0.2×0.2)에 지나지 않을 것이다. 따라서 세대 간 상관관계

---

37 Gary S. Becker and Nigel Tomes, "Human Capital and the Rise and Fall of Families," *Journal of Labor Economics* 4 (July 1986 Supplement): S1–S39에 있는 논의를 보라.

그림 7-9 소득의 세대 간 연결

자녀의 소득과 부모의 소득을 연결하는 회귀선의 기울기를 세대 간 상관관계라고 한다. 기울기가 1이면 어느 두 부모 간 임금 격차는 다음 세대까지 전부 지속되고 평균으로의 회귀는 없다. 기울기가 0이면 자녀의 임금은 부모의 임금과 무관하고 평균으로 완벽히 회귀한다.

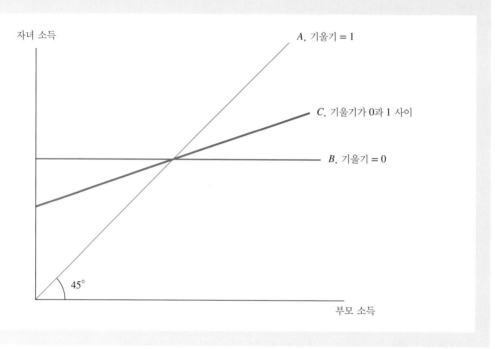

가 0.2라면 인구 내에 사회적 이동이 상당하는 뜻이다. 현 세대 근로자의 임금분포 내 위치로 손자녀 세대가 어떻게 될지 잘 알 수 없다.

하지만 최근의 연구는 이 결론이 유효한지에 대해 심각한 의문을 제기하였다.[38] 이들 연구에서는 세대 간 상관관계가 아마도 0.4 정도로 훨씬 높을 것이라고 주장한다. 예전 연구 결과의 문제점은 부모의 숙련을 관찰하여 측정하는 데 오류가 많았다는 것이다. 근로자가 자기 부모의 사회경제적 위치에 대해 질문을 받으면 부모의 소득에 대한 대답을 그리 정확하게 하지 못할 것이다. 이런 측정 오류로 부모와 자식의 소득 간 상관관계가 작게 추정된다.

이런 측정 오류의 영향을 걸러내면 추정되는 상관관계가 0.4로 급등하는 것으로 나타났다. 그러면 두 부모 간 50%의 임금격차는 자녀들 간 20%의 임금격차로, 손자녀들 간 8%

38 Gary Solon, "Intergenerational Mobility in the Labor Market," in Orley Ashenfelter and David Card, editors, *Handbook of Labor Economics*, vol. 3A, Amsterdam: Elsevier, 1999, pp. 1761-1800.

의 임금격차로 나타나게 된다. 따라서 근로자 간 소득격차는 세대를 걸쳐 더욱 지속될 것
이다.

요약

- 관찰된 연령-소득곡선은 우상향하며 오목하다. 소득은 생애주기 동안 증가하지만 그
  증가율은 점차 감소한다.
- 일반훈련은 모든 기업에서 가치가 있다. 특화훈련은 훈련을 제공한 기업에서만 가치가
  있다. 근로자는 일반훈련의 비용을 부담하고 수익을 얻는다. 근로자와 기업은 특화훈
  련의 비용과 수익을 나눈다.
- 생애주기 동안 인적자본 투자의 최적 시점들을 보면 연령-소득곡선이 우상향하며 오
  목함을 알 수 있다.
- 인적자본에 대한 투자와 능력 사이 정의 상관관계는 임금분포의 왜도가 양수이며 임
  금분포에서 위쪽 끝의 근로자가 국민소득 중 불균형하게 큰 몫을 차지하게 됨을 초래
  한다.
- 지니계수는 소득분포의 불평등의 정도를 측정한다.
- 1980년대와 1990년대에 임금 불평등이 빠르게 심화되었다. 임금 불평등이 교육과 경
  험 그룹들 간에 커졌을 뿐 아니라 세밀하게 나눠진 숙련 그룹들 내에서도 증가했다.
- 임금구조의 변화의 일부는 (베이비붐이나 이민과 같은) 공급의 이동, 미국 경제의 가속
  되는 세계화, (노동시장의 탈노조화를 포함한) 노동시장의 제도적 변화, 숙련편향적 기
  술변화로 설명될 수 있다. 하지만 임금구조 변화의 대부분을 설명할 만한 '결정적 증
  거'가 되는 단 하나의 변수는 없다.
- 부모가 자녀의 행복을 중요하게 여기고 자녀의 인적자본에 투자하기 때문에 근로자들
  사이 임금 불평등은 한 세대에서 다음 세대로 전해진다. 하지만 두 가족 간 임금격차는
  세대를 거쳐 줄어들며 평균으로 회귀하는 현상이 있다.

핵심용어

50~10 백분위 간 임금격차	숙련편향적 기술변화
90~10 백분위 간 임금격차	왜도가 양수인 임금분포
능률 단위	일반훈련
대체탄력성이 일정한 생산함수	일시해고
로렌츠 곡선	지니계수
민서의 소득함수	특화훈련
상대적 수요곡선	평균으로의 회귀
세대 간 상관관계	

복습문제

1. 일반훈련과 특화훈련 간의 차이를 설명하라. 각 훈련의 비용을 누가 부담하며 누가 수익을 거둘까?

2. 일반훈련과 특화훈련이 근로자의 연령－근로소득곡선에 미치는 영향을 설명하라.

3. 훈련 프로그램의 효과를 평가하는 데 왜 실험적 방법이 이제 일반적으로 사용될까? 어떻게 그리고 어떤 조건에서 실험 결과를 사용해 프로그램의 수익률을 측정할 수 있을지 설명하라.

4. 임금분포의 왜도가 양수인 이유는 무엇인가?

5. 지니계수의 계산법을 설명하라.

6. 숙련 근로자의 상대적인 숫자와 숙련근로자에 대한 상대적 수요의 증가가 임금분포의 모양을 결정하는 데 어떻게 영향을 주는지를 설명하라.

7. 1980년대와 1990년대에 미국의 임금분포에 일어난 중요한 변화를 설명하라.

8. 1980년 이후 미국의 임금분포가 그렇게 크게 변했던 이유는 무엇인가?

9. 부모가 자녀의 인적자본에 얼마를 투자할지를 결정하는 요소는 무엇인가?

10. 부모와 자녀 간 소득의 상관관계에서 평균으로의 회귀가 존재하는 이유를 설명하라.

11. 세대에 걸쳐 임금분포의 모양이 바뀌는 데 평균으로의 회귀가 끼치는 영향을 설명하라.

연습문제

7-1. 다음 주장의 타당성을 평가하라. "고학력 근로자와 저학력 근로자 간 임금격차가 커지는 것 자체가 다음 10년간 미국 노동시장에서 이동을 불러올 것이다. 그 결과 현재 고학력 근로자에게 돌아가는 '초과' 수익 대부분이 곧 사라질 것이다."

7-2. 다음에서 제시되는 변화 각각이 임금 불평등에 어떤 영향을 끼칠 것인가?

a. 최저임금을 인플레이션에 연동시킨다.

b. 복지 혜택 수여자에게 지불되는 혜택 수준을 높인다.

c. 미숙련 근로자를 고용하는 기업에게 돌아가는 임금 보조금을 늘린다.

7-3. 1970~2000년까지 대학 졸업생이 노동시장으로 공급된 수는 막대하게 증가한 반면 대학에 진학하지 않은 고등학교 졸업생의 공급은 줄었다. 동시에 대학 졸업생의 평균 실질 임금은 상대적으로 안정적이었으나 고등학교 졸업생의 평균 실질 임금은 하락했다. 이런 임금 패턴을 어떻게 설명할 수 있을까?

7-4. a. 지하경제의 존재 때문에 지니계수에서 빈곤이 과대평가되거나 과소평가되는 결과가 생길 수 있을까?

b. 시민의 90%가 연간소득을 1만 달러라고 신고하는 한편, 나머지 10%가 연간소득을 11만 달러라고 신고하는 단순한 경제를 생각해보자. 이 경제에 해당하는 지니계수는 얼마인가?

c. 최저소득 계층인 90%의 시민이 지하경제에서 신고 안 된 소득 5,000달러를 각자 받기 때문에 실제로는 1만 5,000달러 소득을 올린다고 하자. 그러면 지니계수는 얼마인가?

7-5. 〈표 7-4〉에서 각 나라의 두 가지 임금비율을 사용해 1984~1994년까지 90~10 백분위 간 임금비율의 백분율 증가분을 계산하라. 어떤 나라들에서 이 기간에 임금분산이 줄어들었는가? 이 기간에 임금분산의 백분율 증가가 가장 컸던 나라 세 곳은 어디인가?

7-6. a. 소득의 불평등과 부(wealth)의 불평등의 차이는 무엇인가?

b. 불평등에 대한 대개의 정책은 임금분포의 아랫부분에 중점을 두어 저소득 근로자의 임금을 높이거나 임금분포의 윗부분에 중점을 두어 고소득 근로자의 임금을 제한하고자 한다. 이런 형태에 해당하는 몇 가지 가능한 정책을 열거하라.

c. 정부가 임금분포의 아랫부분에 중점을 둬야 하겠는가, 아니면 윗부분에 중점을 둬야 하겠는가? 그렇게 생각하는 이유는 무엇인가?

d. 불평등의 정도에 대한 측정이 어떤 지표를 쓰느냐에 얼마나 민감한지를 이해하기 위해 90~10 백분위 간 임금격차는 거의 0이지만 지니계수는 1에 가까

운 경제의 소득분포의 그림을 그려라.

7-7. 〈표 7-2〉에서 보고된 2013년의 세계 소득분포에 대한 두 가지 수치를 이용해 지니계수를 대략 계산해낼 수 있다. 각 나라의 지니계수를 추정하는 데 스프레드시트를 사용하라. 2013년에 소득분포가 가장 평등한 세 나라는 어디인가? 2013년에 소득분포가 가장 불평등한 세 나라는 어디인가?

7-8. 정부가 제공하는 대부분의 훈련 프로그램의 참여 여부는 근로자의 선택에 달려 있다. 정부가 제공하는 훈련 프로그램에 모든 근로자를 의무적으로 참여시키면 큰 경제적 이익이 있을 것이라고 시사하는 실증연구의 결과에 의문을 제기하는 데 자기-선택의 이슈가 어떻게 사용될 수 있는지 설명하라.

7-9. 1990년 이전에 80~50 백분위 간 및 50~20 백분위 간 로그임금 격차가 남성보다 여성에서 더 컸다(그림 7-7 참조). 그럴 만한 이유는 어떤 것들이 있을까?

7-10. 질(Jill)은 생애주기에 걸쳐 직업훈련 투자 시점을 계획하고자 한다. 만약 다음과 같은 상황이 발생하면 질의 OJT 투자는 어떻게 될까?
   a. 시장에서 결정되는 능률 단위의 가격이 떨어진다면?
   b. 질의 할인율이 오른다면?
   c. 정부에서 정년을 70세까지 늦추는 법안을 통과시킨다면?
   d. 기술 발전 때문에 어떤 연령에서든지 습득한 OJT의 대부분이 다음 10년 안에 쓸모없게 된다면?

7-11. 두 가구가 각각 4만 달러와 5만 6,000달러를 번다고 하자. 세대 간 소득의 상관관계가 0.2, 0.4, 혹은 0.6일 때 두 가구의 자녀, 손자 그리고 증손자 간 예상되는 임금의 백분율 격차는 얼마인가?

7-12. 인구의 50%에 속하는 사람은 국가 소득의 $p\%$의 몫을 똑같이 받고 다른 50%는 나머지 몫을 똑같이 받으며 $0 \le p \le 50$이라고 하자.
   a. 주어진 p에 대해 그 나라의 지니계수는 얼마인가?
   b. 주어진 p에 대해 90~10 백분위 간 임금격차는 얼마인가?

7-13. 개발도상국가 두 곳을 생각해보자. A국가는 매우 가난하지만 정부 자원과 국제원조를 통해 양질의 교육을 국민들에게 제공하고 있다. B국가 또한 매우 가난하지만 제도적 이유로 양질의 교육을 제공하지 못한다. 두 국가의 타고난 능력의 분포는 동일하다.
   a. 어떤 나라가 왜도가 더 큰 양수인 소득분포를 가질 확률이 높은가? 이유는? 같은 그래프에 두 국가의 가상 소득분포를 그려라.
   b. 어떤 나라가 더 빨리 발전할 가능성이 높은가? 이유는? 같은 그래프에 두 국가의 20년 후 가상 소득분포를 그려라.

7-14. 1만 명이 있는 경제를 생각해보자. 그중 5,000명은 각각 2만 5,000달러를 벌고,

3,000명은 각각 4만 달러를 벌고, 2,000명은 각각 10만 달러를 번다.

    a. 이 경제의 지니계수는 얼마인가?

    b. 만약 가장 부유한 2,000명의 소득의 30%를 세금으로 걷어서 그 돈을 가장 가난한 5,000명에게 이전해준다면 지니계수는 얼마가 될 것인가?

7-15. 미국의 다음 집단 혹은 요소에서 세대 간 소득의 상관관계가 평균보다 높을 것 같은지 혹은 낮을 것 같은지 이유를 설명하라.

    a. 모든 인구 집단(예 : 소수인종집단, 저소득층, 농어촌 등)의 교육적 성과가 향상됨

    b. 대학에서 입학 사정할 때 동문 자녀 지원자에게 가산점을 주는 관행을 없앰

    c. 연방정부 차원에서 상속세를 부과함

읽을거리

Facundo Alvaredo, Tony Atkinson, Emmanuel Saez, and Thomas Piketty, "The Top 1 Percent in International and Historical Perspective." *Journal of Economic Perspectives* 27 (Summer 2013) : 3-20.

David H. Autor, Lawrence F. Katz, and Melissa S. Kearney, "Trends in U.S. Wage Inequality : Revising the Revisionists," *Review of Economics and Statistics* 90 (May 2008) : 300-323.

Thomas S. Dee and William N. Evans, "Teen Drinking and Educational Attainment: Evidence from Two-Sample Instrumental Variables Estimates," *Journal of Labor Economics* 21 (January 2003): 178-209.

John DiNardo, Nicole Fortin, and Thomas Lemieux, "Labor Market Institutions and the Distribution of Wages, 1973-1992: A Semi-Parametric Approach," *Econometrica* 64 (September 1996): 1001-1044.

Lawrence F. Katz and Kevin M. Murphy, "Changes in Relative Wages, 1963-1987: Supply and Demand Factors," *Quarterly Journal of Economics* 107 (February 1992): 35-78.

Wojciech Kopczuk, Emmanuel Saez, and Jae Song, "Earnings Inequality and Mobility in the United States from Social Security Data Since 1937," *Quarterly Journal of Economics* 125 (February 2010): 91-128.

Thomas Lemieux, "Increasing Residual Wage Inequality: Composition Effects, Noisy Data, or Rising Demand for Skill?" *American Economic Review* 96 (June 2006): 461-498.

Bruce Sacerdote, "How Large Are the Effects from Changes in Family Environment? A Study of Korean American Adoptees," *Quarterly Journal of Economics* 122 (February 2007): 119 -157.

Gary Solon, "Intergenerational Income Mobility in the Labor Market," *American Economic Review* 82 (June 1992): 393 – 408.

노동 이동

이민해오는 것은 가장 진지한 형식의 칭찬이다.

– Jack Paar

근로자는 더 많은 급여를 받을 수 있는 직장을 계속 찾고 기업은 더 낮은 급여에 일할 근로자를 계속 찾는다. 이런 탐색 활동 때문에 경쟁적 노동시장에서 노동의 한계생산물의 가치는 기업 및 (숙련도가 같은 노동자의) 노동시장 간에 같아진다. 균형에서 근로자와 기업의 배분은 효율적이다. 노동이 국민 소득에 기여하는 가치를 더 늘릴 수 있는 다른 형태의 배분은 없다.

그러나 말할 필요도 없이 실제 노동시장은 그렇게 단순하지 않다. 근로자가 자신의 기술이나 능력을 모르고 다른 직장이나 노동시장에 있는 기회를 모르는 경우도 많다. 기업은 고용된 근로자의 진정한 생산성을 알지 못한다. 마치 결혼처럼 근로자와 기업 간 짝짓기의 가치에 관한 정보는 양측이 서로를 알아가면서 천천히 드러난다. 따라서 근로자와 기업이 현재 비효율적으로 배분되어 있을 수 있고 다른 식으로 배분하면 국민 소득을 높이는 것도 가능할 수 있다.

이 장에서는 노동시장이 근로자를 기업에 더 잘 배분하는 장치라고 할 수 있는 노동 이동(labor mobility)에 대해 살펴본다. 노동시장에서 이동이 활발하다. 사실 미국 노동시장은 지속적으로 움직이는 듯 보인다. 매달 거의 4%의 근로자가 직장을 바꾸고 한 해에 인구의 2%가 다른 주로 이동하며 해마다 100만 명이 넘는 이민자가 들어온다. 이렇듯 다양한 노동 이동은 모두 같은 기본 요소에 의해 발생한다. 그것은 근로자는 자신의 경제 상황을 개선하고 기업은 좀 더 생산적인 근로자를 낮은 비용으로 고용하기를 원한다는 것이다.

노동 이동을 공부하는 것은 노동경제학의 여러 중요한 질문에 답하는 데 도움을 준다. 이주를 결정하는 요소는 무엇인가? 이주하는 사람들은 머물기로 한 사람들과 어떻게 다른가? 이주한 사람들은 새 근로환경에 어떻게 적응하는가? 이주의 결과는 무엇인가?

8-1 인적자본 투자로서 이주

노벨경제학상 수상자 존 힉스는 1932년에 "순 경제적 이점의 차이, 주로 임금의 차이가 이주의 주요 원인이다"라고 주장했다.[1] 이주에 대한 분석은 이 가설을 출발점으로 삼고 이주를 일종의 인적자본 투자라고 본다. 근로자는 선택 가능한 각 노동시장에서 취업 기회의 가치를 계산하고 이주비용을 뺀 평생소득의 순 현재가치를 극대화하는 선택을 한다.

근로자가 일할 수 있는 2개의 특정한 노동시장이 있다고 하자. 이 둘은 다른 도시, 다른 주, 심지어 다른 나라에 있을 수 있다. 현재 뉴욕주에서 고용된 근로자가 캘리포니아주로 이주할 생각을 하고 있다고 하자. 20세인 이 근로자는 현재 w_{20}^{NY}달러를 번다. 그가 이주를 한다면 w_{20}^{CA}달러를 벌 것이다. 캘리포니아주로 이주하는 데 M달러가 든다. 이 이주비용에는 항공료, 이사 비용뿐만 아니라 가족, 친구, 사회적 네트워크에서 떠날 때 발생하는 '고통과 충격'의 화폐 가치가 포함된다.

모든 다른 인적자본 투자처럼 이주의 결정은 여러 기회가 제공하는 평생소득의 현재가치를 비교하여 이루어진다. 그가 뉴욕에 머물 경우 소득흐름의 현재가치를 PV^{NY}로 표시하자. 그 값은 다음과 같이 주어진다.

$$PV^{NY} = w_{20}^{NY} + \frac{w_{21}^{NY}}{(1+r)} + \frac{w_{22}^{NY}}{(1+r)^2} + \cdots \tag{8-1}$$

이때 r은 할인율이며 식 (8-1)의 합은 근로자가 은퇴 연령이 될 때까지 계속된다. 동일한 방법으로 그가 캘리포니아로 이주할 때 소득흐름의 현재가치는 다음과 같다.

$$PV^{CA} = w_{20}^{CA} + \frac{w_{21}^{CA}}{(1+r)} + \frac{w_{22}^{CA}}{(1+r)^2} + \cdots \tag{8-2}$$

이주에 따른 순수 이득은 다음과 같다.

$$이주에 따른 순수 이득 = PV^{CA} - PV^{NY} - M \tag{8-3}$$

순수 이득이 양수이면 근로자는 이주한다. 명백하고 실증적으로 검증할 수 있는 다음과 같은 명제들을 이 모형에서 바로 얻을 수 있다.

1. 이주할 목적지에서 경제적 기회가 향상되면 이주에 따른 순수 이득이 커지고 근로자가 이동할 가능성이 높아진다.

---

[1] John R. Hicks, *The Theory of Wages*, London: Macmillan, 1932, p. 76; and Larry A. Sjaastad, "The Costs and Returns of Human Migration," *Journal of Political Economy* 70 (October 1962): 80-93.

2. 거주하는 현 지역에서 경제적 기회가 향상되면 이주의 순수 이득이 줄고 근로자가 이동할 가능성은 낮아진다.

3. 이주 비용이 증가하면 이주에 따른 순수 이득이 줄어들어 이주 확률이 낮아진다.

이 모든 명제들이 전달하는 기본 메시지는 동일하다. 이주는 근로자가 자신의 투자에서 수익을 올릴 수 있는 좋은 기회가 있을 때만 일어난다.[2]

8-2   국내 이주

미국인은 이동이 잦다. 2016년과 2017년 사이 인구의 2.1%가 같은 주 내에서 다른 카운티로 이동했고 또 다른 2.1%는 다른 주로 혹은 다른 나라로 이동했다.[3] 많은 연구에서 미국 내의 두 지역 간 이주(즉 '국내 이주') 비율이 (임금이나 실업률 같은) 경제적 조건의 차이와 (보통 이주 거리로 측정되는) 이주비용과 관련이 있는지를 살펴보았다. 증거들을 보면 국내 이주 흐름의 크기와 방향이 근로자가 더 나은 고용의 기회를 찾아 이주한다는 생각과 일치한다.[4]

이런 상관관계를 보면 몇 차례 있었던 미국 내 대규모 국내 이주의 방향을 이해하기 쉽다. 예를 들어 1900~1960년에 남부 농업 지역에서 북부 산업 도시로 아프리카계 미국인이 대규모로 꾸준히 이동해갔다.[5] 1900년에는 아프리카계 미국인 인구 90%가 남부에 살았지만 1960년에는 그 비율이 60%까지 떨어졌다. 이주의 규모와 방향은 놀랍지 않을 것이다. 북부 도시에서 번성하는 제조업 부문의 더 나은 고용 기회(또한 남부에서 흑인 근로자가 겪은 차별로 인한 사회적·경제적 불리함)가 많은 흑인들로 하여금 북부로 이주하도록 했음이 분명하다.

근로자의 사회경제적 특성, 특히 학력과 연령이 이주할 확률에 영향을 준다는 강한 증거도 있다. 젊고 학력이 높은 근로자가 이주를 가장 많이 한다.

[그림 8-1]은 근로자가 다른 주로 이주할 확률과 연령의 관계를 보여준다. 이 확률은 근로자 연령이 높아질수록 체계적으로 하락한다. 20대 근로자의 약 4%가 다른 주로 이동하지만 50대가 되면 그 확률은 1%로 떨어진다. 이주는 인적자본에 대한 투자이므로 나이

---

2   여기서는 두 지역을 가정하지만 근로자의 선택지가 많아도 이론은 같다. 근로자는 50개 주 각각에서의 평생소득의 현재가치를 계산한 뒤 평생소득의 현재가치에서 이주비용을 뺀 값이 가장 큰 곳을 선택할 것이다.

3   U.S. Bureau of the Census, "Table 1. General Mobility, by Race and Hispanic Origin, Region, Sex, Age, Relationship to Householder, Educational Attainment, Marital Status, Nativity, Tenure, and Poverty Status: 2016 to 2017."

4   Michael Greenwood, "Internal Migration in Developed Countries," in Mark R. Rosenzweig and Oded Stark, editors, *Handbook of Population and Family Economics*, vol. 1B, Amsterdam: Elsevier, 1997, pp. 647-720.

5   Leah P. Boustan, "Competition in the Promised Land: Black Migration and Racial Wage Convergence in the North, 1940-1970," *Journal of Economic History* 69 (September 2009): 755-782.

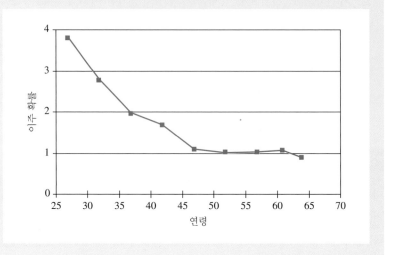

그림 8-1

2016년과 2017년 사이에 다른 주로 이동할 연령별 확률

출처 : U.S. Bureau of the Census, "Table 1. General Mobility, by Race and Hispanic Origin, Region, Sex, Age, Relationship to Householder, Educational Attainment, Marital Status, Nativity, Tenure, and Poverty Status: 2016 to 2017."

가 들수록 근로자가 이주할 가능성은 낮아진다. 연령이 높은 근로자는 투자 수익을 거둘 기간이 짧기 때문이다.

또한 근로자의 학력 수준과 이주 확률 간에 정의 상관관계가 있다. 2016년과 2017년 사이에 대졸 근로자가 다른 주로 이주할 확률은 2.3%였는데 이는 1.1%인 고졸자의 이주 확률의 두 배를 넘는다.

학력과 국내 이주가 정의 상관관계에 있는 것은 고학력 근로자일수록 다른 노동시장의 채용 기회를 더욱 효율적으로 알게 되어 이주비용이 줄어들기 때문일 수 있다. 또한 고학력 근로자에게 맞는 노동시장을 구성하는 지리적 지역이 저학력 근로자의 것보다 클 가능성도 있다. 일례로 대학 교수의 노동시장을 생각해보자. 한 도시에 '기업'의 수가 작을 뿐 아니라 고용주 간에 대학 교수의 기술을 이전하기가 매우 쉽다. 그 결과 대학 교수는 자신의 능력을 국가 전체 (심지어는 아마도 국제적인) 노동시장에서 판매한다.

회귀 및 반복 이주

막 이주해 온 근로자는 자신이 떠나왔던 곳으로 다시 돌아갈 가능성[회귀 이주(return migration)]이 대단히 높을 뿐 아니라 다른 곳으로 또 옮겨갈 가능성[반복 이주(repeat migration)]도 매우 높다. 이주자가 1년 안에 떠나왔던 주로 회귀하는 확률이 약 13%이며 다른 장소로 또 이주할 가능성은 15%이다.[6]

----

[6] Julie DaVanzo, "Repeat Migration in the United States: Who Moves Back and Who Moves On?" *Review of Economics and Statistics* 65 (November 1983): 552-559 또한 Christian Dustmann, "Return Migration, Wage Differentials, and the Optimal Migration Duration," *European Economic Review* 47 (April 2003): 353-367을 보라.

이주 직후에 바로 여러 지역에서 경제 사정이 크게 바뀌지 않는다면 이주자가 다시 이주하는 경향이 높은 것은 소득 극대화 가설과 맞지 않다. 처음 이주하기 전에 근로자가 비용-편익 계산을 통해, 예를 들어 일리노이주에서 플로리다주로 이동하면 (이주비용을 뺀) 평생소득의 현재가치가 극대화된다는 결론을 얻었다고 하자. 그렇다면 이주하고 몇 주 후에 비슷한 계산을 했더니 일리노이주로 돌아가거나 아마도 텍사스주로 또 이주하는 것이 근로자의 소득을 극대화할 것이라는 결과가 어떻게 나올 수 있을까?

두 가지 이유로 회귀나 반복 이주의 흐름이 생길 수 있다. 이런 흐름 중 일부는 근로자가 처음 이주 결정을 한 것이 실수였다고 깨달았기 때문에 생긴다. 일리노이주에서 플로리다주로 이주할 생각을 하는 근로자는 플로리다주의 상황에 대해 확실하게 알지 못한다. 도착해보니 고용의 기회나 지역의 특성이 자신의 기대에 훨씬 못 미치는 것을 알게 되었을 수도 있다. 반복 및 회귀 이주 흐름은 근로자가 이런 실수를 수정하려고 할 때 생긴다.

고용 기회에 대한 불확실성이 없더라도 어떤 직종에서는 반복 혹은 회귀 이주가 평생소득의 현재가치를 극대화시키는 길이 될 수도 있다. 예를 들어 세법 전문 변호사는 워싱턴 DC에 있는 재무부나 법무부, 국세청에서 잠깐 근무하는 것이 귀중한 인적자본이 될 것이라고 생각한다. 세법 지식을 쌓는 동시에 정부 관료들과 인맥을 쌓는 것이 그런 인적자본이 된다. 정부에서 일한 후 변호사는 전에 있었던 주로 돌아가거나 자신이 새롭게 습득한 기술이 높이 평가될 수 있는 타 지역으로 이주할 수도 있다. 결과적으로 변호사가 워싱턴 DC에 임시로 머문 것은 평생소득을 극대화하는 길의 한 단계이다.[7]

왜 그렇게 이주가 적을까

미국인의 이동이 잦다고 하더라도 국내 이주율이 지역 간 임금을 완전히 같게 할 정도로 높지 않다. 지역 간 임금격차가 지속된다는 점은 중요한 질문을 던진다. 왜 더 많은 사람들이 다른 지역에서 보다 높은 임금을 받을 수 있는 이점을 취하지 않는 걸까? 인적자본 모형에 따르면 답은 명백하다. 이주비용이 매우 높은 게 틀림없다. 사실 모델을 적용해 이주비용이 대략 어느 정도인지 쉽게 알 수 있다.

2016년에 푸에르토리코의 건설 현장에서 일하는 타일기능공은 보통 2만 8,300달러를 벌었고 미국의 타일기능공은 4만 4,770달러를 벌었다.[8] 따라서 푸에르토리코의 타일기능공은 미국으로 이주하면 50%를 넘게 더 벌 수 있었다. 푸에르토리코 사람들은 출생과 함께 미국 시민이 되기 때문에 그들이 미국으로 이주하는 것을 제한하는 법적 규제는 없다.

7　Sherwin Rosen, "Learning and Experience in the Labor Market," *Journal of Human Resources* 7 (Summer 1972): 326-342.

8　U.S. Bureau of Labor Statistics, National Occupational Employment and Wage Estimates, Washington, D.C.: Occupational Employment Statistics, 2016; www.bls.gov/oes/tables.htm에서 볼 수 있음. 이 임금격차는 가격격차를 조정하지 않은 것이다. 구매력격차를 조정하더라도 임금격차는 여전히 크다.

실제로 제2차 세계대전 이후 큰 소득격차로 인해 푸에르토리코 인구의 3분의 1 정도가 미국으로 이주했다. 하지만 그만큼 중요한 사실은 푸에르토리코인의 3분의 2가 이주하지 않기로 결정했다는 점이다.

근로자가 푸에르토리코에서 받을 수 있는 임금을 w_{PR}, 미국에서 받을 수 있는 임금을 w_{US}라고 하자. 단순화를 위해 이 임금이 생애주기 내내 일정하다고 가정하자. 식 (8-1)과 (8-2)에서 기간 수가 많다면 근로자가 거의 영원히 사는 것과 같다고 할 수 있다. 그러면 할인된 현재가치를 다음과 같이 쓸 수 있다.[9]

$$PV_{PR} = \frac{(1+r)w_{PR}}{r} \text{ 그리고 } PV_{US} = \frac{(1+r)w_{US}}{r} \tag{8-4}$$

이주로부터 얻는 할인된 이득이 이주비용과 정확히 같으면 근로자는 이주하는 것과 남는 것 간에 무차별하다.

$$\frac{(1+r)(w_{US} - w_{PR})}{r} = M \tag{8-5}$$

근로자가 무차별하려면 M이 얼마나 커야 할지 알기 위해 다음과 같이 식 (8-5)를 대수적으로 재배열해보자. 양 변을 w_{PR}로 나누고 $\pi = M/w_{PR}$으로 정의한다. 변수 π는 푸에르토리코에서 근로자가 받은 봉급에서 이주비용으로 사용하게 될 부분이 된다. 그러면 다음과 같이 식을 다시 쓸 수 있다.

$$\frac{1+r}{r} \cdot \frac{w_{US} - w_{PR}}{w_{PR}} = \pi \tag{8-6}$$

비율 $(w_{US} - w_{PR})/w_{PR}$은 약 0.5인데 타일기능공이 미국으로 이주하면 자신의 소득을 50%나 높일 수 있다는 의미이다. 할인율이 5%면 식 (8-6)의 좌변 값은 10.5가 된다. 즉, 미국으로 이주하는 것과 푸에르토리코에 머무는 것에 무차별한 근로자의 이주비용은 그의 봉급의 10.5배이다. 만약 타일기능공이 푸에르토리코에서 평균 급여(연간 2만 8,300달러)만큼 번다면 이주비용은 30만 달러 정도가 된다.[10]

이 비용의 성격은 정확히 무엇인가? 새로 살 곳으로 가족이 이동하고 가재도구를 옮기는 데 드는 비용을 나타내는 것은 분명히 아니다. 그보다는 한계적 푸에르토리코인은 아마도 고향에 남게 되면 사회적·문화적으로 편안하다는 점에 매우 높은 효용을 두고 있음

---

9 $S = 1 + 1/(1+r) + 1/(1+r)^2 + \cdots$라고 하자. 따라서 $(1+r)S = (1+r) + 1 + 1/(1+r) + 1/(1+r)^2 + \cdots$이다. 여러 항을 지우고 나서 보면 $(1+r)S - S = 1 + r$. 그러므로 $S = (1+r)/r$.

10 이주비용에 대한 정교한 계산은 근로자의 이질성과 근로자의 임금이 생애주기에 따라 변하는 것을 감안한다. 다음 연구들을 보라. John Kennan and James R. Walker, "The Effect of Expected Incomes on Individual Migration Decisions," *Econometrica* 79 (January 2011): 211-251 및 Erhan Artuc, Shubham Chaudhuri, and John McLaren, "Trade Shocks and Labor Adjustment: A Structural Empirical Approach," *American Economic Review* 100 (June 2010): 1008-1045.

을 나타낼 것이다. 이주비용이 다른 상황, 예를 들어 법적 제약과 문화와 언어에서 더욱 큰 차이가 있는 국제 이주에서 훨씬 더 클 것이라는 점은 당연하다. 요약하자면 국내 이주가 노동시장의 효율을 높이기는 하지만 이주의 양이 충분히 크지 않기 때문에 잠재적 이득이 제대로 실현되지 못하고 있다.

8-3 가족 이주

국내 이주 모형은 한 명의 근로자가 지역별 취업 기회를 비교해 평생소득의 현재가치를 극대화하는 한 지역을 선택함으로써 이주를 결정하는 것을 살펴보았다. 그러나 이주는 대부분 한 명의 근로자가 아니라 가족이 결정한다. 따라서 이주의 결정은 가구의 특정 구성원이 이주하여 더 나아지는가가 아니라 가족 전체가 잘 살 것인지에 따라야 한다.[11]

남편과 아내, 두 명으로 구성된 한 가구를 생각해보자. 남편이 지리적으로 이동할 때 (이를테면 뉴욕주에서 텍사스주로) 남편의 소득흐름의 현재가치 변화를 ΔPV_H로 표시하자. 그리고 아내가 같은 이동을 할 때 아내의 소득흐름의 현재가치 변화를 ΔPV_W라고 하자. ΔPV_H는 남편이 독신으로서 완전히 독립적으로 이주 결정을 내린다고 가정했을 때 그가 이주해서 얻는 이득으로도 해석될 수 있음을 주의하자. 이런 이득을 이주에 따른 남편의 '사적' 수익이라 칭한다. 남편이 가족에 대한 책임감에 묶이지 않는다면 사적 수익 ΔPV_H가 양수인 경우 이주할 것이다. 동일하게 ΔPV_W는 이주에 따른 아내의 사적 수익이 된다. 아내가 독신이었다면 ΔPV_W가 양수일 경우 이주할 것이다.

가족 단위(즉, 남편과 아내)는 가족의 순 수익이 양일 경우에 이주할 것이다.

$$\Delta PV_H + \Delta PV_W > 0 \qquad (8\text{-}7)$$

즉, 남편과 아내의 수익의 합이 양일 때 가족이 이주한다.

[그림 8-2]는 기본 아이디어를 보여준다. 그림에서 세로 축은 이주에 따른 남편의 사적 수익, 가로축은 아내의 사적 수익을 나타낸다. 남편이 이주 결정을 혼자서 내린다면 ΔPV_H가 양수일 때, 즉 그 값이 가로축보다 위에 있을 때 (혹은 A, B, C 영역) 이주할 것이다. 같은 방식으로 아내가 독자적으로 이주 결정을 한다면 ΔPV_W가 양수일 때, 즉 그 값이 세로축 오른쪽에 놓일 때 (혹은 C, D, E 영역) 이주할 것이다.

이제 가족의 이주 결정을 검토해보자. 원점을 통과하는 45°의 우하향 선은 가족의 순수익이 0, 즉 $\Delta PV_H + \Delta PV_W = 0$인 점을 연결한다. 가족의 수익이 0인 경우는 다양하다. 예를 들어 X점에서 아내가 이주하면 아내는 1만 달러를 얻지만 남편은 1만 달러를 잃는다. Y점에서는 남편은 1만 달러를 얻지만 아내는 1만 달러를 잃는다.

---

[11] Jacob Mincer, "Family Migration Decisions," *Journal of Political Economy* 86 (October 1978): 749-773.

그림 8-2 부속된 이주자와 부속된 체류자

남편이 독신이었다면 $\Delta PV_H > 0$(A, B, C 영역)일 때 이주할 것이다. 아내가 독신이었다면 $\Delta PV_w > 0$(C, D, E 영역)일 때 이주할 것이다. 가족으로서는 사적 이익의 합이 양수(영역 B, C, D)일 때 이주한다. 영역 D에서 남편은 독신이라면 이주하지 않겠지만 가족의 일원으로서는 이주를 하며 부속된 이주자가 된다. 영역 E에서 아내는 독신이라면 이주하겠지만 가족의 일원으로서는 이주를 하지 않으며 부속된 체류자가 된다.

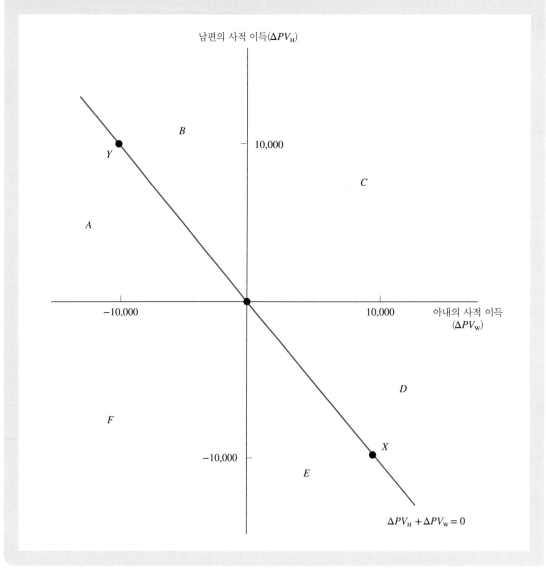

가족은 사적 수익의 합, $\Delta PV_H + \Delta PV_W$의 값이 양일 경우 이주한다. 가족의 평생소득을 극대화한다면 수익이 45°선 위에 있을 때, 혹은 조합이 B, C, D 영역에 있을 때 이주를

결정한다는 의미이다. 따라서 가족이 이주를 결정하는 영역은 가족의 각 구성원인 남편이나 아내가 독신일 때 이주 결정을 할 영역과 일치하지 않는다. 다시 말해 가족을 위한 최적의 결정은 독신일 때 하는 최적의 결정과 반드시 같지는 않다.

부속된 체류자와 부속된 이주자

가족의 이주동기가 각 가족 구성원의 사적 동기와 다른 이유를 보기 위해 E 영역의 어떤 점을 생각해보자. 이 영역에서는 아내가 이주를 하면 사적 이득이 있으므로(즉, $\Delta PV_W > 0$) 독신이라면 이주할 것이다. 그러나 남편의 손실이 아내의 이득을 초과(그래서 $\Delta PV_H + \Delta PV_W < 0$)하기 때문에 가족이 이주하는 것은 바람직하지 않다. 그 결과 아내는 **부속된 체류자**(tied stayer)가 된다. 아내는 현재 거주 지역에서 남편의 경제적 상황이 훨씬 좋기 때문에 다른 곳의 좋은 채용 기회를 포기한다.

그와 유사하게 D 영역에 있는 어떤 점을 생각해보자. 이 영역에서는 남편이 이주할 경우 소득에 손실을 본다(즉, $\Delta PV_H < 0$). 그럼에도 아내의 이득이 남편의 손실을 초과해서 $\Delta PV_H + \Delta PV_W > 0$이기 때문에 남편은 가족과 함께 이주하게 된다. 가족이 이주하면서 남편은 **부속된 이주자**(tied mover)가 된다. 남편은 자신의 고용 전망이 현 거주지에서 더 좋더라도 아내를 따라간다.

가족의 이주 결정을 분석하면 가족의 모든 구성원이 이주함으로써 양의 사적 수익을 얻지는 않는다는 것을 알 수 있다. 부속된 이주자의 이주 전과 후의 소득을 비교하면 그들이 이주로부터 '손실을 입었다'는 것을 알게 될 것이다. 여성의 이주 후 소득이 이주 전 소득보다 낮은 경우가 잦다는 증거가 있다.[12]

여성의 노동시장 참가율이 빠르게 높아지면서 남편과 아내 둘 다 각각 이주에서 얻는 사적 이익이 가족 전체의 이익과는 일치하지 않는 경우가 늘어날 것이다. 둘 다 같은 도시 안에서 일자리를 찾는 경우가 많고 세밀하게 분류된 직업 중 같은 것을 찾는 경우도 종종 있으므로 양측 모두 적절한 직업을 찾을 확률이 낮아서 가족이 이주할 확률은 줄어든다.

맞벌이 가구의 수가 증가하면서 노동시장에서 새로운 현상이 나타났다. 배우자 한쪽을 고용하고자 하는 고용주는 다른 배우자의 구직 활동을 돕고 두 배우자 모두를 고용하는 경우도 있다. 부속된 체류자나 부속된 이주자가 되어 발생하는 경제적 손실을 최소화하고자 두 도시에 떨어져서 생활하는 기혼 커플의 수도 증가해왔다.

---

12 Steven H. Sandell, "Women and the Economics of Family Migration," *Review of Economics and Statistics* 59 (November 1977): 406-414.

이론의 현장 적용　고학력 부부

미국에서 두 배우자가 모두 대학을 졸업한 '고학력 부부'의 수가 증가하고 있다. 고학력 부부 비율이 1940년에 2%였다가 1970년에는 9%로, 1990년에는 15%까지 상승했다. 고학력 여성이 노동시장에 참여하는 경향이 강하므로 고학력 부부는 대부분 맞벌이 부부이다. 1990년에 고학력 부부 중 아내가 취업한 비율이 73.3%였다.

고학력 부부가 모두 일하기를 원하기 때문에 두 사람 모두 같은 지역 노동시장에서 '최적의' 직업을 갖는 것이 어려울 수 있다. 그 결과 고학력 부부는 따로 떨어져 다른 도시에 살거나 고학력 부부의 배우자 한 사람이 부속된 체류자나 부속된 이주자가 된다는 사실을 받아들이고 최상의 기회는 아닌 일을 해야 할 것이다.

고학력 부부는 대도시 지역처럼 고숙련 근로자에게 채용 기회를 많이 제공할 것 같은 지역에 정착함으로써 그런 문제를 최소화할 수 있다. 그런 대도시의 다양한 노동시장은 두 배우자 모두에게 만족스러운 직장을 제공할 잠재력이 있기

때문이다. 지난 수십 년간 고학력 부부는 바로 그렇게 해 왔다. 아래 표에 그 현상이 요약되어 있다.

고학력 부부가 대도시에 정착한 비율은 1970년에서 1990년 사이 14.6%에서 34.8%로 상승했다. 그 반면 '저학력 부부'(둘 중 어느 누구도 대학을 졸업하지 않은 부부)가 대도시에 정착한 비율은 8.3%에서 20.0%까지밖에 상승하지 않았다. 저학력 부부의 지역 선택을 대조군의 선택으로 한다면 이중차분법을 이용해 고학력 부부가 되는 것이 대도시에 살 확률은 8.5%p 증가시킨다는 것을 알 수 있다. 즉, 고학력 부부는 저학력 부부와 다른 지역에 살며 부속된 체류자나 부속된 이주자가 되는 데서 오는 비용을 줄이고자 한 것으로 보인다.

출처 : Dora L. Costa and Matthew E. Kahn, "Power Couples : Changes in the Locational Choice of the College Educated, 1940–1990," *Quarterly Journal of Economics* 115 (November 2000) : 1287–314 및 Janice Compton and Robert A. Pollak, "Why Are Power Couples Increasingly Concentrated in Large Metropolitan Areas," *Journal of Labor Economics* 25 (July 2007) : 475–512.

아내가 일하는 부부 중 대도시 지역에 사는 비율

	1970	1990	차분
고학력 부부	14.6	34.8	20.2
저학력 부부	8.3	20.0	11.7
이중차분	–	–	8.5

8-4　이민자의 자기선택

미국과 다른 여러 국가에서 이민자의 숫자가 크게 늘어남에 따라 최근의 노동 이동에 관한 많은 연구의 관심이 국제 이주의 결정요인과 결과를 분석하는 데로 옮겨갔다.

이민자를 받는 나라에서 흔히 보이는 현상은 이민자의 임금이 출신 국가에 따라 다르다는 점이다. 예를 들어 유럽과 캐나다에서 미국으로 온 이민자들은 원거주자보다 36% 높은 소득을 올린 반면에 멕시코로부터 온 이민자들은 소득이 40% 더 낮았다.[13]

---

13 Francine D. Blau and Christopher Mackie, editors, *The Economic and Fiscal Consequences of Immigration*, Washington, D.C. : National Academies Press, 2016, p. 107.

그런 차이가 있는 한 이유는 아마도 선진 산업국가에서 습득한 기술은 미국 노동시장으로 이전되기가 더 쉽기 때문일 것이다. 선진국의 기업들이 원하는 기술이 미국 고용주들이 가치를 두는 기술과 유사할 가능성이 높다. 그러나 국가별로 다른 종류의 이민자들이 들어오기 때문에 차이가 있을 수도 있다. 사람들 중 이주자가 임의로 정해지지 않는다, 그들은 자기선택에 의해 정해진다. 이 자기선택은 노동 이동의 연구에서 가장 중요한 질문 중 하나를 제기한다. 근로자 중 어떤 집단이 이주하는 것이 가치 있다고 생각할까, 가장 숙련된 집단 아니면 가장 숙련되지 않은 집단?

유명한 로이 모형(Roy model)은 근로자가 고용 기회에 따라 자신들을 어떻게 나누는지 보여준다.[14] 현재 모국에 거주하는 사람이 미국으로 이민을 가야할지를 고민하고 있다. 두 나라에서의 소득은 근로자의 숙련에만 의존하며 기술은 일반적이고 완벽히 이전될 수 있다고 하자. 변수 s를 근로자가 가진 능률 단위의 수라고 하자. 모국인의 숙련의 분포는 [그림 8-3]에 나타나 있다. 우리는 어떤 근로자 집단이 이주해 나가는 것을 선택할지 알고자 한다.

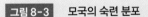

그림 8-3 모국의 숙련 분포

모국의 숙련 분포는 각 숙련 수준별 근로자의 도수를 보여준다. 이민자가 평균 이상의 숙련자이면 이민자 흐름은 양의 선택 때문이다. 이민자가 평균 이하의 숙련자라면 이민자 흐름은 음의 선택 때문이다.

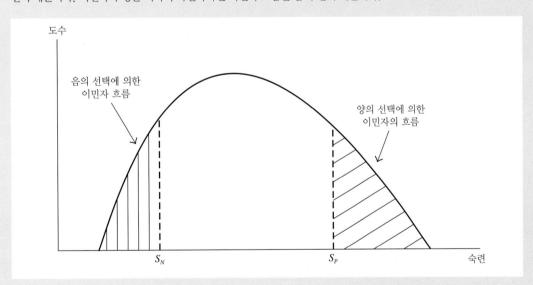

---

14 Andrew D. Roy, "Some Thoughts on the Distribution of Earnings," *Oxford Economic Papers* 3 (June 1951): 135–146. 그 모형을 이주 결정에 처음 적용한 것은 Borjas, "Self-Selection and the Earnings of Immigrants," *American Economic Review* 77 (September 1987): 531–553이다.

각 근로자는 두 나라에서의 소득을 비교하여 이주를 결정한다. 단순화를 위해 이주비용은 없다고 일단 가정하자. 그러면 이민을 결정하는 규칙은 매우 단순하다. 미국에서의 소득이 모국에서의 소득을 초과하면 근로자는 미국으로 이주한다.[15]

[그림 8-4]는 각 나라에서 임금과 숙련 간 관계를 보여준다. 임금-숙련선의 기울기는 추가되는 능률 단위에 대한 금전적 보상이다. 미국의 임금-숙련선이 더 가파른, 다시 말해 모국보다 미국에서 능률 단위에 대한 보상이 더 큰 [그림 8-4a]에서 근로자가 나눠지는 것을 보자. S_P보다 적은 능률 단위를 가진 근로자는 이주하는 것보다 모국에 머물 때 소득이 더 높다. 그러나 S_P보다 많은 능률 단위를 가진 근로자는 모국보다 미국에서 소득이 더 높다.

그러면 이민자의 흐름은 [그림 8-3]에 그려진 숙련 분포의 위쪽 꼬리에 위치한 근로자들로 구성된다. 이 종류의 자기선택을 **양의 선택**(positive selection)이라고 부른다. 이민자

그림 8-4 이민자의 자기선택

(*a*) 미국에서 숙련의 수익률이 모국보다 더 높다면 (즉 임금-숙련선이 미국에서 더 가파르면) 이민자의 흐름은 양의 선택에 의한다. S_P보다 많은 능률 단위를 가진 근로자가 이주하는 것이 이득이다. (*b*) 숙련의 수익률이 미국에서 더 낮으면 이민자의 흐름은 음의 선택에 의한다. S_N보다 적은 능률 단위를 가진 근로자가 이주해 나간다.

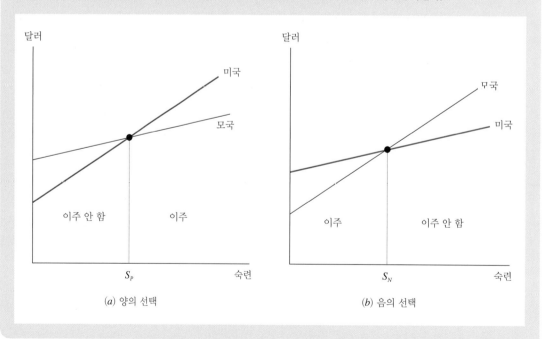

(*a*) 양의 선택   (*b*) 음의 선택

---

15 이 논의는 또한 이민정책이 미국으로 이주해 오는 것을 가치 있게 생각하는 그 누구의 입국도 막지 않는다고 암묵적으로 가정한다.

들은 평균적으로 꽤 숙련되고 미국에서 성공적인 생활을 한다.

[그림 8-4b]에서는 모국의 임금-숙련선이 더 가파르므로 숙련에 대한 보상이 그곳에서 더 높다. S_N보다 적은 능률 단위를 가진 근로자는 미국에서 소득이 더 높기 때문에 이주하길 원할 것이다. 그와 반대로 S_N보다 많은 능률 단위를 가진 근로자는 모국에서 소득이 더 높아 이주하지 않으려 할 것이다. 이민자 흐름은 가장 저숙련의 근로자로 구성될 것이다. 이런 종류의 자기 선택을 음의 선택(negative selection)이라고 부른다. 이민자들은 평균적으로 미숙련이고 미국에서 잘 살지 못한다.

로이 모형의 핵심은 명백하다. 나라 간 숙련에 대한 상대적 보상이 이민자 흐름의 숙련 조합을 결정한다. 자신의 숙련을 '파는' 근로자는 자신의 제품을 판매하는 기업과 꼭 같은 행태를 보인다. 근로자와 상품 모두 가장 높은 가격을 받을 수 있는 시장으로 이동한다.

이 모형은 이민자 흐름의 숙련 조합을 이해하는 데 도움을 주는 경험법칙을 알려준다. 근로자의 인적자본에 대한 수익률이 낮아서 숙련 근로자와 미숙련 근로자 간 소득이 큰 차이가 없는 나라에 사는 사람을 생각해보자. 상대적으로 평등한 소득분포와 거의 약탈적인 소득세 제도를 갖고 있는 스웨덴이나 덴마크 같은 나라가 전형적이다. 이런 나라에서는 미국에 비해서 능력이 뛰어난 근로자는 세금이 높고 미숙련 근로자는 좋지 않은 노동시장 결과로부터 보호받는다. 이런 상황은 숙련된 근로자를 이주하도록 유인한다. 그들이 이주해서 얻을 이득이 가장 크기 때문이다. 그런 경우 미국은 '두뇌 유출'의 수혜자가 될 것이다.

그러나 대신 인적자본의 수익률이 높은 나라에서 사는 근로자를 생각해보자. 소득불평등이 심한 많은 개발도상국이 전형적이다. 이 경우 (모국에 비해) 숙련된 근로자에게 높은 세금을 매기고 미숙련 근로자를 보조해주는 나라는 미국이다. 미국은 상대적으로 소득 능력이 낮은 근로자에게 매력적이다.

증거에 따르면 실제로 모국의 (숙련의 수익률을 대리하는) 소득불평등도와 미국 내 이민자 소득 간에는 음의 상관관계가 있다.[16]

이민자의 자기선택에 대한 최근 연구는 이런 상관관계를 추정하는 것을 넘어 이민하기 전에 모국에서의 숙련과 소득을 보여주는 자료를 분석하였다. 이 자료를 이용하여 나중에 이민을 한 사람의 이민 전 특성과 이민을 가지 않은 사람의 특성을 비교할 수 있다.

국제 이주의 경우로 (모든 덴마크 국민에 대한 정보를 담고 있는) 덴마크의 행정자료는 덴마크에서의 이주가 아주 강한 양의 선택을 나타냄을 보여준다.[17] 결국 이주해 나간 덴마

---

16 이 증거들은 George J. Borjas, *Immigration Economics*, Cambridge, MA: Harvard University Press, 2014에 정리되어 있다. 또한 Matthias Parey, Jens Ruhose, Fabian Waldinger, and Nicolai Netz, "The Selection of High-Skilled Emigrants," *Review of Economics and Statistics* 99 (December 2017): 776-792를 보라.

17 George J. Borjas, Ilpo Kauppinen and Panu Poutvaara, "Self-Selection of Emigrants: Theory and Evidence on Stochastic Dominance in Observable and Unobservable Characteristics," *Economic Journal*, forthcoming 2018.

크 근로자는 고숙련이고 이주 전에 소득이 높았다. 덴마크는 숙련의 수익률이 매우 낮고 소득 불평등도가 낮기 때문에 이 사실은 로이 모형의 예측과 일치한다. 북부와 남부 이탈리아 간의 국내 이주에 대한 관련 연구도 로이 모형과 맞는 노동 흐름을 보여주었다.[18] 북부 이탈리아의 노동시장은 숙련의 수익률이 상대적으로 낮기 때문에 남부로부터 음의 선택에 따라 이주자가 유입된다.[19]

소득수준과 이주비용의 변화

로이 모형에서 얻는 의외의 결과는 본국이나 미국 내 소득의 (그림 8-4의 임금-숙련선의 높이로 측정되는) '기본 수준'이 이민자의 선택의 성격을 결정하지 않는다는 것이다. 그러나 소득수준은 이주자의 숫자에는 영향을 준다.

미국에서의 소득수준이 심각한 불황으로 하락하여 임금-숙련선이 아래로 이동한다고 하자. 미국에서의 숙련에 대한 보상이 모국에서의 보상을 초과하면 [그림 8-5a]와 같이 경계점 S_P가 S_P'로 높아진다. 전보다 적은 수의 근로자가 이주할 것이다. 그러나 이민자는 새로운 경계점 S_P' 위에 있는 근로자이므로 이민자의 흐름은 여전히 양의 선택에 의한다.

유사하게 숙련에 대한 보상이 모국에서 더 높다면 [그림 8-5b]에서 나타나듯이 경계점은 S_N'으로 낮아진다. 숙련 수준이 S_N' 아래인 근로자만 이주할 것이기 때문에 미국의 소득 하락은 역시 이민자의 숫자를 줄인다. 그러나 이민자의 흐름은 여전히 음의 선택에 의한다.

지금까지 이주비용이 없다고 가정했지만 이주비용을 모형에 쉽게 포함할 수 있다. 근로자의 숙련에 관계없이 미국으로 이주하는 데 5,000달러가 든다고 하자. 이주비용으로 근로자가 미국에서 기대하는 순소득이 감소하므로 미국에서의 임금-숙련선이 아래로 이동할 것이다. 다시 말해 이주비용의 도입은 [그림 8-5]에 그려진 미국에서의 소득의 감소와 유사하다. 따라서 이주비용이 모든 사람에게 일정하면 이주비용이 증가하는 경우 이민자의 숫자는 감소하지만 이민자 흐름을 결정하는 선택의 종류는 변하지 않는다.[20]

------

18 Christian Bartolucci, Claudia Villosio, and Mathis Wagner, "Who Migrates and Why? Evidence from Italian Administrative Data," *Journal of Labor Economics*, forthcoming 2018.

19 미국 상황에서는 실증연구가 주로 멕시코 이민자들의 선택을 다루었다. Daniel Chiquiar and Gordon Hanson, "International Migration, Self-Selection, and the Distribution of Wages: Evidence from Mexico and the United States," *Journal of Political Economy* 113 (April 2005): 239-281이 그 시작이다. Chiguiar와 Hanson은 멕시코인의 숙련 분포에서 중간에 위치한 멕시코인이 미국으로 이주할 확률이 가장 높음을 발견하였다. 그러나 더 최근의 연구에서는 상충되는 증거들이 발견된다. Jesús Fernández-Huertas Moraga, "New Evidence on Emigrant Selection," *Review of Economics and Statistics* 93 (February 2011): 72-96 및 Robert Kaestner and Ofer Malamud, "Self-Selection and International Migration: New Evidence from Mexico," *Review of Economics and Statistics* 96 (March 2014): 78-91을 보라.

20 이주비용이 근로자마다 다르다면 모형의 예측이 바뀔 수 있다. Daniel Chiquiar and Gordon Hanson, "International Migration, Self-Selection, and the Distribution of Wages: Evidence from Mexico and the United States," *Journal of Political Economy* 113 (April 2005): 239-281을 보라.

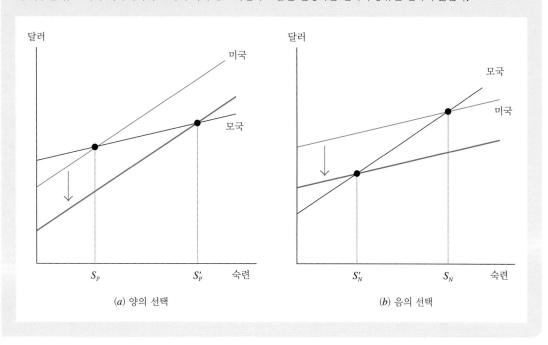

그림 8-5 미국에서 소득 하락의 영향

미국에서 소득이 하락하면 (혹은 이주비용이 증가하면) 미국의 임금-숙련선은 아래로 이동하고 더 적은 수의 근로자가 이주한다. 그러나 미국에서의 소득이 하락해도 이민자 흐름을 결정하는 선택의 종류는 변하지 않는다.

8-5 이민자의 동화

이주자가 새로운 곳의 다른 경제적 조건에 얼마나 잘 적응하는가? 이 질문은 이민과 관련해서 많은 주목을 받았다. 이민자를 받아들이는 모든 나라의 이민 정책에 대한 논쟁에 이민자의 동화가 중요한 역할을 하기 때문이다. 새 환경에 잘 적응하고 상대적으로 성공적인 이민자들은 경제 성장에 상당한 기여를 할 수 있다.

횡단면 연령 - 소득곡선

소득과 동화 간의 관계를 평가하고자 많은 초기 연구는 **횡단면** 자료(즉, 인구조사처럼 한 시점에서 인구의 스냅 사진을 보여주는 자료)를 이용했다.[21] 횡단면 자료를 통해 이제 막 들어온 이민자들의 현재 소득(즉, 스냅 사진이 찍힌 시점의 소득)과 여러 해 전에 이주해

---

21 Barry R. Chiswick, "The Effect of Americanization on the Earnings of Foreign-Born Men," *Journal of Political Economy* 86 (October 1978): 897–921.

온 이민자들의 현재 소득을 비교할 수 있다.

이 분석은 보통 횡단면에서 일종의 민서의 소득함수를 추정한다. 회귀식은 다음과 같다.

$$\text{원거주자의 회귀식} : \log w = \alpha_0 + \alpha_1 s + \alpha_2 t + \alpha_3 t^2 \qquad (8\text{-}8)$$

$$\text{이민자의 회귀식} : \log w = \beta_0 + \beta_1 s + \beta_2 t + \beta_3 t^2 + \beta_4 y + \beta_5 y^2 \qquad (8\text{-}9)$$

원거주자의 회귀식은 전형적인 민서의 식이며 근로자의 (로그) 임금 w를 교육연수(s)와 경력연수(t)에 회귀한다. 이민자의 회귀식은 중요한 변수를 모형에 추가하는데, (y로 표시된) 미국에 거주한 햇수가 그것이다.

추정된 회귀식의 계수를 써서 추정결과가 의미하는 포물선을 그리는 것은 간단한 일이다. [그림 8-6]은 1970년 인구조사 횡단면 자료를 사용해 연령-소득곡선을 그린 것이다.

20세에 미국으로 들어왔을 때 이민자 남성의 소득은 비슷한 원거주자 남성의 임금보다 15%가량 낮다. 하지만 이민자의 연령-소득곡선이 더 가파르다. 14년 후에는 이민자의 소득이 미국 태생 근로자의 소득을 '추월'한다. 미국에서 30년을 산 이민자는 비슷한 원거주자보다 평균 10%가량 소득이 더 높다.

[그림 8-6]에 세 가지 주목할 만한 결과가 있다. 첫째는 이민자의 소득은 처음에 원거주자의 소득보다 낮다는 것이다. 이 사실은 이민자들이 미국에 처음 왔을 때 미국 고용주가 중요하게 생각하는 기술들이 부족하기 때문이라고 일반적으로 해석된다. 이런 '미국 고유의' 기술로는 언어, 학력, 가장 소득이 높은 직업이 무엇이고 그 직업은 어디에서 찾을 수 있는가에 대한 정보 등이 있다.

두 번째 결과는 이민자의 연령-소득곡선이 더 가파르다는 것이다. 인적자본 모형에 의하면 인적자본 투자량이 많을수록 연령-소득 곡선이 가팔라진다. 이민자들이 영어를 배우고 미국 노동시장에 대해 알아갈수록 이민자의 인적자본이 원거주자의 것보다 상대적으로 더 늘어나서 이민자의 소득이 원거주자의 소득으로 수렴하기 시작하는 형태로 경제적 동화 과정이 일어난다.

따라서 인적자본 모형은 어째서 이민자 소득이 원거주자 소득보다 낮게 시작해 더 빨리 상승하는지에 대한 설명을 제시한다. 그러나 이 설명은 그림에 나타난 세 번째 사실을 설명하지 못한다. 미국에서 14년을 지낸 후 이민자들은 원거주자보다 소득이 더 높아지기 시작한다. 어떻게 해서 이민자들이 원거주자보다 더 많은 인적자본을 축적하게 될까?

추월 현상은 보통 선택으로 설명한다. 이민자들은 무작위로 선택되지 않는다. 아마도 능력이 뛰어나거나 추진력 있고 적극적인 사람들만이 가진 전부를 싸서 가족과 친구를 떠나 전혀 다른 인생을 시작하려고 외국으로 이주할 것이다. 이민자들이 실제 이런 식으로 전체 인구 중에서 선택된다면 이민자들이 필요한 미국 고유의 기술을 습득하고 나면 원거주자보다 소득이 더 높다는 사실은 놀랍지 않을 것이다.

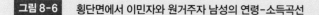

그림 8-6   횡단면에서 이민자와 원거주자 남성의 연령-소득곡선

출처 : Barry R. Chiswick, "The Effect of Americanization on the Earnings of Foreign-Born Men," *Journal of Political Economy* 86 (October 1978) : 표 2의 3열. 이 그림은 이민자가 20세에 이주한 것으로 가정하고 그린 것이다.

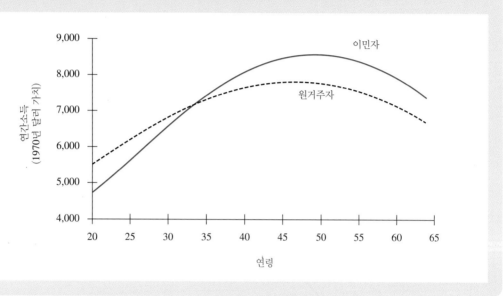

코호트 효과

[그림 8-6]의 횡단면 연령-소득곡선에 대해 '동화론자'는 여러 해 전에 이주해온 이민자는 미국 고유의 기술을 습득하여 경제 상황을 개선했다고 해석한다. 이 해석에 한 가지 문제가 있다. 한 시점에서 찍은 스냅 사진 한 장으로 이민자의 소득이 시간에 따라 어떻게 변할지를 추론한다는 것이다. 예를 들어 이제 막 들어온 이민자들은 20년 전 이민해온 사람들과 근본적으로 매우 다른 사람들일 수도 있다. 그러면 20년 전 이민해온 사람들의 경제적 경험을 바탕으로 새로 온 이민자들의 미래 노동시장 성과를 예측하는 것은 유효하지 않을 것이다. [그림 8-7]은 이 다른 가설을 보여준다.[22]

단순화를 위해 이민자의 유입이 세 번 있었고 유입된 이민자들의 생산성이 각각 다른 상황을 가정하자. 첫 이민 유입은 1960년에 일어났고 두 번째는 1980년에, 마지막은 2000년에 있었다고 하자. 또한 모든 이민자들이 20세에 미국에 들어왔다고 가정하자.

또 가장 먼저 들어온 코호트가 미국 태생의 근로자를 포함한 어떤 그룹보다도 생산성이 높다고 가정하자. 그들이 미국에 이민 온 이후의 소득을 매년 관찰할 수 있다면 그들의 연

----

22 George J. Borjas, "Assimilation, Changes in Cohort Quality, and the Earnings of Immigrants," *Journal of Labor Economics* 3 (October 1985): 463-489.

그림 8-7 코호트 효과와 이민자의 연령-소득곡선

1960년에 이민 온 사람들은 보통 생산성이 높고 연령-소득곡선은 PP이다. 2000년 이민자들은 생산성이 낮고 연령-소득곡선은 RR이다. 1980년 이민자들은 보통의 원거주자와 생산성이 같고 연령-소득곡선은 QQ이다. 모든 이민자들이 20세에 온다고 가정하자. 2000년의 인구조사 횡단면 자료를 통해 갓 이주한 이민자들의 임금(R*점), 1980년에 이민을 와서 40세가 된 이민자들의 임금(Q*점), 1960년에 도착해 60세가 된 이민자들의 임금(P*점)을 알 수 있다. 횡단면 자료에 나온 연령-소득곡선 CC를 보면 이민자 소득이 원거주자보다 더 빠르게 상승하는 것처럼 보이지만 이는 잘못된 것이다.

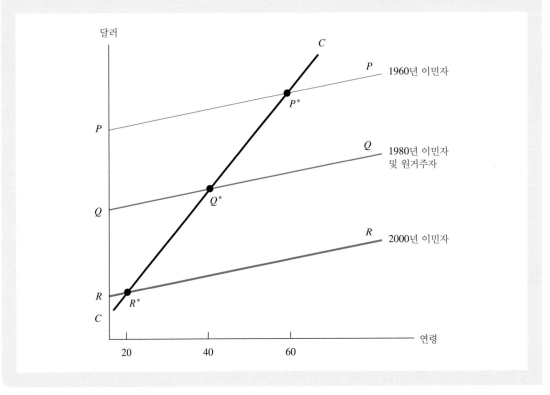

령-소득곡선은 PP선이 될 것이다. 마지막 이민자들(즉, 2000년에 도착한 이민자들)은 어떤 그룹보다도 생산성이 낮다고 가정하자. 그들의 근로 경력 전반에 걸친 소득을 관찰하면 그들의 연령-소득곡선은 RR선이 될 것이다. 마지막으로 1980년에 들어온 이민자들은 원거주자와 생산성이 같다고 하자. 그들의 소득을 매 연령마다 관찰하면 원거주자와 이 코호트의 연령-소득곡선은 QQ선이 될 것이다. 각 이민 코호트의 연령-소득곡선은 원거주자 집단의 연령-소득곡선과 평행이란 점에 주목하라. 이 가상의 예에서는 이민자와 원거주자 간에 임금 수렴은 일어나지 않는다.

　우리는 2000년에 근로자의 연령, 소득, 출생 국가, 미국에 도착한 해를 기록한 2000년의 인구조사 자료를 갖고 있다. 2000년의 횡단면 자료에서 2000년 코호트에 속하는 20세

가 된 갓 이주해온 이민자의 임금(그림에서 R^*점을 보라)을 알 수 있다. 또한 1980년에 이주한 이민자가 40세일 때의 임금(Q^*점)과 1960년에 이주한 이민자가 60세일 때의 임금 (P^*점)을 알 수 있다. 따라서 횡단면 자료에서는 각 이민자 코호트의 연령-소득곡선에서 오직 한 점만을 관찰할 수 있다.

점 P^*, Q^*, R^*를 연결하면 횡단면 자료로 만들어진 이민자 연령-소득곡선, 즉 CC선이 된다. 이 횡단면 선은 원거주자의 연령-소득곡선보다 가파르므로, 사실이 아닌데도 이민자와 원거주자 간 임금 수렴이 일어나는 것처럼 보이게 된다. 또한 횡단면 CC선은 40세에 원거주자 선을 가로지르므로 이민자의 소득이 20년 뒤에 원거주자를 추월하는 것처럼 보인다. 그러나 사실 어떤 이민자 그룹도 그런 추월을 경험한 적이 없다.

이민자 코호트 간의 생산성에 본질적인 차이가 있을 때 [그림 8-7]은 횡단면 자료의 연령-소득곡선이 동화에 대해 잘못된 인식을 초래함을 보여준다. 코호트 간 생산성의 차이를 코호트 효과(cohort effect)라고 한다.[23]

코호트 효과의 증거

실제 자료를 보면 이민자 코호트 간에 생산성에 차이가 있고 그 코호트 효과가 꽤 클 수 있음을 알 수 있다.[24] 전형적인 연구는 같은 코호트의 소득을 인구조사 자료로 '추적'한다. 예를 들어서 1980년 인구조사에서 1980년에 25세의 나이로 이민 온 사람들의 평균 임금을 볼 수 있으며 1990년 인구조사에서는 같은 이민자들이 35세가 되었을 때의 평균 임금, 2000년 인구조사에서는 같은 이민자들이 45세가 되었을 때의 평균 임금을 알 수 있다. 따라서 여러 인구조사를 걸쳐 특정 이민 코호트를 추적하면 각 코호트의 연령-소득곡선을 그릴 수 있다.

[그림 8-8]은 국립과학원(National Academy of Sciences)이 2016년에 발표한 이런 추적의 결과로 얻은 연령-소득곡선을 보여준다. 1970년에 새로 온 이민자 남성은 도착 당시 소득이 원거주자보다 24% 낮았다. 1990년에 새로 온 이민자의 도착 당시 임금은 원거주자보다 33% 낮았다. 다시 말해 1990년까지 이민자 코호트의 생산성이 내려간 것으로 보인다. 그림은 또한 1960년대 말에 들어온 이민자의 소득은 20년 안에 원거주자의 소득을 따라잡았음을 보여준다. 그러나 1980년대 말에 온 이민자 코호트는 도착 당시 소득이 더 낮았고 임금도 덜 올랐다.

----

23 [그림 8-7]에 대한 논의는 최근의 이민자가 이전의 이민자에 비해 저숙련이기 때문에 코호트 효과가 발생한다고 가정하였다. 코호트 효과는 또한 이민자의 무작위가 아닌 회귀이민으로 이전의 이민자가 '걸러졌기' 때문에 일어날 수도 있다. Darren Lubotsky, "Chutes or Ladders? A Longitudinal Analysis of Immigrant Earnings," *Journal of Political Economy* 115 (October 2007, no. 5): 820-867을 보라.

24 증거에 대한 정리는 George J. Borjas, *Immigration Economics*, Cambridge, MA: Harvard University Press, 2014를 보라.

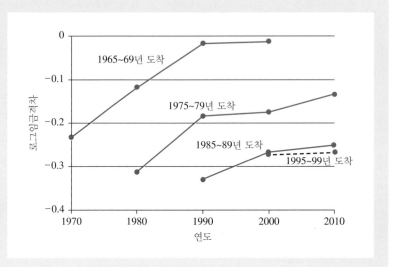

그림 8-8

특정 이민 코호트의 (비슷한 연령의 원거주자 남성 대비) 생애 주기 동안 임금의 변화

출처 : Francine D. Blau and Christopher Mackie, editors, *The Economic and Fiscal Consequences of Immigration*, Washington, DC: National Academies Press, 2016, p. 110.

8-6 직장 매치와 직장 이동

이제 많은 노동시장에서 흔히 관찰되는 노동 이동의 마지막 종류인 직장 이동, 즉 한 직장으로부터 다른 직장으로의 근로자의 흐름을 살펴보자.

경쟁적 노동시장의 표준 모형에서 가장 좋은 직장을 찾는 근로자와 이윤을 극대화하려는 고용주 간의 상호작용은 기업들 간에 노동의 한계생산물의 가치를 동일하게 한다. 균형에서 일어나는 근로자의 기업에의 배분은 근로자가 국민소득에 기여히는 가치를 극대화한다. 근로자가 다른 직장으로 이동하여도 근로자의 한계생산물의 가치는 오르지 않을 것이므로 어떤 형태의 이직도 일어날 이유가 없다.

그렇지만 사직과 해고 모두 흔히 관찰된다. 이런 이직이 일어나는 이유는 부분적으로 근로자가 능력에서 차이 나기 때문이고 기업의 근로조건이 다르기 때문이다. 게다가 근로자는 어느 기업에서 최고의 기회를 얻을 수 있을지 모르고 기업은 근로자의 실제 생산성이 어느 정도인지 알지 못한다.[25]

기업마다 근로환경이 다르다고 하자. 예를 들어 마이크로소프트사에서는 상사가 항상 조직적이고 근로자들의 업무를 미리 잘 계획하며 맡은 일을 끝내도록 근로자에게 시간을 많이 준다. 조의 스타트업에서 조는 거의 임박해서야 근로자에게 할 일(예 : 비디오 게임

---

[25] Boyan Jovanovic, "Job Matching and the Theory of Turnover," *Journal of Political Economy* 87 (October 1979): 972–990 및 Derek Neal, "The Complexity of Job Mobility among Young Men," *Journal of Labor Economics* 17 (April 1999): 237–261.

의 최근 수정사항을 위해 코드를 쓰는 것)을 알려주고 짧은 데드라인을 준다. 어떤 근로자가 스트레스가 많은 조건에서 일을 잘 못한다면 이 근로자와 마이크로소프트사 간의 매치의 가치는 조의 회사와의 매치의 가치보다 높을 것이다. 반면에 데드라인이 임박했을 때 가장 생산적인 근로자가 있다면 그와 조의 회사와의 매치의 가치가 더 높을 것이다.

각 직장 매치(job match, 한 기업과 한 근로자의 특정한 짝짓기)마다 고유의 가치가 있다는 것은 근로자와 기업 모두 더 나은 매치를 찾아봄으로써 상황을 개선할 수 있음을 의미한다. 어떤 프로그래머에게 마이크로소프트사에서 일하는가 아니면 조의 회사에서 일하는가는 중요한 문제이다. 최고의 매치를 찾기 위한 근로자와 기업 모두의 공동 탐색이 근로자의 임금과 기업의 이윤을 높인다.

근로자와 기업이 어떤 특정 매치의 가치가 가장 높은지를 정확하게 알고 있다면 처음부터 근로자는 최고의 기업을 찾고 기업은 최고의 근로자를 찾기 때문에 일단 '짝짓기'가 성사되면 직장 이동이 일어날 필요가 없을 것이다. 근로자와 기업의 만남이 노동 생산물의 총가치가 극대화되는 최적의 만남이 될 것이다.

그러나 기업이나 근로자나 일을 시작할 때는 그 매치의 진정한 가치를 잘 모른다. 시간이 흐른 뒤에야 근로자와 기업 모두 매치의 가치를 살짝 예측했다는 걸 깨달을 수 있다. 또한 기업과 근로자는 매치가 더 좋은 근로자와 기업을 다른 데서 찾을 수 있음을 알게 될 수도 있다. 직장 이동은 노동시장이 매칭의 오류를 수정해서 자원이 더 잘 사용되고 더 효율적으로 배분되도록 하는 장치이다. 이런 종류의 직장 이동을 **효율적 이동**(efficient turnover)이라 하는데 이와 같은 이동이 경쟁적 노동시장에서 노동 생산물의 총가치를 증가시키기 때문이다.

[그림 8-9]가 보여주듯이 새로 고용된 근로자가 직장을 이동할 확률은 실제 매우 높다. 새로 고용된 젊은 근로자의 약 75%와 나이 든 근로자의 약 40%가 2년 안에 직장을 이동한다. 그러나 근로자가 한 직장에서 2, 3년만 있으면 직장 이동률은 급속히 줄어든다. 그런 패턴이 사직(근로자가 개시한 직장 이동)과 해고(고용주가 개시한 직장 이동) 모두에서 관찰됨을 주목하라. 새로 고용된 근로자가 사직하거나 해고될 확률이 가장 높은 것은 근로자와 기업 모두 '시험하는' 단계이며 직장 매치의 진정한 가치를 알아보고 있기 때문이다.

흥미롭게도 그림은 이직률이 근로자가 직장에서 2~3년을 지낸 후에도 계속 하락함을 보여준다. 소득분포에 대한 장에서 보았듯이 근속기간이 길어지면서 사직과 해고의 비율이 지속적으로 떨어지는 것은 기업에 특화된 인적자본의 존재와 논리적으로 맞는다.[26] 고

26 Henry S. Farber, "Mobility and Stability: The Dynamics of Job Change in Labor Markets," in Orley Ashenfelter and David Card, editors, *Handbook of Labor Economics*, vol. 3B, Amsterdam: Elsevier, 1999, pp. 2440–2483 및 Lalith Munasinghe, "Specific Training Sometimes Cuts Wages and Always Cuts Turnover," *Journal of Labor Economics* 23 (April 2005): 213–233.

그림 8-9   젊은 근로자와 나이 든 근로자의 직장 이동 확률

출처 : Jacob Mincer and Boyan Jovanovic, "Labor Mobility and Wages," in Sherwin Rosen, editor, *Studies in Labor Markets*, Chicago : University of Chicago Press, 1981, p. 25. 젊은 근로자 표본은 19∼29세 남성이며 나이 든 근로자 표본은 50∼64세 남성임

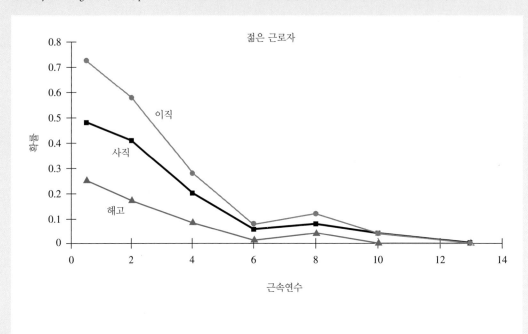

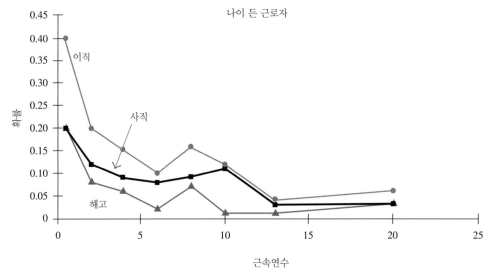

이론의 현장 적용　건강보험과 직장 종속

근로자가 자신이 가장 생산적인 직장으로 이동할 수 있어야 근로자의 기업에의 배분이 최적이 된다. 그러나 여러 가지 이유로 근로자가 더 좋은 직장으로 이동하지 못하여 경제에서 노동력이 효율적으로 배분되지 못할 수 있다.

미국에서 근로자의 고용주가 제공하는 건강보험은 보통 다른 직장으로 이전되지 않는다. 오바마케어가 도입되기 전에 많은 건강보험 프로그램은 새로 가입하는 근로자가 (어떤 경우 최대 2년 동안) 이미 갖고 있던 의료적 문제에 대해서는 보장해주지 않았다. 그 결과 건강에 문제가 있는 근로자는 건강보험을 잃게 되면 지불해야 하는 잠재적 비용 때문에 더 생산적일 수 있는 직장으로 옮기지 못한다. 실제로 CBS/뉴욕 타임스 설문 응답자 중 30%는 떠나고 싶었던 직장에 머물렀던 주된 이유가 건강보험을 잃고 싶지 않아서라고 답했다. 따라서 고용주 기반의 건강보험 시스템은 일종의 '직장 종속'

을 만들어내서 근로자가 직장에 비효율적으로 배분되었다 하더라도 직장에 묶이도록 한다.

이런 종류의 직장 종속이 미국 노동시장에서 중요한 문제라는 증거가 있다. 특히 아내가 임신(일종의 이미 갖고 있는 의료적 문제)한 가족의 경우 건강보험이 없는 근로자 사이에서는 이동이 증가하지만 고용주 제공하는 건강보험을 갖고 있는 근로자들 사이에서는 이동이 줄어든다. 직장 종속은 고용주가 제공하는 건강보험을 가진 근로자의 사직 확률을 연간 25% 정도까지 줄였을 수 있다.

출처 : Brigitte C. Madrian, "Employment-Based Health Insurance and Job Mobility : Is There Evidence of Job-Lock?" *Quarterly Journal of Economics* 109 (February 1994) : 27–54; 및 Mark C. Berger, Dan A. Black, and Frank A. Scott, "Is There Job Lock? Evidence from the Pre-HIPAA Era," *Southern Economic Journal* 70 (April 2004) : 953–976.

용관계를 처음 시작할 때는 근로자나 기업이 그 일에 특화된 기술에 투자하기 전이므로 둘 사이에 '결속'이 없다. 특화훈련을 일단 마치고 나면 훈련을 받은 기업에서 근로자의 생산성은 임금보다 높고(해고의 확률을 낮춘다) 그 기업에서 근로자의 임금은 다른 기업에서 받을 수 있는 임금보다 높다(사직의 확률을 낮춘다).

결국 근속기간이 긴 직장이 예외라기보다는 보편적인 경향이다. 예를 들어 45~59세의 근로자 중 17%가 한 직장에서 최소 20년 동안 근속했으며 추가로 28%는 10~19년 동안 근속하였다.[27]

8-7　직장 이동과 연령-소득곡선

직장 이동은 근로자의 연령-소득곡선의 모양을 바꾼다. 가장 명백한 것은 사직한 사람은 보통 급여가 더 높은 직장으로 이동하고 해고된 사람은 급여가 더 낮은 직장으로 이동한다는 것이다.[28] 실제로 비자발적으로 직장을 잃는 것의 부정적 영향은 상당히 클 수 있다.

---

27 U.S. Department of Labor, Bureau of Labor *Statistics, Employee Tenure in 2016*, Washington, DC: September 2016. Table 3.

28 Jacob Mincer, "Wage Changes and Job Changes," *Research in Labor Economics* 8 (1986, Part A): 171–197.

영국에서 직장을 잃은 근로자에 대한 연구를 보면 정리해고된 근로자의 후속 임금은 해고 되기 전 임금보다 15~25% 더 낮다.[29]

따라서 [그림 8-10]에서 나타나듯이 직장 이동으로 이주자의 연령-소득곡선의 높이가 바로 바뀐다. 근로자가 사직을 한 때인 연령 t_1과 t_3에서는 임금수준이 올라가고 해고당한 때인 연령 t_2에서는 하락한다.

그러나 노동 이동은 연령-소득곡선의 기울기에도 영향을 줄 수 있다. [그림 8-10]은 두 근로자, 이직자와 근속자의 연령-소득곡선을 대비하여 보여준다. 근속자의 연속적인 곡 선은 가팔라서 한 직장 내 임금 상승률이 높다. 이직자의 경우 매번 직장을 바꿀 때마다 (사 직인지, 해고인지에 따라) 임금이 올라가거나 내려간다. 그러나 한 직장 내에서 이직자의 연령-소득곡선은 비교적 평평하다.

사실 기업 특화훈련의 존재는 직장 이동과 한 직장 내 연령-소득곡선의 기울기 간에 이

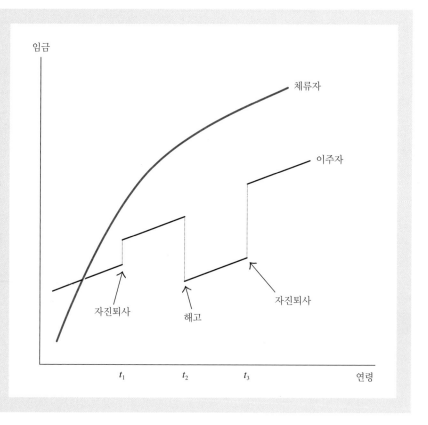

그림 8-10

직장 이동이 연령-소득곡 선에 미치는 영향

이주자의 연령-소득곡선 은 사직했을 때 위로 이 동하고 해고당했을 때 아 래로 이동하면서 비연속 적이다. 근속 기간이 길 어지면 기업과 근로자는 기업특화 직업훈련에 대 한 투자를 하게 되고 연 령-소득곡선이 가팔라진 다. 그 결과 체류자의 경 우 특정 직장 내에서 연 령-소득곡선이 더 가파 르다.

29 Alexander Hijzen, Richard Upward, and Peter W. Wright, "The Income Losses of Displaced Workers," *Journal of Human Resources* 45 (Winter 2010): 243-269.

런 관계가 있을 것임을 시사한다. 장기 고용 관계에 있는 근로자와 기업은 특화된 기술에 투자할 동기가 있다. 근로자가 비용 일부를 부담하고 투자에 대한 수익의 일부를 얻기 때문에 상대적으로 큰 특화 자본 투자를 한 곳, 즉 장기 근무하는 직장에서는 임금 인상이 더 가파르다. 따라서 근로자의 소득은 민서의 소득함수에 나온 것처럼 노동시장에서의 총 경력뿐 아니라 직장 이력과 현재 직장의 근속연수에 따라 달라진다.

근로자의 연령 차이를 통제한 후에도 한 직장에 오래 근속한 근로자가 새롭게 고용된 근로자보다 소득이 높다는 증거가 있다.[30] 이 증거는 특화훈련 가설과 부합하는 것으로 보이지만 근속연수와 임금 사이 정의 상관관계가 특화훈련의 영향을 반영하는 것인지에 대해서 의심하는 사람들이 있다.

문제의 원인은 **다른 근로자** 사이에 존재하는 소득과 근속연수 간의 정의 상관관계가 매우 다른 이유로 생길 수 있기 때문이다. 어떤 근로자는 운이 좋아 고소득 직업을 찾았다고 하자. 이 근로자는 직장 매치가 잘되어서 그 직장에 계속 다니는 한 연간 w_{HIGH}를 번다. 잘 매치된 근로자의 소득은 시간이 가도 오르지 않는다고 하자.

다른 근로자는 운이 좋지 않았다. 매치가 잘되지 않아서 그 나쁜 직장에 머무는 한 연간 w_{LOW}의 낮은 임금을 받는다. 잘못 매치된 근로자의 소득도 시간이 가도 오르지 않는다고 하자. 따라서 이 가상적 예에서는 근속연수가 소득에 영향을 주지 않는다. 달리 표현하자면 특화훈련이 임금 결정에 어떤 역할도 하지 않는다.

연간 w_{HIGH}를 버는 운 좋은 근로자는 자신의 현재 상황에 만족하기 때문에 다른 직장을 찾아볼 필요를 느끼지 않는다. 그러므로 잘 매치된 근로자는 직장 이동 확률이 낮고 근속연수가 길어질 것이다. 반면 잘못 매치된 근로자는 현 직장 상황에 만족하지 못하므로 직장 이동 확률이 높고 근속연수가 짧다.

근로자 간 소득과 근속연수 간 상관관계는 정이어서 실제로는 그렇지 않은데도 임금이 근속연수에 따라 오르는 것처럼 보인다. 주어진 근로자의 임금은 근속연수에 따라 증가하지 않는다. 하지만 근로자들 간에는 긴 근속연수와 높은 임금이 상관관계가 있는데 근속연수가 긴 근로자는 잘 매치된 상태일 가능성이 높고, 근속연수가 짧은 근로자는 잘못 매치된 상태일 수 있기 때문이다. 따라서 횡단면 자료에서 관찰되는 상관관계가 노동시장에서 특화훈련의 중요성에 대해 뭔가 알려준다는 결론은 부정확할 수 있다.

주어진 근로자의 임금에 대한 근속연수의 영향을 분리해내기 위해서는 그 근로자가 나이 들어감에 따라 그리고 기업 특화된 경험을 축적해감에 따라 시간이 흐르며 소득이 어떻게 변하는지 추적해갈 필요가 있다. 그러나 추적 연구에서 얻은 임금과 근속연수 사이

---

30 Michael R. Ransom, "Seniority and Monopsony in the Academic Labor Market," *American Economic Review* 83 (March 1993): 221-233.

관계에 대한 증거는 불분명하다.[31] 가장 최근 연구는 첫 10년 근속 동안 근로자의 임금은 다른 직장에서 받을 수 있는 것에 비해 약 10% 정도 더 높아질 수 있음을 시사한다. 다시 말하면 1년 근속할 때마다 근로자의 소득 기회는 약 1%씩 커진다.

요약

- 지역 간에 이주할 확률은 출발지와 목적지 모두의 경제적 조건과 이주비용에 따라 결정된다. 이주할 확률은 출발지에서의 소득이 낮거나 목적지에서의 소득이 높을 때 상승한다. 이주비용이 낮을 경우에도 이주 확률은 상승한다.

- 이주를 모든 가족 구성원이 함께 결정한다면 이주자 가운데 부속된 이주자가 여럿 포함될 것이다. 부속된 이주자는 이주로부터 사적 손실을 겪지만 그 손실은 다른 가족 구성원이 얻는 이득보다 작다.

- 이주를 모든 가족 구성원이 함께 결정한다면 이주해야 할 사람 중 일부는 이주를 하지 않고 부속된 체류자가 된다. 부속된 체류자가 이주에서 얻는 사적 이득은 가족의 손실보다 작다.

- 이민자는 사람들 중 무작위로 선택되지 않는다. 목적지에서 숙련의 수익률이 본국의 수익률을 초과하면 이민자 흐름은 양의 선택을 따르고 이민자들은 평균 이상의 숙련을 보유한다. 목적지에서 수익률이 본국의 수익률보다 낮다면 이민자 흐름은 음의 선택을 따르고 이민자는 평균 이하의 숙련을 보유한다.

- 이민자들의 숙련 조합에 코호트 효과가 있으면 횡단면 자료에서 앞서 이민 온 사람들이 이제 막 들어온 이민자보다 소득이 높다는 사실이 이민자들이 상당한 동화를 경험함을 의미하는 것은 아니다. 대신에 그 상관관계는 이민자 코호트 간에 존재하는 생산성의 차이를 반영하는 것일 수 있다.

- 효율적 이동은 근로자와 기업 사이 직장 매치의 질을 향상시키며 노동이 국민 소득에 더 큰 기여를 하도록 한다.

- 장기간 근속한 근로자는 새로 고용된 근로자보다 많이 번다. 이 상관관계는 잘 매치된

---

[31] 다음 연구를 보라. Katherine G. Abraham and Henry S. Farber, "Job Duration, Seniority, and Earnings," *American Economic Review* 77 (June 1987): 278-297; Joseph G. Altonji and Robert A. Shakotko, "Do Wages Rise with Job Seniority?" *Review of Economic Studies* 54 (July 1987): 437-459; Robert H. Topel, "Specific Capital, Mobility, and Wages: Wages Rise with Job Seniority," *Journal of Political Economy* 99 (February 1991): 145-176; Joseph G. Altonji and Nicolas Williams, "The Effects of Labor Market Experience, Job Seniority, and Mobility on Wage Growth," *Research in Labor Economics* 17 (1998): 233-276; and Margaret Stevens, "Earnings Functions, Specific Human Capital, and Job Matching: Tenure Bias Is Negative," *Journal of Labor Economics* 21 (October 2003): 783-806.

근로자는 그 직장에 오래 머물려 하기 때문에 그리고 특화훈련이 축적되어 근로자의 생산성이 향상되기 때문에 나타난다.

핵심용어

노동 이동

로이 모형

반복 이주

부속된 이주자

부속된 체류자

양의 선택

음의 선택

직장 매치

코호트 효과

회귀 이주

효율적 이동

복습문제

1. 평생소득의 현재가치를 극대화하고자 하는 근로자가 이주의 순수익을 어떻게 계산하는지 보여라. 순수익이 출발지와 목적지에서 거둘 소득과 이주비용에 어떻게 의존하는지 설명하라.

2. 인적자본 모형을 사용해 한계에 있는 사람의 이주비용을 어떻게 추정할 수 있는지 보여라.

3. 이주에 따른 사적 수익과 가족의 수익 사이에 왜 차이가 있을까? 이 차이가 부속된 체류자와 부속된 이주자를 어떻게 초래하는지 설명하라. 남편과 아내 모두 부속된 이주자가 될 수 있을까?

4. 이민자의 흐름이 출신국의 사람들 중에서 어떻게 선택되는지 설명하라. 왜 어떤 이민자의 흐름은 양의 선택을 따르고 다른 흐름은 음의 선택을 따르는가?

5. 이민자 중 코호트 효과가 횡단면 자료로 이민자의 연령-소득곡선을 해석하는 데 어떤 영향을 주는지 설명하라.

6. 사직과 해고가 노동시장 효율을 향상시키는 데 어떻게 도움이 되는가?

7. 모든 다른 요소가 동일할 때, 오래 근속한 근로자가 새로 고용된 근로자보다 더 많이 번다는 사실을 어떻게 해석해야 할까?

연습문제

8-1. 연간 할인율이 10%인 근로자가 현재 펜실베이니아주에 살고 있는데 그곳에서 계속 살지 일리노이주로 이주할지 결정하려 한다고 하자. 평생 세 근로 기간이 남아 있다. 근로자가 펜실베이니아주에 남는다면 각 기간에 2만 달러를 벌 것이다. 근로자가 일리노이주로 이주하면 각 기간에 2만 2,000달러를 벌 것이다. 근로자가 이주하기로 결정하면서 기꺼이 지불할 수 있는 최대 이주비용은 얼마인가?

8-2. 고임금 근로자가 저임금 근로자보다 더 좋은 직장을 찾아 새로운 주로 이동할 확률이 더 높다고 하자.

   a. 어떻게 이 이주 패턴이 임금분포 차이에서만 기인할 수 있는지 설명하라.

   b. 어떻게 이 이주 패턴이 고임금 근로자의 이주비용이 더 크다 하더라도 발생할 수 있는지 설명하라.

8-3. 패트릭과 레이첼은 시애틀에 산다. 시애틀에서 얻는 평생소득의 순 현재가치는 패트릭이 12만 5,000달러이고 레이첼은 50만 달러이다. 애틀랜타로 거주하는 비용은 1인당 2만 5,000달러이다. 애틀랜타에서 얻는 평생소득의 순 현재가치는 패트릭이 15만 5,000달러이고 레이첼은 51만 달러가 될 것이다. 패트릭과 레이첼이 두 사람의 결합된 후생을 기준으로 어디에서 살 것인지 결정한다면 두 사람은 애틀랜타로 이주할까? 패트릭은 부속된 체류자인가 혹은 부속된 이주자인가? 혹은 아무것도 아닌가? 레이첼은 부속된 체류자인가 혹은 부속된 이주자인가? 혹은 아무것도 아닌가?

8-4. 네 명의 대학 친구로 구성된 가구를 생각하자. 그 친구들은 향후 5년간 함께 살기로 약속하였다. 현재 그들은 밀워키에 살며 향후 5년간 애비는 20만 달러, 보니는 12만 달러, 케이시는 31만 5,000달러, 돈나는 15만 달러를 벌 것이다. 그들은 마이애미로 이주할 수도 있다. 마이애미로 이주하면 각자에게 5,000달러의 비용이 한 번 발생한다. 그러나 마이애미로 이주하면 향후 5년간 애비는 18만 달러, 보니는 15만 달러, 케이시는 30만 달러, 돈나는 10만 달러를 벌 것이다. 나아가 각 친구는 밀워키보다 마이애미에서 사는 것을 좋아한다. 특히, 애비와 보니는 둘 다 향후 5년간 밀워키 대비 마이애미에 사는 삶의 가치를 4만 달러로 평가하며, 케이시와 돈나는 그 가치를 각각 2만 5,000달러로 평가한다. 그 가구는 마이애미로 이주해야 할까 아니면 밀워키에 남아야 할까? 부속된 이주자나 부속된 체류자가 있는가?

8-5. 미국이 새롭게 도착한 이민자를 포함하여 모든 근로자에게 y달러의 최저 소득을 보장하는 법률을 제정했다고 하자. (이 정책이 생기기 전에 고국으로부터 미국으로 이민 오는 사람들은 양의 선택에 따른다고 가정하라.)

　　a. 이런 형태의 복지 프로그램이 미국으로 이민 올 유인에 어떤 영향을 주는지 로이 모형을 일반화하여 보여라. 복지 프로그램의 재원을 어떻게 조달할지의 문제는 무시하라.

　　b. 이 복지 프로그램이 이민자 흐름의 선택을 바꾸는가? 특히 복지 프로그램이 없을 때보다 이민자가 음의 선택을 따를 가능성이 더 높은가?

　　c. 고숙련 혹은 미숙련 중 어떤 근로자가 복지 프로그램에 더 끌릴 것인가?

8-6. 네오란디아에서 미국으로 이민 오는 것에 대한 어떤 법적 장벽도 없다면 두 국가의 경제적 조건은 음의 선택을 따르는 이민자 흐름을 초래한다. 그에 대응하여 미국이 네오란디아의 숙련 분포에서 상위 10%에 있는 사람들에게만 입국을 허용하는 이민 정책을 쓴다고 하자. 그러면 어떤 부류의 네오란디아 사람들이 미국으로 이주할 것인가?

8-7. 2010년대 미국 노동시장의 한 경향은 재택근무이다. 재택근무를 허용하는 기업이 많아지고, 심지어 근로자가 연중 대부분을 한 도시에서 살면서 일하고 매 분기에 3, 4일 정도만 본사에 출근하는 것을 허용하는 기업도 상당수이다. 이 경향이 직장 이동(즉, 근로자의 이직)에 어떤 영향을 미칠 것 같은가? 이 경향이 미국의 국내 이주 비율(즉, 가구의 도시 간 이주)에 어떤 영향을 줄 것 같은가?

8-8. 미국에 비자 없이 입국하거나 비자의 조건보다 더 오래 체류하는 것이 불법일 뿐만 아니라 미국의 고용주가 신분이 불확실하거나 '불법'인 이민자를 고용하는 것도 불법이다. 한편 미국 연방 정부의 이민법의 집행은 불법체류자를 고용하는 미국 기업을 단속하기보다 불법 이민자를 줄이는 데 집중하는 경향이 있다. 공급-수요 분석을 이용하여 미국 정부가 고용주들에 대한 단속을 강화한다면 불법체류자의 임금과 고용에 어떤 일이 일어날지 보여라. 그 모형에 따르면 합법 이민자의 임금과 고용에는 어떤 일이 일어나겠는가?

8-9. 미국에서 제정된 2001년 세법에 따라 모든 소득세 신고자는 새로운 직장에 다니기 위해 50마일 이상 이동할 때 발생하는 비용의 절반을 총소득에서 공제할 수 있게 되었다. 변경 전에는 자신의 공제항목의 명세를 밝히는 세금 신고자들에게만 이주비용 공제를 허락했다. (일반적으로 집주인은 공제항목의 명세를 밝히는 반면 세입자는 그렇게 하지 않는다.) 이런 세금 정책 변화가 집주인과 세입자의 이동성에 어떤 영향을 미칠까?

8-10. 로우랜드에서 하이랜드로 이민을 가는 것이 양의 선택을 따른다고 가정하자. 이렇게 이민이 발생하여 '두뇌가 유출되는' 결과를 완화하고자 로우랜드의 공무원들은 하이랜드로 이주하는 모든 로우랜드 사람들이 가족에게 자신의 급여 중 10%를 송금하도록 잘 납득시켰다.

a. 이 정책은 이민자 흐름에 어떤 효과를 줄까?

b. 이 정책이 두뇌 유출을 어느 정도까지 제한할 수 있을지 그래프로 자세히 설명하라.

8-11. a. 표준적인 근로자 이주의 이론에 의하면 출발지 국가와 목적지 국가 사이의 거리가 멀어질수록 평균적으로 숙련 선택(양 대 음)은 어떻게 변화될 것인가?

b. 1990년의 인구조사 자료로 미국으로 이민 온 사람들의 평균 임금격차를 추정하여 모국별로 학력, 연령, 직업 등이 비슷한 원거주자의 평균임금과 비교할 수 있다. 자료에 따르면 미국 출신자보다 캐나다 출신 이민자는 평균 25% 더 벌고 멕시코 출신 이민자는 평균 40% 덜 번다. 유사하게 미국 출신자보다 인도 출신 이민자는 12% 더 버는 반면 베트남 출신 이민자는 거의 20% 덜 번다. 이 실증분석 결과가 숙련 선택은 국가 간 거리의 단조함수라는 아이디어를 지지하는가? 그렇지 않다면 무엇이 그 차이를 설명할 수 있는가?

8-12. a. 국민 건강보험 시스템이 어떻게 효율적인 직장 이동을 높일 수 있을지 설명하라.

b. 확정급여형 퇴직급여제도는 근로자에게 고정된 퇴직급여 액수를 약속하지만 근로자가 퇴직급여를 받기 위해서 보통 기업에 10년 혹은 15년을 근무해야 하는 퇴직급여 제도에 속해 있어야 한다. 반면에 확정기여형 퇴직급여제도는 기업이 급여를 지불할 때마다 기업이 근로자의 퇴직 펀드에 불입해줘야 하는 일정 액수를 정한 것으로 근로자가 직장을 바꾸더라도 그 펀드를 전반적으로 관리하고 사용할 수 있다. 확정급여형 혹은 확정기여형 퇴직급여 제도 중 무엇이 더 효율적인 직장 이동을 이루도록 하는가?

c. 워싱턴 D.C.에 있는 연방정부 근로자가 다른 연방정부 기관으로 직장을 이동할 때 근로자는 같은 건강보험과 퇴직급여 제도를 유지한다. 혜택의 이전이 쉽다는 점이 직장 이동에 영향을 주는 정도를 계량화하기 위해 워싱턴 D.C.의 직장을 선택한 신입 경제학 박사 두 그룹을 관찰한다. 제1그룹은 미국 시민권자들이다. 제2그룹은 직장 3년 경력 후 영주권을 받게 된 미국 시민이 아닌 사람들이다. 법에 따라 영주권이 없는 사람들을 고용할 수 없는 정부 기관이 몇몇 있다. 미국 시민권자 중에서 42%가 직장 생활 첫 3년 안에 직장을 바꿨던 반면, 33%는 직장 4~6년 차에서 바꿨다. 영주권자가 아닌 사람들 중 17%가 미국 영주권을 얻기 전 3년 안에 직장을 바꾼 반면 29%는 미국 영주권을 얻은 후 3년 안에 직장을 바꾸었다. 이중차분법을 이용하여 경제학 박사의 워싱턴 D.C.에서의 직업 선택에 미국 영주권/시민권이 주는 효과의 추정치를 구하라.

8-13. 2006년의 이민 개혁 법안은 대학 졸업생이 미국에 남아 있도록 허가하는 취업 비자를 그 전에 발행했던 것보다 적게 발행하도록 했다. 수학, 컴퓨터 프로그래밍과 물리학 같은 기술 분야를 전공한 대학 졸업생들에게는 예외로 취업 비자 숫자가 충분히 유지되었다.

    a. 이 정책이 미국으로 오는 이민자들의 숙련 분포와 미국에 있는 이민자들의 연령-소득곡선에 어떻게 영향을 줄 것인가?

    b. 미래의 인구통계학자가 2010년의 미국 인구조사를 사용해 이민자 임금을 연구하여 미국의 정책이 사실 더 평평한 연령-소득곡선에서 보이는 것과 같이 생산성이 더 낮은 이민자들을 미국으로 끌어들이는 의도하지 않았던 결과를 가져왔다고 결론짓게 된다고 하자. [그림 8-7]과 유사한 그래프를 사용해 인구통계학자의 결론이 왜 코호트 효과에 민감한지를 밝히시오.

8-14. 캔자스주의 농촌지역에 위치한 제약 기업 KAPC는 직원을 유지하기가 어렵다. 직원들이 KAPC에서 고작 6개월 근무한 후 더 높은 급여를 제공하는 시카고의 제약 기업으로 일자리를 얻어 떠나는 일이 잦기 때문이다. 노동 이동과 관련한 문제를 살펴보고자 KAPC 인사부 직원들은 실험을 해보기로 결정하였다. 다음에 새로 들어올 100명의 직원 중 25명을 무작위로 선택해 재산세 보조용으로 연간 4,000달러에 달하는 주거비 바우처를 줄 것이다. 이 프로그램의 혜택을 얻기 위해 직원은 프로그램에 무작위로 선택되어야 할 뿐 아니라 집을 사야만 한다. 주거비 바우처 프로그램에 선택된 25명의 직원 중에 7명이 처음 12개월 이내 KAPC를 그만두었다. 프로그램에 선택되지 않은 75명의 직원 중에 37명이 처음 12개월 이내 KAPC를 그만두었다.

    a. 주거비 바우처 프로그램이 KAPC 직원 유지에 미친 효과를 추정하라.

    b. KAPC가 결원이 생길 때마다 고용 비용으로 1만 달러를 쓴다고 가정하자. 새로 들어오는 모든 직원들에게 주거비 바우처를 주도록 프로그램을 확대하는 것을 지지하는가? 그렇게 결정한 이유를 설명하라.

8-15. 이 장에서 설명한 잠재적 이민자 흐름의 로이 모형을 생각하라.

    a. 이민자 출신 국가에서는 왜 미숙련 근로자와 고숙련 근로자가 동시에 빠져나가는 현상을 겪게 될 수 있을까?

    b. 두 현상이 동시에 발생할 수 있는 목적지 국가와 출신 국가의 숙련에 대한 보상 그래프를 그려라.

    c. 미국의 사회 및 경제(즉, 세금) 정책이 어떻게 이 두 가지 종류의 이동을 모두 유발할 수 있을까?

읽을거리

Ran Abramitzky, Leah P. Boustan, and Katherine Eriksson, "Europe's Tired, Poor, Huddled Masses: Self-Selection and Economic Outcomes in the Age of Mass Migration," *American Economic Review* 102 (August 2012): 1832–1856.

George J. Borjas, "Assimilation, Changes in Cohort Quality, and the Earnings of Immigrants," *Journal of Labor Economics* 3 (October 1985): 463–489.

George J. Borjas, "Self-Selection and the Earnings of Immigrants," *American Economic Review* 77 (September 1987): 531–553.

Barry R. Chiswick, "The Effect of Americanization on the Earnings of Foreign-Born Men," *Journal of Political Economy* 86 (October 1978): 897–921.

Dora L. Costa and Matthew E. Kahn, "Power Couples: Changes in the Locational Choice of the College Educated, 1940–1990," *Quarterly Journal of Economics* 115 (November 2000): 1287–1314.

Brigitte C. Madrian, "Employment-Based Health Insurance and Job Mobility: Is There Evidence of Job-Lock?" *Quarterly Journal of Economics* 109 (February 1994): 27–54.

Robert H. Topel, "Specific Capital, Mobility, and Wages: Wages Rise with Job Seniority," *Journal of Political Economy* 99 (February 1991): 145–176.

Fabian Waldinger, "Quality Matters: The Expulsion of Professors and the Consequences for Ph.D. Student Outcomes in Nazi Germany," *Journal of Political Economy* 118 (August 2010): 787–831.

chapter 09

노동시장 차별

인종에 기반한 차별을 멈추게 하는 유일한 방법은 인종에 기반한 차별을 멈추는 것이다
— 연방 대법원장, *John Roberts*

다른 장들에서 우리는 업무 환경이나 개인의 숙련수준이 다를 때 경쟁적 노동시장에서 임금차이가 어떻게 발생하는지를 분석해보았다. 이제는 동일한 일자리에 종사하며 숙련수준이 유사한 근로자들 사이에도 인종, 성별, 국적, 성적 취향과 같이, 겉보기에 무관한 특성들로 인해 임금의 차이가 생길 수 있다는 사실을 살펴볼 것이다.

이러한 차이는 차별 때문에 생겨난다. 차별은 노동시장 참가자들이 경제적 거래를 할 때 인종이나 성별과 같은 요소들을 고려하는 경우에 발생한다. 가령 고용주들은 직원을 채용할 때 성별을 고려할 수 있다. 근로자들도 그들의 동료가 어느 인종의 사람인지 신경을 쓸 수 있다. 고객들 역시 판매자의 성별이나 인종을 염두에 둘 수 있다. 경제학자들은 편견(prejudice)이 생겨나는 심리적인 근원에 대해서는 별로 아는 바가 없다. 하지만 이러한 종류의 행동을 경제학의 언어로 쉽게 재해석해볼 수는 있다. 즉, 경제적 거래의 비용과 효용은 거래에 참여하는 사람들의 성별이나 인종에 따라 다르다.

사실 시장 참가자들이 편견을 가지고 있지 않은 경우에도 성별이나 인종에 따라 노동시장 성과의 차이가 발생할 수 있다. 우리는 종종 어떤 사람의 사회경제적 배경을 '읽음'으로써 그 사람의 생산성이나 숙련수준에 대해 많은 것을 알아낸다. 가령 우리 모두는 십 대 청소년들이 운전을 무모하게 할 가능성이 높다는 점을 잘 알고 있다. 이것은 자동차 보험을 판매하는 회사들에게는 확실히 유용한 정보이다. 이와 비슷하게 고용주, 근로자, 고객들은 인종이나 성별 등 여타의 관련 특성들을 활용해 시장 참가자들에 대한 정보 격차를 메운다.

또한 이 장에서는 경제학자들이 노동시장 차별을 측정하는 방법을 제시하고, 흑인과 백인, 남성과 여성 간 임금격차의 장기적 추세를 살펴볼 것이다. 이런 장기적 추세를 연구함으로써 우리는 약자 우대정책(affirmative action)과 같이 소수인종과 여성의 상대적인 경제적 지위를 향상시키려는 목적으로 도입된 정부정책들이 어떤 영향을 미치는지에 대해 중요한 통찰을 얻는다.

9-1　노동시장에서 인종과 성별

〈표 9-1〉은 인적자본 및 노동시장 성과를 보여주는 다양한 척도들을 성별과 인종별로 제시하고 있다. 아마도 가장 주목할 만한 것은 연봉의 커다란 차이일 것이다. 남성의 연봉은 여성보다 높고, 아시아계 남성이 다른 집단에 비해 가장 높은 연봉(연 8만 500달러)을 받기는 하지만 백인의 연봉은 대체로 유색인종보다 높다. 그에 비해 백인 여성의 연봉은 4만 5,600달러, 흑인 남성의 연봉은 5만 500달러, 히스패닉 여성의 연봉은 3만 3,200달러이다.

　그러나 이 자료에 의하면, 이런 연봉 차이는 또한 부분적으로 여러 집단 간 노동공급의 차이 때문에 발생한다. 예를 들어, 전형적인 백인 남성의 연봉은 전형적인 백인 여성에 비해 약 48% 정도 높다(6만 7,700달러 대 4만 5,600달러). 그러나 전일제 근로자들만을 비교하면, 백인 남성의 연봉은 백인 여성에 비해 '단지' 34% 정도 높을 뿐이다(7만 5,800달러 대 5만 6,400달러).

표 9-1　숙련수준 및 노동시장 성과의 성별 및 인종별 차이, 2016~2017

	백인		흑인		히스패닉		아시안	
	남성	여성	남성	여성	남성	여성	남성	여성
고졸 학력 이상 비율(%)	89.5	90.6	86.5	87.9	69.5	71.6	92.6	89.4
대졸 학력 이상 비율(%)	34.0	35.0	22.1	25.4	15.8	18.6	56.6	53.2
노동시장 참가율	71.8	57.6	68.1	62.5	80.1	58.4	72.1	55.5
실업률	3.5	3.5	7.2	6.5	4.2	5.0	4.3	4.5
연봉(1,000달러)	67.7	45.6	50.5	38.7	47.7	33.2	80.5	53.8
연봉(1년 내내 전일제로 고용된 등록자들 대상, 1,000달러)	75.8	56.4	58.1	47.0	53.1	41.1	88.0	64.4

출처 : 교육수준에 관한 자료는 25세 이상인 사람들의 자료로서, 미국 인구통계국 "표 A-2 : 인종별, 히스패닉 여부별 및 성별 고졸 또는 대졸 이상의 학력을 가진 25세 이상 인구의 비중"으로부터 도출하였다. 노동시장 참가율 및 실업률에 관한 자료는 20세 이상인 사람들의 자료로서, 미국 노동통계국 "표 A-2 : 인종별, 성별 및 연령별 민간인 경제활동 상태"로부터 도출하였고, 이 자료는 "www.bls.gov/cps/cpsatabs.htm"에서 온라인으로 이용 가능하다. 아시아인에 대한 자료는 16세 이상인 사람들의 자료이다. 연봉에 관한 자료는 25세 이상인 근로자들의 자료로서, 미국 인구통계국 "표 PINC-03, 25세 이상의 인구를 대상으로 구한 2009년 연봉수준별, 2009년 노동시장 경력별, 연령별, 인종별, 히스패닉 여부별, 성별 교육수준"으로부터 도출하였고, 이 자료는 'https://www.census.gov/data/tables/time-series/demo/income-poverty/cps-pinc/pinc-03.html'에서 온라인으로 이용 가능하다.

한편, 집단 간 임금격차 중 일부는 교육수준의 차이 때문에 발생하기도 한다. '고졸 미만'의 비율은 백인 남성의 경우에는 11%에 지나지 않지만, 흑인 남성의 경우에는 14%, 히스패닉 남성의 경우에는 거의 30%에 이른다. 이와 유사하게, '대졸자'의 비율은 백인 남성의 경우 34%이지만 흑인 남성의 경우 22%, 히스패닉 남성의 경우 16% 정도에 불과하다. 학력에 대한 수익률이 9% 정도라면, 백인과 소수인종 간 교육수준의 차이는 확실히 상당한 정도의 임금격차를 만들어낼 것이다.

주목할 필요가 있는 중요한 사실은 인종별 임금격차와 성별 임금격차가 미국 노동시장에만 국한된 현상은 아니라는 점이다. 말레이시아에서 말레이계/중국계의 임금비율은 0.57이고, 인도계/중국계의 임금비율은 0.81이다. 캐나다에서 흑인 남성의 임금은 백인에 비해 18%가량 낮다. 영국에서 유색인종 이민자들의 임금은 비슷한 수준의 숙련을 가진 백인 이민자들에 비해 10~20%가량 낮다. 이스라엘에서는 동양계-세파르디 출신 유대인들의 임금이 아슈케나지 출신(즉, 유럽 출신) 유대인보다 낮다. 또한 인도에서는 사회를 구성하는 카스트들 간에 상당한 임금격차가 존재한다.[1] 마지막으로, 대부분의 국가들에서 여성과 남성 간에 상당한 임금격차가 존재한다. 여성의 임금보다 남성의 임금이 영국의 경우 27%, 독일의 경우 24%, 아일랜드의 경우 18%, 네덜란드의 경우 25% 더 높다.[2]

9-2 차별계수

차별에 대한 현대적인 경제 분석은 노벨상 수상자인 게리 베커가 1957년 출간한 '차별의 경제학(*The Economics of Discrimination*)'이라는 제목의 박사학위 논문으로 거슬러 올라간다.[3] 차별을 다룬 이후의 많은 문헌들은 이 영향력 있는 연구가 수립해놓은 분석틀로부터 영감을 얻어 발전되어왔다.

베커의 이론은 기호적 차별(taste discrimination)이라는 개념에 기반을 둔다. 이 개념은

---

1 William Darity Jr. and Jessica Gordon Nembhard, "Racial and Ethnic Economic Inequality: The International Record," *American Economic Review* 90(May 2000): 308–311; Juliet Howland and Christos Sakellariou, "Wage Discrimination, Occupational Segregation and Visible Minorities in Canada," *Applied Economics* 25(November 1993): 1413–1422; Biswajit Banerjee and J.B.Knight, "Caste Discrimination in the Indian Labour Market," *Journal of Development Economics* 17(April 1985): 277–307.

2 Claudia Olivetti and Barbara Petrongolo, "Unequal Pay or Unequal Employment? A Cross-Country Analysis of Gender Gaps," *Journal of Labor Economics* 26 (October 2000): 621–654.

3 Gary S. Becker, The Economics of Discrimination, 2d ed., Chicago: University of Chicago Press, 1971(1957). Joseph G. Altonji and Rebecca M.Blank, "Race and Gender in the Labor Market," in Orley Ashenfelter and David Card, editors *Handbook of Labor Economics*, vol.3C, Amsterdam: Elsevier, 1999, pp. 3143–1259는 Becker의 분석틀에 영감을 받은 방대한 문헌들을 정리하고 있다. Becker 이론의 여러 측면을 실증적으로 검증하려는 최근의 한 시도로는 Kerwin Kofi Charles and Jonathan Guryan, "Prejudice and Wages: An Empirical Assessment of Becker's The Economics of Discrimination", *Journal of Political Economy* 116(October 2008): 773–809가 있다.

인종적 편견(racial prejudice)이라는 상식적 개념을 경제학의 언어로 해석한 것이다.

노동시장에 두 종류의 근로자(백인과 흑인)가 있다고 가정해보자. 완전경쟁 노동시장의 고용주는 이들 투입요소에 대해 고정된 가격을 지불한다. 즉, 백인을 한 단위 고용할 때에는 w_W달러를, 흑인을 한 단위 고용할 때에는 w_B달러를 지불해야 한다. 만약 고용주가 흑인에 대한 반감이나 편견을 가지고 있는 경우, 고용주는 흑인 근로자를 고용함으로써 비효용(disutility)을 얻게 된다. 다시 말해, 흑인 근로자 한 사람을 한 시간 고용하는 데 w_B달러의 금전적 비용이 들지만, 고용주는 이 비용이 마치 '$w_B(1 + d)$달러인 것처럼 행동한다.' 이때 d는 양수이며 차별계수(discrimination coefficient)라고 부른다.

인종에 대한 편견은 고용주로 하여금 거래의 실제 화폐가치를 제대로 볼 수 없도록 만든다. 그 결과 흑인을 고용할 때 고용주가 인식하는 비용은 실제 비용을 초과한다. 예를 들어, w_B가 시간당 10달러이고 d는 0.5라고 가정하자. 이 경우 고용주는 흑인 근로자를 고용하는 비용이 시간당 15달러(즉, 50% 높은 가격)인 것처럼 행동할 것이다. 따라서 차별계수 d는 고용주의 편견으로 인해 흑인 근로자를 고용하는 비용이 몇 퍼센트 증가하는지를 표시한다. 편견이 클수록 흑인을 고용하는 비효용도 크고 따라서 차별계수인 d도 크다.

어떤 고용주들은 흑인 고용을 더 선호할 수 있다. 정실주의(nepotism)라고 부르는 이런 종류의 행동에 의하면, 선호하는 근로자를 고용할 때 고용주가 효용을 반영해 부담하는 비용(utility-adjusted cost)은 $w_B(1 - n)$달러가 된다. 여기서 '정실주의 계수' n은 양수이다. 예를 들어, 흑인 고용주들이 흑인 직원을 고용하는 것을 선호한다고 가정하자. 이 경우 흑인 고용주들은 흑인 직원을 고용하는 것이 실제 비용보다 더 낮은 것처럼 행동할 것이다.

베커의 기호적 차별 개념은 다른 종류의 경제적 상호작용에도 쉽게 적용될 수 있다. 예를 들어, 백인 직원들은 흑인 직원들과 나란히 옆에서 일하는 것을 싫어할 수 있다. 편견을 가진 백인 근로자의 임금이 w_W라면, 이 백인 근로자는 흑인 근로자들 옆에서 일을 해야만 하는 경우 자신의 임금이 마치 $w_W(1 - d)$인 것처럼 행동할 것이다(이때 d는 양수). 즉, 이 백인 근로자는 자신이 집에 가져가는 임금액이 실제 지급받는 임금액보다 작다고 느낀다. 마찬가지로, 편견을 가진 백인 고객들은 흑인 판매원으로부터 물건을 구입하기를 꺼릴 수 있다. 이런 백인 고객은 물건의 가격이 p달러가 아니라 $p(1 + d)$인 것처럼 행동할 것이다.

따라서 편견의 소유자가 고용주인지[고용주에 의한 차별(employer discrimination)], 동료 근로자인지[동료에 의한 차별(employee discrimination)], 혹은 고객인지[고객에 의한 차별(customer discrimination)]와는 상관없이, 차별계수는 편견을 '화폐적으로' 표현한다.

우리는 베커의 이론을 보상적 임금격차를 다룬 장에서 발전시킨 분석틀의 관점에서 해석할 수 있다. 보상적 임금격차 이론은 사람들이 경제적 거래를 할 때 '이익과 불이익 전

이론의 현장 적용 미녀와 야수

문화에 따라 시대에 따라 '아름답다'고 여겨지는 것은 상당히 다양하다. 예를 들어, 아프리카의 한 부족 Ugangi 남성들은 아랫 입술이 넓은 여성들에게 매력을 느낀다. 18세기와 19세기 유럽의 남성들은 미술가 루벤스가 그렸던 통통한 여성들을 이상적으로 생각하였다. 오늘날의 서양 남성들은 200년 전만 해도 아프고 영양실조라고 여겨지던 마른 여성들을 선호한다.

그럼에도 특정 시점에 무엇이 아름다운 사람을 정의하는지에 대한 우리의 태도는 외모가 좋은 사람과 그렇지 못한 사람이 경험하는 노동시장 성과에 강한 영향을 미치는 것으로 보인다. 제이드 재거(믹 재거의 딸)가 이렇게 말한 것처럼 말이다. "신이시여, 제 직원들은 정말 아름답습니다. 저는 못생긴 사람들을 고용해 일을 시키는 사람들을 이해할 수 없습니다. 정말로 이해할 수 없습니다. 그저 저를 가련한 탐미주의자라고 불러주세요."

인종과 성별에 기초한 임금격차뿐만 아니라 아름다움의 정도에 기초한 임금격차도 존재한다. 평균 이상의 외모를 가지고 있다고 여겨지는 미국 남성의 임금은 평균적인 외모를 가진 남성보다 4%가량 높고, 외모가 아름다운 여성의 임금은 평균적인 외모의 여성보다 8% 더 높다. 마치 고용주의 효용함수에 근로자의 '외모'가 포함된 듯하여, 고용주들이 '아름다운 사람들'과 함께 어울리기 위해 기꺼이 프리미엄을 지불하고 그들이 꺼리는 외모의 근로자들에게 페널티를 주는 듯하다.

이와 같은 결과들은 뉴스거리로서 흥미로울 뿐만 아니라 상당한 정책적 시사점을 가지고 있다. 1990년의 미국의 장애인법은 신체적 장애를 이유로 차별하는 것을 금지하고 있다. '못생김' 역시 신체적 장애로서 해석될 수 있다는 법원의 판례가 이미 존재한다. 1992년 버몬트 대법원은 윗니가 없는 것이 주의 공정고용기회법의 보호대상이 되는 장애라는 판결을 내렸다. 그러므로 못생긴 이들에 대한 차별은 이미 법을 위반하는 행위일 수 있다. 그러나 더 나은 보수를 받기 위해 동료들로 구성된 배심원들로부터 못생겼다고 인정받고자 하는 근로자들이 얼마나 많을지는 여전히 잘 모르겠다.

출처 : Daniel S. Hamermesh and Jeff E. Biddle, "Beauty and the Labor Market," *American Economic Review* 84 (December 1994) : 1174–1194. 또한 Markus M. Mobius and Tanya S. Rosenblat, "Why Beauty Matters," *American Economic Review* 96(March 2006) : 222 –235도 참고하라.

체'를 고려한다는 생각에 기반을 두고 있다. 편견을 가진 사람은 시장 참가자들의 인종, 민족, 성별을 거래의 가치에 영향을 미치는 수많은 이익 및 불이익들의 목록에 포함시킨다. 그러므로 편견을 가진 사람들에게 그들의 효용상의 이득이나 손실을 보상하기 위해 노동시장에서는 보상적 임금격차가 나타나야만 할 것이다.

9-3 고용주에 의한 차별

노동시장에 두 종류의 근로자, 즉 흑인 근로자와 백인 근로자가 있다.[4] 흑인 근로자와 백인 근로자는 완전대체재(perfect substitutes)라고 가정하자. 이때 우리는 생산함수를 다음

---

4 Becker의 '고용주에 의한 차별' 이론에 대한 이 책의 설명은 Matthew S. Goldberg, "Discrimination, Nepotism, and Long-Run Wage Differentials," *Quarterly Journal of Economics* 97(May 1982): 307–319에 제시된 설명 방법을 따른 것이다.

과 같이 쓸 수 있다.

$$q = f(E_W + E_B)$$ (9-1)

여기서 q는 기업의 산출량이고, E_W는 백인 근로자의 수, E_B는 흑인 근로자의 수를 나타낸다.

기업의 산출량은 근로자의 인종과 상관없이 오직 '전체' 근로자의 숫자에만 의존한다는 점에 유의하라. 즉, 백인 50명과 흑인 50명을 고용하든, 흑인만 100명을 고용하든, 혹은 백인만 100명을 고용하든 기업의 산출량은 동일하다. 그 결과 한 명을 추가로 고용할 때 생산되는 산출량, 즉 노동의 한계생산량(MP_E)은 그 한 명의 근로자가 흑인이든 백인이든 상관없이 동일하다. 흑인과 백인은 생산성이 동일하기 때문에, 두 집단 간 경제적 지위의 차이가 관측된다면 그것은 결코 숙련의 차이 때문에 발생한 것이 아니며, 시장 참가자들의 차별적 행동 때문에 발생한 것일 수밖에 없다.

두 유형의 근로자를 각각 몇 명 고용할지를 결정하는 완전경쟁 기업을 생각해보자. 고용주의 편견을 고려한 분석에 앞서, 기업이 차별을 하지 않을 경우 고용결정이 어떻게 이루어지는지를 먼저 생각해보자. 인종을 고려하지 않는 이 기업은 흑인과 백인 근로자를 한 단위 고용할 때마다 각각 일정한 투입가격 w_W와 w_B를 지불한다. 두 집단의 근로자들은 모두 동일한 가치의 한계생산물을 생산하므로, 인종을 고려하지 않는 기업은 인건비가 보다 저렴한 근로자를 고용할 것이다. 만약 흑인 근로자의 시장임금이 백인 근로자의 시장임금보다 낮다면, 기업은 오직 흑인 근로자들만을 고용할 것이다. 만약 흑인의 임금이 백인의 임금보다 높다면 오직 백인 근로자들만을 고용할 것이다.

이제 시장에서 결정된 흑인 임금이 시장에서 결정된 백인 임금보다 낮다(즉, $w_B < w_W$)고 가정하자. 인종을 고려하지 않는 기업은 흑인의 임금이 그들의 한계생산물의 가치(value of marginal product)와 같아지는 지점까지 흑인 근로자들을 고용할 것이다. 이를 수식으로 표현하면 다음과 같다.

$$w_B = VMP_E$$ (9-2)

[그림 9-1]에는 이러한 이윤극대화 조건이 제시되어 있다. 그러므로 인종을 고려하지 않는 기업은 E_B^*만큼의 흑인 근로자들을 고용한다.

차별을 하는 기업의 고용량

이제부터는 차별을 하는 기업의 고용결정에 대해 생각해보자. 고용주는 흑인의 임금이 w_B가 아니라 $w_B(1 + d)$인 것처럼 행동한다. 그러므로 고용주의 고용결정은 w_W와 w_B 간의 비교가 아니라, w_W와 $w_B(1 + d)$ 간의 비교를 통해 이루어진다. 이 경우 고용주는 '효용을 반영한(utility-adjusted)' 비용이 더 저렴한 근로자를 고용할 것이다. 편견을 가진 고용주

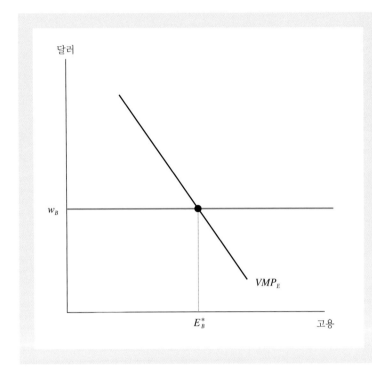

그림 9-1

차별을 하지 않은 기업의 고용량 결정

만약 시장에서 결정된 흑인의 임금이 백인의 임금보다 낮다면 차별을 하지 않는 기업은 오직 흑인 근로자들만을 고용할 것이다. 이 기업은 흑인 임금이 노동의 한계생산물의 가치와 같아지는 지점, 즉 E_B^*까지 흑인 근로자들을 고용한다.

의 결정 규칙은 다음과 같다.

$$w_B(1 + d) < w_W \text{ 이면 흑인만을 고용한다.}$$
$$w_B(1 + d) > w_W \text{ 이면 백인만을 고용한다.} \tag{9-3}$$

　식 (9-3)의 결정 규칙은 베커의 고용주에 의한 차별모형의 주요 시사점을 보여준다. 즉, 흑인과 백인 근로자가 완전대체재라면 기업의 노동력 구성은 인종별로 분리된다.[5]

　그러므로 기업은 두 유형, 즉 백인 근로자들만을 고용하는 기업과 흑인 근로자들만을 고용하는 기업으로 분리된다. 전자의 기업을 '백인 기업', 후자의 기업을 '흑인 기업'이라고 부르자. 한 기업이 어떤 인종의 근로자들로 구성되는지는 고용주의 차별계수의 크기에 달려 있다. 편견이 적은 고용주는 차별계수가 작으므로 흑인들만을 고용할 것이다. 편견이 심한 고용주는 차별계수가 크므로 백인들만을 고용할 것이다. [그림 9-2a]는 백인 기업의 고용량 결정을, [그림 9-2b]는 흑인 기업의 고용량 결정을 예시하고 있다.

5　기업의 인종별 노동력 구성을 다룬 실증연구로는 William J. Carrington and Kenneth R. Troske, "Interfirm Segregation and the Black/White Wage Gap," *Journal of Labor Economics* 16(April 1998): 231-260이 있다. 또한 Kimberly Bayard, Judith K. Hellerstein, David Neumark, and Kenneth Troske, "Ethnicity, Language, and Workplace Segregation: Evidence from a New Matched Employer-Employee Data Set," *Journal of Labor Economics* 21(October 2003): 877-922의 연구도 참조하라.

그림 9-2 **편견을 가진 기업의 고용량 결정**

차별을 하는 기업은 백인 기업이 될 수도 있고(차별계수가 매우 큰 경우), 흑인 기업이 될 수도 있다(차별계수가 상대
적으로 작은 경우). 백인 기업은 백인의 임금이 한계생산물의 가치와 동일해지는 지점까지 백인 근로자들을 고용한다.
흑인 기업은 '효용을 반영한' 흑인의 임금이 한계생산물의 가치와 동일해지는 지점까지 흑인 근로자들을 고용한다.
차별을 하는 기업은 차별을 하지 않는 기업보다 적은 수의 근로자들을 고용하게 된다.

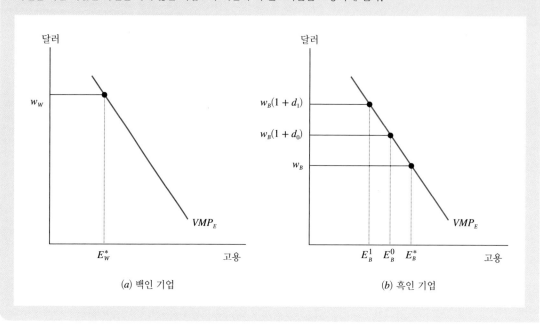

(a) 백인 기업 (b) 흑인 기업

백인 기업은 백인 근로자의 임금이 한계생산물의 가치와 같아지는 지점, 즉 $w_W = VMP_E$
까지 백인 근로자들을 고용한다. 우리는 백인의 임금이 흑인의 임금보다 높다고 가정하고
있다. 그러므로 백인 기업은 근로자들을 고용하는 데 지나치게 높은 비용을 지불하고 있
고 상대적으로 적은 수의 근로자(그림의 E_W^*만큼)를 고용하고 있다.

[그림 9-2b]는 흑인 기업에서도 너무 적은 수의 근로자가 고용되는 경향이 있다는 사실
을 보여준다. 인종을 고려하지 않는 기업은 E_B^*만큼의 흑인 근로자들을 고용한다는 점을
기억하자. E_B^*에서는 흑인 근로자의 실제 임금과 한계생산물의 가치가 동일하다. 그러나
차별계수가 d_0인 기업은 흑인 근로자를 고용하는 비용이 마치 $w_B(1 + d_0)$인 것처럼 행동
한다. 이 차별계수가 그리 크지 않기 때문에 이 기업은 여전히 흑인 근로자들만을 고용하
려 한다. 이 기업은 흑인 근로자 한 명의 '효용을 반영한' 가격이 한계생산물의 가치와 같
아지는 지점, 즉 $w_B(1 + d_0) = VMP_E$인 수준까지 흑인 근로자들을 고용한다. [그림 9-2b]
에 제시된 바와 같이, 이 기업은 단지 E_B^0의 근로자들을 고용한다. 보다 큰 차별계수 d_1을
가진 기업은 훨씬 더 적은 수의 근로자(즉, E_B^1)를 고용하게 될 것이고 이와 같은 방식으로

차별계수에 따라 근로자를 고용하는 정도가 달라진다. 그러므로 차별계수가 큰 기업일수록 보다 더 적은 수의 흑인 근로자들을 고용한다. 고용주들은 흑인 근로자 고용을 선호하지 않기 때문에, 보다 적은 수의 흑인 근로자들을 고용함으로써 그들의 불편함을 최소화한다.

차별과 이윤

[그림 9-2]에는 베커 이론의 근본적인 통찰이 제시되어 있다. 즉, 차별에는 경제적 실익이 없다.

그 이유를 살펴보기 위해 먼저 백인 기업들의 이윤을 생각해보자. 이들 기업은 E_W^* 만큼 근로자들을 고용한다. 이와 같은 고용량 결정은 서로 다른 두 가지 측면에서 경제적 실익이 없다. 첫째, 편견을 가진 고용주는 더 낮은 임금으로 동일한 숫자의 흑인 근로자들을 고용할 수 있었다. 다시 말해, 흑인과 백인 근로자들은 완전대체재이기 때문에 백인 기업은 더 낮은 비용으로 동일한 산출량을 생산할 수 있었다. 그뿐만 아니라 백인 기업이 고용한 근로자의 숫자는 **잘못된** 숫자이다. 인종을 고려하지 않는 기업이라면 더 많은 근로자들, 즉 E_B^* 만큼의 근로자들을 고용했을 것이다. 적절한 수의 근로자들을 고용하지 않은 탓에 백인 기업의 이윤은 더 줄어든다. 이러한 주장은 또한 흑인 기업도 차별을 하는 경우에는 이윤의 일부를 포기하게 된다는 것을 의미한다. 차별을 하는 흑인 기업 또한 흑인 근로자들과의 접촉을 최소화하기 위해 너무 적은 수의 근로자들(E_B^0 나 E_B^1 등)을 고용하기 때문에 이윤의 일부를 포기하는 것이다.

[그림 9-3]에는 차별계수와 기업의 이윤과의 관계가 제시되어 있다. 이윤이 가장 높은 기업은 차별계수가 0인 기업이다. 인종을 고려하지 않는 이 기업은 흑인 근로자들만을 E_B^* 만큼 고용할 것이고 π_{max} 달러만큼의 이윤을 얻는다.

차별계수가 작은 양수인 기업은 여전히 모든 인력을 흑인으로 고용하는 상태에 있지만 최적보다 적은 수의 흑인 근로자를 고용하기 때문에 보다 낮은 이윤을 얻는다. 편견의 강도가 어떤 경계점(차별계수 d_W)을 넘으면, 흑인을 고용함에 따르는 효용 손실이 너무 크기 때문에 기업은 백인들만을 고용한다. 그 결과 이윤은 극적으로(π_W 달러까지) 떨어진다. 왜냐하면 이 기업은 필요한 수준보다 훨씬 높은 임금을 지불하고 있기 때문이다. 백인 기업들은 자신의 차별계수와 상관없이 동일한 수의 백인 근로자들(E_W^* 명)을 고용하고 있기 때문에, 백인들만으로 구성된 모든 기업이 얻는 이윤은 동일하다.

그러므로 베커의 고용주에 의한 차별 모형은 차별에는 경제적 이득이 없다고 예측한다. 차별을 하는 기업들은 두 부분에서 손실을 입는다. 그들이 고용한 근로자들의 '인종이 잘못되었고' 또한 그들이 고용한 근로자들의 '숫자가 잘못되어 있다'. 이 두 가지 고용결정 때문에 기업은 이윤이 최대화되는 고용수준, 즉 E_B^* 로부터 벗어나게 된다.

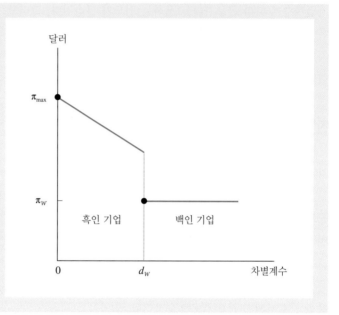

그림 9-3

이윤과 차별계수

차별은 두 가지 측면에서 이윤을 감소시킨다. 차별을 하는 기업이 흑인 근로자들만을 고용하는 경우에 그 기업은 너무 적은 수의 근로자들을 고용한다. 만약 차별을 하는 기업이 백인 근로자들만을 고용한다면, 너무 높은 임금으로 너무 적은 수의 근로자들을 고용한다.

이런 예측이 갖는 시사점은 상당히 넓게 적용된다. 만약 완전경쟁시장에서 인종 편견이 고용주에 의한 것이라면, 기업 간 경쟁은 소수자 집단에 크게 도움이 된다. 기업들의 자유로운 진입 및 퇴출에 따라 완전경쟁기업들은 초과 이윤을 얻지 못한다. 그에 따라 차별을 하는 고용주들은 자신들의 지갑으로부터 차별할 권리에 대한 비용을 직접 지불해야 한다. 그러므로 인종을 고려하지 않는 기업이 종국적으로 그 산업의 모든 다른 기업들을 사버릴 수 있을 것이다. 그 결과 고용주에 의한 차별은 '시늘어 없어질 것이나'.[6]

노동시장 균형

흑인 노동의 '효용을 반영한' 가격과 백인의 가격을 비교한 식 (9-3)에 의하면, 하나의 기업은 흑인 기업이거나 또는 백인 기업이 된다. 차별계수가 작은 기업은 흑인 기업이 될 것이고 차별계수가 큰 기업은 백인 기업이 될 것이다. 이 직관을 이용해 우리는 노동시장에서 흑인 근로자들에 대한 수요곡선을 도출할 수 있다.

우선 '모든' 고용주들이 흑인을 차별하고, 그에 따라 모든 기업의 차별계수는 양수라고 가정하자. 흑인의 임금이 백인의 임금을 초과해 흑인-백인의 임금비율(w_B/w_W)이 1보다 큰 경우, 어떤 고용주도 흑인 근로자를 고용하려 하지 않을 것이다. 심지어 흑인을 가장

---

6 이러한 결론은 모든 회사가 동일한 생산함수를 가지고 있다는 가정에 기반을 둔다. 만약 차별을 하는 기업들이 더 효율적이고 더 낮은 비용으로 산출물을 생산할 수 있다면 이 기업들은 차별적 행동을 지속적으로 할 수 있다.

덜 싫어해 차별계수가 가장 작은 고용주조차도 역시 흑인을 고용하려 하지 않는다. [그림 9-4]에 나타난 바와 같이, 흑인 근로자에 대한 수요는 존재하지 않는다. 사실 흑인의 임금이 백인의 임금보다 약간만 낮은 경우에도, '효용을 반영한' 흑인의 임금은 아마 모든 기업에서 백인의 임금을 초과할 것이고, 어떤 고용주도 흑인 근로자를 고용하려 하지 않을 것이다.

그런데 이제 흑인 근로자의 상대임금이 더 감소한다고 가정하자. 어느 순간 편견이 가장 적은 기업은 경곗값(그림에 점 R로 주어짐)을 넘어서게 되고 이 기업은 이제 흑인 기업이 된다. 흑인을 고용하는 데 따른 고용주의 비효용을 반영한 이후에도 흑인의 임금이 백인에 비해 상대적으로 저렴하기 때문이다. 흑인의 상대임금이 계속 하락함에 따라 점점 더 많은 기업들이 흑인 기업이 되기로 결정한다. 흑인의 낮은 임금이 그들의 편견에 대한 보상을 제공하기 때문이다. 게다가 흑인을 이미 고용하고 있던 기업들은 보다 많은 흑인 근로자들을 고용하면서 흑인 임금이 낮아진 이점을 누린다. 그러므로 흑인의 상대임금이 계속 떨어짐에 따라 흑인 근로자에 대한 수요량은 증가한다. 흑인의 임금이 백인의 임금에 비해 상대적으로 매우 낮다면, 매우 큰 차별계수를 가진 기업들조차도 '매수되어 버릴 것이고' 흑인들을 고용할 것이다. 흑인 근로자들에 대한 시장의 수요곡선(그림 9-4의 D)은 우하향하게 된다.

물론, 흑인-백인의 균형 임금비율은 흑인 근로자에 대한 수요뿐만 아니라 흑인 근로자

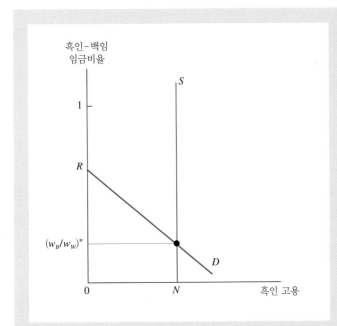

그림 9-4

노동시장에서 흑인-백인의 임금비율 결정

만약 흑인-백인 임금비율이 매우 높으면 노동시장에서 어느 기업도 흑인 근로자를 채용하려 하지 않을 것이다. 흑인-백인 임금비율이 점점 감소함에 따라, 점점 많은 기업들이 그들의 비효용을 보상받게 되고, 흑인 근로자에 대한 수요는 증가한다. 흑인-백인 균형 임금비율은 흑인 근로자에 대한 수요와 공급이 교차하는 지점에서 결정되고, 그 값은 $(w_B/w_W)^*$와 같다. 모든 기업이 편견을 가지고 있다는 가정은 균형 흑인-백인 임금비율이 1보다 작다는 함의를 갖는다.

의 노동공급에 의해서도 영향을 받는다. 편의를 위해 [그림 9-4]는 흑인 근로자의 노동공급 곡선이 완전 비탄력적이라서 흑인의 상대임금이 얼마이든 상관없이 노동시장에는 항상 N명의 흑인 근로자들이 존재한다고 가정한다. 흑인-백인의 균형 임금비율, 즉 $(w_B/w_W)^*$은 수요곡선과 공급곡선이 교차하는 점에서 결정된다. 만약 흑인 근로자의 상대임금이 균형수준보다 높으면, 수요에 비해 너무 많은 흑인 근로자들이 일자리를 구하려 하고 그에 따라 흑인의 상대임금은 하락한다. 반대로, 흑인의 상대임금이 균형보다 낮으면 수요에 비해 일을 하고자 하는 흑인 근로자가 너무 적어지기 때문에, 흑인의 상대임금은 상승한다.

균형에서 흑인-백인의 임금격차

[그림 9-4]에 예시된 균형에는 많은 흥미로운 특성들이 있다. 가장 중요한 특성은 흑인 근로자의 수요곡선과 공급곡선이 교차하는 지점은 흑인-백인 임금비율이 1인 지점보다 아래이기 때문에 고용주에 의한 차별은 인종 간 임금격차를 만들어낸다. 고용주는 근무환경, 특별히 근로자들의 인종 구성에 신경을 쓴다. 우리는 모든 고용주가 흑인을 고용하기를 꺼린다고 가정했기 때문에 흑인을 고용하는 데 대한 고용주의 비효용을 보상하기 위해 보상적 임금격차가 발생한다. 사실, 흑인을 고용하지 않으려는 고용주들의 저항을 완화시키기 위해 시장이 고용주들에게 '보상을 제공한다'.

게다가 흑인 근로자들이 기업에 배분되는 과정은 무작위적이지 않다. 흑인 근로자들은 흑인 기업이 되기로 선택한 기업들에 의해 고용된다. 그리고 차별계수가 가장 작은 고용주들이 흑인 기업을 운영한다. 그러므로 흑인 근로자들은 편견이 가장 적은 고용주들과 짝을 짓고, 백인 근로자들은 흑인을 가장 심하게 싫어하는 고용주들과 짝을 짓는다.

우리는 이제까지 모든 기업이 흑인을 차별한다고 가정하였다. 그러나 몇몇 기업들은 흑인 고용을 선호할지도 모른다. 정실인사를 하는 기업들은 흑인을 고용하는 것으로부터 효용을 얻기 때문에, 이런 기업들은 흑인 임금이 백인 임금보다 더 높은 경우에도 흑인을 고용하려 할 것이다. 그 결과 흑인 근로자에 대한 수요곡신은 [그림 9-5]의 절편 R', 즉 흑인의 상대임금이 1보다 큰 지점에서 시작한다.

노동시장에서 흑인 근로자의 수가 상대적으로 적다면, 노동시장에서 대부분의 기업들이 흑인을 고용하지 않으려 하더라도 균형 흑인-백인 임금비율은 1보다 클 수도 있다. 노동시장에서 흑인 근로자들은 흑인 고용을 선호하는 고용주들과 짝을 짓기 때문에, 흑인들은 그들을 고용할 권리에 대해 가격을 지불할 용의가 있는 기업들에 자신의 서비스를 판매할 수 있다.

그러므로 관측된 흑인-백인 임금격차가 노동시장에 얼마나 심한 편견이 존재하는가를 보여주는 요약 지표(예 : 차별계수의 평균이나 중간값)로서 해석되어서는 곤란하다. 균형

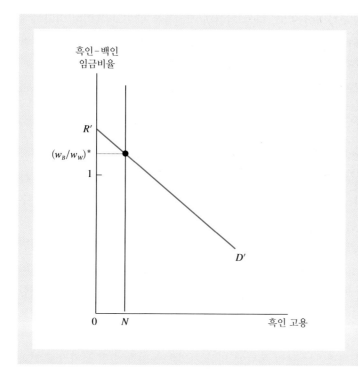

그림 9-5

정실주의와 흑인-백인 임금비율

만약 일부 기업들이 흑인 고용을 선호한다면, 흑인-백인 임금비율이 1을 초과하는 경우에도 이 기업들은 흑을 고용할 용의가 있고, 그에 따라 수요곡선은 D'까지 상승한다. 만약 흑인 근로자의 노동공급이 충분히 적다면, 흑인-백인 임금비율은 1을 초과할 수도 있다.

흑인 상대임금은 한계 기업, 즉 백인 고용에서 흑인 고용으로 전환하는 맨 마지막 기업의 차별계수를 보여준다. 시장에서 관측된 흑인-백인 임금격차는 이 한계기업을 보상하기 위해 얼마의 비용이 드는지만을 보여줄 뿐이다.

9-4 동료에 의한 차별

노동시장에 있는 편견의 근원이 고용주일 필요는 없다. 그 근원이 동료 근로자들일 수도 있다.

백인들은 흑인과 어울려 일하기를 꺼리지만 흑인들은 그들 동료가 어떤 인종의 사람인지 신경 쓰지 않는다고 가정하자. 이 경우 w_W의 임금을 받는 근로자는 그의 임금이 $w_W(1-d)$밖에 되지 않는 것처럼 행동할 것이다. 여기서 d는 차별계수이다. 흑인 근로자는 동료들의 인종에 대해 신경을 쓰지 않기 때문에, 그의 '효용을 반영한' 임금은 실제 임금과 동일하게 w_B로 주어진다. 여기서도 마찬가지로 우리는 흑인 근로자와 백인 근로자는 생산에 있어 완전대체재라고 가정한다.

어떤 백인 근로자가 두 곳의 일자리를 제안받았다. 두 고용주는 시간당 20달러라는 동일한 임금을 제안하지만, 두 회사의 근무환경은 서로 다르다. 구체적으로, 한 기업의 직원들은 모두 백인으로만 구성되어 있고, 다른 기업의 직원들은 백인과 흑인이 다양하게 섞여 있는 형태로 구성되어 있다. 이 백인 근로자는 흑인을 싫어하기 때문에, '효용을 반영한' 임금의 측면에서 두 기업이 제시하는 임금은 동일하지 않다. 이 백인 근로자의 관점에서, 인종이 다양한 기업은 더 낮은 임금을 제시하고 있다. 그러므로 인종이 다양한 기업은 편견을 가진 백인 근로자들을 유치하고자 한다면 시간당 20달러보다 높은 임금을 제시해야 할 것이다.

그러나 인종을 고려하지 않으면서 이윤을 최대화하려는 고용주는 결코 인종이 다양한 직장을 만들려 하지 않을 것이다. 즉, 고용주는 백인과 흑인 근로자를 동시에 고용하려 하지 않는다. 그 경우 흑인 근로자와 백인 근로자의 한계생산물의 가치가 동일함에도 불구하고 백인 근로자들에게는 보상적 임금격차를 지불해야 하기 때문이다. 따라서 백인의 임금이 흑인의 임금보다 낮다면 백인만을 고용할 것이고, 흑인의 임금이 백인보다 낮다면 흑인만을 고용할 것이다. 흑인과 백인 근로자를 '섞어' 고용하는 것이 아무런 이득이 되지 않기 때문에, 흑인과 백인 근로자는 서로 다른 기업에 고용될 것이다. 고용주에 의한 차별과 마찬가지로, 동료에 의한 차별 또한 노동력 구성이 완전히 분리되는 현상을 내포한다.

그러나 고용주에 의한 차별과는 달리 동료에 의한 차별은 동일한 숙련을 가진 흑인과 백인 근로자 간에 임금의 차이를 발생시키지 않는다. 인종을 고려하지 않는 고용주는 흑인이든 백인이든 인건비가 더 저렴한 근로자를 고용한다. 만약 흑인의 임금이 더 낮다면 고용주는 흑인을 고용한다. 만약 백인의 임금이 더 낮다면 고용주는 백인을 고용한다. 고용주들은 더 낮은 비용이 드는 집단에 대한 수요를 증가시키기 때문에, 보다 저렴한 근로자를 얻기 위한 경쟁은 결국 두 근로자 집단의 임금을 동일하게 만든다. 그러므로 흑인과 백인이 완전대체재인 경우 동료에 의한 차별모형은 동일한 숙련을 가진 흑인 근로자가 같은 숙련의 백인 근로자에 비해 적은 임금을 받는 이유를 설명하지 못한다.

마지막으로, 동료에 의한 차별은 기업의 이윤에는 영향을 미치지 않는다. 모든 기업은 노동의 한 시간당 동일한 액수의 임금을 지불하며 흑인과 백인 근로자는 완선대제재이기 때문에, 흑인 기업이 되든 백인 기업이 되든 특별한 이득은 없다. 그러므로 시간이 지남에 따라 동료에 의한 차별의 중요성을 낮추는 시장의 압력은 존재하지 않는다.[7]

---

7 Barry R. Chiswick, "Racial Discrimination in the Labor Market: A test of Alternative Hypotheses," *Journal of Political Economy* 81(November 1973): 1330-1352.

9-5　고객에 의한 차별

만약 고객이 차별에 대한 기호를 가지고 있다면, 그들의 구매 결정은 제품의 실제 가격 p 대신 '효용을 반영한' 가격 $p(1 + d)$에 기반하여 이루어질 것이다. 여기서 d는 차별계수이다. 만약 백인들이 흑인 판매자들로부터 제품을 구입하기를 싫어한다면 고객에 의한 차별은 소수인종이 판매하는 재화와 서비스에 대한 수요를 감소시킬 것이다.

　기업이 특정 직원을 기업 내 여러 다른 자리들 중 하나에 배치할 수 있는 한, 고객에 의한 차별은 그리 중요하지 않을 수 있다. 기업은 흑인 근로자들을 고객과의 접촉이 적은 자리(예 : 조립 라인)에 배치하고, 백인 근로자들을 (고객들과 정기적으로 접촉하는) 서비스 부서에 배치할 수 있다. 실제로 고용주는 인력 구성을 내부에서 분리하여 백인 근로자들을 '고객과 접촉하는' 부서에 주로 배치하고 흑인 근로자들은 밖에서 보이지 않는 자리로 숨겨 배치한다.[8]

　기업이 흑인 근로자들을 사람들의 시선으로부터 쉽게 숨길 수 없는 경우, 고객에 의한 차별은 흑인의 임금에 부정적인 영향을 끼칠 수 있다. 예를 들어, 판매부서에 흑인을 고용하는 기업은 백인 구매자들의 비효용을 보상하기 위해 제품의 가격을 낮추어야만 할 것이다. 이 경우 흑인 근로자들은 고용주의 이윤 손실을 보상해야 하기 때문에 흑인 근로자의 임금은 낮아질 것이다. 정리하면, 고객에 의한 차별이 흑인의 임금에 미치는 영향은 대면 일자리와 비대면 일자리의 상대적 수요와 흑인 근로자들의 상대적 공급에 의해 결정된다.

　1990년 초에 애틀랜타, 보스턴, 디트로이트, 로스앤젤레스의 고용주들을 대상으로 한 설문조사에 간단한 이중차분법을 적용함으로써 우리는 고객들의 인종과 직원-고객 간 접촉 정도가 기업의 고용결정에 어떤 영향을 미치는지를 보여줄 수 있다. 우리가 이 조사의 대상 기업들을 다음과 같이 두 유형, 즉 (1) 직원들이 고객들과 '직접 대면해' 대화하는 '접촉' 기업과 (2) '비접촉' 기업으로 구분한다고 가정하자. 〈표 9-2〉에 따르면 고객 대부분이 흑인인 접촉기업에서는 새로 고용된 직원들 중 58%가 흑인이다. 이 결과는 고객 대부분이 백인인 접촉기업에서 새로 고용된 직원들 중 9%만이 흑인이라는 결과와 확연히 대조된다. 이러한 차이는 고객에 의한 차별이 흑인 신규 고용의 비율을 49.0%p만큼 줄인다는 점을 시사하는 듯하다.

　그러나 고객들이 주로 흑인인 접촉기업은 도시의 흑인 지역에 위치해 있을 수 있다. 이들 기업에는 상대적으로 많은 숫자의 흑인 구직자들이 지원할 것이고 지원자들의 인종 구성은 기업 내 인력의 인종 구성에 영향을 미칠 것이다.

　그러므로 고객에 의한 차별의 영향을 분리하기 위해서는 '통제집단'이 필요하다. 설문

8　Lawrence M. Kahn, "Customer Discrimination and Affirmative Action," *Economic Inquiry* 24(July 1991):555 -571 및 George J. Borjas and Stephen G. Bronars, "Consumer Discrimination and Self-Selection into Self-Employment," *Journal of Political Economy* 97(June 1989):581-605.

표9-2	고객에 의한 차별과 신규 직원 중 흑인 비율 간의 관계		
기업의 유형	기업의 고객들 중 절반 이상이 흑인인 경우(%)	기업의 고객들 중 75% 이상이 백인인 경우(%)	차이(%)
고객과 근로자 간 접촉	58.0	9.0	49.0
고객과 근로자 간 미접촉	46.6	12.2	34.4
이중차분	–	–	**14.6**

출처 : Harry J. Holzer and Keith R. Ihlanfeldt, "Customer Discrimination and Employment Outcomes for Minority Workers," *Quarterly Journal of Economics* 113(August 1998); 846.

조사에서 직원과 고객 사이의 접촉이 없는 기업들이 그러한 통제집단을 제공한다. 〈표 9-2〉에 나타난 바와 같이, 비접촉 기업의 주요 고객들의 인종이 흑인일 때에 비해 백인일 때 신규 직원들 중 흑인의 비율은 46.6%에서 12.2%로 34.4%p만큼 감소한다. 이 34.4%p라는 차이는 고객에 의한 차별이 없더라도 기업이 흑인 고객을 주로 상대하고 흑인 거주지에 가게를 열어 많은 흑인 구직자들을 끌어들일 때 흑인 고용에 발생할 것으로 추측되는 현상을 보여준다.

고객에 의한 차별의 영향을 보여주는 이중차분 추정치는 14.6%이다. 다시 말해, 흑인 직원과 백인 고객 간의 대면접촉으로 인해 기업들은 흑인 직원을 고용할 확률을 약 15%p 정도 감소시킨다.

고객에 의한 차별을 보여주는 가장 흥미로운 증거는 야구 기념품 시장에서 발견되었다. 야구 카드 수집은 어린이들의 취미 정도의 수준이 아니다. '1909 Honus Wagner' 야구 카드는 2011년도에 280만 달러에 팔렸다. 수집품 시장에서 야구 카드의 시장가격은 가장 분명한 요인들(타자의 통산 홈런 수, 통산 타수 및 투수의 승수와 삼진 아웃 수 등)뿐만 아니라 선수의 인종에도 좌우되는 것으로 나타났다. 선수의 포지션과 통산 성적의 '통계치들'을 통제하고 난 이후에도 백인 선수들의 카드 가격은 흑인 선수들의 카드보다 약 10~13% 정도 더 높게 거래되었다.[9]

9-6 통계적 차별

기호적 차별 이론은 우리로 하여금 숙련수준이 동일한 흑인 근로자와 백인 근로자(혹은 남성 근로자와 여성 근로자) 간의 차이가 노동시장에서 어떻게 발생할 수 있는지 이해할 수 있도록 돕는다. 그러나 편견이 존재하지 않는 상황에서도 특정 집단에 속하는 것(가령 흑인

---

9 Clark Nardinelli and Curtis Simon, "Customer Racial Discrimination In the Market for Memorabilia: The Case of Baseball," *Quarterly Journal of Economics* 105(August 1990):575-596.

여성이라는 것)이 그 사람의 숙련수준이나 생산성에 대한 정보를 담고 있는 경우 인종별 차이나 성별 차이가 발생할 수 있다.[10]

통계적 차별을 유발하는 경제적 유인들은 쉽게 설명할 수 있다. 인종이나 성별을 차별하지 않으면서 이윤을 극대화하고자 하는 고용주가 일할 사람을 구하고 있다고 가정하자. 그는 이 근로자를 앞으로 몇 년 동안 혁명적인 완전 몰입형 AI 비디오 게임을 개발하기 위해 세밀히 맞추어진 팀에 배치하고자 한다. 고용주는 지성과 열정이라는 보통의 필요조건을 갖추고 있을 뿐만 아니라 팀의 구성원으로서 오랜 시간 동안 의지할 수 있는 사람을 찾고 있다.

두 사람이 이 일자리에 지원하였다. 이들 두 지원자의 이력서는 동일하다. 즉, 두 지원자 모두 같은 대학을 졸업했고 동일한 분야를 전공했으며 동일한 과목들을 수강했고 학급 석차도 비슷하다. 게다가 두 지원자 모두 우수한 성적으로 면접을 통과하였다. 고용주는 두 지원자 모두 똑똑하고 의욕이 있으며 관련 지식이 풍부하고 본인 의사를 분명히 표현할 줄 안다고 판단하였다. 그러나 우연찮게도 두 지원자 중 한 명은 남성이고 한 명은 여성이었다.

면접 인터뷰 당시 고용주는 지원자들에게 구체적으로 이 일자리가 향후 자신들이 스스로 성장하고 발전할 만한 직장이라고 생각하는지를 질문하였다. 두 지원자 모두 그들의 일자리가 굉장한 기회라고 생각하며 다른 어떤 일자리나 시장 외적인 기회들도 이 일자리만큼 훌륭하지는 않을 것이라고 대답했다. '일련의 문서정보'(이력서, 면접 중 수집한 정보, 여타의 선발 시험들 등)에 기반할 때 이 고용주는 두 사람 중 누구를 뽑아야 할지 결정하기 어려울 것이다. 그러나 고용주는 두 지원자 모두 일자리를 필요로 하기 때문에 이들이 향후 몇 년 동안 회사에 남아 있겠다고 다짐한 것이 진심이 아닐 수도 있다는 것을 안다.

(단순히 동전 던지기에 의존하지 않고) 정보에 근거한 결정을 내리기 위해, 고용주는 그 회사가(혹은 다른 회사들이) 과거에 채용했던, 유사한 상황에 있었던 여성들과 남성들의 고용 이력을 평가해볼 것이다. 이러한 통계적 기록을 검토해본 결과, 많은 여성들이 노동시간을 줄이거나, 20대 후반이 되어 회사를 사직한다는 점이 나타났다고 가정하자.[11] 고용주는 현재 고려하고 있는 이 여성 지원자가 이와 같은 경로를 따르게 될 것인지에 대해

---

[10] Edmund S. Phelps, "The Statistical Theory of Racism and Sexism," *American Economic Review* 62 (September 1972): 659–661; Dennis J. Aigner and Glen G. Cain, "Statistical Theories of Discrimination in Labor Markets," *Industrial and Labor Relations Review* 30 (January 1977): 175–187; and Shelly J. Lundberg and Richard Startz, "Private Discrimination and Social intervention in Competitive Labor Markets," *American Economic Review* 73(June 1983): 340–347.

[11] 위에서 제시한 예에서 가정한 전제들과는 대조적으로, 일부 증거들에 따르면 여성의 이직률은 남성보다 더 높지 않다. Fraincine D. Blau and Lawrence M. Kahn, "Race and Sex Differences in Quits by Young Workers," *Industrial and Labor Relations Review* 34(July 1981): 563–577; and W. Kip Viscusi, "Sex Differences in Worker Quitting," *Review of Economics and Statistics* 62(August 1980):388–398; and Nachum Sicherman, "Gender Differences in Departures from a Large Firm," *Industrial and Labor Relations Review* 49(April 1996):484–505을 참조하라.

서는 알 수 없다. 그러나 통계적 자료를 통해 고용주는 여성 지원자의 경우 소프트웨어 프로그램이 완성되기 전에 직장을 그만둘 확률이 더 높다는 것을 추론한다. 누군가 일을 그만두는 것은 팀의 업무를 망치고 개발비용을 상당히 증가시키기 때문에 이윤을 극대화하려는 고용주는 남성 지원자에게 그 일자리를 제안한다.

고용주가 한 집단을 다른 집단보다 더 선호해 결정하는 이유는 이력서와 면접을 통해 수집한 정보가 지원자의 진정한 생산성을 불완전하게 예측하기 때문이다. 불확실성 때문에 고용주는 집단의 평균적 성과에 관한 통계치를 사용해[이 때문에 통계적 차별(statistical discrimination)이라는 이름이 붙여졌다] 특정한 지원자의 생산성을 예측한다. 그 결과 고생산성 집단에 속한 지원자들은 그 집단에 속해 있다는 것으로부터 이익을 얻은 반면, 저생산성 집단에 속한 지원자들은 이익을 보지 못한다.[12]

기업들은 여러 방면으로 근로자가 어느 집단에 속하는지에 관한 정보를 이용한다. 예를 들어, 여성은 남성보다 오래 사는 경향이 있다. 같은 날짜에 태어났으며 전반적인 신체조건이 동일한 남성과 여성이 생명보험에 가입 신청을 한다고 가정하자. 보험회사는 이들 중 누가 더 오래 살 것인지에 대해 알 수 없지만, 과거의 경험자료는 여성이 남성보다 더 오래할 것이라고 예측한다. 보험료를 설정할 때 이와 같은 사실은 당연히 중요하게 다루어질 것이다. 마찬가지로, 십 대 운전자들은 성인 운전자들에 비해 사고를 더 많이 내는 경향이 있다. 따라서 십 대 운전자와 사십 대 운전자가 자동차 보험에 가입 신청을 한다면, 보험회사는 대개 십 대에게 더 높은 보험료를 부과할 것이다. 이는 두 운전자 모두가 과거 사고의 이력이 전혀 없는 경우에도 그러하다. 요약하면, 완전경쟁기업들은 자주 통계적 차별을 사용해 특정 경제적 거래들에 수반되는 위험과 보상을 완벽히 예측할 수 없을 때 발생하는 정보격차를 메운다.

통계적 차별과 임금

지원자의 이력서, 면접, 다른 선발 절차에 포함되어 있는 모든 정보를 모아 그것에 가령 T라는 점수를 부여해보자. 이 선발시험 점수가 생산성과 완벽한 상관관계를 갖는다고 가정하자. 가령 15점의 선발시험 점수는 그 지원자의 한계생산물의 실제 가치가 15달러임을 의미하고 30점의 선발시험 점수는 그 지원자의 한계생산물의 실제 가치가 30달러임을 의미한다. 이 경우 지원자는 선발시험 점수만큼의 임금을 제안받을 것이다.

물론, 선발시험 점수가 생산성을 완벽하게 예측한다는 가정은 매우 비현실적이다. 점수가 낮은 일부 지원자들이 실제로는 꽤 생산성이 높을 수 있는 반면, 점수가 높은 일부 지

---

12 통계적 차별과 인적자본 장에서 설명한 신호모형(signaling model) 사이에는 중요한 차이점이 하나 있다. 신호모형에서는 근로자들이 무리로부터 스스로를 분리시키기 위해 교육에 투자한다. 통계적 차별 모형에서 고용주들이 생산성을 예측하기 위해 사용하는 특성들(가령 인종, 성별, 국적)은 변하지 않는 것들이다.

원자들이 실제로는 엄청난 실패자들일 수도 있다. 그러므로 고용주는 지원자에게 제안하는 임금수준을 지원자 자신의 점수 T뿐만 아니라 지원자가 속한 집단의 평균 점수 $\overline{T}$에도 연동시키고자 할 것이다.

일정한 조건하에서 지원자의 기대 생산성은 지원자 자신의 선발시험 점수와 그가 속한 집단의 평균 점수를 가중 평균한 값이 된다. 이 경우 기업이 그 지원자에게 제안하는 임금 수준은 다음과 같이 쓸 수 있다.[13]

$$w = (1 - \alpha)\overline{T} + \alpha T \tag{9-4}$$

만약 모수 α의 값이 1이면 지원자의 임금은 그의 선발시험 점수에 의해서만 결정된다. 고용주는 집단의 평균을 고려하지 않기 때문에 이러한 경우는 선발시험이 지원자의 생산성을 완벽히 예측하는 극단적인 상황이다. 다른 극단적인 상황은 모수 α의 값이 0인 경우이다. 이 경우 식 (9-4)는 지원자 자신의 선발시험 점수가 아무 의미가 없으며 임금 설정 과정에서 아무런 역할을 하지 않는다는 것을 의미한다. 고용주는 집단의 평균만을 전적으로 사용해 지원자의 임금을 결정한다. 그러므로 모수 α는 선발시험 점수와 실제 생산성 간의 상관관계를 반영한다. 선발시험의 예측력이 높을수록 α의 값은 높다.

식 (9-4)는 통계적 차별이 두 가지 서로 다른 방식으로 소수인종과 여성의 임금에 영향을 미칠 수 있음을 시사한다. 통계적 차별은 임금과 지원자의 선발시험 점수 사이의 관계를 표시하는 선분의 절편과 기울기 모두에 영향을 미친다.

첫째로 [그림 9-6a]에 예시된 상황을 생각해보자. 선발시험에서 흑인들이 얻은 평균 점수 $\overline{T}_B$는 백인들의 평균 점수 $\overline{T}_W$보다 낮지만, 선발시험 점수와 생산성 간의 상관관계(α)는 두 집단에서 서로 동일하다고 가정하자. 이 경우 식 (9-4)는 백인의 선분이 흑인의 선분보다 위에 있음을 의미한다. 백인들의 선발시험 점수의 평균이 더 높고 두 곡선이 동일한 기울기를 가지고 있기 때문이다. 만약 흑인 근로자와 백인 근로자가 받은 시험 점수가 동일하다면(예 : T^*), 이 백인 근로자는 더 높은 임금을 제안받는다. 고용주는 보통의 백인 지원자가 보통의 흑인 지원자에 비해 생산성이 더 높을 것으로 기대하기 때문이다.

두 집단의 평균 시험 점수가 동일하지만(가령 $\overline{T}$), 선발시험이 둘 중 한 집단에 대해 보다 많은 정보를 포함하고 있을 수 있다. '문화적 편향(cultural bias)' 때문에 어떤 시험들은 흑인이나 여타 집단들의 실제 생산성을 정확하게 예측하지 못한다는 주장이 종종 제기되어 왔다. 백인 남성 학자들에 의해 만들어지는 표준화된 시험들은 다른 환경에서 자란 이들에게는 친숙하지 않을 수 있는 중상류층의 가치 체계와 경험들을 반영한다. 그 결과 모수 α의 값은 남성과 여성, 그리고 흑인과 백인 사이에 서로 다를 수 있다. 선발시험이 흑

---

13 Lundberg and Startz, "Private Discrimination and Social Intervention in Competitive Labor Markets." *American Economic Review* 73 (June 1983): 340-347. 식 (9-4)를 유도하는 데 사용된 핵심 가정은 지원자의 생산성 중 관측되지 않은 요인의 빈도분포(frequency distribution)가 정규분포를 따른다는 가정이다.

근로자의 임금은 그 자신의 선발시험 성적뿐만 아니라 그의 인종 집단의 평균 성적에 의해 결정된다. (*a*) 만약 흑인 근로자의 점수가 평균적으로 백인 근로자에 비해 낮다면 T^*점을 받은 백인 근로자는 같은 점수를 받은 흑인 근로자보다 높은 임금을 받는다. (*b*) 만약 선발시험이 백인 근로자의 생산성을 더 잘 예측한다면, 높은 점수를 받은 백인은 높은 점수를 받은 흑인보다 더 높은 임금을 받을 것이고, 낮은 점수를 받은 백인은 낮은 점수를 받은 흑인보다 더 낮은 임금을 받을 것이다.

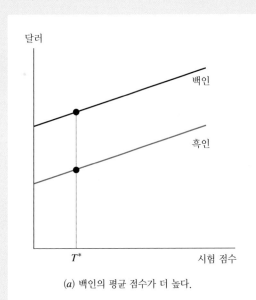

(*a*) 백인의 평균 점수가 더 높다.

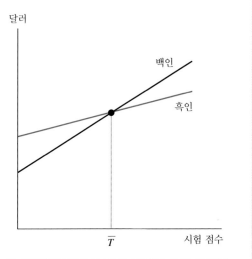

(*b*) 선발시험은 백인 근로자의 생산성을 더 잘 예측한다.

인 근로자의 생산성을 그다지 잘 예측하지 못한다면, α_B는 α_W에 비해 작을 것이다.

[그림 9-6b]는 이러한 유형의 문화적 편향이 임금에 미치는 영향을 보여준다.[14] 만약 선발시험이 흑인 근로자들의 생산성을 그다지 잘 예측하지 못한다면, 흑인 근로자의 임금과 시험 점수를 연관시키는 선분은 상대적으로 평평할 것이다. 시험이 이와 같이 흑인의 생산성을 매우 불완전하게 예측하기 때문에, 고용주들은 대부분의 흑인 근로자들이 대체로 유사한 생산성을 가지고 있다고 판단해 그들에게 대체로 유사한 임금을 지급할 것이다. 이 경우 흑인 근로자의 임금은 대체로 집단의 평균에 근거하여 설정되는 반면, 백인 근로자의 임금은 대체로 그 자신의 자격수준에 근거하여 설정된다. 고용주가 근로자의 시험 점수를 신뢰하지 않기 때문에, 점수가 낮은 흑인은 점수가 높은 흑인에 비해 이득을 본다.

---

14 두 집단의 평균 점수가 동일하지만 $\alpha_B < \alpha_W$이라는 가정은 흑인 임금선의 절편($(1-\alpha_B)\overline{T}$)이 백인 임금선의 절편($(1-\alpha_W)\overline{T}$)보다 높다는 것을 시사한다.

통계적 차별이 함축하는 바에 의하면, 낮은 점수를 받은 흑인 근로자는 낮은 점수를 받은 백인 근로자보다 더 높은 임금을 받는 반면, 높은 점수를 받은 근로자들에게는 반대의 상황이 벌어진다.

흥미롭게도, 통계적 차별은 반드시 흑인의 평균 임금이 백인의 평균 임금보다 낮을 것이라고 예측하지는 않는다.[15] 그러나 통계적 차별은 차별을 통해 일부 흑인 근로자들은 이득을 얻고 일부 흑인 근로자들은 손해를 볼 가능성이 있음을 알려준다.

9-7 실험적 증거

특정 고용주의 차별계수의 크기를 측정하거나, 특정 고용주가 통계적 차별을 하고 있는지를 판단하는 일은 매우 어렵다. 인종이나 성별에 대해 차별을 하는 것은 어차피 불법이므로 고용주들은 그들의 편견 섞인 행동을 기꺼이 드러내려 하지는 않을 것이다.

많은 연구들은 노동시장 실험을 통해 이러한 측정문제를 극복하려고 시도해왔다. 이들 실험에서 연구자들은 많은 수의 고용주와 무작위로 접촉한다. 실험은 고용주들이 그들의 채용 선호를 드러내도록 영리하게 설계된다.

예를 들어, 한 연구는 사람의 이름과 같이 겉보기에 해롭지 않은 어떤 것(그리고 대부분의 사람들이 그 사람의 인종에 관하여 추론하게 하는 것)이 일자리 지원자의 취업 기회에 상당한 영향을 미칠 수 있음을 보였다.

특별히 유명한 하나의 실험은 고용주들이 Lakisha나 Jamal이라는 이름을 가진 근로자들보다 Emily나 Greg이라는 이름을 가진 근로자들을 더 채용하고자 하는지를 알아보고자 하였다.[16] 연구자들은 보스턴과 시카고 지역의 신문에 실제 게재된 약 1,000개 이상의 구인 광고에 약 5,000개의 가짜 이력서를 보냈다. 이 이력서는 지원자의 인종을 명시하지는 않았다. 그러나 연구자들은 가짜 이력서에 '백인처럼 들리는' 혹은 '흑인처럼 들리는' 이름을 부여하여 고용주들에게 지원자의 인종에 대한 힌트를 제공했다. 백인처럼 들리는 이름에는 'Emily Walsh'와 'Greg Baker' 등이 있었고, 흑인처럼 들리는 이름에는 'Lakisha Washington'과 'Jamal Jones' 등이 있었다.[17] 또한 연구자들은 지원자의 이력서를 시장 숙

---

15 통계적 차별 가설에 관한 실증분석 연구로는 Joseph G. Altonji and Charles R. Pierret, "Employer Learning and Statistical Discrimination," *Quarterly Journal of Economics* 116(February 2001):313–350과 David H. Autor and David Scarborough, "Does Job Testing Harm Minority Workers? Evidence from Retail Establishments," *Quarterly Journal of Economics* 123(February 2008):219–277이 있다.

16 Marianne Bertrand and Sendhil Mullanalthan, "Are Emily and Greg More Employable than Lakisha and Jamal? A Field Experiment on Labor Market Discrimination," *American Economic Review* 94(September 2004): 991–1013.

17 흑인과 백인 부모들이 이름을 짓는 관행은 최근에 많이 달라졌다. 1961년에서 2000년 사이 캘리포니아에서 태어난 아이들의 이름을 연구한 결과에 따르면, 그 시기 캘리포니아에서 태어난 흑인 여자 아이의 40퍼센트는 같은 시기 태어난 백인 여자아이들 중 누구도 사용하지 않은 이름들을 부여받았다. Roland Fryer and Steven Levitt, "The Causes and Consequences of Distinctive Black Names," *Quarterly Journal of Economics* 119(August 2004): 767–

련의 측면에서 조금씩 다르게 만들었다. 어떤 이력서에는 지원자가 오랜 경력을 가지고 있는 것으로 기록했고, 어떤 이력서에는 지원자가 어떤 종류의 인증된 학위과정을 마쳤다고 기록했으며, 다른 이력서에는 지원자가 외국어를 할 줄 안다고 적었다.

가짜 이력서들을 발송한 후 연구자들은 가만히 앉아 고용주들이 가짜 지원자들에게 면접을 보러 오라는 연락(callback)을 하는지를 기다렸다. 이력서에 기재된 지원자들의 숙련이 동일하게 주어져 있을 때, 백인처럼 들리는 이름을 가진 지원자는 각 10개의 이력서에 한 번 정도의 면접 연락을 받았다. 이와 대조적으로, 흑인처럼 들리는 이름을 가진 지원자는 각 15개의 이력서에 한 번 정도의 면접 연락만을 받았다. 이러한 차이를 메우기 위해서는 흑인 지원자에게 8년 정도 더 많은 업무 경력이 필요하다!

실험적 접근법은 단순히 가짜 이력서를 보내는 행동 이상으로 확대되어 왔다. 몇몇 연구자들은 실제 일자리 면접에 '실험자들'을 실제로 보내 고용주들이 이들 지원자의 특성에 어떻게 반응하는지를 살펴보았다. 이들 '채용 실험연구(hiring audits)'에서 짝지어진 두 명의 지원자는 모든 면에서 서로 유사하고, 단지 성별이나 인종의 측면에서만 다르다. 이러한 채용 실험연구는 수많은 회사들을 대상으로 이루어졌고, 백인과 흑인, 혹은 남성과 여성 사이에서 일자리 지원의 성과가 달라지는지를 검토하기 위해 이 자료들이 분석되었다.

예를 들어, 1989년 여름에는 시카고와 샌디에이고 지역의 고용주들을 대상으로 채용 실험연구가 이루어졌다.[18] 시카고 트리뷴과 샌디에이고 유니언의 일요일판 신문의 안내 광고로부터 높은 숙련을 요구하지 않는 신입 일자리에 대한 구인 광고를 낸 고용주들을 무작위로 선별하였다. 실험연구에 참여한 지원자들은 평균적으로 단정한 옷을 입은 22세의 남성들로서 고졸 학력을 가지고 범죄 전과가 없으며 대학 과정을 일부 이수했고, 재고 정리인이나 웨이터로서 일한 경력을 약간 가지고 있었다. 특정 회사에 보내진 두 명의 지원자 사이에서 유일한 차이는 한 명은 히스패닉으로서 약간의 스페인 악센트를 쓰고 머리가 검으며 피부가 밝은 갈색이고, 다른 한 명은 비히스패닉 백인으로서 발음에 악센트가 없고 머리가 갈색이거나 붉거나 금발이라는 점이다. 백인 지원자들은 33% 더 많은 면접 기회를 얻었고 52% 더 많은 일자리 기회를 제안받았다.

저가 식당과 고가 식당의 채용 관행에 대한 유사한 채용 실험연구 또한 고용주가 남성과 여성에게 서로 다르게 판단한다는 점을 시사한다.[19] 동일한 (그리고 가상의) 이력서를 소지한 젊은 여성들과 남성들이 필라델피아 식당의 일자리에 지원하도록 보내졌다. 임금

805를 참조하라.

18 Harry Cross, *Employer Hiring Practices: Differential Treatment of Hispanic and Anglo Job Seekers*, Urban Institute Report 90-4, Washington, DC: The Urban Institute Press, 1990.

19 David Neumark, Roy J. Bank, and Kyle D. Van Nort, "Sex Discrimination in Restaurant Hiring: An Audit Study," *Quarterly Journal of Economics* 111(August 1996): 915-941.

이나 팁의 측면에서 일반적으로 웨이터는 고가의 식당으로 가는 것이 훨씬 유리하다. 서류상으로 지원자들은 동일해 보였지만, 저가 식당에서는 일자리 10개 중 8개를 여성에게 제안했으며 고가 식당에서는 일자리 13개 중 11개를 남성에게 제안했다.

연구자는 일자리 실험 지원자들이 서로 동일하고 면접에서 비슷한 방식으로 질문에 답하도록 훈련받았다고 생각할 수 있지만 고용주들은 실제 면접과정에서 동일한 인상을 받지 않을 수도 있다는 점에서 채용 실험 연구들은 비판에 직면해왔다. 게다가 채용 실험에 참가하는 일자리 지원자들은 다양한 고용주들을 방문하는 목적을 알고 있고, 이 정보는 (잠재의식 속에서) 지원과정에서 그들의 행동에 영향을 미칠 수도 있다. 마지막으로, 기호적 차별이 예측하는 바에 따르면, 노동시장에서 두 집단 사이의 임금격차를 결정하는 것은 바로 '한계'기업의 차별계수이다. 채용 실험 연구는 평균적인 기업의 선호를 측정하는 경향이 있기 때문에 이 연구가 제공하는 정보는 관측된 임금격차를 설명하는 데 그리 적절하지 않을 수 있다.[20]

이론의 현장 적용 교향악단 구성의 불평등

수십 년 동안 미국의 주요 교향악단들에서 연주를 하는 음악가들은 교향악단의 지휘자(music director)에 의해 직접 고용되었다. 지휘자는 보통 일부 선택받은 선생님들의 제자들을 대상으로 오디션을 실시했을 것이고 독단적으로 합격자를 선발했을 것이다. 이와 같은 채용 절차의 결과 교향악단은 보통 남성 음악가들이 대부분을 차지했다. 전형적인 교향악단은 100명 정도의 연주자들로 구성되어 있고 그중 10명 이하 정도만 여성이었다.

채용 절차를 보다 공정하게 만들고 교향악단의 단원 구성을 다양화하려는 노력의 일환으로 주요 교향악단들에서는 1980년대와 1990년대에 '블라인드' 오디션 방법을 채택하였다. 교향악단의 한 자리에 지원한 이들은 스크린(대개 천장에 걸려 있는 무겁고 큰 천 조각) 뒤에서 악기를 연주하였다.

지휘자 및 채용 결정에 관여하는 다른 사람들은 지원자의 연주를 들을 수는 있었지만 그 연주자가 누구인지는 볼 수 없었다.

블라인드 오디션의 도입에 따라 주요 교향악단에서 여성의 비율이 크게 증가하였다. 구체적으로, 스크린이 사용된 이후 여성 음악가들이 예선을 통과할 확률이 50% 증가하였다. 1990년대에는 주요 교향악단 연주자들의 20% 이상이 여성이었고, 교향악단에서 여성 숫자의 증가 중 절반가량은 직접적으로 블라인드 오디션 절차의 채택에 기인한다.

출처 : Claudia Goldin and Cecillia Rouse, "Orchestrating Impartiality : The Impact of 'Blind' Auditions on Female Musicians," *American Economic Review* 90(September 2000) : 715 –741.

---

20 채용 실험 문헌들을 신중하게 평가한 한 연구는 흑인과 백인 구직자들의 숙련을 신중하게 통제하는 것이 동일한 자격수준을 갖춘 흑인과 백인 구직자들 사이에 처우가 차별적이라는 증거를 전혀 의미하지 않는다고 결론짓는다. James J. Heckman, "Detecting Discrimination," *Journal of Economic Perspectives* 12(Spring 1998):101–116을 참조하라.

9-8 차별의 측정

우리에게 두 가지 근로자 집단(남성과 여성)이 있다고 가정하자. 남성의 평균임금은 $\overline{w}_M$, 여성의 평균임금은 $\overline{w}_F$이다. 차별을 정의하는 한 가지 방법은 평균임금의 차이를 파악하는 것이다. 평균임금의 차이는 다음과 같다.

$$\Delta \overline{w} = \overline{w}_M - \overline{w}_F \qquad (9\text{-}5)$$

이 정의는 사과와 오렌지를 비교하는 것이기 때문에 설득력은 별로 없다. 차별 이외의 많은 요인들이 남성과 여성 간 임금격차를 유발할 수 있다. 예를 들어, 남성들은 여성들보다 고임금의 컴퓨터 분야의 전문적 학위를 보유할 가능성이 더 높다. 우리는 단순히 남성들이 전문적 학위를 보유할 가능성이 더 높아 남성들이 여성들보다 높은 임금을 받는다는 점에 근거해 고용주가 여성들을 차별한다고 주장하려 하지는 않는다. 노동시장 차별을 정의하는 보다 적절한 방법은 동등한 숙련을 가진 근로자들의 임금을 비교하는 것이다.

그러므로 우리는 $\Delta\overline{w}$로 주어진 '원' 임금(raw wage)의 격차를 남성과 여성 간 숙련의 차이를 고려해 조정하고자 한다. 이러한 조정은 보통 남성과 여성의 임금을 여러 종류의 사회경제적 특성 및 숙련 특성과 연관시키는 회귀모형을 추정하는 방식으로 이루어진다. 설명을 단순화하기 위해 학력(s)이라는 하나의 변수만이 임금에 영향을 미친다고 가정하자. 이 경우 두 집단 각각에 대한 임금함수는 다음과 같이 쓸 수 있다.

$$\text{남성의 임금함수} : w_M = \alpha_M + \beta_M s_M$$
$$\text{여성의 임금함수} : w_F = \alpha_F + \beta_F s_F \qquad (9\text{-}6)$$

계수 β_M은 한 남성 근로자가 학교교육을 1년 더 받으면 그의 임금이 얼마나 상승하는지를 보여준다. 한편 계수 β_F는 여성에 대해 동일한 통계량을 보여준다. 만약 고용주가 여성이 받은 교육 1년의 가치를 남성이 받은 교육 1년의 가치와 동일하게 평가한다면 두 계수는 같을 것이다(즉, $\beta_M = \beta_F$). 이와 마찬가지로 절편 α_M과 α_F는 두 집단 각각의 임금함수의 절편을 나타낸다. 만약 고용주가 교육을 전혀 받지 않은 남성과 여성의 숙련을 동등한 가치로 평가한다면 두 절편은 같을 것이다(즉, $\alpha_M = \alpha_F$).

회귀모형에 의하면 원 임금의 격차는 다음과 같이 쓸 수 있다.

$$\Delta \overline{w} = \overline{w}_M - \overline{w}_M = \alpha_M + \beta_M \overline{s}_M - \alpha_F - \beta_F \overline{s}_F \qquad (9\text{-}7)$$

여기서 $\overline{s}_M$은 남성의 평균 교육연수를, $\overline{s}_F$는 여성의 평균 교육연수를 의미한다.

오하카-블라인더 분해법

우리는 원 임금의 격차 $\Delta\overline{w}$를 남성과 여성의 숙련수준이 평균적으로 다른 데 기인하는 부분과 노동시장 차별에 기인하는 부분으로 분해할 수 있다. 오하카-블라인더 분해법 (Oaxaca-Blinder decomposition)이라고 알려진 이 분해방법을 실행하기 위해, 원래의 식에 약간의 수학적 기교를 적용해보자.[21] 우선 식 (9-7)의 우변에 $(\beta_M \times \bar{s}_F)$을 더하고 빼보자. 그리고 등식의 여러 항들을 재정렬하면 원 임금의 격차를 다음과 같이 다시 쓸 수 있다.

$$\Delta \bar{w} = \underbrace{[(\alpha_M - \alpha_F) + (\beta_M - \beta_F)\bar{s}_F]}_{\text{차별에 기인한 부분}} + \underbrace{\beta_M(\bar{s}_M - \bar{s}_F)}_{\text{숙련에 기인한 부분}} \tag{9-8}$$

식 (9-8)에 의하면 원 임금의 격차는 두 부분으로 구성되어 있다. 우선 위 식의 두 번째 항을 논의하는 것이 유용하다. 만약 여성과 남성의 교육수준이 평균적으로 동일하다면 이 항은 0이다(즉, $\bar{s}_M - \bar{s}_F = 0$). 그러므로 남성과 여성 간 원 임금의 격차 중 일부는 두 집단의 숙련수준이 다르기 때문에 발생한다.

만약 고용주가 남성의 교육연수의 가치를 여성의 교육수준의 가치보다 높게 평가하거나($\beta_M > \beta_F$), 고용주가 동일한 교육수준을 보유한 여성보다 남성에게 더 높은 임금을 주어 남성 임금함수의 절편이 여성 임금함수의 절편보다 높다면($\alpha_M > \alpha_F$), 식 (9-8)의 첫 번째 항은 양수일 것이다. 여성과 남성을 이와 같이 다르게 대우함으로써 발생하는 임금격차를 대개 차별이라고 정의한다.

[그림 9-7]은 이 분해법을 이해하는 직관을 예시하고 있다. 그림에 나타난 바와 같이, 남성의 경우 여성에 비해 임금과 교육연수 간 관계를 나타내는 직선의 절편이 더 높고 기울기가 더 가파르다. 다시 말해, 남성은 이점을 안고 시작하며(두 집단의 교육수준이 모두 0일 때에도 남성의 임금은 여성에 비해 더 높다) 추가되는 교육연수 각 1년당 추가적인 보상액도 더 크다.

이제 남성의 교육연수가 여성보다 평균적으로 더 높다고 가정하자. 이 경우 남성과 여성 간 원 임금의 격차는 수직 차이인 $\bar{w}_M - \bar{w}_F$로 주어진다. 교육연수가 $\bar{s}_F$인 평균적인 여성은 '남성처럼 대우받았더라면' 임금을 w_F^*만큼 받았을 것이다. 그러므로 $(w_F^* - \bar{w}_F)$의 차이는 차별에 기인한다고 말할 수 있다. 그러나 원 임금격차의 일부는 남성의 교육수준이 여성보다 높기 때문에 발생한다. $(\bar{w}_M - w_F^*)$의 차이는 남성과 여성 간의 숙련격차로부터 발생하는 임금격차 부분이다.

설명을 단순화하기 위해 우리는 임금함수에 설명변수가 하나만(교육연수) 있는 모형을 통해 오하카-블라인더 분해법을 도출하였다. 이 분해법은 임금에 영향을 미치는 많은 다른 변수들(노동시장 경력, 결혼 여부, 거주지역 등)이 있는 경우에도 쉽게 확장될 수 있

---

21 Ronald L. Oaxaca, "Male-Female Wage Differentials in Urban Labor Markets," *International Economic Review* 14(October 1973): 693-709. Alan S. Blinder, "Wage Discrimination: Reduced Form and Structural Estimates," *Journal of Human Resources* 8(Autumn 1973): 436-455.

그림 9-7 **차별이 임금에 미치는 영향 측정하기**

평균적인 여성은 교육연수는 $\bar{s}_F$이고 임금은 $\bar{w}_F$달러이다. 평균적인 남성의 교육연수는 $\bar{s}_M$이고 임금은 $\bar{w}_M$달러이다. 임금격차의 일부는 남성의 교육연수가 여성보다 높기 때문에 발생한다. 만약 평균적인 여성이 남성의 임금을 받았다면 그녀의 임금은 w_F^*달러였을 것이다. 이 경우 차별의 척도는 $(w_F^* - \bar{w}_F)$이다.

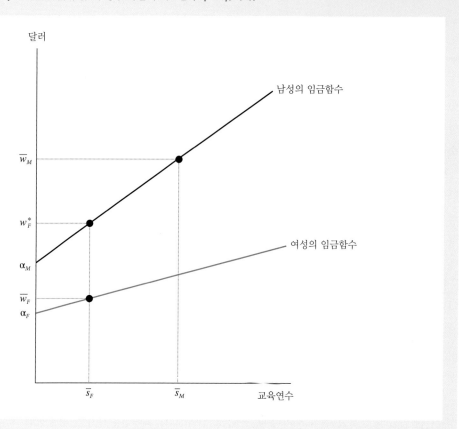

다. 기본적인 직관은 동일하다. 원 임금격차는 두 집단 간의 특성의 차이에 기인하는 부분과 설명되지 않은 채로 남겨진 부분, 즉 차별이라 불리는 부분으로 분해될 수 있다.

오하카-블라인더 분해법은 정확히 무엇을 측정하는가

오하카-블라인더 분해법을 통해 차별이 임금에 미치는 영향을 분리할 수 있다는 주장은 두 집단의 숙련이 다를 수 있는 '모든' 차원들을 우리가 통제했는지의 여부에 크게 좌우된다. 만약 임금에 영향을 미치지만 회귀모형에서는 누락된 어떤 변수들이 존재한다면, 우리가 가진 노동시장 차별 척도는 부정확할 것이다.

사실 우리가 근로자의 인적자본 스톡을 구성하는 모든 변수들을 관찰할 수는 없다. 예를 들어, 대부분의 설문조사는 (근로자가 학교를 다닌 햇수에 관한 정보는 수집하지만) 특정 근로자가 받은 교육의 질에 대해서는 거의 정보를 주지 못한다. 만약 남성과 여성, 혹은 흑인과 백인이 출석하는 교육기관들의 질이 체계적으로 서로 상이하다면 오하카-블라인드 분해의 차별 척도는 편의를 갖게 된다. 예를 들어, 흑인들이 다니는 학교의 수준이 더 열등하다고 가정하자. 이 경우 동일한 학력수준을 보유한 흑인과 백인 사이에는 임금차이가 존재할 것이다. 그러므로 동일한 학력수준을 보유한 근로자들 사이의 임금차이를 차별이라 부르는 것은 정확하지 않다. 실제로는 근로자들이 동일한 숙련을 보유하고 있지 않기 때문이다.

차별이 노동시장에서 중요한 역할을 한다는 점에 회의적인 사람들은 오하카-블라인더 분해를 계산하는 데 사용된 모형으로부터 한 변수가 빠져 있다고 항상 지적할 수 있다. 우리가 생각할 수 있는 그리고 관측할 수 있는 모든 가능한 숙련의 척도들을 모형에 포함시키려고 노력한다고 하더라도, 누군가는 능력, 노력, 동기부여 수준, 추진력 등의 변수들은 누락되었으며 이 변수들은 두 집단 간에 서로 다르다고 여전히 주장할 수 있다.

다른 한편, 관측변수들의 관점에서 동등한 남성과 여성 혹은 흑인과 백인 간 임금격차를 차별이라고 정의하는 것은 차별의 효과를 과소 추정하게 된다는 주장도 있다. 흑인들이 백인들에 비해 교육수준이 낮고 질이 낮은 학교에 다니는 것, 혹은 여성들이 배관공이나 전기 기술자가 아니라 교사가 되는 것은 결코 우연이 아니다.

흑인 학교와 백인 학교 간의 상이한 자금 지원뿐만 아니라 문화적 차별(cultural discrimination) 또한 근로자들이 노동시장에 진입하기 전에 여러 집단의 인적자본 축적에 영향을 미친다. 이런 '이미 존재하는' 숙련격차에 대해 고용주는 책임이 없지만, 다른 기관들은 책임이 있을 수 있다. 그러므로 차별을 보다 완벽하게 설명하기 위해서는 집단들 간 숙련의 차이를 걸러내지 않고 원 임금의 격차에 보다 더 초점을 둘 필요가 있다.

9-9 정책 응용 사례 : 흑인-백인 임금격차

1995년 흑인 근로자들은 백인 근로자들에 비해 약 21% 정도 낮은 임금을 받았다. 〈표 9-3〉은 이 임금격차에 두 가지 다른 오하카-블라인더 분해법을 적용해 구한 결과들을 제시하고 있다. 첫 번째 방법에서는 두 집단 간 교육수준, 나이, 성별, 거주지역의 차이를 조정한다. 두 번째 방법에서는 이들 요소 모두 이외에 두 집단 간 직종, 고용된 산업의 차이를 추가로 통제한다.

측정된 차별의 정도는 사용되는 통제변수들의 목록에 따라 달라진다. 첫 번째 분해법에서, 교육수준, 나이, 거주지역의 인종 간 차이는 두 집단 간에 8.2%의 임금격차를 발생시

| 표 9-3 | 흑인-백인 임금격차의 오하카-블라인더 분해, 1995 |

	교육연수, 나이, 성별, 거주지역 차이를 통제한 경우	교육연수, 나이, 성별, 거주지역 그리고 직업과 산업 차이를 통제한 경우
로그 임금의 원 격차	−0.211	−0.211
숙련의 차이에 기인한 부분	−0.082	−0.114
차별에 기인한 부분	−0.134	−0.098

출처 : Joseph G. Altonji and Rebecca M. Blank, "Race and Gender in the Labor Marekt," in Orley Ashnfelther and David Card, editors, *Handbook of Labor Economics*, vol. 3C, Amsterdam : Elsevier, 1999, Table 5. 두 집단 사이 로그 임금의 격차는 근사적으로 두 집단 간 임금격차의 퍼센트 값과 같다고 해석할 수 있다.

키고 노동시장 차별은 잔여 부분, 즉 13.4%의 임금격차를 설명한다. 그러나 이 분석에서 직종과 고용된 산업의 차이를 추가로 고려하면, 숙련에 기인하는 임금격차는 11.4%이고, 차별에 기인하는 임금격차는 '단지' 9.8%에 불과하다.

이러한 분석은 우리가 앞서 언급했던 개념적 질문을 제기한다. 즉, 적절한 통제변수들은 어떻게 구성될까? 노동시장 차별이 존재하는지를 결정하기에 앞서, 동일한 직종과 산업에 고용되어 있으면서 숙련수준이 유사한 흑인과 백인들 사이에서 임금의 차이를 먼저 계산해야 하는가? 혹은 흑인과 백인 간 직종이나 고용된 산업의 차이 중 일부는 흑인들이 어떤 유형의 직종들에 진입하지 못하도록 막은 장벽 때문일 가능성이 있는가? 〈표 9-3〉이 주는 하나의 교훈은 차별이 노동시장에서 작은 역할을 하는지 또는 심대한 역할을 하는지에 관한 결론을 내리기에 앞서, 오하카-블라인더 분해의 이면에 있는 '세부사항'을 주의 깊게 살펴보아야 한다는 것이다.

흑인-백인 임금비율의 추세

[그림 9-8]에 예시된 바와 같이, 흑인 남성과 백인 남성 사이의 임금비율은 과거 50년 동안 극적으로 상승하였다. 1967년에 그 비율은 대략 0.65 정도였다. 1980년에 이 비율은 0.71로 증가했고, 2016년에는 0.79에 이르고 있다. 흑인 남성의 상대적인 경제적 지위가 이처럼 향상되는 현상은 지속적인 장기적 추세이다. 1940년에는 이 비율이 약 0.4 정도였다.

또한 [그림 9-8]에 의하면, 흑인 여성과 백인 여성 간의 임금비율이 1970년대 중반 이전에 빠르게 상승했지만 1980년대 이후에는 약간 하락하는 추세를 띠고 있다. 1967~1975년 사이에 이 비율은 0.75에서 0.96으로 상승하였다. 현재 이 비율은 0.86에 이르고 있다. 이런 하락 추세에도 불구하고, 흑인 남성과 흑인 여성 모두 1960년대 후반에 비해 현재의 상대적 임금은 상당히 높다.

미국 흑인들의 경제적 지위가 상승한 이유를 설명하기 위해 여러 가설들이 제시되었다. 첫 번째 가설은 흑인들의 인적자본 수준이 향상된 것, 특히 교육의 양과 질의 측면에서 향

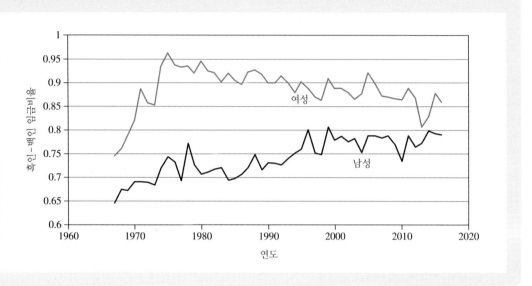

그림 9-8 흑인-백인 임금비율의 추세, 1967~2016

출처 : U.S Bureau of the Census, "Historical Income Tables-People," 표 P-38. "Full-Time Year-Round Black and White Workers by Median Earnings and Sex," www.census.gov/data/tables/time-series/demo/income-poverty/historical-income-people.html. 임금은 1년 내내 전일제로서 일하는 15세 이상 근로자들의 중위 임금을 의미한다.

상된 것이 흑인 임금 상승의 많은 부분을 설명할 수 있다는 가설이다.[22] 1940년에는 전형적인 30세 백인 남성의 교육연수는 평균 9.9년이었고, 그와 비슷한 흑인 남성의 교육연수는 평균 6.0년이었다. 1980년경에는 전형적인 30세 백인 남성의 교육연수는 평균 13.6년이었고, 그와 비슷한 흑인 남성의 교육연수는 평균 12.2년으로서, 두 집단의 교육연수 차이는 1.4년에 불과하다.

재학하는 학교 질의 불균형 또한 극적으로 감소하였다. 1920년대 남부의 주들에서 흑인 학교의 교사 1인당 학생 수(pupil-teacher ratio)는 백인 학교보다 약 50% 정도 더 많았다. 1950년대 후반경 이러한 격차는 사라졌다. 그 결과, 학력에 대한 투자 수익률의 인종적 차이 역시 사라졌다. 1940년 즈음 노동시장에 처음 진입한 백인 근로자의 교육투자 수익률은 9.8%였던 반면, 흑인 근로자의 교육투자 수익률은 단 4.7% 정도였다. 반면, 1970년대 후반에 노동시장에 처음 진입한 코호트의 경우, 흑인의 교육투자 수익률은 백인의 경우보다 사실 더 높았다(백인의 경우 8.5%, 흑인의 경우 9.6%).

---

22 James P. Smith and Finis R. Welch, "Black Economic Progress after Myrdal," *Journal of Economic Literature* 27(June 1989): 519-564; David Card and Alan B.Krueger, "School Quality and Black-White Relative Earnings: A Direct Assessment," *Quarterly Journal of Economics* 107(February 1992): 151-200.

약자 우대정책

흑인 근로자들의 상대임금이 상승한 현상의 일부분은 정부의 정책들, 특별히 1964년 시민권리법(Civil Rights Act, 1964) 제정의 효과 때문이기도 하다.[23] 이 역사적인 입법은 인종이나 성별에 기초한 고용차별을 금지하였다. 이 법안의 Title VII에 따라, 공정고용기회위원회(Equal Employment Opportunity Commission, EEOC)가 설립되어 이 법안이 잘 지켜지고 있는지를 감독하였다. 이 법의 바로 이 조항으로 인해 많은 비용을 수반하는 집단 소송들이 제기되어, 고용주들의 차별적인 채용관행을 중지시키고 과거에 차별을 받았던 근로자들에게 차별에 대한 보상금을 지급하도록 강제할 수 있게 되었다.

1960년대에는 시행령 제11246조(Executive Order No. 11246)와 제11375조(No. 11375)에 의해 연방정부의 시민권리 정책이 한층 강화되었다. 연방정부 계약자들은 '인종, 피부색, 종교, 성별, 출신 국적 때문에 근로자나 지원자를 차별하지 않고, 또한 인종, 피부색, 성별, 출신 국적과 관계없이 고용기간 동안 근로자와 지원자들이 동등한 대우를 받을 수 있도록 약자 우대정책(affirmative action)을 취하는 것'에 동의해야만 한다.

법이 준수되도록 집행하기 위한 노력들은 상당한 정도였다. 5만 달러 이상의 가치가 있는 계약을 체결하고 50명 이상의 근로자를 고용하고 있는 정부 계약자는 연차 보고서를 만들어 회사의 전체 고용량을 직종, 인종 및 성별로 구분해 보고해야 한다. 이 자료에 근거해 '법률 준수 여부 검토(compliance review)'가 시작될 수 있는데, 이것은 계약자의 채용관행을 감시하고, 고비용의 협상이나 소송을 제기함으로써 고용주의 채용 행위를 변화시킨다. 약자 우대정책들이 채용결정에 거의 즉각적으로 영향을 미쳤다는 점은 전혀 놀랍지 않다.

강력한 증거를 사우스캐롤리아나 제조업체들의 고용 추세에서 확인할 수 있다.[24] 1910~1964년 사이 직물산업(이 주의 주요 제조업 고용주들)에서 흑인 고용의 비중은 거의 변화가 없었다. 이 기간 내내 이 산업 내 흑인 고용의 비율은 대략 4~5%에 머물러 있었다. 그러나 사우스캐롤라이나 직물산업 생산물의 5%는 미국 정부에 판매되었기 때문에, 이 산업은 명백히 시행령의 적용 대상이었다. 1970년에는 이 산업 내 근로자의 약 20%가 흑인이었다.

---

23 John J. Donohue and James J. Heckman, "Continuous versus Episodic Change: The Impact of Civil Rights Policy on the Economic Status of Blacks," *Journal of Economic Literature* 29(December 1991): 1603-1643; Kenneth Y.Chay, "The Impact of Federal Civil Rights Policy on Black Economic Progress: Evidence from the Equal Employment Opportunity Act of 1972," *Industrial and Labor Relations Review* 51(July 1998):608-632; Peter Hinrichs, "The Effects of Affirmative Action Bans on Educational Attainment, College Enrollment, and the Demographic Composition of Universities," Review of Economics and Statistics 94(August 2012): 712-722. 관련 문헌들이 Harry Holzer and David Neumark, "Assessing Affirmative Action," *Journal of Economic Literature* 38(September 2000): 483-568에 정리되어 있다.

24 James J. Heckman and Brook S. Payner, "Determining the Impact of Federal Antidiscrimination Policy on the Economic Status of Blacks: A Study of South Carolina," *American Economic Review* 79(March 1989): 138-177.

1964년 이후 흑인의 임금상승을 약자 우대정책의 결과라고 해석하고 싶은 유혹이 있지만, 흑인의 상대임금은 심지어 1960년대 이전에도 상승하고 있었다.[25] 그러나 약자 우대정책이 흑인의 임금을 상승시켰던 노골적으로 '은밀한(back-door)' 방식이 있다. 이 시행령은 주로 대기업들에 영향을 미쳤고, 대기업들은 대개 높은 임금을 지급하는 경향이 있다. 대기업에 고용된 흑인들의 숫자는 1970년대에 상당히 증가하였다. 대기업의 인력 구성에서 흑인의 비중이 높아진 현상은 이 기간 동안 이루어진 흑인-백인 임금비율의 상승 중 약 15% 정도를 설명할 수 있다.[26]

흑인 경제활동 참가율의 하락

최근 수십 년간 흑인 남성의 임금이 상승했음에도 불구하고 흑인 남성들의 노동시장 참가율은 가파르게 하락하였다. [그림 9-9]에는 이 중요한 추세가 예시되어 있다. 1950년대 중반에 흑인 남성과 백인 남성의 노동시장 참가율은 공히 85%였다. 2015년경 흑인과 백인 간의 노동시장 참가율 차이는 6%p였다.

노동시장으로부터 이탈한 흑인 근로자들이 상대적으로 저숙련 근로자들이라고 가정하자. 이것은 일자리에 고용되어 있는 흑인 근로자들의 평균임금이 시간에 따라 상승함을 의미한다. 왜냐하면 임금분포의 아랫쪽 꼬리부분에 있던 흑인들은 더 이상 계산에 포함되지 않기 때문이다.[27] 다시 말해, 흑인 임금의 관측된 상승이 반드시 흑인의 고용기회 개선을 의미하지는 않는다. 이것은 단지 가장 숙련수준이 낮은 흑인 근로자들이 더 이상 고용상태에 있지 않음을 의미할 수도 있다.

[그림 9-10]은 흑인의 임금분포를 제시하면서 경제활동 참가율 하락이 어떻게 흑인 평균 임금의 상승으로 이어지는지를 보여준다. 노동공급을 다룬 장에서 본 바와 같이, 사람들은 시장임금과 유보임금(reservation wage)을 비교하여 일을 할지 말지를 결정한다. 흑인 근로자의 유보임금이 최초에 w_1^*로 주어졌을 때, w_1^*보다 높은 임금을 받을 수 있는 모든 흑인들은 일을 할 것이다. 이 경우 일자리를 가진 근로자들의 표본에서 관측되는 평균임금은 $\bar{w}_1$로 주어진다.

25 Richard B. Freeman, "Changes in the Labor Market for Black Americans," *Brookings Papers on Economic Activity* 20(1973): 67-120; and Harry Holzer and David Neumark, "Are Affirmative Action Hires Less Qualified? Evidence from Employer-Employee Data on New Hires," *Journal of Labor Economics* 17(July 1999):534-569.

26 William J.Carrington, Kristin McCue, and Brooks Pierce, "Using Establishment Size to Measure the Impact of Title Ⅶ and Affirmative Action," *Journal of Human Resource* 35(Summer 2000): 503-523.

27 Richard J. Butler and James J.Heckman, "The Government's Impact on the Labor Market Status of Black Americans: A Critical Review," in Leonard J. Hausman, editor, *Equal Rights and Industrial Relations*, Madison, WI: Industrial Relations Research Association, 1977.

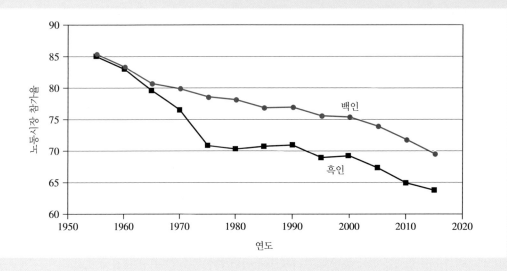

그림 9-9 남성의 인종별 노동시장 참가율, 1955~2015

출처 : U.S. Bureau of the Census, *Historical Statistics of the United States, Colonial Times to 1970*, Washington, DC: Government Printing Office, 1975; Bureau of Labor Statistics, Labor Force Characteristics by Race and Ethnicity, 2015, Table 4; www.bls.gov/opub/reports/race-and-ethnicity/2015/home.htm.

그림 9-10 흑인들의 노동시장 참가율 하락과 흑인의 평균임금

만약 흑인의 유보임금이 w_1^*라면 흑인 근로자들 사이에서 관측된 평균임금은 $\overline{w_1}$이다. 유보임금이 w_2^*로 상승한다고 가정하자. 이 경우 흑인의 노동시장 참가율은 하락하고 일자리를 가진 흑인 근로자들 사이에서 관측된 평균임금은 $\overline{w_2}$로 상승한다.

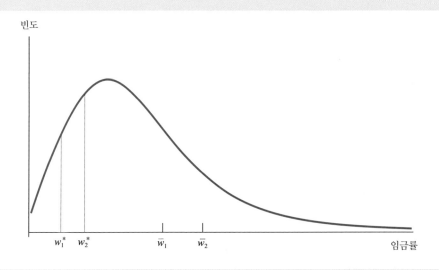

몇몇 이유들(가령, 1960년대 도입된 대규모 공공부조 프로그램들) 때문에 흑인 근로자들의 유보임금이 w_2^*로 상승했다고 가정하자. 이런 유보임금의 상승은 흑인 근로자들의 숫자를 감소시키지만 일자리를 가진 흑인들 내에서의 평균임금을 $\bar{w}_2$로 상승시킨다. 이런 경우 1960년대 이후로 관측되는 흑인 남성 상대임금의 상승 경향은 표본선택 편의 때문에 발생하는 착시현상일 수 있다. 몇몇 연구들은 1969~1989년 사이 흑인의 상대임금 상승 중 3분의 1 정도만 흑인 인구의 노동시장 참가율 감소 때문이라고 결론내린다.[28]

관측되지 않은 숙련의 차이

오하카–블라인더 분해에 기반한 실증적 차별 측정치는 교육연수 및 노동시장 경력이 동일하고 동일한 지역에 살며 동일한 산업 및 직종에 종사한다는 의미에서 '관측된 특성이 동일한' 흑인과 백인 근로자 간 임금의 격차를 측정한다. 그러나 두 집단 간 관측되지 않은 여타의 숙련에 차이가 있을 수 있고, 이 차이는 오하카–블라인더 분해에서 '차별'이라고 부르는 임금격차의 일부를 설명할 수 있다.

몇몇 연구들은 이와 같이 관측되지 않는 숙련의 차이가 존재하는지의 여부를 연구한다. 이들 연구는 종종 군인 적성검사(Armed Forces Qualification Test, AFQT)의 성적이라는 특별한 숙련 척도를 사용한다. 명칭이 암시하는 바와 같이, 이 표준적인 검사는 미국의 모든 군입대자들을 대상으로 이루어진다. 이 검사는 또한 1980년대 무작위로 추출된 미국 청년들의 표본에 대해서도 (그들이 군복무를 할 계획이 있는지의 여부와는 무관하게) 실시되었다.

인종별로 AFQT 점수에 상당한 차이가 있다. 흑인들의 점수는 백인들에 비해 낮은 경향이 있다. 영향력 있는 한 연구는 AFQT 점수의 인종 간 차이가 청년 흑인과 백인 근로자들 사이의 전체 임금격차를 실질적으로 설명한다는 자료를 제시하였다.[29] 이들 청년 근로자들의 경우 실제 흑인–백인 임금비율은 약 0.8이지만, 두 집단 간 AFQT 점수의 차이를 통제하자마자 조정된 흑인–백인 임금비율은 약 0.95로 뛰어오른다. 달리 표현하면, 전형적인 청년 흑인 근로자의 임금은 전형적인 젊은 백인 근로자에 비해 약 20% 정도 낮지만, AFQT 점수가 동일한 경우 전형적인 청년 흑인 근로자의 임금은 청년 백인 근로자에 비해 약 5% 정도 낮을 뿐이다. 요약하면, 청년 흑인과 백인 근로자 간 임금격차의 많은 부분은 AFQT 점수의 인종별 차이를 고려해 임금 자료를 조정하고 나면 사라진다.

---

[28] Chinhui Juhn, "Labor Market Dropouts and Trends in Black and White Wages," *Industrial and Labor relations Review* 56(July 2003): 643–662; Amitabh Chandra, "Labor Market Dropouts and the Racial Wage Gap: 1940–1990," *American Economic Review* 90 (May 2000): 333–338; and Derek Neal, "The Measured Black-White Wage Gap among Women Is Too Small," *Journal of Political Economy* 112(February 2004): S1–S28.

[29] Derek A. Neal and William R. Johnson, "The Role of Premarket Factors in Black–White Wage Differences," *Journal of Political Economy* 104(October 1996): 869–895. 또한 Kevin Lang and Michael Manove, "Education and Labor Market Discrimination," *American Economic Review* 101(June 2011): 1467–1496도 참조하라.

이와 같은 증거의 적절성에 대해서는 의심의 여지가 전혀 없지만 그 해석은 명확하지 않다. 도대체 AFQT 점수는 정확히 무엇을 측정하는가? AFQT 점수는 타고난 능력에 대한 직접적인 척도가 아니다. 학교를 더 오래 다니거나 혹은 더 좋은 학교를 다닌 사람들의 AFQT 점수가 더 높다. 그러므로 이 특정한 시험의 성적은 부분적으로 개인이 노동시장에 진입하기 이전에 획득한 숙련들을 측정한다. 청년 흑인과 백인 근로자들 간 임금격차의 많은 부분이 두 집단 간 숙련의 격차 때문일 수 있기 때문에, 위의 증거는 노동시장 차별의 역할이 최근 들어 상당히 축소되었을 수도 있음을 시사하는 것처럼 보인다.

9-10 히스패닉과 아시안들의 상대임금

과거 수십 년 동안 대규모 이민이 다시 나타남에 따라 미국 인구의 인종 및 민족적 구성에 상당한 변화가 있었다. 그에 따라 다른 인종 및 민족집단에 대한 임금 결정 과정을 검토하는 것에 대한 관심이 촉발되었다.

히스패닉 인구의 증가는 놀랍다. 1980년에 전체 인구 중 히스패닉의 비중은 6.4%였고 흑인의 비중은 11.7%였다. 2016년에는 히스패닉이 전체 인구의 17.3%를 차지해 비중이 가장 높은 소수인종 집단이 되었다. 흑인의 비중은 13.3%로 약간 상승했다.

[그림 9-11]에는 히스패닉-백인 임금비율의 추세가 제시되어 있다. 히스패닉 남성과 히스패닉 여성의 경우 모두 이 비율은 1980년부터 2012년 사이에 감소하였다. (예외적으로, 남성 임금의 비율이 2010년 이후 급격히 증가했다.) 지난 수십 년 동안 히스패닉 이민자들의 숫자가 상당히 증가했기 때문에, 히스패닉 상대임금의 장기적인 추세는 고정된 근로자 집단에 대한 불이익의 증가라기보다는 히스패닉 인구 구성의 변화를 반영하는 것일 수 있다.

멕시코에서 온 남성들과 비히스패닉 백인들 간의 임금격차를 주의 깊게 비교한 연구결과에 따르면, 두 집단 간 임금격차 중 4분의 3 이상은 관측 가능한 숙련 척도들, 특히 교육수준의 차이에 기인한다.[30] 다시 말해, 히스패닉계 미국인들 중 가장 높은 비중을 차지하는 집단의 임금이 낮은 이유는 그들이 '히스패닉'이어서가 아니라 주로 그들의 숙련수준이 낮기 때문이다.

지난 수십 년 동안 아시아인의 비율 역시 빠르게 증가하였다. 1980년에는 전체 인구의 1.5%만이 아시아인 계통이었다. 2016년에 전체 인구 중 아시아인의 비중은 거의 네 배가 되어 5.7%에 이른다.

[그림 9-11]에는 또한 아시아인-백인의 임금비율 추세가 제시되어 있다. 남성과 여성

---

30 Stephen J. Trejo, "Why Do Mexican Americans Earn Low Wages?" *Journal of Political Economy* 105(December 1997): 1235-1268.

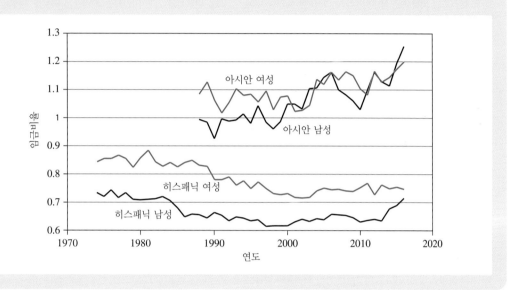

그림 9-11 히스패닉과 아시아인의 상대임금의 추세, 1974~2016

출처 : U.S Bureau of the Census, "Historical Income Tables-People," 표 P-38, "Full-Time Year-Round Asian and Hispanic Workers by Median Earnings and Sex." https://www.census.gov/data/tables/time-series/demo/income-porverty/historical-income-people.html. 여기서 임금은 1년 내내 전일제로서 일하는 15세 이상 근로자들의 중위임금을 의미한다. 위의 비율에서 분모는 각각 백인 남성과 백인 여성의 임금이다.

의 경우 모두 이 비율은 1.0과 1.2 사이에서 변동한다. 다시 말해, 미국에 있는 전형적인 아시아 출신 사람은 백인 근로자들보다 약간 높은 임금을 받는다. 이와 같이 높은 임금의 큰 부분은 많은 아시아인 근로자들의 교육수준이 상대적으로 높다는 사실에 기인할 수 있다.

특정한 인종 집단의 관측된 경제적 성과는 근로자들이 인구총조사와 같은 유형의 설문조사에 응답할 때 자신이 어느 인종 집단에 '속하는지'를 선택할 수 있다는 사실에 의해 왜곡된다는 점을 강조할 필요가 있다. 예를 들어, 멕시코계 미국인들 사이에서 다른 인종과의 결혼이 자주 일어남에 따라 이 결혼으로부터 출생한 자녀는 자신을 멕시코인으로 규정할지 또는 히스패닉으로 규정할지를 선택할 수 있다. 인종을 멕시코계 미국인으로 보고하기로 선택한 일부 집단의 3세대 근로자들과 그 이후 세대 근로자들은 해당 모집단에서 추출한 무작위 표본이 아니다. 대신 이 표본은 멕시코계 연원을 가지고 있으면서 상대적으로 열악한 경제적 성과 수준을 보이는 사람들로 구성된다.[31] 이와 같은 자기선택으로 인해 일부 민족 집단이나 인종 집단의 사회경제적 지위의 추세를 해석하는 데 어려움이 발생한다.

----

[31] Brian Duncan and Stephen J. Trejo, "Intermarriage and the Intergenerational Transmission of Ethnic Identity and Human Capital for Mexican Americans,," *Journal of Labor Economics* 29 (April 2011): 195-227.

이론의 현장 적용 흑인의 검은 정도

미국 흑인들의 피부색은 상당히 다양하다. 또한 흑인들 내에서도 피부색에 따라 경제적 성과에 상당한 차이가 존재한다. 보통, 피부색이 더 밝은 흑인들은 피부색이 더 어두운 흑인들보다 교육수준이 높고 임금수준도 높다.

예를 들어, 한 설문조사에 따르면, 평균적인 백인 남성의 임금은 시간당 15.94달러이다. 이 설문조사에서는 흑인 응답자들에게 자신의 피부색을 세 가지 범주, 즉 밝은 검정색, 중간 정도의 검정색, 어두운 검정색 중 하나로 분류하도록 요청하였다. 자신의 피부색이 밝은 검정색이라고 표시한 흑인들의 임금은 14.42달러, 중간 정도의 검정색이라고 표시한 흑인들의 임금은 13.23달러 그리고 어두운 검정색이라고 표시한 흑인들의 임금은 11.72달러였다. 게다가 이와 같은 임금격차는 교육이나 연령 등 사회경제적 특성들의 관측된 차이를 통제한 후에도 남아 있다. 밝은 피부색을 가진 전형적인 흑인들의 임금수준은 그와 동등한 숙련을 가진 백인 남성들과 거의 동일한 반면, 어두운 피부색을 가진 흑인들의 임금은 약 10% 정도 더 낮았다.

흥미롭게도, 이민자 집단에서 피부색은 임금에 동일하게 강력한 영향을 미친다. 이것은 우리가 같은 국가 출신이고 같은 인종에 속하는 이민자들을 비교하는 경우에도 그러하다.

밝은 피부색을 가진 이민자들의 임금은 어두운 피부색을 가진 이민자들에 비해 17% 정도 높다.

피부색과 사회경제적 성과들의 연결고리를 설명하는 여러 가지 가능성들이 있다. 예를 들어, 피부색이 밝은 흑인들은 보다 매력적으로 인식될 수 있고, 우리는 '아름다움'이 노동시장 성과를 향상시킨다는 점을 알고 있다. 또는 아마 많은 고용주들이 밝은 피부색을 가진 흑인들이나 이민자들을 하나의 특수한 인종 집단으로 분류하기 힘들다고 생각할 수도 있다.

그리고 문제가 되는 것이 눈에 보이는 '흑인스러움'만이 아니다. 흑인의 방식으로 확연히 인식될 수 있는 언어 사용 방식도 노동시장에서 불이익을 받는다. '백인의 언어사용 방식'과 구별할 수 없도록 말하는 흑인들의 임금은 동등한 숙련을 가진 백인과 실질적으로 동일한 반면, 흑인 방식이라고 확연히 인식되도록 말하는 흑인들의 임금은 약 12% 정도 낮다.

출처 : Arthur H. Goldsmith, Darrick Hamilton, and William Darity Jr., "From Dark to Light : Skin Color and Wages Among African-Americans," *Journal of Human Resources* 62(Fall 2007) : 701–738; Joni Hersch, "Profiling the New Immigrant Worker : The Effects of Skin Color and Height," *Journal of Labor Economics* 26(April 2008) : 345–386; and Jeffrey Grogger, "Speech Patterns and Racial Wage Inequality," *Journal of Human Resources* 46(Winter 2011) : 1 –25.

9-11 정책 응용 사례 : 남성-여성 임금격차

남성과 여성 간 임금격차를 보고한 가장 오래된 문헌기록은 구약 성서의 시절로 거슬러 올라간다.

> 여호와께서 모세에게 말씀하여 이르시되 이스라엘 자손에게 말하여 이르라. 만일 어떤 사람이 사람의 값을 여호와께 드리기로 분명히 서원하였으면 너는 그 값을 정할지니 네가 정한 값은 스무 살로부터 예순 살까지는 남자면 성소의 세겔로 은 오십 세겔로 하고, 여자면 그 값을 삼십 세겔로 하며(레위기 27 : 1~4, 개역개정역)

성경에 등장한 여성-남성의 임금비율 0.6은 1999년경 네덜란드에서는 0.78로, 영국에서는 0.76으로, 미국에서는 0.72로 상승하였다.[32] 남성과 여성 간 임금격차를 다룬 연구의 초점은 하나의 단순한 질문에 있다. 이런 임금격차가 생겨나 지속되는 이유를 설명하는 요인들은 무엇인가?

성별 임금격차와 노동시장 경력

남성과 여성 사이의 사회경제적 특성들의 차이를 통제하면 두 집단 간의 큰 임금격차 중 어느 정도가 남게 되는가에 관한 논쟁이 계속 진행되고 있다.

〈표 9-4〉에 나타난 바와 같이, 1995년에 여성의 임금은 남성보다 약 28.6%가량 낮았다. 오하카-블라인더 분해법에 의하면, 교육, 나이, 거주지역의 차이는 이 임금격차 중 매우 적은 부분만을 설명할 뿐이다. 사실 직종과 산업을 조정한 이후에도 차별에 기인하는 임금격차는 약 21% 정도이다.

교육수준, 거주지역, 나이의 성별 차이가 성별 임금격차의 많은 부분을 설명하지 못하는 것은 그리 놀랄 일이 아니다. 평균적으로, 남성과 여성은 대략 비슷한 수준의 학력을 보유하고 나이도 비슷하며 사는 장소도 비슷하다. 그 결과 오하카-블라인더적인 의미에서 차별은 남성과 여성 간 임금격차의 많은 부분을 설명해야 한다.

표 9-4	여성-남성 임금격차에 대한 오하카 분해, 1995	
	교육연수, 나이, 성별 및 거주지역 차이를 통제한 경우	교육연수, 나이, 성별, 거주지역 그리고 직업과 산업 차이를 통제한 경우
로그 임금의 원 격차	-0.286	-0.286
숙련의 차이에 기인한 부분	-0.008	-0.076
차별에 기인한 부분	-0.279	-0.211

출처 : Joseph G.Altonji and Rebecca M.Blank, "Race and Gender in the Labor Market," in Orley Ashenfelter and David Card, editors, *Handbook of Labor Economics*, vol.3C, Amsterdam : Elsevier,1999. Table 5. 임의의 두 집단 간 로그임금의 격차는 근사적으로 두 집단 간 퍼센트 임금격차와 동일하다고 해석될 수 있다.

그러나 〈표 9-4〉에 제시된 분해에서는 여성 임금을 결정하는 중요한 하나의 요인을 고려하지 않고 있다. 즉 같은 나이를 가진 남성과 여성의 노동시장 이력은 매우 다를 수 있다.

일부 여성들이 아이를 기르는 동안 노동시장으로부터 이탈하는(또는 근로활동을 줄이는) 현상은 드문 일이 아니다. 여성의 경력 경로는, 예를 들어, 학교 졸업 후 취업기간, 그 이후 가사부문에 머물거나 노동시장 참여 노력을 줄이는 기간, 그 이후 육아를 마치고 일

---

[32] Claudia Olivetti and Barbara Petrongolo, "Unequal Pay or Unequal Employment? A Cross-Country Analysis of Gender Gaps," *Journal of Labor Economics* 26(October 2008): 621-654.

자리에 전일제로 복귀하는 기간 등으로 구성된다.[33]

　여성들의 노동시장 참가에 단절이 생기는 것이 성별 임금격차를 유발할 것이다.[34] 이 주장은 쉽게 설명할 수 있다. 인적자본 투자는 그 투자의 수익이 회수되는 보상 기간이 길수록 더 이득이 된다. 노동시장에 신규 진입하는 사람들이 하는 인적자본 투자에 대한 보상을 생각해보자. 대다수의 남성들은 그들의 전 생애 동안 노동시장에 참가할 것으로 기대하기 때문에, 남성들이 보유한 인적자본의 보상기간은 길다. 일부 여성들은 가사부문에서 시간을 보낼 것을 예상하므로, 그에 따라 보상기간이 짧아지고 투자에 대한 수익이 감소한다. 이와 같은 일자리 경력의 차이는 평균적으로 여성들이 남성들보다 학교 졸업 후 더 적은 인적자본을 획득한다는 것을 시사한다.

　게다가 이런 숙련들은 여성이 가사에 보다 적극적으로 관여하는 기간 동안 점차 그 가치가 감소할 것이다. 사용되지 않거나 최신의 상태로 유지되지 않는 숙련들은 잊혀지거나 쓸모없게 된다. 그러므로 여성의 인적자본 스톡의 가치는 노동시장 참가가 중간중간 단절되는 것으로 인하여 감소하게 된다.

　그러므로 생애 전 기간 동안 나타나는 여성 노동공급의 불연속성은 다음과 같은 두 가지 이유 때문에 성별 임금격차를 만들어낸다. 첫째, 남성들이 더 많은 인적자본을 획득하는 경향이 있기 때문에 임금격차가 생겨난다. 둘째, 아이를 기르는 기간 동안 여성들이 가진 숙련의 가치가 감소하는 경향이 있기 때문에 가구 내 생산의 기간은 성별 임금격차를 더욱 증가시킨다.

　남녀 임금격차 중 어느 정도의 부분이 노동시장 경력의 차이로 설명될 수 있는지에 대해 논쟁이 있긴 하지만, 몇몇 실증적 증거들은 인적자본 가설로서 설명된다.[35] 노동시장 경력의 역할을 보여주는 분명한 사례는 미시간대학교 로스쿨을 졸업한 학생들을 분석한 연구에 나타나 있다.[36] 졸업 이후 15년차에 남성 변호사들의 연봉은 14만 1,000달러였던 반면, 여성 변호사들의 연봉은 8만 6,000달러 정도였다. 그러나 이와 같은 임금격차의 약

33　Francine D. Blau and Lawrence F. Kahn, "Swimming Upstream: Trends in the Gender Wage Differential in the 1980s," *Journal of Labor Economics* 15 (January 1997): 1–42; June O'Neill and Solomon Polacheck, "Why the Gender Gap in Wages Narrowed in the 1980s," *Journal of Labor Economics* 11 (January 1993, Part1): 205–228; Anne M. Hill and June E. O'Neill, "Intercohort Change in Women's Labor Market Status," *Research in Labor Economics* 13 (1992): 215–286.

34　Jacob Mincer and Solomon W. Polacheck, "Family Investment in Human Capital: Earnings of Women," *Journal of Political Economy* 82 (March 1974 Supplement): S76–S108.

35　Steven H. Sandell and David Shapiro, "The Theory of Human Capital and the Earnings of Women: A Reexamination of the Evidence," *Journal of Human Resources* 13 (Winter 1978): 103–117; Donald Cox, "Panel Estimates of the Effects of Career Interruptions on the Earnings of Women," *Economic Inquiry* 22 (July 1984): 386–403; and Per-Anders Edin and Magnus Gustavsson, "Time Out of Work and Skill Depreciation," *Industrial and Labor Relations Review* 61 (January 2008): 163–180.

36　Robert G. Wood, Mary E. Corcoran, and Paul N. Courant, "Pay Differences among the Highly Paid: The Male-Female Earnings Gap in Lawyers' Salaries," *Journal of Labor Economics* 11 (July 1993): 417–441.

3분의 2가량은 여성과 남성 변호사 간 업무 이력의 차이에 기인하였다. 한 여성 변호사가 대부분의 여성들과 마찬가지로 아이를 키우기 위해 3년 동안 파트타임으로 일하기로 결정했다면 그녀의 임금은 **영구적으로** 17% 정도 감소했다! 이러한 임금 감소가 발생하는 이유는 그 직업에서 전일제로 일해야 변호사의 고객층이 넓어지고 경력 발전의 기회도 증가하기 때문이다.

시카고대학교의 Booth 비즈니스 스쿨에 재학한 MBA 졸업생들의 임금을 분석한 연구 또한 유사한 발견 내용을 보고한다.[37] 이들 졸업생이 자신의 경력을 시작할 때에는 성별 임금격차가 없지만, 남성과 여성의 임금은 매우 빠르게 벌어지기 시작한다. 남성의 임금은 5년 이후에는 30% 높고, 15년 이후에는 60% 높다. 누적되는 노동시장 경력의 성별 차이 또한 임금격차의 상당 부분을 설명한다. 여성 MBA 졸업생은 업무 경력 단절을 경험할 가능성이 훨씬 더 높다. 40% 이상의 여성들이 졸업 후 15년 이내에 (노동시장으로부터 6개월 이상 떠나 있는 상태로 정의되는) 경력 단절을 경험한 반면, 10%의 남성들만이 동일한 경력 단절을 경험했다. 여성 MBA 졸업생의 거의 4분의 1이 15년 이후에 파트타임으로 일을 하고 있는 반면, 남성 MBA 졸업생의 경우에는 이 비율이 4%에 불과하다.

요약하면, 인적자본 가설이 성별 임금격차를 어느 정도까지 설명할 수 있을지에 관한 논쟁이 있지만, 남녀 간 인적자본 축적의 차이는 성별 임금격차에 중요한 영향을 미친다.

그 영향력이 큼에도 불구하고, 인적자본 이론에는 중요한 개념적 장애물이 존재한다. 이 가설의 주장에 따르면, 여성들은 생애에서 짧은 기간 동안에만 일을 하므로 여성들은 직장 내 훈련 및 다른 형태의 인적자본에 적게 투자하고 그 결과 낮은 임금을 받게 될 것이다. 그러나 아마도 차별 때문에 낮은 여성의 임금은 일을 할 유인도 감소시킨다. 여성의 낮은 일자리 참여도가 (인적자본 축적을 감소시킴으로써) 낮은 임금을 야기하는가? 아니면 낮은 임금이 낮은 일자리 참여도를 야기하는가?[38]

직종별 군집

노동시장에서는 성별 직종분리 현상이 많이 일어난다. 비행기 엔진 정비사 중 여성의 비율은 6% 미만인 반면, 유치원 교사들과 접수업무 종사자들 중 여성의 비율은 거의 98%에 이른다.[39] 이러한 차이가 차별 때문이라고 주장하는 이론, 즉 직종별 군집(occupational

---

37 Marianne Bertrand, Claudia Goldin, and Lawrence F. Katz, "Dynamics of the Gender Wage Gap for Young Professionals in the Financial and Corporate Sectors," *American Economic Journal: Applied Economics* 2(July 2010): 228–255.

38 Reuben Gronau, "Sex-Related Wage Differentials and Women's Interrupted Labor Careers-The Chicken or the Egg," *Journal of Labor Economics* 6 (July 1988): 277–301; and David Neumark, "Sex Discrimination and Women's Labor Market Outcomes," *Journal of Human Resources* 30 (Fall 1995): 713–740.

39 Bureau of Labor Statistics, "Employed Persons by Detailed Occupation, Sex, Race, and Hispanic or Latino Ethnicity". www.bls.gov/cps/cpsaat11.htm을 참조하라.

crowding) 가설이라고 알려져 있는 이론에 의하면, 여성들은 의도적으로 특정 직종들로 분리되어 있다.[40]

이러한 군집현상은 남성 고용주들에 의한 차별의 결과일 필요는 없다. 오히려 그것은 단순히 젊은 여성들이 일부 직종은 '여성을 위한 것이 아니라'고 교육받음으로써 여성에게 '적합한' 일자리들로 스스로 이동해가는 사회적 분위기를 반영할 수도 있다. 여성들이 상대적으로 적은 숫자의 직종들에 군집하는 현상은 소위 여성 일자리들의 임금을 떨어뜨리고 성별 임금격차를 만들어낸다.

동료 중 적어도 75%가 여성인 직종에서 일하는 여성 근로자의 임금은 동료 중 75% 이상이 남성인 직종에서 일하는 여성 근로자에 비해 약 14%가량 낮다. 게다가 여성들이 대부분인 직종에서 일하는 '남성'의 임금은 남성들이 대부분인 직종에서 일하는 남성에 비해 약 14% 정도 낮다. 요약하면, 특정한 일자리에 고용되어 있는 근로자가 남성이냐 여성이냐와는 무관하게, 낮은 임금을 유발하는 것은 바로 일자리의 '여성성(femaleness)'이다.[41]

직종별 군집을 보여주는 하나의 노골적인 사례는 1950년 이전에 미국 노동시장의 몇몇 부문에서 기혼 여성의 고용을 금지하였던 소위 '결혼장벽(marriage bar)'이다.[42] 결혼장벽 때문에 기혼 여성들은 주로 교사나 서기 등의 일자리에서 일하는 것이 금지되었다. 이들 직종에서 일자리를 구하는 기혼 여성들은 채용되지 않았고, 이들 일자리에서 일하는 미혼 여성들도 결혼하고 나면 해고되는 일이 많았다. 그러나 결혼장벽은 제조업이나 웨이트리스, 가사 도우미 일자리의 여성 고용에는 영향을 미치지 않았다. 그러므로 결혼장벽은 교육수준이 높은 여성들을 노동시장으로부터 내쫓거나 그들을 임금이 낮은 일자리로 몰아넣는 장치로서의 역할을 했다.

인적자본 모형은 왜 여성들이 일부 직종들은 선택하고 다른 직종들은 회피하는지에 관해 '공급 측면에서' 대안적인 설명방법을 제시한다. 일부 직종들(가령, 보육 근로자들)에서는 숙련을 자주 업데이트할 필요가 없는 반면, 다른 직종들(가령, 물리학자들)에서는 숙련을 끊임없이 업데이트해야 한다. 생애임금의 현재가치를 극대화하고자 하는 여성들은 그들이 가사 부문에서 시간을 보내는 동안 숙련의 가치가 빠르게 하락하는 그런 직종들에는 진입하지 않을 것이다. 여성들이 숙련의 감가상각 가능성이 낮은 직종을 선택하는 경향이 있음을 보여주는 몇몇 증거들이 있지만, 어떤 경우에는 여성의 진로 결정이 자신

---

[40] Barbara F. Bergmann, "The Effect on White Incomes of Discrimination in Employment," *Journal of Political Economy* 79(March/April 1971): 294-313.

[41] David A. Macpherson and Barry T. Hirsch, "Wages and Gender Composition: Why Do Women's Jobs Pay Less?" *Journal of Labor Economics* 13(july 1995): 426-471, Table 4.

[42] Claudia Goldin, Understanding the Gender Gap: *An Economic History of American Women*, New York: Oxford University Press, 1990, pp. 159-179.

의 멘토들의 성별 등 많은 기타 요인들로부터 영향을 받기도 한다.[43]

여성-남성 임금비율의 추세

[그림 9-12]는 미국 노동시장에서 여성-남성 임금비율의 역사적 추세를 보여준다. 전일제로 1년 내내 근무하는 사람들 사이에서 이 비율은 1960년에서 1980년까지 대략 0.6 주위에서 변동하였다. 그러나 1980년대 초반부터 여성-남성 임금비율은 빠르게 증가하여 2016년에는 0.81에 이르렀다.

이미 살펴본 바와 같이, 1980년대 이후로 임금 불평등이 증가하였다. 임금 불평등의 이러한 증가는 남성과 여성 사이의 임금격차를 더 확장시켰을 것이다. 그러나 [그림 9-12]에 나타난 바와 같이 여성의 경제적 지위는 지난 수십 년 동안 빠르게 향상되었다. 여성 임금 상승의 일부는 여성들의 노동시장 경력의 증가에 기인함을 시사하는 증거가 있다.

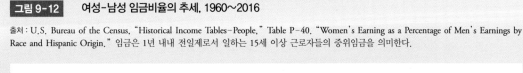

그림 9-12 여성-남성 임금비율의 추세, 1960~2016

출처 : U.S. Bureau of the Census, "Historical Income Tables-People," Table P-40. "Women's Earning as a Percentage of Men's Earnings by Race and Hispanic Origin." 임금은 1년 내내 전일제로서 일하는 15세 이상 근로자들의 중위임금을 의미한다.

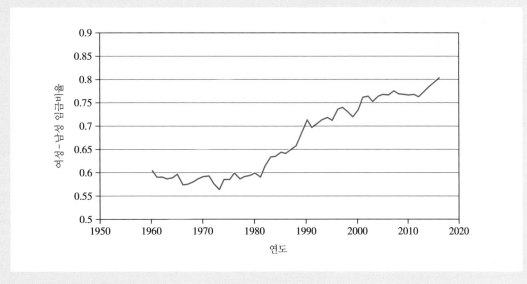

---

43 Solomon W. Polacheck, "Occupational Self-Selection: A Human Capital Approach to Sex Differences in Occupational Structure," *Review of Economics and Statistics* 63 (February 1981): 60-69; Florian Hoffmann and Phillip Oreopoulos, "A Professor Like Me: The Influence of Instructor Gender on College Achievement," *Journal of Human Resources* 44 (Spring 2009): 479-494; and Scott E. Carrell, Marianne E. Page, and James E. West, "Sex and Science: How Professor Gender Perpetuates the Gender Gap," *Quarterly Journal of Economics* 125 (August 2010): 1101-1144.

이전 세대 여성들의 단절적인 노동시장 참여가 서서히 보다 지속적인 노동시장 참여로 대체되었기 때문이다.[44]

관련 자료에 따르면, 약자 우대정책은 백인 여성들의 고용 전망에 거의 영향을 미치지 못한 반면, 흑인 여성들에게는 상당한 영향을 미쳤다. 예를 들어, 1970년에 정부 계약자들은 모든 백인 여성 근로자들 중 28%를 고용하였고 1980년에도 30%만을 고용하였다. 이와 대조적으로, 1970년에 정부 계약자들은 흑인 여성 근로자들 중 35%를 고용했던 반면, 1980년에는 거의 절반가량을 고용하였다. 그러므로 약자 우대정책은 이들 기업에서 흑인 여성들의 수요가 크게 증가하도록 유도하였다.[45]

여성-남성 임금비율의 추세에 관한 해석은 여성 노동시장 참가율의 급속한 증가로 인해 그리 간단하지 않다는 점에 유의할 필요가 있다. 이는 여성의 평균임금이 시기마다 매우 상이한 여성 근로자 표본에서 계산되고 있다는 점을 시사한다.

예를 들어, 1960년대와 1970년대에 새롭게 노동시장에 진입한 여성의 잠재적 임금이 기존에 일을 하고 있는 여성의 임금보다 낮다고 가정하자. 여성 근로자 표본에 낮은 임금을 받는 사람들이 추가되기 때문에 이 시기에 여성 임금의 비율 추세는 평평해지는 경향이 있으므로 이것은 여성 임금이 개선되고 있는 것을 가릴 수 있다. 반대로 1990년 이후에 경제활동에 참여하는 여성들은 아마도 잠재적 임금이 가장 높은 여성들일 것이다. 그에 따라 여성의 상대임금이 증가하게 되지만 이러한 증가 현상은 전적으로 표본 구성의 변동 때문에 발생한 것일 수 있다. 사실, 점점 더 많은 고숙련 여성들이 경제활동에 참여하는 것을 조정하면 [그림 9-12]에 제시된 바와 같은 1980년 이후의 급격한 증가 현상이 평평하게 된다는 증거가 있다.[46]

우버와 성별 임금격차

지난 십 년 동안 우리는 '긱이코노미(gig economy)'라고 불리고 있는 현상이 폭발적으로 성장하는 광경을 목격했다. 이 경제에서 기업들은 독립적인 계약 당사자들에게 단기적인 고용 방식을 제안한다. 전형적인 상황에서 소비자는 서비스를 구매하고자 한다. 디지털 플랫폼이 이 소비자와 사용료를 받고 그 서비스를 제공하고자 하는 어떤 사람과 연결시켜준다. 어느 특정한 거래에 수반되는 모든 정보가 즉각적으로 기록되기 때문에, 긱이코노

44 Blau and Kahn, "Swimming Upstream: Trends in the Gender Wage Differential in the 1980s"; June O'Neill and Solomon Polacheck, "Why the Gender Gap in Wages Narrowed in the 1980s," *Journal of Labor Economics* 11 (January 1993), Part1): 205-228.

45 Smith and Ward, "Women in the Labor Market and in the Family," *Journal of Economic Perspectives* 3 (Winter 1989): p. 15.

46 Casey B. Mulligan and Yona Rubinstein, "Selection, Investment, and Women's Relative Wages over Time," *Quarterly Journal of Economics* 123 (August 2008): 1061-1110.

미는 방대한 양의 '빅데이터'를 만들어내어 많은 새로운 방식으로 자료를 분석할 수 있도록 돕고 노동시장의 작동 방식에도 중요한 통찰을 제공해준다.

교통편 공유서비스인 우버의 성별 임금격차에 관한 분석은 이런 새로운 유형의 연구가 밝은 전망을 가지고 있음을 보여준다.[47] 우버의 소프트웨어 플랫폼은 어딘가에 가고자 하는 소비자들을 그들에게 교통편을 제공할 용의가 있는 드라이버와 연결시킨다. 승객은 스마트폰 앱을 통해 교통편을 요청한다. 이 요청은 우연히 근처에 있는 우버 드라이버에게 전송된다. 이 드라이버는 승객의 출발 지점을 확인한 후 이 요청을 받아들이거나 거부할 수 있다. 만약 드라이버가 교통편 제공을 거부한다면, 이 요청은 근처에 있는 다른 우버 드라이버에게 전송된다. 승객의 요청을 특정한 드라이버에게 전송하는 컴퓨터 알고리즘은 드라이버의 성별을 알지 못한다. 이 알고리즘은 단지 드라이버가 우연히 승객의 출발 지점 근처에 있다는 것만을 안다.

이런 업무 양식이 우버 드라이버들에게 주는 장점은 자명하다. 드라이버들은 어디에서 그리고 언제 일을 할지에 관해 완벽한 재량권을 가진다. 그들은 어느 지점에서 서비스를 제공할지를 선택하고 자신들의 근로시간을 정한다.

우버 드라이버들은 주어진 공식에 따라 보수를 받는다. 이 공식은 서비스의 기본 요금에 운행시간 및 운행거리에 따라 달라지는 초과 요금을 합산한다. 또한 세 번째 항목은 '주문 폭주(surge)' 승수로서 이것은 특별한 시간과 특별한 장소에서 발생하는 교통편 수요에 따라 달라진다. 이 공식은 드라이버의 어떤 특성(가령 우버의 경력 연수, 근로시간 등)도 고려하지 않는다는 점이 주목할 만하다.

승객을 드라이버들에게 배정할 때 성별은 아무런 역할을 하지 않으며, 드라이버가 특정한 서비스로부터 받는 보수를 결정하는 공식에도 성별은 들어가지 않는다. 그럼에도 거의 200만 명의 우버 드라이버들과 7억 5,000만 건의 서비스에 대한 분석 결과에 의하면, 전형적인 남성 드라이버의 시간당 임금률은 전형적인 여성 드라이버에 비해 7%가 높다.

세 가지 변수가 7% 전체의 임금격차를 설명하는 것으로 나타났다. 이들 변수는 성별 임금격차를 만들어내는 데 있어 공급측 요인들과 드라이버의 선택이 중요하다는 점을 반영한다.

첫째, 서비스를 제공하는 것이 다른 경우보다 이득이 되는 특정한 지점과 하루 중 특정한 시간대가 있다. 남성들은 대개 이런 차이들을 활용해 그들의 운전시간과 운전지점들을 선택함으로써 그들의 임금 잠재력을 극대화한다. 둘째, 업무 경력이 중요하다. 최소 2년 동안 우버에서 일하고 일주일에 더 많은 시간을 일할 가능성이 남성 드라이버의 경우에 더 높다. 축적된 운전 경력이 귀중한 '현장 훈련' 경험을 제공해 어떤 서비스가 더 이

---

47 Cody Cook, Rebecca Diamond, Jonathan Hall, John A. List, and Paul Oyer, "Gender Earnings Gap in the Gig Economy: Evidence from over a Million Rideshare Drivers," National Bureau of Economic Research Working Paper No. 24732, June 2018.

득인지를 알려준다. 예를 들어, 경험이 풍부한 드라이버는 '주문 폭주' 요금이 언제 적용될 것인지를 보다 잘 예측하는 경향이 있다. 마지막으로, 남성들은 4% 더 빠르게 운전한다. 보수 공식이 서비스당 지속시간과 운전거리에 따라 달라지지만, 운전을 빨리 하면 대개 다음 서비스 지점에 보다 빠르게 도착할 수 있다. 그에 따라 보다 긴 운전거리를 모으게 되고 자신의 임금을 증가시킬 수 있게 된다.

요약

- 기호적 차별은 고용주의 고용결정에 영향을 미친다. 편견 때문에 고용주들은 특정 근로자를 고용하는 데 발생하는 진정한 화폐적 비용을 보지 못하기 때문이다. 차별을 하는 고용주는 흑인이나 여성 근로자를 고용하는 비용이 실제 비용을 초과하는 것처럼 행동할 것이다.

- 생산과정에서 흑인 근로자와 백인 근로자가 완전대체재라면 고용주에 의한 차별은 노동시장에서 흑인 근로자와 백인 근로자들이 분리되는 현상을 유발하고 동일 노동에 대해 동일하지 않은 임금이 지불되도록 만든다. 기업의 차별적 행동은 또한 이윤을 감소시킨다.

- 동료에 의한 차별은 흑인과 백인 근로자들이 분리되는 현상을 유발하지만 두 집단 간에 임금격차를 유발하지는 않는다. 고용주들이 고객과의 접촉이 없는 업무로 흑인 근로자들을 배치할 수 없다면, 고객에 의한 차별은 흑인과 백인 근로자 사이에 임금격차를 유발할 것이다.

- 고용주들에게 편견이 없을 경우에도 인종별·민족별·성별 임금격차가 발생할 수 있다. 기업들이 특정 근로자의 생산성에 대해 완벽한 정보를 갖지 못하는 경우, 기업은 집단의 집계적 특성들(aggregate characteristics)을 그 근로자의 생산성 지표로서 사용할 것이다. 통계적 차별에 의해 상이한 집단에 속하지만 숙련수준이 동일한 근로자들이 다른 대우를 받게 된다.

- 오하카-블라인더 분해법은 다른 집단(가령 인종이나 성별)에 속하지만 동일한 관측 특성(즉, 동일한 교육수준, 노동시장 경력 및 여타의 사회경제적 특성들)을 지닌 근로자들 사이의 임금격차로서 차별을 정의한다. 이와 같은 비교에서 숙련수준이 근로자들 간에 다를 수 있는 모든 차원들이 통제되지 않는 경우, 이 차별 척도는 편견이나 통계적 차별이 소수인종 및 여성들의 임금에 미치는 영향을 분리해내지 못한다.

- 미국에서 흑인과 백인 근로자들 사이의 임금비율은 과거 수십 년 동안 상당히 상승하였다. 1995년에 백인의 임금은 흑인에 비해 약 24%가량 높았고, 이러한 임금격차의 절반 정도는 관측 가능한 숙련의 차이에 기인했다.

- 미국에서 여성과 남성 근로자 사이의 임금비율은 1980년 이후 상당히 상승하였다. 이러한 임금격차의 일부는 여성들이 평균적으로 남성들보다 노동시장 경력이 짧다는 사실에 기인할 수 있다.

핵심용어

고객에 의한 차별

고용주에 의한 차별

기호적 차별

동료에 의한 차별

정실주의

직종별 군집

차별계수

통계적 차별

오하카-블라인더 분해법

복습문제

1. 차별계수란 무엇인가?

2. 고용주에 의한 차별이 기업의 고용결정, 기업의 이윤, 노동시장에서 흑인-백인 임금비율에 미치는 시사점이 무엇인지 논의하라.

3. 노동시장에서 대부분의 기업들이 흑인을 차별한다면 흑인의 임금이 백인의 임금을 초과할 수 있는가?

4. 동료에 의한 차별이 기업의 고용결정 및 흑인-백인 임금격차에 미치는 시사점을 도출해보라.

5. 고객에 의한 차별이 기업의 고용결정 및 흑인-백인 임금격차에 미치는 시사점을 도출해보라.

6. 통계적 차별이란 무엇인가? 왜 고용주들은 근로자의 생산성 지표로서 그 사람이 속한 집단에 관한 정보를 사용하는가? 통계적 차별이 차별받는 근로자들의 임금에 미치는 영향은 무엇인가? 통계적 차별은 흑인이나 여성의 평균임금을 감소시킬 것인가?

7. 오하카 차별척도를 유도하라. 이 통계치는 차별이 차별받는 집단의 상대적 임금에 미치는 영향을 제대로 측정하는가?

8. 과거 수십 년 동안 흑인-백인 임금비율이 상당히 상승한 이유를 설명할 수 있는 요인들을 논의하라.

9. 여성-남성 임금격차의 일부분이 왜 여성이 일하고 인적자본을 획득하는 결정과 같은 '공급 측면의' 요인들에 기인하는지를 논의하라.

연습문제

9-1. 지역 기업들이 차별적인 채용관행을 따르고 있다고 생각하여 한 비영리 단체는 다음과 같은 실험을 실시하였다. 이 단체에서는 나이, 경력, 교육수준이 유사한 200명의 백인과 200명의 흑인들로 하여금 지역의 소매점들의 일자리에 지원서를 내도록 하였다. 각 사람은 두 일자리에 지원을 하였는데, 그중 하나는 그 지역에서 흑인들이 대다수인 지역에 위치한 일자리였고 다른 하나는 백인들이 대다수인 지역에 위치한 일자리였다. 백인 지원자들 중에서 120명이 백인이 대다수인 지역으로부터 일자리 제안을 받았지만, 흑인이 대다수인 지역으로부터 받은 일자리 제안의 수는 80명에 불과하다. 한편, 흑인 지원자들 중 90명이 흑인이 대다수인 지역으로부터 일자리 제안을 받았고, 백인이 대다수인 지역으로부터 받은 일자리 제안의 수는 50명에 불과하다. 이중차분 추정치를 사용해 차별적 채용관행이 일어나고 있다는 증거를 찾아보라. 만약 차별의 증거가 존재한다면, 백인이 대다수인 지역의 모든 고용주들이 차별적이라고 결론 내리는 것은 적절한가?

9-2. 백인 근로자들의 한계생산이 고용된 흑인의 수가 많을 때 증가한다는 의미에서, 흑인과 백인 근로자가 서로 보완재라고 가정해보자. 또한 백인 근로자들은 흑인 근로자들과 함께 일하는 것을 꺼린다고 가정하자. 어떤 조건하에서 이런 동료에 의한 차별은 노동력의 인종별 분리현상을 야기하는가? 또한 어떤 조건하에서 그것은 분리현상을 야기하지 않는가?

9-3. 어느 한 식당이 테이블 서빙을 하는 일에는 여성들만을 고용하고 음식을 요리하고 설거지를 하는 일에는 남성들만을 고용한다고 가정하자. 이것은 고용주에 의한 차별, 동료에 의한 차별, 고객에 의한 차별, 통계적 차별 중 어느 종류의 차별일 가능성이 가장 높은가?

9-4. 기업의 생산함수가 $Q = 40ln(E_W + E_B + 1)$으로 주어져 있다. 이 식에서 E_W와 E_B는 각각 기업이 고용하는 백인과 흑인 근로자의 수이다. 이 생산함수로부터 아래와 같은 노동의 한계생산이 도출된다.

$$MP_E = \frac{40}{E_W + E_B + 1}$$

흑인의 시장임금이 50달러이고 백인의 시장임금이 100달러이며 생산물 1단위의 가격은 20달러라고 가정하자.

    a. 차별을 하지 않는 기업은 흑인 근로자와 백인 근로자를 각각 몇 명 고용할까? 다른 비용은 없다고 가정하면, 이 기업이 얻는 이윤은 얼마인가?

    b. 흑인에 대한 차별계수가 0.6인 기업은 흑인 근로자와 백인 근로자를 각각 몇 명 고용할까? 다른 비용은 없다고 가정하면, 이 기업이 얻는 이윤은 얼마인가?

    c. 흑인에 대한 차별계수가 1.2인 기업은 흑인 근로자와 백인 근로자를 각각 몇 명 고용할까? 다른 비용은 없다고 가정하면, 이 기업이 얻는 이윤은 얼마인가?

9-5. 교육연수 s가 임금에 영향을 미치는 유일한 변수라고 가정하자. 남성과 여성 근로자의 주급에 대한 방정식은 다음과 같다.

$$w_m = 500 + 100s$$
$$w_f = 300 + 75s.$$

남성의 평균 교육연수는 14년이고 여성의 평균 교육연수는 12년이다.

    a. 노동시장에서 남성-여성 임금격차는 얼마인가?

    b. 오하카-블라인더 분해법을 사용해 이 임금격차 중 얼마만큼이 차별에 기인하는지 계산해보라.

9-6. 기업의 생산함수가 다음과 같다고 가정하자.

$$q = 10 \sqrt{E_w + E_b}$$

여기서 E_w와 E_b는 각각 이 기업에서 고용한 백인과 흑인 근로자의 숫자를 의미한다. 이 경우 노동의 한계생산은 다음과 같음을 보일 수 있다.

$$MP_E = \frac{5}{\sqrt{E_w + E_b}}$$

흑인 근로자의 시장임금은 10달러, 백인 근로자의 시장임금은 20달러이고, 생산물 1단위당 가격은 100달러라고 가정하자.

    a. 차별을 전혀 하지 않는 기업이라면 이 기업은 몇 명의 근로자를 고용하겠는가? 앞에서 제시한 것 이외에는 다른 비용이 없다고 가정할 때, 차별을 하지 않는 이 기업의 이윤은 얼마일까?

    b. 흑인을 차별하며 그 차별계수가 0.25인 기업을 생각해보자. 이 회사는 몇 명의 근로자를 고용하겠는가? 이 회사의 이윤은 얼마일까?

    c. 마지막으로 흑인을 차별하며 그 차별계수가 1.25인 기업을 생각해보자. 이 회사는 몇 명의 근로자를 고용하겠는가? 이 회사의 이윤은 얼마일까?

9-7. 신디는 한 대학 불문학과의 정년 보장 정교수로서 6만 달러의 급여를 받는다. 교

수 보수체계에 대한 새로운 정책으로서 이 대학에서는 교수의 성별 및 교수급별로 중위 임금을 보고서로 발표한다. 이 보고서를 읽으면서 신디는 자신의 급여가 남성 정년 보장 정교수의 중위임금보다 2만 달러 낮다는 것을 알게 되었다. 또한 자신의 급여가 여성 정년 보장 정교수의 중위임금보다 1만 2,000달러 낮다는 것도 알게 되었다. 어떤 요인들이 임금 분포상 신디의 위치를 설명할 수 있을까? 이 대학은 성차별을 하고 있는가, 그렇지 않은가? 그리고 그 이유는 무엇인가?

9-8. 여성(W)과 남성(M)에 대한 다음과 같은 로그임금 회귀분석 결과를 생각해보자. 여기서 임금은 학력(S)과 연령(A)에 의해 예측된다.

$$w_W = 2.19 + 0.075\,S_W + 0.023\,A_W \text{ 그리고 } w_M = 2.42 + 0.072\,S_M + 0.017\,A_M$$

변수들의 평균 값은 성별로 다음과 같다. 여성의 평균 로그임금은 3.83, 평균 학력은 13.5년, 평균 연령은 41.2세이고, 남성의 평균 로그임금은 3.92, 평균 학력은 13.2년, 평균 연령은 44.3세이다. 오하카-블라인더 분해법을 사용해 평균 로그임금의 원 차이를 분해하라. 구체적으로 말해, 평균 로그임금의 원 차이를 학력 및 연령의 차이에 기인하는 부분과 아마도 성차별로 기인해 설명되지 않는 부분으로 분해하라.

9-9. 모든 고용주가 지불해야 하는 경쟁시장 주당 임금은 백인의 경우 2,000달러, 흑인의 경우 1,400달러이다. 고용주들이 흑인의 노력과 숙련을 생산과정에서 과소평가한다고 가정하자. 구체적으로, 모든 기업의 차별계수는 $d(0 \le d \le 1)$이다. 기업의 실제 생산함수는 $Q = 10(E_W + E_B)$이지만, 기업의 고용주는 이 생산함수가 마치 $Q = 10E_W + 10(1-d)E_B$인 것처럼 행동한다. 모든 기업의 생산물 1단위당 가격은 주당 총생산량 150단위까지는 240달러로 일정하다. 그러나 주당 150단위 이상을 판매하기 위해서는 생산물 가격을 0달러로 낮추어야만 한다.

a. 각 백인 근로자의 한계생산물의 가치는 얼마인가?

b. 각 흑인 근로자의 한계생산물의 가치는 얼마인가?

c. 차별계수가 각각 $d=0.2$ 또는 $d=0.8$인 기업에서 결정하는 고용량을 설명해 보라.

d. d가 어떤 값일 때 기업은 흑인과 백인을 모두 고용하려 할 것인가?

9-10. 나이와 교육수준을 통제하는 경우, 평균적인 남성이 1달러를 받을 때 평균적인 여성은 0.8달러를 받는다는 사실이 밝혀졌다. 보상적 격차(즉, 남성들은 여성에 비해 보다 위험하고 보다 스트레스가 많은 일자리를 선택하므로 더 높은 임금을 받는다는 점)를 통제하기 위해 직종을 통제하는 경우, 평균적인 남성이 1달러를 받을 때 평균적인 여성은 0.92달러를 받는다. 결론적으로, 직종선택은 임금격차

를 12센트만큼 줄이고, 차별은 남아 있는 8센트를 설명한다.

a. 전체 20센트의 격차 중 차별에 기인한 부분이 8센트보다 더 클 수도 있는 이유(그리고 직종 선택이 12센트보다 더 작은 부분을 설명할 수도 있는 이유)를 설명해보라.

b. 전체 20센트의 격차 중 차별에 기인한 부분이 8센트보다 더 작을 수도 있는 이유를 설명해보라.

9-11. 전 인구의 10%가 흑인이고 나머지는 백인으로 이루어진 도시를 생각해보자. 흑인들은 야간 근무조로 일하는 경우가 더 많기 때문에, 야간에 운행하는 차량의 20%는 흑인이 운전하는 차량이다. 인종과 상관없이, 야간에 운전하는 사람들 20명 중 1명은 음주 운전자이다. 음주 운전이 아닌 경우에는 차가 차선을 이리저리 벗어나는 일이 전혀 없지만, 모든 음주 운전자 중 10%는 인종과 상관없이 이리저리 차선을 벗어나는 운전을 하게 된다. 평소와 다름없는 어느 날 밤, 경찰들이 5,000대의 차량을 관측하였다.

a. 야간에 운전하는 흑인들 중 몇 퍼센트가 음주 운전을 할까? 야간에 운전하는 백인들 중 몇 퍼센트가 음주 운전을 할까?

b. 5,000대의 차량을 관측한 결과, 흑인이 운전하는 차량은 몇 대일까? 이 차량들 중 몇 대가 음주 운전 중인 차량일까? 야간에 5,000대의 차량을 관측한 결과, 백인이 운전하는 차량은 몇 대일까? 이 차량들 중 몇 대가 음주 운전 중인 차량일까? 야간 음주 운전자들 중 몇 퍼센트가 흑인일까?

c. 경찰서장은 음주 운전 문제가 주로 흑인 음주 운전자들 때문에 발생한다고 믿는다. 그는 경찰관들에게 차선을 이리저리 이탈하는 모든 차량과, 차선을 벗어나지는 않지만 흑인이 운전하는 차들 2대 중 1대는 모두 갓길에 세워 검문을 실시하라고 지시하였다. 그리고 차선을 이탈하지 않은 차량의 운전자에게는 음주 측정 검사를 실시한다. 이 검사는 100% 정확하게 음주 운전자를 가려낸다. 이와 같은 집행 전략하에서, 음주 운전으로 체포된 사람들 중 흑인은 몇 퍼센트일까?

9-12. 100명의 남성과 100명의 여성이 고등학교를 졸업했다고 가정하자. 고등학교 졸업 이후 각자는 저숙련 일자리에서 일하면서 평생 동안 20만 달러를 벌거나, 또는 5만 달러를 지불하고 대학에 갈 수 있다. 대학 졸업자들은 시험을 치른다. 시험에 합격하는 경우, 그 학생은 고숙련 일자리에 고용되고 평생 동안 30만 달러의 임금을 받는다. 그러나 대학 졸업자라도 이 시험에 합격하지 못하는 경우, 그 학생은 저숙련 일자리에만 취업할 수 있다. 각 사람의 고등학교 시절 학업 성적을 살펴보면, 이 학생이 대학에 진학하는 경우 이 시험에서 어느 정도 잘 할 수 있

을지 대강 짐작할 수 있다. 구체적으로, 각 학생의 GPA(x라고 부르자)는 '능력 점수'로서 0.01~1.00까지의 값을 취한다. 어떤 학생이 대학에 진학하는 경우 그 학생이 시험에 합격할 확률은 x이다. 고등학교를 졸업하는 시점에서, 남학생 100명의 능력 점수는 각각 $x = 0.01$, $x = 0.02$, $x = 0.03$, 이런 식으로, 마지막으로 $x = 1.00$과 같은 방식으로 분포한다. 마찬가지로, 여학생 100명의 능력 점수도 역시 동일하게 분포한다.

a. 학생들은 그들이 대학에 진학했을 때의 기대 생애 보수가 진학하지 않았을 때의 기대 보수에 비해 높을 때에만 대학에 진학한다. 대학에 진학하는 남학생과 여학생들은 어떤 사람들인가? 시험을 치르는 남성들의 기대 합격률은 얼마인가? 시험을 치르는 여학생들의 기대 합격률은 얼마인가?

b. 정책 결정자는 대학에 입학하는 여학생들의 숫자가 충분하지 않다고 생각한다. 그리하여 여학생의 대학 재학 비용을 1만 달러로 낮추는 조치들을 취한다고 가정하자. 이제 여학생들 중 어떤 사람들이 대학교에 진학하는가? 시험을 치르는 여학생들의 기대 합격률은 얼마인가?

9-13. 기업이 더 많은 흑인 근로자를 고용할수록 기업의 차별계수가 증가한다고 가정하자. 구체적으로 차별계수가 $d = 0.01E_B$라고 가정하자. 여기서 E_B는 이 회사에서 고용한 흑인 근로자들의 숫자이다. 백인의 경쟁시장 임금은 w_W, 흑인의 경쟁시장 임금은 w_B로 주어져 있을 때 이 고용주는 백인의 임금이 w_W이고 흑인의 임금이 $w_B(1 + d)$인 것처럼 행동한다. 마지막으로, 이 회사는 200명의 근로자를 고용해야 한다고 가정한다. 임금비율을 w_W/w_B라고 정의하자. 고용되는 흑인의 숫자를 임금비율의 함수로 표시하여 보라. 그리고 고용되는 흑인의 숫자를 x축에, 임금비율을 y축에 표시하는 그래프를 그려보라.

9-14. 기술통계량이 다음과 같이 나타나는 한 자료파일을 생각해보자.

	남성			여성		
	평균	최소	최대	평균	최소	최대
로그임금	3.562	1.389	5.013	3.198	1.213	4.875
흑인	0.231	0	1	0.191	0	1
연령	42.2	19	68	39.2	19	63
근로 경력	18.1	0	42	16.1	0	35
학력	13.9	9	21	14.1	9	21
직종 내 여성의 비중(%)	18.2	2.3	95.4	62.3	6.7	98.5

'임금'은 근로자의 시간당 임금이다. '흑인' 변수는 근로자가 흑인인 경우 1, 그렇지 않은 경우 0의 값을 취한다. '근로 경력'은 실제 근로 경력연수이다. '학력'은

연 단위로 측정된다. '직종 내 여성의 비중(%)'은 근로자가 속한 직종의 모든 근로자 중 여성의 백분율이다. 다음 표는 로그임금을 이용한 회귀분석의 결과이다.

	남성	여성
상수	2.314	2.556
흑인	− 0.198	− 0.154
연령	0.054	0.037
근로경력 연수	0.042	0.059
교육연수	0.085	0.083
직종 내 여성의 비중(%)	− 0.0012	0.0024

오하카–블라인더 분해법을 사용해 평균 임금의 원 차이를 분해해보라. 구체적으로, 원 차이를 개인 특성들(가령 교육연수, 인종, 연령, 경력)의 차이에 기인한 부분, 직종에 기인한 부분, 그리고 아마도 성차별로 기인해 설명되지 않는 부분으로 분해해보라.

9-15. 에보 모랄레스는 2006년에 볼리비아 대통령에 취임하였다. 볼리비아는 남아메리카에 있는 나라로서 공식적인 상업활동은 스페인어로 이루어진다. 모랄레스는 원주민 혈통을 가진 최초의 볼리비아 대통령이었다. 그는 대통령으로서 원주민들에 대한 차별을 줄이고 종국적으로 불평등을 줄이는 것을 목적으로 하는 개혁들을 빠르게 도입하였다. 모랄레스 이전 시기에 차별은 두 가지 형태를 띠었다고 가정하자. 첫 번째 형태는 모든 아동을 교육시키는 데 사용되는 국가기금을 원주민들에게는 제공하지 않기 때문에(구체적으로, 원주민 아이들을 스페인어로 교육시키지 않기 때문에) 발생하는 교육에서의 차별이다. 두 번째 형태는 기업들이 원주민 근로자들을 채용하려 하지 않기 때문에 발생하는 일자리 시장에서의 차별이다.

a. 교육의 측면에서 다음 두 정책 중 어떤 정책이 차별과 불평등을 줄이는 데 보다 효과적인 정책일까? (1) 국가기금을 제공해 모든 국민을 자신들의 고유 언어로 교육시키는 정책, 혹은 (2) 국가기금을 공공교육 시스템에 제공해 모든 국민으로 하여금 필수적으로 스페인어와 제2언어로서 원주민 언어를 배우도록 하는 정책. 그리고 그 정책이 효과적인 이유는 무엇인가?

b. 일자리 시장의 측면에서 다음 정책들 중 어떤 정책이 차별과 불평등을 줄이는 데 가장 효과적인 정책일까? (1) 최저임금의 인상, (2) 50명 이상을 고용하는 모든 기업들로 하여금 반드시 일정한 수의 원주민 근로자들을 채용하도록 만드는 정책, (3) 경제적 권리와 경제활동을 보호할 수 있도록 법률 시스템을 개선하는 정책. 그리고 그 정책이 효과적인 이유는 무엇인가?

읽을거리

Marianne Betrand, Claudia Golin, and Lawrence F. Katz, "Dynamics of the Gender Gap for Young Professionals in the Financial and Corporate Sectors," *American Economic Journal : Applied Economics* 2(July 2010) : 228-255.

Marianne Betrand and Sendhil Mullanaithan, "Are Emily and Greg More Employable Than Lakisha and Jamal? A Field Experiment on Labor Market Discrimination," *American Economic Review* 94(September 2004) : 991-1013.

Francine D. Blau, "Trends in the Well-Being of Americna Women, 1970-1995," *Journal of Economic Literature* 36 (March 1998) : 112-165.

Cody Cook, Rebecca Diamond, Jonathan Hall, John A. List, and Paul Oyer, "Gender Earnings Gap in the Gig Economy : Evidence from over a Million Rideshare Drivers," National Bureau of Economic Research Working Paper No. 24732, June 2018.

Kerwin K. Charles and Jonathan Guryan, "Prejudice and Wges : An Empirical Assessment of Becker's The Economics of Discrimination," *Journal of Political Economy* 116 (October 2008) : 773-809.

Matthew S. Goldberg, "Discrimination, Nepotism, and Long-Run Wage Differentials," *Quarterly Journal of Economics* 97 (May 1982) : 307-319.

Jeffrey Grogger, "Speech Patterns and Racial Wage Inequality," *Journal of Human Resources* 46 (Winter 2011) : 1-25.

Daniel S. Hamermesh and Jeff E. Biddle, "Beauty and the Labor Market," *American Economic Review* 84 (December 1994) : 1174-1194.

James J. Heckman and Brook S. Payner, "Determining the Impact of Federal Antidiscrimination Policy on the Economic Sttus of Blacks : A Study of South Carolina," *American Economic Review* 79 (March 1989) : 138-177.

Jacob Mincer and Solomon W. Polacheck, "Family Investment in Human Capital : Earnings of Women," *Journal of Political Economy* 82 (March 1974 Supplement) : S76-S108.

chapter 10

노동조합

뭉치면 힘이 된다.

– 이솝(Aesop)

지금까지 우리는 노동조합이라는 제도를 고려하지 않았다. 노동조합을 고려하지 않은 것이 놀라워 보일 수 있다. 어쨌든 노조운동을 지지하는 사람들은 노조가 노동시장에서 근로자들의 이해를 대변하는 핵심적인 기관으로서 많은 산업화된 국가들에서 근무환경을 향상시키는 데 주요한 기여를 한다고 주장한다. 그리고 최근 수십 년 동안 미국의 노조 가입률이 빠르게 감소하긴 했지만, 노조는 여전히 전체 근로자의 11%를 대표하고 있다.

이 장에서 우리는 근로자가 효용을 극대화하고 기업이 이윤을 극대화하는 것과 마찬가지로, 노조도 그 구성원들의 복지를 극대화하기 위해 여러 옵션들 사이에서 선택을 한다고 주장한다. 그 결과, 노조가 노동시장에 미치는 영향은 노사관계를 규제하는 정치적·제도적 환경뿐만 아니라 노조가 어떤 전략(가령, 파업으로 이어질 수도 있는 임금인상 요구 등)은 추진하고 어떤 전략은 배제할지 선택하도록 유도하는 요인들에 따라 달라진다.

오랫동안 우리는 일부 특별한 조건이 만족될 때에만 노조가 생겨나 번성할 수 있다고 인식해 왔다. 기업들이 자유롭게 시장에 진입하고 퇴출할 수 있는 경우 기업의 이윤은 투자에 대한 정상 수익(normal return) 수준(즉, 0의 초과이윤)으로 낮아지기 때문에, 기업들이 정상 이상의 수익[경제학자들이 '지대(rent)'라고 부르는 것]을 얻고 있는 경우에만 노조는 번성할 수 있다. 어떤 의미에서 노조는 고용주가 지대를 근로자들과 공유하는 제도적 장치를 제공한다.

이 장에서 우리는 노조가 노사 간 고용관계의 조건들을 어떻게 변화시키는지를 분석할 것이다. 우리는 노조가 근로시간, 임금 및 생산성을 포함한 고용계약의 거의 모든 측면에

영향력을 행사한다는 점을 알게 될 것이다.[1]

10-1 미국 노동조합의 간략한 역사

대공황 이전 미국에서 노조에 대한 사회적 태도와 정치적 분위기는 그다지 우호적이지 않았다.[2] 다양한 법적 제약과 고용주의 활동이 노조 가입을 억제시키고 있었다. 예를 들어, *Loewe v. Lawlor* 사건에 대한 1908년의 판결에서 대법원은 해터스 유니언에 대해 패소 판결을 내렸다. 그 이유는 이 노조가 한 무노조 생산자를 대상으로 소비자 불매운동을 조직했기 때문이다. 대법원은 노조의 행동이 주들 사이의 상거래를 통한 상품의 유통을 감소시키며 셔먼 반독점법(Sherman Antitrust Act)이 금지하는 '자유거래의 제한(restraint of trade)'이라는 결론을 내렸다. 이후의 판결들에서 대법원은 반독점 사례를 사용해 주들 간의 상거래에 영향을 미치는 파업들을 불법으로 규정하였다.

아울러 고용주들은 황견(黃犬)계약(yellow-dog contracts)을 빈번히 사용했다. 이 황견계약은 노동자들이 고용의 한 조건으로서 노동조합에 가입하지 않을 것을 규정한다. 노조가 이 계약에 서명한 근로자들을 대상으로 노조를 조직하려고 하면, 노조는 계약 위반을 유도한다는 이유로 유죄 판결을 받았다.

뉴딜의 입법 프로그램을 필두로 노조가 직면하는 법적 환경이 상당히 변화하였다. 4개의 주요한 연방 법률이 새로운 기본 규칙들을 형성했다.

- 1932년의 노리스·라과디아법　이 법안은 고용주가 노조 조직화 시도를 방해하기 위해 법원의 명령이나 경고를 사용하는 것을 제한하고 황견계약이 연방 법원에서 효력을 발휘하지 못하도록 만듦으로써 노사관계를 '균등하게 만들어 보려는' 시도였다.

- 1935년의 전국 노동관계법(와그너 법으로도 알려져 있음)　이 법안은 고용주들이 행하는 부당 노동행위(unfair labor practices)의 범위를 정의함으로써 노조의 힘을 한층 강화시켰다. 부당 노동행위의 구체적인 사례로는 노조활동에 참여한 근로자를 해고하거나 노조를 지지하는 근로자를 차별하는 것 등이 있다. 와그너 법은 또한 법안의 조항들을 시행하기 위해 전국 노사관계위원회(National Labor Relations Board, NLRB)를 설립하도록 규정하였다. NLRB는 부당 노동행위를 조사할 수 있고 그러한 관행을 중지하도록 명령할 수 있다. NLRB는 또한 한 특정한 노조가 단체교섭에서 근로자들을 대표할 수

1 그러한 증거들을 정리한 훌륭한 문헌으로는 Barry T. Hirsch and John T. Addison, *The Economic Analysis of Unions: New Approaches and Evidence*, Boston: Allen & Unwin, 1986; and John H. Pencavel, *Labor Markets under Trade Unionism: Employment, Wages*, and Hours, Cambridge, MA: Basil Blackwell, 1991이 있다.

2 노조 운동의 역사를 다룬 연구로는 Albert Rees, *The Economics of Trade Unions*, 2nd ed, Chicago: University of Chicago Press, 1977, 제1장이 있다.

있는지를 결정하는 선거를 주관한다. 이 선거를 노조 대표자격 부여 선거(certification elections)라고 부른다.

• 1947년의 노사관계법(태프트 · 하틀리 법으로도 알려져 있음) : 이 법안은 주들로 하여금 노동권리법(right-to-work laws)을 통과시키도록 허용함으로써 노조의 힘을 억제시켰다. 노동권리법은 노조가 근로자들로 하여금 유노조 기업에 고용되기 위한 조건으로서 노조원이 되도록 강요하는 것을 금지하였다. 2018년까지 28개의 주에서 노동권리법이 제정되었다. 태프트·하틀리 법은 또한 근로자들이 단체교섭에서 자신들을 대표할 수 없도록 특정 노동조합의 자격을 박탈하는 선거[대표자격 박탈 선거(decertification elections)]를 실시할 수 있게 허용하였다.

• 1959년의 노사 보고 및 공시법(랜드럼 · 그리핀 법으로도 알려져 있음)　노조 지도자들의 부정부패에 관한 많은 증거들이 드러남에 따라 도입된 법으로서, 이 법안은 노조가 자신의 재정을 완벽하게 공시하도록 규정하였다.

[그림 10-1]에는 미국의 노조 가입률 추세가 제시되어 있다. 1930년에는 민간인 근로자들 중 10% 미만이 노조에 가입하였다. 뉴딜 기간 동안 일어난 중요한 정책 변화들의 결과 노조 가입률은 빠르게 상승하기 시작했다. 1950년대 초반에는 민간인 노동력의 4분의 1 이상이 노조에 가입한 상태였다. 노조 가입률은 1960년대 중반까지 대체로 그 수준에

그림 10-1　노조 가입률, 1900~2016(노조에 가입한 근로자들의 비율)

출처 : Barry T. Hirsch and John T. Addison, *The Economic Analysis of Unions : New Approaches and Evidence*, Boston, MA : Allen & Unwin, 1986, pp.46-47; and Barry T. Hirsch and David A. Macpherson, *Union Membership and Earnings Data Book : Compilations from the Current Population Survey(2017 Edition)*, Washington, DC : Bureau of National Affairs, 2017.

머물다가, 1960년대 중반 이후 서서히 감소하기 시작해 1980년대 들어 그 감소 속도가 가속화되었다. 2017년에는 민간인 근로자들 중 10.7%만이 노조에 가입하고 있다. 노조 가입률을 민간부문으로 한정하는 경우, 노동조합이 '소멸하고 있는' 현상은 훨씬 더 분명하게 드러난다. 현재에는 민간부문 근로자의 6.5%만이 노조에 가입하고 있다.

1960년대 이전까지 공공부문 근로자들이 노조를 만드는 것은 명시적으로 금지되어 있었다. 1962년 존 F. 케네디 대통령은 행정명령 10988호를 통해 연방정부 공무원들에게 단결권을 부여하였다. 1978년의 공무원제도개혁법은 케네디 대통령의 행정명령을 대체하는 법으로서, 현재 연방정부 부문의 노동조합을 규제한다. 이 법안은 파업은 금지하지만 연방정부 공무원들이 노조에 가입할지 말지 결정할 권리는 보호한다. 많은 주의 법 역시 단결권을 관할 지역의 주 정부 및 지방정부 공무원들에게까지 확대하였다. 그 결과 민간부문의 노조 가입률이 하락하던 바로 그 시기에 공공부문의 노조 가입률은 괄목할 만한 정도로 상승하였다. [그림 10-1]에 나타난 바와 같이, 1960년대에는 공공부문 근로자들의 약 20% 정도만이 노조에 가입하였지만, 2017년에 이 비율은 약 34.4%까지 상승하였다.

오늘날 미국의 노조운동은 피라미드와 같다고 생각하면 적절하다. 피라미드의 꼭대기에는 미국노동총연맹-산업별 노동조합협의회 AFL-CIO(American Federation of Labor and Congress of Industrial Organizations)가 있다. AFL-CIO는 노조들의 연합체이다. 미국교원연맹, 탄광근로자조합, 배우노동조합 등 다양한 노조들이 AFL-CIO에 소속되어 있다. AFL-CIO는 미국의 모든 노동조합원들의 약 80%를 포괄한다. AFL-CIO에 소속된 대부분의 노조들은 전국 단위의 노조들이며 전국의 노동자들(때로는 미국 밖의 노동자들까지도)을 대표한다. 그다음 이들 전국 노조는 '지역 노조들(locals)', 즉 도시 수준 혹은 심지어 공장 수준에서 설립된 노조들로 구성되어 있다. 이들 지역 노조는 피라미드의 바닥에 위치한다. AFL-CIO의 주된 목적은 조직에 속해 있는 다양한 노조들을 위해 전국적으로 단일한 목소리를 내고 정치적 로비에 개입하며 노동의 사회적·경제적 어젠다에 공감하는 징치 후보자들을 지지하는 것이다.

10-2 노조 가입에 영향을 미치는 요인

근로자들은 노조에 가입할지 말지를 선택한다. 노조가 근로자에게 무노조 고용주가 제공하는 임금-고용 패키지보다 더 나은 임금-고용 패키지를 제안하는 경우 그는 노조에 가입한다.[3]

---

3 근로자의 효용은 일자리의 여러 측면들(부가혜택 및 근무조건 등)에 따라 좌우되지만, 우리는 일자리의 특성을 임금과 고용만으로 표현하는 보다 단순한 모형에 초점을 맞춘다. Henry S. Farber and Daniel H. Saks, "Why

[그림 10-2]는 보통의 노동-여가 선택모형을 이용해 근로자의 의사결정을 보여주고 있다. 처음에 이 근로자는 w^*의 경쟁시장 임금을 제공하는 무노조 기업에서 일하고 있다. 이 임금률하에서 근로자의 예산제약선은 AT로 주어진다. 근로자는 무차별곡선 U가 예산제약선과 접하는 소비-여가 조합(P점)을 선택함으로써 효용을 극대화한다. 노조에 가입하지 않은 근로자는 L^*의 여가시간을 소비하고 $h^*(h^* = T - L^*)$ 시간만큼 일을 한다.

이 기업은 노조를 조직하려는 사람들의 타깃이 되었고 이들은 기업의 근로자들에게 새롭고 향상된 고용 계약을 약속한다. 구체적으로, 노조는 임금을 w_U달러로 인상시킬 것을 약속한다. 그리하여 근로자의 예산선은 BT로 이동한다.

근로자는 공짜 점심이 존재하지 않는다는 것을 알고 있다. 임금인상은 비용을 수반하고, 그 비용은 고용 감축이 될 수 있다. 기업의 노동수요곡선은 우하향하고 탄력적이라고 가정하자. 이 기업이 노조의 임금인상에 대응하여 노동수요곡선상에서 위쪽으로 이동하

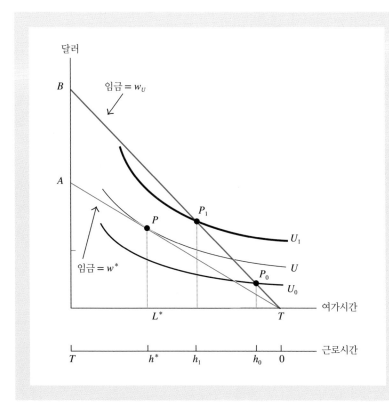

그림 10-2

노조 가입 결정

예산제약선은 AT로 주어져 있고 근로자는 h^*시간을 일함으로써 P점에서 효용을 극대화한다. 노조의 임금인상(w^*에서 w_u로)은 예산제약선을 BT로 이동시킨다. 고용주가 근로시간을 h_0로 감소시키면 이 근로자의 상황은 더 나빠진다(효용이 U에서 U_0로 떨어진다). 만약 고용주가 근로시간을 h_1으로 감소시키면 이 근로자의 상황은 더 좋아진다.

Workers Want Unions: The Role of Relative Wages and Job Characteristics," *Journal of Political Economy* 88(April 1980): 349-369; Henry S. Farber, "The Determination of the Union Status of Workers," *Econometrica* 51 (September 1983): 1417-1437을 참조하라.

는 경우 노조가 강제한 임금인상은 근로자의 주간 노동시간을, 가령 h_0로 줄인다. 이에 따라 그는 BT 예산제약선상의 P_0점에 놓이게 된다. 그러므로 노조가 기업의 근로자들을 조직화하는 경우 근로자는 더 나쁜 상황에 처하게 된다(즉, 더 낮은 무차별곡선인 U_0로 이동한다). 그러므로 이 근로자는 이 노조에 대한 대표자격 부여 선거에서 노조에 반대한다.

만약 기업의 노동수요곡선이 비탄력적이면, 고용 감소는 소규모일 것이고 노조는 P_1점의 임금-고용 조합을 제시할 것이다(이때에는 주간 근로시간이 h_1으로 유지된다). 노조는 이 근로자를 더 높은 무차별곡선(U_1으로 주어짐)으로 이동시키고, 이 근로자는 노조에 대한 대표자격 부여 선거에서 노조를 지지한다.

누가 노조에 가입하는가

노조 조직자들이 높은 임금과 작은 노동시간 감소를 보장할 수 있을 때 근로자들은 노조 조직화를 지지할 가능성이 높다. 게다가 노조에 가입하는 데에는 추가적인 비용(가령 조합비)이 들기 때문에, 근로자는 이들 비용이 적을 때 노조를 지지할 가능성이 높다. 이와 같은 요인들이 유노조 일자리에 대한 근로자의 '수요'를 만들어낸다.

노조 조직자들이 유노조 일자리를 제공할 수 있는지의 여부는 근로자들을 조직하는 비용, 일부 유형의 노조활동은 허용하고 다른 유형의 활동은 금지하는 법적 환경, 단체교섭의 도입에 대한 경영진의 반발, 기업이 노조원들에게 양보할 수 있을 만큼의 초과 지대를 향유하고 있는지의 여부 등에 의해 결정된다. 이와 같은 요인들은 실질적으로 유노조 일자리의 잠재적인 '공급'을 결정한다.

노동시장에서 관측되는 노조 조직화의 정도는 이들 두 힘의 상호작용에 의해 결정된다. 그 결과, 노조 조직률은 근로자들이 노조원이 됨으로써 많은 것을 얻을수록 높아질 것이다. 반면, 무노조 일자리를 유노조 일자리로 전환시키는 일이 어려울수록 노조 조직률은 낮아질 것이다. 이와 같은 '비용-편익' 접근법을 통해 우리는 인구집단별, 산업별 혹은 시간별로 노조 가입률이 다른 이유를 이해할 수 있다. 〈표 10-1〉에는 미국 노동시장에서 나타나는 중요한 차이들이 요약되어 있다.

남성의 노조 가입률이 여성보다 약간 더 높다. 2016년 남성 근로자의 11%기 노조에 가입한 반면, 여성 근로자는 10%만이 노조에 가입하고 있다. 노조 가입률의 성별 차이가 발생하는 이유는 부분적으로 여성들이 파트타임 일자리나 유연한 근로 스케줄을 제공하는 일자리에 고용되어 있을 가능성이 더 높기 때문이다. 이와 같은 유형의 일자리에는 노조가 존재하지 않는 경향이 있다.

흑인의 노조 가입률은 백인에 비해 더 높다. 흑인 근로자들의 노조 가입률은 13.4%이고, 백인의 노조 가입률은 10%, 히스패닉과 아시아계의 노조 가입률은 각각 10%와 9%이다. 흑인들이 노조를 지지할 가능성이 높은 현상은 놀라운 일이 아니다. 아래에서 보는 바

표 10-1	근로자 특성별 노조 가입률, 2016(근로자들 중 노조 조합원의 비율)			

성별 :		산업별 :	
남성	11.2	민간부문	6.4
여성	10.2	농업	1.8
		광업	5.6
인종별 :		건설업	14.7
백인	10.1	제조업	8.8
흑인	13.4	운송업	25.2
히스패닉	8.8	도매업	3.7
아시아계	9.0	소매업	4.4
		금융업	1.9
		정부부문	31.4

출처 : Barry T. Hirsch and David A. Macpherson, *Union Membership and Earnings Data Book* : *Compilations from the Current Population Survey(2017 Edition)*, Washington, DC : Bureau of National Affairs, 2017, Tables 3a and 7a.

와 같이, 노조는 한 기업 내에서 임금의 격차를 좁혀서 노동시장 차별이 흑인 임금에 미치는 영향을 감소시키는 역할을 하기 때문이다. 히스패닉의 참여율이 다소 낮은 현상은 히스패닉 인구 중 이민 근로자의 비중이 압도적이기 때문일 것이다. 이들 근로자 중 많은 사람들은 노동시장의 '주변부'에 있을 것이고, 이 유형의 일자리들에 노조가 조직되어 있을 가능성은 낮다.

민간부문 산업별로도 노조 가입률에는 상당한 차이가 있다. 건설업, 제조업 및 운송업은 근로자들의 노조 가입률이 가장 높은 산업이고, 농업과 금융업은 노조 가입률이 가장 낮은 산업이다. 실제로, 이용 가능한 증거들에 따르면 소수의 기업들이 산출량의 대부분을 생산하여 산업집중도가 높은 산업에 고용된 근로자들의 노조 가입률이 더 높은 경향이 있다.[4] 이러한 결과는 노조 가입률에 나타난 차이를 이해하기 위해 우리가 사용한 비용-편익 접근법과 상통한다. 집중도가 높은 산업의 기업들은 그들의 독점력 때문에 초과 이윤을 벌어들이고, 따라서 노조는 근로자들을 위해 지대의 일부를 따낼 가능성이 높다.

마지막으로, 노사관계를 규제하는 법적 환경은 노조 조직화 시도의 성공 여부에 큰 영향을 미친다. 노동권리법이 있는 주들에서는 다른 주들에 비해 노조 가입률이 훨씬 더 낮다. 예를 들어, 2016년에 노조 가입률이 가장 낮은 5개 주(남부 캐롤라이나, 북부 캐롤라이나, 조지아, 아칸소, 텍사스)는 또한 노동권리법이 있는 주이기도 하다. 이들 주에서는 노조 가입률이 1.6~4.0% 정도의 수준이다.[5]

----

4 Barry T. Hirsch and Mark C. Berger, "Union Membership Determination and Industry Characteristics," *Southern Economic Journal* 50 (January 1984): 665-679.

5 Barry T. Hirsch and David A. Macpherson, *Union Membership and Earnings Data Book: Compilations from the*

미국의 노조는 구시대의 유물인가

오늘날 미국 노조운동에서 가장 눈에 띄는 특징은 1970년 이후 노조 가입률이 꾸준히 감소하는 현상이다.[6] 이 기간 동안 미국 경제의 구조에 주요한 변화들이 있었다. 1960년에 근로자들의 31%는 제조업에 종사하고 있었고, 이 산업에서는 대체로 노조 조직화 시도가 성공적이었다. 2001년 현재 제조업에 종사하는 근로자들의 비율은 14%로 하락하였다. 일자리의 위치 또한 이동하였다. 1950년대에는 일자리의 42%만이 남부와 서부 주들(노동권리법 등과 같이 노조 조직화에 보다 불리한 환경을 제공하는 주들)에 위치하였다. 2001년에는 일자리의 57%가 이들 주에 위치하고 있다. 사실 노동권리법을 가진 주들에서 제조업 활동이 훨씬 더 왕성하다는 것을 시사하는 증거가 있다.[7]

경제의 구조적 이행과 더불어, 노조 가입에 대한 근로자들의 수요 자체도 감소한 것으로 보인다. 노조의 대표자격 부여 선거에서 근로자들이 투표하는 패턴에 눈에 띄는 변화가 있었다. 해당 근로자들의 30%가 청원하는 경우 NLRB는 한 노조에게 단체교섭의 대리인으로서의 자격을 부여할지를 결정하는 선거를 실시한다. 교섭 단위를 구성하는 근로자들의 단순 과반수가 한 노조의 대표성에 대해 찬성을 표시하는 경우, 그 노조는 근로자들을 대표할 수 있다. 1955년에 노조는 대표자격 투표의 3분의 2 이상을 승리했다. 1990년에 노조가 승리한 경우는 전체 투표의 절반이 되지 못했다.[8]

이 기간 동안 대표자격 부여 선거에서 노조의 성과가 악화된 것은 경영진의 공격적인 반노조 전술에 기인했다.[9] 경영진은 노조 조직화 시도의 성공 가능성을 여러 방면으로 감소시킬 수 있다. 이런 경영진의 활동으로는 대표자격 부여 선거를 미루는 청원서 제출, 노

Current Population Survey (2017 Edition), Washington, DC: Bureau of National Affairs, 2017, Tables 4a. U.S. Bureau of the Census, *Statistical Abstract of the United States, 2008*, Washington, DC: Government Printing Office, 2008, Table 644.

6   Henry S. Farber, "The Decline of Unionization in the United States: What Can Be Learned from Recent Experience," *Journal of Labor Economics* 8 (January 1990): 75–105; Henry S. Farber and Bruce Western, "Accounting for the Decline of Unions in the Private Sector, 1973–1998," *Journal of Labor Research* 22 (Summer 2001): 459–486; and William T. Dickens and Jonathan S. Leonard, "Accounting for the Decline of Union Membership: 1950–1980," *Industrial and Labor Relations Review* 38 (April 1985): 323–334.

7   Thomas J. Holmes, "The Effect of State Policies on the Location of Manufacturing: Evidence from State Borders," *Journal of Political Economy* 106 (August 1998): 667–705.

8   전국 노사관계위원회(National Labor Relations Board, NLRB)의 연차 보고서에 선거 결과에 관한 자세한 통계치들이 수록되어 있다. 노조의 '승률'이 2000년 이후 상승했지만 현재 대표자격 부여 선거의 수가 극적으로 줄었다. 이는 노조들이 조직 대상을 매우 신중하게 선택하고 있음을 시사한다. Henry S. Farber, "Union Organizing Decisions in a Deteriorating Environment: The Composition of Representation Elections and the Decline in Turnout," *Industrial and Labor Relations Review* 68 (October 2015):1126–1156을 참조하라.

9   Richard B. Freeman and Morres Kleiner, "Employer Behavior in the Face of Union Organizing Drives," *Industrial and Labor Relations Review* 43 (April 1990): 351–365. 또한 William T. Dickens, "The Effect of Company Campaigns on Certification Elections: *Law and Reality* Once Again," Industrial and Labor Relations Review 36 (July 1983): 560–575.

이론의 현장 적용　　PATCO의 흥망성쇠

PATCO(Professional Air Traffic Controllers Organization, 전문 항공 관제사 협의회)는 비행 관제사들이 고용주인 FAA(Federal Aviation Administration, 미국 연방 항공국)와 단체교섭 협상을 할 때 그들을 대표하는 노조였다. 노조의 짧은 (그리고 전투적인) 13년 동안의 역사는 그들이 1981년 파업을 선언하면서 끝이 났다. 관제사들은 연방정부의 공무원이기 때문에, 그들의 봉급은 의회에서 결정되고 그들의 파업권은 법에 의해 명시적으로 금지되어 있다. 그럼에도 불구하고, PATCO가 존재한 기간 동안 노조는 줄곧 자신들이 임금에 대해 직접적으로 협상할 수 있어야 하고 파업을 할 권리를 가져야 한다고 요구하였다.

PATCO는 1968년 1월, 뉴욕시 관제사들의 조합으로서 출범하였다. 1968년 7월경 PATCO는 변호사 F. 리 베일리(훗날 O. J. 심슨의 살인 사건 재판에서 그를 변호한 '드림팀'의 한 사람이다)가 주도해 상업 항공 교통을 심각하게 방해하는 태업을 이미 협찬했었다.

1980년에, 항공 관제사들은 높은 임금을 받았고 이례적으로 관대한 은퇴 프로그램과 장애 프로그램을 가지고 있었다. 그들은 정부 직원들 중 가장 높은 임금을 받는 사람들에 속했고, 20년 근무 후 50세에 퇴직할 수 있었다. 이와 대조적으로, 대부분의 다른 연방정부 근로자들은 55세에 퇴직하고자 하면 30년을 근속해야 했다.

높은 임금과 관대한 복리후생에도 불구하고, PATCO 지도부는 1981년이 노조에게 중요한 해라고 결정하고 훨씬 더 높은 임금과 더 나은 복리후생을 공격적으로 요구하고자 준비하였다. 지도부는 의회가 자신들에게 동의하도록 설득하는 방법으로서 파업을 사용하기로 결정하였다. PATCO는 협상의 초기 라운드에서 비합리적인 요구(즉, 즉각적인 2만 달러의

급여 인상, 주간 노동시간 32시간, 보다 관대한 연금 및 장애인 복지)를 제시했다. 레이건 행정부는 즉각적인 4,000달러의 급여 인상, 주당 36시간(40시간이 아니라) 이상 근무 시의 초과근무 수당, 다양한 여타 복지혜택들을 제시하는 방법으로 반격을 가했다. 만약 PATCO가 정부의 제안을 받아들였다면(그리고 의회가 승인했다면), 관제사들은 11%가 넘는 급여 인상(연방정부의 다른 직원들이 받은 것의 두 배 이상의 인상폭)을 획득하는 셈이었다.

그러나 PATCO는 훨씬 더 많은 것을 원했고, 나머지는 역사가 이야기하는 바와 같다. PATCO 파업은 1981년 8월 3일 오전 7시에 시작되었다. FAA는 미리 준비해 놓은 상태에서 군 요원들, 은퇴자들, 관리자들 및 파업 참여를 거부한 관제사들을 신속하게 관제탑에 배치하였다.

파업이 시작된 지 4시간 후, 레이건 대통령은 법이 집행될 것이고 48시간 내에 업무에 복귀하지 않는 모든 파업 참가자들은 해고되어 다른 어떤 연방정부 기관에도 재고용될 수 없을 것이라고 개인적으로 발표하였다. 1만 6,395명의 관제사들 중 4분의 1가량은 파업에 참여하지 않았고 다른 875명은 정해진 시점 이전에 업무로 복귀했다. 48시간이 지났고 1만 1,301명의 관제사들이 해고되었다. 시스템에 과잉 인원이 투입되어 있었다는 점은 금방 명백해졌다. 이전보다 20% 정도 적은 관제사를 이용하고도 시스템은 결국 완전 가동 수준에 도달하였다.

PATCO 지도부의 전투성은 법을 집행한 레이건 대통령의 결의와 더불어 오늘날까지 정부와 민간 분야의 노사관계에 영향을 끼칠 수 있는 정치적·문화적 환경을 조성하였다.

출처 : Herbert R. Northrup, "The Rise and Demise of PATCO," *Industrial and Labor Relations Review* 37 (January 1984) : 167-184.

조활동을 한 근로자의 해고, 경영 캠페인을 구사하기 위한 컨설턴트 고용 등이 있다. 경영진의 반노조활동이 증가한 이유는 해외 경쟁의 증가 및 일부 유노조 산업들(운수, 항공, 철도 등)의 규제완화 때문이다.[10] 외국 상품이 미국으로 유입됨에 따라 이에 영향을 받은

---

10 John M. Abowd and Thomas Lemieux, "The Effects of International Competition on Collective Bargaining

산업들에서 이전까지 노사가 나누어 가졌던 초과 지대의 일부를 상실하였다. 비슷하게, 유노조 산업들에 대한 규제완화는 시장에 경쟁을 도입하였고 또 다시 초과 지대를 소멸시켰다. 그 결과 기업들은 노조의 임금 요구와 노조 근로 규칙의 도입에 훨씬 더 저항하는 자세를 취하게 되었다.

10-3 독점적 노조

미국 노동총연맹의 창시자인 새뮤얼 곰퍼스는 언젠가 노조가 원하는 것이 무엇이냐는 질문을 받은 적이 있다. 그의 답변은 단순하면서도 기억할 만하였다. 그 대답은 '더 많은 것'이었다. 경제학자들은 노조의 행동모형을 구축할 때 이 대답을 염두에 둔다.[11] 우리는 보통 노조의 효용은 임금 w와 고용 E에 의해 결정되고, 노조는 임금과 고용 모두를 더 갖기를 원한다고 가정한다. 이 경우 노조의 효용함수는 $U(w, L)$로 주어지고, 노조의 무차별곡선은 [그림 10-3]에 제시된 바와 같이 통상적인 모양을 갖는다(무차별곡선 U와 U').

노조는 자신의 효용을 극대화하고자 한다.[12] 노조가 이윤 극대화 완전경쟁기업과 협상을 하고 있다고 가정하자. 이 기업의 노동수요곡선은 우하향하고, 이 곡선은 주어진 임금수준에서 기업이 몇 명의 근로자를 고용하고자 하는지를 규정한다. 어떤 의미에서 [그림 10-3]에서 기업의 노동수요곡선 D는 노조 행동의 제약조건이다. 이 경우 노조는 노동수요곡선 D가 노조의 무차별곡선 U와 접하는 점 M을 선택함으로써 효용을 극대화할 것이다.

경쟁임금이 w^*라고 가정하자. 노조가 없다면 기업은 E^*의 근로자를 고용할 것이다. 그러나 노조는 w_M의 임금을 요구하고 기업은 고용을 E_M으로 줄임으로써 대응한다.

이와 같은 해에는 몇 가지 흥미로운 특성이 있다. 특히 노조가 임금을 선택하고 그 후 기업이 이윤을 극대화하는 고용량을 설정하기 위해 수요곡선상에서 이동한다는 점에 주목하라. [그림 10-3]에 요약된 노조의 행동모형은 독점적 노동조합(monopoly unions) 모형이라고 부른다. 노조는 노동력을 기업에 공급하는 데 있어 실질적인 독점력을 가지고 있다. 노조는 그 제품의 가격을 설정하고(노조는 임금을 설정하고), 기업은 수요곡선을

Outcomes: A Comparison of the United States and Canada," in John M. Abowd and Richard B. Freeman, editors, *Immigration, Trade, and the Labor Market*, Chicago: University of Chicago Press, 1991.

11 Henry S. Farber, "The Analysis of Union Behavior," in Orley Ashenfelter and Richard Layard, editors, *Handbook of Labor Economics*, vol.2, Amsterdam: Elsevier, 1986, pp. 1039-1089.

12 노조의 행동을 이와 같은 방식으로 모형화할 때 한 가지 개념적 문제가 존재한다. 노조의 효용함수는 정확히 어디로부터 오는가? 노조는 한 명의 사람이 아니며 많은 근로자들로 구성되어 있다. 만약 모든 근로자들이 임금과 고용에 대해 동일한 선호를 가지고 있고 지도부가 민주적으로 선출된다면, 노조의 선호는 전형적인 근로자의 선호와 정확히 동일할 것이다. 그러나 모든 근로자들이 동일한 선호를 가지고 있다고 말하기는 어렵다. Henry S. Farber, "Individual Preferences and Union Wage Determination," *Journal of Political Economy* 86 (October 1978): 923-942를 참조하라.

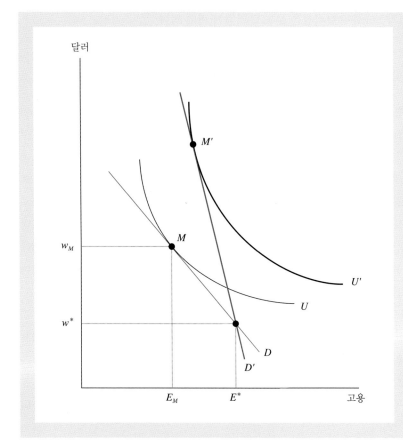

그림 10-3

독점적 노조

독점적 노조는 수요곡선 D상의 점들 중에서 노조의 무차별곡선과 접하는 점을 선택함으로써 효용을 극대화한다. 노조는 w_M의 임금을 요구하고 고용주는 고용을 (경쟁시장 수준 E^*으로부터) E_M으로 줄인다. 만약 수요곡선이 (D'과 같이) 비탄력적이라면, 노조는 보다 높은 임금을 요구하면서 더 높은 효용을 누릴 수 있을 것이다.

검토한 후 고용할 근로자들의 숫자를 결정한다.

독점적 노조모형에 따르면 노조의 임금 요구의 결과 일부 노동자는 일자리를 잃는다. 그러므로 노동에 대한 수요가 비탄력적일 때 노조가 더 높은 효용을 얻는다는 것은 놀라운 일이 아니다. 노동수요곡선이 [그림 10-3]의 D'(D보다 더 비탄력적)으로 주어진 경우 노조는 보다 높은 임금(M'점)을 요구하고 보다 높은 무차별곡선으로 이동할 것이다. 왜냐하면 높은 임금에도 불구하고 고용은 그리 많이 감소하지 않기 때문이다.

마셜의 파생수요법칙에 관해 우리가 논의했던 바와 같이, 노조는 기업으로 하여금 노조원과 비노조원 간에 노동을 대체하기 어렵게 만들고 소비자로 하여금 유노조 기업과 무노조 기업의 생산품 간에 대체하기 어렵게 만듦으로써 노동수요의 탄력성에 영향을 미치고자 한다. 노조 가입 여부를 선택하는 것은 근로자이기 때문에, 노조 조직화 시도는 노동수요곡선이 비탄력적인 기업에서 더 성공적일 것이다. 사실 증거들이 제시하는 바에 따르

면, 유노조 기업의 노동수요탄력성은 무노조 기업에 비해 작다.[13]

10-4 정책 응용 사례 : 노동조합의 효율성 비용

독점적 노조모형에서 암시하고 있는 임금-고용의 해는 비효율적이다. 왜냐하면 노조가 국민소득(national income)에 대한 노동 기여분의 총가치를 감소시키기 때문이다. 만약 고용주들이 노조가 강제하는 임금인상의 결과 수요곡선을 따라 이동한다면, 노조는 유노조 기업의 고용을 감소시키고 (해고된 노동자들이 무노조 일자리로 이동하는 경우) 무노조 기업의 고용을 증가시킨다. 임금(그리고 노동의 한계생산의 가치)이 두 부문 사이에 서로 다르기 때문에 노동조합은 경제에 비효율성을 초래한다. 무노조 기업이 고용하는 마지막 근로자의 생산성은 그 사람이 유노조 일자리에 고용되었다면 더욱 높았을 것이다. 그러므로 일부 근로자들이 부문 간에 재배정되었다면, 국민소득에 대한 노동 기여분의 가치는 증가했을 것이다.[14]

[그림 10-4]는 이러한 효율성 손실을 예시하고 있다. 경제에 두 부문(부문 1과 부문 2)이 존재한다. 부문 1의 노동수요곡선은 D_1, 부문 2의 노동수요곡선은 D_2로 주어져 있다. 설명의 편의를 위해 두 수요곡선이 동일한 그래프상에 그려져 있다. 부문 1의 수요곡선은 통상적인 방식으로 그려져 있는 반면, 부문 2의 수요곡선은 오른쪽에서 왼쪽으로 향한다. 마지막으로, 노동공급은 비탄력적이어서 전체 $\bar{H}$의 근로자들이 두 부문 중 하나에 고용되어야 한다고 가정하자.

노동조합이 없을 때 경쟁임금은 w^*와 같다. 이 임금수준에서 모든 근로자는 일자리를 얻는다. 부문 1은 E_1의 근로자를, 부문 2는 E_2(혹은 $\bar{H} - E_1$)의 근로자를 고용한다. 노동수요곡선은 노동의 한계생산의 가치를 표현하기 때문에, 수요곡선 아래의 영역은 전체 생산물의 가치를 나타낸다. 그러므로 최초 균형에서 부문 1의 산출물의 가치는 사다리꼴 $ABCD$ 영역과 같고, 부문 2의 산출물의 가치는 사다리꼴 $A'BCD'$ 영역과 같다. 이 두 영역의 합은 국민소득과 같다.

독점적 노조가 부문 1의 근로자들을 대표하면서 이 부문의 임금을 w_U로 인상시킨다고 가정하자. 유노조 부문의 고용은 E_1'으로 감소하기 때문에, 무노조 부문의 고용은 E_2'으로 상승하고 무노조 부문의 임금은 w_N으로 하락해야 한다.

유노조 부문의 산출물의 가치는 이제 사다리꼴 $AEGD$로 주어지고, 무노조 부문의 산

---

13 Richard B. Freeman and James L. Medoff, "Substitution between Production Labor and Other Inputs in Unionized and Nonunionized Manufacturing," *Review of Economics and Statistics* 64 (May 1982): 220-233.

14 Albert Rees, "The Effects of Union on Resource Allocation," *Journal of Law and Economics* 6 (October 1963): 69-78; and Robert Defina, "Unions, Relative Wages, and Economy Efficiency," *Journal of Labor Economics* 1 (October 1983): 408-429.

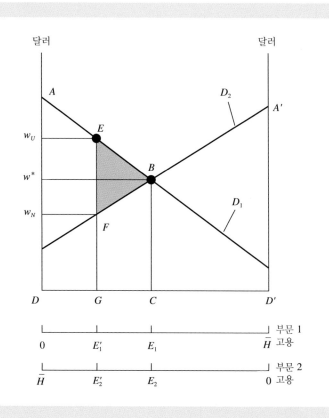

그림 10-4

노동조합과 노동시장 효율성

노조가 없는 경우 경쟁임금은 w^*이고 국민소득은 $ABCD$와 $A'BCD'$영역의 합으로 주어진다. 노조가 부문 1의 임금을 w_U로 증가시킨다. 해고된 근로자들은 부문 2로 이동하여 무노조 부문의 임금을 w_N으로 낮춘다. 이제 국민소득은 $AEGD$와 $A'FGD'$영역의 합으로 주어진다. 노동이 잘못 배분된 결과 국민소득은 삼각형 EBF 영역만큼 감소한다.

출물의 가치는 사다리꼴 $A'FGD'$으로 상승한다. 이들 두 영역의 합은 노조가 없는 경우의 국민소득보다 작고 그 차이는 진하게 표시된 삼각형 EBF라는 점에 주목하라. 이 삼각형은 유노조 부문에서 너무 적은 수의 근로자를 고용하고 무노조 부문에서 너무 많은 수의 근로자를 고용하고 있기 때문에 발생하는 사중손실이다.

[그림 10-4]의 분석은 노조로 인해 발생하는 효율성 손실을 계산하는 간단한 방법을 제안한다. 그림에서 진하게 표시된 삼각형 EBF의 크기는 다음과 같다.

$$효율성\ 손실 = \frac{1}{2} \times (w_U - w_N) \times (E_1 - E_1') \qquad (10\text{-}1)$$

이 방정식의 항들을 재정리하면, 효율성 손실이 국민소득에서 차지하는 비중을 다음과 같이 표현할 수 있다.[15]

---

15 식 (10-1)을 다음과 같이 다시 쓸 수 있다.

$$\frac{효율성\ 손실}{GDP} = \frac{1}{2} \times \frac{w_U - w_N}{w_N} \times \frac{E_1 - E_1'}{E_1} \times \frac{E_1}{\overline{H}} \times \frac{w_N \overline{H}}{GDP}$$

$$\frac{효율성\ 손실}{GDP} = \frac{1}{2} \times (노조임금과\ 비노조임금\ 간의\ 퍼센트\ 차이)$$
$$\times (유노조\ 부문\ 고용\ 감소의\ 퍼센트)$$
$$\times (노조에\ 가입한\ 근로자의\ 비중)$$
$$\times (국민소득\ 중\ 노동\ 기여분이\ 차지하는\ 비중) \qquad (10\text{-}2)$$

노조가 임금을 15% 상승시킨다고 가정하자. 나아가 유노조 근로자들에 대한 수요곡선이 단위 탄력적이어서 유노조 부문의 고용 역시 15% 감소한다고 가정하자. 마지막으로, 2017년 현재 전체 근로자의 11%가 노조에 가입하고 있으며, 노동 기여분이 국민소득에서 차지하는 비중은 0.7 정도이다. 이 값들을 식 (10-2)에 대입하면, 효율성 손실이 국민소득에서 차지하는 비중은 대략 0.1%($1/2 \times 0.15 \times 0.15 \times 0.11 \times 0.7$)보다 약간 작다. 미국의 국민소득은 2018년 현재 약 19조 달러이다. 그러므로 노조에 기인하는 효율성 손실액은 약 150억 달러로서 19조 달러의 경제규모에 비하면 상대적으로 적은 양이다.

10-5 효율적 교섭

앞서 살펴보았던 바와 같이, 독점적 노조모형이 제안하는 임금-고용 해는 노조가 국민소득에 기여하는 노동의 가치를 줄이기 때문에 비효율적이다. 이런 사실은 아마도 기업과 노조가 다른 쪽을 더 나쁘게 만들지 않으면서 적어도 한쪽이 더 좋아질 수 있는, 그리고 수요곡선상에 놓여 있지 않은 어떤 고용계약을 찾아낼 수도 혹은 동의할 수도 있음을 시사한다.

등이윤곡선

노동수요곡선으로부터 벗어남으로써 어떻게 노조와 기업 모두가 서로 이득을 볼 수 있는지를 보이기에 앞서, 먼저 기업의 등이윤곡선을 도출해보자. 등이윤곡선은 동일한 수준의 이윤을 산출하는 여러 개의 임금-고용 조합들을 말한다. 이윤을 극대화하는 기업은 동일한 하나의 등이윤곡선상에 놓여 있는 여러 개의 임금-고용 조합을 무차별하다고 생각한다.

임금이 w_0달러로 설정되어 있다고 가정하자. 이 경우 이윤을 극대화하는 기업은 [그림 10-5]의 노동수요곡선상의 점 P를 선택하고 100명의 근로자를 고용할 것이다. 이 임금-고용 조합은 어떤 특정한 수준의 이윤(가령 10만 달러)을 산출한다. 이와 동일한 수준의 이윤을 산출하는 다른 임금-고용 조합들이 존재하게 된다. 예를 들어, 기업이 100명의 근로자를 고용하지 않고 그보다 적은 50명의 근로자를 고용했다고 가정하자. 임금이 w_0로 그대로 유지되어 있다면 이 기업은 50명을 고용하는 대신 100명을 고용할 때 더 높은 이윤을 얻을 것이다. 결국 100명의 근로자는 임금 w_0에서 적절한(즉, 이윤을 극대화하는) 근

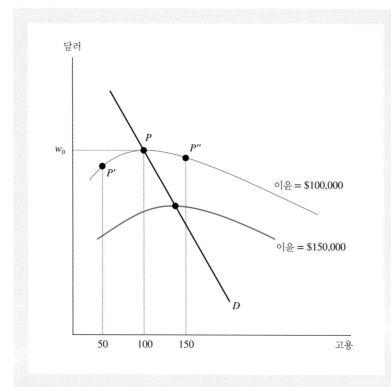

그림 10-5

노동수요곡선과 등이윤곡선

임금이 w_0라면 기업은 100명의 근로자를 고용함으로써 이윤을 극대화한다(그때의 이윤은 10만 달러이다). 만약 고용주가 50명의 근로자를 고용하면서 이윤을 똑같이 유지하려 한다면 임금을 낮추어야 한다. 마찬가지로, 고용주가 150명의 근로자를 고용하면서 이윤을 일정하게 유지하려 한다면, 역시나 임금을 낮추어야만 한다. 그러므로 등이윤곡선은 역 U자형으로 표현된다. 낮은 쪽의 등이윤곡선이 더 높은 이윤을 의미한다.

로자의 수이다. 그러므로 이 기업이 50명의 근로자를 고용하면서 동일한 이윤을 유지할 수 있는 경우는, 그림의 점 P'이 예시하는 바와 같이, 근로자들에게 보다 낮은 임금을 지불하는 경우뿐이다.

이번에는 기업이 '너무 많은' 근로자들, 가령 150명을 고용했다고 가정하자. 마찬가지로, 임금이 w_0라면 기업은 150명을 고용하는 대신 100명을 고용할 때 더 높은 이윤을 벌어들일 것이다. 150명을 고용하고도 기업이 동일한 이윤을 유지할 수 있는 유일한 방법은, [그림 10-5]의 점 P''과 같이, 더 낮은 임금을 지불하는 것이다. 그러므로 기업의 등이윤곡선은 역 U자형으로 표현되고, 그것이 노동수요곡선과 교차하는 지점에서 정점에 달한다.

우리는 등이윤곡선의 전체 집합을 도출할 수 있다. 하나의 곡선은 각 수준의 이윤을 나타낸다. 아래쪽에 위치한 등이윤곡선일수록 더 **높은** 이윤을 표현한다는 점을 기억하자. 예를 들어, [그림 10-5]에서 100명의 근로자를 고용하는 기업은 더 아래의 등이윤곡선(가령, 15만 달러의 이윤을 표시하는 등이윤곡선)에 위치한다면 이윤이 더 클 것이다. 이 경우 이 기업은 근로자들에게 더 낮은 임금을 지불할 것이다.

계약곡선

[그림 10-6]은 왜 기업과 노조 모두가 수요곡선으로부터 벗어날 유인이 있는지를 보여준다. 경쟁임금은 w^*이다. 이 임금수준에서 기업은 (점 P에 나타난 바와 같이) E^*의 근로자를 고용하고, π^*달러의 이윤을 얻는다. 노조에 가입한 근로자들이 P로 표시되는 임금-고용 제시안을 받아들인다면, 노조는 U^* 단위의 효용을 얻을 것이다.[16]

　독점적 노조라면 이 노조는 수요곡선상의 점 M을 선택할 것이다(이 경우 U_M 단위의 효용을 얻는다). 그러나 기업은 노조에게 점 Q로 이동하자고 설득하려고 할 것이다. 노조는 점 M과 점 Q로 표시되는 두 임금-고용 조합을 무차별하게 생각할 것이다(두 점 모두 동일한 무차별곡선상에 놓여 있다). 그러나 Q는 더 아래쪽의 등이윤곡선상에 놓여 있기 때문에, 기업은 더 좋아진다. 그러므로 수요곡선을 벗어나 점 Q로 이동함으로써 노조는 독점적 노조의 해인 점 M보다 더 나빠지지 않으면서 기업은 더 좋아지게 된다.

　마찬가지로, 노조는 회사에게 점 R로 이동하자고 설득하려고 할 것이다. 이 점에서 기업은 점 M에서와 동일한 수준의 이윤을 얻지만 노조는 무차별곡선 U_R로 옮겨갈 수 있기

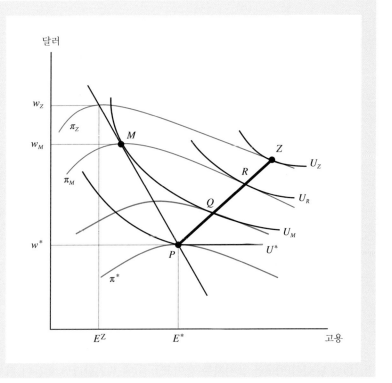

그림 10-6

효율적 계약과 계약곡선

경쟁임금 w^*에서 고용주는 E^*의 근로자들을 고용한다. 독점적 노조는 w_M의 임금을 요구함으로써 이 기업을 점 M으로 이동시킨다. 노조와 기업 모두 수요곡선으로부터 벗어남으로써 더 나은 상황에 도달할 수 있다. 점 R에서 노조는 더 나은 상황에 도달하고 기업은 점 M에서보다 상황이 더 나빠지지 않는다. 점 Q에서 고용주는 더 나은 상황에 도달하지만 노조는 점 M에서보다 상황이 더 나빠지지 않는다. 만약 양측이 모든 협상 기회들을 고려한다면, 기업과 노조는 계약곡선 PZ상에 있는 하나의 임금-고용 조합에 동의할 것이다.

16　무차별 곡선 U^*는 노조가 경쟁임금보다 낮은 임금 수준을 받아들이지 않도록 그려져 있다(무차별 곡선이 w^*에서 수평이 됨에 주목하라). 그에 따라 우리가 도출하려고 하는 계약곡선은 경쟁시장 해(점 P)로부터 출발하게 된다.

때문에 더 나은 상황에 도달하게 된다. 만약 노조와 기업이 수요곡선을 벗어나 Q와 R 사이의 어떤 점으로 이동하는 것에 합의할 수 있다면, 노조와 기업 모두 독점적 노조모형의 해인 점 M보다 더 나은 상황에 도달하게 된다.

손실을 발생시키지 않으면서 기업이 최대로 지불할 수 있는 임금이 w_z라고 가정하자. 이 임금수준에서 기업은 E_z의 근로자들을 고용한다. 이 임금-고용 조합을 통과하는 등이윤곡선은 π_z로 주어지고, 이 등이윤곡선은 0의 이윤을 산출하는 모든 임금-고용 조합들을 표현한다. 이 등이윤곡선은 기업이 제시할 용의가 있는 임금-고용 조합들의 상한선을 표현한다. 만약 기업이 영이윤의 등이윤곡선보다 위쪽에 위치한 어떤 점을 선택한다면, 손실이 발생할 것이고 기업은 도산할 것이다.

그러므로 노조와 기업 모두에게 유익하면서 수요곡선 밖에 위치한 많은 임금-고용 조합들이 존재한다. 곡선 PZ는 노조의 무차별곡선이 기업의 등이윤곡선과 접하는 모든 점들을 표시한다. 이들 임금-고용 조합은 파레토 최적(Pareto optimal)이다. 왜냐하면 이 곡선상의 어느 점에서든 계약이 성립되는 경우 이 계약으로부터 벗어나게 되면 두 당사자 중 한쪽의 후생은 증가하지만 다른 쪽의 후생은 반드시 감소하기 때문이다. 곡선 PZ를 계약곡선(contract curve)이라고 부른다. 만약 노조와 기업이 계약곡선상의 하나의 임금-고용 조합에 동의한다면, 그 결과 도출되는 계약은 효율적 계약(efficient contract)이라고 부른다.[17]

계약곡선상의 두 끝점은 단체교섭 과정에서 도달 가능한 결과들의 범위를 정한다. 점 P에서 노조 근로자들은 경쟁임금을 받고 기업은 지대 모두를 누리게 된다. 점 Z에서는 모든 지대가 근로자들에게로 이전되고 기업은 0의 이윤을 얻는다. 그러므로 계약곡선은 노사 간 협상의 토대를 제공한다.

계약곡선이 수요곡선의 오른편에 위치한다는 점에 주목하자. 임의의 주어진 임금수준에서 효율적 계약은 독점적 노조 모형에서 관측된 것보다 더 많은 고용으로 이어진다. 다르게 표현하자면, 효율적 계약이 시사하는 바에 따르면 노사관계는 노조가 더 높은 임금을 요구하고 기업이 수요곡선을 따라 상향 이동하는 반응을 보이는 방식의 특징을 갖지 않는다. 그 대신 효율적 계약은 노조와 기업이 임금과 고용 모두를 대상으로 협상을 진행함을 의미한다.

효율적 계약은 또한 유노조 기업이 과잉고용 상태에 있게 됨을 시사한다. 즉 기업은 '시장' 임금에서 기업이 고용했을 수량보다 훨씬 많은 수의 근로자를 고용하게 된다. 과잉고용의 사례들은 유노조 시장에서 흔히 볼 수 있다. 예를 들어, 항공사는 한 기종의 비행기

---

17 효율적 계약 모형의 기원은 Wassily Leontief, "The Pure Theory of the Guaranteed Annual Wage Contract," *Journal of Political Economy* 54 (February 1946): 76-79; and Ian McDonald and Robert Solow, "Wage Bargaining and Employment," *American Economic Review* 71 (December 1981): 896-908에 있다.

를 운항하기 위해 두 명의 조종사만이 필요하지만, 노조와의 계약은 기업으로 하여금 세 명을 고용하도록 요구할 수 있다. 이 경우 기업과 노조는 '일을 만드는' 협상, 즉 업무를 많은 직원들에게 나누어 주는 과잉고용(featherbedding practices)을 위한 협상을 해야 한다.[18]

강하게 효율적인 계약

[그림 10-7]에는 계약곡선의 흥미로운 모양 하나, 즉 수직선 PZ가 예시되어 있다. 이 경우 기업은 노조가 있든 없든 무관하게 동일한 숫자의 근로자 E^*를 고용한다. 이와 같이 계약곡선이 수직인 경우, 노사 간 타결된 계약은 강하게 효율적인 계약(strongly efficient contract)이라고 불린다. 유노조 기업이 경쟁시장 수준의 근로자들을 고용하기 때문이다.

수직의 계약곡선상에서는 타결된 계약의 내용과 무관하게 고용수준이 동일하므로 기업의 산출량과 수익 역시 동일하다. 그 결과 수직의 계약곡선은 실질적으로 고정된 크기의 파이가 노사 간에 나뉠 수 있는 많은 방법을 묘사한다. 기업의 이윤은 확실히 수직선 PZ

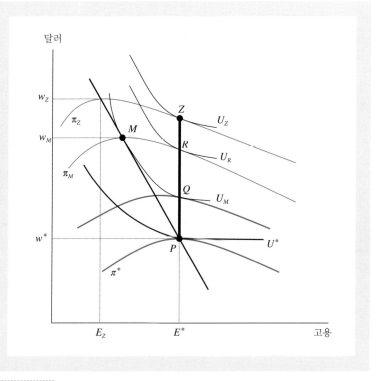

그림 10-7

강하게 효율적인 계약

계약곡선 PZ가 수직인 경우 기업은 노조가 없었을 때 고용했을 수량과 동일한 숫자의 근로자들을 고용한다. 이 경우 노조와 기업은 계약곡선상에서 상하 이동하면서, 고정된 크기의 파이를 서로 나눠 갖는다. 점 P에서 고용주는 모든 지대를 갖고, 점 Z에서는 노조가 모든 지대를 갖는다.

18 George E. Johnson, "Work Rules, Featherbedding, and Pareto-Optimal Union-Management Bargaining," *Journal of Labor Economics* 8 (January 1990, Part 2): 212-242.; Steven G. Allen, "Union Work Rules and Efficiency in the Building Trades," *Journal of Labor Economics* 4 (April 1986): 212-242.

상에서 구체적으로 어느 점이 선택되느냐에 달려 있다. 점 *P*에서 기업은 모든 초과 이윤을 가져간다. 기업과 노조가 계약곡선상에서 상향 이동함에 따라 노조는 점점 더 많은 지대를 갖게 된다. 그러므로 수직의 계약곡선상의 한 점을 선택하는 것은 동일한 파이를 쪼개는 방법 하나를 정하는 문제와 동일하다.

유감스럽게도, '효율적 계약'이라는 용어는 오늘날 계약곡선이 수직이든 아니든 상관없이 계약곡선상의 모든 계약에 공통적으로 적용되고 있다. 우상향하는 계약곡선상의 임금-고용 조합들이 효율적이라는 것은 이들 조합이 노사 간 협상의 모든 기회들을 전부 포괄한다는 의미이다. 다시 말해, 이들 이외의 다른 임금-고용 조합들에서는 상대방의 희생을 전제로 할 때만 자신의 후생을 향상시킬 수 있다. 그러나 이들 효율적인 임금-고용 조합은 자원배분의 관점에서는 효율적이지 못하다. 왜냐하면 유노조 기업들은 완전경쟁시장 상태에서 고용했을 법한 숫자의 근로자들을 고용하고 있지 않기 때문이다.

그러나 수직의 계약곡선상에 있는 임금-고용 조합들은 두 가지 서로 다른 의미에서 효율적이다. 첫째, 이 조합들은 노사 간 모든 가능한 협상 기회들을 포괄한다. 둘째, 기업은 '적절한' 수의 근로자들을 고용하기 때문에 노조는 노동의 배분을 왜곡하지 않으며 국가 경제에 사중손실도 야기하지 않는다.

효율적 계약에 관한 증거

계약곡선은 노조와 기업이 임금과 고용에 대해 협상할 수 있는 범위를 정의한다. 단체교섭 과정에서 많은 가능성이 계약곡선상의 하나의 점으로 좁혀진다. 어떤 점이 선택되는가의 여부는 교섭에 참가하는 두 당사자의 협상력에 달려 있다. 효율적 계약을 다룬 우리의 분석이 시사하는 바에 따르면, 협상과정이 어떻게 종료되는지와 무관하게 기업과 노조 양측은 수요곡선으로부터 벗어나려 할 것이다.

노조와 기업이 실제로 효율적 계약에 도달하는지를 알아보고자 하는 많은 실증연구들이 있다. 이 분야의 많은 연구들은 유노조 기업의 고용을 노조원의 임금과 그 산업의 경쟁임금에 회귀시키는 회귀모형을 추정한다. 만약 노조가 독점적 노조처럼 행동한다면, 유노조 기업의 고용수준은 노조원의 임금에만 좌우될 뿐 그 산업의 경쟁임금으로부터는 영향을 받지 않을 것이다. 반대로, 만약 노조 계약들이 강하게 효율적이면, 유노조 기업의 고용수준은 노조원의 임금과는 무관해야 하고, 대신 경쟁임금이 고용에 영향을 미칠 것이다.

기존 연구들의 결과에 따르면, 유노조 기업의 임금-고용 결과물은 노동수요곡선상에 놓여 있지 않은 것으로 보인다.[19] 1946년도까지 노조원 임금과 고용 자료를 확보할 수 있

---

19 Thomas E. MaCurdy and John H. Pencavel, "Testing between Competing Models of Wage and Employment Determination in Unionized Markets," *Journal of Political Economy* 94 (June 1986): S3-S39; and James N. Brown and Orley Ashenfelter, "Testing the Efficiency of Employment Contracts," *Journal of Political Economy* 94 (June 1986): S40-S87. 또한, Randall W. Eberts and Joe A. Stone, "On the Contract Curve: A Test of Alternatives

는 국제전기통신노조의 단체교섭 협상 결과를 면밀히 분석한 바에 따르면, 노조의 고용은 효율적 계약모형이 암시하는 바와 같이 노동시장의 경쟁임금의 영향을 받는다. 그러나 계약곡선이 수직인지의 여부에 대해서는 의견이 다소 분분하다. 몇몇 연구들이 발견한 바에 따르면, 노조원 고용은 노조원 임금에 대해서도 민감하게 반응한다. 이것은 기업이 노조 임금수준과는 무관하게 경쟁시장 수준에서 고용량을 결정한다는 가설과는 상반된다.

수직의 계약곡선을 지지하는 가장 강력한 증거는 노조 계약의 시점과 주식시장에서 평가된 기업의 가치 사이의 관계를 다룬 연구로부터 도출된다.[20] 이 분석에 의하면, 노조 근로자들에게 돌아가는 지대량이 예상치 못하게 1달러 늘어나는 경우 기업의 가치(즉, 주주의 재산)는 정확히 1달러만큼 줄어든다. 이러한 결과는 계약곡선이 수직일 경우 우리가 발견할 것으로 예상하는 것과 정확히 동일하다. 왜냐하면, 나누어지는 파이의 크기가 고정되어 있고, 노사 간에는 이 지대를 정확히 1대 1의 비율로 나누어야 하는 이해관계의 충돌이 존재하기 때문이다.[21]

노조 유무와 주주들의 재산 사이의 강력한 관계를 눈으로 쉽게 확인하는 방법은 대표자격 부여 선거에서 노조가 성공할 때 특정 기업의 가치에 무슨 일이 일어나는지를 단순히 추적해 보는 것이다. 1999년 3월에 대규모 리넨(섬유의 일종) 공급자인 전국 리넨 서비스 주식회사(National Linen Service Corp., NLS)의 근로자들은 의복·섬유산업 노동조합을 통해 노조를 조직하는 투표에서 압도적인 지지를 표시했다. [그림 10-8]은 이 선거 전후 4년의 기간 동안 NLS 주식의 누적 수익률을 보여준다. 이 선거 이전에 NLS 주식의 수익률 추세는 대체로 전체 주식시장의 추세와 유사하다. 이 선거 직후 NLS 주식의 수익률은 하락하기 시작했다. 2년 후 NLS 주식의 가격은 약 25% 하락한 반면 전체 주식시장 인덱스는 50% 상승했다.

10-6 파업

경제학자들은 왜 파업이 일어나는지를 설명하는 데 상당한 어려움을 겪어 왔다.[22] 이 문제

Models of Collective Bargaining," *Journal of Labor Economics* 4 (January 1986): 66-81도 참조하라.

20 John M. Abowd, "The Effect of Wage Bargains on the Stock Market Value of the Firm," *American Economic Review* 79 (September 1989): 774-800.

21 많은 연구들이 분배 비율, 즉 노조 근로자들에게 분배되는 지대의 비율을 추정하고자 시도하였다. 추정치는 0.1에서 0.7까지의 범위에서 변동한다. Svejnar, "Bargaining Power, Fear of Disagreement and Wgae Settlements: Theory and Evidence from U.S. Industry," *Econometrica* 54 (September 1986): 1055-1078; John M. Abowd and Thomas Lemieux, "The Effects of Product Market Competition on Collective Bargaining Agreements: The Case of Foreign Competition in Canada," *Quarterly Journal of Economics* 108 (November 1993): 983-1014; and Louis N. Christofides and Andrew J. Oswald, "Real Wage Determination and Rent-Sharing in Collective Bargaining Agreements," *Quarterly Journal of Economics* 107 (August 1992): 982-1002를 참조하라.

22 John Kennan, The Economics of Strikes," in Orley C. Ashenfelter and Richard Layard, editors, *Handbook of Labor*

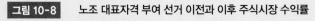

그림 10-8 노조 대표자격 부여 선거 이전과 이후 주식시장 수익률

출처 : David S. Lee and Alexander Mas, "Long-Run Impacts of Unions on Firms : New Evidence from Financial Markets, 1961-1999," *Quarterly Journal of Economics* 127 (February 2012) : 333-378

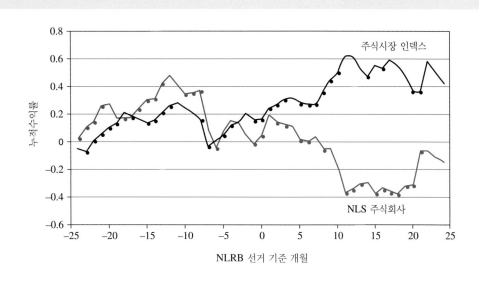

는 간단하게 표현할 수 있다. 노사 간에 나눌 수 있는 지대의 가치가 100달러라고 가정하자. [그림 10-9]에 제시된 우하향하는 직선은 이 지대가 분배될 수 있는 다양한 방법들을 제시하고 있다. 회사는 점 R_F가 표현하는 식으로 지대를 나눌 것을 제안한다. 이때 회사는 75달러를 갖고 노조는 25달러를 갖는다. 노조는 점 R_U에 해당하는 대응 제안을 한다. 이때 노조는 75달러를 갖고 회사는 25달러를 갖는다. 어느 쪽도 상대방에게 양보하고 싶어 하지 않기 때문에, 파업이 일어난다.

그러나 파업은 양측 모두에게 비용을 유발한다. 기업의 이윤은 감소하고, 고객을 영구적으로 잃을 수 있으며 대중에게 널리 알려진 파업은 브랜드 가치를 떨어뜨린다. 그 결과, 나눌 수 있는 파이의 크기는 작아지고 양측은 최종적으로 점 S에서 합의에 이른다. 이 점에서 양측은 각각 40달러씩을 갖는다. 회사가 얻은 파이 조각은 노조가 제시하려 했던 것보다는 크다(즉 40달러 대 25달러). 그리하여 회사는 자신이 '승리했다'고 주장할 수 있다. 마찬가지로, 노조는 회사가 제시하려 했던 것보다는 더 큰 파이 조각을 얻는다(즉, 25달러 대 40달러). 그리고 노조 역시 자신들이 '승리했다'고 주장할 수 있다.

그러나 양측은 공허한 승리를 얻었다. 만약 양측이 최종 결과를 예측했다면, 그들은

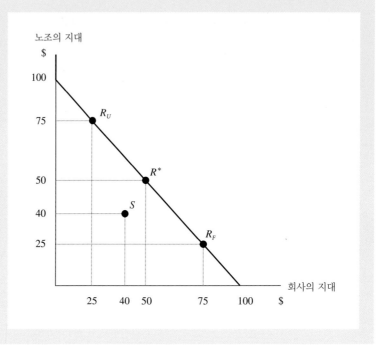

그림 10-9

힉스 패러독스

회사는 R_F 지점의 제안을 하여 75 달러를 갖고 노조에게 25달러를 준다. 노조는 점 R_U를 원하며 조합원들에게 75달러를 주고 회사에게 25달러를 준다. 양측은 합의에 도달하지 못하고 파업이 일어난다. 파업은 많은 비용을 발생시키고, 파업 후 협약은 점 S에서 일어난다. 양측은 40달러씩을 갖는다. 양측은 파업 이전에 R^*에서 합의할 수도 있었다. 그 경우 양측은 더 나은 상황에 이르렀을 것이다.

파업 이후의 결과와 비교할 때 서로에게 더 나은 상황이 될 수 있었던 다른 분배안들(가령, 양측 모두 50달러를 갖는 점 R^*)에 합의했을 것이다. 다시 말해, 파업은 파레토 최적이 아니다. 양측이 파업의 비용과 가능한 결과에 대해 어느 정도 좋은 정보를 가지고 있다면, 파업을 일으키는 것은 합리적이지 못하다. 파업이 가진 이와 같은 비합리성은 힉스 패러독스(Hicks paradox)라고 알려져 있다.[23]

파업과 비대칭 정보

힉스 패러독스를 벗어나기 위해 창의적인 모형들이 많이 제안되어 왔다. 이 모형들은 대개 근로자들이 회사의 재정상태에 대해 잘 알지 못하여 파이의 크기와 회사가 양보할 용의가 있는 몫에 대해 비합리적으로 낙관적인 기대를 가지고 있기 때문에 파업이 발생한다는 점을 강조한다. 사실, 협상 테이블에는 정보의 비대칭성(asymmetric information)이 존재한다. 회사는 노조나 근로자들이 아는 것보다 파이의 크기에 대해 더 잘 알고 있다.[24]

---

23 파업의 비합리성은 John R. Hicks, *The Theory of Wages*, London: Macmillan, 1932가 처음으로 주목하였다.

24 Orley C. Ashenfelter and George E. Johnson, "Bargaining Theory, Trade Unions, and Industrial Strike Activity," *American Economic Review* 74 (March 1969): 35-49. 또한 Beth Hayes, "Unions and Strikes with Asymmetric Information," *Journal of Labor Economics* 2 (January 1984): 57-83; John Schnell and Cynthia Gramm, "Learning by Striking: Estimates of the Teetotaler Effect," *Journal of Labor Economics* 5 (April 1987): 221-241를 참조하라.

근로자들이 회사의 재정상태에 대해 알지 못하기 때문에, 파업은 근로자들에게 '교훈을 가르쳐준다'. [그림 10-10]에는 배운 교훈을 요약하는 노조저항곡선(union resistance curve)이 제시되어 있다. 파업 이전 파이의 크기에 관한 불완전한 정보에 기초해 노조는 아마도 비현실적인 최초 임금 요구안 w_0를 제안한다. 파업이 발생하고 지속되는 것은 노조에게 회사가 노조의 생각만큼 수익성이 좋지 않다는 신호를 보내고, 이는 노조로 하여금 자신의 요구를 완화하도록 유도한다. 게다가 노조의 일반 조합원들은 긴 파업 기간 동안 보수를 받지 못한다는 것을 알게 되고 그로 인해 노조의 임금인상 요구는 더욱 완화된다. 파업이 길어질수록 노조가 요구하는 임금은 더욱 낮아진다. 결국, 노조가 요구하는 임금은 자신이 받아들일 용의가 있는 최저임금인 w_{min}까지 하락한다.

회사는 시간이 지남에 따라 노조가 그 요구를 완화할 것임을 알고 있다. 파업이 끝날 때까지 기다리면 회사는 확실히 더 낮은 인건비를 지불하게 되겠지만, 파업은 비용을 수반한다. 그러므로 회사는 노조의 초기 임금 요구에 굴복하는 경우의 이윤의 현재가치와, 파업이 한 주, 두 주 등과 같이 지속될 때의 이윤의 현재가치를 비교하려 할 것이다. 이런 과정에서 회사는 이윤의 현재가치를 극대화시키는 파업기간을 선택한다. 이러한 선택은 간단한 상충관계에 의해 결정된다. 즉, 만약 회사가 너무 일찍 굴복하면 증가된 인건비는 이윤을 갉아먹을 것이다. 만약 회사가 협상이 타결될 때까지 너무 많은 시간을 기다리면, 파업의 비용은 상당한 규모일 수 있다.

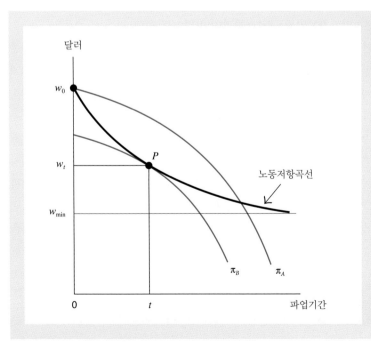

그림 10-10

파업의 최적 지속기간

파업이 길게 지속될수록 노조는 요구 임금을 조정할 것이다. 이것은 우하향하는 노조저항곡선을 만들어낸다. 고용주는 노조저항곡선상의 점 중 가장 아래쪽에 위치한 등이윤곡선에 해당하는 점을 선택한다. 이 점은 점 P이다. 파업은 t기간 지속되고 파업 후 체결된 협약 임금은 w_t이다.

[그림 10-10]은 파업의 '최적' 기간이 어떻게 결정되는지를 보여준다. 기업의 이윤 기회들은 등이윤곡선으로 요약된다. π_A로 표시된 등이윤곡선은 A달러 가치의 이윤을 산출하는 타결임금과 파업기간의 여러 조합들을 표시한다. 파업 지속기간이 길수록 타결된 임금수준이 낮아지는 경우에만 회사는 파업기간이 긴 경우와 짧은 경우를 무차별하게 생각할 것이기 때문에, 등이윤곡선은 우하향해야 한다. 게다가 아래쪽의 등이윤곡선이 높은 수준의 이윤을 표시한다. 왜냐하면 주어진 임의의 파업기간에 대해 회사는 더 낮은 임금을 주는 것이 유리하기 때문이다. 따라서 그림에서 π_B로 표시된 등이윤곡선은 π_A보다 더 높은 수준의 이윤을 표현한다.

그림에 나타난 바와 같이, 등이윤곡선 π_A는 회사가 노조의 초기 임금 요구를 받아들였을 경우의 이윤을 표시한다. 회사가 노조의 임금저항곡선의 형태를 안다고 가정하자. 이 경우 회사는 그 곡선상의 점들 중 이윤을 극대화하는 점을 선택할 것이다. 그러므로 회사는 가능한 한 가장 아래쪽의 등이윤곡선으로 이동할 것이고, 등이윤곡선과 노조저항곡선이 접하는 점, 즉 [그림 10-10]의 점 P를 선택함으로써 이윤을 극대화한다. '최적' 파업 — 즉, 주어진 노조저항곡선에 대해 기업의 이윤을 극대화하는 파업 — 은 t주 동안 지속되고 타결된 임금은 w_t달러가 된다.

파업활동의 결정요인에 관한 실증분석

파업이 언론 보도에서는 비중 있게 다루어지지만, 미국에서 파업활동의 정도는 1950년대 이래 급격하게 감소하였다. 예를 들어, 1955년에는 210만 명의 근로자들이 파업에 참여했다. 2010년에는 단 4만 5,000명의 근로자들만이 파업에 참여했다.

파업활동을 분석한 기존 연구는 파업활동이 보다 빈번했던 시절에 생성된 데이터를 주로 이용하는데, 이 연구들은 노조저항곡선이 암시하는 바와 같이 노조들이 실제로 파업기간에 대응해 자신의 요구를 완화한다고 이야기한다. 합의된 임금수준은 파업이 50일 지속된 후에는 2% 정도, 그리고 파업이 100일 지속된 이후에는 4%가량 떨어진다.[25]

파업이 발생하는 이유를 이해하려는 모형들이 사용하는 핵심 가정은 회사가 자신의 재정상태에 대해 근로자들보다 더 잘 안다는 것이다. 그리고 실제로 노조가 회사의 재정상태에 대해 잘 알지 못하는 경우 파업 발생 가능성이 더 높은 것처럼 보인다. 특히 파업활동과 회사 주식가치의 변동성 사이에는 양의 상관관계가 존재한다.[26] 주식시장에서의 변동성은 회사의 재정상태에 대해 투자자들(그리하여 근로자들)이 확신하지 못하는 상황을

---

25 Sheena McConnell, "Strikes, Wages, and Private Information," *American Economic Review* 79 (September 1989): 801–815; and David Card, "Strikes and Wages: A Test of an Asymmetric Information Model," *Quarterly Journal of Economics* 105 (August 1990): 625–659.

26 Joseph S. Tracy, "An Empirical Test of an Asymmetric Information Model of Strikes," *Journal of Labor Economics* 5 (April 1987): 149–173.

이론의 현장 적용 노사분쟁의 비용

2000년 8월, 파이어스톤사와 포드사는 1,440만 개의 타이어에 대한 리콜을 발표하였다. 리콜을 하던 시점에 이들 타이어 중 600만 개 이상이 여전히 도로 위에 있었고 대부분은 포드사의 익스플로러 차량에 장착되어 있었다. NHTSA(National Highway Traffic Safety Administration, 고속도로 교통안전위원회)는 리콜의 대상이 된 타이어 모델들이 271명의 사망자와 800명 이상의 부상자를 낳은 타이어 결함과 관련이 있다고 보고하였다. 결함의 가장 일반적인 원인은 트레드 파열, 즉 고무 트레드가 철 벨트로부터 분리되어 타이어가 터지게 되는 결함에 있었다.

리콜된 타이어의 상당량은 격렬한 노사분쟁에 휘말렸던 브릿지스톤/파이어스톤사의 공장들에서 생산되었던 것으로 판명되었다. 브릿지스톤/파이어스톤사가 근로자들을 8시간 교대제에서 12시간 교대제로 전환하고 신규 고용된 근로자들의 임금을 30% 삭감해야 한다고 주장한 후, 4,200명의 근로자들이 1994년 7월에 파업에 돌입했다. 이 파업은 브릿지스톤/파이어스톤사의 11개 북미 공장들 중 3개 공장의 근로자들에게 영향을 미쳤고, 그 3개 중 하나는 일리노이주의 디케이터에 위치한 공장이었다. 회사는 대체 인력들을 고용하였다. 1995년 5월경 디케이터 공장은 1,048명의 대체 인력과 파업에 참여하지 않은 371명의 정규직 직원들을 고용하였다. 디케이터 공장은 중요한 존재이다. 왜냐하면 문제가 된 타이어들의 거의 3분의 1 정도가 여기에서 생산되었고, 이 공장에서 생산된 타이어들의 결함률이 가장 높기 때문이다. 1995년 5월, 파업이 시작된 지 거의 1년 만에, 노조는 조건 없이 직장으로 복귀하겠다고 제안하였지만, 파이어스톤사

는 대체 인력을 정규직으로 유지하겠다고 발표하였다. 모든 직원들을 다시 부르겠다는 조항을 포함하는 최종적인 합의는 1996년 12월에서야 이루어졌다.

복귀한 직원들에 대한 근무 조건은 열악했다. 미국의 철강노조 연맹이 작성한 보고서의 주장에 따르면, "파업 참가자들은 자신들이 10년, 20년, 심지어 30년 동안 해왔던 작업이 아니라 가장 상태가 나쁜 기계에서 가장 힘든 작업을 하도록 배정되었다." 회사의 감독자들은 현장에서 매일 사소한 위반사항을 저지른 노조원들을 괴롭히고 겁주었고 해고하겠다 위협했다." 노조 측에서도 근로자들에게 비슷한 강도의 시련을 주었다. 노조는 파업을 포기하고 나갔던 노동자들이 다시 노조에 가입하려 할 경우 4,500달러의 벌금을 부과하였다.

타이어 제조는 복잡하고 노동집약적인 작업이다. 디케이터 공장의 생산라인은 자동화되어 있지 않았으므로 근로자들은 타이어를 철 벨트에 감을 때 얼마나 많은 노력을 투입할지를 스스로 결정하는 재량권을 가지고 있었다. "1995년 일리노이주의 디케이터 공장에서 생산된 타이어 400개 중 1개는 트레드 파열 때문에 2000년까지의 보증기간 이전에 반품되었다"는 점이 발견되었다. 사실 노사분쟁 기간 동안 디케이터에서 제조된 타이어들의 결함률은 그 분쟁 이전이나 이후에 이 공장에서 생산된 타이어들이나, 다른 공장들에서 생산된 타이어들의 결함률보다 더 높았다.

출처 : Alan B. Krueger and Alexandre Mas, "Strikes, Scabs and Tread Separations : Labor Strike and the Production of Defective Bridgestone/Firestone Tires," *Journal of Political Economy* 112 (April 2004) : 253-289.

반영한다.

생산물과 수익의 소멸이라는 형태로 발생하는 파업의 비용은 파업활동을 억제하는 하나의 중요한 요인이다. 전형적인 기업의 경우 파업으로 인한 비용은 상당한 수준이고 회사의 시장 가치에 빠르게 반영된다. 파업이 주주들의 부의 가치를 감소시키기 때문이다.[27]

27 Brian Becker and Craig Olson, "The Impact of Strikes on Shareholder Equity," *Industrial and Labor Relations Review* 39 (April 1986): 425-438; and John DiNardo and Kevin F. Hallock, "When Unions' Mattered': Assessing the Impact of Strikes on Financial Markets," *Industrial and Labor Relations Review* 55 (January 2002):

그러나 파업의 '사적' 비용과 '사회적' 비용의 차이를 강조하는 것은 중요하다. 파업의 사적 비용이란 기업과 노조원들이 직접 부담하는 비용이고, 사회적 비용이란 전체 경제에서 사라져 버린 생산물 및 다른 산업들에 미치는 부정적인 파급효과를 포함한 비용을 말한다.

사회적 비용이 상당할 수 있다는 인식으로부터, 1947년 태프트·하틀리 법에서는 '숙려조항(cooling-off provision)'을 제정하기에 이르렀다. 이 조항은 대통령에게 80일 동안의 숙려기간을 선언할 수 있는 권한을 부여해 노사가 협상을 지속해 합의에 도달하도록 만들었다. 이 조항의 가장 유명한 사례는 1959년에 발생하였다. 이때 아이젠하워 대통령은 이 조항을 적용해 116일간의 철강 파업을 종료시켰다. 가장 최근에는 조지 W. 부시 대통령이 2002년 10월에 이 조항을 적용하였다. 이때 그는 태평양 해운 협회로 하여금 웨스트 코스트 29번 항구에서 일하는 1만 500명의 항만 근로자들에 대한 직장폐쇄(lockout)를 끝내도록 명령하였다.

10-7 노조의 임금효과

노조는 노조원들의 임금을 얼마나 상승시킬까?[28] 우리는 '노조의 임금효과'가 도대체 무엇을 의미하는지를 정확히 정의하는 것으로부터 시작하고자 한다. 어떤 근로자 i는 무노조 일자리에서 일하는 경우 w_N^i의 임금을 받고, 그 회사에 노조가 생기는 경우 w_U^i의 임금을 받을 것이라고 가정하자. 이 근로자의 경우 임금 상승분의 퍼센트는 다음과 같다.

$$\Delta_i = 근로자\ i에\ 대한\ 임금\ 상승분\ 퍼센트 = \frac{w_U^i - w_N^i}{w_N^i} \tag{10-3}$$

노동시장에 k명의 근로자들이 있다고 가정하자. 이 경우 우리는 근로자들이 노조에 가입하는 경우 각 근로자의 임금상승분이 어느 정도일지를 계산해, 노조 임금상승분(union wage gain)을 다음과 같은 평균 값으로 정의할 수 있다.

$$노조\ 임금상승분 = \frac{\Delta_1 + \Delta_2 + \cdots + \Delta_k}{k} \tag{10-4}$$

우리가 알고자 하는 것은 식 (10-4)의 노조 임금상승분의 크기이지만, 이 통계치는 계산하기 매우 어렵다. 우리는 한 근로자가 무노조 일자리에 받을 임금액과, 그 일자리가 갑자기 유노조 일자리가 되는 경우 받게 될 임금액을 알아야만 한다. 대체로 우리는 두 임금

219-233.

28 이 질문을 다룬 방대한 문헌들을 포괄적으로 요약한 연구로는 H. Gregg Lewis, *Union Relative Wage Effects*: A Survey, Chicago: University of Chicago Press, 1986이 있다.

중 하나(즉, 유노조 일자리 임금 혹은 무노조 일자리 임금)만을 관측한다. 그 결과 우리
는 매우 다른 종류의 유노조-무노조 임금격차를 계산하게 된다. 유노조 일자리의 평균임
금이 $\overline{w}_U$, 무노조 일자리의 평균임금이 $\overline{w}_N$이라고 가정하자. 이 경우 노조 임금격차(union
wage gap)는 다음과 같이 정의된다.

$$\text{노조 임금격차} = \frac{\overline{w}_U - \overline{w}_N}{\overline{w}_N} \qquad (10\text{-}5)$$

이 식은 유노조 일자리와 무노조가 일자리 사이의 퍼센트 임금격차를 표시한다.

노조 임금격차의 추정치들은 대체로 유노조 일자리에서 일하는 근로자들과 무노조 일
자리에서 일하는 근로자들 사이의 사회경제적 특성들(교육수준, 연령, 고용된 지역 및 산
업 등)의 차이를 조정한다. 이와 같은 조정은 노동시장 차별 장에서 소개한 오하카-블라
인더 분해에서 사용했던 방법과 유사하다. 노조 임금격차는 유노조 일자리의 근로자들과,
그들과 비슷한 숙련을 가진 무노조 일자리의 근로자들 사이의 임금격차를 보여주지만, 우
리는 아래에서 노조 임금격차가 노조 임금상승분과는 전혀 관련이 없을 수도 있음을 알게
될 것이다.

[그림 10-11]에는 1920년부터 2016년까지 노조 임금격차의 추세가 제시되어 있다. 노

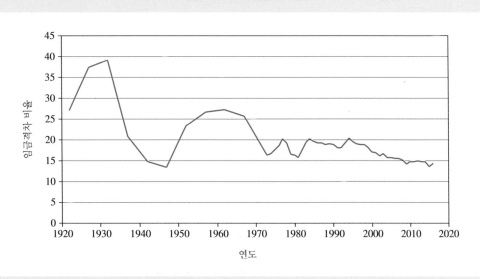

그림 10-11　**노조 임금격차, 1920~2016**

출처 : 1970년 이전의 자료의 출처는 John Pencavel and Catherine E. Hartsog, "A Reconsideration of the Effects of Unionism on Relative
Wages and Employment in the United States, 1920-1980," *Journal of Labor Economics* 2 (April 1984) : 193-232이다. 1970년 이후의
자료의 출처는 Barry T. Hirsch and David A. Macpherson, *Union Membership and Earnings Data Book : Compilations from the Current
Population Survey (2017 Edition)*, Washington, DC : Bureau of National Affairs, 2013, Table 2a이다.

조 임금격차는 어떤 시기에는 크고 다른 시기에는 상당히 줄어든다. 1930년대 초반에 유노조 근로자들의 임금은 무노조 근로자들보다 약 39%가량 높았다. 그러나 1970년대에 노조 임금격차는 15~20% 사이를 오르내렸다. 2016년에 노조 임금격차는 14.5%에 머물고 있다.[29]

무노조 근로자들의 경우와 비교할 때 유노조 근로자들의 임금분포는 평균 값만 높은 것이 아니라 분산도 작다.[30] 노조부문의 임금분포가 '압축되는 현상'이 일어나는 이유는 부분적으로 유노조 근로자들이 무노조 근로자들보다 더 동질적인 집단(교육수준이나 다른 관측 가능한 숙련 척도들의 측면에서)이기 때문이다. 그러나 유노조 기업들은 또한 근로자들의 숙련에 대해 낮은 보상을 제공한다. 그 이유는 아마도 노조가 단체협상 교섭에서 공평성(equity)을 강조하기 때문일 것이다. 공평성이 강조됨으로 인해, 고용주들은 매우 생산성이 높은 근로자들에게는 높은 보상을 주고 생산성이 떨어지는 근로자들에게 불이익을 주는 임금 설정 방식을 사용하기 어렵게 된다.

마지막으로, 임금은 근로자에 대한 보상 패키지의 일부분에 불과하다. 노조는 또한 회사가 제시하는 부가혜택 패키지(가령, 의료보험과 생명보험, 휴가와 병가, 연금, 보너스 등)의 가치에도 영향을 미친다. 부가혜택들의 가치가 임금에서 차지하는 비율은 유노조 기업들에서는 20%인 반면, 무노조 기업들에서는 15%에 불과하다.[31] 유노조 임금이 무노조 임금보다 높기 때문에, 유노조 근로자들이 받는 부가혜택 패키지의 가치는 무노조 근로자들의 경우보다 더 높다. 그 결과, '노조의 총보수 격차'(즉, 총보수액의 퍼센트 격차)는 노조의 임금격차보다 약 2~3%p 정도 더 높을 수 있다.

노조 임금격차는 노조 임금상승분을 측정하는가

노조 임금격차는 유노조 부문과 무노조 부문에서 일하는 유사한 숙련수준의 근로자들 사이의 임금격차를 측정한다. 그런데 이러한 임금격차가 노조 임금상승분의 척도로서 해석될 수 있을까? 다시 말해, 전형적인 유노조 근로자의 임금이 전형적인 무노조 근로자의 임금보다 15%가량 높다는 사실이 노조에 가입하면 우리의 임금 또한 15% 상승하리라는 것을 의미하는가? 정답을 말하면, 그렇지 않다!

---

29 이 통계량은 근로자의 교육수준, 연령, 성별, 거주 지역, 대도시 거주 여부, 고용된 산업 및 직종 등을 통제한 상태에서 구한 유노조 기업의 근로자들과 무노조 기업의 근로자들 사이의 임금격차를 보여준다.

30 Richard B. Freeman, "Unionism and the Dispersion of Wages," *Industrial and Labor Relations Review* 34 (October 1980): 3–23; Richard B. Freeman, "Union Wage Practices and Wage Dispersion within Establishments," *Industrial and Labor Relations Review* 36 (October 1982): 3–21; and David Card, "The Effect of Unions on the Structure of Wages: A Longitudinal Analysis," *Econometrica* 64 (July 1996): 957–979.

31 Richard B. Freeman, "The Effect of Unionism on Fringe Benefits," *Industrial and Labor Relations Review* 34 (July 1981): 489–509; and Thomas C. Buchmueller, John DiNardo and Robert G. Valletta, "Union Effects on Health Insurance Provision and Coverage," *Industrial and Labor Relations Review* 55 (July 2002): 610–627.

노조 계약이 기업으로 하여금 직원들에게 경쟁임금보다 15% 높은 임금을 지급하도록 강제한다고 가정하자. 단체협약 때문에 기업이 직원들을 정리해고하거나 일시해고하는 것은 보통 쉽지 않다. 노동의 비용이 높기 때문에 그리고 기업은 자신이 고용한 근로자들을 쉽게 해고하지 못하기 때문에, 유노조 기업은 일자리 지원자들을 매우 신중하게 선별하고자 할 것이다. 게다가 15%의 임금 프리미엄으로 인해 많은 근로자들이 유노조 기업의 일자리에 지원하고자 할 것이다. 그 결과 이 기업은 지원자 풀로부터 근로자들을 선별할 수 있다. 시간이 지남에 따라 회사의 전체 인력 구성에서 무노조 기업의 근로자들보다 상대적으로 더 생산성이 높은 근로자들이 주를 이룰 것이다.

노조 임금격차는 대체로 관측된 특성들이 동일한 근로자들을 유노조 일자리와 무노조 일자리 사이에서 비교하는 방법을 통해 추정한다. 이 관측 가능한 숙련 척도들이 근로자들 간 숙련의 차이를 완벽하게 설명하지 못하기 때문에, 유노조 일자리의 전형적인 근로자는 무노조 일자리의 겉보기에 비교 가능해 보이는 근로자보다 더 생산성이 높을 것이다. 그러므로 노조 임금격차는 노조 임금상승분을 과대 추정한다.

유노조 일자리와 무노조 일자리에 서로 매우 다른 종류의 근로자들이 고용된다는 문제를 고려하기 위해 많은 시도들이 있어 왔다. 예를 들어, 노조 임금상승분을 계산하기 위해 '선택문제를 교정하는(selectivity-corrected)' 임금 회귀모형을 추정하는 방법이 있다.[32] 원칙적으로, 이 방법론을 사용해 우리는 유노조 근로자가 무노조 일자리에서 일을 한다면 받게 될 임금수준과 무노조 근로자가 노조에 가입한다면 받게 될 임금수준을 예측할 수 있다. 그러나 이 방법이 제시하는 증거들은 일관적이지 않다. 몇몇 연구들은 노조 임금상승분이 비현실적으로 높다(50% 이상)고 이야기하고, 다른 연구들은 터무니없이 낮다(심지어 때로는 노조가 임금을 하락시킨다)고 이야기한다.

다른 방법은 동일한 근로자를 시간에 따라 추적해 노조 임금상승분을 추정하는 것이다.[33] 이 경우 우리는 한 근로자가 유노조 일자리에 들어가거나 나가는 것을 관측할 수 있다. 이렇게 추정되는 노조 임금상승분은 근로자가 일자리를 바꿀 때 관측되는 임금의 변화이다. 이들 연구가 제시하는 노조 임금상승분은 노조 임금격차보다 크기가 작은 경향이 있다(즉, 10% 대 15%).

그러나 이런 유형의 추적 분석은 한 근로자가 유노조 부문과 무노조 부문 사이에 이동하는 것을 마치 한 사람이 한 일자리에서 다른 일자리로 무작위로 이동하는 자연실험인

---

32 Greg Duncan and Duane Leigh, "Wage Determination in the Union and Nonunion Sectors: A Sample Selectivity Approach," *Industrial and Labor Relations Review* 34 (October 1980): 24-34; and Chris Robinson and Nigel Tomes, "Union Wage Differentials in the Public and Private Sectors: A Simultaneous Equation Specification," *Journal of Labor Economics* 2 (January 1984): 106-127.

33 Richard B. Freeman, "Longitudinal Analysis of the Effects of Trade Unions," *Journal of Labor Economics* 2 (January 1984): 1-26; and George Jakubson, "Estimation and Testing of the Union Wage Effect Using Panel Data," *Review of Economic Studies* 58 (October 1991): 971-992.

것처럼 인식한다. 그러나 근로자들은 어떤 일자리 제안을 받아들이고 어떤 일자리 제안을 거절할지에 대한 결정을 매우 신중하게 한다. 높은 임금을 주는 유노조 일자리를 낮은 임금의 무노조 일자리와 맞바꾸는 근로자로부터 우리는 여타의 일자리 특성들에 관한 매우 중요한 정보를 얻을 수 있다. 그러므로 근로자들을 추적하는 분석방법을 통해 실제로 노조 임금상승분을 추정할 가능성은 그리 높지 않다.

최근의 한 연구는 1980년대와 1990년대에 있었던 노조 대표자격 부여 선거들의 데이터를 사용해 노조의 임금효과를 추정하는 새로운 방법을 제안한다.[34] 구체적으로, 이 방법은 노조가 선거에서 근소한 차이로 승리했던 기업들과 근소한 차이로 패배했던 기업들 사이에 나타난 임금의 변동을 비교한다. 놀랍게도, 두 유형의 기업들을 대상으로 선거 이전과 이후의 임금을 비교한 결과에 의하면, 노조의 임금효과는 매우 작다. 선거의 결과와 무관하게 임금은 거의 같은 양만큼 변화했다. 이는 노조 임금상승분이 영에 가까움을 의미한다.

위협효과와 파급효과

우리는 노조의 임금효과를 계산할 때 노조들이 무노조 부문의 임금에 아무런 영향을 미치지 않는다고 가정하였다. 그러나 노조는 유노조 근로자와 무노조 근로자 모두의 임금에 영향을 미칠 가능성이 높다. 그 결과 유노조 일자리와 무노조 일자리 간 임금격차를 계산하더라도 노조 임금상승분을 (심지어 선택 편의가 없는 경우에도) 정확하게 측정하지 못한다.

위협효과(threat effects)는 노조가 무노조 부문의 임금에 영향을 미치는 하나의 경로이다. 한 산업의 이윤극대화 고용주들은 노조가 없는 상황을 만들려는 유인을 가지고 있어서, 근로자들이 노조에 가입하지 못하게 하려는 희망을 가지고 초과 지대의 일부를 기꺼이 나누려 할 것이다.[35] 그러므로 위협효과가 의미하는 바에 따르면, 노조는 단지 그 존재만을 통해서도 무노조 임금에 긍정적인 영향을 미친다. 이 경우 유노조 일자리와 무노조 일자리 간 임금격차는 노조가 임금에 미치는 진정한 효과를 과소 추정한다.

노조는 또한 무노조 부문에 파급효과(spillover effects)를 미칠 수도 있다. 근로자들이 유노조 기업으로부터 일자리를 잃으면(아마 노조가 강제한 임금 상승에 반응해 기업이 수요곡선을 따라 위로 이동하기 때문에), 무노조 부문의 근로자들의 공급이 증가하고 경쟁임금은 떨어진다. 유노조 일자리와 무노조 일자리 간 임금 비교는 노조가 유노조 근로자들의 임금에 미치는 영향을 과대 추정할 것이다.

----

34 John DiNardo and David S. Lee, "Economic Impacts of New Unionization on Private Sector Employers: 1984-2001," *Quarterly Journal of Economics* 119 (November 2004): 1383-1441.

35 Sherwin Rosen, "Trade Union Power, Threat Effects, and the Extent of Organization," *Review of Economic Studies* 36 (April 1969): 185-196.

이론의 현장 적용 직업 자격 제도

미국 내에서 유노조 근로자들의 비율이 가파르게 감소하였다는 사실이 반드시 미국 근로자들이 노동시장 경쟁의 풍파로부터 제대로 보호받지 못하고 있다는 것을 의미하지는 않는다. 민간 노조 부문이 붕괴하고 있던 시기에, 연방정부, 주정부 및 지방정부로부터 특정 직업에 종사하기 위해 면허를 취득할 것을 요구받은 근로자들의 숫자는 상당히 증가하였다. 일을 하기 위해 면허가 필요한 직업들의 사례로는 의사, 회계사, 변호사, 이발사, 손관리사, 마사지 치료사 등 다양한 직업들이 있다.

'자본주의와 자유(Capitalism and Freedom)'에서 밀턴 프리드먼은 노동시장에서 면허의 역할에 관한 영향력 있는 이론을 제안하였다. 프리드먼이 강조하는 바에 따르면, 특정한 직종의 기존 종사자들(incumbents)들은 새로운 사람들이 그 직종에 진입하는 것을 제한하기 위해 일련의 공식적인 기준들을 만들어내고, 법안을 제정해 장벽을 설치하기 위해 정치인들에게 로비를 할 유인을 가지고 있다. 실제로 면허 발급기관은 그 직종의 기존 종사자들에 의해 '점령되어 있다.' 그 결과, 면허 발급 기관은 신규 인력의 진입을 제한하고 그 직종의 임금을 상승시키는 조치들을 취하는 경향이 있다.

1950년대 초반 미국에서 면허는 5% 미만의 근로자들에게만 필요했다. 놀랍게도 지금은 근로자들의 30%가량이 그들의 업무를 수행하기 위해 면허를 취득해야 한다. 이런 진입장벽은 면허를 가진 근로자들과 그렇지 않은 근로자들 간 숙련의 차이를 조정한 이후에도 면허에 의해 보호받는 기존 종사자들의 임금을 약 10~15% 상승시켰다. 면허제도에 따른 임금효과가 노조 임금격차와 동일하다는 점은 흥미롭다.

출처 : Morris M. Kleiner and Alan B. Krueger, "Analyzing the Extent and Influence of Occupational Licensing on the Labor Market," *Journal of Labor Economics* 31 (April 2013) : S173–S202.

위협효과와 파급효과를 보여주는 증거들이 있다.[36] 무노조 경찰관들의 임금은 강력한 경찰노조가 존재하는 대도시 지역에서 더 높고, 이것은 위협효과가 존재함을 시사한다. 그와 동시에, 무노조 근로자들의 임금은 노조 가입률이 높은 도시에서 더 낮고, 이는 파급효과가 존재함을 시사한다.

노조가 무노조 근로자들의 임금에 어떤 영향을 미치는지를 보여주는 극단적인 사례는 1931년 데이비스·베이컨 법의 조항에 나타나 있다. 이 조항은 연방정부의 자금지원을 받는 건설 프로젝트에 고용된 근로자들이 '시가(時價)임금(prevailing wage)'을 받아야 한다고 규정하였다. 미국 노동부는 대체로 시가임금을 노조임금이라고 해석하였다. 시가임금 조항은 건설 프로젝트의 비용을 25% 정도 상승시킨 것으로 추정된다.[37]

---

[36] Richard B. Freeman and James L. Medoff, "The Impact of the Percentage Organized on Union and Nonunion Wages," *Review of Economics and Statistics* 63 (November 1981): 561–572; Casey Ichniowski, Richard Freeman, and Harrison Lauer, "Collective Bargaining Laws, Threat Effects and the Determinants of Police Compensations," *Journal of Labor Economics* 7 (April 1989): 191–209; and Henry Farber, "Nonunion Wage Rates and the Treat of Unionization," *Industrial and Labor Relations Review* 58 (April 2005): 335–352.

[37] Martha Fraundorf, John Farrell, and Robert Mason, "The Effect of the Davis-Bacon Act on Construction Costs in Rural Areas," *Review of Economics and Statistics* 66 (February 1984): 142–146. 또한 Steven Allen, "Much Ado about Davis-Bacon: A Critical Review and New Evidence," *Journal of Law and Economics* 6 (October 1983): 707–736도 참조하라.

10-8 정책 응용 사례 : 공공부문 노조

미국의 공공부문 근로자들 중 노조에 가입한 사람들의 비율은 빠르게 상승해왔다. 공공부문 노조들의 경제적 영향을 다룬 많은 연구들은 다수의 필수적인 공공부문 근로자들(경찰관, 소방관, 교사 등)에 대한 노동수요곡선이 비탄력적인 경향이 있다는 사실로부터 출발한다. 만약 공공부문 노조들이 독점적 노조와 같이 행동한다면(그리하여 임금－고용 조합이 노동수요곡선상에 위치한다면), 마셜의 파생수요법칙에 의해 공공부문 노조들은 납세자들로부터 매우 높은 임금을 '탈취할' 수 있을 것이다. 게다가 공공부문 근로자들은 종종 강력한 정치세력이기 때문에, 일부 정치인들은 정치적인 지지의 대가로 공공부문 근로자들에게 높은 임금인상을 허가해줄 용의가 있을지 모른다.

그러나 주정부와 지방정부는 제약조건들에 직면해 있다. 공공부문 근로자들에 대한 임금 인상은 납세자들이 부담해야 하고, 높은 세금으로 인해 일자리와 근로자들이 그 지역으로부터 떠나갈 것이다. 사실 정부기관들은 거주자와 사업 기회를 유치하기 위해 서로 경쟁하고 이러한 경쟁은 공공 서비스의 비용을 낮춘다.

증거들이 시사하는 바에 따르면, 공공부문에서 노조의 임금효과는 직종별로 매우 상이하다. 즉 효과의 크기는 근로자가 가령 경찰관인지 교사인지에 따라 서로 다르다. 경찰관과 소방관의 경우 노조 임금격차는 약 14%이고, 교사와 여타 공공부문 근로자의 경우 그 격차는 4%이다.[38]

교원노조와 학생의 성과

공공부문 노조들에 관한 정책논쟁에서 중요한 초점 중 하나는 교원노조이다. 각자의 관점에 따라, 교원노조는 수백만 명의 학생들에게 양질의 교육을 제공하도록 돕는 역할을 하기도 하고, 혹은 선출된 후 교원노조의 목표를 지지해줄 정치인들에게 수백만 달러의 기부금을 내는 집단으로 간주되기도 한다.

1960년에는 많은 주에서 명시적으로 교사들의 단체교섭을 금지하였다. 1960년에서 1990년 기간 동안 많은 주에서 단체교섭권을 교사들에게까지 확장하였다. 그러나 제약을 완화하는 입법의 시점에서는 상당한 차이가 있었다. 몇몇 주들(캘리포니아와 뉴욕 등)에서는 1970년 이전에 교사들에게 단체교섭권을 부여하였고, 다른 주들(코네티컷과 일리노이 등)에서는 1980년 이후에야 이 권리를 부여하였다.

------

38 Robert B. Freeman and Eunice S. Han, "Public Sector Unionism without Collective Bargaining," Harvard University Working Paper, 2012, Table 3. 또한 Robert G. Valletta, "Union Effects on Municipal Employment and Wages: A Longitudinal Approach," *Journal of Labor Economics* 11 (July 1993): 545-574; and Jan Brueckner and David Neumark, "Beaches, Sunshine, and Public-Sector Pay: Theory and Evidence on Amenities and Rent Extraction by Government Workers," *American Economic Journal" Economic Policy* 6 (May 2014): 198-230.

한 영향력 있는 연구는 교원노조가 교육 시스템의 다양한 성과들에 어떤 영향을 미치는 지를 알아보기 위해 이들 법안의 제정 시점의 차이를 활용하였다.[39] 당연하게도, 교원노조 의 탄생은 매우 광범위한 영향을 미친다. 예를 들어, 학생 1인당 교육비 지출은 12%가량 증가한다. 물론 이러한 증가의 일부분은 약 5% 정도의 임금인상을 통해(아무도 보다 우수 한 교원들을 채용할 수 있게 됨에 따라) 교사들에게로 직접 돌아간다. 교육비 지출 인상의 일부는 보다 많은 수의 교사 채용으로 이어져 교사 1인당 학생수는 감소한다.

놀랍게도, 데이터가 시사하는 바에 따르면 더 많은 수의 교사가 있고 이들이 더 높은 봉 급을 받는다는 사실에도 불구하고, 학생들의 학업 성취도는 향상되지 않는다. 오히려, 중 도 탈락률이 약 2%p 정도 상승하였다. 보다 많은 투입물(가령, 보다 많은 수의 교사, 보다 우수한 교사, 높은 학생 1인당 교육비)을 교육생산함수에 추가하는 정책은 유노조 노동시 장의 경직적인 작업환경에서는 그리 효과적이지 않은 듯하다.[40]

중재

공공부문 노조들의 힘이 제약을 받는 이유는 대부분의 주에서 공공부문 근로자들의 파업 을 금지하고 있기 때문이다. 공공부문 노조들은 종종 단체협상 분쟁을 해결하는 방법으로 구속력이 있는 중재를 사용한다.

두 가지 유형의 중재 절차가 널리 사용되고 있다. 통상적 중재(conventional arbitration) 에서 분쟁의 양 당사자는 객관적인 중재자에게 자신의 제안을 제출한다. 이 사건의 사실 상의 판결자인 중재자는 양측의 제안을 비교한다. 사실 관계를 조사한 다음 중재자는 양 측이 수용해야 하는 해결책을 생각해낸다. 중재자의 해결책은 양측 제안의 중간 어느 곳 에든지 위치할 수 있고, 심지어 이 범위 밖에 위치할 수도 있다. 최종 제안 중재(final-offer arbitration)에서 양측은 똑같이 중재자에게 그들의 제안을 제출하지만, 중재자는 이 두 제 안 중 하나만을 선택해야 한다. 또한 양측은 중재자의 결정을 수용해야만 한다.

공공부문의 임금 협약들이 중재자의 판단에 매우 크게 의존하기 때문에, 고용주와 노 조들은 중재자의 행동에 영향을 미치도록 제안을 전략적으로 디자인할 유인을 가지고 있 다.[41]

통상적인 중재의 일반적 모형에서 고용주와 노조 양측은 중재자가 무엇을 합리적인 결

---

39 Caroline Minter Hoxby, "How Teachers' Unions Affect Education Production," *Quarterly Journal of Economics* 111(August 1996): 671-718.

40 일부 상반되는 증거들이 Michael F. Lovenheim, "The Effect of Teachers' Union on Education Production: Evidence from Union Election Certifications in Three Midwestern States," *Journal of Labor Economics* 27 (October 2009): 525-587에 제시되어 있다.

41 Henry S. Farber and Harry C.Katz, "Interest Arbitration, Outcomes, and Incentives to Bargain," *Industrial and Labor Relations Review* 33 (October 1979): 55-63; Henry S. Farber, "Splitting-the-Difference in Interest Arbitration," *Industrial and Labor Relations Review* 35 (October 1981): 70-77.

과물이라고 생각할 것인지에 관한 기대를 가지고 있다. 양측은 그들이 중재자에게 너무 튀는 제안을 제출하면(노조의 경우 너무 높은 임금을 요구하는 것, 고용주의 경우에는 너무 낮은 임금을 제안하는 것), 중재자는 그들의 입장을 무시할 것이고 상대방의 제안이 중재자의 결정에 크게 영향을 미칠 것이라고 생각한다. 양측은 중재자가 원하는 결과라고 믿는 지점 근처에 자신의 위치를 정하고자 할 것이다. 실제로 중재자는 두 제안 간의 '차이를 나누는' 일만 하면 된다.

최종 제안 중재는 양 당사자에게 상이한 유인들을 도입한다. 사건의 사실 관계를 확인한 후, 중재자는 무엇이 공평한 해결책인지에 관한 의견을 갖게 된다. 당연히, 노사 양측은 중재자가 선호할 만한 결과로부터 크게 벗어나는 제안을 하려 하지 않을 것이다. 어쨌든 중재자는 너무 튀는 제안은 전혀 고려하지 않을 것이다. 그러므로 두 당사자 중 위험기피적이고 중재자와 도박하기를 원하지 않는 측은 중재자가 선호하는 입장에 가장 가까운 지점에 자신의 안을 내놓을 것이고, 최종 제안 협상안을 더 높은 비율로 '따낼 것이다'. 그 결과, 한 측(가령 노조)이 중재 사건들의 대부분을 이겼다는 것이 중재자의 판결에 체계적인 편향이 있다는 것을 의미하지는 않는다. 이것은 단지 노조가 기업에 비해 더 위험기피적이라는 것을 의미할 수 있다.

많은 연구들이 중재가 뉴저지 경찰의 임금에 어떤 영향을 미쳤는지를 분석하였다.[42] 의무적인 최종 제안 중재로 들어간 분쟁들의 경우에 전형적인 고용주는 5.7%의 임금인상만을 제안한 반면, 전형적인 노조는 8.5%의 임금인상을 제안하였다. 그리고 노조는 전체 중재 사례들 중 약 3분의 2에서 '승리를 거두었다'.

이들 기록을 통상적인 중재를 통해 해결된 유사한 분쟁들과 비교하는 것은 유용하다. 후자의 분쟁들에서 중재자는 보통 노조에게 8.3%의 임금인상을 부여하였다. 그러므로 통상적인 중재와 최종 제안 중재 아래에서 결정된 결과들 사이에 평균적인 차이는 거의 없다. 우리가 통상적인 중재의 결정사항을 '선호된' 협약의 척도로서 해석한다면, 노조가 기업보다 훨씬 위험기피적이어서 중재자에게 보다 더 합리적인 제안을 했다는 점은 명백하다(만약 분쟁이 최종 중재를 통해 해결되어야만 했다면 말이다).

요약

- 1960년대 중반 이래 미국의 민간부문 노조 가입률은 가파르게 감소하였다. 이러한 감소는 부분적으로 제조업 부문이 축소되고 인구가 남부와 서부의 주들로 이동하는 등,

---

[42] Orley C. Ashenfelter and David E. Bloom, "Models of Arbitrator Behavior: Theory and Evidence," *American Economic Review* 74 (March 1984): 111–124; and Janet Currie, "Arbitrator Behavior and the Variances of Arbitrated and Negotiated Wage Settlements," *Journal of Labor Economics* 12 (January 1994): 29–39.

미국 경제의 구조적 변화에 기인한다. 같은 시기에 공공부문의 노조 가입률은 빠르게 증가하였다.

• 독점적 노조는 임금을 선택하고 기업은 이러한 임금 요구에 대응해 노동수요곡선을 따라 이동한다.

• 독점적 노조 모형의 임금-고용 결과물은 서로 다른 두 가지 측면에서 비효율적이다. 첫째, 노조는 경제 내 노동의 배분을 왜곡시킨다. 이러한 왜곡이 야기하는 사중손실은 그리 크지 않다. 아마 연간 190억 달러 정도이다. 두 번째 유형의 비효율성이 발생하는 이유는 수요곡선으로부터 벗어남으로써 회사와 근로자들 모두가 더 나은 상황에 도달할 수 있기 때문이다.

• 계약곡선은 수요곡선으로부터 벗어나 협상의 이득을 최대한 활용하는 임금-고용 조합들을 요약해준다. 협상이 계약곡선상에서 일단 타결되면, 이 지점으로부터 벗어나는 것은 자신의 후생 증가를 위해 상대방의 희생이 필요하다는 것을 의미한다.

• 계약곡선이 수직이 아닌 경우, 유노조 기업은 경제 내 노동의 배분을 여전히 왜곡시킬 것이다. 계약곡선이 수직인 경우, 유노조 기업은 '적절한' 숫자의 근로자들을 고용하며, 노조는 회사의 지대 중 일부를 근로자들에게 이전시키는 역할을 할 뿐이다.

• 노사 양측이 파업의 비용과 가능한 결과들에 대해 꽤 좋은 정보를 가지고 있는 경우 파업은 비합리적이다. 그럼에도 불구하고, 한쪽이 다른 쪽에 비해 회사의 재정상태에 대해 더 많은 정보를 가지고 있는 경우 파업이 발생할 수 있다.

• 노조 임금상승분은 경제 내 임의의 근로자가 노조에 가입할 때 임금이 몇 퍼센트 상승하는지를 보여준다. 노조 임금격차는 유노조 기업의 근로자들과 무노조 기업의 근로자들 사이의 퍼센트 임금격차를 보여준다.

• 노조 임금격차는 약 15% 정도이지만, 노조 임금격차는 노조 임금상승분에 대한 좋은 추정치가 아닐 수 있다.

핵심용어

강하게 효율적인 계약	노조 임금상승분
계약곡선	노조저항곡선
과잉고용	대표자격 박탈 선거
노동권리법	대표자격 부여 선거
노조 임금격차	독점적 노동조합

부당 노동행위   파레토 최적

위협효과   황견계약

최종 제안 중재   효율적 계약

통상적 중재   힉스 패러독스

파급효과

복습문제

1. 1960년대 중반 이래, 미국의 민간부문 노조 가입률 감소를 설명하는 요인들로는 무엇이 있는가? 같은 기간 공공부문 노조의 급속한 증가를 설명하는 요인들은 무엇인가?

2. 노조가 효용함수를 가지고 있다는 말이 의미하는 바는 무엇인가? 이 효용함수는 정확히 어떻게 근로자들의 선호로부터 도출되는가?

3. 독점적 노조 모형에서 도출되는 임금-고용 결과를 기술하라. 이 임금-고용 결과가 왜 (그리고 어떤 의미에서) 비효율적인지를 설명하라.

4. 독점적 노조 모형에서 노동의 잘못된 배분으로 인해 국민소득이 몇 퍼센트 감소하는지를 계산하는 방법을 설명하라. 만약 노조와 회사가 효율적인 계약을 맺고 계약곡선이 수직인 경우, 이러한 배분적 비효율성의 화폐적 가치는 얼마인가?

5. 수요곡선으로부터 벗어날 때 어떻게 노조와 회사가 모두 더 나은 상황에 도달할 수 있는지를 설명하라. 계약곡선을 도출하라.

6. 효율적 계약과 강하게 효율적인 계약은 어떤 차이가 있는가?

7. 힉스 패러독스는 무엇인가?

8. 정보의 비대칭성이 있는 모형에서 고용주들은 파업의 최적 기간을 어떻게 '선택하는가?'

9. 노조 임금상승분과 노조 임금격차를 정의하라. 우리는 왜 노조 임금상승분의 크기에 관심을 가져야 하는가? 우리는 왜 노조 임금격차의 크기에 관심을 가져야 하는가? 어떤 조건하에서 노조 임금격차는 노조 임금상승분의 합리적인 추정치를 제시하는가?

10. 위협효과와 파급효과는 무엇인가? 이 효과들은 노조 임금효과의 추정치들에 어떤 편의를 가져오는가?

11. 통상적 중재란 무엇인가? 최종 제안 중재는 무엇인가? 어떤 임금 제안을 협상 테이블에 내놓을지 결정할 때, 노조와 기업은 중재자의 행동을 어떻게 고려하는가?

연습문제

10-1. 기업의 노동수요곡선이 다음과 같이 주어져 있다고 가정하자.

$$w = 20 - 0.01E$$

여기서 w는 시간당 임금을, E는 고용수준을 나타낸다. 또한 노조의 효용함수는 다음과 같이 주어져 있다고 가정하자.

$$U = w \times E$$

노조의 경우 임금의 한계효용은 E이고, 고용의 한계효용은 w라는 것을 쉽게 보일 수 있다. 독점적 노조는 어떤 수준의 임금을 요구할까? 이와 같은 노조 계약을 통해 몇 명의 근로자들이 고용될까?

10-2. '연습문제 10-1'에 등장했던 노조가 다른 효용함수를 가지고 있다고 가정하자. 구체적으로 이 효용함수는 다음과 같이 주어져 있다.

$$U = (w - w^*) \times E$$

여기서 w^*는 경쟁임금을 나타낸다. 임금상승의 한계효용은 여전히 E이지만, 고용의 한계효용은 이제 $w - w^*$이다. 경쟁임금은 시간당 8달러라고 가정하자. 독점적 노조는 어떤 임금을 요구할까? 이와 같은 노조 계약을 통해 몇 명의 근로자들이 고용될까? 여기에서 구한 답을 문제 10-1의 답과 대조해보라. 두 답이 서로 다른 이유를 설명하라.

10-3. [그림 10-2]는 노조 가입 여부를 결정할 때 문제가 되는 몇몇 상충관계들을 제시하고 있다. 높은 임금에 더불어 노조는 고용주가 확정 기여형 연금(defined contribution pension plan)에 10%를 부담하는 안에 대해 협상한다고 가정하자. 노조 가입 결정에서 이와 같은 은퇴 후 복지혜택을 추가적으로 고려해 [그림 10-2]와 유사한 그래프를 그려보라. 은퇴 연금과 같은 추가적인 부가혜택들이 있을 때 근로자들이 어떤 경로로 노조에 더 가입하게 되는지를 위의 그래프에 표시하라.

10-4. 2-부문 경제를 생각해 보자. 두 부문에서 노동과 일자리는 동질적이다. 200만 명의 근로자들이 그들의 노동을 비탄력적으로 공급한다. 두 부문의 노동수요는 다음과 같다.

$$E_1 = 1,800,000 - 100,000 w_1 ; \quad E_2 = 1,800,000 - 100,000 w_2$$

a. 만약 두 부문 모두가 경쟁시장이라면, 각 부문의 시장청산 임금은 얼마이고, 몇 명의 근로자들이 고용되는가?

    b. 부문 1에 노동조합이 생겼다고 가정하자. 노조는 시간당 12달러의 임금을 협상에서 제안하고 기업들은 노동의 고용량을 선택한다. 부문 1에 고용되지 못한 사람들은 부문 2로 이동한다. 부문 1(유노조 부문)에 고용되는 근로자들의 수는 얼마인가? 부문 2에 고용될 근로자들의 수는 얼마이고, 그들의 받는 임금수준은 얼마인가?

    c. 위의 문제 (b)에서 관측되는 노조 임금격차는 얼마인가? 만약 파급효과가 통제되었다면 노조의 임금효과는 어느 정도였을까?

10-5. 생산물 한 단위당 1,200달러라는 고정된 가격을 받는 기업을 생각해보자. 이 기업은 q의 생산물을 생산하기 위해 노조로부터 E명의 근로자들을 일간 급여 w에 고용한다. 이때 생산함수는 다음과 같다.

$$q = 2E^{1/2}$$

이 생산함수가 주어져 있을 때, 노동의 한계생산은 $1/E^{1/2}$이다. 노조에는 225명의 근로자들이 있다. 회사를 위해 일을 하지 않는 모든 노조 근로자는 일간 급여 96달러를 지불하는 무노조 일자리를 구할 수 있다.

    a. 이 기업의 노동수요곡선은 무엇인가?

    b. 이 기업이 임금 w를 먼저 정하고 나서 노조는 일간 급여 w에서 원하는 만큼의 근로자들(225명까지)을 제공할 수 있게 된다면, 이 기업이 설정할 임금수준은 얼마일까? 노조는 몇 명의 근로자들을 제공할까? 생산되는 생산물의 양은 얼마인가? 기업의 이윤은 얼마인가? 노조 근로자 225명의 총소득은 얼마인가?

10-6. '연습문제 10-5'에서와 동일한 설정을 생각해보자. 그러나 이제는 노조가 임금 w를 먼저 정하고 나서 회사가 일간 급여 w에서 원하는 만큼의 근로자들(225명까지)을 고용할 수 있다. 이 경우 노조가 노조 근로자 225명의 총소득을 극대화하기 위해 설정할 임금수준은 얼마일까? 회사는 몇 명의 근로자들을 고용할까? 생산되는 생산물의 양은 얼마인가? 회사의 이윤은 얼마인가? 노조 근로자 225명의 총소득은 얼마인가?

10-7. 노조의 저항곡선이 다음 자료와 같이 요약된다고 가정하자. 노조의 최초 임금요구 수준은 시간당 10달러이다. 파업이 발생하는 경우 임금요구 수준은 다음과 같이 변화한다.

파업기간(개월)	시간당 임금요구 수준(달러)
1	9
2	8
3	7
4	6
5	5

노조저항곡선에 다음과 같은 변화들이 생긴다고 가정하자. 각각의 변화가 있을 때 파업이 발생할 가능성이 높아지는지 그리고 파업이 일어난다면 그 지속기간은 더 길어지는지에 대해 설명하라.

a. 노조가 임금요구 수준을 시간당 10달러에서 5달러로 낮추는 데 5개월이 아니라 2개월이 걸린다.

b. 파업이 6개월 지속된 이후에 노조는 임금요구 수준을 한층 더 완화할 용의가 있다. 구체적으로, 임금요구 수준을 여섯째 달에는 4달러, 일곱째 달에는 3달러, 이런 식으로 계속 낮춘다.

c. 노조의 최초 임금요구 수준은 시간당 20달러이다. 이 임금요구 수준을 파업이 1개월 지속된 이후에는 9달러로, 2개월 지속된 이후에는 8달러로, 이런 식으로 계속 낮춘다.

10-8. 시간당 20달러의 경쟁임금 수준에서, 기업 A와 B는 각각 5,000명의 근로자들을 고용하고 있다(각 근로자는 연간 2,000시간을 일한다). 기업 A와 B의 노동수요 탄력성은 각각 −2.5와 −0.75이다. 이때 두 기업의 근로자들은 노조를 조직해 12%의 임금 인상안을 협상한다.

a. 기업 A에서 고용효과의 크기는 얼마인가? 근로자들의 총소득은 어떻게 변화하는가?

b. 기업 B에서 고용효과의 크기는 얼마인가? 근로자들의 총소득은 어떻게 변화하는가?

c. 각 기업의 근로자들은 12%의 임금인상을 달성하기 위해 연간 얼마만큼의 노동조합비를 지불할 용의가 있는가?

10-9. 최근 여러 주는 공공부문 근로자들의 교섭권에 제약을 가하는 법들을 통과시켰다. 가장 주목할 만한 변화는 건강 서비스와 은퇴 수당 등 부가혜택들에 대한 노조의 교섭권에 제약을 가하는 것이었다. 이러한 법적인 변화는 어떤 문제들에 대응하고자 하는 것일까? 이러한 법이 위헌 여부에 관한 소송에서 살아남는다(이 법의 일부는 살아남지 못했다)고 가정하더라도, 무슨 이유 때문에 교섭권에 제약을 가하는 것은 의회가 해결하고자 하는 문제들에 대한 완벽한 해결책이 될 수 없

는가?

10-10. 경제가 유노조 부문과 무노조 부문으로 구성되어 있다고 가정하자. 각 부문의 노동수요곡선은 $L = 1,000,000 - 20w$로 주어져 있다. 노동의 (경제 전체) 총공급량은 100만이고, 이 공급량은 임금수준에 따라 달라지지 않는다. 모든 근로자의 숙련수준은 동일하고, 둘 중 어느 부문에서도 적절하게 일할 수 있다. 유노조 부문에서 독점적 노조는 임금을 3만 달러로 설정한다. 노조 임금격차는 얼마인가? 노조가 무노조 부문의 임금수준에 미치는 효과는 무엇인가?

10-11. [그림 10-6]에서 계약곡선은 PZ이다.

  a. 점 P는 기업과 근로자들 중 누가 협상력의 전부를 가지고 있음을 표현하는가? 점 Z는 기업과 근로자들 중 누가 협상력의 전부를 가지고 있음을 표현하는가? 그 이유를 설명해보라.

  b. 노조는 원하는 경우 독점적 노조로서 임금을 설정할 수 있는 힘을 가지고 있지만, 원하는 임금과 고용수준 모두를 기업 측에 강요할 만한 힘은 가지고 있지 않다고 가정하자. 협상에 의해 정해진 임금-고용계약은 계약곡선 PZ상의 어느 부분에서 나타날 것으로 예상되는가?

10-12. 유노조 부문과 무노조 부문의 임금, 부가혜택, 총급여를 보여주는 아래의 데이터를 생각해보자.

	평균 시간당 임금	평균 시간당 부가혜택	시간당 총급여
유노조 근로자	21.91	13.69	35.60
무노조 근로자	17.66	6.85	24.51

시간당 임금, 시간당 부가혜택, 시간당 총급여에 대한 노조의 효과를 계산해 보라. 다양한 노조의 협상 효과로부터 당신은 무엇을 추론할 수 있는가?

10-13. [그림 10-10]과 유사한 그래프를 사용해 동일한 노조저항곡선을 가지고 있는 세 가지 산업에서 발생할 것으로 예상되는 다음의 교섭 결과들을 표현해보라.

  a. 지난 3년 사이 임금 및 부가혜택들이 전체 비용에서 차지하는 비중이 63%에서 89%로 증가함에 따라, 기업 A는 최근 자금을 잃고 있다.

  b. 기업 B의 대부분의 수익은 세 명의 고객들에게 상품을 공급하는 것으로부터 창출된다. 이들 세 명의 고객은 적기 공급방식 재고 시스템(just-in-time inventory system)을 이용하면서 기업 B의 상품을 사용해 컴퓨터를 제조한다.

  c. 기업 C는 노조 근로자들과 협상을 해야 하는 지방정부이다. 정부 관료들은 근로자들의 생산성에 만족하고 있지만 또한 세금을 낮추라는 지역사회의 압력에 직면하고 있다.

10-14. 미국 메이저리그의 야구선수들은 리그에서 수년 동안 머물러 있기 전까지는 중재나 자유계약권(free-agency)을 행사할 수 없다. 이 '제약된' 기간 동안 선수는 자신의 현 소속 팀과만 협상을 할 수 있다. 여기서 소규모 시장을 가진 팀이 작년 '올해의 신인'에 선정된 선수에 대한 권리를 소유하고 있다고 가정하자. 이 선수는 현재 향후 3년 동안 총 50만 달러를 받는 계약을 맺고 있다. 그의 현 소속 팀은 소규모 시장만을 가지고 있기 때문에, 이 선수가 현 소속 팀에 가져다주는 한계수입생산물(marginal revenue product)은 (현재와 미래에 모두) 연간 600만 달러이다. 이 선수가 자유계약권을 행사할 수 있게 될 때, 그는 경쟁관계에 있는 대규모 시장을 가진 팀들로부터 7년 동안 연간 1,000만 달러를 받을 수 있을 것이다. 다음에 제시하는 문제들에서 이 선수는 자신의 생애소득을 극대화하려 한다고 가정하자.

a. 이 선수의 관점에서 볼 때, 이 선수가 현 소속 팀으로부터 10년의 계약연장을 제안받을 때 받아들일 것으로 예상되는 최소의 금액은 얼마인가?

b. 이 선수의 관점에서 볼 때, 현 소속 팀이 이 선수에게 10년의 계약 연장을 제안한다면 최대 얼마의 연봉까지 제안할 수 있을까?

c. 이 선수는 계약 연장 제안을 받아들일 것인가, 아니면 현재의 계약대로 경기에 출전하고 지금으로부터 3년 후에 자유계약권을 행사할 것인가?

10-15. 최근 NFL(National Football League, 전국풋볼연맹)의 선수 노조인 NFLPA (National Football League Players Association, 전국풋볼리그선수조합)와 팀 소유주들(NFL)은 직장폐쇄 형태의 노사 교착상태를 경험하였다. 기록에 따르면, 매년 150명가량의 선수들(신인 선수들)이 NFL에 진입하고 150명은 (은퇴 혹은 선수 명단에 포함되지 못하는 방식으로) 리그를 떠난다. 가장 최근의 노사협약을 재협상하면서 노조는 여러 가지의 입장들을 취했다. 선수 노조가 다음 사항들에 대해서 왜 반대하는지를 설명해보라.

a. 경기의 총수를 늘린다.

b. 선수 명단에 포함되는 선수들의 수를 늘린다.

c. 팀 연봉 상한제

d. 신인 연봉 상한제

읽을거리

John M. Abowd, "The Effect of Wage Bargains on the Stock Market Value of the Firm," *American Economic Review* 79 (September 1989) : 774-800.

Orley C. Ashenfelter and George E. Johnson, "Bargaining Theory, Trade Unions, and Industrial Strike Activity," *American Economic Review* 74 (March 1969) : 35-49.

John DiNardo and David S. Lee, "Economic Impacts of New Unionization on Private Sector Employers : 1984-2001," *Quarterly Journal of Economics* 119 (November 2004) : 1383-1441.

Henry S. Farber and Bruce Western, 'Accounting for the Decline of Unions in the Private Sector, 1973-1998," *Journal of Labor Research* 22 (Summer 2001) : 459-486.

Caroline Minter Hoxby, "How teachers' Unions Affect Education Production," *Quarterly Journal of Economics* 111 (August 1996) : 671-718.

Alan B. Krueger and Alexandre Mas, "Strikes, Scabs and Tread Separations : Labor Strife and the Production of Defective Bridgestone/Firestone Tires," *Journal of Political Economy* 112 (April 2004) : 253-289.

David S. Lee and Alexandre Mas, "Long-run Impacts of Unions on Firms : New Evidence from Financial Markets, 1961-1999," *Quarterly Journal of Economics* 127 (February 2012) : 333-378.

Thomas E. MaCurdy and John H. Pencavel, "Testing between Competing Models of Wage and Employment Determination in Unionized Markets," *Journal of Political Economy* 94 (June 1986) : S3-S39.

chapter 11

유인급여

나는 일이 좋다. 일은 나를 매혹시킨다. 나는 몇 시간이고 앉아서 일을 살필 수 있다.

– Jerome K. Jerome

이 책의 현 지점까지 우리는 현물 노동시장(spot labor market)이라고 불리는 환경 내에서 고용계약이 갖는 성격에 관해 검토해왔다. 매 기간 기업은 주어진 임금하에서 몇 명의 근로자를 고용할지를 결정한다. 근로자들은 몇 시간 동안 일할지를 결정한다. 기업과 근로자들의 상호작용이 균형 임금과 균형 고용량을 결정한다. 시장이 균형 임금을 '공표하면' 근로자와 기업은 각자 적절한 노동공급 및 노동수요에 대한 결정을 내린다. 이들 현물 노동시장에서 임금은 근로자의 한계생산물의 가치와 같다.

현물 노동시장이 작동하는 방법에 대한 이런 단순한 이야기가 갖는 문제점은 노동시장 계약의 성격에 따라 근로자들의 생산성과 기업의 이윤 모두가 달라진다는 것이다. 계약의 세부적인 내용이 중요하다. 왜냐하면 흔히 고용주들은 근로자들의 진정한 생산성을 모르고 근로자들은 가능한 한 적은 노력을 투입하면서도 높은 급여를 받으려고 하기 때문이다. 이 장에서는 불완전 정보와 근로자 태만의 문제를 해결하기 위해 나타난 고용계약들을 분석한다.

예를 들어, 어떤 기업들은 근로자의 노력에 대해 개수급(piece rate) 보상을 제안하고, 한편 다른 기업들은 근로자에게 고정급 보상(a fixed salary)을 제안할 수 있다. 개수급 방식에서 근로자의 봉급은 얼마나 많은 생산물이 생산되는가에 전적으로 의존하기 때문에, 근로자들은 '돈을 벌기 위해 열심히 일한다'. 고용주가 근로자의 행동을 감시하기 어려운 경우, 고정급을 받는 근로자는 공상에 빠지거나 웹서핑을 하거나 계속 문자 메시지를 보내면서 시간을 보낼 수 있다.

노동시장에서는 폭넓은 종류의 보상체계들이 사용되고 있다. 개수급과 고정급은 그 빙산의 일각에 불과하다. 고용주는 자연스럽게 유인급여(incentive pay) — 근로자로부터 일정한 수준의 노력을 유도해 내도록 설계된 보수 패키지 — 를 기업의 이윤을 증가시키는 데 사용할 또 하나의 수단으로서 인식할 것이다.

11-1 개수급과 시간급

보상방식과 근로자의 업무유인 사이의 연결고리를 보여주는 가장 단순한 방법은 널리 사용되는 두 가지 보수체계, 즉 개수급(piece rates)과 시간급(time rates)을 비교하는 것이다.

개수급 체계에서는 근로자 생산량의 일정한 척도에 근거해 근로자에게 보수를 지급한다. 예를 들어, 의류 근로자들은 그들이 몇 벌의 바지를 생산했는지에 따라 급여를 받는다. 판매원들은 판매량에 기반한 수수료(commission)를 지급받는다. 캘리포니아의 딸기 수확 근로자들은 딸기를 몇 상자에 채웠는지에 따라 급여를 받는다. 1987년에, '정크본드의 왕' 마이클 밀컨은 드렉셀 번햄 람베르트로부터 총 5억 5,000만 달러(인플레이션을 감안해 2017년 달러로 환산하면 12억 달러 정도)의 급여를 받았다. 이 급여의 대부분은 그의 정크본드들이 만들어낸 이윤에 대한 35%의 수수료율(개수급)로부터 나왔다.[1]

이와는 대조적으로, 시간급 근로자의 보수는 그 근로자가 업무에 투입한 시간에만 좌우되고, 적어도 단기에는 그 근로자가 생산한 생산물의 수량과는 아무런 관련이 없다. 물론, 장기가 되면 기업은 그 근로자의 성과 기록을 검토해 계약 유지나 승진에 관한 결정을 내릴 것이다. 단순화를 위해 우리는 단기에 초점을 맞추고, 시간급 근로자의 임금이 근로시간에만 의존하고 그 근로자의 성과에는 의존하지 않는다고 가정한다.

기업은 개수급과 시간급 중 어느 방법을 사용해야 하는가

근로자들의 생산성은 서로 다르다. 그 이유는 근로자들 간에 능력의 차이가 있기 때문이거나, 어떤 근로자는 일에 많은 노력을 투입하는 데 반해 다른 근로자는 많은 노력을 투입하지 않기 때문이기도 하다.

개수급과 시간급 중 어느 방법을 사용할지를 결정하고자 하는 한 기업을 생각해보자.[2] 회사가 개수급을 사용하는 경우 근로자의 임금은 그의 한계생산물의 가치와 정확히 같을 것이다. 번역자의 소득이 번역한 단어당 10센트씩의 보수로 결정된다면, 10만 개 단어의 원고를 번역했을 때 그의 급여는 1만 달러가 될 것이다. 회사가 번역자에게 번역된 단어

---

1 Connie Bruck, *The Predators' Ball*, New York: Penguin Books, 1989, pp.31-32.

2 Charles Brown, "Firms' Choice of Method of Pay," *Industrial and Labor Review* 43 (February 1990, Special Issue): 165S-182S; Edward P.Lazear, "Salaries and Piece Rates," *Journal of Business* 59 (July 1986): 405-431; Robert Gibbons, "Piece-Rate Incentive Schemes," *Journal of Labor Economics* 5 (October 1987): 413-429.

당 더 적은 금액을 제안하는 경우, 번역자는 경쟁 가격을 지불하는 다른 회사를 찾아 이동할 것이다.

그러나 어떤 경우에는 근로자는 자신이 얼마나 생산했는지를 정확히 알 수 있지만, 기업은 그 근로자의 생산성에 대해 별로 아는 것이 없을 수 있다. 다시 말해, 기업은 근로자의 생산량을 정확히 측정할 수 없고, 근로자들이 자신의 생산량을 솔직하게 보고한다고 기대할 수도 없다. 기업이 개수급 체계를 채택하고자 하는 경우, 이 기업은 근로자를 끊임 없이 감시해야만 할 것이다. 기업은 여기에 사용되는 자원을 다른 용도(가령, 생산라인에 추가적인 자본 투입 등)로 사용할 수도 있기 때문에 감시는 일정한 비용을 수반한다. 일반적으로 이 비용은 근로자들을 감시하는 것이 얼마나 쉬운지 혹은 어려운지에 따라 기업마다 다르다. 일부 기업들에게는 이러한 비용이 상당히 클 수 있다.

기업은 단순하게 시간급 보상체계(가령, 근로자에게 주당 500불의 고정급 지급)를 채택함으로써 감시비용을 완전히 회피할 수도 있다. 시간급 체계를 선택한 기업은 적어도 단기적으로는 근로자의 성과를 계속 감시할 필요가 없다.

완전경쟁기업은 두 방법 중 보다 많은 이윤을 산출하는 임금체계를 선택한다. 감시비용을 궁극적으로 회사가 부담하든 근로자가 부담하든(보다 낮은 개수급의 형태로), 감시비용이 매우 높은 기업은 개수급 체계를 사용하기 어려울 것이다. 왜냐하면 어떤 근로자도 그와 같이 낮은 실수령 임금을 받으려고 하지는 않을 것이기 때문이다. 그러므로 감시비용이 높은 기업은 시간급을 선택하고 감시비용이 낮은 기업은 개수급을 선택한다.

그에 따라 근로자들의 생산량(가령, 생산된 바지의 수량, 수확된 딸기의 상자 수, 판매액 등)이 쉽게 관측될 수 있는 경우에는 대개 개수급이 근로자들에게 지급된다. 반면, 근로자들의 생산량을 측정하기 어려운 경우(가령, 대학 교수나 소프트웨어 생산팀의 근로자들)에는 근로자들에게 시간급이 제시된다.

근로자들은 업무에 얼마만큼의 노력을 투입하는가

개수급 근로자는 회사에서 얼마만큼의 생산물을 생산할지를 선택한다. 근로자는 그 자신의 효용을 극대화하는 양을 생산한다. 더 많은 생산물을 생산할수록 근로자의 실수령 급여도 더 커지고, 따라서 근로자의 효용도 커진다. 그러나 생산물을 생산하는 데에는 노력이 투입되고, 일을 열심히 하는 데에는 비효용 혹은 '고통'이 따른다. 근로자는 끝이 보이지 않는 컴퓨터 코드를 작성하는 일보다는 차라리 인터넷 서핑이나 사교활동을 하고 싶을 것이다.[3]

[그림 11-1]은 근로자가 생산량 1단위당 r달러로 고정된 개수급으로 보수를 받을 때 이

---

3 이 경우 근로자의 단순한 효용함수 식은 $U = rq - C(q)$으로 쓸 수 있다. 이 식에서 q는 생산량을, $C(q)$는 그 생산량을 생산하는 데 드는 심리적 비용을 표시한다.

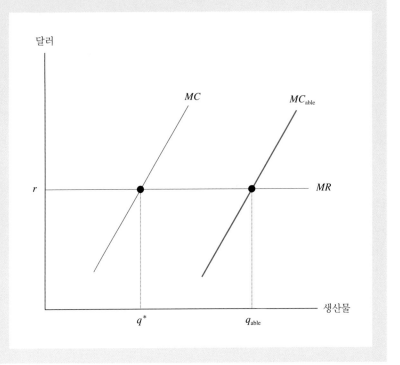

그림 11-1

개수급 근로자들의 생산량 결정

개수급은 r달러이다. 따라서 추가적인 생산물 한 단위의 한계수익은 r과 같다. 근로자가 생산물을 생산할 때에는 비효용이 발생한다. 이는 노력의 한계비용 곡선이 우상향하는 기울기를 갖는다는 것으로 나타난다. 최적의 생산량은 한계수익과 한계비용이 같아지는 지점, 즉 q^* 단위이다. 보다 능력 있는 근로자들이 더 쉽게 생산물을 생산하는 경우, 그들의 한계비용 곡선은 더 낮고 그들은 더 많은 생산물을 생산한다.

근로자의 결정을 예시하고 있다. 노력의 한계수익 곡선 MR은 생산물 1단위를 추가로 생산할 때 추가되는 소득분을 표현한다. MR 곡선이 수평인 이유는 개수급율이 r로 일정하기 때문이다. 그러나 1단위의 생산물을 추가 생산하기 위해서는 고통이 따르고, 근로자가 일에 투입하는 노력이 많아질수록 이 고통은 증가한다. 그 결과, 노력의 한계비용 곡선 MC는 우상향한다. 자신의 효용을 극대화하고자 하는 근로자는 한계수익과 한계비용이 같아지는 점, 즉 그림의 q^*까지만 생산한다.

근로자들의 타고난 능력은 서로 다르기 때문에 그들은 서로 다르게 행동한다. 보다 능력이 뛰어난 근로자들은 생산물을 보다 쉽게 만든다고 가정하자. 이 경우 능력이 보다 뛰어난 근로자들이 보유한 한계비용 곡선은 더 낮고(그림 11-1의 MC_{able}), 그들은 더 많은 생산물을 생산한다.

이제 시간급을 받는 근로자들이 직면하는 노력의 결정을 생각해보자. 기업이 쉽게 감시할 수 있는 최소 수준의 산출량($\bar{q}$라고 부르자)이 있다고 가정하자. 예를 들어, 기업은 근로자가 출근해서 자신의 자리에 앉아 있는지 혹은 생산라인상에서 자신의 자리를 지키고 있는지의 여부를 알 수 있다. 근로자가 이와 같은 최소 수준의 노력을 달성하지 않는다면 이 근로자는 해고된다. 이 경우 시간급을 받는 근로자는 $\bar{q}$ 단위만을 생산하고 그 이상은 생산하지 않을 것이다. 어쨌든 생산물을 생산하는 일에는 고통이 따르고, 시간급을 받는 근로자는 이 최저 분량만을 생산함으로써 빠져나갈 수 있음을 알고 있다.

당연히 기업은 시간급 보상체계를 제안하는 경우 근로자가 $\bar{q}$ 단위만을 생산하고 시간급 근로자들이 $r \times \bar{q}$의 급여를 받을 것이라는 점을 알고 있다. 직장에 단순히 나타나서 기대되는 최소 수준의 일만을 하는 것에는 '고통'이 따르지 않는다고 가정하면 시간급 근로자의 효용은 $r \times \bar{q}$로 주어진다.

근로자들의 기업 간 군집현상

[그림 11-2]에는 근로자의 효용과 능력 사이의 관계가 예시되어 있다. 시간당 급여를 주는 일자리에서 근로자의 효용은 그 일자리에서 얻는 소득수준(즉 $r \times q$달러)과 같다. 시간급 일자리에서 모든 근로자는 자신의 능력과 무관하게 동일한 수준의 효용을 얻는다는 점을 기억하자(왜냐하면 시간급 일자리에서는 모든 근로자가 동일한 최소 수준의 노력을 투입하기 때문이다). 만약 근로자가 개수급으로 보상을 받는다면 근로자의 효용은 그의 능력에 따라 달라진다. 능력이 우수한 근로자들은 훨씬 더 많은 생산물을 생산하고 더 높은 보수를 받으며 더 높은 효용을 누린다.

근로자들에게 이 두 종류의 고용계약은 무차별하지 않고, 그들은 무엇이 자신들에게 최상인가를 기준으로 둘 중 하나를 선택한다. [그림 11-2]의 근로자 A와 같이 능력이 떨어

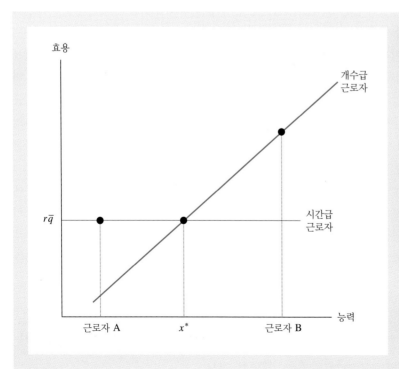

그림 11-2

개수급 일자리와 시간급 일자리에서 근로자들의 군집

시간급 일자리에서 모든 근로자는 능력과 무관하게 동일한 최소 수준의 노력을 투입한다. 개수급 일자리의 경우, 높은 능력수준은 생산량, 소득과 효용을 증가시킨다. x^* 단위 이상의 능력을 가진 근로자들은 개수급 일자리를 선택하고, 그보다 능력이 떨어지는 근로자들은 시간급 일자리를 선택한다.

지는 한 근로자의 선택을 생각해보자. 이 근로자는 시간급 일자리 제안을 받아들이는 것이 더 유리하다. 반면에, 능력이 우수한 근로자(근로자 B)는 개수급 기업에서 일하는 것이 더 유리하다. 사실 이 그림이 의미하는 바에 따르면, x^* 단위보다 낮은 능력을 가진 모든 근로자는 시간급 기업에서 일할 것이고, x^* 단위보다 높은 능력을 가진 근로자들은 개수급 기업에서 일할 것이다.

능력에 따른 군집은 당연하다. 능력이 우수한 근로자들은 자신들을 무리로부터 분리해 개수급을 제시하는 기업을 선택한다. 여기에서 생산물을 생산하는 자신들의 재능이 더 높은 보상을 받기 때문이다. 능력이 떨어지는 근로자들은 자신의 낮은 생산성이 쉽게 잘 드러나지 않도록 시간급 기업을 선택한다.

현실의 증거들은 개수급 근로자들의 생산성과 임금수준이 시간급 근로자들에 비해 더 높다고 이야기한다.[4] 예를 들어, 신발산업의 경우 개수급 근로자들의 임금은 시간급 근로자들보다 시간당 13% 더 높다. 남성 및 남자아이들의 정장과 코트를 생산하는 의류 노동자들의 경우, 개수급 노동자의 임금은 15% 더 높다. 자동차 정비소 근로자들의 경우, 개수급 근로자들의 임금은 최소 20% 더 높다.

개수급 보상체계를 사용할 때의 단점

개수급 유인급여에는 여러 가지 장점이 있다. 개수급은 가장 우수한 근로자들을 끌어들이고, 근로자들로부터 많은 노력을 이끌어내며, 보상을 성과에 직접적으로 연계시키고, 차별과 정실주의의 역할을 최소화하고, 기업의 생산성을 높인다.

이와 같이 이점이 많음에도 불구하고 노동시장에서 개수급이 보다 자주 활용되지 않는 이유는 무엇일까? 하나의 명백한 이유는 기업의 생산이 개인의 노력이 아니라 팀의 노력에 의존하는 경우 개수급에 의해 발생하는 업무유인은 거의 쓸모가 없기 때문이다. 자동차의 생산라인에서 일하는 근로자들 중 한 명에게 개수급을 지급하는 것은 그 근로자의 생산성에 그다지 큰 영향을 주지 않을 것이다. 라인이 움직이는 속도는 라인에 있는 다른 모든 근로자들의 생산성에 따라 달라지기 때문이다. 팀의 생산량에 기초해 전체 팀에게 개수급을 제시하는 보상체계를 설계하는 것이 가능하다. 그러나 팀원 중 몇몇은 업무에 태만해 무임승차 문제(free-riding problem)를 일으킬 가능성이 언제나 존재한다. 근로자의 보수가 그의 생산성에 간접적으로만 연동되기 때문에, 그 근로자에게는 작업에 노력을 투입할 유인이 많지 않고 대신 그는 '타인의 친절함'에 의지하려 할 것이다. 그러므로 개수

---

4   Eric Seiler, "Piece Rate vs. Time Rate: The Effect of Incentives on Earnings," *Review of Economics and Statistics* 66 (August 1984): 363-376; Harry J. Paarsch and Bruce S. Shearer, "The Response of Worker Effort to Piece Rates: Evidence from the British Columbia Tree-Planting Industry," *Journal of Human Resources* 34 (Fall 1999): 643-667; and Jean-Marie Baland, Jean Dreze, and Luc Leruth, "Daily Wages and Piece Rates in Agrarian Economies," *Journal of Development Economics* 59 (August 1999): 445-461.

급 체계는 근로자 각자의 보상이 그 자신의 생산성과 직접적으로 연동될 수 있을 때 가장 잘 작동한다.

개수급 보상체계는 또한 생산된 산출물의 '수량'을 지나치게 강조하기 때문에, 수량과 품질 사이의 상충관계를 일으킨다. 만약 근로자의 임금이 명확한 품질 기준을 통과한 생산물의 수량에 의해 좌우된다면 이 문제는 줄어들 수 있다. 그러나 품질과 수량 모두를 관리하는 것은 감시비용을 증가시키고, 이는 기업이 개수급 체계를 제안할 가능성 자체를 줄인다.

많은 근로자들 또한 자신의 급여가 시간에 따라 크게 변동할 수 있기 때문에 개수급 보상체계를 좋아하지 않는다. 딸기를 수확하는 근로자의 하루 급여는 기후조건에 따라 달라지고, 중개료를 받고 일하는 판매사원의 임금은 전체 경제의 상황에 따라 달라진다. 근로자들이 위험기피적인 경우 그들은 이와 같은 변동을 좋아하지 않을 것이다. 대신 근로자들은 이러한 사건들에 대해 '보험을 든 것 같은' 느낌을 갖고 안정적인 급여 흐름을 보장받을 수 있는 보상체계를 선호할 것이다. 그러므로 위험기피적인 근로자들은 시간급 체계를 제안하는 기업에서 일하는 것을 선호한다. 근로자들을 끌어들이기 위해 개수급을 지급하는 기업은 급여의 변동성 때문에 발생하는 비효용을 보상해야만 할 것이다. 그러나 이

이론의 현장 적용　유리창 하나씩

세이프라이트 글라스 코퍼레이션은 미국에서 가장 규모가 큰 자동차 유리 설치 회사이다. 1994년 1월까지 유리 설치 근로자들은 설치한 창문의 개수와 관계없이 시간급으로 급여를 받았다. 1994년과 1995년에 이 회사는 보상체계를 개수급으로 전환하였다. 유리 설치 근로자들은 평균적으로 유리 설치 하나당 약 20달러를 받게 되었다.

회사는 개수급이 근로자들의 생산성을 향상시킬 것이라 믿었기 때문에 유인급여 체계를 채택하였다. 게다가 개별 근로자의 실제 생산량을 감독하는 것은 수월했다. 컴퓨터화된 시스템을 이용해 각 근로자가 일주일에 얼마나 많은 유리를 설치했는지를 계속 기록하였다. 사실 매우 자세한 기록이 있다는 것은 이전의 시간급 임금체계와 새로 도입된 개수급 체계하에서 '특정 근로자'가 설치한 창문의 개수에 대한 정보를 가지고 있음을 의미한다.

특정 근로자가 설치한 창문의 개수는 개수급 체계가 시행된 이후 약 20% 정도 증가하였다. 다시 말해, 이론의 핵심적인 예측 ― 개수급은 근로자로부터 더 많은 노력을 이끌어낸다 ― 이 세이프라이트의 경험에 의해 강력하게 확증되었다.

또한 이 자료에 따르면, 새롭게 고용되는 근로자들에게서는 강한 군집효과(sorting effects)가 발견된다. 개수급 체계는 생산성이 높은 근로자들을 끌어 모으는 경향이 있다. 왜냐하면 이 근로자들이 바로 자신의 실제 한계생산량에 따라 보수를 받음으로써 가장 많은 것을 얻는 사람들이기 때문이다. 개수급이 시행된 이후 세이프라이트에서 채용한 근로자들의 생산성은 과거의 보상제도하에서 채용했던 근로자들보다 약 20% 정도 높다.

마지막으로, 근로자들의 생산성이 향상되고 임금이 높아졌을 뿐만 아니라 회사의 이윤 역시 증가하였다.

출처 : Edward P. Lazear, "Performance Pay and Productivity," *American Economic Review* 90 (December 2000) : 1346-1361.

러한 보상적 격차는 기업의 이윤을 줄이게 되고, 보다 적은 수의 기업이 개수급을 제안하기로 선택한다.

마지막으로, 개수급 기업의 근로자들은 잘 알려진 톱니효과(ratchet effect)를 두려워한다. 개수급 근로자가 기업에서 기대한 것보다 더 많은 생산물을 생산한다고 가정하자. 기업의 경영진은 이런 높은 수준의 생산성을 자신들이 생각했던 것만큼 일이 어렵지 않았고 그 일에 너무 높은 임금을 지급하고 있는 증거로서 해석할지 모른다. 경영진은 개수급률 r을 더 낮추게 되고, 근로자들은 같은 봉급을 받기 위해 더 열심히 일해야만 한다. 예를 들어, 특정한 유형의 유인책에 반응해 높은 수준의 생산성을 보였던 소비에트의 경영자들은 종종 유인책 이전에 게을렀거나 혹은 '반혁명적'이었다는 비난을 받았고, 이는 비극적인 결과를 초래했다. 톱니효과 때문에 근로자들은 개수급 일자리를 받아들이는 데 주저한다.

11-2 토너먼트

대부분의 노동시장 경제모형들은 대체로 근로자들이 직무 성과의 절대적인 척도에 따라 보수를 받는다고 가정한다. 근로자의 한계생산의 가치가 시간당 15달러인 경우, 근로자의 임금은 15달러이다.

그러나 어떤 상황에서 노동시장은 생산성의 절대적 척도에 따라 근로자들에게 보수를 지급하지 않는다. 그 대신 보수는 한 근로자가 그 기업의 다른 근로자들과 비교했을 때 상대적으로 얼마나 생산했는지에 따라 결정된다. 실제로 기업들은 토너먼트(tournament) 혹은 시합을 개최해 근로자들을 생산성에 따라 순위를 매긴다. 이 경우 보수는 순위에 따라 분배된다. 승자는 상당한 수준의 보상을 받고 패자는 훨씬 더 적은 보상을 받는다.[5]

프로 스포츠의 보상체계는 이와 같은 유형의 노동시장을 예시하고 있다. 2017년 브리티시오픈의 우승자(조던 스피스)는 185만 달러를 받은 반면, 2위를 차지한 골프선수(매트 쿠차)는 110만 달러, 3위를 차지한 선수(리 하오통)는 68만 4,000달러를 받았다. 선수들 간 임금의 차이는 경기력 수준의 절대적 차이와는 아무런 관계가 없었다. 보상은 선수들의 상대적인 위치에 의해서만 결정되었다.

마찬가지로, 아이스 스케이팅 경쟁 세계의 금전적인 보상 또한 올림픽에서 획득한 메달의 색깔에 의해 결정된다. 올림픽 금메달을 딴 인기 있는 우승자는 상품을 홍보하고 초상권에 대해 비용을 청구하고 아이스쇼 투어에 참가함으로써 연간 수백만 달러를 벌어들일

---

5 Edward P. Lazear and Sherwin Rosen, "Rank-Order Tournaments as Optimum Labor Contracts," *Journal of Political Economy* 89 (October 1981): 841-864; Sherwin Rosen, "Prizes and Incentives in Elimination Tournaments," *American Economic Review* 76 (September 1986): 701-715.

수 있다. 동메달을 획득한 선수는 보다 적은 액수를 벌 수 있을 뿐이다. 금메달 수상자와 동메달 수상자 사이에 실질적인 생산성 차이는 구분하기 어렵다. 사실, 심판들도 종종 순위에 대해 상당히 의견이 있다. 그럼에도 불구하고, 전리품은 승자가 다 챙긴다.

경쟁적인 스포츠들만이 상대적인 성과에 의해 보상이 분배되는 유일한 사례는 아니다. 대규모 기업들의 고위급 부사장들은 회장이나 최고경영자(Chief Executive Officer, CEO)로 승진하기 위해 맹렬하게 경쟁한다. 미국의 200개 대기업에 대한 설문조사 결과에 따르면, 부사장에서 CEO로 승진할 때 급여가 약 142% 오른다.[6] 한 근로자의 한계생산의 가치가 하룻밤 사이에 그렇게 많이 증가한다고 믿기는 어렵다. 부사장과 CEO들의 급여 구조는 절대적인 성과가 아니라 상대적인 성과에 의해 급여가 결정되는 보수 패키지로서 이해해야 아마 가장 적절할 것이다.

일부 기업들은 어떤 이유에서 개수급이나 시간급 체계 대신 토너먼트 방식의 계약을 사용할까? 기업의 입장에서는 한 근로자가 실제로 회사에 기여한 정도를 측정하는 것보다는 이 근로자의 '서열(pecking order)'상 순위를 관측하는 것이 더 쉬울 수 있다. 한 번의 경기가 어느 풋볼 팀이 (적어도 어느 특정한 날에) 다른 팀보다 더 나은지를 결정한다. 그러나 승리한 팀이 어느 정도나 더 나은지를 정확히 결정하는 것은 어려운 일이다. 마찬가지로, 부사장들 사이의 토너먼트는 그들 중 누가 CEO로 승진해야 하는지를 결정하지만, 부사장들 각자가 회사의 생산물에 실제로 어느 정도 기여했는지를 평가하는 일은 훨씬 더 어려운 일이다.

토너먼트는 얼마만큼의 노력을 끌어내는가

왜 어떤 회사들은 토너먼트를 사용해 승진과 급여를 결정하는 반면, 다른 회사들은 근로자들의 한계생산의 실제 가치에 따라 급여를 지급하는가? 승자와 패자 사이 한계생산의 차이는 대개 무시할 수 있을 정도로 작은데 왜 이러한 토너먼트의 승자는 패자의 급여의 몇 배에 해당하는 돈을 벌까? 다음에서 살펴볼 바와 같이, 토너먼트가 존재하는 이유는 한 근로자의 실제 생산성을 측정하기는 어렵지만 그 근로자의 생산성을 다른 사람과 대조하기 쉬울 때에는 토너먼트를 통해 근로자로부터 '적절한' 양의 노력을 끌어낼 수 있기 때문이다.

예시를 위해, 안드레아와 베아라는 두 명의 근로자가 2개의 상 중 하나를 받기 위해 경쟁하는 상황을 생각해보자. 회사는 1등상 수상자는 Z_1달러의 상당한 금전적 보상을 받지만, 2등상 수상자는 Z_2달러만을 받게 될 것이라고 공표한다. 이 토너먼트에 참가하는 근로자들은 업무에 많은 노력을 투입할 때 이길 확률이 더 높아진다는 것을 알고 있다.

---

6 Brian G. M. Main, Charles A. O'Reilly III, and Wade, "Top Executive Pay: Tournament or Team Work?" *Journal of Labor Economics* 4 (October 1993): 606-628.

[그림 11-3]은 안드레아가 토너먼트에서 승리하기 위해 투입할 노력의 양을 어떻게 결정하는지를 예시하고 있다. 그 결정은 노력의 한계비용과 한계수익을 비교함으로써 이루어진다.

노력의 한계비용 곡선은 (그림의 곡선 MC로 표현된 바와 같이) 우상향하는 기울기를 갖는다. 추가적인 한 단위의 노력은 그 이전 단위들에 비해 더 많은 '고통'을 유발하기 때문이다. 노력 한 단위의 한계수익은 1등상과 2등상 간 보상의 차이, 즉 $Z_1 - Z_2$에 의해 결정된다. 이 차이가 상대적으로 작은 경우 추가적인 노력 한 단위의 한계수익은 (그림의 MR_{LOW}로 표시된 바와 같이) 낮다. 근로자는 노력의 한계비용이 한계수익과 같아지는 지점, 즉 점 X의 노력 수준을 선택해 토너먼트에 F_{low} 단위의 노력을 투입할 것이다. 만약 보상의 차이가 매우 크다면 노력의 한계수익이 (MR_{HIGH}와 같이) 상당히 높고, 이 경우 근로자는 업무에 F_{high} 단위의 노력을 투입함으로써 승리하기 위해 매우 열심히 노력할 것이다.

안드레아와 베아의 능력은 동일하고 두 사람 모두 일에 노력을 투입하면서 동일한 만큼 '고통을 겪는다'고 가정하자. (즉 두 사람의 한계비용 곡선은 동일하다.) 이 경우 안드레아와 베아는 정확히 동일한 방식으로 행동하며 동일한 양의 노력을 게임에 투입할 것이다. 그 결과, 두 선수 모두에게 토너먼트에서 승리할 확률은 같아진다. 게임이 진행되면 승자는 무작위적인 사건에 의해 결정될 것이고, 게임의 장소(팬들이 홈팀 선수들을 격려

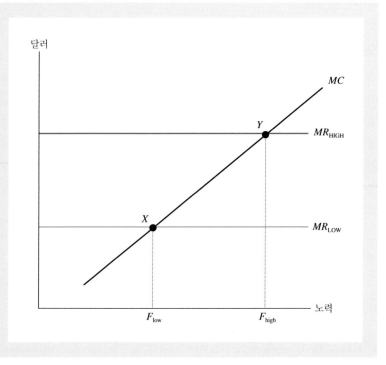

그림 11-3

토너먼트에서 노력의 배분

한계비용 곡선은 한 단위의 추가 노력을 토너먼트에 배분할 때의 '고통'을 표현한다. 1위와 2위 사이의 상금 차이가 큰 경우, 한 단위 추가 노력의 한계수익은 매우 크고(MR_{HIGH}), 근로자는 토너먼트에 많은 노력을 배분한다.

하게 응원하는가?)나 선수들의 성격(이사회의 핵심 구성원들이 둘 중 한 명을 특별히 좋아하는가?)과 같은 요인들이 승패에 영향을 미칠 것이다.

안드레아와 베아가 테니스 토너먼트를 치르고 있다고 가정하자. 이때 승자는 100만 달러를 가져가고 패자는 아무것도 가져가지 못한다. 각 선수는 게임이 끝날 때 자신이 확실히 승자가 되기 위해 매우 열심히 게임에 임할 것이다. 두 선수 모두 테니스를 똑같이 잘하기 때문에, 게임의 결과는 예측하기 어렵다. 아마도 작은 돌풍이 중대한 플레이 상황에서 공의 방향과 속도를 살짝 바꿀지 모른다. 그러나 안드레아와 베아는 모두 스스로가 최선을 다하지 않는다면 상대방이 이길 것이라는 점을 알고 있다. 그러므로 노력 투입이 자신을 상대방 선수와 대등하게 만들어 주는 역할밖에는 하지 못할지라도 둘 모두는 게임에서 승리하기 위해 매우 열심히 노력한다.

상금의 차이가 토너먼트로부터 도출되는 노력의 양을 결정하는 핵심 요인임은 확실하다. 상금의 차이가 매우 크면 높은 수준의 노력을 이끌어내고, 게임은 흥미롭게 진행된다. 이것은 스포츠 토너먼트에서 승자와 패자들 사이에 커다란 상금의 차이가 존재하는 이유를 설명해준다. 우리는 모두 훌륭한 게임을 관람하고 싶어 한다. 만약 양측이 최선을 다하지 않는다면, 많은 관중들은 경기장을 떠나거나 텔레비전을 꺼버릴 것이다. 그러나 양측이 자신의 최고의 능력으로 경기에 임한다면, 시합 전체에 걸쳐 게임은 막상막하로 진행될 것이다. 여기서 최종 결과는 게임의 마지막 몇 분 혹은 심지어 몇 초에 발생한 무작위적인 사건에 의해 결정된다. 상금의 차이가 클수록 양 선수 모두가 게임이 끝나는 시간까지 최선을 다해 게임에 임할 유인이 있다.

토너먼트의 문제점

두 명의 테니스 선수가 어떤 큰 상금을 위해 경쟁하고 있다고 가정하자. 승자는 그 노력에 대해 1,000만 달러를 받고, 패자는 아무것도 받지 못한다. 이 두 선수는 이전에 많은 토너먼트에 참가하였고 서로가 대체로 대등한 능력을 가지고 있다는 점을 알았다. 그들이 얼마나 열심히 경기하는지와 무관하게 승자는 대체로 순전히 무작위적인 사건에 의해 결정된다.

두 선수는 토너먼트 전에 만나서 상을 나눠 갖기로 합의할 수 있음을 금세 깨닫는다. 이 경우 그들은 실제 토너먼트에서는 경기를 하는 동작만을 취하고, 경기 후에 각자 500만 달러씩를 집으로 가지고 갈 것이다. 근로자들이 담합을 할 수 있기 때문에, 토너먼트는 적절한 수준의 업무 노력을 끌어내지 못할 수 있다.[7]

7　그러나 이런 담합 균형은 그리 안정적이지 않다. 게임을 '너무 열심히' 하지 않고 상을 나누어 갖기로 결정한 이후, 각 선수는 아주 적은 노력 수준만을 투입해도 게임을 이겨 1,000만 달러 전체를 가질 수 있음을 알아차린다.

이러한 유형의 부정행위 사례가 1990년대 초에 프랑스에서 일어났다.[8] 마르세유에 있는 지역 축구팀인 올림피크 마르세유는 경쟁팀인 발랑시엔의 선수들에게 4만 2,000달러를 지불하였다. 답례로, 발랑시엔은 게임을 포기하고, 마르세유가 일주일 후에 예정된 훨씬 더 큰 경기를 위해 힘을 비축할 수 있게 해주었다. 마르세유 팀은 실제로 발랑시엔과의 경기에서 이겼고 유러피언 클럽 챔피언십을 차지하기에 이르렀다.

토너먼트는 또한 참가자들 사이에서 '과도한' 경쟁을 유발할 수 있다. 상금의 차이가 클수록 경기자는 다른 선수들이 상을 탈 가능성을 줄이는 행동을 취할 유인이 더 높아진다. 일부 대학교 기숙사들에서 널리 알려진 이야기에 의하면, 의대를 준비하는 학생들은 종종 화학이나 생물학 수업을 같이 수강하는 다른 의대 준비생들의 실험을 오염시키거나 망가뜨린다. 의학 대학원의 입학정원이 미국 의학회에 의해 빠듯하게 배정되기 때문에, 의학 학위가 갖는 금전적 보상은 상당할 수 있다. 의과대학의 입학 자격을 받은 '승자'는 금전적 안정과 전문가로서의 명성을 보장받는다. 그러므로 상금의 차이가 큰 것은 양날의 검이 될 수 있다. 이것은 참가자들로부터 상당한 업무 노력을 끌어낼 뿐만 아니라 참가자들이 다른 이들의 업무를 훼방하도록 부추긴다.

11-3 정책 응용 사례 : 기업 고위 임원들의 보수

최고경영자(CEO)와 같은 고위급 임원들의 급여는 많은 관심을 받는다.[9] 〈표 11-1〉에는 미국에서 가장 높은 급여를 받는 CEO들이 나열되어 있다. 이들 CEO 중 몇몇의 급여는 아찔한 수준에 도달해 있다. 목록에 있는 CEO 중 몇몇은 연간 5,000만 달러 이상을 벌고 있다.

CEO 급여에 대해 우리가 관심을 갖는 이유는 부분적으로 우리들 대부분이 과도하다고 여기는 급여를 받는 사람들에게 마음을 빼앗기고 있기 때문이다. CEO 보수를 다룬 분석은 또한 경제학에서 많은 중요한 질문들을 제기한다. 가장 중요한 질문으로서, "기업을 운영하지만 소유하고 있지는 않은 사람에 대한 보수 패키지는 어떠해야 하는가?"라고 물을 수 있다.

CEO는 기업 소유주들의 '대리인(agent)'이다[이 소유주들을 우리는 주인(principals)이라고 부른다]. 기업의 소유주들, 전형적으로 주주들은 CEO가 소유주들의 부를 증가시키는 방식으로 회사를 운영해주기를 원한다. 그러나 CEO는 그보다는 자신의 사무실을 값비싼 인상파 화가들의 작품으로 장식하기를 원할 수 있다. 이들 그림을 사는 것은 주주들의 부를 감소시키지만 CEO의 효용은 증가시킨다. 주인과 대리인 사이에 존재하는 이런

---

8 Roger Cohen, "A Soccer Scandal Engulfs All France," *New York Times, September 6,* 1993, p.4

9 이들 문헌을 정리한 훌륭한 서베이로는 Kevin J. Murphy, "Executive Compensation," in Orley C. Ashenfelter and David Card, editors, *Handbook of Labor Economics,* vol. 38, Amsterdam : Elsevier, 1999, pp. 2485-2563이 있다.

| 표 11-1 | 미국에서 가장 높은 급여를 받는 CEO, 2012 |

순위	이름	회사	총보수액(100만 달러)
1.	Thomas M. Rutledge	차터 커뮤니케이션즈	98.0
2.	Leslie Moonves	CBS	68.6
3.	David O'Connor	매디슨 스퀘어 가든	54.0
4.	Fabrizio Freda	에스티로더	47.7
5.	Mark G. Parker	나이키	47.6
6.	Mark V. Hurd	오라클	41.1
7.	Robert A. Iger	월트 디즈니	41.0
8.	Safra A. Catz	오라클	40.9
9.	David M. Zaslav	디스커버리 커뮤니케이션즈	37.2
10.	Robert A. Kotick	액티비전 블리자드	33.1

출처 : Jon Huang and Karl Russell, "The Highest-Paid C.E.O.'s in 2016," *New York Times*, May 26, 2017.

불가피한 이해관계 충돌을 주인-대리인 문제(principal-agent problem)라고 말한다.

회사 임원들에 대한 보수구조는 부사장들이 승진을 위해 경쟁하고 승자가 회사를 경영하게 되는 토너먼트로서 가장 잘 해석될 수 있다. 매우 큰 상금의 격차가 존재하기 때문이다. CEO로 승진한 사람들의 임금은 평균적으로 142% 상승한다. 흥미롭게도, 부사장 자리에서 그 바로 다음 단계로 승진하는 경우 임금은 약 40% 정도로 훨씬 작게 상승한다.[10] 정리하면, 피라미드의 상위 단계로 올라감에 따라 상금의 격차는 더욱 커진다.

이런 보수구조는 토너먼트 이론에 의해 설명된다. 경영진이 CEO, 선임 부사장, 일반 부사장의 3단계로 구성되어 있다고 가정하자. 일반 부사장들은 선임 부사장 자리들 중 하나로 승진하기 위해 서로 경쟁하고, 선임 부사장들은 다시 CEO로 승진하기 위해 서로 경쟁한다. 1단계 토너먼트에서 승리해 선임 부사장이라는 고임금 직위로 승진한 임원들은 현 직위의 보수가 '그들의 모든 필요를 충족시킨다'고 생각하여 CEO로 승진하기 위해 경쟁하려 하지 않을 수 있다. 선임 부사장들로부터 업무 노력을 끌어내기 위해서는 CEO가 되어 얻을 수 있는 상금이 선임 부사장이 됨으로써 받을 수 있는 상금보다 훨씬 더 커야 한다.

토너먼트에 승리해 CEO로 승진한 이후에도 이 운좋은 토너먼트 승리자로부터 노력을 계속 이끌어낼 수 있도록 보수 패키지가 구조화될 필요가 있다. 그러므로 CEO의 보수는 기업의 경제적 성과에 연동될 필요가 있다. 그래야 CEO는 주주들의 부를 감소시키는 행위들을 하지 않을 것이다. 그런 행위들은 자신의 부 또한 감소시킬 것이기 때문이다.

사실 CEO의 보수액과 기업의 성과 사이에는 양의 상관관계가 존재한다. 그러나 주주

---

10 Main, O'Reilly, and Wade, "Top Executive Pay: Tournament or Team Work?"

이론의 현장 적용   당신 영혼의 가치는 얼마인가

우리들 대부분은 민간부문 일자리에서 더 열심히 일하고 더 많은 사업 실적을 낸 사람들에게 더 후한 보상이 주어지리라고 기대한다. 경험으로부터 우리 모두는 이것이 세상을 돌아가게 하는 이치임을 알고 있다. 놀랍게도, 열심히 일하고 노력하는 것－그리고 사업 실적을 내는 것－은 그에 대한 고려가 터무니없어 보이는 상황에서도 화폐적 보상으로 연결된다는 증거가 있다.

연합 감리교회는 미국 내에 대략 800만 명의 신도들을 보유하고 있다. 그 신도들 중에는 조지 W. 부시와 힐러리 클린턴 같은 유명 인사들도 포함되어 있고, 이 교단은 주류 기독교 신앙관을 가진 것으로도 잘 알려져 있다.

최근의 한 연구는 연합 감리교의 오클라호마 연례회의 내의 모든 지역 교회의 모든 재정과 고용에 관한 43년간 (1961~2003년까지)의 시계열 자료를 분석할 수 있었다. 주교(bishop)와 임원들(officials)이 주도하는 이 회의는 그 관할 내 교구 목사들의 고용과 사역지 배정을 통제한다. 한 명의 목사는 대개 수년 동안 지역 신자들을 섬긴 후 해당 회의 내 교구들을 의무적으로 순환한다.

지역 교회들과 목사 후보자들은 서로를 심사하거나 선택할 수 없다. 이러한 선택은 회의 수준에서 이루어지기 때문이다. 그러나 지역 교회의 임원들은 목사-교구 관계 위원회를 통해 1년에 한 번 목사들과 만나며 다음 해의 급여를 결정한다. 오클라호마 연례 회의의 교구들에서 목사 급여의 중위 값은 약 3만 7,000달러(2008년 달러 기준)였다.

목사의 여러 가지 의무들 중에는 당연히 새로운 신도들을 교구로 끌어들이는 일이 포함되어 있다. 예를 들어, 목사는 지역 사회 내에서 신자는 아니지만 감리교 신앙과 전통을 수용할 것 같은 사람들을 식별하는 데 노력을 기울이거나, 혹은 감리교 신자가 됨으로써 생기는 이익을 강조함으로써 기독교의 다른 교파들과 신도 끌어 들이기 경쟁을 할 수도 있다.

오클라호마 자료를 분석한 결과에 따르면, 목사의 급여와 그 지역 신자들의 숫자 사이에는 체계적인 관계가 존재한다. 새로운 신자 한 명이 교회에 등록할 때 목사의 연봉은 15달러 정도 오른다. 반면 기존 신자가 교회를 떠나면 연봉은 7달러 정도 하락한다. 목사의 봉급과 신자들의 숫자 사이에 존재하는 탄력성은 약 0.2로서, 민간부문 CEO들의 보수-근로자 수 탄력성의 절반 정도이다.

출처 : Jay C. Hartzell, Christopher A. Parsons, and David L. Yermack, "Is A Higher Calling Enough? Incentive Compensation in the Church," *Journal of Labor Economics* 28 (July 2010) : 509-539.

의 투자 수익률에 대한 CEO 보수액의 탄력성의 크기는 작다. 구체적으로 주주의 투자 수익률이 10%p 증가할 때 CEO의 보수액은 1% 정도만 증가한다. 보다 직접적으로 표현하면, 주주의 부가 1,000달러 증가할 때마다 CEO의 보수액은 단 2센트 증가한다.[11]

이 정도의 탄력성은 CEO의 행동에 실질적 제약을 부과하기에는 너무 작은 듯하다. 자신의 사무실을 5,000만 달러 가치의 인상파 화가의 그림으로 장식하고 싶어 하는 CEO를 생각해보자. 이와 같은 사치재 구입은 회사의 경제성과에는 전혀 영향을 미치지 않고

---

11 Michael C. Jensen and Kevin J. Murphy, "Performance Pay and Top-Management Incentives," *Journal of Political Economy* 98 (April 1990): 225-264. CEO 보수액과 기업 성과 간의 발견된 작은 양의 상관관계는 CEO의 보수액을 정의하는 방법에 따라 달라질 수 있다. 전형적인 CEO의 고용 패키지의 일부로서 스톡옵션(그리고 스톡옵션의 달러가치)이 널리 사용됨에 따라 이 상관관계의 크기가 상당히 커진 것으로 보인다. Brian J. Hall and Jeffery B. Liebman, "Are CEOs Really Paid Like Bureaucrats?" *Quarterly Journal of Economics* 113 (August 1998): 653-692를 참조하라.

CEO의 자부심만을 부풀릴 뿐이다. 기업의 성과와 CEO의 급여 사이에 존재하는 약한 상관관계는 주주의 부가 5,000만 달러 감소하더라도 CEO의 보수는 연간 1,000달러 정도만 감소함을 의미한다. CEO가 인상파 화가의 그림으로 사무실을 장식할 때 그는 사실상 몇 분 정도의 봉급에 상응하는 금액만을 포기할 뿐이다. 미국 250개 대기업의 1만 6,000명의 경영자들을 대상으로 연구한 결과에 따르면, 임원의 급여를 성과에 연동시키는 정도가 증가할수록 기업의 수익성이 증가한다.[12]

11-4　정책 응용 사례 : 교사들에 대한 유인급여

미국의 교육성과를 향상시키기 위해 성공적인 교사들에게 금전적인 보상을 주는 보수체계를 실험적으로 사용하는 방안에 대한 관심이 증가하고 있다. 이때 보상은 종종 학생의 학업성취도로 측정되는 교사의 '산출량'과 연계되어 있다. 호주, 인도, 멕시코, 포르투갈 등 다른 여러 나라들에서 이와 유사한 프로그램이 실시되었다. 국제적인 증거가 시사하는 바에 따르면, 교사들을 대상으로 하는 금전적 유인책들은 학생들의 학업 성취도를 향상시키는 바람직한 성과로 이어진다.[13]

현재 진행되는 연구들은 유인급여가 미국의 상황에서도 작동할 수 있는지를 검토한다. 여기서 미국의 상황이란 미국 학교들의 인구학적 특성과, '성과급' 개념에 강하게 반발하는 교원 노조의 존재로부터 강력한 영향을 받는 상황을 의미한다. 가용한 증거는 서로 다른 결과들을 제시하고 있다. 추가적인 금전적 유인책이 학생 집단의 '지식'을 증대시키는 바람직한 성과를 발휘할지는 아직 명확하지 않다.

뉴욕시의 공립학교들을 대상으로 한 영향력 있는 한 연구는 2007~2010년 사이에 실시된 한 실험의 효과를 제시한다.[14] 이 실험에서는 약 200개의 '고위험' 학교(즉, 가난한 학생들의 비중이 높고, 다수의 영어 부진 학생들과 특수교육이 필요한 학생들이 다니는 학교들)를 선정해, 미리 설정한 성취도 목표에 도달한 학교에게는 금전적인 보상을 제공하는 프로그램에 참여시켰다. 그리고 이들 학교와 비교할 수 있는 약 200개의 학교를 선정해 통제집단을 구성하였다.

12　John M. Abowd, "Does Performance-Based Management Compensation Affect Corporate Performance," *Industrial and Labor Relations Review* 43 (February 1990, Special Issue): 52S-73S; Ulrike Malmemdier and Geoffrey Tate, "Superstar CEOs," *Quarterly Journal of Economics* 124 (November 2009): 1593-1638.

13　Victor Lavy, "Performance Pay and Teachers' Effort, Productivity, and Grading Ethics," *American Economic Review* 99 (December 2009): 1979-2011; Paul Glewwe, Nauman Ilias, and Michael Kremer, "Teacher Incentives," *American Economic Journal*: Applied Economics 2 (July 2010): 205-227. Derek Neal, "The Design of Performance Pay for Education," in *Handbook of Economics of Education*, vol.4, edited by Eric A. Hanushek, Stephen Machin and Ludger Woessmann, Amsterdam: Elsevier, 2011은 이 연구들을 정리한 서베이 논문이다.

14　Roland G. Fryer, "Teacher Incentives and Student Achievement: Evidence from New York City Schools," *Journal of Labor Economics* 31 (April 2013): 373-407.

'처치를 받은' 각 학교는 그 학교의 성취도 목표치의 75%를 달성하는 경우 교사 1인당 1,500달러를, 그리고 그 목표치를 충족하거나 초과하는 경우 교사 1인당 3,000달러를 받게 된다. 이 목표치는 주 학력 평가 시험으로 측정된 향상도, 학생들의 출석률 및 졸업률 등으로 구성되는 복합 지표였다. 어떤 학교가 금전적 보상을 받을 자격을 갖추는 경우, 그 학교의 위원회에서는 이 프로그램에서 지급하는 총금액을 그 학교의 교사들 사이에 어떻게 배분할지를 결정한다. 이 프로그램은 최종적으로 2만 명이 넘는 교사들에게 약 7,500만 달러를 배분하게 되었다.

그러나 이 프로그램은 적어도 학생들의 결석률이나 낙제율과 같은 관측 지표들의 측면에서는 교사들의 행동에 영향을 미치지 못했다. 그리고 〈표 11-2〉에 나타난 바와 같이, 이 프로그램은 학생의 학업 성취도도 변화시키지 못했다. 실험 설계에서 금전적 인센티브를 받도록 선정된 고위험 학교들에서 시험 점수는 거의 동일하거나 심지어 낮은 경우도 있었다.

다른 나라들에서 시행된 유사한 프로그램들과는 다르게, 뉴욕시의 교사들은 기대되는 방식으로 인센티브에 반응하지 않았다. 이러한 차이의 정확한 이유는 알려지지 않았지만, '상금'이 평균적인 교사 급여의 단 4%에 불과해 어떤 차이를 유발하기에는 너무 작다는 점이 하나의 이유일 수 있다. 또한 금전적 인센티브가 위원회라는 중간단계를 거쳐 교사들에게 내려가기 때문에, 이 프로그램이 과도하게 복잡하다는 점도 이유로 들 수 있다.

흥미롭게도, 다른 미국 대도시의 교사들은 자신들에게 보상이나 불이익을 주기 위해 시험 점수를 점차 빈번하게 사용함에 따른 경제적인 압력에 반응했다는 증거가 존재한다.[15] 구체적으로 말하면, 교육 당국이 특정 교사가 가르치는 학생들의 학업 성취도를 보다 면밀하게 조사한 결과 '교사들의 부정행위'가 드러났다. 부정행위를 한 교사들은 학생들의 답안지를 채점자에게 제출하기 전에 '수정'하기도 하고, 시험 문제지를 미리 구해서 시험일 전에 학생들에게 가르치기도 했다.

표 11-2 금전적 인센티브가 학생들의 시험 성적에 미친 영향

	영어 점수	수학 점수
초등학교	− 0.013	− 0.020
중학교	− 0.031	− 0.051
고등학교	+0.009	− 0.019

출처 : Roland G. Fryer, "Teacher Incentives and Student Achievement : Evidence from New York City Schools," *Journal of Labor Economics* 31 (April 2013), Tables 4,5.

---

15 Brian A. Jacob and Steven D. Levitt, "Rotten Apples: An Investigation of the Prevalence and Prediction of Teacher Cheating," *Quarterly Journal of Economics* 118 (August 2003): 843-877.

시카고 초등학교 학생들은 아이오와 기초 학력 검사라고 불리는 표준화된 객관식 성취도 시험을 친다. 이 검사는 독해력 영역과 수학 영역으로 구성되어 있고, 3학년에서 8학년에 재학하는 모든 시카고 학생들은 매년 이 시험을 쳐야만 한다.

교사 부정행위의 가능성을 발견하기 위해, 이 유명한 연구에서는 1993~2000년 기간에 사용되었던 모든 시험의 답안지들을 조사해 동일한 교실 내에서 특정한 답들이 연속되는 빈도가 기댓값보다 높다는 점을 발견하였다. 다시 말해, 동일한 정답-오답의 배열이 정확하게 동일한 순서로 나타났다.

교사 부정행위 빈도의 증가는 시카고 학교 시스템에 도입된 교사 인센티브의 변화들에 대한 반응인 듯하다. 구체적으로 말해, 한 학교에서 15%를 넘는 학생들의 ITBS 시험 독해력 영역 성적이 전국 표준치에 미치지 못하는 경우 그 학교는 '관찰 대상(probation)' 학교로 분류된다. 관찰 대상 학교의 교사들은 잠재적으로 학교 폐쇄, 해고, 전출 등에 노출된다. 증거에 따르면, 학생들의 이전 시험 성적을 기준으로 판단할 때 금번 시험에서 성적이 낮을 가능성이 높은 교실들에서 부정행위가 훨씬 더 빈번하게 발생했다. 다시 말해, 관찰 대상에 놓일 위험이 가장 높은 학교들의 성적이 낮은 교실에서 특히 부정행위의 비율이 증가했다.

11-5 업무유인과 이연된 보상

근로자 태만, 즉 근로시간을 업무 이외의 활동에 배정하는 행위는 많은 산업들에서 큰 손실을 야기한다. 화물 및 항공하역 산업에서 발생하는 배송물 분실의 80%는 근로자의 절도에 의해 발생한다. 소매업 근로자들의 30%는 직장으로부터 제품을 훔치고 할인 특권을 오용한다. 병원 근로자의 27%는 병원용 물품을 훔치고, 제조업 근로자 중 9%는 그들의 근무시간 기록 카드를 위조한다.[16] 고용주들은 분명히 근로자들의 비행을 막을 수 있는 보상체계를 구축하고자 한다.

우상향하는 연령-임금곡선이 근로자들의 근무 태만을 억제하는 것으로 알려져 있다.[17] 이런 생각을 설명하는 직관이 [그림 11-4]에 예시되어 있다. 어떤 근로자의 한계생산물의 가치가 일생 동안 일정하다고 가정하자. 이 경우 근로자의 노력이 쉽게 측정될 수 있는 현물 노동시장에서 연령-임금곡선은 그림의 선 *VMP*로 표시된 바와 같이 수평선일 것이다.

그러나 근로자의 노력과 산출물은 관측하기 어렵고, 기업이 이 근로자를 끊임없이 감시

---

16 William T. Dickens, Lawrence F. Katz, Kevin Lang, and Lawrence H. Summers, "Employee Crime and the Monitoring Puzzle," *Journal of Labor Economics* 7 (July 1989): 331–347.

17 Edward P. Lazear, "Why Is There Mandatory Retirement?" *Journal of Political Economy* 87 (December 1979): 1261–1264; and Edward P. Lazear, "Agency, Earnings Profiles, Productivity, and Hours Restrictions," *American Economic Review* 17 (September 1981): 606–620.

하는 데에는 매우 많은 비용이 든다. 기껏해야 회사는 무작위로 조사해 근로자의 업무 태만이 적발되면 적절한 조치를 취할 수 있을 뿐이다. 직장으로부터 물품을 훔치는 근로자는 자신이 적발되어 해고당할 확률이 낮다는 것을 알고 있다. 그러므로 이 근로자는 자신의 실제 생산성을 잠재 생산성 이하로 낮추는 방식으로 행동할 것이다(그리하여 근로자가 기업에 실제로 기여하는 정도는 VMP보다 낮다).

그러나 근로자를 끊임없이 감시할 수 없다고 하더라도 기업은 계약을 설정함으로써 근로자들이 자발적으로 적절한 양의 생산물(즉, 근로자의 VMP)을 생산하도록 유도할 수 있다. 회사가 근로자들에게 초기 몇 년 동안에는 일자리에서 한계생산물의 가치보다 낮은 임금을 지급하지만 후기에는 한계생산물의 가치보다 높은 임금을 지불하기로 제안한다고 가정하자. [그림 11-4]의 곡선 AC는 이러한 대안적인 계약을 보여준다.

두 계약에서 나오는 임금흐름의 현재가치가 동일하다면, 이 근로자는 연령-임금 곡선 AC로 표현되는 이연보상계약(delayed-compensation contract)과 매 기에 VMP를 지급하는 계약을 서로 무차별하게 느낄 것이다. 다시 말해, 그림의 삼각형 DBA가 삼각형 BCE와 동일한 현재가치를 갖는다면, 근로자는 두 계약을 무차별하게 생각할 것이다. 근로자가 초기에 받을 상대적으로 낮은 임금은 나중에 그가 받게 될 높은 임금에 의해 보전된다.

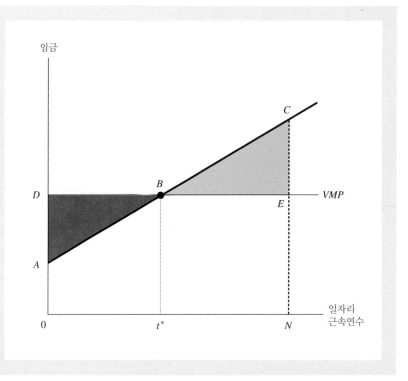

그림 11-4

이연된 보상과 우상향하는 연령-임금 곡선

기업이 근로자를 쉽게 감시할 수 있다면 근로자는 자신의 일정한 한계생산물의 가치(VMP)에 해당하는 급여를 일생 동안 받을 것이다. 그러나 산출물을 감독하는 것이 어렵다면 근로자는 업무에 태만할 것이다. 우상향하는 연령-임금 곡선(AC)은 근로자들이 태만에 빠지는 것을 억제한다. 일자리에서 초기 몇 년 동안 근로자들의 임금은 그들의 한계생산물의 가치보다 낮고, 이와 같은 '대부금'은 이후 여러 해 동안 상환된다.

그러나 이 두 계약은 근로자의 업무유인에 매우 다른 영향을 미친다. 만약 근로자에게 매 기 *VMP*로 고정된 임금을 지급하는 계약이 제시되면, 이 근로자는 회사가 자신의 성과를 끊임없이 감독할 수 없다는 사실을 알므로 근무에 태만할 유인이 있다. 최악의 경우에 이 근로자는 업무태만이 발각되어 해고당하지만, 정확히 동일한 경쟁임금을 주는 다른 일자리로 옮겨갈 수 있다.

이와는 대조적으로 회사가 연령-임금곡선 *AC*를 제안하면, 근로자는 태만하지 않으려 할 것이다. 이제 태만한 행동은 소득에 상당한 손실을 끼칠 위험을 동반한다. 이 근로자가 업무태만으로 발각되어 t^*년 이전에 해고된다면, 이 근로자는 보수로 받은 것보다 훨씬 더 많은 생산물을 회사에 기여한 것이 된다. 어떤 의미에서 이 근로자는 회사에게 대출을 해준 것이고, 이 근로자가 해고된다면 그 대출금은 상환받을 기회를 상실한 채 소멸된다. 근로자의 근무 태만이 t^*년과 *N*년 사이의 한 시점에 발각되는 경우에도 정확히 동일한 논리가 적용된다. 근로자가 그 자신의 한계생산물의 가치보다 더 높은 임금을 받고 있다고 하더라도 회사는 여전히 근로자에게 채무를 지고 있는 상태이다. 보상을 미래로 이연시킴으로써 회사는 이 근로자로부터 더 많은 업무 노력과 더 높은 생산성을 이끌어낸다. 어떤 의미에서, 이 근로자는 일자리의 초기 몇 년 동안 회사에 채권을 발행했고 이 채권은 이후의 연도들에 상환된다.

[그림 11-4]의 이연보상계약은 기업의 은퇴정책에 대해 흥미로운 시사점 하나를 던진다. 기업은 *N*년에 고용계약이 종결되기를 원할 것이다. 그 시점에 기업은 대출금을 다 지불했고, 근로자의 한계생산물의 가치를 초과하는 임금을 주면서 이 근로자를 고용했을 때 얻는 금전적인 추가 이득이 존재하지 않는다. 그러므로 기업은 이 근로자가 회사를 떠나주기를 원한다. 이 근로자는 '초과 보상'을 받고 있기 때문에 떠나기를 원치 않는다. 이와 같은 갈등은 고용계약에 의무 정년퇴직 조항이 생겨난 유래를 설명할 수 있다.[18]

이연보상 가설에는 중요한 개념적인 장애물이 있다. 근로자가 t^*년의 근속연수를 축적한 후에 해고되지 않을 것을 확신할 때에만 이 근로자는 그 제안을 받아들일 용의가 있다. [그림 11-4]에 나타난 바와 같이, 이 지점은 바로 회사가 대부금을 상환하기 시작하는 시점이다. 근로자가 일자리에 t^*년을 투자하자마자 회사는 고용계약을 어기고 근로자를 해고하려 할 수도 있다. 그러나 이러한 유형의 기업 측 비행은 그리 자주 일어나지는 않는다. 만약 회사가 근로자들의 생애 전체 한계생산물의 가치보다 적은 보수를 줌으로써 노동자를 착취한다고 알려지면 이 회사는 근로자들을 신규 채용하는 데 어려움을 겪을 것이다.

---

18 1980년대 중반 이후 미국에서는 의무 정년퇴직 조항을 포함하는 고용계약이 불법화되었지만, 이 조항이 다른 나라에서는 여전히 흔하다. Robert M. Hutchens, "Delayed Payment Contracts and a Firm's Propensity to Hire Older Workers," *Journal of Labor Economics* 4 (October 1986): 439–457; Duane Leigh, "Why Is There Mandatory Retirement? An Empirical Reexamination," *Journal of Human Resources* 19 (Fall 1984): 512–531; Steven G. Allen, Robert L. Clark, and Ann A. McDermed, "Pensions, Bonding, and Lifetime Jobs," *Journal of Human Resources* 28 (Summer 1993): 463–481을 참조하라.

기업이 약속을 지키고 채무를 다 갚는다고 하더라도, 기업이 도산하여 근로자들이 계약의 피해자가 될 가능성은 항상 존재한다. 그러므로 이연보상계약은 도산할 가능성이 매우 낮은 기업들이 제안할 가능성이 높다. 그 결과, 이연보상계약은 (그것이 관측되는 경우) 대개 대규모이고 튼튼한 기업들에서 관측되는 경향이 있다.

이연보상모형은 왜 연령-임금곡선이 하나의 일자리 내에서 우상향하는 기울기를 갖는지에 대한 설명을 제공한다는 점에 주목할 필요가 있다. 이러한 유형의 보상체계는 업무 노력을 이끌어내고 태만을 줄이기 때문에, 임금은 시간에 따라 상승한다. 그러므로 이 모형은 인적자본 이론의 이야기, 즉 일반적 훈련이나 기업특수적 훈련의 축적이 근로자들의 연공서열 상승에 따른 임금상승을 설명한다는 이야기와는 다른 이야기를 제공한다.[19]

11-6 효율임금

이 지점까지 업무 노력과 유인급여를 연결 짓는 모형들은 경쟁시장이 부과하는 금전적인 제약 내에서 근로자들이 더 많은 노력을 제공하도록 유도하는 것이 이익이라는 아이디어에 기초하고 있다. 최적의 개수급은 기업이 정상이윤을 확실하게 획득하도록 만드는 보수체계이다. 개수급이 너무 높거나 너무 낮으면 기업들의 진입과 퇴출이 일어나고, 이 과정에서 기업들의 이윤은 정상수준으로 되돌아온다. 토너먼트의 상금구조를 설정하는 방식도 대체로 이와 동일하다. 만약 기업이 '경쟁임금'보다 낮은 상금을 제안하면, 추가적인 기업들이 산업에 진입하고 기업의 이윤을 침식한다.

그러나 이제 살펴볼 바와 같이, 일부 기업들은 다른 기업들이 지불하는 임금을 넘어서는 임금을 지불함으로써 근로자의 생산성을 향상시킬 수도 있다. 잘 알려진 사례는 개발도상국에서 발견된다.[20] 최저생계수준의 경쟁임금에서 근로자들은 건강을 유지하기 위해 필요한 영양분을 얻지 못할 수 있다. 영양수준과 생산성 사이에는 자명한 관계가 있기 때문에, 기업은 근로자들에게 최저생계수준 이상의 임금을 지급함으로써 근로자들의 생산성을 향상시킬 수 있다. 이 경우 기업의 근로자들은 훨씬 영양분이 높은 식사를 할 수 있고, 더 영양상태가 좋아지고, 더 건강해지고, 더 힘이 세지며, 더 생산적이 될 것이다.

만약 기업들이 최저생계수준의 임금만을 지급하면, 그들은 그리 생산성이 높지 않고 영양부족 상태에 있는 근로자들만을 끌어모으게 된다. 그러나 기업들이 최저생계수준보다 너무 높은 임금을 설정하면, 기업은 돈을 전혀 벌지 못하게 될 것이다. 노동비용의 증가가 생산성 향상의 가치를 초과한다. 그러나 효율임금(efficiency wage)이라고 알려져 있는 임

19 James Brown, "Why Do Wages Increase with Tenure?" *American Economic Review* 79 (December 1989): 979–991.

20 Harvey Leibenstein, "The Theory of Underemployment in Backward Economies," *Journal of Political Economy* 65 (April 1957): 91–103.

금이 있다. 여기에서는 임금을 상승시키는 한계비용이 기업 근로자들의 생산성 향상의 한계수익과 정확히 일치한다.

효율임금의 설정

기업이 이윤극대화 효율임금 수준을 선택하는 방법은 쉽게 설명할 수 있다.[21] 고용수준이 주어져 있을 때 기업의 생산물과 임금 사이의 관계는 [그림 11-5]의 총생산곡선에 의해 표현된다. 우상향하는 총생산곡선은 근로자의 생산성과 업무 노력이 임금에 따라 달라진다는 개념을 표현한다. 초기에는 임금이 증가함에 따라 생산량이 매우 빠르게 상승할 수 있다. 그러나 계속 임금을 상승시키면 기업은 결국 한계수익 체감현상에 직면하게 되고, 총생산곡선은 오목한 모양을 갖게 된다. 총생산곡선의 기울기는 임금인상의 한계생산을 표현한다.

이윤을 극대화하는 임금은 얼마인가? [그림 11-5]의 원점으로부터 출발해 점 X에서 총생산곡선에 접하는 직선을 생각해보자. 한 직선의 기울기는 수직축에 표시된 변수

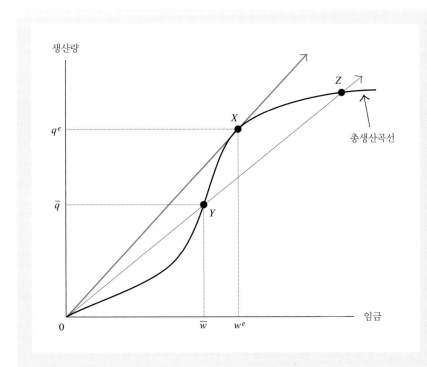

그림 11-5

효율임금의 결정

총생산 곡선은 기업의 생산량이 근로자들에게 지불하는 임금에 따라 어떻게 달라지는지를 보여준다. 효율임금은 점 X에서 결정된다. 여기에서는 임금의 한계생산(총생산 곡선의 기울기)이 임금의 평균생산(원점으로부터 출발하는 직선의 기울기)과 같다. 효율임금은 기업의 이윤을 극대화한다.

---

21 Robert Solow, "Another Possible Source of Wage Stickiness," *Journal of Macroeconomics* 1 (Winter 1979): 79-82. 이 분야의 문헌들에 대한 서베이로는 Andrew Weiss, *Efficiency Wages: Models of Unemployment, Layoff and Wage Dispersion*, Princeton, NJ: Princeton University Press, 1990이 있다.

의 변화분을 수평축에 표시된 변수의 변화분으로 나눈 값과 같다. 원점(산출물과 임금이 모두 0인 점)으로부터 점 X로 이동함에 따라 발생하는 변화분을 계산해보자. 점 X에서 기업은 q^e 단위의 생산량을 생산하고 w^e 달러의 임금을 지불한다. 그 기울기는 다음과 같다.

$$\text{직선의 기울기} = \frac{\text{수직축의 변동분}}{\text{수평축의 변동분}} = \frac{q^e - 0}{w^e - 0} = \frac{q^e}{w^e} \tag{11-1}$$

그러므로 원점으로부터 출발하는 직선의 기울기는 근로자들에게 지급하는 급여 1달러당 평균 생산량과 같다. 예를 들어, 점 X에서 기업이 100단위를 생산하고 있고 5달러의 임금을 지불한다고 가정하자. 이 경우 그 지점에서 직선의 기울기는 20과 같다. 평균적으로 1달러는 20단위의 생산량을 만들어낸다.

효율임금은 총생산곡선의 기울기(한계생산, 즉 $\Delta q / \Delta w$)가 원점으로부터 출발하는 직선의 기울기(즉, 평균 생산)와 같아지는 지점에서의 임금이 된다. 이 균형조건을 쓰면 다음과 같다.

$$\frac{\Delta q}{\Delta w} = \frac{q}{w} \tag{11-2}$$

그러므로 효율임금은 w^e이다. 이 조건을 다음과 같이 탄력성으로 바꿔 쓰면 이 조건이 제시하는 직관을 더 잘 이해할 수 있다.

$$\frac{\Delta q}{\Delta w} \times \frac{w}{q} = \frac{\% \, \Delta q}{\% \, \Delta w} = 1 \tag{11-3}$$

그러므로 효율임금은 임금이 1% 상승할 때 생산량도 정확히 1% 증가하는 지점의 임금수준이다. 이 수준이 왜 기업의 이윤을 극대화시키는 임금인지 살펴보기 위해, 기업이 근로자에게 점 Y의 임금 $\overline{w}$를 제안하기로 했다고 가정하자. 그 임금에서 총생산곡선의 기울기는 원점에서 출발하는 직선의 기울기보다 가파르다. 다시 말해, 임금 상승의 한계생산이 평균생산을 초과한다. 즉, $\Delta q / \Delta w > q/w$가 성립한다. 만약 이 조건을 탄력성으로 다시 쓰면 다음과 같은 결과가 도출된다.

$$\frac{\Delta q}{\Delta w} \times \frac{w}{q} = \frac{\% \, \Delta q}{\% \, \Delta w} > 1 \tag{11-4}$$

다시 말해, 임금이 1% 상승할 때 기업의 생산량은 훨씬 더 많이 증가한다. 그러므로 기업은 임금인상을 허용함으로써 더 좋아지게 된다. 만약 기업이 [그림 11-5]의 점 Z와 같이 '너무 높은' 임금을 설정한다면, 반대의 제약이 성립할 것이다. 즉, 임금이 1% 상승할 때 생산량은 1%보다 작게 증가할 것이다. 다시 말해, 기업은 그와 같이 높은 임금인상을 하려 하지 않을 것이다.

그러므로 효율임금은 생산량의 임금 탄력성이 정확히 1이 되는 지점의 임금이다. 이윤 극대화 기업은 회사 밖의 경쟁임금 수준과는 무관하게 이 임금을 설정할 것이다. 효율임금은 경쟁임금을 초과해야만 하기 때문에(그렇지 않으면 기업은 근로자를 전혀 끌어들이지 못할 것이다), 기업은 채용하고자 하는 수보다 훨씬 많은 수의 지원자들을 갖게 된다. 그러나 이 기업은 임금을 낮추려 하지 않을 것이다. 어쨌든, 효율임금 w^e는 이윤을 극대화시키는 바로 그 임금이다. 임금 삭감은 인건비를 줄이는 것 이상으로 근로자의 생산성을 감소시켜 이윤을 낮출 것이다. 효율임금이 너무 많은 수의 근로자들을 끌어모으기 때문에, 몇몇 사람들은 비자발적인 실업상태에 놓일 것이다. 이 모형이 갖는 이런 중요한 시사점은 실업을 다룬 장에서 자세히 다룰 것이다.

이론의 현장 적용 헨리 포드는 효율임금을 지불했는가

포드 자동차는 1903년에 설립되었다. 1908년에 이 회사는 450명의 근로자를 고용하였고 1만 607대의 자동차를 생산하였다. 대체로 포드의 초기 인력은 숙련된 장인들로 구성되어 있었다. 자동차 부품들은 종종 외부 업체에서 생산되었고 포드의 장인들이 많은 시간을 쏟아 이 부품들을 조립함으로써 완성차를 생산하였다.

1908년과 1914년 사이 포드 자동차의 성격은 극적으로 변화하였다. 최초의 공장 조립 자동차인 모델 T가 소개되었고 포드 자동차는 다른 모델은 전혀 생산하지 않았다. 모델 T의 부품들은 충분히 정밀도가 높게 생산되었으므로 별다른 숙련이 없는 근로자들도 쉽게 조립할 수 있었다. 1913년경 포드사는 1만 4,000명의 근로자를 고용하여 25만 대의 차량을 생산하였다. 전체 인력의 4분의 3은 해외 출신, 주로 남부 유럽과 동부 유럽의 농촌 지역 출신 근로자들이었다.

이들 근로자가 수행하는 업무를 그 당시 묘사한 내용은 상당히 흥미롭다. "분업이 철저하게 실시되었으므로 압도적 다수의 업무들은 몇 개의 매우 단순한 작업들로 구성되어 있다. 대부분의 경우 관련 동작을 완벽히 익히는 데에는 5~10분이상이 채 걸리지 않는다." 지루함과 고되고 단조로운 업무는 근로자들에게 큰 타격을 주었다. 1913년 포드 공장의 연간 이직률은 거의 370%에 달했다. 다른 식으로 표현하면, 포드사는 1만 3,623명의 근로자들로 이루어진 평균 근로자 수를 유지하기 위해 5만 448명의 근로자들을 채용해야만 했다. 게다가, 결근율은 하루 평균 거의 10%였다.

1914년 1월 5일, 포드 자동차는 경쟁 노동시장에서 정해졌을 것으로 생각되는 임금과 고용 조건들을 무시하기로 결정하고, 하루 근로시간을 9시간에서 8시간으로 일방적으로 단축하였고, 하루 급여를 2.34달러에서 5.00달러로 두 배 이상 인상하였다. 이것이 발표되자마자 1만 명이 넘는 사람들이 이 일자리를 얻기 위해 포드 공장 밖에 줄을 섰다.

이런 '새롭고 향상된' 고용계약의 영향은 즉각적이고 극적이었다. 1915년경 이직률은 16%로 하락하였고 결근율은 2.5%로 줄어들었다. 근로자당 생산성은 40~70%가량 증가하였고 이윤은 약 20% 정도 상승하였다. 그러므로 헨리 포드는 효율임금을 '발견함'으로써 크게 이익을 본 것으로 생각된다.

출처: Daniel M. G. Raff and Lawrence H. Summers, "Did Henry Ford Pay Efficiency Wages?" *Journal of Labor Economics* 5 (October 1987, Part 2): S57–S86.

임금과 생산성 사이에 연결고리가 존재하는 이유는 무엇일까

[그림 11-5]의 총생산곡선에 나타난 임금과 생산성 사이의 관계는 서로 다른 많은 이유 때문에 발생한다.[22]

첫째, 높은 임금은 근로자들의 근무 태만 비용을 증가시킨다. 만약 어떤 근로자가 업무 태만으로 적발되어 해고를 당한다면, 그는 높은 급여를 받던 일자리를 잃고 실업상태에 빠질 수 있다. 실업에 대한 두려움 때문에 근로자는 업무에 집중하면서 열심히 일하게 된다.

둘째, 높은 임금은 직장 내 '사회학(sociology)'에 영향을 미칠 수 있다. 높은 임금을 받는 사람들은 해고의 위협이 없는 상황에서도 더 열심히 일할 수 있다. 이런 근로자들은 높은 임금을 고용주로부터 받은 '선물'이라고 생각해 보다 열심히 일함으로써 그 선물에 대해 보답해야겠다는 의무감을 느낄 수 있다.

셋째, 고임금 근로자들은 이직 확률이 더 낮다. 효율임금을 지불하는 기업의 낮은 이직률은 이직으로 인한 비용을 줄이고, 훈련받은 근로자들이 생산라인을 떠나고 근로자를 새로 채용해 훈련시킬 때 발생하는 혼란을 최소화한다. 그러므로 효율임금은 이직률을 낮추고 생산량과 이윤을 증가시킨다.

마지막으로, 효율임금을 지불하는 기업들은 선별된 집단의 근로자들을 끌어들일 수 있다. 낮은 경쟁임금을 제시하는 기업을 생각해보자. 유보임금이 이 임금수준보다 낮은 사람들만이 이 회사의 일자리 제안을 받아들일 것이다. 고능력 근로자들의 유보임금은 높은 경향이 있다. 효율임금을 지불하는 기업은 훨씬 훌륭한 능력을 갖춘 근로자들을 끌어들이고, 이것은 또 그 기업의 생산성과 이윤을 증가시킨다.

효율임금에 관한 증거

효율임금가설은 숙련수준이 비슷한 근로자들 사이에 존재하는 커다란 산업별 임금 격차를 설명하는 데 사용되어 왔다.[23] 〈표 11-3〉에는 각 산업의 전형적인 근로자와 그와 동일한 사회경제적 배경(연령, 성별, 인종, 교육수준 등)을 가지고 있으면서 노동시장 전체의

---

22 Carl Shapiro and Joseph E. Stiglitz, "Equilibrium Unemployment as a Worker Discipline Device," *American Economic Review* 74 (June 1984): 433–444; George A. Akerlof, "Labor Contracts as a Partial Gift Exchange," *Quarterly Journal of Economics* 97 (November 1982): 543–569; and Gary Charness and Peter Kuhn, "Does Pay Inequality Affect Worker Effort? Experimental Evidence," *Journal of Labor Economics* 25 (October 2007): 693–723.

23 Alan B. Krueger and Lawrence H. Summers, "Efficiency Wages and the Inter-Industry Wage Structure," *Econometrica* 56 (March 1988): 259–293. 또한 Erica L. Groshen, "Sources of Intra-Industry Wage Dispersion: How Much Do Employers Matter?" *Quarterly Journal of Economics* 106 (August 1991): 869–884; Steven G. Allen, "Updated Notes on the Interindustry Wage Structure, 1890–1990," *Industrial and Labor Relations Review* 48 (January 1995): 305–321; and Paul Chen and Per-Andres Edin, "Efficiency Wages and Industry Wage Differentials: A Comparison across Methods of Pay," *Review of Economics & Statistics* 84 (November 2002): 617–631도 참조하라.

관점에서 평균적인 근로자 사이의 로그 임금의 격차(퍼센트 임금격차의 근사치)가 제시되어 있다. 금속광업이나 철도산업에 고용된 근로자들의 임금은 경제 전체의 평균적인 근로자보다 약 30% 정도 높다. 반면 하드웨어 상점이나 유아 보육 서비스 산업에 고용된 근로자들의 임금은 약 25% 정도 낮다. 이와 같은 산업별 임금격차는 시간이 지나도 매우 지속적으로 존재해 20년 전에 임금이 높던 산업들이 오늘날에도 역시 높은 임금을 지급한다.

표 11-3 산업별 임금 구조

산업	평균적인 유사 근로자 대비 로그 임금 수준
광업	
금속광업,	0.296
원유 및 천연가스 광업	0.256
건설업	0.129
제조업	
육류제품	−0.028
낙농제품	0.176
의복 및 액세서리	−0.137
타이어 및 튜브	0.306
자동차	0.244
운수업	
철도	0.268
택시	−0.203
도매업	
전자제품	0.123
농산품	−0.109
소매업	
철물점	−0.304
백화점	−0.190
금융, 보험, 부동산업	
은행	0.048
부동산	0.004
사업 및 수리 서비스업	
광고	0.092
자동차 수리점	−0.058
전문 서비스업	
의료 서비스	−0.076
보육 서비스	−0.275

출처 : Alan B. Krueger and Lawrence H. Summers, "Efficiency Wages and the Inter-Industry Wage Structure," *Econometrica* 56 (March 1988) : 281-287.

경쟁모형에 따르면 이런 산업별 임금격차는 일자리 특성의 차이나 관측되지 않는 근로자 특성의 차이를 반영해야 한다. 예를 들어, 어떤 산업의 일자리는 다른 산업에 비해 더 쾌적하거나 안전할 수 있다. 이 경우 '더 나쁜' 일자리는 높은 수준의 오염이나 위험을 싫어하는 근로자들을 끌어들이기 위해 더 높은 임금을 지불해야 한다. 근로자들 또한 그들의 능력에 따라 산업별로 분리되어 있을 수 있다. 만약 자동차산업의 기업들이 하드웨어 소매상점들보다 실제로 50% 더 높은 임금을 준다면, 자동차산업의 고용주들은 지원자들을 꼼꼼히 살펴 추려낼 수 있다. 그러므로 고임금산업에 고용된 근로자들은 더 우수하고 더 생산성이 높을 것이다.

이러한 경쟁모형의 설명과는 대조적으로, 효율임금모형은 산업별 임금격차가 '실재한다'는 점을 강조한다. 다시 말해, 이 격차는 쾌적하지 않거나 위험한 일자리에서 일하는 근로자들이나 보다 생산성이 높은 근로자들에게 지급되는 보상을 반영하지 않는다. 오히려 효율임금이 존재하는 이유는 몇몇 산업의 기업들은 경쟁임금보다 더 높은 임금을 지불하는 것이 이익이 된다(아마도 생산량을 감시하는 것이 어렵거나 이직으로 인한 비용이 높기 때문에)고 생각하지만 다른 산업의 기업들은 그렇게 생각하지 않기 때문이다.

위의 두 가지 설명 중 어느 것이 자료를 더 잘 설명하는지에 관한 증거는 혼재되어 있다. 심지어 우리가 동일한 정도로 위험하거나 쾌적한 일자리들을 비교하더라도 산업별 임금격차는 남아 있다. 그러므로 보상적 임금격차이론은 상당한 크기의 산업별 임금격차를 설명할 수 없다. 게다가 산업별 임금격차가 오직 근로자들의 능력 차이에만 기인한다면, 저임금 산업의 근로자들이 고임금 산업의 근로자들보다 이직률이 높은 현상은 관측되지 않을 것이다. 어쨌든 능력이 낮은 근로자가 고임금 부문에서 일자리를 구할 수 있을 확률은 매우 낮을 것이다.

그러나 동시에 근로자들은 산업별로 군집을 이룬다. 효율임금이 산업별 임금격차를 설명한다면, 저임금 산업으로부터 고임금 산업으로 이동한 근로자들은 상당한 임금 상승을 경험해야 한다. 만약 산업별 임금격차가 근로자들 간 능력의 차이를 반영한다면, 저임금 산업으로부터 고임금 산업으로 이동한 능력이 낮은 근로자의 임금은 크게 상승하지 않아야 한다. 근로자들의 산업 간 일자리 이동을 '추적한' 영향력 있는 한 연구의 결론에 따르면, 산업별 임금격차의 약 70% 정도는 우수한 근로자들이 고임금 산업으로 모이는 현상에 기인한다.[24]

---

24 Kevin M. Murphy and Robert Topel, "Efficiency Wages Reconsidered: Theory and Evidence," in Y. Weiss and G. Fishelson, editors, *Advances in the Theory and Measurement of Unemployment*, New York: Macmillan, 1990, pp. 204-240을 참조하라.

보석금 비판

효율임금모형은 저임금(혹은 실업상태에 있는) 근로자들도 고임금 일자리를 차지할 수 있다는 사실에도 불구하고 기업들 간에는 지속적인 임금격차가 존재한다고 예측한다. 이러한 예측에 대한 하나의 중요한 비판은 보석금 비판(bonding critique)이라고 알려져 있다.[25]

기업들은 토너먼트, 우상향하는 연령-임금 곡선, 개수급 등 많은 유형의 보상체계를 사용해 근로자들이 업무에 태만하지 않도록 독려할 수 있다. 이들 메커니즘 모두는 경쟁시장이라는 제약 내에서 작동한다. 산업 내에서 너무 낮은 개수급을 지급하거나 토너먼트의 승자에게 너무 작은 1등 상금을 수여하면 다른 기업들이 이 산업으로 진입하게 된다. 이것은 근로자들의 급여 인상 요구를 증가시키고 그 산업이 정상 수준의 이윤으로 돌아가도록 만든다. 만약 산업이 너무 높은 개수급을 지급하거나 너무 큰 상금을 지급하면 기업들은 돈을 잃게 되고 근로자에 대한 보상수준도 하락한다.

효율임금 또한 근로자들이 태만하지 않도록 하는 유인을 제공한다. 그러나 기업은 효율임금의 수준을 시장조건과 무관하게 결정한다. 그 결과, 매우 높은 임금을 지급하려 하는 기업들에는 너무 많은 구직자들이 몰릴 것이고, 임금을 다른 기업들과 맞추도록 만드는 시장의 힘은 존재하지 않는다.

효율임금가설을 비판하는 이들은 이것이 이야기의 끝이 될 수 없다고 주장한다. 구직자들은 그 기업에서 일자리를 '구매하는' 어떤 행동을 취할 용의가 있다. 예를 들어 구직자들은 채용되는 시점에 일종의 보석금(bond)을 지불할 수 있다. 만약 기업이 근로자들의 태만을 발견하면 기업은 근로자를 해고하고 그 보석금을 가질 수 있다. 만약 고용관계가 원만하게 진행된다면 기업은 은퇴 시점에 근로자에게 이 보석금(더하기 이자)을 돌려줄 것이다.

사실 근로자들은 채용되는 조건으로 보석금을 제시하지는 않는다. 그러나 앞에서 살펴보았던 것처럼, 우상향하는 기울기의 연령-임금 곡선이나 다른 형태의 이연보상체계는 정확히 동일한 역할을 한다. 근로자들은 일자리에서 초기 몇 년 동안은 그들의 한계생산의 가치보다 낮은 임금을 받아들이고 나중에 상환받는다. 근로자들이 고임금 산업의 일자리를 얻기 위해 경쟁함에 따라 고임금 산업의 임금곡선은 기울어져 더 가파르게 될 것이다.

모든 일자리들의 현재가치는 평준화될 것이기 때문에, 근로자들은 결국에는 고임금 산업의 일자리와 저임금 산업의 일자리를 무차별하게 생각할 것이다. 그러므로 보석금 관점에서의 비판은 효율임금모형이 장기적으로는 스스로 무너질 것이라고 이야기한다.

---

25 Carmichael, "Efficiency Wage Models of Unemployment-One View," *Economic Inquiry* 28 (April 1990)" 269-295.

요약

- 개수급은 근로자들의 생산량을 확인하는 비용이 낮은 기업들에서 사용된다.
- 개수급 보상체계는 능력이 우수한 근로자들을 끌어들이고 이들 근로자로부터 높은 수준의 노력을 이끌어낸다. 그러나 이들 기업의 근로자들은 품질보다 수량에 초점을 맞출 수 있고 시간에 따라 소득이 심하게 변동할 가능성을 좋아하지 않을 수 있다.
- 몇몇 기업들은 근로자들의 상대적인 순위에 기초해 승진을 결정한다. 근로자 생산성의 절대적인 수준보다 근로자의 상대적인 순위를 관측하는 것이 비용이 더 낮을 때 토너먼트가 사용될 가능성이 있다.
- 토너먼트에서 승자와 패자 사이 상금의 차이가 매우 클 때 근로자들은 업무에 더 많은 노력을 투입한다. 그러나 커다란 상금 차이는 또한 근로자들로 하여금 다른 근로자들의 노력에 훼방을 놓을 유인을 만들기도 한다.
- CEO의 보수와 기업의 성과 사이에는 양의 상관관계가 존재하지만, 그 상관관계는 약하다.
- 연령-임금 곡선이 우상향하는 기울기를 갖는 이유는 근로자의 보상을 생애의 후반부까지 이연시키면 근로자의 태만을 억제할 수 있기 때문이다.
- 몇몇 기업들은 경쟁임금 이상의 임금을 지불해 근로자들이 더 열심히 일할 유인을 제공하고자 한다. 효율임금은 생산량의 임금 탄력성이 1과 같아지는 수준에서 설정된다.
- 효율임금으로 인해 비자발적 실업상태에 있는 근로자 집단이 생겨난다.

핵심용어

개수급	주인-대리인 문세
무임승차 문제	토너먼트
보석금 비판	톱니효과
시간급	현물 노동시장
유인급여	효율임금
이연보상계약	

복습문제

1. 기업이 개수급 보상체계를 제안할지 시간급 보상체계를 제안할지를 결정하는 데 영향을 미치는 요인들은 무엇인가?

2. 타고난 능력이 서로 다른 근로자들이 어떤 방식으로 개수급 일자리와 시간급 일자리에 모이게 되는지를 설명하라. 아울러 두 보상체계가 어떻게 근로자들로부터 서로 다른 수준의 노력을 끌어내는지를 설명하라.

3. 개수급이 근로자들로부터 더 많은 노력을 끌어낸다면, 왜 기업들은 이 보상방법을 더 자주 사용하지 않는가?

4. 토너먼트에서 상금의 차이가 큰 경우 어떻게 참가자들로부터 높은 수준의 업무 노력을 끌어낼 수 있는지를 설명하라.

5. 기업들이 토너먼트의 승자에게 상당한 보상을 배정하는 경우 어떤 문제점들이 발생하는지를 설명하라.

6. CEO들에게 어떻게 보수를 지급해야 하는지를 이해하는 데 있어 주인-대리인 문제는 어떠한 관련을 가지는가?

7. 우상향하는 기울기의 연령-임금 곡선이 어떻게 근로자들로부터 더 많은 노력을 이끌어낼 수 있는지 설명하라.

8. 많은 나라에서 의무 정년퇴직이 존재하는 이유는 무엇인가?

9. 기업이 어떻게 경쟁수준 이상으로 효율임금을 설정하는지를 설명하라. 왜 시장의 힘은 이윤극대화 기업으로 하여금 임금을 경쟁임금수준으로 낮추도록 강제하지 못하는가?

10. 효율임금모형의 핵심을 이루는 임금과 생산성 사이의 관계는 어떤 요인들 때문에 발생하는가?

11. 효율임금모형에 대한 보석금 비판의 내용은 무엇인가?

연습문제

11-1. 한 경제에 2개의 기업과 100명의 근로자가 있다고 가정하자. 기업 A에게 모든 근로자들은 시간당 35달러의 동일한 가치를 갖는다. 그러나 기업 B에서는 각 근로자의 생산성이 다르다. 기업 B에서 근로자 1이 가지는 시간당 한계생산의 가치는 1달러이고, 근로자 2가 갖는 시간당 한계생산의 가치는 2달러이다. 근로자 3의 한계생산의 가치는 3달러이고, 다른 근로자들의 생산성도 이와 같은 방식으로 주어진다. 기업 A는 근로자들에게 시간당 35달러의 시간급을 지급하는 반면, 기업 B는 근로자들에게 개수급을 지급한다. 근로자들은 두 기업 각각에 어떤 방식으

로 모여들 것인가? 두 기업의 생산물에 대한 수요가 감소해 근로자들 각자가 회사에 기여하는 가치가 절반으로 줄어들었다고 가정하자. 이제 근로자들은 두 기업 각각에 어떤 방식으로 모여들 것인가?

11-2. 미국의 택시 회사들은 대체로 많은 수의 택시와 면허들을 보유하고 있다. 여기서 택시기사들은 하루 동안 택시를 임차하고 소유주에게 사납금(daily fee)을 지불한다. 그리고 기사들은 나머지 요금의 전부를 갖는다(즉, 실질적으로 기사들은 그들의 판매액에 대해 100%의 수수료를 받는다). 택시산업에서 이러한 유형의 보상체계가 개발된 이유가 무엇이라고 생각하는가?

11-3. 한 기업이 두 명의 근로자를 고용해 자전거를 조립한다. 이 기업은 조립제품 하나당 12달러의 가치를 부여한다. 찰리가 생산과정에 투입하는 노력의 한계비용은 $MC = 4N$이다. 여기서 N은 한 시간당 조립되는 자전거의 숫자이다. 도나의 한계비용은 $MC = 6N$이다.

  a. 만약 기업이 개수급을 지급한다면 각 근로자의 시간당 임금은 얼마가 되겠는가?

  b. 이 회사가 시간당 15달러의 시간급을 지급하고 시간당 최소 1.5대의 자전거를 조립하지 못하는 근로자는 모두 해고한다고 가정하자. 하루 8시간 동안 각 근로자는 몇 대의 자전거를 조립할까?

11-4. 모든 근로자는 20세가 될 때부터 특정한 한 회사를 위해 일하기 시작한다. 각 근로자의 한계생산물의 가치는 시간당 18달러이다. 일자리에서의 태만을 예방하기 위해 이연보상전략이 실시된다. 구체적으로, 각 연공서열에서의 임금수준은 다음과 같이 결정된다.

$$임금 = 10달러 + (0.4 \times 회사 근속연수)$$

또한 모든 근로자에게 할인율이 0이라고 가정하자. 이 보상체계하에서 의무 퇴직연령은 몇 살이 될 것인가? (힌트 : 엑셀과 같은 스프레드시트를 사용하라)

11-5. 기술적인 이유 때문에 한 기업은 임금수준이나 시장수요 조건과 무관하게 100명의 근로자를 고용해야 한다고 가정하자. 그러나 이 기업은 근로자들의 생산성이 임금에 따라 상당히 달라진다는 것을 발견하였다. 과거에 관측된 기업의 생산물과 임금수준 사이의 관계는 다음과 같다.

임금률(달러)	생산량
8.00	65
10.00	80
11.25	90
12.00	97
12.50	102

이윤극대화 기업은 어느 수준의 임금을 선택해야 하는가?

11-6. 감시 효율성만을 제외하고 모든 측면에서 동일한 세 기업을 생각해보자. 감시 효율성의 차이는 바뀔 수 없다. 감시비용은 세 기업에서 모두 동일하지만, 기업 A에서 태만한 근로자들은 거의 확실하게 식별된다. 기업 B에서는 태만한 근로자들이 발각되지 않을 확률이 기업 A에서보다 약간 높다. 기업 C에서 태만한 근로자들이 적발되지 않을 확률이 가장 높다. 세 기업 모두 근로자들의 태만을 방지하기 위해 효율임금을 지불한다면, 어느 기업이 가장 높은 효율임금을 지불할 것인가? 어떤 기업이 가장 낮은 효율임금을 지불하겠는가?

11-7. (근무에 태만한 근로자를 발견할 확률을 포함해) 모든 측면에서 동일한 세 기업을 생각해보자. 다만 이들 기업 사이에서 감시비용은 서로 상이하다. 기업 A에서는 근로자들을 감시하는 비용이 매우 높다. 기업 B에서는 기업 A보다는 낮고, 기업 C에서 감시비용이 가장 낮다. 세 기업 모두 근로자들의 태만을 방지하기 위해 효율임금을 지불한다면, 어느 기업이 가장 높은 효율임금을 지불할 것인가? 어떤 기업이 가장 낮은 효율임금을 지불하겠는가?

11-8. 한 기업은 시간당 5달러에서 자신이 원하는 만큼의 노동을 고용할 수 있다. 각 근로자는 시간당 10단위의 생산물을 생산한다. 이 기업은 매일 2,500단위까지의 생산물을 하나당 2달러에 판매할 수 있다. 그러나 하루에 2,500단위 이상을 판매할 수는 없다. 이 기업에게 노동 이외에 다른 비용은 없다.

    a. 이 기업은 하루에 몇 시간의 노동을 구입하고 얼마의 이윤을 얻을까?

    b. 이 기업은 효율임금을 지불하는 선택을 할 수 있다. 구체적으로, 이 기업은 시간당 6달러, 7달러, 8달러, 9달러, 10달러를 지불할 수 있고, 그에 대응해 각 근로자는 시간당 각각 18단위, 23단위, 27단위, 28단위, 29단위의 생산물을 생산할 것이다. 이윤을 극대화하기 위해 이 기업은 얼마의 시간당 임금을 제안해야 할까?

11-9. 다음과 같은 근로자 복리후생을 제시하는 한 기업을 생각해보자. 나이가 60세가 될 때 근로자는 일자리를 그만둘 한 번의 기회를 갖게 된다. 이때 회사는 보답으로 그의 연봉의 1.5배에 해당하는 보너스를 지급하고 그가 메디케어의 수급 자격자가 될 때까지 건강보험료를 지불해준다.

    a. 이러한 복리후생을 제안함으로써 이 기업은 어떤 문제를 해결하려 하는가?

    b. 미국에서 복리후생 중 건강보험료 부분이 중요한 이유는 무엇인가?

    c. 어떤 산업들에서 근로자들에게 이와 같은 기회를 제안할 것이라고 생각하는가?

11-10. a. 일부 기업이 근로자들에게 개수급 대신 이익공유를 제안하는 이유는 무엇인가?

    b. 이익공유 보상체계에서 나타나는 무임승차의 문제를 설명하라. 기업의 근로

자들은 이러한 무임승차의 문제를 어떻게 '해결'할까?

11-11. a. CEO에게 스톡옵션을 제안하는 것은 어떤 방법으로 주주의 이해관계와 CEO의 이해관계를 일치시키는가?

    b. 엔론이라는 기업이 망한 이유는 부분적으로 고위 경영진에게 제안한 스톡옵션 때문이었다. 그 이유를 설명하라.

    c. 회계개혁(accounting reform)과 더불어, 엔론에서 일어났던 것과 같은 상황이 미래에 일어나는 것을 막기 위해 스톡옵션을 어떻게 바꿀 수 있을까?

11-12. a. 일반적으로 사람의 부상을 담당하는 변호사들은 재판에서 금전적인 보상을 따내지 못하면 고객들에게 비용을 청구하지 않는다. 그 이유는 무엇인가?

    b. 변호사들이 시간급으로만 비용을 청구해야 하고 재판에서 얻은 보상의 일정 비율을 청구하는 것이 불가능하다면 소송 건수는 어떻게 변화할까?

11-13. 다음 4개의 업무를 생각해보자(이들 모두는 상당한 시간과 노력을 요구한다). (1) 원예용 삽과 40개의 묘목을 가지고 숲을 통과해 트레킹하면서, 매 1마일(1.6km)마다 땅에 무릎을 꿇고 구멍을 파서 묘목 하나씩을 심는 일, (2) 곡괭이를 사용해 땅에서 100파운드(45.4kg)의 광석을 캐내는 일, (3) 200명으로 구성된 팀의 일원으로서 1월에 개최될 풋볼 경기 전에 8만 5,000석 스타디움에서 삽으로 눈을 치우는 일, (4) 대학교 4학년 학생의 졸업 논문에 조언을 주기 위해 규정에 따라 매주 90분간 만나고 추가로 2시간씩 만나 독서와 다른 준비를 도와주어야 하는 일. 고용주는 이들 업무를 완수하기 위해 종업원들에게 개수급을 지급할까 그렇지 않을까? 그 이유를 자세히 설명하라. 위의 예로부터 우리는 언제 개수급 지급이 가장 적절한지에 관해 어떤 결론을 내릴 수 있을까?

11-14. 경제학자들과 심리학자들은 업무 노력과 임금 간에 어떠한 관계가 있는지에 대해 오랫동안 질문해왔다. 구체적으로, 그것은 업무 노력이 절대적인 임금 증가에만 반응하는지 혹은 상대임금에도 반응하는지에 관한 질문이다.

    a. 노력과 보상, 상대적 보상 간의 관계를 수치화할 수 있도록 교실 내 실험 하나를 설계해 보라.

    b. 당신이 수집한 자료를 어떻게 사용해야 두 쌍의 관계를 식별할 수 있을지에 대해 설명하라. 어떤 결과를 발견할 것으로 기대하는가?

11-15. 어떤 보상체계에는 계약 보너스(signing bonus)를 포함하는 반면, 다른 보상체계에는 연말 보너스를 받을 가능성이 포함된다.

    a. 기업의 관점에서 계약 보너스를 제안하는 이점은 무엇인가? 연말 보너스를 제안하는 이점은 무엇인가?

    b. 기업이 판매 사원들에게 개수급과 연말 보너스를 지급한다면, 무슨 이유 때문에 개수급률이 시장가치보다 작아지는 일이 생길까? 왜 판매사원들은 이러한

계약을 수용하려 할까?

c. 연말 보너스의 존재는 어떤 방식으로 보석금 비판을 지지하는가?

읽을거리

Roland G. Fryer, "Teacher Incentives and Student Achievement : Evidence from New York City Schools," *Journal of Labor Economics* 31 (April 2013) : 373-407

Brian A. Jacob and Steven D. Levitt, "Rotten Apples : An Investigation of the Prevalence and Prediction of Teacher Cheating," *Quarterly Journal of Economics* 118 (August 2003) : 843-877

Brian J. Hall and Jeffery B. Liebman, "Are CEOs Really Paid Like Bureaucrats?" *Quarterly Journal of Economics* 113 (August 1998) : 653-692.

Edward P. Lazear, "Why Is There Mandatory Retirement?" *Journal of Political Economy* 87 (December 1979) : 1261-1264.

Edward P. Lazear, "Performance Pay and Productivity," *American Economic Review* 90(December 2000) : 1346-1361.

Edward P. Lazear and Sherwin Rosen, "Rank-Order Tournaments as Optimum Labor Contracts," *Journal of Political Economy* 89 (October 1981) : 841-864.

Jay C. Hartzell, Christopher A. Parsons, and David L. Yermack, "Is A Higher Calling Enough? Incentive Compensation in the Church," *Journal of Labor Economics* 28 (July 2010) : 509-539.

Thomas Lemieux, W. Bentley MacLeod and Daniel Parent, "Performance Pay and Wage Inequality," *Quarterly Journal of Economics* 124 (February 2009) : 1-49.

Daniel M. G. Raff and Lawrence H. Summers, "Did Henry Ford Pay Efficiency Wages?" *Journal of Labor Economics* 5 (October 1987, Part 2) : S57-S86.

Beck A. Taylor and Justin G. Trogdon, "Losing to Win : Tournament Incentives in the National Basketball Association," *Journal of Labor Economics* 20 (January 2002) : 23-41.

chapter 12

실업

당신의 이웃이 실직을 하면 그때는 경기침체 상태이다. 당신 자신이 실직을 하면 그때는 불황이다.

－*Harry S. Truman*

왜 근로자들 중 일부는 실업상태에 있을까? 이 질문은 경제학의 몇몇 난제들을 제기한다. 경쟁시장 균형에서는 근로자들에 대한 수요와 공급이 일치한다. 균형임금은 시장을 청산하며, 일자리를 찾는 모든 사람들은 일자리를 찾을 수 있다.

그럼에도 불구하고, 실업은 때때로 광범위한 현상이다. 대침체의 정점에 있던 2010년 미국의 실업률은 9.6%에 이르렀고, 실업자들의 거의 절반은 27주 이상 실업이 지속된 상태에 있었다.

전형적인 수요-공급모형의 관점에서 많은 수의 실업자들이 존재하고 지속되는 현상은 이해하기 어렵다. 이와 같은 현상은 (1) 기업들이 시장균형보다 높은 임금을 지불해 노동의 초과공급이 존재하고, (2) 임금이 '경직적(sticky)'이어서 균형수준으로 하락할 수 없을 때에나 가능하다.

실업자가 생기는 데에는 여러 가지 원인이 있고, 몇몇 유형의 실업은 다른 것보다 더 걱정스럽다. 가령, 어느 시기에나 많은 사람들은 일자리들 '사이에서' 이동 중이다. 이 사람들은 단지 자진사퇴했거나 일시해고(layoff)를 당했거나 또는 노동시장에 신규 진입한(혹은 재진입한) 사람들이다. 가용한 일자리 기회들을 알고 찾아내는 데에는 시간이 필요하다. 그러므로 시장경제가 잘 작동해 가용한 일자리의 숫자와 구직자의 숫자가 같다고 하더라도, 구직자들이 일자리를 탐색하는 과정에서 어느 정도의 실업은 발생한다.

다른 식으로 표현하면, 균형 실업 수준이 0이 되지는 않는다. 그러나 이런 유형의 마찰적 실업만으로는, 1933년 대공황의 최저점에서 경제활동인구 중 거의 25%가 실업상태에 있었던 이유나 2010년 실업률이 거의 10%를 기록한 이유가 잘 설명되지 않는다. 많은 사람들이 실업상태에 빠져 있는 이유는 그들이 일자리 사이를 이동하는 중간 단계에 있기 때문이 아니라 노동에 대한 수요와 공급 사이에 근본적으로 불균형이 존재하기 때문인 것으로 보인다.

이 장에서 우리는 일자리 탐색 활동이 어떻게 경쟁시장에서 실업을 야기하는지를 보이고, 일자리 탐색 활동을 고려하고 난 이후에도 시장청산을 방해할 수 있는 요인들을 식별한다. 경제학자들은 경쟁시장에서 어떻게 실업이 발생하는지를 설명하는 여러 가지 독창적인 이론들을 제시해왔다. 특정한 하나의 이론은 실업문제의 일정 부분을 설명할 수 있다. 그러나 왜 실업이 때때로 큰 비중의 노동인구에 영향을 미치는지, 왜 실업이 다른 집단에 비해 일부 특정 집단에 더 큰 영향을 미치는지, 그리고 왜 일부 근로자들은 매우 긴 시간 동안 실업상태에 빠져 있는지를 완벽하게 설명하는 하나의 이론은 존재하지 않는다.

12-1   미국의 실업

[그림 12-1]은 1900년 이래 미국의 실업률에 나타난 역사적인 추세를 보여준다. 실업률은 시간에 따라 극적으로 변동을 거듭하였다. 1933년 실업률은 약 25%에서 정점에 달했고, 1906년과 1944년에는 약 1%로서 저점에 도달하였다.

실업률이란 경제활동인구 중 일자리를 찾고 있는 사람들의 비율을 의미한다. 일을 하고자 하는 많은 사람들이 일자리를 찾을 수 없었기 때문에 노동시장에서 퇴장했을 수 있다. 실업자의 숫자에는 이들 실망노동자(discouraged workers)가 포함되지 않는다. 따라서 공식 실업률은 실업문제의 진정한 심각성을 과소 추정할 수 있다. 특히 심각한 경기 하강 국면에서 많은 수의 실망 노동자들이 시장 바깥에서 경기침체가 끝나기를 '기다리고' 있는 경우에는 더욱 그러하다.

[그림 12-1]에 요약된 자료는 1950년대부터 1980년대까지 실업률이 약간씩 상승하는 추세를 보여준다. 1950년대에 평균 실업률은 4.5%였다. 실업률은 1960년대에는 4.8%였고, 1970년대에는 6.2%로 상승하였다. 그리고 1980년대에는 7.3%로서 한층 더 상승하였다. 이러한 추세는 1990년대 들어 깨졌다. 실업률이 약 30년 동안 보지 못했던 수준으로 떨어졌기 때문이다. 1998년의 실업률은 고작 4%였다.

그러나 저실업률의 시대는 2008년에 갑작스럽게 멈추었다. 이 해에 미국은 심각한 금융위기 끝에 깊은 경기침체로 들어섰다. 금융위기 이후 매우 빠른 실업률 상승이 눈에 띈다. 2007년 4.6%에서 2010년 9.6%로 단 3년 만에 실업률이 두 배 이상 상승하였다.

이러한 실업률의 급격한 상승은 전혀 예상치 못한 현상이라는 점을 강조할 필요가 있다. 아이러니컬하게도, 2008년 금융위기 직전 거시경제학 연구에서 인기를 누렸던 연구

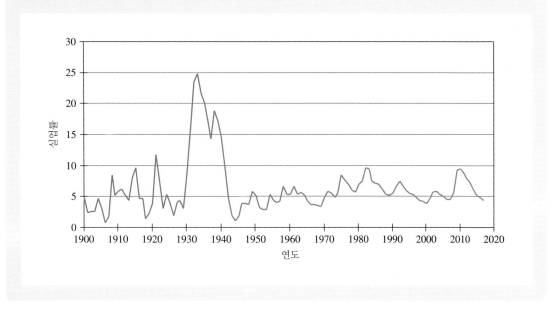

그림 12-1　미국의 실업률, 1900~2017

출처 : 1948년 이전 실업률 자료의 출처는 Stanley Lebergott, "Annual Estimates of Unemployment in the United States, 1900-1960," *The Measurement and Behavior of Unemployment*, NBER Special Committee Conference Series No. 8, Princeton, NJ : Princeton University Press, 1957, pp. 213-239이다. 1948년 이후 실업률 자료의 출처는 U.S. Bureau of Labor Statistics, "Historical Data for 'A' Tables of the Employment Situation Release," Table A-1, "Employment Status of the Civilian Population by Sex and Age" (stats.bls.gov/cps/cpsatabs.htm)이다. 여기서 실업률은 16세 이상 인구 모집단을 대상으로 계산되었다.

주제 중 하나는 미국이 어떻게 경기순환 활동의 변동성(volatility)을 '완화시켜' 대안정기(Great Moderation)로 접어들게 되었는지를 이해하는 것이었다.

실업자는 어떤 사람들인가

2017년의 실업률이 4.4%였다는 사실이 노동시장 참가자 각자가 그해 어느 시점에 실업에 빠질 확률이 4.4%였다는 것을 의미하지는 않는다. 실업이란 균등한 기회를 제공하는 고용주가 아니다. 실업은 특정한 인구집단과 경제 내 특정 부문의 근로자들에게 집중된다.

[그림 12-2]는 미국 실업의 한 가지 핵심적인 특징을 보여준다. 즉, 교육수준이 낮은 사람들일수록 실업률이 더 높다. 2017년에 대학 졸업자들의 실업률은 2.3%인 반면, 고등학교 졸업자들의 실업률은 4.6%이고 고등학교 중퇴자들의 실업률은 6.5%이다. 이 그림은 또한 고학력 근로자와 저학력 근로자 사이의 '실업률 격차'가 경기침체 기간 동안 상당히 확대되었음을 보여준다. 2010년에 고등학교 중퇴자들의 실업률은 대학 졸업자들에 비해 10%p 이상 높았다. 2017년에 그 격차는 4.2%p로 좁혀졌다.

교육은 두 가지 다른 이유 때문에 실업률을 낮춘다. 첫째, 교육수준이 높은 근로자들은

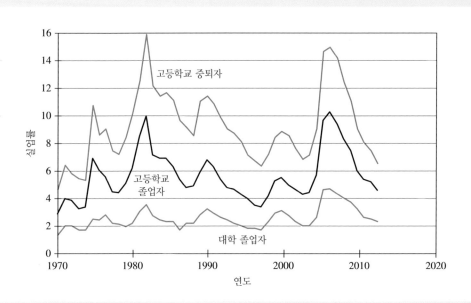

그림 12-2 교육수준별 실업률, 1970~2017

출처 : U.S. Bureau of Labor Statistics, *Labor Force Statistics Derived from the Current Population Survey, 1947-87*, Bulletin 2307, Washington, DC : Government Printing Office, 1988, pp. 848-849; U.S. Bureau of the Census, *Statistical Abstract of the United States*, Washington, DC : Government Printing Office, various issues. 1992년 이후 자료의 출처는 U.S. Bureau of Labor Statistics, "Historical Data for the 'A' Tables of the Employment Situation Release," Table A-4, "Labor Force Status of the Civilian Population 25 Years and Over by Education Attainment," (http://stats.bls.gov/cps/cpsatabs.htm). 여기서 실업률은 25세 이상 인구 모집단을 대상으로 계산되었다.

사내훈련에 더 많이 투자한다. 기업 특화 훈련은 기업과 근로자를 '짝지어주기' 때문에, 기업들은 경제 상황이 어렵게 변하더라도 교육수준이 높은 근로자들을 잘 해고하려 하지 않는 경향이 있다. 게다가 교육수준이 높은 근로자들은 이직을 할 때 일반적으로 중간에 실업을 겪지 않고 일자리를 바꾼다. 교육수준이 높은 근로자들은 여러 일자리 기회들을 파악하는 데 있어 더 많은 정보와 더 좋은 네트워크를 갖고 있는 듯하다.

〈표 12-1〉에는 연령, 인종, 성별, 취업 산업별로 세분한 실업률이 제시되어 있다. 젊은 사람들은 실업에 처할 가능성이 더 높다. 십 대들의 실업률은 2017년 현재 14.0%인데 비해 45~64세 사이 근로자들의 실업률은 약 3%이다. 십 대들의 실업률이 더 높은 이유는 부분적으로 최저임금의 부정적인 고용효과 때문일 수 있다.

또한 이 자료에 따르면, 백인의 실업률이 흑인이나 히스패닉보다 낮고, 아시안의 실업률은 훨씬 더 낮다. 2017년에 흑인 실업률(7.5%)은 백인 실업률(3.8%)의 거의 두 배에 달한다. 백인과 흑인 사이의 지속적이고 큰 실업률 격차는 흑인들과 백인들의 숙련 구성의 차이 때문에 발생하는 것만은 아니다. 관측 가능한 숙련수준이 동일하고 거주지역도 동일

| 표 12-1 | 인구집단별 및 산업별 실업률, 2017 |

연령별 :		산업별 :	
16~19	14.0	농업	7.2
20~24	7.4	광업	4.1
25~34	4.6	건설업	6.0
35~44	3.5	제조업	3.6
45~54	3.2	정보통신업	4.5
55~64	3.1	운송업	4.1
		소매업	4.6
인종별 :		금융, 보험	2.4
백인	3.8	레저, 접객업	6.1
흑인	7.5	전문가 및 비지니스 서비스	4.5
히스패닉	5.1	정부기관	2.5
아시아인	3.4		
성별 :		모든 근로자	4.4
남성	4.4		
여성	4.3		

출처 : U.S. Department of Labor Statistics, Labor Force *Statistics from the Current Population Survey*

한 흑인과 백인을 비교하는 경우에도 실업률의 인종별 격차는 여전히 남아 있다.[1]

역사적으로 여성의 실업률은 남성보다 높았다. 예를 들어, 1983년 남성의 실업률은 9.8%였고 여성의 실업률은 15.3%였다. 여성들은 일자리들 사이나 노동시장 안팎을 '이동하는 중'에 있을 가능성이 훨씬 더 높기 때문에 여성의 실업률이 더 높은 것이라는 주장이 일반적으로 제기되어 왔다. 이러한 이행과정에서 여성들은 일자리를 찾아나서고 그에 따라 실업률이 상승한다. 2017년경 실업률의 성별 격차는 사라졌다. 두 집단의 실업률은 실질적으로 동일하게 4.4%였다.

산업별로 상당한 실업률 차이가 있다는 점 또한 주목하라. 농업, 건설업, '레저 및 관광산업' 근로자들의 실업 가능성이 가장 높다. 2017년에 이들 산업의 실업률은 6%를 넘어섰다. 반면 정부 부문 근로자들이나 '금융산업' 근로자들의 실업률은 3% 미만 수준이다.

한 근로자가 실업상태에 빠지게 되는 경로는 크게 네 가지이다. 일부 근로자들은 일시해고나 공장폐쇄 때문에 일자리를 잃는다(실직자). 일부 근로자들은 스스로 일자리를 떠난다(이직자). 일부 구직자들은 비시장 부문에서 일정한 시간을 보낸 후 노동시장에 재진입한다(재진입자). 그리고 일부 구직자들은 최근 고등학교 및 대학 졸업자와 같이 일자

---

1 Joseph A. Ritter and Lowell J. Taylor, "Racial Disparity in Unemployment," *Review of Economics and Statistics 93* (February 2011): 30–42.

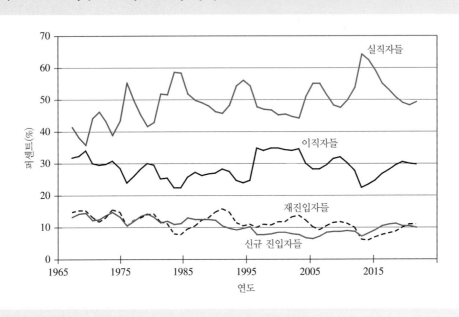

그림 12-3 실업요인별 실업자, 1967~2017(전체 실업자들 중 백분율로 표시)

출처 : U.S. Bureau of Labor Statistics, "Historical Data for the 'A' Tables of the Employment Situation release," Table A-11, "Unemployment Persons by Reasons of Unemployment," (http://stats.bls.gov/cps/cpsatabs.htm). 실업 인구에는 16세 이상의 모든 실업자들이 포함된다.

리 시장에 새롭게 진입한 사람들이다(신규 진입자). [그림 12-3]에 나타난 바와 같이, 실직자인 근로자들의 비율은 1980~2005년 기간 동안 약 50% 주위에서 (위아래로) 변동하였다. 극심한 대침체로 인해 이 수치는 2009년에 64%로 정점에 달했고, 2017년에는 50% 근처로 다시 돌아왔다.

[그림 12-4]는 실업자들 중 상당수가 장기 실업상태에 있을 가능성을 보여준다. 심지어 대침체 이전에도 26주 이상 실직상태에 있던 실업자들의 비율은 증가하는 추세였다. 예를 들어, 1950년대 초반에는 실업자의 약 5~10% 정도만이 26주 이상 지속된 실업상태에 있었다. 2007년에는 실업자의 약 18%가 이와 같은 장기 실업상태에 빠져 있었다. 대침체는 이 수치를 폭발적으로 증가시켰다. 2010년에는 실업자의 43.3%가 장기 실업상태에 있었고, 이 수치는 경기가 회복되기 시작한 이후에도 역사적으로 높은 수준에 머물러 있다. 2017년에는 실업자의 거의 4분의 1 정도가 장기 실업상태에 있었다. 이 수치는 제2차 세계대전 종료 시점부터 대침체 시작 시점까지 기간의 어느 시점보다도 높은 비중이다.

달리 표현하면, 실업상태는 대체로 짧은 기간 동안 지속된다는 개념은 점점 더 부적절해지고 있다. 심지어 대침체 이전에도 실업상태가 5주 미만 지속된 실업자들의 비율은 눈에 띄게 감소하는 추세를 보여 왔다.

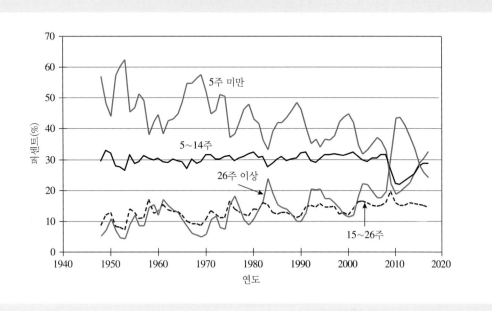

출처 : U.S Bureau of Labor Statistics, "Historical Data for the 'A' Tables of the Employment Situation Release," Table A-12, "Unemployment Persons by Duration of Unemployment," (http://stats.bls.gov/cps/cpsatabs.htm). 실업 인구에는 16세 이상의 모든 실업자들이 포함된다.

그림 12-4 실업기간별 실업자, 1948~2017(전체 실업자들 중 백분율로 표시)

마지막으로, 실업률은 경제활동인구 중 실직 상태에 있으면서 일자리를 찾고 있는 사람들의 비율을 말한다. 아울러 일부 실망 실업자들(아무런 고용기회도 찾을 수 없어서 구직활동을 포기한 사람들)이 있을 수도 있다. 노동통계국에서는 모든 '경계선상의 근로자들(marginally attached persons)'을 실업자 집단에 포함시키는 대안적인 통계치를 추가로 발표한다. "경계선상의 근로자들이란 현재 일하고 있지도 않고 구직을 하고 있지도 않지만, 일하기를 원하고 일을 할 용의가 있으며 가까운 과거에 한동안 일자리를 찾아 나섰던 사람들을 의미한다." [그림 12-5]에 따르면, 경계선상의 근로자들을 실업자로 포함시켰을 때 실업률은 약 1%p 정도 상승한다.

'불충분하게 고용된(underemployed)' 사람들이 훨씬 큰 집단을 형성한다. 이 사람들은 '전일제 풀타임 일자리에서 일할 용의가 있으나 파트타임 일자리에 정착해야만 하는' 사람들을 말한다. 그림에 예시되어 있는 바와 같이, 이 집단을 실업자들의 일부로 포함시키면 실업률은 더욱 극적으로 상승한다. 2007년에 가장 폭넓게 정의한 실업률 지표는 공식적인 실업률보다 3.7%p 정도 높았다. 그러나 2010년에 보다 폭넓게 정의한 실업률은 16.2%로서, 이 수치는 공식적인 실업률 9.3%와는 거의 7%p만큼 차이가 난다.

경제활동 참가율이 2008~2013년 사이에 극적으로 하락했기 때문에, 공식적인 실업률

그림 12-5 대안적인 실업률 척도에 나타난 추세, 1994~2017

출처 : U.S. Bureau of Labor Statistics, "Historical Data for the 'A' Tables of Employment Situation Release," Table A-15, "Alternative Measures of Labor Underutilization," (http://stats.bls.gov/cps/cpsatabs.htm). 실업률은 16세 이상 인구 모집단을 대상으로 계산되었다. 경제 선상의 근로자들을 포함하는 실업률은 U-5 실업률이라고 부른다. 파트타임에 정착해 있는 근로자들을 추가로 포함하는 실업률은 U-6 실 업률이라고 부른다. 공식적인 실업률은 U-3 실업률이라고 부른다.

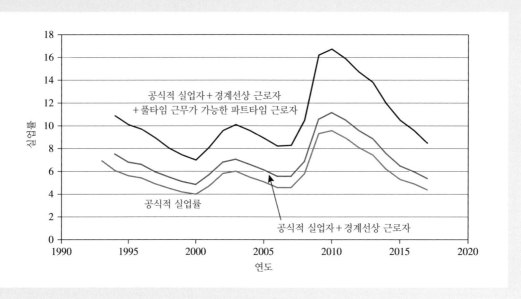

은 아마도 2008년 대침체가 시작된 이후의 경제상황을 제대로 보여주지 못하는 지표 중 하나였을 것이다. 경제활동 참가율은 2008년 초에 66.2%였고, 2013년 말에는 62.8%로 하락했다(강력한 경기회복에도 불구하고 2018년 1월 현재 이 수치는 아직 62.7%에 머물러 있다). 2008년에서 2013년 사이 경제활동 참가율의 3.3%p 하락은 곧 이 5년의 기간 동안 약 800만 명의 사람들이 경제활동인구로부터 빠져나갔음을 의미한다.[2] 이 사람들 중 일부가 보다 광범위하게 정의된 '경제활동인구'의 일부로서 분류되었다면 공식적인 실업률은 훨씬 더 높았을 것이다.

이와 같이 사람들이 경제활동인구로부터 이탈하는 역사적인 현상의 이유를 우리는 아직 잘 이해하지 못하고 있다. 그러나 경제활동인구의 이러한 추세는 실업자들에게 보다

---

2 이 수치를 계산하는 것은 흥미로운 연습문제이다. 노동통계국 웹사이트(http://data.bls.gov/cgi-bin/ surveymost?ln)는 16세 이상 민간인들의 경제활동참가율이 2013년 12월 현재 62.9%였고 경제활동인구가 1억 5,490만 명이었다고 보고하고 있다. 이는 해당 집단의 크기(즉, 경제활동 참가율 계산식의 분모)가 2억 4,630만 명임을 의미한다. 노동통계국 웹사이트는 또한 2008년 1월 현재 경제활동 참가율이 66.2%였다고 보고한다. 이는 같은 기간 동안 경제활동 참가율이 일정하게 유지되었다면 경제활동인구는 1억 6,310만 명이었을 것임을 시사한다.

관대하게 주어지는 실업보험 수당이나 사회보장 장애 수당과 일정한 관계가 있을 것으로 추측된다.[3]

거주지 분리와 흑인 실업률

우리가 살펴본 바와 같이, 흑인의 실업률은 백인보다 상당히 더 높다. 이런 인종적 격차는 부분적으로 많은 흑인들을 일자리와 경제적 주류로부터 격리시키는 인종별 거주지 분리 (residential segregation)의 결과일 수 있다.

〈표 12-2〉는 이중차분법을 이용해 흑인들이 상대적으로 적은 수의 지역에 모여 사는 현상이 어떻게 젊은 흑인들의 높은 '유휴상태(idleness)' 비율로 이어지는지를 보여주고 있다(어떤 사람이 고용되어 있지도 않고 학업 중에 있지도 않은 경우 그 사람은 유휴상태에 있는 것으로 간주된다). 인종적인 거주지 분리의 정도가 낮은 도시들에 거주하는 젊은 흑인들의 경우 15.4%만이 유휴상태에 있는 것으로 나타났다. 이와는 대조적으로, 거주지 분리의 정도가 높은 도시에 거주하는 젊은 흑인 중에는 21.6%가 유휴상태에 있다. 요약하면, 거주지 분리의 정도가 상당히 높은 지역에 거주하는 것은 젊은 흑인들의 유휴상태 비율을 6.2%p 정도 상승시키는 듯하다.

그러나 물론 다른 요인들이 영향을 미칠 수도 있다. 가령 지역 노동시장의 산업 구성이 두 유형의 도시 간에 상당히 다를 수 있다. 거주지 분리의 정도가 상당히 높은 도시의 고용은 제조업과 같은 쇠퇴 산업에 집중되어 있을 수 있다. 이 경우 거주지 분리 정도가 높은 도시에 사는 사람들은 인종과 무관하게 유휴상태의 비율이 더 높을 것이다.

〈표 12-2〉에 제시되어 있는 바와 같이, 백인들의 유휴상태 비율은 두 유형의 도시들 간에 크게 다르지 않다. 사실, 거주지 분리 정도가 높은 도시에 사는 백인들의 유휴상태 비율이 더 낮다. 이중차분법이 시사하는 바에 따르면, 인종별 거주지 분리는 흑인의 유휴율을 6.6%p 정도 증가시켰다. 흑인들이 적은 수의 지역들에 분리되어 있는 현상은 노동

표 12-2 흑인의 거주지 분리와 유휴상태에 있는 흑인들의 비율 사이의 관계, 1990

집단	거주지 분리 정도가 낮은 도시	거주지 분리 정도가 높은 도시	차이
흑인 연령 20~24	15.4	21.6	6.2
백인 연령 20~24	7.0	6.6	−0.4
이중차분법	–	–	**6.6**

출처 : David M. Cutler and Edward L. Glaeser, "Are Ghettos Good or Bad?" *Quarterly Journal of Economics* 112 (August 1997): 842

---

3   Andreas I. Mueller, Jesse Rothstein and Till M. von Wachter, "Unemployment Insurance and Disability Insurance in the Great Recession," *Journal of Labor Economics* 34 (January 2016. Part 2): S445–S475).

이론의 현장 적용　경기침체기에 졸업하기

우리 중 몇몇은 꽤 운이 좋다. 출생 시점이 어떤 이유에서인지 모르게 잘 정해져서 우리가 대학을 졸업하던 해에 노동시장은 뜨겁게 달구어져 있었다. 이 시장은 판매자 시장이다. 즉, 고용주들이 우리들의 서비스를 구매하기 위해 활발하게 상대방보다 비싼 가격을 부른다. 성대한 만찬은 결코 끝나지 않는다.

그러나 우리 중 몇몇은 그만큼 운이 좋지 않다. 우리의 부모님들은 20년 정도가 지난 후에 우리가 매우 나쁜 경제 상황에서 대학을 졸업하게 되리라는 사실을 생각하지 않고 우리를 임신하셨다. 일자리가 희박해 두어 번의 면접을 보는 것만으로도 우리는 운이 좋다고 여길 것이고 하나의 일자리 제안만을 받더라도 엄청나게 운이 좋다고 여길 것이다.

경기침체기에 학교를 졸업하는 것의 부정적인 결과는 졸업 후 급여를 주는 일자리를 어렵게 구하는 것으로 끝나지 않는다. 대학 졸업 시점의 노동시장 상황이 장기적인 성과에 영향을 미칠 수 있는 이유는 어렵지 않게 알 수 있다. 가령, 극심한 경기침체로 인해 젊은 졸업자들은 직업훈련이나 승진의 기회가 많지 않은 일자리에 취업하고, 그에 따라 나중에는 제한적인 노동시장 옵션들만을 갖게 된다.

최근 연구들은 미국과 다른 여러 나라에서 어려운 경기상황에 졸업하는 것의 부정적인 결과들을 제시한다. 미국 근로자들의 경우, 대학 졸업 당시 1%p 높은 전국 실업률은 약 6%의 초기 임금 손실과 연관되어 있다. 다시 말해, 최초 일자리의 임금은 운이 좋았던 다른 졸업자 코호트의 임금보다 약 6% 정도 낮다. 이런 상당한 크기의 임금효과는 시간이 지남에 따라 약화되지만 그 효과는 10년이 지난 이후에도 여전히 남아 있다. 경기침체기에 졸업하는 것과 연관된 임금 손실은 15년이 지난 이후에는 2.5% 정도이다.

캐나다 노동시장을 다룬 연구도 대체로 비슷한 결과를 발견하였다. 경기침체 기간에 노동시장에 진입한 대졸자들은 약 9%의 초기 임금 손실을 겪는다. 이러한 임금 손실의 절반 정도는 5년이 지난 후에도 남아 있으며, 10년이 지나서야 비로소 사라진다. 마지막으로, 일본의 노동시장을 연구한 결과에 따르면, 경기침체 시기에 졸업하는 것과 연관된 초기 임금 손실은 약 5% 정도이고, 이 임금 손실은 종국적으로 약 2%까지 떨어진다.

출처 : Lisa B : Kahn, "The Long-Term Labor Market Consequences of Graduating from College in a Bad Economy," *Labour Economics* 17 (April 2010); Phill Oreopoulos, Till von Watchter, and Andrew Heisz, "The Short-and Long-Term Career Effects of Graduating in a Recession," *American Economic Journal : Applied Economics* 4 (January 2012) : 1-29; and Yuji Geada, Ayako Kondo, and Souichi Ohta, "Long-Term Effects of a Recession at Labor Market Entry in Japan and the United States," *Journal of Human Resources* 45 (Winter 2010) : 157-196.

시장 기회가 흑인 근로자들에게 상대적으로 빈약하게 주어지는 현상의 일부를 설명한다.[4]

12-2　실업의 유형

노동시장은 끊임없이 흘러간다. 어떤 근로자들은 일자리를 그만두고, 다른 근로자들은 일시 해고를 당한다. 어떤 기업들은 인원을 감축하고, 다른 기업들은 인원을 확장한다. 신규 진입자들은 학교를 마친 후 시장에 진입하고, 다른 근로자들은 가계부문에서 일정한

4　또한 Richard W. Martin, "Can Black Workers Escape Spatial Mismatch? Employment Shifts, Population Shifts, and Black Unemployment in American Cities," *Journal of Urban Economics* 55 (January 2004): 179-194도 참조하라.

시간을 보낸 후 시장에 재진입한다. 그러므로 어느 시점에나 많은 근로자가 일자리 사이에서 이동 중이다. 구직 중에 있는 근로자들과 구인 중에 있는 기업들이 즉시 서로를 찾을 수 있다면 실업이란 존재하지 않을 것이다. 구직자들과 기업들 모두 서로를 발견하는 데 시간이 필요하기 때문에 마찰적 실업(frictional unemployment)이 발생한다.

마찰적 실업이 있다는 것이 경제에 근본적인 구조적 문제(가령, 구직자의 숫자와 가용한 일자리 숫자 사이의 불균형)가 있음을 의미하는 것은 아니다. 따라서 정책 결정자들은 마찰적 실업을 불안한 시선으로 바라보지는 않는다. 마찰적 실업은 본질상 짧은 실업기간으로 이어진다. 게다가 마찰적 실업은 '생산적'이기도 하다. 왜냐하면, 구직자들과 기업들의 탐색활동으로 인해 노동시장에서 자원배분이 향상되기 때문이다. 또한 마찰적 실업을 줄이는 방법은 간단하다. 가령 구직자들에게 채용공고에 대한 정보를 주고 기업들에게 실업자들에 대한 정보를 제공하는 정책 등을 이용해 마찰적 실업을 줄일 수 있다.

많은 근로자들은 또한 계절적 실업(seasonal unemployment)을 경험한다. 일부 산업에서 일하는 근로자들은 정기적으로 일시해고를 당한다. 시계가 작동하듯이 규칙적으로 새로운 모델이 도입되고 기업들은 생산과정을 재편하기 위해 일시휴업에 들어가기 때문이다. 계절적 실업의 기간은 대체로 매우 예측 가능하다. 따라서 계절적 실업은 마찰적 실업과 마찬가지로 정책 결정자들의 걱정거리가 되지 않는다. 어쨌든 많은 실업자들은 생산시즌이 시작하자마자 이전 고용주에게 되돌아간다.

우려를 불러일으키는 유형의 실업은 구조적 실업(structural unemployment)이다. 일자리를 찾는 구직자들의 숫자가 가용한 일자리의 숫자와 같다고 가정하자. 이 경우 공급되는 전체 숫자와 수요되는 전체 숫자 사이에는 불균형이 없다. 일자리를 구하는 사람들의 유형이 가용한 일자리들에 '적합하지 않은' 경우에는 여전히 구조적 실업이 발생할 수 있다. 언제나 경제의 어떤 부문은 성장하고 다른 부문은 쇠퇴한다. 만약 숙련이 서로 다른 부문들 사이에 완벽하게 이전될 수 있다면, 해고를 당한 근로자들은 성장하는 부문으로 빠르게 이동할 수 있을 것이다. 그러나 숙련은 근로자의 일자리나 산업에만 고유한 것일 수 있고, 해고를 당한 근로자들이 확장하는 부문에서 필요한 자격요건을 갖추고 있지 않을 수 있다. 그 결과 해고를 당한 근로자들의 실업은 오랜 기간 동안 지속된다. 근로자들 스스로 숙련을 다시 수련해야 하기 때문이다. 구조적 실업이 발생하는 이유는 근로자들이 공급하는 숙련과 기업이 수요하는 숙련 사이에 불일치(mismatch)가 존재하기 때문이다.

이러한 유형의 구조적 실업에 대한 정책적 처방은 마찰적 실업이나 계절적 실업을 줄이기 위한 처방들과는 매우 다르다. 문제는 숙련이다. 즉, 실업자들은 더 이상 쓸모가 없는 인적자본에 붙잡혀 있다. 그러므로 이런 유형의 실업을 줄이기 위해서는 정부는 해고 근로자들에게 현재 수요되는 유형의 숙련을 '주입시켜줄 수 있는' 직업훈련 프로그램들을 제공해야 할 것이다. 숙련을 습득하는 데는 시간이 필요하기 때문에 이런 유형의 실업은 한동안 지속될 수 있다.

또한 구직자들의 숫자와 가용한 일자리의 숫자 사이에도 구조적인 불균형이 있을 수 있다. 이것은 심지어 숙련이 서로 다른 부문들 사이에 완벽하게 이전 가능한 경우에도 그러하다. 이러한 불균형은 경제 전체의 경기침체로 인해 발생할 수 있다. 이제 기업들은 소비자 수요의 감소에 대응하기 위해 인력을 줄어야만 하고, 고용주들은 많은 직원을 해고해야만 한다. 이에 따라 경기적 실업(cyclical unemployment)이 발생한다.

근로자들의 초과 공급이 존재하지만, 임금이 경직적이어서 하방으로 조정될 수 없기 때문에 시장이 청산되지 못한다. 우리가 아래에서 살펴볼 바와 같이, 경제학자들은 임금 경직성과 실업을 고려하는 많은 모형을 개발하였다. 경기적 실업에 대한 정책 처방은 근로자들이 일자리를 찾거나 숙련을 다듬도록 돕는 것과는 크게 관련이 없다. 이러한 유형의 실업을 줄이기 위해 정부는 총수요를 촉진시키고 경직된 임금수준에서 시장균형이 이루어지도록 유도해야 할 것이다.

12-3 정상상태의 실업률

근로자들의 흐름이 일자리 사이와 시장 안팎으로 일어나기 때문에 어느 정도의 실업은 발생할 수 있다. 정상상태(steady state)의 실업률은 쉽게 계산할 수 있다. 정상상태의 실업률이란 이와 같은 노동 흐름의 결과 장기적으로 관측되는 실업률을 말한다.

논의를 단순화하기 위해, 한 근로자가 취업상태나 실업상태 중 하나의 상태에 있다고 가정하자(우리는 비시장 부문은 고려하지 않는다). [그림 12-6]은 이런 단순화된 경제에서 노동의 흐름을 묘사한다. 경제에 총 E명의 취업자들과 U명의 실업자들이 있다. 임의의 시점에 취업자들 중 일자리를 잃고 실업상태에 빠진 사람들의 비중을 ℓ이라고 정의하고, 실업자들 중 일자리를 구해 취업상태로 들어간 사람들의 비중을 h라고 정의하자. 경제가 장기 균형에 도달한 상태를 의미하는 정상상태에서 실업률은 시간에 따라 일정할 것이다. 그러므로 정상상태에서는 일자리를 잃는 사람들의 숫자와 일자리를 구한 사람들의 숫자가 같아야 한다. 즉 다음의 관계가 성립한다.

$$\ell E = hU \tag{12-1}$$

경제활동인구(labor force)는 취업상태 또는 실업상태에 있는 사람들의 합, 즉 $LF = E + U$로서 정의된다. 이 정의식을 식 (12-1)에 대입하면 다음의 식이 도출된다.

$$\ell(LF - U) = hU \tag{12-2}$$

앞의 항들을 재정리함으로써 우리는 다음과 같이 정상상태의 실업률을 구할 수 있다.

$$\text{실업률} = \frac{U}{LF} = \frac{\ell}{\ell + h} \tag{12-3}$$

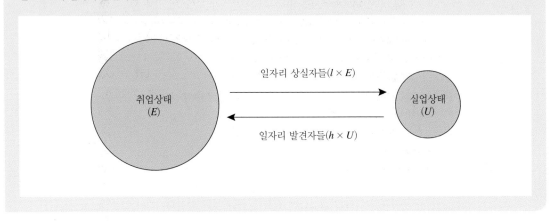

그림 12-6 **고용과 실업 사이의 흐름**

한 사람은 취업상태나 실업상태 중 하나의 상태에 있다. 매 시점에서 어떤 사람들은 일자리를 잃고 실업자들은 일자리를 구한다. 일자리를 잃을 확률이 l과 같다면 $l \times E$명의 일자리 상실자들이 존재한다. 일자리를 구할 확률이 h와 같다면 $h \times U$의 일자리 발견자들이 존재한다.

일자리 상실자들($l \times E$)

취업상태
(E)

실업상태
(U)

일자리 발견자들($h \times U$)

식 (12-3)에 의하면, 정상상태의 실업률은 취업상태와 실업상태 사이의 이행확률(l과 h)에 의해 결정된다. 정상상태의 실업률을 낮추기 위해서는 이들 확률을 변동시켜야 한다.

하나의 예로서, 임의의 달에 취업자들이 일자리를 잃을 확률이 0.01이라고 가정하자. 이는 평균적인 일자리가 100개월 지속된다는 것을 의미한다. 또한 임의의 달에 실업자들이 일자리를 구할 확률이 0.10이라고 가정하자. 이는 평균적인 실업기간이 10개월임을 의미한다. 정상상태의 실업률은 9.1%($=0.01/(0.01 + 0.10)$)이다. 이 예제를 통해 우리는 실업률은 일자리가 안정적일수록 더 낮고, 실업의 지속기간이 길수록 더 높음을 알 수 있다. 다시 말해, 두 가지 핵심요인, 즉 실업의 발생확률(취업상태에 있는 근로자가 일자리를 잃을 확률 l)과 실업상태의 지속기간(실업자가 일자리를 구할 확률의 역수, $1/h$)이 실업률을 결정한다.

식 (12-3)에서 유도한 정상상태의 실업률은 때때로 자연실업률(natural rate of unemployment)이라고 불린다. 우리는 이 장의 후반부에서 이 자연실업률을 결정하는 요인들에 대해 보다 자세하게 논의할 것이다.

물론 이런 단순한 경제활동인구 동태모형은 현실 노동시장에서 관측되는 실제 경제활동인구의 흐름을 정확하게 묘사하지는 못한다. 현실에서는 경제활동상태로의 유입과 유출도 존재하기 때문에, 한 개인은 취업상태, 실업상태 및 비경제활동 상태라는 세 가지 상태 중 하나에 존재한다. [그림 12-7]에는 1990~2006년까지의 평균적인 달에 관측된 이들 흐름의 크기가 제시되어 있다. 취업자의 수는 1억 3,000만 명, 실업자의 수는 740만 명이고, 비경제활동 상태에 있는 사람들의 숫자는 6,930만 명이다. 전형적인 한 달 동안

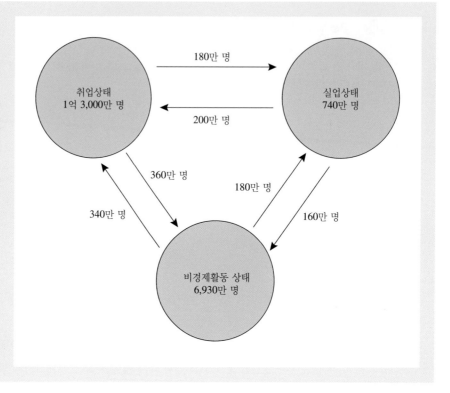

그림 12-7

미국 노동시장의
동태적 흐름, 월평균,
1990~2006

출처 : Zhi Boon, Charles
M. Carson, R. Jason
Faberman, and Randy
E. Ilg, "Studying the
Labor Market Using BLS
Labor Dynamics Data,"
Monthly Labor Review
(February 2008) : 3-16.

약 180만 명의 취업자들이 실업상태에 빠지고, 비경제활동 상태에 있었던 180만 명의 사람들이 실업자 집단에 합류한다. 동시에, 200만 명의 실업자들이 일자리를 구하고 160만 명이 추가적으로 경제활동 상태로부터 이탈한다.

실업의 발생률과 지속기간

경제에 100명의 실업자들이 있고, 이들 중 99명의 실업 지속기간은 단 1주에 불과하다고 가정하자. 그러나 나머지 한 명 실업자의 실업기간은 101주이다. 이 경우 이 경제에서 대부분의 실업은 단기 실업일 것이다. 대부분의 실업자들이 단 1주 동안만 실업상태에 놓이기 때문이다. 그러나 동시에 이 경제의 실업 지속기간은 총 200주(실업기간이 1주인 99명 근로자 전체의 실업기간 99주, 그리고 장기간 실업상태에 있는 한 명의 실업기간 101주)이다. 그러므로 실업기간의 대부분이 한 명 근로자의 실업기간에 의해 설명된다(101/200). 다시 말해, 대부분의 실업기간은 단기임에도 불구하고, 근로자들이 실업상태에 빠져 있는 기간의 대부분이 매우 긴 실업기간을 경험하는 극소수의 근로자들에 의해 설명된다. 앞의 예제가 시사하는 바와 같이, 어느 노동시장에서나 실업 문제의 성격에 관한 합리적인 추론을 도출하기 위해서는 실업의 발생률과 지속기간을 동시에 관찰하는 것

이 중요하다.[5]

12-4 일자리 탐색

많은 이론이 경쟁시장에서 실업이 존재하고 지속되는 이유를 설명한다고 주장한다. 우리는 이 여러 가지 이론을 논의하기에 앞서 근로자들에 대한 수요와 공급 사이에 근본적인 불균형이 없는 경우에도 마찰적 실업은 있을 수 있다는 점을 다시 한번 강조하고자 한다. 서로 다른 기업들이 서로 다른 일자리 기회들을 제공하고 근로자들은 '최상의' 일자리가 어디에 위치해 있는지에 대해 완벽한 정보를 갖고 있지 않기 때문에 최적의 일자리 매칭를 찾는 데에는 시간이 걸린다.

어느 근로자나 서로 다른 많은 일자리 제안들을 놓고 선택할 수 있다. 한 블록 떨어져 있는 주유소들의 휘발유 1리터의 판매 가격이 서로 다른 것처럼, 서로 다른 기업들은 동일한 근로자에게 서로 다른 일자리들을 제안한다. 이와 같이 임금격차가 존재하기 때문에 실업자들은 더 나은 일자리 제안을 찾아낼 때까지 '일자리 쇼핑을 한다'. 서로 다른 기업들이 제공하는 기회들을 파악하기 위해서는 시간과 노력이 필요하다. 일자리 탐색 활동은 불가피하게 실업의 지속기간을 증가시킨다. 그러나 근로자들은 실업기간이 길어지는 것을 참아낼 용의가 있다. 이를 통해 더 높은 임금을 주는 일자리를 구할 수 있기 때문이다. 어떤 의미에서 일자리 탐색 실업은 인적자본 투자의 한 형태이다. 근로자는 노동시장 정보를 얻는 데 투자하고 있기 때문이다.[6]

임금 제안 분포

분석을 단순화하기 위해, 실업자들만이 일자리 탐색 활동을 한다고 가정하자. 물론 근로자들은 특정한 일자리 제안을 수락한 이후에도 더 나은 일자리를 계속 탐색할 수 있다. 그러나 우리가 관심을 실업상태의 근로자들에게만 집중하면 일자리 탐색모형의 주요한 시사점들을 파악하기에 더 용이하다.

임금 제안 분포(wage offer distribution)는 특정 실업자가 받는 다양한 일자리 제안들을 표현하는 빈도분포(frequency distribution)이다. [그림 12-8]은 전형적인 임금 제안 분포

---

5   Kim B. Clark and Lawrence H. Summers, "Labor Market Dynamics and Unemployment: A Reconsideration," *Brookings Paper on Economic Activity*(1979): 13-60.

6   일자리 탐색 모형을 다룬 전문적인 서베이로는 Dale T. Mortensen, "Job Search and Labor Market Analysis," in Orley C. Ashenfelter and Richard Layard, editors, *Handbook of Labor Economics*, vol. 2, Amsterdam: Elsevier, 1986, pp. 849-919; Dale T. Mortensen and Christopher A. Pissarides, "New Developments in Models of Search in the Labor Market," in Orley C. Ashenfelter and David Card, editors, *Handbook of Labor Economics*, vol. 3B, Amsterdam: Elsevier, 1999, pp. 2567-2627이 있다.

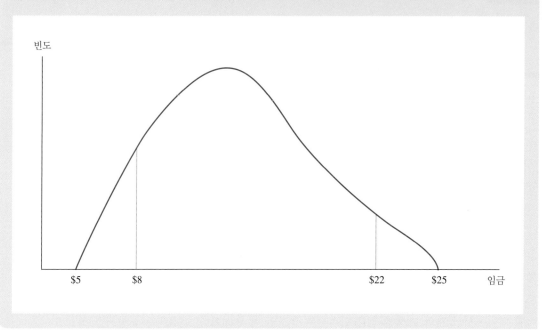

그림 12-8 **임금 제안 분포**

임금 제안 분포는 주어진 한 근로자에게 주어지는 잠재적인 일자리 제안들의 빈도분포이다. 근로자는 시간당 5~25달러 사이의 임금을 주는 어떤 일자리를 구할 수 있다.

를 예시하고 있다. 그림에 나타난 바와 같이, 근로자는 시간당 5~25달러 사이의 어떤 금액을 지급하는 일자리 하나를 최종적으로 받아들일 수 있다.

이 실업자가 임금 제안 분포의 모양을 알고 있다고 가정하자. 다시 말해 그는 탐색 활동을 통해 시간당 8~22달러를 주는 일자리를 찾아낼 확률은 높지만, 시간당 8달러 이하나 22달러 이상을 주는 일자리를 얻을 확률은 낮다는 점을 알고 있다.

탐색 활동에 비용이 들지 않는다면 그는 시간당 25달러의 임금을 주는 기업을 발견할 때까지 계속해서 문을 두드리고 다닐 것이다. 그러나 탐색 활동에는 비용이 든다. 새로운 일자리에 지원할 때마다 그는 교통비나 다른 유형의 비용들(가령 사설 일자리 중개업체에 지불하는 중개료)을 지불해야 한다. 또한 기회비용도 존재한다. 즉, 그는 임금이 보다 낮은 일자리에서 일을 했을 수도 있다. 이 근로자의 경제적 상충관계는 분명하다. 일자리 탐색 기간이 길어질수록 높은 임금 제안을 받을 확률은 높아진다. 그러나 그러한 일자리를 찾는 데 드는 비용 또한 증가한다.

순차적 탐색과 비순차적 탐색

이 근로자는 어느 시점에서 일자리 탐색을 멈추고 제안받은 일자리에 정착해야 할까? 이 질문에 답을 제시하는 두 가지 접근방법이 있다.[7] 각각의 접근방법에는 이 근로자에게 언제 탐색활동을 끝낼지를 이야기해주는 일종의 '중단규칙(stopping rule)'이 있다.

먼저, 이 근로자는 비순차적 탐색(nonsequential search)이라는 전략을 따를 수 있다. 이 접근법에서 근로자는 일자리 탐색을 시작하기 전에 노동시장에 있는 가령 20개의 기업을 무작위로 방문해 가장 높은 임금을 지급하는 일자리를 수락하기로 결정한다(그런데 이 일자리가 반드시 시간당 25달러를 주는 일자리라는 보장은 없다). 이러한 탐색전략은 최적의 전략이 아니다. 이 근로자가 첫 번째로 방문한 회사가 우연하게도 시간당 25달러를 지급하는 회사라고 가정해보자. 비순차적 탐색전략에 따르면, 이 근로자는 자신이 더 좋아질 가능성이 없음을 잘 알면서도 나머지 19개 기업을 방문해야 한다. 그러므로 이 근로자가 일자리를 탐색하면서 무슨 일이 벌어지더라도 미리 정해진 숫자만큼 일자리를 탐색하기로 고집하는 것은 이치에 맞지 않다.

보다 나은 전략은 순차적 탐색(sequential search) 전략이다. 일자리 탐색을 시작하기 전에 이 근로자는 어떤 일자리 제안을 받아들일 용의가 있는지를 결정한다. 예를 들어, 시간당 12달러 이하를 주는 일자리에서는 일하지 않겠다고 결심한다. 그런 후 이 근로자는 한 기업을 방문해 그 기업이 제안하는 임금을 자신이 원하는 12달러와 비교한다. 제안받은 임금이 12달러를 넘으면 그는 그 일자리를 수락하고 실업기간을 종료시킨다. 제안받은 임금이 12달러보다 낮으면 그는 그 일자리 제안을 거절하고 다시 탐색과정을 시작한다(즉, 새로운 기업을 방문해 새로운 임금 제안과 자신이 원하는 임금을 비교한다). 순차적 탐색 전략이 의미하는 바에 따르면, 근로자가 운이 좋게도 첫 번째 방문에서 25달러를 주는 일자리를 찾는다면 그는 즉시 더 좋은 행운이 생기지는 않을 것임을 인식하고 탐색과정을 중지한다.

요구임금

요구임금(asking wage)은 실업상태의 근로자가 제안받은 일자리를 수락할지 거절할지를 결정하는 임금의 임계치(threshold wage)이다.[8] 한 근로자의 요구임금과 그가 경험하는 실업기간 사이에는 분명한 관계가 존재한다. 요구임금이 낮은 근로자들은 수락할 만한 일자

---

7   비순차적 탐색 모형은 George J. Stigler, "Information in the Labor Market", *Journal of Political Economy* 70 (October 1962): 94–104가 처음 제시하였다. 순차적 탐색 모형은 John J. McCall, "Economics of Information and Job Search," *Quarterly Journal of Economics* 84 (February 1970): 113–126이 처음 제시하였다.

8   요구임금은 많은 연구들에서 '유보임금(reservation wage)'이라고 불린다. 우리는 실업상태에 있는 근로자가 일자리 제안을 수락할지를 결정하는 임계치를 노동공급 장에서 정의한 '유보임금'(근로자가 노동시장에 진입할지를 결정하는 임금)과 구분하기 위해 '요구임금'이라는 용어를 사용한다. 두 경우에 모두 임금 임계치를 규정하는 직관은 동일하다. 임금 임계치란 근로자가 두 가지 대안적인 행동을 서로 무차별하게 느끼도록 만드는 임금 수준이다.

리를 매우 신속하게 구하므로 실업기간이 짧다. 요구임금이 높은 근로자들은 수락할 만한 일자리를 찾는 데 오랜 시간이 걸리므로 실업기간은 매우 길다.

근로자가 그의 요구임금을 어떻게 결정하는지는 쉽게 설명할 수 있다. [그림 12-8]의 임금 제안 분포를 생각해보자. 실업상태에 있는 근로자가 밖으로 나와 특정한 일자리를 무작위로 찾아다닌다고 가정하자. 완전히 우연에 의해 그는 가능한 최소의 임금, 즉 시간당 5달러를 주는 기업을 방문한다. 이 근로자는 확실히 자신의 탐색활동에서 매우 운이 없었고 그는 이것을 알고 있다. 그는 한 번의 추가적인 탐색으로부터 기대되는 이득(임금 제안이 상승하는 징도)과 그것의 비용을 비교함으로써 이 일자리를 수락할지 거절할지를 결정해야만 한다. 현재 보유한 임금 제안이 시간당 5달러라면 탐색을 한 번 더 함으로써 얻는 이득은 매우 크다. 이 근로자가 오늘 어느 기업을 방문했는지를 금세 잊어버린다 하더라도, 내일 또다시 5달러짜리 기업을 방문할 가능성은 매우 낮다. 그러므로 추가적인 일자리 탐색은 거의 확실하게 시간당 5달러를 넘어서는 임금 제안으로 이어질 것이다. 즉, 한 번의 추가적인 탐색의 한계이득은 상당한 정도이다.

이 근로자가 다른 기업을 방문해 이번에는 10달러의 임금 제안을 받는다고 가정하자. 일자리 탐색을 계속할지의 여부는 이번에도 한 번의 추가적인 탐색의 한계이득에 달려 있다. [그림 12-8]에 제시된 임금 제안 분포에 따르면, 한 번의 추가적인 탐색이 보다 높은 임금 제안으로 이어질 가능성은 여전히 높다. 그러나 이번의 추가적인 탐색에서 발생하는 한계이득은 5달러의 임금 제안을 보유하고 있었을 때만큼 크지는 않다. 게다가 그가 한번 더 탐색을 하는 경우 시간당 10달러 이하를 제안하는 기업을 만날 수도 있다.

이 근로자가 한 번 더 운을 시험해보기로 했다고 가정하자. 이번에 그는 잭팟을 터뜨려 25달러의 임금 제안을 받는다. 이 지점에서 추가적인 탐색을 함으로써 얻는 한계이득은 0이다. 이 근로자가 더 높은 임금 제안을 받을 수는 없다.

그러므로, 이 근로자가 현재 좋은 임금 제안을 보유하고 있는 경우 일자리 탐색으로부터 얻는 한계이득은 더 낮다. 그 결과 한계수익 곡선(즉, 한 번의 추가적인 탐색으로부터 잆는 한계이득)은 [그림 12-9]의 MR 곡선이 예시하는 바와 같이 우하향한다.

물론 요구임금은 탐색으로부터 얻는 한계이득뿐만 아니라 탐색의 한계비용에 의해서도 결정된다. 탐색비용에는 두 종류가 있다. 첫 번째는 교통비 등을 포함하는 직접적인 탐색비용이다. 두 번째는 탐색의 기회비용이다. 현재 보유하고 있는 임금 제안이 5달러인 경우, 이 제안을 거절하고 다시 일자리 탐색을 하는 근로자는 5달러를 포기하는 셈이다. 근로자가 현재 좋은 임금 제안을 보유하고 있는 경우 탐색의 한계비용은 높다. 그러므로 한계비용곡선(즉, 그림 12-9의 MC)은 우상향한다.

한계비용곡선과 한계수익곡선이 교차하는 점에서 요구임금, 즉 $\tilde{w}$이 결정된다. 만약 이 근로자가 (그림의 요구임금 $\tilde{w}$보다 낮은) 10달러에 불과한 임금 제안을 받는다면 무슨 일이 일어날지 생각해보자. 일자리 탐색으로부터 얻는 한계수익이 한계비용을 초과하고, 이

그림 12-9   요구임금의 결정

한계수익곡선은 추가적인 탐색으로부터 얻는 이득을 나타낸다. 현재 보유한 임금 제안이 좋을수록 추가적인 탐색으로부터 얻는 이득이 적어지기 때문에, 한계수익곡선은 우하향한다. 한계비용곡선은 추가적인 탐색의 비용을 나타낸다. 현재 보유한 임금 제안이 좋을수록 추가적인 탐색의 기회비용이 높기 때문에 한계비용곡선은 우상향한다. 요구임금 수준에서 탐색의 한계수익과 한계비용이 같아지게 된다.

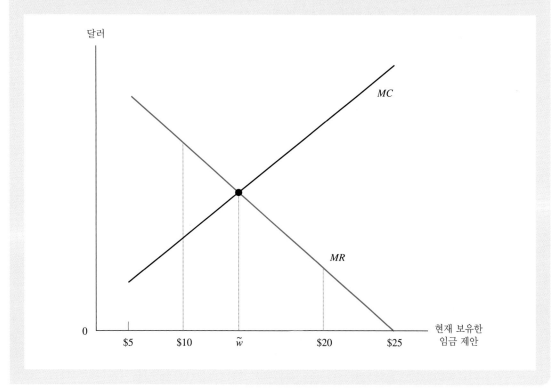

근로자는 계속 일자리를 탐색해야 한다. 만약 현재 보유한 임금 제안이 (요구임금보다 높은) 시간당 20달러라면, 이 근로자는 이 일자리를 수락해야 한다. 추가적인 탐색으로부터 얻는 기대 편익이 탐색의 한계비용보다 낮기 때문이다. 그러므로 요구임금 수준에서 근로자는 탐색활동을 계속하는 것과 끝내는 것 사이에서 무차별하게 느낀다.

요구임금에 영향을 미치는 요인

근로자의 요구임금은 일자리 탐색 활동의 편익과 비용의 변화에 반응할 것이다. 모든 인적자본 투자와 마찬가지로, 탐색으로부터의 편익은 미래에 회수되기 때문에, 편익의 크기는 근로자의 할인율에 따라 달라진다. 할인율이 높은 근로자들은 현재지향적이므로 탐색으로부터 발생하는 미래 편익이 낮다고 인식할 것이다. [그림 12-10a]에 제시된 바와 같이, 할인율이 높은 근로자들의 한계수익곡선은 더 낮고(한계수익곡선이 MR_0에서 MR_1으로 이동), 따라서 요구임금도 더 낮을 것이다($\tilde{w}_0$로부터 $\tilde{w}_1$으로 변동). 이들 근로자는 더 나은 제안이 나타날 때까지 기다릴 인내심이 없기 때문에 낮은 임금 제안을 받아들이며 짧은 기간에만 실업상태에 머문다.

탐색비용의 주된 구성요소는 일자리 제안을 거절하고 탐색을 계속할 때 야기되는 기회비용이다. (다음에서 자세히 다룰 예정인) 실업보험(unemployment insurance, UI) 제도는 실업상태에 있으면서 적극적으로 일자리 탐색 활동을 하는 사람들에게 보상을 제공한다. 어떤 근로자가 시간낭 10달러(주당 400달러)의 임금을 제안받았다고 가정하자. 그가 주당 200달러의 실업급여를 받을 자격을 가지고 있는 경우, 그는 이 일자리 제안을 거절하면서 (400달러가 아니라) 200달러만을 포기할 뿐이다. 그러므로 실업보험 급여는 일자리 탐색의 한계비용을 감소시킨다.

[그림 12-10b]에 제시된 바와 같이, 탐색의 한계비용이 (MC_0에서 MC_1으로) 감소하면 요구임금이 $\tilde{w}_0$에서 $\tilde{w}_1$으로 증가한다. 그러므로 실업보험 제도는 노동시장에 다음과 같은 세 가지 중요한 영향을 미친다. (1) 실업 지속기간을 증가시킨다, (2) 실업률을 증가시킨다, (3) 실업기간이 끝난 이후의 임금수준을 상승시킨다.

그림 12-10 **요구임금의 결정**

(a) '현재 지향적인' 근로자의 할인율은 높고, 그가 추가적인 탐색으로부터 얻는 이득은 적기 때문에, 한계수익곡선은 MR_1으로 이동하고 요구임금은 하락한다. (b) 실업보험 급여는 탐색의 한계비용을 감소시키고 한계비용곡선을 MC_1로 이동시켜 요구임금을 증가시킨다.

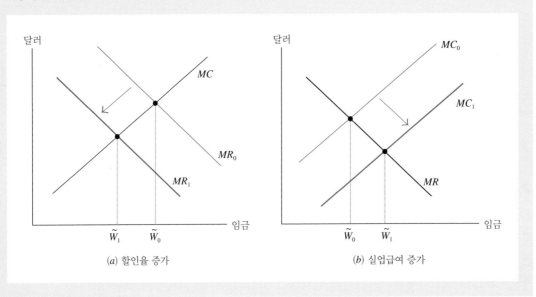

(a) 할인율 증가

(b) 실업급여 증가

요구임금은 직접적으로 관측되지 않지만, 많은 설문조사에서는 "당신은 어떤 유형의 일자리를 찾고 있습니까?"나 "어느 정도의 임금이면 이 일자리를 수락할 용의가 있습니까?" 등의 질문을 통해 근로자의 요구임금을 알아보려는 시도를 해왔다.

1980년 미국의 백인 청년 실업자들은 자신의 요구임금이 시간당 4.3달러, 그리고 흑인 청년 실업자들은 시간당 4.22달러라고 이야기했다.[9] 근로자가 스스로 제시한 요구임금은 그 근로자의 실업경험과 강한 상관관계를 보였다. 요구임금이 높다고 말한 근로자들의 실업기간이 더 길었다. 게다가 요구임금이 높을수록 새로운 일자리에서 임금수준도 높았다. 백인 청년의 경우 요구임금이 10% 증가하면 임금은 5% 증가하였고, 흑인 청년의 경우 3% 증가하였다. 유사한 설문조사가 시행되었던 영국에서는 요구임금이 10% 증가할 때 실업 지속기간의 길이가 최소 5% 증가하였다.[10]

요구임금은 시간에 따라 일정한가

탐색의 한계수익과 한계비용이 실업의 전 기간에 걸쳐 일정하다면 요구임금 역시 일정할 것이다. 이 경우 실업자가 일자리를 구할 확률은 실업기간의 첫 번째 주나 서른 번째 주나 동일할 것이다.

그러나 실업으로부터 탈출할 확률은 아마 그 사람이 실업상태에 있었던 기간에 따라 변할 것이다. 어쨌든 일자리 탐색에는 비용이 든다. 실업자에게는 재원이 제한되어 있고 어떤 지점에서 '유동성 제약(liquidity constraint)'에 직면할 것이다. 단순하게 표현하면, 이 근로자는 탐색 활동을 계속하는 데 필요한 현금을 더 이상 보유하고 있지 않다.

유동성 제약으로 인해, 이 근로자는 자신의 남은 생애를 가능한 최고의 일자리(그림 12–8의 25달러 잭팟)를 찾는 데 허비할 수 없고 그것에 미치지 못하는 일자리에 만족해야 한다는 사실을 깨닫게 된다. 그리하여 이 근로자의 현금이 바닥나면 그의 요구임금은 떨어진다. 이 경우 이 근로자는 실업기간의 초기에는 거절했던 일자리 제안을 이제는 받아들일 용의가 있게 된다. 그리하여 실업상태에 머물렀던 기간이 길수록 실업으로부터 탈출할 확률은 상승한다.

12-5 정책 응용 사례 : 실업 보상

미국의 실업보험 제도는 주로 주별 단위로 운영된다. 2010년 대침체의 정점에서 이 제도

---

9   Harry J. Holzer, "Reservation Wages and Their Labor Market Effects for Black and White Male Youth," *Journal of Human Resources* 21 (Spring 1986): 157–177; Harry J. Holzer, "Job Search by Employed and Unemployed Youth," *Industrial and Labor Relations Review* 40 (July 1987): 601–611.

10 Stephen R.G. Jones, "The Relationship between Unemployment Spells and Reservation Wages as a Test of Search Theory," *Quarterly Journal of Economics* 103 (November 1988): 741–765.

를 통해 1,501억 달러의 실업급여가 지급되었다. 2016년에는 경기회복으로 인해 이 프로그램의 비용이 362억 달러로 감소하였다.

이 제도의 기본적인 운영방법은 주별로 대체로 비슷하다. 한 근로자가 실업상태에 빠지면, 얼마나 오랫동안 취업상태에 있었는지 그리고 일자리를 잃은 이유가 무엇인지에 따라 실업급여를 받을 자격이 있는지의 여부가 결정된다. 직장에서 일시해고된 근로자들은 해고 이전 연도에 최소 2분기 이상 고용되어 있었고 그 해에 일정한 최소 수준의 임금(대략 연간 1,000~3,000달러)을 받은 경우 대체로 실업급여를 받을 자격을 충족한다. 일자리에서 자진 사퇴했거나 성낭한 사유(just cause)에 의해 해고되었거나 또는 파업 중에 있는 근로자들은 일반적으로 실업급여의 수급요건을 충족하지 못한다. 노동시장 신규 진입자들이나 재진입자들 역시 실업급여의 수급요건을 충족하지 못한다.

수급 자격을 갖춘 근로자들은 한 주를 기다린 후 실업보험 급여를 수령할 수 있다. 실업급여의 수준은 그 근로자의 주급에 따라 달라진다. 주급이 높을수록 수령할 수 있는 실업급여의 수준도 높아진다. 그러나 지급되는 주당 실업급여에는 상한선과 하한선이 존재한다. 2017년 현재, 실업급여의 하한선은 앨라배마에서는 45달러, 캘리포니아에서는 40달러, 웨스트버지니아에서는 24달러이다. 상한선은 앨라배마에서는 265달러, 캘리포니아에서는 450달러, 웨스트버지니아에서는 424달러이다.

실업급여에 상한선과 하한선이 있기 때문에 대체율(replacement ratio), 즉 주급 중 실업보험 급여에 의해 대체되는 비율은 저소득 근로자들의 경우 매우 높은 반면 고소득 근로자들의 경우에는 낮을 것이다. 평균적으로 대체율은 2017년 현재 약 40% 정도이다.

실업자들은 구직활동을 적극적으로 하는 한, 규정된 최대 주 동안 실업보험 급여를 받는다. 실업급여는 대개 최대 26주까지 지급된다. 그러나 전국 혹은 주의 경제가 특별히 어려운 상황에 직면하는 경우 실업급여의 지급기간은 더 늘어난다. 예를 들어, 2010년에 실업자들은 훨씬 긴 기간 동안 실업보험 급여를 수령할 수 있었다. 매사추세츠에서 실업자들은 최대 99주까지 실업급여를 받을 수 있었다. 실업자가 자신의 실업보험 급여를 전부 소진하게 되면 그는 급여를 받을 자격을 상실하게 된다. 다른 일자리를 구해 최소 몇 분기를 근무한 후 다시 실업자가 되었을 때만 실업급여를 다시 받을 수 있게 된다.

실업보험과 실업의 지속기간

실업보험 제도의 구조는 실업의 지속기간에 중요한 함의를 갖는다. 예를 들어, 높은 대체율은 명백하게 탐색비용을 줄인다. 그에 따라 대체율과 실업기간 사이에는 양의 상관관계가 존재한다.

탐색이론의 이와 같은 예측은 많은 연구를 통해 확인되었다. 대체율이 25% 증가하면

(가령 0.4에서 0.5로) 실업의 평균 지속기간은 약 15~25% 정도 증가한다.[11] BLS가 보고한 바에 따르면, 2017년 현재 전형적인 실업기간은 평균 25주 동안 지속되었다. 대체율을 0.4에서 0.3으로 낮추면(즉, 대체율을 25% 낮추면) 실업의 평균 지속기간은 약 5주 정도 줄어들 것이다. 그러므로 실업보험 제도는 실업의 지속기간에 수치적으로 중요한 영향을 미친다.[12]

게다가 저숙련 근로자들의 대체율이 대체로 높기 때문에 이 근로자들은 상대적으로 높은 요구임금을 가지고 있고 더 오랫동안 실업상태에 머문다.[13] 저숙련 근로자들의 실업기간이 더 길다는 관측결과가 반드시 이들이 새로운 일자리를 찾는 데 특별히 어려움을 겪고 있다는 것을 의미하지는 않는다.

지정된 기간(대체로 26주) 동안 실업보험 급여를 수령한 후 실업자들은 추가적인 급여를 수급할 자격을 상실한다. 그러므로 26번째 주에 급여 중단은 일자리 탐색의 비용을 상당히 증가시킨다. 근로자들은 그 시점에서 요구임금을 낮출 가능성이 높고, 우리는 그 시점에서 실업을 탈출하는 비율이 눈에 띄게 증가할 것으로 기대한다.

증거들이 제시하는 바에 따르면, 실제로 한 구직자가 일자리를 구할 확률은 실업급여가 전부 소진되는 그 주에 극적으로 상승한다. [그림 12-11]은 실업자들이 새로운 일자리를 구할 확률이 실업급여가 소진될 때까지 남은 주들의 수에 따라 어떻게 달라지는지를 보여주고 있다. 실업급여 수혜 자격이 5~10주 정도 남은 근로자가 일자리를 구할 확률은 (임의의 어떤 주에) 약 3%이다. 그러나 실업급여가 소진되는 그 주에 일자리를 구할 확률은 거의 8%로 '급격하게 증가한다'.

실업보험 제도는 실업의 지속기간을 늘릴 뿐만 아니라 실업 후 임금을 증가시킨다. 대체율이 10% 증가하면 실업 이후의 임금은 2~7% 증가한다.[14] 그러므로 이와 같은 증거는 일자리 탐색 실업모형의 시사점들을 강하게 지지한다. 즉, 낮은 탐색비용은 실업 지속기

---

11 Kathleen P. Classen, "The Effect of Unemployment Insurance on the Duration of Unemployment and Subsequent Earnings," *Industrial and Labor Relations Review* 30 (July 1977): 438–444; Robert R. Moffitt, "Unemployment Insurance and the Distribution of Unemployment Spells," Journal of Econometrics 28 (April 1985): 85–101; Patricia M. Anderson and Bruce D. Meyer, "The Effects of the Unemployment Insurance Payroll Tax on Wages, Employment, Claims and Denials," *Journal of Public Economics* 78 (October 2000): 81–106.

12 실업급여가 취업 중인 근로자들이 계속 일자리 탐색을 할 가능성을 증가시키기 때문에, 실업급여의 수급 자격으로 인해 근로자들이 더 단기적인 일자리를 갖게 된다는 점을 시사하는 증거들 또한 존재한다. Stepan Jurajda, "Estimating the Effect of Unemployment Insurance Compensation on the Labor Market Histories of Displaces Workers," *Journal of Econometrics* 108 (June 2002): 227–252; and Audrey Light and Yoshiaki Omori, "Unemployment Insurance and Job Quits," *Journal of Labor Economics* 22 (January 2004): 159–188를 참조하라.

13 Bruce D. Meyer, "Unemployment Insurance and Unemployment Spells," Econometrica 58 (July 1990): 757–782; Olympia Bover, Manuel Arellano, and Samuel Bentolila, "Unemployment Duration, Benefit Duration and the Business Cycle," *Economic Journal* 112 (April 2002): 223–265.

14 Ronald G. Ehrenberg and Ronald Oaxaca, "Unemployment Insurance, Duration of Unemployment, and Subsequent Wage Gain," *American Economic Review* 66 (December 1976): 754–766.

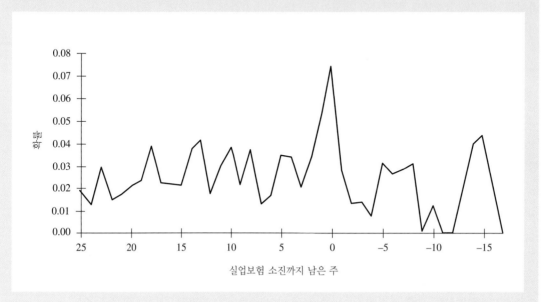

그림 12-11 새로운 일자리를 구할 확률과 실업보험 급여 사이의 관계

출처 : Lawrence F. Katz and Bruce D. Meyer, "Unemployment Insurance, Recall Expectations, and Unemployment Outcomes," *Quarterly Journal of Economics* 105 (November 1990) : 973–1002, Figure IV.

간을 늘리고 동시에 실업 이후의 임금을 상승시킨다.

많은 연구는 실업보험 제도 운영방법의 예상치 못한 법적 변화를 활용해 실업보험의 효과를 분석하였다. 예를 들면, 노조들의 지지를 얻기 위해 체결된 특이한 계약으로 인해 뉴저지주에서는 1996년 6월 2일부터 11월 24일 사이에 정규 실업보험 급여가 모두 소진된 사람들에게 13주 동안 추가적으로 실업급여를 확대 지급하였다. 실업보험 급여의 이와 같은 확장은 매우 단기에 불과했고, 이 법의 영향을 받은 많은 이들이 아마도 6월 2일 이전에 구직을 시작했다는 사실에도 불구하고, '이 법의 적용시기에 해당되는' 사람들이 실업급여를 모두 소진해 추가적인 13주 급여의 자격을 가질 확률은 더 높았다.[15]

유사하게, 대침체가 유발한 경기침체에 대응하기 위해 2009~2012년 사이에 많은 주에서 실업급여 지급 기간을 26주에서 99주로 확장하였다. 데이터가 시사하는 바에 의하면, 이런 급여 확장은 실업으로부터의 탈출 확률을 감소시켰다. 그 이유는 주로 실업자들 중

---

15 David Card and Phillip B. Levine, "Extended Benefits and the Duration of UI Spells: Evidence from the New Jersey Extended Benefit Program," *Journal of Public Economics* 78 (October 2000): 107–138. 또한 Johannes F. Schmieder, Till von Wachter, and Stefan Bender, "The Effects of Extended Unemployment Insurance Over the Business Cycle: Evidence from Regression Discontinuity Estimates Over 20 Years," *Quarterly Journal of Economics* 127 (May 2012): 701–752를 참조하라.

더 적은 수가 (차라리 실업급여를 소진하는 선택을 통해) 경제활동상태로부터 이탈했기 때문이었다.[16] 이 극심한 경기침체 기간 동안 관측된 장기 실업 중 4분의 1은 급여 지급 기간의 확장에 기인한 것으로 보인다.

또한 실업보험 제도의 운영방식 변화가 많은 유럽 국가에서 실업기간에 강력한 영향을 미친다는 증거들도 존재한다. 예를 들어, 스위스에서는 정부기관으로 하여금 실업자들에게 그들이 수급요건들을 제대로 충족하고 있는지를 조사할 것이라는 점을 공지하도록 의무화하고 있다. 당연하게도, 이와 같은 경고는 실업자들이 일자리를 구하는 속도에 상당한 영향을 미친다.[17]

일시해고

2018년 1월 현재 실직한 근로자들 중 거의 20%는 '일시해고(temporary layoffs)' 상태에 머물면서 실업기간이 종료되면 자신의 이전 고용주에게 되돌아가기를 기대하고 있다. 제조업 기업들의 고용 관행에 의하면, 기업들은 일시해고한 근로자들의 70% 이상을 재고용한다.[18] 실업보험 제도가 재원을 조달하는 방식이 고용주들로 하여금 일시해고를 '과다 사용하도록' 유도하는 것으로 나타났다.

실업보험은 고용주들에게 급여세(payroll tax)를 부과해 재원을 조성한다. 일반적으로 주정부는 과세 표준 임금(taxable wage base), 즉 실업보험 급여세가 매겨지는 최대 급여 수준을 기준으로 결정한다. 이 한도액은 주별로 상이하다. 2017년 과세 표준 임금은 애리조나에서는 7,000달러, 매사추세츠에서는 1만 5,000달러 그리고 오리건에서는 3만 8,400달러였다. 주 정부는 또한 기업의 급여 인건비에 대한 세율 t를 선택한다.

세율 t는 경제의 일반적 상황, 그 산업 내 기업들의 일시해고 이력, 해당 기업의 일시해고 이력 등 수많은 변수들에 따라 달라진다. [그림 12-12]에 제시된 바와 같이, 과거에 해고율이 높았던 기업들에는 대체로 높은 세율이 부과된다. 그러나 기업에 부과할 수 있는

---

16 Henry S. Farber and Robert G. Valletta, "Do Extendted Unemployment Benefits Lengthen Unemployment Spells? Evidence from Recent Cycles in the U.S. Labor Market," *Journal of Human Resources* 50 (Fall 2015): 873–909. 또한 Marcus Hagedom, Fatih Karahan, Iourli Manovski, and Kurt Mitman, "Unemployment Benefits and Unemployment in the Great Recession: The Role of Macro Effects," NBER Working Paper No. 19499, October 2013도 참조하라.

17 Rafael Lalive, Jan C. van Ours, and Josef Zweimuller, "The Effect of Benefit Sanctions on the Duration of Unemployment," *Journal of the European Economic Association* 3 (December 2005): 1386–1417. 슬로베니아와 노르웨이 노동시장을 분석한 연구들로는 각각 Jan C. van Ours and Milan Vodopivec, "How Shortening the Potential Duration of Unemployment Benefits Affects the Duration of Unemployment: Evidence from a Natural Experiment," *Journal of Labor Economics* 24 (April 2006): 351–378과 Knut Roed and Tao Zhang, "Does Unemployment Compensation Affect Unemployment Duration?" *Economic Journal* 113 (January 2003): 190–206 을 참조하라.

18 Martin Feldstein, "The Importance of Temporary Layoffs: An Empirical Analysis," *Brookings Papers on Economic Activity* 3 (1975): 725–744.

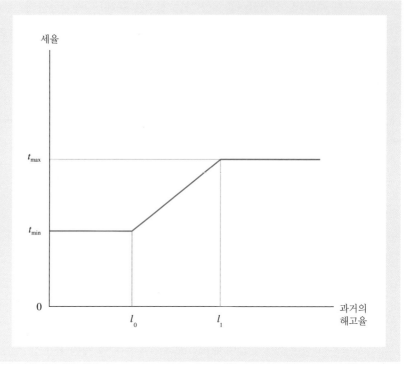

그림 12-12

실업보험 제도의 재원 조성 : 불완전한 경험요율

기업이 해고를 거의 하지 않는다면(즉, 경계선 ℓ_0 아래), 실업보험 제도 재원 조성 시 이 기업에 부과되는 세율은 매우 낮다. 반면 기업이 과거에 해고를 많이 했다면(일정한 경계선 ℓ_1 위), 그 기업에는 높은 세율이 부과된다. 그러나 이 세율의 상한선은 t_{max}이다.

최고 세율은 t_{max}로 제한되어 있다. 기업이 일시해고를 별로 사용하지 않는다면 이 기업에는 낮은 세율이 부과되지만 이 세율은 어떤 하한선 t_{min}보다 낮을 수 없다(몇몇 주에서 이 세율은 0이다). 예를 들어, 캘리포니아에서 최저 세율은 1.5%이고 최고 세율은 6.2%이다. 캔사스에서는 최저 세율과 최고 세율이 각각 1.8%와 9.2%이고, 매사추세츠에서는 각각 1.21%와 18.55%이다.

한 기업의 세율을 이와 같이 결정하는 이유는 실업보험 제도를 사용하는 기업들이 그에 대한 비용을 지불해야 한다는 믿음 때문이다. 그러나 이 제도는 가장 많은 해고를 발생시키는 고용주들에게 완벽하게 세금을 부담시키지는 못한다. 세율이 t_{max}를 넘을 수 없기 때문에 많은 근로자를 해고하는 기업들은 '정당한 몫'의 비용을 지불하지 않고, 대신 다른 기업들로부터 보조금을 받는 형국이다. 그러므로 기업들에 대한 세율 결정에서는 불완전 경험요율(imperfect experience rating)이 사용되고 있다.

이와 같은 불완전 경험요율이 어떻게 일부 기업들로 하여금 일시해고를 사용하도록 유도하는지를 살펴보기 위해, 근로자와 기업이 (아마도 기업특화 훈련의 존재 때문에) 장기 계약관계를 맺고 있는 노동시장을 생각해보자.[19] 경제 상황이 일시적으로 악화된다고 가

---

19 Martin Feldstein, "Temporary Layoffs in the Theory of Unemployment," *Journal of Political Economy* 84 (October

정하자. 실업보험 제도의 재원 조성 방식에 따르면, 많은 근로자를 해고하는 기업은 실업기간 동안 근로자들이 받는 '봉급'(즉, 실업급여)의 전체 비용을 부담하지 않는다. 이 경우 기업은 많은 직원을 해고함으로써, 경제적으로 어려운 시기 동안 인건비의 일부를 세금 납부자들에게 전가할 수 있다. 근로자와 기업 사이에 유대가 형성되어 있기 때문에 양측은 고용관계를 계속 지속시키고자 할 것이다. 그 결과, 근로자들은 다시 자신의 일자리로 소환을 받으리라 기대하기 때문에 다른 고용기회를 찾아보려 하지 않는다. 또한 기업들은 기존의 직원들이 회사에 더 가치 있기 때문에 다른 근로자들을 찾아보려 하지 않는다. 그리하여 불완전 경험요율 때문에 기업들은 납세자들의 기금을 이용해 경제의 거친 파도를 '타고 넘어가게 된다'.

불완전 경험요율은 기업의 일시해고 행동에 상당한 영향을 미친다. 당연하게도, 한 실업자가 자신의 직장으로 소환될 확률은 실업급여가 전부 소진되는 그 주에 상당히 증가한다. 실업급여가 소진되기 전의 주들에서는 직장으로 소환될 확률이 주당 약 1~2%에 불과하다. 그러나 실업급여가 전부 소진되는 그 주에는 직장으로 소환될 확률이 5%를 넘어선다.[20] 다시 말해, 고용주들은 가능한 한 오랫동안 납세자들의 보조금을 사용한다. 일시해고와 실업보험 사이의 강한 상관관계를 보여주는 또 하나의 사례는 많은 산업에서 나타나는 계절적 실업의 패턴이다. 한계세율이 낮은 주에 위치한 기업들은 비수기 동안 일시해고를 빈번하게 사용한다.[21]

당연하게도, 일시해고의 빈도는 기업의 행동 방식뿐만 아니라 실직한 근로자들이 시간을 보내는 방식에도 영향을 미친다. 일자리로 재소환될 가능성이 있기 때문에 실업자들은 일자리 탐색 활동의 강도를 크게 줄인다. 근로자들이 어떻게 자신의 시간을 배분하는지를 매일 기록한 시간 사용 데이터를 분석한 한 연구가 그와 같은 영향을 보여준다.[22] 일자리로 재소환될 것을 기대하고 있는 전형적인 실직자는 하루에 단 13분만을 일자리 탐색에 사용한다. 반면 일자리를 영구적으로 잃은 실직자는 하루에 45분을 사용한다. 다른 말로 표현하면, 일시해고의 일시적 특성이 실직자가 일자리 탐색에 투입하는 시간의 양을 약 75% 정도 감소시킨다.

1976): 937-958; and Robert H. Topel, "On Layoffs and Unemployment Insurance," *American Economic Review* 73 (September 1983): 541-559.

20 Lawrence F. Katz and Bruce D. Meyer, "Unemployment Insurance, Recall Expectations, and Unemployment Outcomes," *Quarterly Journal of Economics* 105 (November 1990): 973-1002.

21 David Card and Philip B. Levine, "Unemployment Insurance Taxes and the Cyclical and Seasonal Properties of Unemployment," *Journal of Public Economics* 53 (January 1994): 1-30.

22 Alan B. Krueger and Andreas Mueller, "Job Search and Unemployment Insurance: New Evidence from Time Use Data," *Journal of Public Economics* 94 (April 2010): 298-307.

실업급여의 부정적인 인센티브 효과 때문에 이 제도를 개혁해야 한다는 목소리가 많다. 그리고 몇몇 주들에서는 여러 가지 실험을 시행해 여러 정책 변화들이 실업 지속기간을 줄이는지를 규명하고자 하였다. 이들 실험에서는 실업보험 급여를 신청하는 근로자들 중 일부에게 그들이 상대적으로 빠르게 일자리를 구하는 경우 현금 보너스를 지급하겠다고 제안하였다. 여기에 해당하는 실업자들의 무작위 표본이 '처치집단'을 구성한다. 나머지 실업자들은 통제집단을 구성하고 통상적인 실업급여 프로그램에 참여한다.

일리노이에서는 11주 이내에 일자리를 구한(그리고 최소 4개월 동안 그 일자리를 유지했던) 처치집단 내 근로자들에게는 500달러의 현금 보너스가 지급되었다. 이 현금 보너스는 평균적인 주당 실업급여의 약 네 배에 해당한다. 펜실베이니아에서는 6주 이내에 일자리를 구한 처치집단 내 실업자들에게 주당 실업급여의 여섯 배에 상응하는 보너스가 지급되었다.

이들 실험으로부터 나타난 증거는 명확하다. 현금 보너스를 제안받은 실업자들의 실업기간은 통제집단에 속한 근로자들보다 짧다.

놀랍게도, 처치집단 근로자들은 낮은 임금을 주는 일자리를 받아들임으로써 실업기간을 신속하게 끝내버리지 않았다. 실업기간이 종료된 이후의 평균 임금수준은 처치집단과 통제집단 근로자들 사이에 실질적으로 동일하였다. 그러므로 일자리를 빨리 구하도록 현금 유인을 제안하는 것은 일자리 탐색 과정의 강도를 높이고 실업으로부터 이행하는 속도를 높이는 것으로 보인다. 그리고 이런 결과는 실업 후 경제적 지위의 하락을 수반하지 않은 상태로 달성되었다.

출처 : Stephen Woodbury and Robert Spiegelman, "Bonuses to Workers and Employers to Reduce Unemployment : Randomized Trials in Illinois," *American Economic Review* 77 (September 1987) : 513-550; and Bruce D. Meyer, "Lessons from the U.S. Unemployment Insurance Experiments," *Journal of Economic Literature* 33 (March 1995) : 91-131.

12-6 시점 간 대체 가설

일자리 탐색 모형은 마찰적 실업이 존재하는 이유를 합리적으로 설명한다. 근로자들이 정보에 투자함으로써 실업 이후 시기에 보다 높은 임금을 받으려 한다는 의미에서 이 유형의 실업은 자발적이다. 몇몇 연구들이 제안하는 바에 따르면, 심각한 경기 하강기에 실업이 크게 증가하는 현상에도 역시 자발직 요소기 있을 수 있다.[23]

노동공급장에서 소개한 생애 노동공급 이론이 예측하는 바에 따르면, 근로자들은 자신의 생애에서 임금이 높은 시기에는 일을 하고 임금이 낮은 시기에는 여가를 소비하려는 유인을 가진다. 이와 같은 시점 간 대체 가설(intertemporal substitution hypothesis)은 또한 근로자들이 경기순환에 따라 시간을 어떻게 배분하는지에 관해 중요한 시사점을 던져준다.

---

[23] Robert E. Lucas and Leonard Rapping, "Real Wages, Employment, and Inflation," *Journal of Political Economy* 77 (September/October 1969): 721-754는 이 영향력 있는 가설을 처음 제안하였다.

경기순환에 따라 실질임금이 변동하고 이 변동은 경기 순행적(procyclical)이라고 가정하자. 즉, 경제가 확장할 때는 실질임금이 상승하고 경제가 수축할 때는 감소한다. 실질임금이 낮을 때에는 여가를 소비하는 비용이 낮기 때문에 사람들은 경기침체 기간에는 노동공급을 기꺼이 줄이고자 할 것이다. 그들은 실업자가 되어 실업보험 급여를 받거나 또는 노동시장을 완전히 떠날 수도 있다. 그 결과 경기 하강기에 관측되는 실업의 일부는 자발적일 수 있다. 근로자들은 여가를 소비함으로써 실질임금의 하락을 십분 활용하고 있기 때문이다.

시점 간 대체 가설에서는 두 가지 중요한 가정을 하고 있다. (1) 실질임금은 경기 순행적이다. 그리고 (2) 노동공급은 실질임금의 변화에 반응한다.

경기순환에 따라 실질임금이 경직적인지 그렇지 않은지에 관한 질문은 거시경제학에서 가장 오래된 질문들 중 하나이다. 임금이 실제로 경기 순행적이라는 점에는 의견이 모아지고 있지만, 임금과 경기순환 간 상관관계의 정도에 대해서는 결론이 확립되지 않았고, 경기 침체기마다 달라지는 것처럼 보인다.[24]

경기순환에 따른 실질임금의 움직임은 계산하기 어렵다. 경기순환에 따라 경제활동인구의 구성이 달라지기 때문이다. 실업은 대체로 저숙련 근로자들에게 특별히 부정적인 영향을 미친다. 경기 확장기에 근로자들의 평균임금을 계산할 때 사용되는 표본은 경기침체기에 근로자들의 평균임금을 계산할 때 사용되는 표본과 매우 다르다. 실질임금이 경직적이라고 수년 동안 널리 믿어져 왔지만, 이런 '구성(composition)' 편의를 교정한 연구들은 실질임금이 경기 순행적이라고 이야기한다.

경기침체기의 실업을 근로자 시간의 합리적인 (그리고 자발적인) 재배분이라고 해석하기 위해서는 노동공급이 탄력적이어서 임금의 변화에 반응한다는 가정이 또한 필요하다. 그러나 노동공급곡선, 특히 남성들의 경우는 비탄력적인 경향이 있다. 사실 경기침체기에 관측되는 노동공급의 큰 감소가 시점 간 대체로서 해석되기 위해서는 노동공급 탄력성이 전형적인 추정치들보다 훨씬 더 커야 한다.[25] 정리하면, 경기 하강기 동안 관측되는 실업의 증가가 근로자들이 시간을 합리적으로 재배치한 결과라는 해석은 의심스러운 점이 많다.

----

24 Mark J. Bils, "Real Wages over the Business Cycle: Evidence from Panel Data," *Journal of Political Economy* 93 (August 1985): 666-689; Gary Solon, Robert Barsky, and Jonathan A. Parker, "Measuring the Cyclicality of Real Wages: How Important Is Composition Bias?" *Quarterly Journal of Economics* 109 (February 1994):1-25; and Michael W. Elsby, Donggyun Shin, and Gary Solon, "Wage Adjustment in the Great Recession and Other Downturns: Evidence from the United States and Great Britain," *Journal of Labor Economics* 34 (January 2016, Part 2): S249-S291.

25 Solon, Barsky, and Parker, "Measuring the Cyclicality of Real Wages."

12-7 부문 간 이동 가설

일자리 탐색 활동을 통해 우리는 마찰적 실업의 존재를 이해할 수 있게 되지만, 일자리 탐색 활동은 장기 실업이 존재하는 이유와 그것이 지속되는 이유는 설명하지 못한다. 경쟁 시장에서 구조적 실업이 왜 발생할 수 있는지를 설명하기 위해 많은 대안적인 모형이 제안되었다.

하나의 중요한 이론에서는 일자리를 탐색하고 있는 근로자들이 가용한 공석에 채용되기 위해 필요한 자격요건들을 갖추고 있지 않을 가능성을 강조한다. 총수요의 변동이 경제의 모든 부문에 동일한 영향을 미치지 않는다는 점은 잘 알려져 있다. 임의의 한 시점에서 경제의 어떤 부문은 성장하고 다른 부문은 쇠퇴한다.

이와 같이 부문별로 상이한 충격이 어떻게 구조적 실업을 야기하는지를 살펴보기 위해, 부정적인 충격이 제조업 부문에 가해졌다고 가정해보자. 그 생산물에 대한 수요가 감소했기 때문에 제조업 기업들은 많은 근로자를 일시해고한다. 다른 부문(가령 컴퓨터 산업)에 대한 긍정적인 충격은 하이테크 기업들의 노동수요를 증가시킨다. 만약 일시해고를 당한 제조업 근로자들의 숙련이 다른 산업들 사이에 쉽게 이전될 수 있다면, 제조업 부문의 부정적인 상황이 장기 실업으로 이어지지는 않을 것이다. 일시해고를 당한 근로자들은 제조업 부문을 떠나 새롭게 번성하는 하이테크 산업의 일자리들로 옮겨갈 것이다. 다만, 근로자들이 컴퓨터 산업에서 가용한 여러 일자리 기회들을 파악하고 선별하는 과정에서 마찰적 실업이 발생할 수는 있다.

그러나 제조업 근로자들은 아마 제조업 부문에만 고유한 숙련을 보유하고 있기 때문에 그들의 숙련은 컴퓨터 기업에는 그리 유용하지 않을 수 있다. 장기 실업이 발생하는 이유는 이들 근로자가 컴퓨터 산업에서 현재 사용되고 있는 숙련들을 익히는 데 시간이 걸리기 때문이다. 이런 부문 간 이동 가설(sectoral shifts hypothesis)이 시사하는 바에 따르면, 실업자들이 보유한 숙련과 기업들이 찾고 있는 숙련 사이에 구조적인 불균형이 존재하기 때문에 오랜 기간 실업상태에 빠져 있는 근로자들 집단이 발생하게 된다.[26]

부문 간 이동이 실업으로 이어진다는 증거들이 있지만, 이런 이동이 정확히 어느 정도 실업을 설명하는지에 관해서는 의견이 분분하다. 전형적인 실증분석에서는 경제 전체 실업률을 산업 간 고용 성장률 분산과 연결시킨다. 부문 간 이동 가설이 의미하는 바에 따르면, 고용 성장률의 산업 간 분산이 클 때(다시 말해, 어떤 산업은 성장하고 어떤 산업은 쇠퇴할 때) 실업률은 증가한다. 이 분석에 따르면 고용 성장률의 분산 척도들과 경제 전체의

---

26 David M. Lilien, "Sectoral Shifts and Cyclical Unemployment," *Journal of Political Economy* 90 (August 1982): 777–793.

실업률 간에는 양의 상관관계가 있다.[27]

또한 몇몇 연구들은 부문별 충격이 주가에 영향을 미친다는 점에 주목해 부문 간 이동 가설을 검증하였다. 기업들에 유리한 충격이 가해지면 주가가 올라가고 불리한 충격이 가해지면 주가는 내려가기 때문이다. 그러므로 주식 가격 변동의 산업 간 분산은 부문별로 서로 다른 충격이 경제에 얼마나 중요한지에 관한 정보를 제공한다. 주식 가격 변동의 분산 역시 실업률과 양의 상관관계를 갖는 것으로 나타난다.[28]

12-8 효율임금과 실업

유인급여장에서 살펴보았던 바와 같이, 근로자들의 생산량을 감시하는 데 많은 비용이 드는 경우 기업들은 경쟁임금을 넘어서는 효율임금을 사용하기도 한다. 높은 효율임금은 근로자들의 협력을 '구매'함으로써 근무태만을 줄인다. 그러나 기업이 시장임금을 넘어서는 임금을 지급하기 때문에 효율임금 모형에서는 비자발적 실업이 나타난다.

비태만 경계곡선

우리는 효율임금 때문에 생겨나는 실업을 고임금 근로자들을 생산라인에 붙들어 두는 '채찍(stick)'이라고 해석할 수 있다.[29] 그 이유를 살펴보기 위해, 우선 근로자들의 태만이 문제가 되지 않는(아마도 매우 낮은 비용으로 근로자들을 감시할 수 있기 때문에) 경쟁 노동시장의 임금-고용량 결과물을 생각해보자. 이 노동시장에는 E명의 근로자들이 있고 노동공급곡선은 비탄력적이다. [그림 12-13]의 점 P는 전통적인 경쟁시장 균형을 표시한다. 이 점에서 수직인 공급곡선 S는 우하향하는 수요곡선 D와 교차한다. 그러므로 시장을 청산하는 경쟁시장 임금은 w^*이다.

이제 기업들이 근로자들의 생산량을 쉽게 감시할 수 없어서 감시활동의 비용이 높다고 가정해보자. 논의를 단순화하기 위해, 태만한 근로자들은 근무시간 내내 쓸데없이 인터넷 서핑을 하기 때문에 완전히 비생산적이라고 가정하자. 그러므로 기업은 근로자들로 하여금 업무에 절대 태만하지 않도록 유도하는 임금-고용 패키지를 제안하려 할 것이다.

근로자들이 업무에 태만하지 않도록 확실히 유도하기 위해 기업은 얼마의 임금을 지불

---

27 위의 증거를 비판적으로 평가하는 연구로는 Katharine G. Abraham and Lawrence F. Katz, "Cyclical Unemployment: Sectoral Shifts or Aggregate Disturbances," *Journal of Political Economy* 94 (June 1986): 507-522 가 있다.

28 S. Lael Brainard and David M. Cutler, "Sectoral Shifts and Cyclical Unemployment Reconsidered," *Quarterly Journal of Economics* 108 (February 1993): 219-243.

29 Carl Shapiro and Joseph E. Stiglitz, "Equilibrium Unemployment as a Worker Discipline Device," *American Economic Review* 74 (June 1984): 433-444.

그림 12-13 효율임금

만약 업무 태만이 문제가 되지 않는다면, w^*의 임금에서 시장은 청산된다(즉 이 지점에서 공급 S와 수요 D가 같아진다). 반면 감시에 많은 비용이 든다면 실업 위협은 근로자들을 생산라인에 붙들어 놓을 수 있다. 실업률이 높은 경우(점 F), 기업은 매우 낮은 임금을 지불하면서도 업무에 태만하지 않을 근로자들을 끌어들일 수 있다. 반면 실업률이 낮은 경우(점 G), 기업은 근로자들이 확실히 업무에 태만하지 않도록 만들기 위해 매우 높은 임금을 지불해야 한다. 효율임금 w_{NS}는 비태만 경계곡선과 수요곡선이 교차하는 지점에서 결정된다.

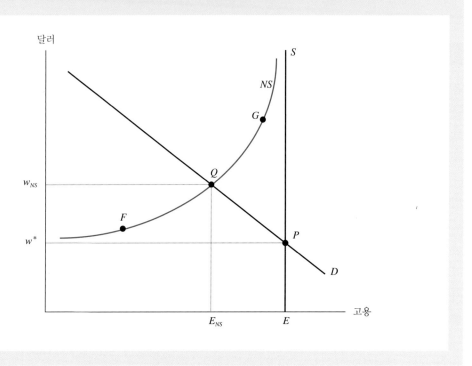

해야 할까? 실업률은 매우 높다고 가정하자. 근로자들은 근무태만이 높은 비용을 수반한다는 점을 빠르게 인식할 것이다. 게으름을 피우다 발각되어 해고를 당하면 자신이 장기 실업상태에 빠질 것이기 때문이다. 그 결과 기업들은 상대적으로 낮은 임금을 지불하더라도 업무에 태만하지 않을 근로자들을 끌어들일 수 있을 것이다. 그러나 실업률이 매우 낮다면 게으름을 피우다 발각되어 해고를 당하더라도 근로자들은 그저 짧은 기간 동안 실업을 경험할 뿐이다. 업무 태만이 높은 비용을 수반하도록 만들고, 짧은 기간 실업상태에 있는 것마저도 해가 되도록 만들기 위해서 기업들은 근로자들에게 상대적으로 높은 임금을 제시해야 할 것이다.

앞의 논의를 통해 우리는 우상향하는 기울기를 가진 비태만 경계곡선(no-shirking frontier, 그림 12-13에서 NS라고 표시됨)을 도출할 수 있다. 이 곡선은 각 임금수준에서 기업들이 끌어들일 수 있는 비태만 근로자들의 숫자를 의미한다. 비태만 경계곡선에 따르면, 기업들이 전체 E명의 근로자들 중에서 적은 수를 고용할 때(점 F)에는 낮은 임금으로도 비태만 근로자들을 끌어들일 수 있다. 왜냐하면 해고를 당하는 경우 실업은 장기간 지속되고 높은 비용을 수반할 것이기 때문이다. 반면 기업들이 많은 근로자를 고용한다면(점 G), 기업들은 근로자들의 근무 태만을 방지하기 위해 더 높은 임금을 지불해야 한다.

비태만 경계곡선 NS는 근로자 E명에서 완전 비탄력적인 공급곡선과 결코 만나지 않고, 두 곡선의 수평적 차이는 실업자들의 숫자를 표시한다는 점에 유의하자. 만약 특정한 임금수준에서 모든 근로자들이 고용되는 경우, 근무 태만으로 인해 실업상태에 빠진 근로자는 길을 걸어다니다가 쉽게 다른 일자리를 얻을 수 있다. 다시 말해, 근무 태만에 대한 불이익이 존재하지 않는다. 효율임금 모형이 제공하는 핵심적인 직관은 명확하다. 즉, 현재 고용되어 있는 근로자들이 태만하지 않고 근무하도록 유도하기 위해 어느 정도의 실업은 필수적이다.

효율임금과 실업

균형 효율임금은 비태만 경계곡선과 노동수요곡선의 교차점(점 Q)에서 결정된다. 임금 w_{NS}는 효율임금이며 기업은 E_{NS}명의 근로자들을 고용하므로 $(E - E_{NS})$명의 실업자가 발생한다.

이 균형점 Q의 여러 가지 특성에 주목할 필요가 있다.

1. 효율임금 w_{NS}를 경쟁임금 수준 w^*로 끌어내리는 시장 압력은 존재하지 않는다. 경쟁임금이 효율임금 w_{NS}보다 더 높은 경우, 비태만 경계곡선에 의하면 많은 비태만 근로자들이 시장에 있지만 기업들은 그들 중 단 몇 명만을 고용하려 할 것이고 그에 따라 경쟁임금은 하방 압력을 받는다. 그러나 만약 경쟁임금이 효율임금 아래로 떨어진다면 기업들은 가용한 수보다 훨씬 많은 비태만 근로자들을 고용하려 할 것이고 경쟁임금은 상승할 것이다. 그러므로 효율임금 w_{NS}는 시장을 청산하는 경쟁임금보다 높을 것이다.

2. 근로자들은 업무에 태만하지 않을 것이다. 효율임금 w_{NS}는 E_{NS}명의 근로자들이 올바르게 행동하도록 만드는 임금이다.

3. 비자발적 실업이 발생한다. $(E - E_{NS})$명의 실업자는 시장에서 결정되는 임금을 받으면서 일하려 하지만 일자리를 찾을 수 없다. 그러나 기업들은 이 근로자들을 고용하려 하지 않는다. 완전 고용상태, 그에 따른 낮은 경쟁임금이 근로자들로 하여금 업무에 태만하도록 유인하고 기업의 이윤이 감소하기 때문이다.

효율임금으로 인해 발생하는 구조적 실업은 일자리 탐색으로 인해 발생하는 마찰적 실업과는 전혀 다르다. 일자리 탐색 실업은 생산적이다. 즉, 이 실업은 추후에 고임금의 일자리로 이어지는 정보에 대한 투자이다. 반면 효율임금으로 인해 발생하는 실업은 (근로자의 관점에서 볼 때) 비자발적이고 비생산적이다. 근로자는 일자리를 원하지만 찾을 수 없다. 게다가 근로자들이 장기간의 실업상태로부터 얻는 것은 전혀 없다. 그러나 기업의 관점에서 보면 비자발적인 실업은 생산적이다. 이 실업은 고용된 근로자들이 정직하게 행동하도록 유도하여 이윤을 증가시킨다.

아울러 효율임금모형이 시사하는 바에 따르면, 임금은 경기순환에 따라 상대적으로 경직적일 것이다. 경제활동의 갑작스러운 하강으로 인해 총수요가 떨어진다고 가정하자. 경쟁시장에서 노동수요곡선은 D_0에서 D_1으로 하방 이동하고 시장임금은 w_0^*에서 w_1^*로 떨어진다(그림 12-14를 참고하라). 만약 기업들이 효율임금을 지불한다면, 동일한 수요 감소는 임금을 w_0^{NS}에서 w_1^{NS}로 낮춘다. 그러므로 효율임금은 경쟁임금보다 수요의 변화에 덜 민감하게 반응한다. 게다가 경기 수축기에 고용은 E_0^{NS}에서 E_1^{NS}로 하락하고 실업률은 상승한다.

임금곡선

실증연구들은 지역 노동시장별 임금수준과 실업 사이에 음의 상관관계가 있다고 말한다.[30] 구체적으로 말해, 실업률이 낮은 지역에서는 임금이 높고, 실업률이 높은 지역에서는 임금이 낮은 경향이 있다. 임금곡선(wage curve)이라 불리는 이와 같은 관계는 경쟁시장 수요-공급모형의 맥락에서는 이해하기 어렵다. 그러나 이 현상은 효율임금 모형의 예측과는 일치한다.

경쟁 노동시장의 표준 모형에서 실업이 관측될 수 있는 경우는 임금이 상대적으로 — 균형 수준보다 — 높고 경직적일 때뿐이다. 높은 임금으로 인해 기업들이 고용할 용의가 있는 수보다 더 많은 수의 근로자들이 일을 하고자 한다. 그런데 경직성으로 인해 '초과공급' 근로자들이 일자리를 계속 찾아다니지만 찾지 못한다. 높은 실업과 깊은 관련이 있는 것은 높은 임금이라는 점에 주목하라. 이것은 임금이 높은 경우에는 실업률이 낮음을 표현하는 임금 곡선이 함의하는 바와는 정확히 반대이다.

이와는 대조적으로, [그림 12-14]의 효율임금 모형은 실업률이 높은 경우에 임금은 상대적으로 낮을 것이라고 이야기한다. 높은 실업이 근로자들을 생산라인에 붙들어 놓기 때문이다. 그러나 실업이 거의 없는 경우에 임금은 상대적으로 높은 수준에 머물러야 한다. 태만하려는 근로자들에게 비용을 부과하기 위해서는 높은 임금이 필요하기 때문이다. 그러므로 효율임금 모형은 실업과 임금 사이에 음의 상관관계가 있음을 예측하고, 임금 곡선은 바로 이 상관관계를 포착한다.

30 David G. Blanchflower and Anderw J. Oswald, *The Wage Curve*, Cambridge, MA: MIT Press, 1994.

그림 12-14 **경기 수축과 효율임금**

총수요가 감소하는 경우 노동수요 곡선은 D_0에서 D_1으로 이동한다. 경쟁임금은 w_0^*에서 w_1^*로 하락한다. 만약 기업들이 효율임금을 지불하는 경우, 경기 수축은 효율임금 역시 감소시키지만 그 크기(w_0^{NS}에서 w_1^{NS}로)는 더 작다.

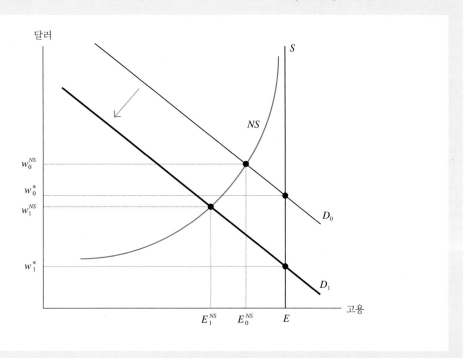

12-9 정책 응용 사례 : 필립스 곡선

A. W. H. 필립스는 1958년에 발표한 유명한 연구에서 1861~1957년까지 영국의 인플레이션율과 실업률 사이에 음의 상관관계가 있다는 점을 발견하였다.[31] [그림 12-15]에 제시되어 있는 바와 같이, 이들 두 변수 사이의 음의 상관관계는 현재 필립스 곡선(Phillips curve)으로 알려져 있다.

필립스 곡선이 중요한 이유는 이 곡선이 인플레이션과 실업 사이에 상충관계가 존재할 수도 있음을 시사하기 때문이다. 예를 들어, 그림의 점 A와 같이 실업률은 7%이고 인플레이션율은 3%라고 가정하자. 필립스 곡선은 정부가 확장정책을 추진해 경제를 점 B, 즉 실업률이 5%로 떨어지고 인플레이션율이 4%로 상승한 상태로 이동시킬 수 있음을 시사한

31 A.W.H. Phillips, 'The Relation between Unemployment and the Rate of Change of Money Wage Rates in the United Kingdom, 1861-1957," *Economica* 25 (November 1958): 283-299.

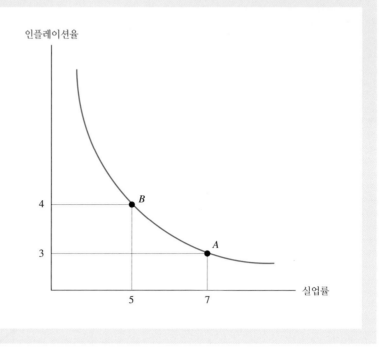

그림 12-15

필립스 곡선

필립스 곡선은 인플레이션율과 실업률 사이에 존재하는 음의 상관관계를 표현한다. 이 곡선은 한 경제의 인플레이션과 실업 사이에 상충관계가 있음을 의미할 수 있다.

다. 이와 같은 상충관계가 정책 결정자들로 하여금 실업문제를 영구적으로 해결할 수 있는 기회를 제공했다는 믿음은 노벨상을 수상한 경제학자인 윌리엄 비크리의 관찰에 의해 생생하게 예시되어 있다. 즉, "만약 정상상태 인플레이션율이 연 10% 혹은 심지어 20%가 되더라도 실업을 가령 2%로 확실하게 끌어내릴 수 있다면, 이것은 수지맞는 거래일 것이다."

1960년대 동안 미국 경제의 경험은 인플레이션과 실업 사이에 상충관계가 존재한다는 가설을 확증하는 듯이 보였다. [그림 12-16]은 1961~2005년까지 관측된 인플레이션과 실업의 다양한 조합들을 예시하고 있다. 놀랍게도 1961년부터 1969년까지의 관측치들은 미국이 안정적인 필립스 곡선을 따라 위로 이동하고 있음을 보여준다. 그러나 그림이 확실하게 보여주는 바와 같이, 인플레이션-실업 간의 상충관계에 대한 정책 결정자들의 확신은 1970년대 들어 산산조각 났다. 자료의 관측치들이 협조적인 모습을 보이지 않고, 안정적인 필립스 곡선에 놓여 있기를 거부하고 있다. 오히려 인플레이션과 실업 간의 관계는 '예측을 벗어나고 있다'. 오히려 자료 관측치들은 여러 개의 서로 다른 필립스 곡선들을 만들어내는 것처럼 보인다. 예를 들어, 1976년과 1979년 사이의 자료를 이용해 그린 필립스 곡선은 1980~1983년까지 추적한 점들을 이용해 그린 필립스 곡선과 다르고, 이는 또 2000~2002년까지 자료를 이용해 그린 곡선과도 다르다.

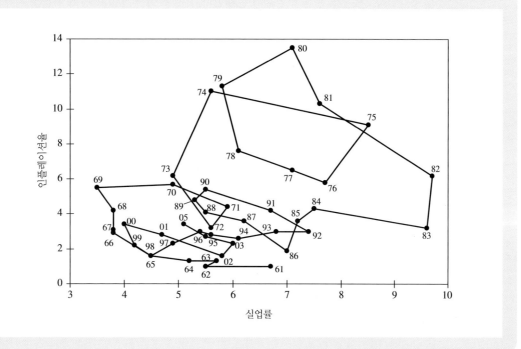

그림 12-16 미국의 인플레이션과 실업, 1961~2005

출처: 실업률 자료는 U.S. Bureau of Labor Statistics, "Historical Data for the 'A' Tables of the Employment Situation Release," Table A-12, "Alternative Measure of Labor Underutilization,"(http://stats.bls.gov/cps/cpsatabs.htm)으로부터 도출되었다. 인플레이션율 자료는 U.S. Bureau of Labor Statistics, "Table Containing History of CPI-U U.S. All Items Indexes and Annual Percent Changes from 1913 to Present,"로부터 도출되었다.

자연실업률

1970년대의 인플레이션-실업 경험을 통해 안정적인 필립스 곡선이라는 개념이 파괴되었던 그 시기에, 몇몇 경제학자들은 실업률과 인플레이션율의 장기적인 상충관계는 이론적으로 합당하지 않다는 주장을 제기하기 시작하였다.[32] 그들이 주장하는 바에 따르면, 경제이론이 함축하는 장기 필립스 곡선은 수직이어야 한다. 다른 식으로 표현하면, 인플레이션율과 무관하게 지속되는 균형 실업률이 존재한다. 이 실업률은 현재 **자연실업률**이라고 부른다.

----

[32] Milton Friedman, "The Role of Monetary Policy," *American Economic Review* 58 (March 1968): 1-17; and Edmund S. Phelps, "Phillips Curves, Expectations of Inflation, and Optimal Unemployment over Time," *Economica* 34 (August 1968): 254-281. 또한 N. Gregory Mankiw and Ricardo Reis, "Friedman's Presidential Address in the Evolution of Macroeconomic Thought," *Journal of Economic Perspectives* 32 (Winter 2018): 81-96 도 참조하라.

장기 필립스 곡선을 도출하는 방법에는 여러 가지가 있다. 그러나 특별히 영향력 있는 한 가지 방법은 이 장의 앞쪽에서 설명했던 일자리 탐색모형을 사용하는 방법이다.[33] 경제가 [그림 12-17]의 A와 같이 실업률은 5%, 인플레이션율은 0%인 장기 균형 상태에 있다고 가정하자. 실업자들에게는 어떤 일자리를 받아들이는 것과 계속 탐색활동을 하는 것을 무차별하도록 만드는 요구임금이 존재한다. 인플레이션은 없고 경제 여건은 시간에 따라 변하지 않기 때문에, 이 요구임금은 일정하다. 그 결과 실업률 역시 자연실업률 수준인 5%에서 일정하다.

정부가 인플레이션율을 7%로 상승시키는 화폐정책(아마 화폐를 더 찍어냄으로써)을 갑작스럽게 추진한다고 가정하자. 실업자들이 인플레이션이 상승했다는 것을 알게 될 때까

그림 12-17 단기 필립스 곡선과 장기 필립스 곡선

경제가 처음에 점 A에 있다. 인플레이션은 없고 실업률은 5%이다. 만약 통화 정책이 인플레이션율을 7%로 올린다면, 구직자들은 갑자기 그들의 유보임금을 충족하는 많은 일자리를 찾을 것이고 단기적으로 실업이 떨어진다. 그 결과 경제는 점 B로 이동한다. 시간이 지남에 따라 근로자들은 인플레이션율이 더 높다는 것을 깨닫고 유보임금을 위쪽으로 조정할 것이다. 이것은 경제를 점 C로 되돌려 놓는다. 장기적으로 실업률은 여전히 5%이지만 이제 인플레이션율은 더 높다. 그러므로 장기적으로 인플레이션과 실업 간의 상충관계는 존재하지 않는다.

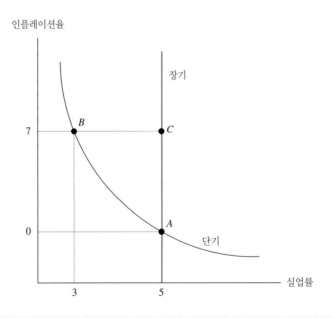

33 Dale T. Mortensen, "Job Search, the Duration of Unemployment and the Phillips Curve," *American Economic Review* 60 (December 1970): 845-862.

지는 시간이 걸린다. 따라서 임금 제안의 분포가 7%만큼 우측으로 이동했다고 하더라도 근로자들은 여전히 상승한 인플레이션에 대해 여전히 인지하지 못한다. 다시 말해, 근로자들은 예상치 못한 인플레이션을 고려하기 위해 요구임금을 상향 조정하지 않는다. 그에 따라 요구임금은 새로운 수준의 명목임금보다 상대적으로 너무 낮다. 이제 근로자들은 요구임금을 충족시키는 일자리 제안들을 많이 접하게 되고 그에 따라 실업률이 낮아진다. 그러므로 예상치 못한 높은 인플레이션율은 실업률을 감소시킨다.

경제가 [그림 12-17]의 점 A에서 B로 이동하기 때문에, 우리의 논의에서는 우하향하는 기울기의 단기 필립스 곡선이 생성된다. 구직자들의 행동은 경제를 새로운 균형으로 이동시킨다. 이 균형에서 인플레이션율은 7%로 상승하였고 실업률은 가령 3%로 하락하였다.

그러나 근로자들이 이것을 영원히 모르고 있을 리는 없다. 새롭게 찾아낸 '부'를 소비하려고 하는 순간 그들은 1달러의 가치가 예전만 못하다는 것을 곧 깨닫는다. 그러면 근로자들은 이제 관측된 7%의 인플레이션을 고려하기 위해 요구임금을 상향 재조정한다. 요구임금은 7%만큼 상승하고 실업률은 자연실업률 수준인 5%로 되돌아간다. 그러므로 이 과정이 종료될 때 경제는 [그림 12-17]의 점 C에 이르게 된다. 실업률은 다시 자연실업률로 돌아가지만 경제의 인플레이션율은 더 높아진다.

위에서 본 바와 같이, 1960년대에 관측된 인플레이션과 실업 간의 상관관계로 인해 정책 결정자들은 우하향하는 필립스 곡선에 나타난 여러 인플레이션-실업 조합들 중에서 하나를 선택할 수 있다는 잘못된 희망을 갖고 있었다. 많은 선진국의 이후 경험은 장기적인 상충관계란 존재하지 않는다는 따끔한 교훈을 가르쳐 주었다. 인플레이션율이 증가한다고 자연실업률이 줄지는 않는다. 그저 가격수준만 높아질 뿐이다.

자연실업률이란 무엇인가

1960년부터 1990년까지 실업률의 상승 추세는 자연실업률이 시간에 따라 변할 수 있다는 점을 시사했다. 1960년대에는 자연실업률이 대체로 4% 정도라고 생각되었다. 1980년대에는 자연실업률이 약 6~7% 정도인 것으로 생각되었다.

그러나 1990년대에 실업률은 이전에는 인플레이션율의 증가를 동반하지 않고는 불가능하리라고 여겨졌던 수준까지 떨어졌다. 2000년의 연간 인플레이션율은 3.4%, 실업률은 4%였다. 그리고 대침체에도 불구하고 인플레이션율은 3% 이하였고 실업률은 2018년에 약 4% 수준으로 하락하였다.

앞서 살펴본 바와 같이, 자연실업률은 부분적으로 근로자들의 일자리 상실률, 실업자들의 구직률 및 시장과 비시장 부문 사이 흐름을 측정하는 이행확률들에 의해 결정된다. 인구학적 변동도 자연실업률에 영향을 줄 수밖에 없다. 예를 들어, 1960년대와 1980년대 사이에 노동시장에 진입한 베이비붐 세대는 아마 자연실업률을 증가시켰을 것이다. 청년 근로자들은 여러 일자리 기회들을 경험하면서 적당한 일자리를 찾아내려고 하기 때문에 일자리 사이에서 이동 중일 가능성이 매우 높다.[34]

경제의 구조적 변화 역시 자연실업률에 영향을 미친다. 1980년대와 1990년대에는 저숙련 근로자들의 노동시장 지위가 상당히 악화되었고 제조업 부문은 빠르게 쇠퇴하였다. 증거들이 제시하는 바에 따르면, 1980년대 내내 있었던 자연실업률 상승의 일부는 저숙련 근로자들이 직면한 경제상황의 악화에 의해 설명될 수 있다.[35]

요약

- 잘 작동하는 완전경쟁 경제라 하더라도 일부 근로자들은 어쩔 수 없이 일자리들 '사이에서' 이동하는 중에 있을 것이기 때문에 마찰적 실업이 발생한다. 구조적 실업은 근로자들에 대한 수요와 공급에 불균형이 있을 때 발생한다.
- 정상상태의 실업률은 취업상태, 실업상태, 비경제활동 상태 사이의 이행확률들에 따라 달라진다.
- 요구임금에서 근로자는 일자리 탐색 활동을 계속하는 것과 주어진 일자리 제안을 받아들이는 것을 무차별하게 느낀다. 탐색 활동으로부터 발생하는 이득이 증가하면 요구임금이 증가하고 실업의 지속기간이 길어진다. 탐색 비용이 증가하면 요구임금이 감소하고 실업 지속기간이 짧아진다.
- 실업보험은 실업의 지속기간을 늘리고, 근로자들이 일시적으로 해고될 확률을 증가시킨다.
- 시점 간 대체 가설의 주장에 따르면, 경기순환에 따라 관측되는 노동공급의 커다란 변화는 근로자들이 여가가 저렴할 때(경기침체기에) 여가를 구매하는 방식으로 자신의 시간을 재배분한 결과일 수 있다.
- 부문 간 이동 가설의 주장에 따르면, 구조적 실업이 발생하는 이유는 근로자들의 숙련이 서로 다른 부문들 사이에 쉽게 이전될 수 없기 때문이다. 쇠퇴하는 산업에서 해고된 근로자들이 성장하는 산업에서 일자리를 구하기 위해서는 숙련을 재정비할 필요가 있다.
- 근로자들의 생산량을 감시하는 일이 어려울 때 기업은 효율임금 사용이 이득이 됨을 알게 된다. 시장임금보다 높은 효율임금은 비자발적 실업을 유발한다.

---

[34] Michael Darby, John Haltiwanger, and Mark Plant, "Unemployment Rate Dynamics and Persistent Unemployment under Rational Expectations," *American Economic Review* 75 (September 1985): 614-637.

[35] Chinhui Juhn, Kevin M. Murphy, and Robert H. Topel, "Why Has the Natural Rate of Unemployment Increased over Time?" *Brookings Papers on Economic Activity* 2 (1991): 75-142.

• 우하향하는 기울기를 가진 필립스 곡선은 단기에만 존재할 수 있다. 장기에는 인플레이션과 실업률 사이에 상충관계가 존재하지 않는다.

핵심용어

경기적 실업	순차적 탐색
계절적 실업	시점 간 대체 가설
구조적 실업	요구임금
대체율	일시해고
마찰적 실업	임금곡선
부문 간 이동 가설	임금 제안 분포
불완전 경험요율	자연실업률
비순차적 탐색	필립스 곡선
비태만 경계곡선	

복습문제

1. 1960년 이래 미국 실업률의 기본적인 양상들을 이야기해보라.

2. 마찰적 실업과 구조적 실업의 차이는 무엇인가? 우리는 모든 종류의 실업에 대해 똑같이 걱정해야 하는가? 동일한 정책을 사용해 마찰적 실업과 구조적 실업 모두를 완화시킬 수 있을까?

3. 정상상태의 실업률을 도출하라. 이 실업률은 고용상태와 실업상태 사이의 이행확률에 따라 어떻게 달라지는지 보여라.

4. 한편으로 '대부분'의 실업이 단기 실업이면서, 다른 한편으로는 '대부분'의 실업이 매우 장기간 실업상태에 빠져 있는 소수의 사람들에 의해 설명되는 현상이 어떻게 동시에 가능한지 논의해보라.

5. 구직자는 비순차적 일자리 탐색과 순차적 일자리 탐색 중 어느 방법을 추구해야 하는가? 요구임금에서 구직자가 일자리를 탐색하는 것과 하지 않는 것을 무차별하게 느끼는 이유는 무엇인가?

6. 실업보험 제도가 구직자의 일자리 탐색 행동에 미치는 영향을 설명하라. 실업보험 제

도가 기업의 해고 행동에 미치는 영향을 설명하라.

7. 시점 간 대체 가설이란 무엇인가? 이 주장은 경기변동에 따른 실업률 추세를 설득력 있게 설명하는가?

8. 부문 간 이동 가설이란 무엇인가?

9. 효율임금이 비자발적 실업을 유발하는 이유는 무엇인가? 효율임금 모형에서 시장 청산을 방해하는 요인들은 무엇인가?

10. 장기에 필립스 곡선이 수직이 되는 이유는 무엇인가?

연습문제

12-1. 2만 5,000명의 사람들이 실업상태에 있다고 가정하자. 이 경제의 실업기간의 길이에 대해 다음과 같은 자료가 주어져 있다.

실업 지속기간(월)	탈출률
1	0.60
2	0.20
3	0.20
4	0.20
5	0.20
6	1.00

이 표에서 t달의 탈출 확률은 t개월 동안 실업상태에 있다가 그달 말에 실업상태를 '탈출한' 실업자들의 비율을 의미한다.

a. 2만 5,000명의 실업자들 전체가 경험하는 실업상태의 개월 수는 얼마인가?

b. 실업상태에 있는 사람들 중에서 실업기간이 5개월 이상 지속되는 '장기 실업상태'에 있는 사람들의 비율은 얼마인가?

c. 실업상태의 개월 수 중 어느 정도의 비율이 장기 실업상태에 있는 사람들에 의해 설명되는가?

12-2. 미국의 노동통계에 따르면, 약 580만 명의 사람들이 2006년에 실업상태에 있었다. 이들 중 210만 명은 5주 미만, 170만 명은 5~14주, 90만 명은 15~26주, 110만 명은 27주 이상 동안 실업상태에 있었다. 5주 미만 동안 실업상태에 있는 사람들의 평균 실업기간은 2.5주라고 가정하자. 다른 집단의 평균 실업기간은 각각 10주, 20주, 35주라고 가정하자. 평균적인 실업 근로자 실업상태에 머물러 있는

주의 수는 몇 주인가? 실업상태의 전체 개월 수 중 몇 퍼센트가 최소 15주 이상 실업상태에 있는 근로자들에 의해 설명되는가?

12-3. 문제 12-2는 대침체 직전의 실업률과 실업기간의 분포와 관련된 것이다. 대침체 기간의 자료에 의하면, 약 1,270만 명이 2009년에 실업상태에 있었다. 이들 중 270만 명은 5주 미만, 330만 명은 5~14주, 250만 명은 15~26주, 420만 명은 27주 이상 동안 실업상태에 있었다. 대침체 기간에는 실업의 전반적인 상황이 어떻게 변화했는가?

12-4. 일자리 탐색으로부터의 한계수익이 다음과 같다고 가정하자.

$$MR = 50 - 1.5w$$

여기서 w는 현재 보유하고 있는 임금 제안이다. 탐색의 한계비용은 다음과 같다.

$$MC = 5 + w$$

a. 탐색의 한계수익이 현재 보유하고 있는 임금 제안에 대해 음의 함수인 이유는 무엇인가?

b. 한계비용 식에서 절편의 경제적인 의미는 무엇인가? 다시 말해, 절편이 5달러라는 것은 무엇을 의미하는가? 마찬가지로, 한계비용 식에서 기울기가 1달러라는 것은 무엇을 의미하는가?

c. 이 근로자의 요구임금은 얼마인가? 이 근로자는 15달러를 주는 일자리 제안을 받아들일 것인가?

d. 실업보험 급여가 줄어들어 탐색의 한계비용이 $MC = 20 + w$로 증가한다고 가정하자. 새로운 요구임금은 얼마인가? 이 근로자는 15달러를 주는 일자리 제안을 받아들일 것인가?

12-5. 한 노동시장의 경제활동인구는 5만 명이다. 취업한 근로자들 중 매월 비율 $p (0 < p < 1)$는 실업상태에 빠지고, 실업자들 중 비율 $q (0 < q < 1)$는 일자리를 구한다.

a. 정상상태의 실업률은 얼마인가?

b. 정상상태에서 경제활동인구 5만 명 중 몇 명이 취업상태에 있고, 매월 몇 명이 일자리를 얻는가? 실업자들 중 매월 몇 명이 일자리를 구하는가?

c. $p = 0.08$이고 $q = 0.32$라고 가정하자. 정상상태의 실업률은 얼마이고, 몇 명의 근로자가 매월 취업상태에서 실업상태로 이동하는가?

12-6. 두 명의 실업자를 비교해보자. 한 사람은 25세, 다른 사람은 55세이다. 두 근로자 모두 유사한 숙련을 보유하고 있으며 동일한 임금 제안 분포에 직면하고 있다. 또한 두 사람 모두에게 탐색 비용이 비슷하게 발생한다고 가정하자. 어떤 근로자

의 요구임금이 더 높을까? 그 이유는 무엇인가? 탐색이론은 청년 근로자들의 실업률이 노령 근로자들의 실업률과 다른 이유를 설명할 수 있는가?

12-7. 정부가 실업자들에 대한 실업보험 급여의 수준을 높이기로 제안한다고 가정하자. 현재 한 특정한 산업에서 근로자들의 업무 태만을 방지하기 위해 효율임금을 지불하고 있다. 위에서 제안한 법안은 그 산업 근로자들의 임금과 실업률에 어떤 영향을 미칠까? (힌트 : [그림 12-13]과 유사한 그래프를 이용하면 이를 잘 보일 수 있다.)

12-8. 연방정부 예산지출 법안에 대한 논쟁 과정에서 상원의원 A는 실업급여를 지급하는 스케줄을 변경해 급여액을 두 배로 늘리고 지급기간을 현재의 절반으로 줄이자고 제안하였다(이 경우 실업보험 급여는 13주가 지난 후 만료된다). 이와 대조적으로, 상원의원 B는 실업급여를 절반으로 삭감하지만 지급기간을 현재의 두 배로 늘리자고 제안하였다(이 경우 실업보험 급여는 52주가 지난 후 만료된다). 실업급여를 26주 동안 제공하는 현재의 상태와 비교하면서, 위의 두 계획을 다음의 기준들(즉, 전체 실업률, 실업상태의 평균 지속기간, 실업상태를 벗어난 근로자들이 수락하는 임금의 분포)의 관점에서 대비해보라.

12-9. 일자리의 거의 대부분이 관광산업인 한 작은 섬나라 경제를 생각해보자. 관광산업의 모든 근로자가 전국적으로 동일한 시간당 임금을 받도록 의무화하는 법이 통과되었다. 심지어 숙련이나 노력의 수준이 다르더라도 동일한 시급을 지급해야 한다. 사실, 일부 근로자들은 이 수준의 임금을 받을 만큼 충분한 생산물을 생산할 수 없다.

    a. 이 경우 근로자의 최적 일자리 탐색 전략은 책의 본문에서 논의하였던 것과 어떻게 달라질까? 위의 사례와 책의 본문에서 논의한 일반적인 사례 사이에는 어떤 본질적인 차이가 있는가?

    b. 이 법에도 불구하고 근로자들의 생산성은 경력에 따라 증가한다. 모든 근로자의 임금이 동일해야만 하는 경우 기업은 필요한 근로자를 구하기 위해 어떤 방식으로 경쟁하겠는가?

12-10. 대침체기 동안 많은 뉴스는 실망근로자들의 숫자가 증가하는 현상에 초점을 맞추었다. 이런 많은 뉴스들이 갖는 함의는 이들 실망근로자의 존재로 인해 실업 상황은 실업률이 지시하는 것보다 더 열악하다는 것이다.

    a. 실업률 계산에서 실망근로자들을 포함시키지 않는 이유로서 일반적으로 제시되는 설명은 무엇인가?

    b. 실망근로자들이 실업자로서 취급되는 경우 실업률은 상승할 것이라는 점을 수학적으로 증명하라.

    c. 노동통계국에서 정의하는 실업률은 지하경제에 관한 자료가 가용한 경우 더 낮아질 것임을 수학적으로 증명하라.

12-11. 본문의 '이론의 현장 적용 : 현금 보너스와 실업'을 다시 읽어 보고 다음의 질문들에 답하라.

    a. 일반적인 연구 질문은 무엇인가? 처치집단과 통제집단 사이의 차이는 무엇인가?

    b. 수락한 임금 수준이 처치집단과 통제집단 사이에 실질적으로 동일하다는 것이 왜 중요한 결과인가?

    c. 이 연구는 실망 실업자들이 실업률 계산에 포함되어야 하는지 그렇지 않은지에 관해 어떤 함의를 제공하는가?

12-12. a. 아래의 표는 미국의 백인, 흑인, 히스패닉의 2006년도 실업률을 고등학교 졸업자와 대학 졸업자로 구분하여 제시한다. 교육수준이 각 인구집단의 실업률과 어떤 관련을 가지는지를 설명하라. 백인들과 비교할 때 어느 인종 집단에서 대학 교육이 실업률을 균등하게 만드는 역할을 하는가?

	2006년도 실업률	
	고등학교 졸업자	대학 졸업자
백인	3.7	2.0
흑인	8.0	2.8
히스패닉	4.1	2.2

    b. [그림 12-2]를 생각해보자. 대침체 기간을 볼 때, 실업은 모든 교육수준 집단에서 증가했는가? 어느 집단이 가장 큰 영향을 받았는가?

12-13. 현재의 실업보험 제도에서는 최대 15주까지 주당 500달러를 지급한다고 가정하자. 정부는 실업보험 제도를 변경해 실업급여를 받기 위해서는 최소 5주 동안 실업상태에 있어야 한다는 조건을 부과하는 방안을 고려하고 있다. 이 경우 실업자는 5주 동안 실업상태에 있다가 일시불로 2,500달러를 받는다. 그 이후 5주 동안에는 실업급여를 받지 못한다. 그 후에도 여전히 실업상태에 있다면 그는 두 번째 일시 지급금 2,500달러를 받는다. 다시 그 사람은 5주 동안 실업급여를 받지 못한다. 그 이후에도 이 사람이 여전히 실업상태에 있다면 그는 세 번째이자 마지막인 일시 지급금 2,500달러를 받는다. [그림 12-11]과 유사한 그래프를 사용해, 현재 상태와 위에서 제안한 제도하에서 시간에 따른 일자리 취업 확률이 어떻게 서로 다를지를 비교하라.

12-14. 실업보험은 경기 수축기에 자동적으로 경제에 자극을 준다. 이는 근로자의 관점

에서는 좋은 일이다. 그러나 기업의 관점에서 실업보험 제도는 경기 수축이 장기화되는 경우 과도한 부담이 될 수 있다.

a. 이와 같이 서로 상반되는 견해가 나타나는 이유는 실업보험 제도의 어떤 측면 때문인가?

b. 실업보험 제도를 어떻게 바꾸면 일시해고된 근로자들이 받을 수 있는 실업급여를 없애지 않으면서도 경기 수축기 동안 기업들을 도울 수 있는가?

12-15. 본문에서 설명한 표준적인 일자리 탐색 모형을 생각해보자.

a. 요구임금과 기대 실업기간 사이에 양의 관계가 존재하는 이유는 무엇인가?

b. 표준적인 일자리 탐색 모형은 1차 근로자들에 비해 2차 근로자들의 실업기간이 평균적으로 더 긴 이유를 설명할 수 있는가? 설명해보라.

c. 표준적인 일자리 탐색 모형의 맥락에서, 지하(현금)경제가 확장됨에 따라 경제 전체의 평균 요구임금과 실업기간에는 어떠한 영향이 있을지를 설명하라. 또한 균형 실업률에는 어떤 영향을 미치는가?

읽을거리

Katherine G. Abraham and Lawrence F. Katz, "Cyclical Unemployment : Sectoral Shifts or Aggregate Disturbances," *Journal of Political Economy* 94 (June 1986) : 507-522.

Lawrence F. Katz and Bruce D. Meyer, "Unemployment Insurance, Recall Expectations, and Unemployment Outcomes," *Quarterly Journal of Economics* 105 (November 1990) : 973-1002.

Alan B. Krueger and Andreas Mueller, "Job Search and Unemployment Insurance : New Evidence from Time Use Data," *Journal of Public Economics* 94 (April 2010) : 298-307.

Peter Kuhn and Mikal Skuterud, "Internet Job Search and Unemployment Durations," *American Economic Review* 94 (March 2004) : 218-232.

David M. Lilien, "Sectoral Shifts and Cyclical Unemployment," *Journal of Political Economy* 90 (August 1982) : 777-793.

Robert E. Lucas and Leonard Rapping, "Real Wages, Employment, and Inflation," *Journal of Political Economy* 77 (September/October 1969) : 721-754.

Carl Shapiro and Joseph E. Stiglitz, "Equilibrium Unemployment as a Worker Discipline Device," *American Economic Review* 74 (June 1984) : 433-444.

Gary Solon, Robert Barsky, and Jonathan A. Parker, "Measuring the Cyclicality of Real Wages : How Important Is Composition Bias?" *Quarterly Journal of Economics* 109 (February 1994) : 1-25.

노동경제학의 표준적인 모형

이 부록에서는 노동경제학 기본 모형들의 기초를 형성하는 수학을 다룬다. 이 부록에 있는 내용을 전혀 몰라도 본문의 논의를 이해하는 데는 아무런 문제가 없다. 그러나 수학적인 배경지식(특히 미적분)을 보유한 학생들과 모형들을 보다 전문적으로 유도하는 방법을 알아보고자 하는 학생들의 경우 이 부록을 통해 추가적인 직관을 얻을 수 있을 것이다. 여러 모형들의 기저에 깔려있는 경제적 직관은 본문에서 깊이 있게 다루고 있기 때문에, 이 부록에서는 수학적인 세부사항들에만 초점을 맞춘다.

1 신고전학파 노동-여가 모형(제2장)

어떤 사람의 효용함수가 $U(C, L)$이라고 가정하자. 여기서 C는 달러로 측정한 재화 소비량을, L은 여가시간을 의미한다. 효용함수의 편미분 도함수들은 $U_C = \partial U/\partial C > 0$ 및 $U_L = \partial U/\partial L > 0$이다.

이 사람의 예산제약은 다음과 같이 주어진다.

$$C = w(T - L) + V \tag{A-1}$$

여기서 T는 분석 대상 기간 가용한 총시간(이 값은 일정하다고 가정한다), w는 임금률, V는 기타 소득을 의미한다. 방정식 (A-1)을 다음과 같이 다시 쓸 수 있음에 주목하라.

$$wT + V = C + wL \tag{A-2}$$

$wT + V$로 주어져 있는 개인의 총소득은 이 사람이 가용한 모든 시간 동안 일을 하는 경우 얼마를 벌 수 있는지를 보여준다. 전체 소득은 소비 또는 여가에 지출된다. 예산제약을 이와 같이 다시 쓰는 경우, 여가 한 시간당 w달러의 지출이 필요하다는 점을 알 수 있다. 따라서 여가의 가격은 w이다.

식 (A-2)의 제약하에서 식 (A-1)을 극대화하는 것은 미적분의 표준적인 문제이다. 우리는 라그랑지안 식을 극대화하는 방식으로 이것의 해를 구한다.

$$\max \Omega = U(C, L) + \lambda(wT + V - C - wL) \tag{A-3}$$

여기서 λ는 라그랑지 승수이다. 1계 조건들은 다음과 같다.

$$\frac{\partial \Omega}{\partial C} = U_C - \lambda = 0$$

$$\frac{\partial \Omega}{\partial L} = U_L - \lambda w = 0$$

$$\frac{\partial \Omega}{\partial \lambda} = wT + V - C - wL = 0 \tag{A-4}$$

마지막 조건은 예산제약 식을 다시 쓴 것에 불과하다. 등식이 성립하는 경우, C와 L의 최적 선택조합은 예산선상에 놓여 있어야 한다. 처음 두 식의 비율이 의미하는 바는 신고전학파 노동-여가 모형에서 내부해(internal solution)는 한계효용의 비율 $U_L/U_C = w$를 만족한다는 익숙한 조건이다.

제약이 있는 최적화 모형에서 라그랑지 승수 λ는 특별한 의미를 갖는다. F를 총소득이라고 정의하자. 이 경우 $\lambda = \partial \Omega / \partial F = \partial U / \partial F$가 성립함을 보일 수 있다. 다시 말해, 라그랑지 승수는 근로자의 소득의 한계효용과 같다.

2 신슬러츠키 방정식 : 소득효과와 대체효과(제2장)

슬러츠키 방정식(Slutsky equation)은 임금의 변화로 인한 노동시간의 변화를 소득효과와 대체효과로 분해한다. 이것은 식 (A-4)의 1계 조건들이 의미하는 제약들을 제약하 최적화 문제의 2계 조건들과 결합시킴으로써 도출할 수 있다. 그러나 이와 같은 유도방식은 다소 지저분하다.

이 장에서는 보다 단순한 (그리고 경제적으로 더 직관적인) 방식을 제시한다. 신고전학파 노동-여가 모형에는 두 가지 선택변수(C와 L)가 있지만 이 모형을 다시 쓰면 표준적인 1변수 최적화 문제로 변형시킬 수 있다. 우리는 다음의 논의에서 내부해가 존재한다고 계속 가정할 것이다. 우리는 개인의 최적화 문제를 다음과 같이 쓸 수 있다.

$$\max Y = U(wT - wL + V, L) \tag{A-5}$$

여기서 우리는 변수 C를 대체한 상태에서 효용함수를 표현하고 있다. 개인은 적절한 수준의 여가를 선택함으로써 Y를 극대화한다. 이러한 극대화 과정에서 다음의 1계 조건이 도출된다.

$$\frac{\partial Y}{\partial L} = U_C(-w) + U_L = 0 \tag{A-6}$$

식 (A-6)을 재정렬하면 이 식은 한계효용의 비율(U_L/U_C)이 임금과 같아진다는 낯익은 표현식이 된다는 점에 주목하자.

이 문제는 표준적인 1변수 최적화 문제이기 때문에, 2계 조건은 상대적으로 자명하다. 구체적으로, 극대화 점에서 2계 도함수 $\partial^2 Y/\partial L^2$는 음수이어야 한다. 약간의 수학적 계산을 실행하면 다음의 식이 도출됨을 보일 수 있다.

$$\frac{\partial^2 Y}{\partial L^2} = -w[U_{CC}(-w) + U_{CL}] - wU_{CL} + U_{LL} = \Delta < 0 \tag{A-7}$$

우리는 Δ라는 보다 단순한 기호를 사용해 2계 조건에 의해 음수가 되어야 하는 식을 표현하고 있다.

이제 다음의 세 가지 단계를 통해 슬러츠키 방정식을 도출할 수 있다. 첫째, 임금을 일정하게 유지한 상태에서 기타 소득 V가 변할 때 여가가 어떻게 바뀌는지 살펴보자. 이것은 식 (A-6)의 1계 조건을 전미분함으로써 구할 수 있다. V가 변할 때 1계 조건에 대해 전미분을 적용하면 다음과 같다.

$$-wU_{CC}[-wdL + dV] - wU_{CL}dL + U_{LC}[-wdL + dV] + U_{LL}dL = 0 \tag{A-8}$$

이 식의 항들을 재정렬하면 다음의 관계가 도출된다.

$$\frac{\partial L}{\partial V} = \frac{wU_{CC} - U_{LC}}{\Delta} \tag{A-9}$$

분모가 음수라고 하더라도 우리는 여전히 식 (A-9)의 도함수의 부호를 결정할 수 없다는 점에 유의하자. 대신 $dL/dV > 0$가 성립하는 경우 우리는 여가를 정상재라고 정의한다.

이제 기타 소득을 일정하게 유지한 상태에서 임금이 변할 때 여가가 어떻게 바뀌는지 살펴보고자 한다. 이러한 종류의 개념적 실험은 필연적으로 사람을 다른 무차별곡선으로 이동시킨다는 점에 주목하자. 임금의 상승은 사람을 더욱 부유하게 만들어주는 반면, 임금의 감소는 사람들을 더 가난하게 만든다. dL/dW의 표현식을 유도하기 위해 우리는 식 (A-6)의 1계 조건으로 돌아가, V를 일정하게 둔 상태에서 이 식을 전미분한다. 약간의 수학적 계산을 사용해 우리는 다음의 관계를 도출할 수 있다.

$$\frac{\partial L}{\partial w} = \frac{U_C}{\Delta} + h\frac{wU_{CC} - U_{CL}}{\Delta}$$
$$= \frac{U_C}{\Delta} + h\frac{\partial L}{\partial V} \tag{A-10}$$

즉, 임금의 변화가 여가 소비량에 미치는 효과를 두 항의 합으로 표현할 수 있다. 이들 중 첫 번째 항은 음수여야 한다($U_C > 0$이고 $\Delta < 0$이기 때문이다). 여가가 정상재라는 우리의 가정하에서 두 번째 항은 양수이다. 이제 우리는 식 (A-10)의 첫 번째 항이 대체효과를 포착하고 두 번째 항이 소득효과를 포착한다는 점을 보일 것이다.

대체효과는 임금이 변하지만 개인이 U^*의 효용을 주는 동일한 무차별곡선에 '강제로' 머무르는 경우에 여가에 대한 수요가 어떻게 변하는지를 측정한다. 임금이 변화할 때 근로자가 동일한 무차별곡선에 머무를 수 있는 유일한 방법은 어떤 다른 방식으로 보상을 받는 것이다. 예를 들어, 임금이 감소함에 따라 선택할 수 있는 기회집합의 크기가 축소되기 때문에, 근로자가 동일한 무차별곡선에 머무를 수 있는 유일한 방법은 기타 소득을 증가시켜서 잃어버린 임금을 보전해주는 것이다. 다시 말해, 효용을 U^*로 일정하게 유지하기 위해서는 임금변화에 따라 V도 변해야 한다. 이와 같은 유형의 여가 소비량의 변화를 보상적(compensated) 변화라고 부른다.

효용을 일정하게 유지하기 위해 어느 정도의 보상이 필요한지는 쉽게 알 수 있다. 다음과 같은 질문을 생각해보자. 어떤 사람이 동일한 무차별곡선에 머무르도록 만들기 위해, 임금이 변한 후 V는 어느 정도 변해야 하는가? 효용을 일정하게 유지하면서 w와 V를 모두 변화시켜보자. 이 경우 식 (A-5)를 미분하면 다음의 관계가 성립한다.

$$U_C[h\,dw + dV] = 0 \qquad \text{(A-11)}$$

따라서 V의 보상적 변화는 $dV = -h\,dw$이다.

식 (A-9)는 기타 소득이 변할 때 여가가 얼마나 변하는지를, 그리고 식 (A-10)은 임금이 변할 때 여가가 얼마나 변하는지를 보여준다. 우리는 이제 임금의 보상적인 변화가 있을 때 여가가 얼마나 변하는지를 알고자 한다. 다시 말해, 임금이 증가하지만 개인의 효용이 일정하게 유지될 때 여가가 얼마나 변하는지를 알고자 한다. 물론, 이와 같은 작업을 통해 대체효과를 정확하게 측정할 수 있다.

대체효과는 1계 조건들을 전미분할 때 w와 V가 모두 변하도록 허용함으로써도 계산할 수 있다. 이때의 전미분은 다음과 같다.

$$\Delta dL - [U_C + wU_{CC}h - U_{LC}h]dw - [wU_{CC} - U_{LC}]dV = 0 \qquad \text{(A-12)}$$

$dV = -h\,dw$이 성립하면 개인은 동일한 무차별곡선에 머물러 있을 것이다. 이 제약을 식 (A-12)에 부과하면 다음의 관계가 성립한다.

$$\left.\frac{\partial L}{\partial w}\right|_{U=U^*} = \frac{U_C}{\Delta} \qquad \text{(A-13)}$$

대체효과가 의미하는 바에 따르면, 임금의 보상적 증가는 여가 소비량을 감소시킨다. 식 (A-13)의 분모가 음수이기 때문이다. 마지막으로, $h = T - L$이라는 점에 주목하라. 여러 표현식들을 통합함으로써 우리는 식 (A-10)을 다음과 같이 다시 쓸 수 있다.

$$\frac{\partial h}{\partial w} = \frac{\partial h}{\partial w}\bigg|_{U=U^*} + h\frac{\partial h}{\partial V}$$

(A-14)

식 (A-14)는 슬러츠키 방정식으로서 알려져 있다.

3 노동수요(제3장)

기업의 생산함수가 $q = f(K, E)$로 주어져 있다. 여기서 q는 기업의 생산량, K는 자본량, E는 고용량을 나타낸다. 자본과 노동의 한계생산은 각각 $f_K = \partial q/\partial K$와 $f_E = \partial q/\partial E$로 표시되고, 한계생산은 모두 양수이다. 기업의 목표는 다음의 식으로 표시된 이윤을 극대화하는 것이다.

$$\pi = pf(K, E) - rK - wK$$

(A-15)

여기서 p는 생산물 1단위의 가격, r은 자본의 임대료율, w는 임금률이다. 이 기업이 직면하고 있는 생산물 시장과 요소 시장은 모두 완전경쟁 시장이라고 가정하자. 그러므로 이 기업의 관점에서 가격 p, w, r은 상수이다.

단기에 자본은 $\overline{K}$ 수준으로 고정된다. 이 경우 기업의 극대화 문제는 다음과 같이 쓸 수 있다.

$$\pi = pf(\overline{K}, E) - r\overline{K} - wE$$

(A-16)

완전경쟁 기업의 극대화 문제는 간단하다. 즉, 이윤을 극대화시키는 E의 값을 선택하는 것이다. 이 문제의 1계 조건과 2계 조건은 다음과 같다.

$$\frac{\partial \pi}{\partial E} = pf_E - w = 0$$

$$\frac{\partial^2 \pi}{\partial E^2} = pf_{EE} < 0$$

(A-17)

첫 번째 방정식은 임금이 한계생산물의 가치와 동일하다는 낯익은 조건을 의미한다. 한편 2계 조건에 따르면 최적 고용량에서 수익체감의 법칙이 성립해야 한다.

우리는 식 (A-17)의 결과를 사용해 단기의 노동수요곡선이 우하향하는 기울기를 가져야 한다는 점을 보일 수 있다. 구체적으로, 임금 w가 변할 때 1계 조건을 전미분하면 다음과 같다.

$$pf_{EE}dE - dw = 0$$

(A-18)

이 식으로부터 $dE/dw = 1/pf_{EE}$이 성립한다. 2계 조건에 의해 이 식은 음수이어야 한다.

장기에 기업은 최적 자본량과 최적 노동량 모두를 선택할 수 있다. 식 (A-15)의 극대화 문제에 대한 1계 조건은 다음과 같다.

$$\frac{\partial \pi}{\partial K} = pf_K - r = 0$$

$$\frac{\partial \pi}{\partial E} = pf_E - w = 0 \tag{A-19}$$

2변수 무제약 극대화 문제의 2계 조건들을 도출하는 것은 약간 더 어렵다. 그러나 2계 조건들을 도출하기 위해서는 $f_{KK} < 0$, $f_{EE} < 0$, $(f_{KK}f_{EE} - f_{KE}^2) > 0$가 성립해야 한다.

노동수요곡선이 장기에도 우하향하는 기울기를 갖는다는 점은 쉽게 보일 수 있다. 구체적으로, 임금이 변화되었다고 가정하자. 이 임금변화에 대한 반응을 포착하기 위해, 식 (A-19)의 2개의 1계 조건들을 전미분해보자. 이 경우 다음의 관계가 성립한다.

$$pf_{KK}dK + pf_{KE}dE = 0$$
$$pf_{EK}dK + pf_{EE}dE = dw \tag{A-20}$$

여기서 자본의 임대료율은 일정하게 유지되고 있다. 이 중 첫 번째 식은 $dK = \frac{-f_{KE}}{f_{KK}}dE$이라는 것을 의미한다. 이 식을 식 (A-20)의 두 번째 식에 대입하면 다음의 관계가 도출된다.

$$\frac{\partial E}{\partial w} = \frac{f_{KK}}{p(f_{KK}f_{EE} - f_{KE}^2)} < 0 \tag{A-21}$$

극대화 문제의 2계 조건들이 의미하는 바에 따르면, 위의 도함수는 음수이고 장기의 노동수요곡선은 우하향하는 기울기를 갖는다.

하나의 연습문제로서, 다음과 같은 실로 놀라운 이론적 함의를 증명해보라.

$$\frac{\partial E}{\partial r} = \frac{\partial K}{\partial w} \tag{A-22}$$

대칭 제약으로 알려져 있는 이 예측에 따르면, 자본의 임대가격이 1달러 상승할 때 나타나는 고용의 변화는 임금이 1달러 상승할 때 나타나는 자본 스톡의 변화와 동일해야 한다. 위의 모형으로부터 도출되는 이와 같은 유형의 대칭성은 실제 자료를 사용하는 경우 대체로 기각된다.

4 마셜의 파생수요 법칙(제3장)

이 장에서 우리는 마셜의 파생수요 법칙들 중 처음 세 가지를 증명할 것이다. 그리고 그 과정에서 산업 수준의 수요 탄력성을 규모효과와 대체효과로 분해하는 슬러츠키류의 방정식 역시 도출할 것이다. 마셜의 네 번째 법칙에 대한 증명은 훨씬 더 복잡하다. 그러나 복잡하기만 할 뿐 추가적으로 얻는 것은 거의 없다.

노동경제학자들은 종종 생산함수에 대해 특정한 함수 형태를 가정한다. 현대 노동경제학에서는 일반적으로 대체탄력성이 일정한(constant elasticity of substitution, CES) 생산함수를 가정함으로써 산업의 특징을 표현한다. 이와 같은 산업 수준 생산함수는 다음과 같이 표현된다.

$$Q = [\alpha K^\delta + (1 - \alpha)E^\delta]^{1/\delta} \tag{A-23}$$

하나의 연습문제로서, CES 생산함수가 규모수익 불변(즉, 모든 요소를 두 배 늘리면 생산량도 두 배가 된다)의 특성을 보인다는 점을 증명해보라.

CES 생산함수의 형태가 유용한 이유는 이 함수가 노동과 자본 사이의 대체성 정도를 표현하는 폭넓은 가능성을 허용하기 때문이다. 모수 δ는 1보다 작거나 같다(그리고 음수도 될 수 있다). $\delta = 1$인 경우 CES 생산함수는 선형이고, 이 경우 노동과 자본 사이에는 완전 대체관계가 존재한다(따라서 등량곡선은 직선이다)는 것을 쉽게 확인할 수 있다. δ가 음의 무한대로 가는 경우, CES 생산함수의 등량곡선은 직각이 되고, 이 경우 노동과 자본 간 대체는 전혀 불가능하다. 노동과 자본 사이의 대체탄력성은 $\sigma = 1/(1-\delta)$로서 정의된다. $\delta = 1$이면 대체탄력성은 무한대(완전 대체재)로 가며, $\delta = -\infty$이면 대체탄력성은 0(완전 보완재)으로 간다는 점에 주목하자.

산업이 완전경쟁인 경우, 노동과 자본의 가격은 각각의 한계생산의 가치와 같아야 한다. 이 조건들이 다음과 같다는 것은 쉽게 증명할 수 있다.

$$r = p\,\alpha\,Q^{1-\delta}K^{\delta-1}$$
$$w = p(1 - \alpha)Q^{1-\delta}E^{\delta-1} \tag{A-24}$$

하나의 연습문제로서, 다음의 관계를 도출해보라.

$$s_K = \frac{rK}{pQ} = \frac{\alpha K^\delta}{Q^\delta}$$
$$s_E = \frac{wE}{pQ} = \frac{(1 - \alpha)E^\delta}{Q^\delta} \tag{A-25}$$

여기서 s_K는 산업의 소득 중 자본에 귀속되는 비율을, s_E는 노동에 귀속되는 비율을 의미한다.

식 (A-23)의 생산함수를 전미분하고 항들을 재정리하면 다음의 관계가 성립한다.

$$d\log E = d\log Q - s_K(d\log K - d\log E) \tag{A-26}$$

산업 규모의 변화 정도($d\log Q$)는 산업의 생산물에 대한 수요에 따라 달라진다. 생산물 수요 탄력성의 절댓값을 다음과 같이 정의하자.

$$\eta = \left| \frac{d \log Q}{d \log p} \right| \tag{A-27}$$

생산물에 대한 수요곡선이 우하향하는 기울기를 갖지만, 탄력성 η는 양수로서 정의된다는 점에 유의하자. 이 경우 식 (A-26)은 다음과 같이 다시 쓸 수 있다.

$$d \log E = -\eta \, d \log p - s_K (d \log K - d \log E) \tag{A-28}$$

이제 임금이 변할 때 생산물의 가격이 얼마나 변할지를 알아내야 한다(이 계산을 하는 내내 우리는 r을 일정한 값으로 둔다는 점에 유의하자). 완전경쟁 산업에서 생산물의 가격은 한계비용과 같아야 한다. 또한 한계비용은 평균비용과 같아야 한다(그리하여 이윤은 0이 된다). 우리는 영이윤 조건을 다음과 같이 쓸 수 있다.

$$p = \frac{rK + wE}{Q} \tag{A-29}$$

식 (A-23)은 $d \log Q = s_K d \log K + s_E d \log E$를 의미한다는 점에 주목하자. 식 (A-29)를 전미분해 항들을 재정렬하면 다음의 관계를 도출할 수 있다.

$$d \log p = s_E \, d \log w \tag{A-30}$$

마지막으로 식 (A-24)의 1계 조건들의 비율은 다음을 의미한다.

$$\frac{w}{r} = \frac{(1 - \alpha) E^{\delta - 1}}{\alpha K^{\delta - 1}} \tag{A-31}$$

식 (A-31)을 전미분한 결과에 따르면, 자본/노동 비율의 (퍼센트) 변화는 다음과 같다.

$$d \log K - d \log E = (1 - \delta) \, d \log w$$
$$= \sigma d \log w \tag{A-32}$$

식 (A-30)과 식 (A-32)를 식 (A-28)에 대입하면 다음의 관계가 도출된다.

$$\frac{d \log E}{d \log w} = -[s_E \eta + (1 - s_E)\sigma] \tag{A-33}$$

노동수요의 탄력성은 생산물 수요의 탄력성과 자본-노동 간 대체탄력성의 가중 평균으로 표현될 수 있다. 식 (A-33)의 첫 번째 항은 규모효과를 표시하고, 이 값은 산업의 생산물 수요의 탄력성에 따라 달라진다. 반면 둘째 항은 대체효과를 표시하고, 이 값은 주어진 하나의 등량곡선상에서 노동과 자본이 얼마나 쉽게 대체되는지에 따라 달라진다.

마셜의 파생수요 법칙 중 처음 세 가지는 다음과 같다.

1. 대체탄력성이 클수록 노동수요곡선은 더 탄력적이다.
2. 생산물 수요의 탄력성이 클수록 노동수요곡선은 더 탄력적이다.

3. 전체 비용에서 노동의 몫이 클수록 노동수요곡선은 더 탄력적이다(그러나 이것은 생산물 수요 탄력성의 절댓값이 대체탄력성을 초과하는 경우에만 성립한다).

하나의 연습문제로서, 이들 규칙을 식 (A-33)으로부터 직접 확인해보라.

5 콥-더글러스 경제에서의 이민(제4장)

자본과 노동을 결합하는 생산함수를 통해 하나의 집계 생산물이 생산되고 있다. 집계생산함수는 규모수익 불변의 특성을 보유한 콥-더글러스 함수, 즉 $Q = AK^\alpha E^{1-\alpha}$이다. 노동시장이 완전경쟁인 경우 요소가격은 각 요소의 한계생산물의 가치와 같다. 생산물 Q의 가격을 1이라고 놓으면 다음의 관계가 도출된다.

$$r = \alpha A K^{\alpha-1} E^{1-\alpha}$$
$$w = (1-\alpha) A K^\alpha E^{-\alpha} \tag{A-34}$$

노동시장에 있는 내국인 근로자들의 숫자는 완전 비탄력적이라고 가정하자. 이때 노동시장에 이민자들이 유입된다고 가정하자. 식 (A-34)의 두 번째 식에 로그를 취해 전미분하는 경우, 로그임금의 변화는 다음과 같이 표시할 수 있다.

$$d \log w = \alpha d \log K - \alpha d \log E \tag{A-35}$$

두 가지 서로 다른 시나리오, 즉 단기와 장기를 생각해보자. 단기에는 자본 스톡이 고정되어 있다. 따라서 이민자들의 유입으로 노동공급이 증가했을 때 임금의 변화를 표시하는 탄력성은 다음과 같다.

$$\left. \frac{d \log w}{d \log E} \right|_{dK=0} = -\alpha \tag{A-36}$$

하나의 연습문제로서, 모수 α가 이 경제의 소득 중 자본에 귀속되는 몫과 같다($\alpha = rK/Q$)는 점을 증명해보라. 미국의 전체 소득 중 노동에 귀속되는 몫이 약 0.7이라는 점은 잘 알려져 있다. 이는 소득 중 자본의 몫은 약 0.3임을 의미한다. 따라서 단기 임금 탄력성은 -0.3이다. 하나의 연습문제로서, 이민이 단기적으로 임금을 하락시키지만 자본 임대료 r은 상승시킨다는 예측을 도출해보라.

우리는 자본에 대한 임대료 r이 장기에 일정하다고 가정한다. 자본의 수익성이 높아지면 자본의 유입이 일어나고, 이와 같은 자본 유입은 자본의 임대료가 전체 경제의 균형 수준으로 되돌아갈 때까지 계속될 것이다. 이때 제기되는 질문은 어느 정도의 추가 자본이 경제로 유입될 것인가에 관한 것이다. 그 해답은 자본의 가격과 자본의 한계생산의 가치가 같아지게 하는 1계 조건을 전미분함으로써 구할 수 있다. 그 결과는 다음과 같다.

$$d \log r = (\alpha - 1)(d \log K - d \log E) = 0 \qquad \text{(A-37)}$$

장기적으로 자본의 임대료 r이 일정한 경우 식 (A-37)에 따라 $d\log K = d\log E$가 성립한다. 따라서 이민이 노동공급을 10% 증가시키는 경우 자본 역시 종국적으로 약 10% 증가해야 한다. 식 (A-35)에 따르면, 이민이 임금에 미치는 장기적인 효과는 다음과 같아야 한다는 점은 명백하다.

$$\left. \frac{d \log w}{d \log E} \right|_{dr = 0} = 0 \qquad \text{(A-38)}$$

콥-더글러스 생산함수를 가정하는 경우 우리는 경쟁 노동시장에서 이민이 임금에 미치는 효과에 대해 질적인 예측을 할 수 있을 뿐만 아니라 양적인 예측 또한 할 수 있다. 요약하면, 임금의 탄력성은 0.0과 -0.3 사이에 놓일 것이라고 예측할 수 있다. 이 값은 이민자들이 유입됨에 따라 자본이 조정되는 정도에 따라 달라진다.

6 수요독점(제4장)

기업이 노동시장에서 가격 수용자가 아닐 때 이 기업은 수요독점력을 보유한다. 다시 말해, 노동공급곡선은 우상향하는 기울기를 가지며, 이 기업이 더 많은 근로자들을 고용하기 위해서는 임금을 상승시켜야만 한다. 이 기업이 직면하고 있는 노동공급 함수는 다음과 같다고 가정하자.

$$E = S(w) \qquad \text{(A-39)}$$

여기서 $S' > 0$이다. 역 공급함수 — 즉, 일정한 수의 근로자들을 끌어들이기 위해 기업이 지불해야 하는 임금수준을 정의하는 함수로서 $w = s(E)$라고 쓰며 $s' > 0$이다 — 를 사용하면 보다 쉽게 모형을 도출할 수 있다. 단순한 논의를 위해, 기업의 자본 스톡은 고정되어 있다고 가정하자. 이를 통해 우리는 모형에서 자본의 역할을 사실상 무시하고 생산함수를 $f(E)$와 같이 적을 수 있다. 이 경우 기업의 이윤극대화 문제는 다음과 같이 주어진다.

$$\pi = pf(E) - wE = pf(E) - s(E)E \qquad \text{(A-40)}$$

이 극대화 문제의 1계 조건은 다음과 같다.

$$\frac{d\pi}{dE} = pf_E - s(E) - s'(E)E = 0 \qquad \text{(A-41)}$$

이 식을 다음과 같이 다시 쓸 수 있음에 주목하자.

$$pf_E = w + \frac{dw}{dE}E$$

$$= w\left(1 + \frac{dw}{dE}\frac{E}{w}\right)$$

$$= w\left(1 + \frac{1}{\sigma}\right) \qquad \text{(A-42)}$$

여기서 σ는 노동공급 탄력성, 즉 $d\log E/d\log w$이다. 기업이 완전경쟁 시장에 직면하는 경우 노동공급 탄력성이 무한대와 같을 것임에 주목하자. 이 경우 식 (A-42)의 조건은 임금이 한계생산의 가치와 같아야 한다는 표준적인 결과로 환원된다.

7 학력 선택 모형(제6장)

임금-학력의 궤적 $y(A, s)$는 타고난 능력이 A인 사람이 s년의 학력을 축적하는 경우 어느 정도의 임금을 받는지를 표시한다. 다음과 같이 세 가지를 가정하자. (1) 학력의 유일한 비용은 학교를 재학하기 때문에 포기하는 소득(foregone earnings)뿐이다. (2) 개인은 생애 소득흐름의 현재가치를 극대화하는 학력 수준을 선택한다. (3) 개인은 영원히 산다.

이산적인 연도별 계산을 하는 것보다는 연속적인 시간의 관점에서 모형을 도출하는 것이 더 쉽다. 연속적인 시간의 경우, 매 기에 주어지는 1달러의 현재가치는 다음과 같다.

$$\int_0^\infty 1 \cdot e^{-rt}\,dt = \frac{1}{r} \qquad \text{(A-43)}$$

여기서 r은 할인율이다. 지수함수 e^{-rt}는 우리가 이산시간의 경우에 현재가치를 계산할 때 사용하는 $[1/(1+r)^t]$라는 항과 동일한 역할을 한다는 점에 주목하자. 이 경우 영원히 사는 개인이 가지는 임금 흐름의 현재가치는 다음과 같다.

$$V(A, s) = \int_s^\infty y(A, s)\,e^{-rt}\,dt = \frac{y(A, s)e^{-rs}}{r} \qquad \text{(A-44)}$$

여기서 r은 이 사람의 할인율이다. 학력과 관련되는 유일한 비용은 포기한 소득이라는 가정이 식 (A-44)에 내재되어 있다. 개인이 s년 이후 학교를 떠난 시점부터 양의 임금을 합산하기 시작하기 때문이다.

이 사람의 타고난 능력은 자신 마음대로 어찌할 수 없다. 대신 그는 최적 수준의 s를 선택함으로써 임금의 현재가치를 극대화한다. 이 극대화 문제의 1계 조건은 다음과 같다.

$$\frac{\partial V(A, s)}{\partial s} = \frac{\partial y(A, s)}{\partial s} - ry(A, s) = 0 \qquad \text{(A-45)}$$

이 식은 다음과 같이 쓸 수 있다.

$$\frac{y_s}{y} = r \tag{A-46}$$

임의의 한 개인의 경우, 학교를 1년 더 다닐 때 생기는 임금의 퍼센트 변화는 할인율과 같아야 한다. 연습문제의 하나로서, 능력과 최적 학력 사이의 관계를 도출해보라. 능력이 우수할수록 더 많은 학력을 보유하는가?

8 대체탄력성 추정(제7장)

생산을 위해 두 종류의 투입요소, 즉 고숙련 노동(L_S)과 저숙련 노동(L_U)이 사용되고, 생산 기술은 대체탄력성이 일정한 CES 생산함수로 주어져 있다고 가정하자. 즉 생산함수는 다음과 같다.

$$Q = \left[\alpha L_S^\delta + (1 - \alpha) L_U^\delta\right]^{1/\delta} \tag{A-47}$$

여기서 $\delta = 1 - (1/\sigma)$이고, σ는 두 종류의 노동투입 사이의 대체탄력성이다. 고숙련 근로자와 저숙련 근로자가 완전 대체재인 경우 대체탄력성은 무한대다. 두 투입요소가 완전 보완재인 경우 대체탄력성은 0이다. 콥-더글라스 생산함수는 CES의 특수한 경우(즉, $\delta = 0$, $\sigma = 1$)이다.

경쟁노동시장에서 이윤극대화 조건은 각 투입요소의 임금이 한계생산의 가치와 같다는 것이다. 생산물의 가격을 1로 설정할 때 한계생산 조건들은 다음과 같다.

$$w_S = \alpha \, Q^{1-\delta} L_S^{\delta-1} \tag{A-48}$$

$$w_U = (1 - \alpha) \, Q^{1-\delta} L_U^{\delta-1} \tag{A-49}$$

이들 두 한계생산 조건들의 비율을 취하면 다음과 같다.

$$\log\left(\frac{w_S}{w_U}\right) = \log\frac{\alpha}{1-\alpha} - \frac{1}{\sigma} \log\left(\frac{L_S}{L_U}\right) \tag{A-50}$$

식 (A-50)은 로그 임금비율을 로그 수량비율과 관련시키는 상대 수요곡선이다. 이 방정식이 의미하는 바에 따르면, 로그 임금비율을 로그 수량비율에 회귀시키는 회귀모형의 계수 값은 고숙련 근로자와 저숙련 근로자 사이 대체탄력성의 역수의 추정치이다. 두 생산요소가 완전 대체재인 경우 그 계수 값은 영이고, 강한 보완재인 경우 그 값은 음이면서 그 절댓값이 크다. 생산함수가 콥-더글라스인 경우 그 계수 값은 -1과 같다.

9 베커의 기호적 차별 모형(제9장)

고용주들은 이윤에 대해서뿐만 아니라 사업장의 인종 구성에 대해서도 신경을 쓴다. 경쟁시장의 고용주가 다음과 같은 효용함수를 극대화하고자 한다고 가정하자.

$$V = U(E_w, E_b, \pi) \tag{A-51}$$

여기서 E_w는 백인 근로자들의 숫자를, E_b는 흑인 근로자들의 숫자를, π는 이윤을 나타 낸다. 백인 근로자들을 향한 정실인사를 하는 고용주의 경우, $U_w = \partial V / \partial E_w > 0$가 성립할 것이다. 흑인 근로자들을 차별하는 고용주의 경우, $U_b = \partial V / \partial E_b < 0$가 성립할 것이다. 고 용주의 이윤은 다음과 같다.

$$\pi = pf(L_w + L_b) - w_w E_w - w_b E_b \tag{A-52}$$

여기서 p는 생산물의 가격이고 w_i는 집단 i에 속한 근로자들의 임금을 의미한다. 우리 는 $U_\pi > 0$이라고 가정한다. 생산함수 f에 투입되는 노동량은 흑인 근로자들과 백인 근로 자들 숫자의 합이라는 점에 유의하자. 그러므로 이 두 집단은 생산에 있어 완전 대체재라 고 가정한다. 단순한 논의를 위해 우리는 자본의 역할은 고려하지 않는다. 이 극대화 문제 의 1계 조건들은 다음과 같다.

$$\frac{\partial V}{\partial E_w} = U_w + U_\pi(pf' - w_w) = 0$$

$$\frac{\partial V}{\partial E_b} = U_b + U_\pi(pf' - w_b) = 0 \tag{A-53}$$

우리는 이들 1계 조건을 다음과 같이 다시 쓸 수 있다.

$$pf' = w_w - \frac{U_w}{U_\pi} = w_w - d_w$$

$$pf' = w_b - \frac{U_b}{U_\pi} = w_b + d_b \tag{A-54}$$

여기서 차별계수 d_w와 d_b는 모두 양수로 정의되어 있고, 이 값은 특정 인종집단을 고용 하는 데 따른 한계효용과 이윤 한 단위 증가에 따른 한계효용의 비율로 표시된다. 식 (A-54)에 따르면, 사업장의 인종에 대해 신경을 쓰는 고용주들은 특정 집단 근로자들의 한계 생산의 가치가 그 집단 근로자의 효용을 고려한 가격(즉, 임금률과 차별계수를 합한 값)과 같아지는 수준까지 그 집단의 근로자들을 고용할 것이다.

찾아보기

저자 소개

George J. Borjas

하버드대학교의 존 F. 케네디 스쿨에 있는 Economics and Social Policy의 Robert W. Scrivner Professor이자 National Bureau of Economic Research와 IZA의 연구위원이다. 1975년에 컬럼비아대학교에서 경제학 박사학위를 받았다. 노동시장 관련 문제에 대하여 광범위한 연구를 수행하였으며, *We Wanted Workers*(Norton, 2016), *Immigration Economics*(Harvard University Press, 2014), *Heaven's Door: Immigration Policy and the American Economy*(Princeton University Press, 1999) 등을 포함하여 여러 권의 책을 집필하였다. 또한 *American Economic Review, Journal of Political Economy, Quarterly Journal of Economics* 등을 포함한 유수한 경제학 저널에 150편 이상의 논문을 게재하였다. 이민 관련 연구에서 세계적인 최고 권위자로 손꼽히며, 1998년에 Econometric Society의 펠로우, 2004년에 Society of Labor Economics의 펠로우로 선출되었다. 1998년부터 2006년까지는 *Review of Economics and Statistics*의 편집위원장을 역임하였다. 또한 National Science Foundation에 속한 Panel on Economic and Fiscal Consequences of Immigration의 위원 등을 비롯하여 미국 정부 정책과 학술 분야 주요 위원회에서 활동하였다.

역자 소개

송헌재

서울시립대학교 경제학부 교수
서울대학교 경제학 학사
미국 텍사스A&M대학교 경제학 석사
미국 서던캘리포니아대학교 경제학 박사
한국조세재정연구원 부연구위원 역임

강창희

중앙대학교 경제학부 교수
서울대학교 경영학 학사
서울대학교 경제학 석사
미국 코넬대학교 경제학 박사
싱가포르 국립대학교 경제학과 조교수 역임

박철성

한양대학교 경제금융대학 경제금융학부 교수
연세대학교 상경대학 경제학 학사
연세대학교 상경대학 경제학 석사
미국 펜실베이니아대학교 경제학 박사
싱가포르 국립대학교 경제학과 조교수 역임